# 21세기 회계원리

공경태 · 이진수 · 장지경 · 임형주 · 김석웅

교육과학사

# 저자 서문

2011년부터 국내상장기업에 의무적으로 국제회계기준이 받아들여진 이후 회계분야는 급변하고 있다. 현재 K-IFRS 제1012호 법인세 미실현손실에 대한 이연법인세자산 인식 등 11개 과제가 완료되어 공표되었고 K-IFRS 동적위험관리 등 7개 과제가 선정되어 진행 중에 있다. 이러한 현상은 최근 회계분야의 글로벌화로 경제활동이 초단위로 급변하고 있으며 4차 산업혁명시대로의 진입으로 기업 실무가 고도로 전문화 되면서 사회 현상이 더욱 복잡해져가고 있기 때문일 것이다.

따라서 저자들은 회계원리가 재무회계의 입문서이지만 국제회계기준에서 최근에 새롭게 제시하는 회계의 기본개념들을 소개하고자 하였다. 또한 본서는 대학에서 처음 회계를 공부하게 되는 대학 1학년들과 회계 비전공자들도 회계학을 쉽게 접할 수 있도록 재무회계에 관한 기초적인 회계에 필요한 기본개념과 원리들로 구성되어 있다.

이 책의 집필에 있어 강조한 점은 다음과 같다.

첫째, 회계의 목적이 정보 이용자의 의사결정에 유용한 정보를 제공하는 것으로 정의하고 있기 때문에 회계를 공부하는 학생들이 지나친 효과성에 집착할 우려가 있다. 그래서 각 장을 시작하는 처음에 시나 소설의 몇 구절을 삽입하여 회계공부의 지루함을 줄이면서 회계 재미를 느끼게 하고자 하였다.

둘째, 국제회계기준이 도입된 이후 계속적으로 기준서가 개정되고 있고 새로운 기준서가 도입되고 있다. 본서는 최근의 개정 내용과 새로운 회계의 개념에 대한 설명을 해당 장마다 수록하고 있다. 특히 2018년부터 적용되는 금융상품의 개정 기준서인 제1109호 '금융상품'에 대한 내용은 제9장 금융상품투자의 부록에 포함시켜 현재 기준서와 개정된 기준서를 비교해서 이해할 수 있도록 하였다.

셋째, 각 장마다 본문에 등장하는 회계용어를 정리하기 위하여 전공용어에 정리부분을 마련하였으며 종합예제, 토의문제, 연습문제를 수록하여 독자들의 이해도를 높였다.

마지막으로, 본서는 회계 공부의 시작단계인 회계원리 수준을 유지하고자 노력하였다. 시중에 출판되어 있는 여러 회계원리 책들이 중급회계 수준의 내용까지 다루고 있기도 하여 회계를 처음 공부하는 학생들에게 다소 난해한 개념까지 소개하고 있기도 하다. 본 저자들은 이 점을 주의하여 회계원리 수준을 넘는 개념은 과감히 삭제하였기 때문에 누구나 어렵지 않게 쉽게 이해할 수 있을 것으로 자부한다.

본서는 크게 네 부분으로 나누어져 있다. 제1부는 회계의 기초개념에 관한 부분이고, 제2부는 회계의 순환과정에 관한 부분으로 제3장 회계거래의 분석과 기록, 제4장 결산으로 구성되어 있다. 제3부는 회계정보의 생산으로서 제5장 현금・현금성자산부터 제12장 자본까지 계정과목별로 상세히 설명되어 있다. 그리고 제4부 회계정보의 이용은 제13장 현금흐름표와 제14장 재무제표 분석으로 마무리 되어진다.

이책을 출간함에 있어, 많은 분들의 도움을 받았다. 이 책은 2006년에 초판이 발행되었으며, 2010년에 박영병, 고성효, 권영도 교수님이 공저자로 참석하여 신판으로 발행되었다가 금년에 필자들을 교체하고 내용을 대폭 수정하여 신판으로 출간하게 되었다. 책의 역사와 함께 오랫동안 회계학의 발전을 위하여 기여하신 선배 교수님들의 헌신과 수고에 감사드린다. 본서에 제시되고 있는 다양한 그림이나 표 그리고 시를 인용할 수 있도록 허락하여 주신 전주대학교의 김갑룡 교수님과 이경재 교수님께 감사드린다. 그리고 본서의 집필에 있어서 그동안 많은 도움을 주신 저자들의 각 대학교 회계전공 동료교수님들과 학생들에게 깊이 감사한다. 특히 본서의 출판을 허락해 주신 교육과학사의 한정주 사장님, 이주표 부장님과 이정호 편집실장님께도 감사를 드린다.

마지막으로 집필기간 동안 묵묵히 내조해 준 저자들의 모든 가족들에게도 이 책으로써 그동안의 미안함을 대신해 본다.

2017년 여름

저자 일동

목차

## 제3부 회계정보의 생산

# 제 1 부

# 회계의 기초개념

# 1장 회계의 기초개념

제 1 절 | 기업의 본질

제 2 절 | 회계의 본질

제 3 절 | 일반적으로 인정된 회계원칙

제 4 절 | 한국채택 국제회계기준

"이 세상엔 애석하게도 복식 부기의 아름다움을 모른 채 평생을 보내는 사람들이 너무 많다는 게 내 지론이야. 그리고 복식 부기는 인류 역사상 무척 중요한 발명들 가운데 하나야. 복식 부기에 의한 정확한 계산 없이 큰 사업체, 특히 국제 무역에 종사하는 회사를 운영할 수는 없었을 거야. 그리고 그러한 회사들이 없었으면 지금 세상이 어떨까 한번 생각해봐. 내 생각엔 복식 부기의 발명은 내연 기관의 발명과 맞먹는 중요한 사건이야."

"복식 부기는 누가 발명했나요?"
"애석하게도 그것은 알려지지 않았어. 내 생각엔......역사상 중요한 발명들처럼 복식 부기도 여러 사람들이 오랫동안 조금씩 다듬어 낸 것 같아. 의자나, 책상이나, 가위나, 바지처럼 정말 중요한 발명들은 그런 게 많잖아?"
"내가 언제나 말하는 바지만, 기획부에서 일하려면 회사 업무의 모든 부면에 대해 조금씩은 알아야 해. 앞으로 합작 투자 업무가 있으니까, 회계 지식은 꼭 필요해. 그리고 회계에 관한 영어 어휘를 아는 것은 당장 필요하고, 참."

복거일의 소설, 碑銘을 찾아서(문학과 지성사, 1987)

인간사회에서 가장 중요한 문제 중의 하나는 경제문제인데, 이 경제문제는 자원의 희소성(scarcity of resources) 때문에 발생한다. 즉 인간의 물질적인 욕망은 무한한데 비해 이를 충족시키는 수단인 자원의 양은 상대적으로 희소하다.

여기서 자원이란 토지와 같은 자연자원 이외에도 노동, 자본 등 모든 생산요소들을 총체적으로 일컫는 말이다. 우리는 바로 이 자원 또는 생산요소들을 이용하여 여러 가지 재화와 용역을 생산하게 된다.

그런데 인간의 재화와 용역에 대한 수요는 무한하므로 이를 만드는데 쓰이는 자원의 용도도 수없이 많으나, 실제로 자원의 양은 한정되어 있으므로 사람들의 모든 욕구를 충족시킬 수는 없다. 따라서 자원의 희소성으로 인해서 자연히 수많은 재화와 용역에 대한 수요 중에서 어떤 것을 충족시킬 것인가 하는 선택이 필요하게 된다. 이는 곧 한정된 자원을 이용하여 어떤 재화를 생산·소비할 것인가를 선택할 필요가 있다는 것을 의미한다. 즉 희소한 자원의 효율적 배분 문제가 경제문제라 할 수 있을 것이다. 여기서 최소의 비용으로 최대의 효과를 올리려는 경제원칙이 발생하게 된다.

자본주의 사회에서는 자원의 희소성 때문에 모든 형태의 경제문제를 시장기구(market mechanism) 또는 가격기구(price mechanism)를 이용하여 해결하려고 한다. 여기서 가격기구나 시장기구가 작용한다는 것은 시장에서 수요와 공급이 상호작용하여 균형가격 및 균형수급량이 결정된다는 것을 의미하는데, 이를 보이지 않는 손(invisible hand)이 작용한다고 말한다. 가격기구는 모든 시장에서 작용하고 있는데, 시장은 각종의 재화와 용역이 거래되는 상품시장과 (자본, 노동 등과 같은) 각종의 생산요소가 거래되는 생산요소시장으로 나눌 수 있다.

경제행위를 행하는 주체를 경제주체라고 하는 데, 경제주체에는 가계, 기업, 정부가 있다. 가계는 상품시장에서 각종의 재화와 용역을 소비하는 한편, 생산요소시장에서는 가계가 소유하고 있는 각종의 생산요소를 공급하기도 한다.

기업은 상품시장에서 자신이 생산한 각종의 재화와 용역을 공급하고, 생산요소시장으로부터는 생산활동을 위하여 필요한 각종의 생산요소를 수요하게 된다. 한편, 정부는 생산활동과 소비활동을 조정하는 역할을 하게 한다.

경제주체가 시장에서 경제원칙에 입각해서 경제행위를 행할 때 정보를 필요로 본서에서는 주로 기업을 대상으로 기업에 관한 정보인 재무회계정보의 생산, 이용 등을 살펴보고자 한다.

## 1절 기업의 본질

경제주체의 하나인 기업은 고객에게 재화나 용역을 제공하기 위해 원재료나 노동과 같은 기본자원(투입물)을 결합해서 가공처리하는 조직체이다.

대부분의 기업의 목적은 이익을 극대화하는 것이다. 이익은 재화와 용역을 고객에게 제공한 대가로 수령한 금액과 재화와 용역을 제공하기 위해 이용한 투입물에 지급한 금액과의 차액이다. 일부기업은 이익극대화이외의 목적을 가지는데, 이들을 비영리기업이라고 한다. 비영리기업의 예로는 종교기관, 자선단체, 학교 등이 있다. 본서에서는 영리기업을 대상으로 한다.

### 1. 기업의 유형

영리기업에도 제조업, 판매업, 서비스업 등 세 가지 형태가 있다. 각 형태의 기업은 각각 특성을 가지고 있다.

- **제조업** : 여기서는 투입물(원자재, 노동력)을 제품으로 변환시켜서 고객에게 판매한다. 이의 예로는 자동차회사, 전자회사, 음료수회사 등이 있다.
- **판매업** : 여기서도 고객에게 제품을 판매하지만, 제품을 만들기보다는 다른 기업으로부터 구입해서 판매한다. 이의 예로는 도매업, 소매업 등이 있다.
- **서비스업** : 여기서는 고객에게 제품을 판매하기 보다는 서비스를 제공한다. 이의 예로는 관광업, 금융업, 회계업 등이 있다.

## 2. 기업조직의 형태

기업조직의 공통적인 형태는 개인기업, 조합, 회사 등이다. 회사는 우리 나라의 상법에 의하면 다시 합명회사, 합자회사, 주식회사, 유한회사 등으로 구분된다. 합명회사, 합자회사, 유한회사는 회계학상으로는 조합과 유사하다.

개인기업(proprietorship)은 개인이 창업해서 소유하는 기업인데, 설립하기가 쉽다. 미국에서도 기업의 70% 이상이 개인기업이라고 한다. 대부분의 자영업은 개인기업으로 가족기업의 형태를 취하고 있다.

조합(partnership)은 두 명 이상의 개인이 공동으로 소유하는 기업이다. 조합은 그 구성원인 한 명이 기술을 가지고 있고, 또 다른 한 명은 경제적 자원을 가지고 있을 때 만들어지게 된다. 미국에서는 기업의 약 10%가 조합의 형태를 취하고 있다. 법률상으로 구별되는 합명회사, 합자회사, 유한회사 등은 경제적으로는 조합의 성격을 가지고 있다.

주식회사(corporation)는 주주가 소유하는 별도의 법적 실체이다. 주식회사의 소유권은 주식으로 나누어진다. 주식회사는 주식을 개인에게 발행하며, 주식을 소유한 사람이 그 주식회사의 소유주인 주주가 된다. 주식회사는 자금을 조달하기가 쉽고 주식을 쉽게 매매할 수 있다. 회사형태의 대부분은 주식회사이며 국가생산력의 대부분을 주식회사가 담당하고 있다. 미국에서는 기업의 약 20%가 주식회사이다.

본서에서는 주식회사를 주된 대상으로 한다.

## 3. 기업의 활동

모든 기업은 세 가지 형태의 활동(재무활동, 투자활동, 영업활동)에 관련되어 있다. 예를 들면, 어떤 기업의 설립자는 자신의 사업을 시작해서 성장시키기 위해서는 재무활동을 필요로 한다. 이러한 재무활동의 일부는 개인의 저축에서 나오며, 일부는 은행과 같은 외부의 원천에서 나온다. 그리고 나서 조달한 현금은 사업을 운영하기 위해 필요한 기계나 차량운반구와 같은 유형자산에 투자된다. 일단 이러한 시설이 갖추어지면, 설립자는 제품을 제조해서 판매하는 영업활동을 시작할 수 있을 것이다.

### 1) 재무활동

돈을 벌기 위해서는 돈이 필요하다. 기업의 두 가지 주요한 외부자금원천은 자금차입과 주식발행이다.

예를 들면, 어떤 회사는 다양한 방식으로 돈을 차입할 수 있을 것이다. 은행에서 차입할 수도 있고, 사채를 발행함으로써 투자자로부터 직접 빌릴 수도 있으며, 재화를 외상으로 매입함으로써 납품업자로부터 돈을 빌릴 수도 있다. 자금을 빌려준 사람이나 기관을 채권자(creditors)라 한다. 채권자에게 갚아야 하는 금액을 부채(liabilities)라 한다.

그 원천에 따라 다양한 형태의 부채가 있다. 매입채무(외상매입금, 지급어음), 차입금, 미지급임금, 미지급세금, 사채 등이 있다.

주식회사는 투자자에게 주식을 매각함으로써 자금을 조달할 수 있다. 자본금은 주주가 주식(보통주와 우선주)을 매입하면서 회사에 납입한 금액을 나타내기 위해 이용되는 액면가에 해당하는 용어이다.

채권자는 일정한 기간 동안 원금과 이자를 받을 권리를 가지며, 주주에 우선하여 원금과 이자를 받을 권리를 가진다.

주주는 회사에 이익이 발생할 경우 배당금을 받을 권리가 있다.

### 2) 투자활동

일단 회사가 재무활동을 통해 자금을 조달하였다면, 회사는 그 자금을 투자활동에 이용할 것이다. 투자활동에는 기업이 영업하기 위해 필요로 하는 기계, 건물과 같은 유형자산의 구입이 포함된다. 회사의 초기단계에서는 많은 유형자산이 필요하다. 예를 들면, 컴퓨터, 차량운반구, 기계, 건물 등은 투자활동으로 인해 획득한 자원이다. 기업이 소유한 자원을 자산(assets)이라고 한다. 기업의 가장 중요한 자산 중의 하나가 현금(cash)이다.

기업자산의 대부분은 투자활동을 통해 구입된다. 그러나 다른 것들은 영업활동을 통해 발생하기도 한다. 예를 들면, 어떤 회사가 고객에게 재화를 판매하고는 즉시 현금을 수령하지 않는다면, 그 회사는 미래에 그 고객으로부터 대금을 수령할 권리를 가진다. 미래에 대금을 수령할 이러한 권리는 매출채권(account receivable)이라는 자산이다.

### 3) 영업활동

일단 기업이 창업하기 위해 필요한 자산을 가지고 있다면, 기업은 그 영업을 시작할 수 있다. 대부분의 기업은 상품이나 서비스의 판매를 통하여 수익을 창출한다. 수익(revenue)은 일반적으로 해당기업이 일정한 회계기간 동안 자본거래를 제외한 다양한 거래를 통하여 거두어들인 경제적 효익의 증가분으로 측정된다.

수익은 다양한 원천에서 발생한다. 예를 들면, 상품매매기업의 일차적인 수익원천은 상품의 판매이다. 서비스기업의 경우에는 서비스(용역)의 판매가 주된 수익의 원천이다. 상품매매기업이나 서비스기업이 상품이나 서비스의 판매를 통하여 거두어들인 수익을 매출액이라고 한다. 서비스기업의 매출액을 용역수익이라고 부르기도 한다. 또한 해당 기업이 투자활동과 같은 주된 영업 이외의 활동을 통하여 이자수익, 배당금수익 등과 같은 기타수익(영업외수익)을 가질 수도 있다.

기업이 상품이나 서비스를 판매하는 과정, 즉 수익을 창출하는 과정에서 다양한 비용(expense)이 발생한다. 영업활동과 관련된 비용, 예를 들면, 판매된 상품의 원가에 해당하는 매출원가를 비롯하여 급여, 임차료, 공공요금 등과 같은 물류비와 관리비가 있다. 이외에도 영업외활동과 관련된 기타비용(영업외비용)과 법인세비용 등이 발생한다.

기업은 어떤 기간의 수익을 그 기간의 비용과 비교하여 이익을 결정한다. 수익이 비용을 초과할 때는 순이익(net income)이 발생하고, 비용이 수익을 초과할 때는 순손실(net loss)이 발생한다.

# 2절 회계의 본질

## 1. 회계의 본질: 기업의 언어

오늘날의 세계는 정보를 작성, 전달, 분석, 이용하는 정보의 세계이다. 우리는 온갖 종류의 자료, 정보에 접근하고 전달하는 시대인 정보시대에 살고 있다. 정보는 우리가 사는 방식과 우리가 가지는 기회에 영향을 준다. 우리가 이용가능한 정보로부터 완전한 혜택을 누리기 위해서는 정보시스템에 관한 지식을 필요로 한다. 이러한 정보시스템에는 정보를 수집하고, 처리하며, 의사결정자에게 정보를 제공하는 것이 포함된다.

기업에 관한 정보를 제공하는 것이 회계의 중요한 목적이다. 회계는 기업의 활동에 관한 정보를 생산, 전달, 이용하는 정보시스템이다. 부기는 거래와 사건을 기록하는 것이며 이것은 회계의 한 부분일 뿐이다. 회계는 거래와 사건에 관한 정보를 식별, 인식, 측정, 전달할 뿐만 아니라 그 정보를 분석하고 해석하는 중요한 역할도 한다.

기술이 진보하기 때문에, 기술도 현대기업의 핵심적인 한 부분이며 회계에서 주요한 역할을 수행한다. 기술은 업무의 정확성을 개선하면서 기록의 시간, 노력, 비용을 줄여준다. 일부 중소기업은 다양한 회계업무를 여전히 수작업으로 수행하고 있지만, 정보기술(information technology, IT)에 의해 영향을 받고 있다. 기술이 대량의 자료를 저장, 처리, 요약하는 방식을 변화시킴에 따라, 회계도 업무영역이 확장되어 상담, 기획, 기타 금융서비스도 회계와 밀접하게 관련을 맺게 되었다. 이러한 서비스는 자료의 분류, 그 의미의 해석, 주요한 요소의 식별, 그 의미의 분석 등을 필요로 하게 되었다.

기업에서 회계의 역할은 무엇인가? 회계는 경영자가 기업을 운영하는데 이용하기 위해 정보를 제공한다. 그리고 회계는 기업의 경제적 성과와 상태를 평가하는데 이용하기 위해 이해관계자에게 정보를 제공한다.

일반적으로 회계는 기업의 경제적 활동과 상태에 관해서 이해관계자에게 정보를 제공하는 정보시스템으로 정의된다.

회계를 기업의 언어(language of business)라고 한다. 이것은 회계가 기업정보를 이해관계자에게 전달하는 수단이기 때문이다.

회계가 기업의 이해관계자에게 정보를 제공하는 과정은 <도표 1-1>과 같다. 기업은 먼저 기업을 둘러싼 이해관계자들을 식별하고, 그들의 다양한 정보욕구를 평가하여 욕구를 충족시키기 위한 회계시스템을 설계한다. 그 이후 회계시스템은 기업의 활동과 사건에 관한 경제적 자료를 기록한다.

**도표 1-1 회계정보시스템**

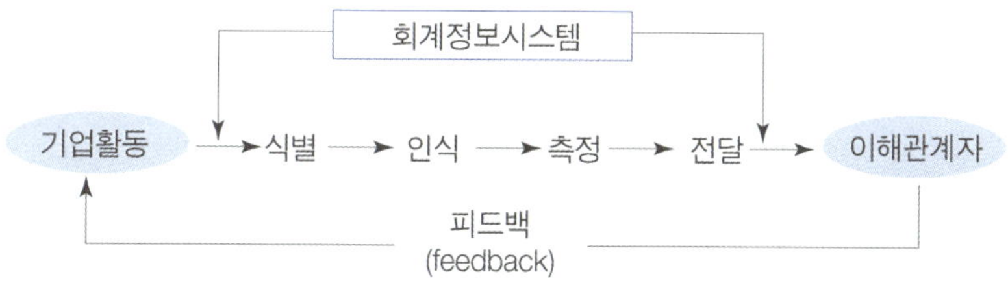


여기서 식별(identification)이란 어떤 거래나 사건이 발생하였을 때 이것이 회계처리의 대상인지의 여부를 판단하는 것을 의미한다. 기업의 입장에서 유능한 종업원이나 경영자를 고용하는 것은 분명히 중요한 사건이지만, 회계처리의 대상은 아니며, 거래 상대방과 계약을 체결할 때, 계약 그 자체도 중요한 하나의 사건이지만 회계처리의 대상은 아니다.

인식(recognition)은 거래를 장부에 계상하는 것을 의미한다. 여기서 거래를 회계처리의 대상으로 식별한 후에는 이 거래가 발생한 시점에서 장부에 계상해야 한다. 따라서 인식에서는 거래를 어떤 시점에서 장부에 계상할 것인지의 기간귀속(timing)이 매우 중요하다.

측정(measurement)은 대상의 특징을 수치로 나타내는 것을 의미한다. 회계의 대상은 모두 화폐로 나타내므로 화폐적 측정이라고 하며, 이것을 다시 가치평가(valuation)라고도 한다.

전달(communication)은 측정한 정보를 필요로 하는 이해관계자에게 보여주는 것을 의미한다. 한편, 공시(disclosure)는 기업의 외부이해관계자인 일반대중에게 기업에 관한 정보를 널리 알린다는 의미이다.

일반적으로 기업의 이해관계자는 회계보고서를 의사결정의 기초가 되는 주된 정보원천으로 이용하지만, 다른 정보도 많이 이용한다.

## 2. 회계의 목적

정보 이용자의 의사결정에 필요한 정보를 작성하여 전달하는 과정으로서의 회계가 지향하는 목적은 정보 생산자, 정보 이용자 및 정보 확인자 등 각각 다양한 입장에서 그 목적을 정의할 수 있다. 그러나 오늘날은 보통 정보 이용자의 입장에서 회계의 목적을 정의하고 있다. 정보 이용자의 입장에서 회계의 목적은 정보 이용자의 의사결정에 유용한 정보를 제공하는 것으로 정의하며, 이를 흔히 의사결정 유용성(decision usefulness) 목적론이라 한다.

회계의 목적은 그 동안 재무제표의 목적 또는 재무보고의 목적 등으로 불리어져 왔으며, 이러한 목적론들은 모두 의사결정 유용성 목적론의 입장에서 회계의 목적을 정의하고 있다. 특히 회계의 목적으로 통용되고 있는 대표적 정의인 미국 재무회계기준위원회(FASB)의 보고서에 따르면, 정보 이용자들은 공통적으로 기업의 미래 현금창출능력을 평가하는 데 공통적으로 관심을 가지고 있으며, 따라서 정보 이용자들이 이러한 평가를 토대로 의사결정을 내리는 데 도움이 되는 정보를 제공하는 것이 회계의 목적이라고 보는 관점을 유지하고 있다.

우리나라 회계기준위원회(KASB)에서 채택한 한국채택국제회계기준(K-IFRS)의 재무보고를 위한 개념체계에서는 회계의 목적(이를 일반목적 재무보고의 목적이라고 표현하고 있음)을 다음과 같이 정의하고 있다.

즉, 일반목적 재무보고의 목적은 "현재 및 잠재적 투자자, 대여자 및 기타 채권자가 기업에 자원을 제공하는 것에 대한 의사결정을 할 때 유용한 보고기업 재무정보를 제공하는 것"이라고 정의하고 있으며, 이러한 의사결정에 유용한 정보란 그 기업에 유입될 미래 순현금유입에 대한 전망을 평가하는 데 도움이 되는 정보를 말한다고 하고 있다.

나아가, 어떤 기업의 미래 순현금유입에 대한 전망을 평가하기 위해서는 그 기업의 자원, 자원에 대한 청구권 및 이들의 변동에 관한 정보가 필요하다고 설명한다. 여기서 그 기업의 자원, 자원에 대한 청구권 및 이들의 변동에 관한 정보를 달리 표현하면 해당 기업의 재무상태, 경영성과, 자본변동 및 현금흐름에 관한 정보를 말한다고 할 수 있다.

또한 앞의 개념체계에 따를 경우, 재무보고는 기업의 경영진( 및 이사회)가 기업의 자원 활용에 관한 자신들의 책임[1]을 얼마나 효율적이고 효과적으로 이행했는지에 대한 정보도 제공해야 한다고 요구하고 있는데, 기업의 재무상태, 경영성과, 자본변동 및 현금흐름 등에 관한 충실한 정보는 경영자의 수탁책임 및 회계책임에 관한 이행정도를 평가하는 데 도움이 되는 정보라고 간주된다.

지금까지 설명한 회계(또는 재무보고)의 목적을 요약하면, 다음 <도표 1-2>와 같이 다섯 가지로 표현할 수 있으며, 이들은 결국 동일한 내용에 관해 그 표현을 약간씩 달리 한 것들이라고 할 수 있다.

**도표 1-2**

| |
|---|
| ① 정보이용자의 의사결정에 유용한 정보의 제공 |
| ② 미래 순현금유입 전망을 평가하는 데 유용한 정보의 제공 |
| ③ 재무상태, 경영성과, 자본변동 및 현금흐름에 관한 정보의 제공 |
| ④ 재무상태, 경영성과, 자본변동 및 현금흐름에 관한 정보의 공유 |
| ⑤ 경영진의 수탁책임 및 회계책임 이행에 관한 정보의 제공 |

1) 이를 흔히 경영진의 수탁책임(stewardship) 및 회계책임(accountability)이라고 한다.

## 3. 회계의 기본가정

회계에는 오랫동안 회계를 둘러싸고 있는 환경으로부터 회계행위를 하는 데 있어 기초적 전제로서 간주되어 왔던 가정들이 몇 가지 있다. 이들은 특별한 증명이 없이 일종의 공리적인 것으로 인정되는 것들로서 회계공준(accounting postulates)이라고 부르기도 하며, 또한 그것들이 모두 회계를 둘러싼 환경으로부터 귀납적으로 도출된 것들이라는 점에서 이들을 회계의 환경적 가정(environmental assumption)이라고 부르기도 한다.

앞의 K-IFRS 재무보고를 위한 개념체계에서는 회계의 기본적 가정으로 계속기업을 제시하고 있으나, 이외에도 전통적으로 기업실체, 기간별 보고 그리고 발생주의도 기본 가정으로 제시되어 왔으므로, 이하에서는 이들에 관해서도 간단히 설명한다.

### 1) 계속기업

이는 계속성(continuity)의 가정이라고도 하며, 특별한 반증이 없는 한 기업이 그 영업활동을 계속적으로 행해 나갈 것이라는 가정이다. 이 가정은 기업의 막연한 영속성 그 자체를 가정하는 것이 아니라, 기업이 현재 수행하고 있는 영업활동이 완결되는 시점까지는 기업이 존속할 것이며, 또한 합리적으로 예측해 볼 때 그 이후에도 상당한 기간 영업활동을 계속적으로 수행할 것이라고 본다는 가정이다.

계속기업(going concern)의 가정이 회계에서 갖고 있는 의미들 중 하나는 특별한 경우가 아니면 청산가치에 의한 자산평가를 제한한다는 것이다. 자산의 청산가치(liquidation value)란 자산을 정상적인 가격을 받고 처분하는 것이 아니라, 비정상적으로 낮은 가격에 처분하는 경우의 처분가치를 말하며, 이러한 청산가치를 사용하여 자산을 평가해야 하는 경우란 기업이 파산이나 청산 등의 이유로 그 활동을 마치게 되는 경우뿐이다. 따라서 계속기업으로 영업활동을 계속하고 있는 한 이러한 청산가치에 의한 자산평가는 이 가정에 위배되는 것이다.

두 번째로 이 가정의 의미는 재무보고에 포함되는 정보들 중에는 미래예측에 도움을 주는 정보들도 포함되어야 한다는 것이다. 즉, 기업이 계속적으로 존속하는 것이라면 과거의 실적이나 현재의 상태에 관한 정보는 물론이고, 이들을 토대로 미래를 예측하는 데 도움이 되는 정보들도 포함하는 것이 필요하다는 것이다. 오래지않아 곧 생명이 끝날 기업이라면, 그 기업에 대해 미래를 예측한다는 것은 무의미할 것이다.[2)]

### 2) 기업실체

기업실체(business entity) 혹은 경제적 실체(economic entity)의 가정이란 기업을 그 소유주와는 독립적으로 존재하는 회계단위로 간주하고 이 회계단위의 관점에서 그 경제활동에 관한 재무정보를 측정, 보고하는 것을 말한다. 이는 회계를 통해 측정·보고하는 재무적 정보는 독립적으로 존재하는 회계실체에 관련된 것이어야 한다는 점을 반영한 것으로, 기업을 그 구성원 혹은 소유주와는 별도의 독립적으로 존재하는 경제적 실체로 본다는 가정이다. 여기에서의 실체는 법적인 의미보다는 경제적 의미에서의 실체를 말한다.

이 가정은 재무보고에 포함될 정보의 범위(boundary of information)를 지정해주는 의미를 내포한다. 즉, 회계담당자는 독립적으로 존재하는 기업실체에 관련된 재무적 정보를 측정·보고해야 한다는 것으로, 재무보고에 포함될 정보는 경제적 실체에 관한 정보들에 한정되며, 그 실체의 소유자나 구성원들이 개인적 자격으로 수행한 경제적 활용에 관한 정보는 포함되어서는 안 된다는 것이다. 예를 든다면, 어떤 기업에 그 소유주인 주주들이 개인적으로 소유하는 자산도 있고 기업소유의 자산도 있을 경우, 그 기업의 재무상태표에는 기업소유의 자산만을 표시해야지 주주들 개인자산을 재무상태표에 표시해서는 안 된다는 것을 말한다.

2) 이 가정의 또 하나의 의미는 그것이 역사적 원가(historical cost)에 의한 자산평가를 정당화하는 역할을 한다는 것이다. 이 의미는 상당한 회계적 지식을 이미 알고 있어야 이해할 내용이어서 회계원리 수준에서 설명하기는 어렵지만, 간단히 설명한다면 다음과 같다. 자산을 평가하는 데는 역사적 원가, 현행투입가격(대체원가), 현행산출가격(판매가격) 혹은 미래 현금흐름의 현재가치 등 여러 가지 기준이 적용될 수 있으며, 이중 어느 것을 적용하느냐에 따라 매기 당기순이익은 달라진다. 따라서 매기간마다 어느 기준을 적용할 것인가가 심각한 문제가 될 수 있다. 그러나 계속기업의 가정을 전제로 할 경우, 기업의 전존속기간에 걸쳐 계산한 기간이익의 총합계액은 어느 평가기준을 적용하더라도 결국 동일한 금액이 될 것이므로, 객관적이고 적용하기 간편한 역사적 원가를 적용하는 것이 바람직하다는 것이다.

### 3) 기간별 보고

이는 기간성(periodicity) 혹은 회계기간(accounting period)의 가정이라고도 하는 것으로, 기업실체의 존속기간을 일정한 기간 단위로 분할하여 각 기간별로 재무제표를 작성하는 것을 말한다. 기업실체의 이해관계자는 지속적으로 의사결정을 해야 하므로 적시성이 있는 정보가 필요하게 된다. 이러한 정보 수요를 충족시키기 위하여 기간별 보고가 도입될 필요가 있다. 따라서 기업실체의 존속기간을 일정한 회계기간 단위로 구분하고 각 회계기간에 대한 재무제표를 작성하여 기간별로 재무상태, 경영성과, 현금흐름, 자본변동 등에 대한 정보를 제공할 필요가 있다.

계속기업의 가정에 의하면, 기업은 생명력이 무한하므로 회계보고를 생명이 종식될 때까지 무한히 연기해야 할 것이지만, 자원을 제공한 투자자나 채권자들은 회계실체가 수행한 경영활동의 성과나 재무상태를 자주 평가하여 지속적으로 자원배분을 위한 의사결정을 새롭게 하여야 하므로, 일정기간마다 경영성과와 재무상태에 관한 회계보고가 이루어지기를 원한다는 것이다. 결국 이 가정은 시기적절한 정보제공의 필요에 의해 생겨난 것으로, 회계실체의 지속적인 경영활동을 일정기간 단위별로 분할하여 기간계산을 하거나, 기간별 경영성과와 기말의 재무상태를 파악하여 보고하는 것 등(예를 들면, 중간 재무보고에 해당하는 반기보고서, 분기보고서 등)은 모두 이 가정에 의한 회계활동에 해당한다.

### 4) 발생기준

우선 다음의 경우를 생각해 보자. 어느 기업에서 20X1년 5월 1일 현재 상품을 20,000원에 판매하고서 그 대금은 한 달 후인 6월 1일에 받기로 하였다면, 판매시점인 5월 1일에는 아직 판매대금이 들어오지 않았으므로 현금유입은 없다. 그러나 판매가 일어났으므로 회계적으로 볼 때 수익이 발생한 것이다. 이런 경우 수익을 언제 인식,[3] 즉 기록해야 하는가?

---

3) 회계에서 인식(recognition)이라는 용어는 일상적으로 사용하는 장부에 기록(record)한다는 용어와 동일한 의미로 사용된다. 따라서 수익을 인식한다는 것은 수익을 장부에 기록한다는 의미이다.

또 다른 경우를 생각해 보자. 사무실에서 일하는 종업원의 6월 분 급료(예를 들어 30,000원)는 당연히 6월에 지급되어야 하는데, 회사에서는 관례적으로 다음 달 중순에 지급하고 있다고 하자. 6월 말 현재 급료라는 비용 30,000원은 발생했지만, 그것이 7월 17일에 현금으로 지출된다. 이럴 경우 급료 30,000원이라는 비용은 언제 장부에 인식되어야 하는가?

위의 두 경우처럼 수익이나 비용을 현금의 직접적인 유입이나 유출이 있을 때에 그 시점에서 장부에 기록하는 것을 현금주의(cash basis)라고 하고, 현금의 유입 혹은 유출과는 관계없이 수익이나 비용으로 볼만한 거래나 사건이 발생하면 그 발생시점에서 수익이나 비용을 장부에 기록하는 것을 발생주의(accrual basis)라 한다. 오늘날 일반적으로 인정된 회계원칙에서는 발생주의를 원칙으로 하고 있다. 왜냐 하면 발생주의에 따를 때 기업의 재무상태나 경영성과가 보다 적정하게 합리적으로 측정될 수 있기 때문이다.

위 첫 번째 경우에서 발생주의를 적용하면, 매출 20,000원이라는 수익은 5월 1일 시점에 기록되며, 현금주의를 적용하게 되면, 6월 1일에 동액이 수익으로 기록된다. 두 번째 경우에도 마찬가지로, 발생주의 하에서는 6월 30일 현재 급료 30,000원이 비용으로 기록되어야 하나, 현금주의 하에서는 7월 15일에 동액이 비용으로 기록되게 된다.

**도표 1-3 발생주의와 현금주의**

| 구분 | 의미 및 내용 |
|---|---|
| 발생주의 (accrual basis) | 현금의 유입이나 유출과는 관계없이 수익이나 비용으로 볼만한 거래나 사건이 발생하면 그 발생시점에서 인식함 |
| 현금주의 (cash basis) | 현금이 유입되면 그 시점에 수익을 인식하고, 현금이 유출되면 그 시점에 비용을 인식함 |

발생기준을 적용하여 작성한 재무제표는 현금의 수지를 수반한 과거의 거래뿐만 아니라, 미래에 현금을 지급해야 하는 의무와 현금의 수취가 기대되는 자원에 대한

정보를 이용자에게 제공함으로써, 기업의 재무상태ㅐ와 경영성과에 관한 적절한 정보를 제공한다. 다시 말해, 발생기준에 따른 재무제표는 과거의 거래와 그 밖의 사건에 대해 이용자의 경제적 의사결정에 가장 유용한 형태의 정보를 제공한다.

따라서 전통적으로 기업회계에서는 발생기준을 적용하여 왔으며, 오늘날에 와서는 정부회계 등 비영리회계 분야에서도 발생기준을 원칙으로 하여 적용하고 있다.

### 예제 1-1

발생기준과 현금기준

한국컨설팅(주)는 고객들에게 회계자문 서비스를 제공하는 회사이다. 회사에서는 항상 이번 달에 제공한 자문용역에 대한 대금을 다음 달 10일에 청구하여 15일에 수령한다. 8월과 9월에 고객들에게 제공한 자문용역은 각각 120,000원, 150,0000이었다. 한편, 사무실 직원의 급료는 매달 말일에 해당 월의 급료가 지급되며, 임차료는 통상 해당 월의 다음 달 5일날 지급한다. 8월과 9월분 급료는 각각 50,000원, 60,000원 임차료는 각각 20,000원, 25,000원이었다.

〈물음〉 발생주의와 현금주의 각각의 경우, 9월 한 달 동안의 수익과 비용을 계산하라.

**예제풀이**

- 발생주의: 현금의 유・출입과는 관계없이 해당 수익과 비용을 각각 계산한다.
  - 9월의 수익: 150,000원
  - 9월의 비용: 60,000원+25,000원=85,000원
- 현금주의: 현금의 유입금액을 수익으로, 현금의 유출금액을 비용으로 각각 계산한다.
  - 9월의 수익: 120,000원
  - 9월의 비용: 60,000원+20,000원=80,000원

## 4. 회계의 사회적 역할

### 1) 사회적 자원의 효율적 배분

인간이 이용할 수 있는 사회적 자원은 한정되어 있다. 이러한 한정된 자원이 어떻게 배분되는가에 따라 사회전체의 자원흐름도 달라지게 된다. 즉, 한정된 자원이 생산성이 높은 기업에 배분되면 그 자원을 이용하여 얻어지게 되는 생산은 생산성이 낮은 기업에 배분되는 경우에 비하여 크게 되고, 따라서 사회 전체의 생활은 더욱 풍요롭게 될 것이다.

회계는 한정된 사회적 자원을 효율적으로 배분하는데 중요한 정보를 제공하게 된다. 예를 들면, 회계정보는 기업의 생산성을 평가하는데 유용하게 이용될 수 있으며, 한정된 은행의 자금력을 효율적으로 배분될 수 있도록 돕기도 한다. 그리고 회계정보가 증권시장에 제공됨으로써 기업이 발행한 주식이나 채권과 같은 증권의 가격을 합리적으로 결정하여 주고, 그 가격에 의해 증권시장을 통한 사회의 자본을 합리적으로 배분해 주는 역할도 한다.

이와 같이 회계정보는 투자자와 채권자에게 제공되어 이들로 하여금 기업의 생산성을 판단하는 데 도움을 준다. 즉, 생산성이 높다고 판단되는 기업의 증권가격은 상승하게 되고, 가격이 오르게 되면 그 기업은 증권을 추가적으로 발행하여 새로운 자본을 조달할 수 있게 된다. 그러나 반대의 경우에는 기업이 새로운 증권을 발행하여 자본을 조달하기가 어렵게 되어, 결과적으로 증권시장을 통하여 기업에 제공될 수 있는 한정된 자본은 생산성이 높은 기업에 많이 돌아가게 된다.

회계정보는 이러한 증권시장의 바람직한 기능을 효과적으로 수행하는 데 필수적인 투자자의 합리적 판단에 매우 중요한 것이다.

### 2) 사회적 자원의 효율적 관리

경영자는 기업에 배분된 자원을 효율적으로 이용하고 관리함으로써 보다 많은 효익을 얻고자 한다. 이를 위해 기업의 경영자들은 자원관리와 관련된 의사결정을 하게 된다. 경영자들이 자원관리과정에서 합리적인 의사결정을 내리기 위해서는 그들의 의사결정과 관련한 재무정보가 필요하다. 회계정보는 기업의 경영자들이 그들에게 위탁된 자원을 효율적으로 관리하기 위한 합리적 결정에 도움을 주는 중요한 재무정보를 제공해 준다.

### 3) 회계책임

기업의 규모가 증가함에 따라 소유와 경영을 분리하게 되었다. 경영은 전문경영자가 맡게 되고, 소유주인 기업외부의 자본가가 자신의 자본을 전문경영자에게 위탁함으로써 기업을 더욱 능률적이고 효과적으로 운영하게 되었다. 여기서 경영자는 기업에 필요한 자금을 외부로부터 수탁받았기 때문에 이를 잘 운영할 책임이 있는데, 이를 수탁책임(stewardship)이라고 하며, 기업의 운영상황과 결과를 외부의 자금제공자에게 설명할 책임을 회계책임(accountability)이라고 한다. 이러한 회계책임은 회계정보를 통해 설명되는 바, 전문경영자가 주주총회에서 수탁책임과 회계책임을 잘 수행하였는지의 여부를 평가받아서 신임을 받게 된다. 만약 신임을 받지 못하면 회사를 그만두어야 할 것이다.

전문경영자의 업적은 매출액 내지 시장점유율의 증가, 이익증가율 등에 의해 평가되는 바, 이러한 정보는 재무제표와 각종 회계보고서를 통해서 나타난다.

자본과 경영의 분리나 조직 내에서 권한과 책임을 위임하는 행위는 그들 간에 위탁된 자본이나 책임에 관한 보고수단이 있어야만 가능한데, 이러한 역할을 수행하는 것이 회계이다.

### 4) 사회의 통제

회계정보는 여러 가지 사회적 통제를 합리적이고 능률적으로 수행하기 위해서 이용되고 있다. 즉, 국가는 회계정보를 이용하여 기업에 대하여 적정한 세금을 부과하고, 합리적인 경제정책을 수립하여 실시한다.

최근에 기업의 환경오염에 대한 사회적 관심이 점차적으로 높아져 가고 있다. 기업은 대기오염이나 수질오염 등의 방지를 위하여 스스로 노력하여야 하며, 이를 위해 적합한 수준의 환경비용을 부담하여야 한다.

따라서 기업이 부담한 환경비용에 관한 보고서는 기업의 사회적 책임을 평가하는 데 중요한 정보가 된다.

## 5. 회계정보의 이용자

모든 조직은 사람들이 의사결정을 더 잘 하도록 도와주기 위해 정보를 전달하는 회계정보시스템을 설치하고 있기 때문에 회계는 기업의 언어(language of business)라고 한다. 회계정보시스템은 두 종류의 이용자(내부이용자와 외부이용자)로 나눌 수 있는 다양한 이용자에게 이바지한다.

### 1) 내부이용자

회계정보의 내부이용자에는 기업을 기획하고, 조직하고, 운영하는 경영자와 생산에 종사하는 종업원이 있다. 경영자에는 마케팅경영자, 생산관리자, 재무담당이사, 임원 등이 포함된다. 기업을 운영할 때, 경영자는 기업내부의 중요한 문제(각 제품단위의 제조원가는 얼마인가?, 어떤 제품라인의 수익성이 가장 좋은가?, 종업원에게 임금인상을 해줄 여유가 있는가? 등)에 직면해서 회계정보를 이용해서 해결책을 구해야 한다. 그리고 종업원은 기업의 안전성과 수익성에 대한 정보에 관심을 갖는다. 이들은 또한 기업의 보수, 퇴직급여 및 고용기회 제공능력을 평가할 수 있는 정보를 필요로 한다.

이용자는 적시에 상세한 정보가 필요하다. 내부이용자의 경우에, 회계는 내부보고서를 제공한다. 이의 예로는 다른 대안운영의 재무비교, 신규판매전략의 이익예측, 차기 현금수요의 예측 등이 있다. 이외에, 요약재무정보가 재무제표의 양식으로 제시된다.

### 2) 외부이용자

회계정보의 외부이용자에는 여러 가지 유형이 있다. 투자자(소유자)는 주식을 구입, 보유, 판매하기 위한 의사결정을 하기 위해 회계정보를 이용한다. 납품업자, 은행 등과 같은 채권자는 신용을 부여하거나 자금을 대여하는 위험을 평가하기 위해 회계정보를 이용한다.

기타 외부이용자의 정보욕구와 질문은 상당히 다양하다. 국세청과 같은 과세당국(taxation authorities)은 기업이 세법을 준수하는지의 여부를 알고자 한다. 증권거래소, 금융감독원 등과 같은 규제기관(regulatory agencies)은 기업이 정해진 규정내에서 운영하고 있는지의 여부를 알고자 한다. 고객(customers)은 기업이 제품보증을 계속 실시하고 그 생산라인을 지속할 것인지의 여부에 관심이 있다. 일반대중(general public)은 재무제표에서 기업의 성장과 활동범위에 관한 추세와 현황에 대한 정보를 얻을 수 있다. 기업은 종업원의 고용과 지역 내 납품업자의 양성과 같은 다양한 방법으로 지역경제에 상당한 기여를 할 수 있다.

## 6. 회계분야

회계분야에는 다양한 분야가 있는데 이들은 여러 가지 방식으로 분류할 수 있다. 우선 부기와 회계를 구분해 보자.

- **부기** : 부기는 회계의 한 분야이다. 부기(book-keeping)는 장부기입의 약자로서 일반적으로 재무제표작성의 목적으로 특정한 기업실체에서 발생하는 회계사건이나 거래를 일정한 기입원리에 따라 장부에 기록하여 재무제표를 작성하는 기술(art)이다. 여기서는 회계정보의 생산측면만을 포함한다.
- **회계** : 회계(accounting)는 기업실체의 이해관계자에게 그들의 의사결정에 유용한 정보를 식별 · 인식 · 측정 · 전달하여 이용하는 모든 과정을 포함한다.

한편, 부기는 다시 단식부기와 복식부기로 구분할 수 있다.

- **단식부기** : 단식부기(single entry book-keeping)는 자산, 부채, 자본, 수익, 비용 등의 증감을 일정한 원리나 원칙이 없이 어느 한 쪽 측면만을 파악하여 기록, 계산하는 부기를 말한다.
- **복식부기** : 복식부기(double entry book-keeping)는 자산, 부채, 자본, 수익, 비용 등의 증감을 일정한 원리와 원칙에 따라 기록, 계산하는 방법을 말한다. 여기서 일정한 원리와 원칙이란 모든 거래는 하나 이상의 차변요소와 하나 이상의 대변요소로 이루어진다는 거래의 이중성과 차변요소와 합계와 대변요소의 합계는 항상 일치한다는 대차평균의 원리에 따라 거래나 사건을 기록, 계산하는 복식부기의 원리를 의미한다.

회계는 경제주체(가계, 기업, 정부)에 따라 구분하기도 한다.

- **가계회계** : 소비경제의 주체인 가정의 경제현상을 회계처리하는 분야
- **기업회계** : 생산경제의 주체인 기업의 경제현상을 회계처리하는 분야
- **정부회계** : 생산·소비의 조정주체인 정부의 경제현상을 회계처리하는 분야.

회계는 회계대상에 영리성이 있는가의 유무에 따라 다음과 같이 구분하기도 한다.

- **영리기관회계** : 기업회계
- **비영리기관회계** : 정부회계, 학교회계, 종교기관회계, 사회복지법인회계...

일반적으로 회계는 기업회계를 대상으로 하며 기업회계는 다시 그 기능에 따라 다음과 같이 구분할 수 있다.

- **재무회계** : 기업외부의 일반이해관계자(주주, 채권자, 정부기관, 일반대중 등)에게 기업에 관한 회계정보를 생산해서 전달하는 것을 주된 기능으로 하는 회계분

야. 재무회계는 기업외부의 모든 이해관계자를 대상으로 하여 생산한 회계정보를 특히 일반목적의 회계정보라 하는데, 재무회계정보가 여기에 해당한다.

- **원가회계** : 원가를 결정하고 관리하는 회계분야. 원가 중에서도 주요 관심사는 제조과정에서 발생하는 원가와 최종제품의 원가이다. 구체적으로 원가회계는 실제원가와 예측원가에 관한 정보를 생산하는데, 이 원가정보는 현행업무를 통제하고 미래를 계획하는 데 활용된다. 또한 최종제품과 부분적으로 완성된 재공품의 원가는 외부보고용의 재무회계에도 사용된다.
- **관리회계** : 기업 내의 일상적인 운영과 관리, 그리고 미래의 장기전략 구축 등을 위하여 회계정보를 이용하는 회계분야. 관리회계에서 주로 다루는 의사결정문제는 기업조직의 최고경영자로부터 일반 종업원이 당면하는 모든 문제를 망라하고 있다. 구체적인 문제에서 관리회계인은 문제해결의 가능한 대안을 모두 조사하고 그 중에서 최선의 대안을 선택하는 일을 한다.
- **세무회계** : 세금을 결정하여 세무보고서를 작성하거나 새로운 기업거래와 활동 등의 세무효과를 검토하는 활동을 하는 회계분야. 세무회계는 기업에서 납부할 법인세의 결산뿐만 아니라 부동산의 매매, 투자자산의 거래, 장기시설투자계획, 기업형태의 선정 등의 각종 활동에 대한 세금 문제를 포함하고 있다.
- **회계감사** : 회계정보의 적정성과 신뢰성을 독자적으로 검토하는 회계분야. 기업외부에 있는 공인회계사가 회계감사를 하는 경우에는 회계보고서 작성에 이용된 기초적인 원시자료를 조사하고 그 회계보고서의 적정성(fairness)과 신뢰성(reliability)에 대한 의견(적정의견, 한정의견, 부적정의견, 의견거절)을 기업회계기준에 비추어 표명한다. 이외에 내부감사인은 기업의 각 하부조직이 기업의 정책과 절차에 따라 제대로 업무를 수행하는지의 여부를 독자적으로 검토한다.
- **회계정보시스템(전산회계)** : 회계자료를 체계적으로 축적, 가공, 전달하기 위한 절차를 설계하고 운영하기 위한 경영정보시스템을 말한다. 회계정보시스템을 전문으로 하는 회계인은 기업의 재산을 보호하고 경영자에게 필요한 정보를 효율적으로 제공하기 위하여 적절한 견제와 균형을 갖춘 정보시스템을 고안해야 한다.

## 7. 회계의 직업세계

회계담당자는 민간회계나 공공회계에 종사한다. 기업이나 비영리기관에 근무하는 회계담당자는 민간회계(private accounting)에 종사하는 것이며, 수수료를 받고 서비스를 제공하는 회계담당자는 공공회계(public accounting)에 종사하는 것이다.

기업 내의 모든 기능은 회계정보를 이용하기 때문에, 민간회계나 공공회계에서의 경험은 경력에 견고한 토대를 제공해 준다. 산업계와 정부기관의 중요한 많은 직위들을 회계의 배경을 가진 사람들이 차지하고 있으며, 특히 기업이나 조직체의 기획실이나 예산관련부서에서는 회계에 정통한 사람들이 근무하고 있다. <도표 1-4>는 기업이사진의 주요한 경력을 보여주고 있다.[4)]

**도표 1-4 기업이사진의 경력**

| | |
|---|---|
| 회계 · 재무 | 31% |
| 마케팅 | 27% |
| 생산기술 | 22% |
| 기타 | 20% |
| | 100% |

<도표 1-4>에서 보는 바와 같이 미국의 경우(*Business Week*에서 발표한 자료에서 인용)는 재무분야나 회계분야에서 경력을 쌓은 사람이 임원(이사)으로 될 확률이 높다는 것을 알 수 있다.

### 1) 공공회계

공공회계(public accounting)에서 회계담당자는 마치 의사가 환자에게 봉사하고 변호사가 사건의뢰인에게 봉사하는 것과 동일한 방식으로 일반대중에게 전문적인 용

4) Warren, C. S. Reeve, J. M., and P. E. Fess, *Accounting* 21edition,(South-Western, 2005), p.10.

역을 제공한다. 공공회계의 주요한 부분에는 감사(auditing)도 포함된다. 이 분야에서, 공인회계사(certified public accountant, CPA)는 회계법인[5])에 속하거나 개인으로 기업의 재무제표를 검토하고, 재무제표의 적정성에 관한 의견을 표명한다. 재무제표가 적정할 때, 이용자는 그 재무제표가 신뢰성이 있다고 생각한다.

세금계산(taxation)은 공공회계의 또 다른 주요한 분야이다. 조세전문가인 세무사[6]) 가 수행하는 업무에는 국세청과 같은 정부기관 앞에서 의뢰인을 대표하고, 조세상담, 절세전략, 납세신고서를 작성하는 것이 포함된다.

공공회계의 세 번째 분야는 경영상담(management consulting)이다. 이것은 기본 회계시스템의 설치로부터 기업이 사업을 확장해야 하는지의 여부를 결정하는 것을 도와주는 것까지 다양하다.

### 2) 민간회계

민간회계(private accounting)의 활동범위와 의무는 다양하다. 민간회계담당자를 가끔 관리회계담당자(management accountant)라고도 한다. 이들이 제조업체에 고용되어 있다면, 이들을 원가회계담당자(cost accountant)라고도 한다. 기업에서는 최고 회계책임자를 콘트롤러(controller)라고 부르기도 한다. 이외에 정부기관이나 비영리 기관에 봉사하는 회계담당자도 민간회계분야에 속한다. 민간회계에서는 다음과 같은 활동을 한다.

일반회계, 원가회계, 예산편성, 회계정보시스템, 세무회계, 내부감사 등

☑ **일반회계** : 일상의 거래를 기록하고 재무제표와 관련정보를 작성하는 것.

☑ **원가회계** : 특정한 제품의 제조원가를 결정하는 것.

---

5) 우리나라에도 삼일회계법인, 한영회계법인, 안진회계법인, 삼정회계법인 등 많은 회계법인이 있다. 미국에는 4개의 거대한 국제적인 회계법인이 있는데, 이들은 PWC, EY, Deloitte, KPMG 등이다.

6) 2008년도에 우리나라에서 가장 돈을 많이 번 직업은 세무사였던 것으로 조사되었다. 2009년 12월 15일 한국고용정보원이 조사해서 발표한 "2008 산업직업별 고용구조조사"에 따르면, 세무사의 월평균 소득은 1,073만원으로 426개의 직업 가운데 가장 높았다. 세무사 다음으로는 정보통신업계관리자, 기업 임원, 문화예술디자인영상분야 관리자, 항공기 조종사, 변호사 등의 순서이었다. 조선일보 2009년 12월 16일자 A12면에서 인용.

- **예산편성** : 경영자가 수익, 매출원가, 영업비 등에 관한 목표를 계량화하는 것을 도와주는 것.
- **회계정보시스템** : 수작업과 전산화의 자료처리시스템을 설계하는 것.
- **세무회계** : 기업을 위해 납세신고서를 작성하고, 절세전략을 입안하는 것.
- **내부감사** : 기업의 운영이 기업내규를 준수하는지의 여부를 살펴보기 위해 기업의 운영을 검토하고 영업의 효율성을 평가하는 것.

특정한 기업 내에서, 민간회계담당자는 공공회계의 회계담당자처럼 매우 다양한 의무를 수행한다.

# 3절 일반적으로 인정된 회계원칙

## 1. 일반적으로 인정된 회계원칙의 의의

일반목적 재무보고를 위해 필요한 회계기준을 일반적으로 인정된 회계원칙(generally accepted accounting principles, GAAP)이라고 한다. 일반적으로 인정된 회계원칙은 재무제표를 작성하고 배포하는데 준수해야 하는 모든 개념과 상세한 실무에 적용된다. 이에는 인정되는 회계실무를 구성하는 모든 관습, 규칙, 절차 등이 포함된다. 여기서는 오늘날 우리나라에 존재하는 일반적으로 인정된 회계원칙을 중심으로 한다. 조직의 성과를 측정하기 위한 하나의 완전한 방법은 없지만, 일반적으로 인정된 원칙의 범위를 일부 수용 가능한 것으로 좁히는 것이 유용하다고 간주되고 있다. 일반적인 추세는 국제적인 다양성을 줄이고자 하며, 전세계의 정부와 회계단체들도 이 분야에서 협력해서 단일의 국제회계기준을 제정하려고 노력하고 있다.

일반적으로 인정된 회계원칙의 존재는 어떤 원칙이 일반적으로 인정되고, 인정되지 않는가를 누군가가 결정해야 한다는 것을 의미한다. 우리나라에서는 국제회계기준을 적용하고 있다. 일반적으로 인정된다는 것은 특정한 회계사항에 관하여 회계원칙의 제정권을 가진 기관이 합의(agreement)에 의해 회계원칙을 제정하거나 오랜 기간에 걸쳐 특정한 회계처리관습, 용도, 경험 등이 실무계의 광범위한 지지를 받아 사용되어 온 결과 이제는 하나의 원칙으로 형성되어 있다는 것을 의미한다. 따라서 일반적으로 인정된 회계원칙이란 실질적으로 권위 있는 지지(substantial authoritative support)를 가지는 회계원칙이라는 것이다.

일반적으로 인정된 회계원칙은 법적인 권한을 가진 회계원칙 제정기관에서 제정한 기업회계기준서, 기업회계기준해석서, 기업회계기준 적용사례 등을 일컫는다. 그러나 법적인 지지는 없지만 실무에서 널리 수용되고 있는 것도 일반적으로 인정된 회계원칙으로 간주된다.

일반적으로 인정된 회계원칙은 기업의 보고방법, 보고내용 등에 영향을 주기 때문에, 모든 이해관계자들은 이러한 회계원칙의 제정에 관심을 가진다. 한편, 일반적으로 인정된 회계원칙은 다양한 기업의 이해관계자들의 이해를 조정해야 하므로 정치적 과정(political process)을 거쳐 만들어지는 타협의 산물이기도 한다.

## 2. 일반적으로 인정된 회계원칙의 필요성

기업실체와 관련된 회계정보를 정보제공자가 특정한 기준이 없이 임의적인 방법으로 작성하여 공시한다면 동일한 경제적 사건에 대하여 서로 다른 정보가 제공될 수 있다. 반면에 일반적으로 인정된 회계원칙에 따라 재무제표를 작성하여 공시하게 되면 통일된 기준에 의하여 재무제표가 작성되므로 재무제표의 비교가능성이 증진되고, 동일한 용어와 형식을 사용하므로 이해가능성이 높아지며, 재무제표의 신뢰성이 높아진다. 회계원칙이 한 사회 내에서 필요한 이유는 다음과 같은 두 가지 측면에서 설명되어질 수 있다.

첫째, 회계원칙은 회계 실체가 작성한 회계정보에 신뢰성과 유용성을 높여주기 위하여 필요하다. 둘째, 회계원칙은 한 사회 내에서 회계실무를 지도해 나갈 지도원리로서 그 존재의 필요성이 있다 할 것이다.

## 3. 일반적으로 인정된 회계원칙의 특징

일반적으로 인정된 회계원칙은 다음과 같은 특징을 가진다.

첫째, 회계행위의 지침이며 회계실무를 이끌어가는 지도원리이다. 일반적으로 인정된 회계원칙은 다수의 권위 있는 전문가들이 지지하여 제정하거나 다수의 실무자들이 존중하여 수용한 것이다. 따라서 회계실무를 종합적으로 체계화한 것이므로 회계행위의 지침이여, 실무의 지도원리가 된다.

둘째, 보편타당성과 다수의 이해관계자들의 이해조정적 성격이 있다. 기업의 이해관계자들은 다수이고 각각 추구하는 목표가 상이하다. 일반적으로 인정된 회계원칙은 모든 기업이 보편타당하게 적용 가능한 지침을 제공하므로 특정한 이해관계자에게 유리하거나 불리하지 않도록 한다. 이로 인하여 이해관계자들의 대립적인 이해관계를 조정한다. 셋째, 기업의 환경변화에 따라 함께 변화한다. 일반적으로 인정된 회계원칙은 기업이 처한 정치적 · 경제적 환경이 변화함에 따라 함께 변화한다. 왜냐하면 회계원칙이 기업환경의 변화에 따라 적절히 변화해야만 경제적 현상을 적절히 보고할 수 있기 때문이다. 회계원칙은 사회적 합의의 산물이므로 사회환경이 변하면 함께 변할 수밖에 없다.

## 4. 주요 회계원칙

### 1) 역사적 원가주의 원칙

역사적 원가(Historical cost)는 최초 거래시점에서 거래 당사자들 사이에 합의된

교환가격을 말하며, 취득원가 혹은 최초거래가격 등으로도 불린다. 회계과정에서 자산이나 부채, 자본 등을 장부에 기록할 때 얼마로 기록할 것인가를 결정하는 기준으로는 역사적 원가, 현행원가, 미래현금흐름의 현가 등 여러 가지가 존재한다. 이 중 역사적 원가를 사용해야 한다는 것을 역사적 원가주의 원칙이라 한다. 즉, 자산을 최초 구입할 경우 구입시점에서의 교환가격으로 정부에 기록하는 것이며, 구입 이후에도 계속 이 취득원가를 기초로 하여 기록할 금액을 계산(이를 평가라 함)하는 것이다. 부채나 자본도 마찬가지로 최초의 교환시점에서의 교환가격으로 기록한다.

역사적 원가주의는 몇 가지 심각한 문제점을 안고 있음에도 그것이 갖는 검증가능성, 객관성 등 신뢰성이 높다는 점에서 전통적으로 회계에서는 가장 기본적인 대원칙의 자리를 차지해 왔었다. 역사적 원가, 현행원가, 미래 현금흐름의 현가 등의 자세한 개념과 특징 등은 회계이론 과목이나 재무회계 과목 등에서 심층적으로 공부하게 될 것이다.

### 2) 수익 실현주의 원칙

발생주의 원칙에 따라 수익을 그 발생시점에서 인식한다고 할 경우 구체적으로 어느 시점에서 수익이 발생했다고 보아야 하는가 하는 문제가 남는다. 그 본질상 수익은 연속적인 과정, 즉 수익획득 과정(earnings process)을 통해서 발생하기 때문이다.

전통적으로 회계에서는 이 문제에 대해, 수익은 발생주의 기준에 따라 기록하되, 이를 보다 구체적으로 지정하여, 수익은 그것이 실현된 시점에 기록한다고 정하고 있다. 이를 수익 실현주의(realization principle)라 한다. 그리고 다음의 두 가지 조건이 발생한 시점을 수익 실현시점으로 간주한다.

1. 수익 획득과정상 가장 결정적 사건(critical event)이 완료되었거나 사실상 완료되어야 한다.
2. 수익금액을 합리적으로 측정할 수 있어야 한다.

즉, 위 두 조건이 모두 충족되는 시점을 수익 실현시점으로 보고 이 시점에 수익을 인식한다는 것이 수익 실현주의이다. 위 두 가지 조건이 충족되었다고 볼 수 있는 시점은 모든 거래에 대해서 일정하지 않고 거래의 특성이나 종류에 따라 각각 다를 수 있다. 가장 일반적인 경우가 재화나 용역을 판매한 시점이며, 대부분의 거래들에서는 이 판매시점에 수익을 인식한다. 판매시점에서 수익이 실현되었다고 보고 수익을 인식하는 것을 판매기준(sales basis) 혹은 인도기준(delivery basis)이라 한다. 회계에서는 이 외에도 생산과정 중에 수익을 인식하는 경우(이를 특히 진행기준이라 함), 생산이 완료된 시점에서 수익을 인식하는 경우(이를 완성기준이라 함), 판매대금이 회수되는 시점에서 수익을 인식하는 경우(이를 회수기준이라 함) 등 다양한 기준들이 존재한다. 이러한 각종 인식기준들에 관한 자세한 설명을 중급 재무회계 교과목에서 다루게 된다.

### 3) 수익 · 비용 대응의 원칙

수익과 마찬가지로 비용에 대해서도 발생주의를 적용하여 인식한다고 하더라도 구체적으로 언제 기록해야 할지 하는 문제는 여전히 남는다. 이에 관해서 회계에서는 먼저 모든 비용들이 다 그런 것은 아니지만 대부분의 비용들은 수익창출을 위해서 발생한다는 점에 착안하여, 수익은 실현주의를 적용하여 인식하되 비용은 관련된 수익이 인식되는 기간과 동일한 기간에 인식하는 것을 원칙으로 하고 있다. 이처럼 관련된 수익이 인식되는 기관과 동일한 기간에 비용을 인식하는 것을 수익 · 비용 대응의 원칙(matching process)이라 한다.

비용들 중에서 수익과의 인과관계가가 명확한 비용들도 있지만 관계가 모호하거나 전혀 관계가 없는 비용들도 있다. 상호 인과관계가 명확한 경우에는 수익 · 비용대응의 원칙을 쉽게 적용할 수 있지만, 인과관계가 모호하거나 존재하지 않는 경우에는 수익 · 비용 대응의 원칙을 적용하는 데 어려움이 있다. 이러한 경우에는 별도로 정한 체계적이고 합리적인 방법을 사용하여 비용을 인식(체계적 · 합리적 방법에 의한 인식)하거나 혹은 대응원칙을 고려하지 않고 발생된 기간에 발생된 금액 전액을 즉시 비용으로 인식하는 방법(즉시인식법)을 사용한다.

# 4절 한국채택 국제회계기준

## 1. 국제회계기준의 의의

자본시장의 세계화추세에 따라 전세계적으로 단일기준으로 작성된 신뢰성 있는 재무정보의 요구가 증대되어 왔다. 이러한 수요에 부응하기 위하여 "국제적으로 통일된 고품질의 회계기준 제정"이라는 목표아래 감독기구와는 독립적으로 운영되는 국제적인 회계제정기구인 국제회계기준위원회(IASB, International Accounting Standards Board)가 설립되었다.

국제회계기준(IFRS, International Financial Reporting Standards)은 국제회계기준위원회가 제정한 국제회계기준서(Standards) 및 국제회계기준해석서(Interpretations)를 통칭한다.

## 2. 국제회계기준의 주요 특징

### 1) 대다수 국가의 협업을 통해 제정되는 기준

IASB는 기준제정과정에서 미국, 영국, 캐나다, 호주, 일본 등 세계 각국의 회계기준제정기구와 공동 작업을 하고 있다. 즉, IASB는 IFRS를 도입하거나 IFRS와 합치를 추진하는 국가의 회계기준 제정기구와 밀접한 관련이 있다.

IASB와 기타 회계기준 제정기구의 궁극적인 목표는 세계 자본시장의 참여자 및 기타 이용자들의 경제적 의사결정을 돕기 위하여, 재무제표와 기타 재무보고에 있어 고품질, 투명성, 비교가능성을 갖춘 이해가능하고 강제성 있는 단일의 국제회계기준을 제정하고, 동 회계기준의 이용 및 엄격한 적용을 장려하는 것이다.

이러한 목표를 달성하기 위해서는 IASB와 기타 회계기준 제정기구가 긴밀한 협조 관계를 유지하여 공동 작업을 수행하는 것이 필수적이다.

### 2) 원칙중심의 기준체계(Principle-based Standards)

상세하고 구체적인 회계처리 방법을 제시하기 보다는 회계담당자가 경제적 실질에 기초하여 합리적으로 회계처리할 수 있도록 회계처리의 기본원칙과 방법론을 제시하는데 주력하고 있다. 그러나, 미국의 일반적으로 인정된 회계원칙은 법률관계 및 계약의 내용에 따라 개별 사안에 대한 구체적인 회계처리 방법과 절차를 세밀하게 규정(Rule-based)하고 있다.

### 3) 연결재무제표 중심

국제회계기준은 종속기업이 있는 경우 연결재무제표(Consolidated Financial Statements)를 기본으로 한다. 이에 따라 사업보고서 등 모든 공시서류가 연결재무제표 기준으로 작성되어야 한다.

### 4) 공정가치 평가

국제회계기준의 내용상 핵심은 자본시장의 투자자에게 기업의 재무상태 및 내재가치에 대한 의미있는 투자정보를 제공하는 것이다.

이를 위해 국제회계기준은 금융자산·부채와 유·무형자산 및 투자부동산에까지 공정가치측정을 의무화 또는 선택 적용할 수 있도록 하고 있다. 여기서 공정가치란 합리적인 판단력과 거래의사가 있는 독립된 당사자 사이의 거래에서 자산이 교환되거나 부채가 결제될 수 있는 금액을 의미한다.

## 3. 한국채택 국제회계기준의 의의

한국채택 국제회계기준은 한국기업이 준수하여야 하는 회계처리기준으로서 국내 법체계상 효력을 갖추기 위해 법적 권위 있는 기관이 공식적인 정규절차를 거쳐 한국에서 적용되는 회계기준으로 채택된 국제회계기준(IFRS)을 의미한다.

여기서는 국제회계기준의 전면 도입 취지를 살릴 수 있도록 그 명칭을 '한국채택 국제회계기준'으로 하고, 영문 표시 대외명칭을 'K-IFRS'(Korean International Financial Reporting Standards)로 결정하고 있다.

따라서 각 기준서에서 당해 K-IFRS를 준수하면 대응되는 IFRS를 준수하는 것이라고 명시하고 있으며, K-IFRS를 준수하여 작성된 재무제표는 IFRS를 준수하여 작성된 재무제표임을 주석으로 공시할 수 있다.

## 4. 한국채택 국제회계기준의 구조

한국채택 국제회계기준은 기업회계기준서(Standards)와 기업회계기준해석서(Interpretations)로 구성되어 있다. 그런데, '재무보고를 위한 개념체계'는 K-IFRS의 일부를 구성하지 않지만, 외부이용자를 위한 재무제표의 작성과 표시에 있어 기초가 되는 개념을 정립해주는 역할을 제공하고 있다.

기업회계기준서(Standards): 원칙적으로 목적, 적용범위, 회계처리방법, 공시, 부록 등으로 구성된다. 부록은 용어의 정의, 적용보충기간 등으로 구성되며, 기준서의 일부를 구성하지는 않지만 기준서를 적용함에 있어서 편의를 제공하기 위한 실무지침으로써 서문, 결론도출근거, 적용사례, 실무적용지침 등이 제공된다.

기업회계기준해석서(Interpretations): 기업회계기준서에서 명시적으로 언급되지 않은 새롭게 인식된 재무보고 문제에 대하여 지침을 제공한다. 또한 구체적인 지침이 없다면 잘못 적용될 수 있는 내용에 대한 권위 있는 지침을 제공한다.

## 5. 국제회계기준의 도입배경

### 1) 현행 회계기준 제정경과 및 평가

#### (1) 한국회계기준원의 설립과 회계처리기준의 재 · 개정업무 위탁

1997년 후반기에 발생한 한국의 외환위기 당시에 정부와 세계은행(IBRD) 사이에 독립된 민간 회계기준 제정기구 설립에 대한 합의(1998년 10월)에 따라 한국회계기준원(1999년 9월)을 설립하고, 금융감독위원회는 회계처리기준의 제 · 개정업무를 한국회계기준원에 위탁하였다(2000년 7월).

#### (2) 기업회계기준서의 제정 및 평가

한국회계기준원은 회계기준을 국제회계기준에 합치시키라는 국제통화기금(IMF)과 IBRD의 요구에 따라 현재까지 다수의 기업회계기준서를 제정하였는 바, 회계전문가들은 내용적으로 90% 이상 수용한 것으로 평가하고 있다. 그러나, 일부 내용 및 기준형식은 국내현실에 맞게 수정 · 반영함에 따라 국제사회에서 국제회계기준과 다른 기준을 사용하는 나라로 분류되었다.

### 2) 국제회계기준 도입 필요성

#### (1) 전세계적인 회계기준 단일화 추세에 적극 대응

자본시장이 세계화됨에 따라 국제적으로 통일된 회계처리기준에 대한 요구가 과거 어느 때보다 크게 증가하고 있다. 이러한 요구에 따라 유럽연합(EU), 호주, 캐나다 등 이미 100여 개국이 국제회계기준을 자국의 회계기준으로 수용 또는 수용할 예정이므로 우리나라도 세계적인 회계기준 단일화 추세에 적극 대응할 필요가 있다.

### (2) 회계투명성에 대한 신뢰도 제고

감독당국에 의한 회계감리 실시, 회계위반관련 집단소송 도입, 공시서류에 대한 경영자 확인서명 의무화, 감사인 독립성 강화, 감사인 의무교체제도 도입(6년 초과 동일회계법인 감사금지), 내부회계관리제도 도입, 과거분식의 자발적 수정유도 등 외환위기 이후 정부는 기업회계 선진화를 위해 회계감독을 강화하고 제도개선을 지속적으로 실시하여 왔으나, 기업의 재무상태와 경영성과를 나타내는 기초언어인 회계처리기준이 국제회계기준과 달라 외국인 등이 한국기업의 회계에 대하여 신뢰하지 못하는 한 원인이 되어 왔다.

코리아 디스카운트(Korea discount)의 원인 중에서 '회계기준 미흡' 요인을 제거하여 회계정보에 대한 대내외 신뢰도를 높일 필요가 있다.

### (3) 세계적 기업들의 회계장부 이중작성 부담 경감

국내기업이 해외증시에 상장할 경우 해당국가의 회계처리기준을 적용하여 재무제표를 다시 작성하고 외부감사도 받게 되므로 기업부담이 발생하게 된다.

국제회계기준 도입시, 국내법규에 의한 재무제표를 국제자본시장에서 그대로 사용할 수 있게 되어 이중으로 회계장부를 작성하는 부담이 없어지게 된다. (EU는 원칙적으로 2008년 재무제표부터 제3국 기업에 대해 IFRS적용을 의무화하고 있다)

## 전공용어

- 감사(auditing) • 개인기업(proprietorship) • 경영상담(management consulting)
- 고객(customer) • 공공회계(public accounting) • 공시(disclosure)
- 공인회계사(certified public accountant) • 과세당국(taxation authority)
- 국제회계기준(international financial reporting standards)
- 규제기관(regulatory agency) • 기업의 언어(language of business)
- 단식부기(single entry book-keeping) • 매출채권(accounts receivable)
- 민간회계(private accounting) • 복식부기(double entry book-keeping)
- 부기(book-keeping) • 부채(liabilities) • 비용(expense) • 수익(revenue)
- 순손실(net loss) • 순이익(net income) • 식별(identification) • 신뢰성(reliability)

• 실질적으로 권위 있는 지지(substantial authoritative support)
• 연결재무제표(consolidated financial statements) • 인식(recognition)
• 일반대중(general public)
• 일반적으로 인정된 회계원칙(generally accepted accounting principles)
• 자산(asset) • 적정성(fairness) • 전달(communication)
• 정보기술(information technology) • 조합(partnership) • 주식회사(corporation)
• 채권자(creditor) • 측정(measurement) • 현금(cash) • 회계(accounting)

## 토의문제

1. 기업활동의 세 가지 유형을 설명하라.

2. 회계정보의 내부이용자는 누구인가?

3. 회계의 사회적 역할을 설명하라.

4. 일반적으로 인정된 회계원칙(GAAP)을 설명하라.

5. 국제회계기준을 제정하게 된 이유를 설명하라.

# 2장 재무보고를 위한 개념체계와 재무보고

제 1 절 | 재무보고를 위한 개념체계

제 2 절 | 재무보고

"돈의 흐름과 자본의 효율적인 관리를 주로 담당하는 사람을 중국의 상인들은 장계(掌界) 혹은 화계(火界)라고 부르고 있었는데, 이들의 생명은 '근소한 일도 사사로이 이익을 보지 않는' 정직성에 달려 있었다. 이들의 길은 장차 '독립해서 스스로 상인이 되는 것'이었으나 그렇게 하기 위해서는 '뒤에서 큰 이익을 얻는' 자신의 역할에 충실하여야만 하였다. 마침 임상옥은 중국상인들의 독특한 회계제도에 대해 깊은 관심을 가지고 있던 참이었다. 중국의 회계제도는 마침내 우리나라에도 들어와 '회계'(會計)라는 이름으로 바뀌게 되었는데 이들이 주로 하는 일은 나가고 들어오는 돈의 흐름을 따지고 셈하여서 재산과 수입 및 지출의 관리와 운영을 계산하는 경리(經理)를 말함이었던 것이다."

최인호의 소설, 상도(商道)(여백미디어, 2000)

# 1절 재무보고를 위한 개념체계

개념체계는 외부이용자를 위한 재무제표의 작성과 표시에 있어 기초가 되는 개념을 정립한다. 개념체계의 의의와 목적 및 내용을 소개하면 다음과 같다.

## 1. 개념체계의 의의

재무보고를 위한 개념체계(conceptual framework for financial reporting)는 외부정보이용자를 위하여 재무제표를 작성하고 표시함에 있어서 기초가 되는 개념을 정립하고, 회계실무를 평가할 수 있는 준거체계를 제공하여 주며, 새로운 회계실무를 발전시키는 지침으로서의 역할을 수행한다.

회계기준은 다양한 내부·외부 이해관계자들의 이해관계를 조정해주는 성격을 가지고 있으므로 체계적이지 못하고 회계기준 사이에 일관성이 결여될 가능성도 존재한다. 재무보고의 본래 목적을 달성하기 위하여 존재하는 개념체계란 회계와 관련된 일련의 현상의 기본이 되고 있거나 그 현상들을 지배하고 있는 규칙 또는 원칙을 체계화한 것을 말한다. 즉 일관된 회계이론을 정립하고 이를 전개하기 위하여 필요한 틀과 일관된 지침을 제공해주는 것이 바로 개념체계이다.

## 2. 개념체계의 목적

개념체계는 외부이용자를 위한 재무제표의 작성과 표시에 있어 기초가 되는 개념을 정립한다. 재무보고를 위한 개념체계의 목적은 다음과 같이 정리할 수 있다.

1) 한국회계기준위원회가 향후 새로운 "한국회계기준위원회가 채택한 국제회계기준(이하 '한국채택국제회계기준'이라 한다)"을 제정하거나 기존의 한국채택국제회계기준의 개정을 검토할 때에 도움을 제공한다.
2) 한국채택국제회계기준에서 허용하고 있는 대체적인 회계처리방법의 수를 축소하기 위한 근거를 제공하여 한국회계기준위원회가 재무제표의 표시와 관련되는 법규, 회계기준 및 절차를 조화시킬 수 있도록 도움을 제공한다.
3) 재무제표의 작성자가 한국채택국제회계기준을 적용하거나 한국채택국제회계기준이 미비한 거래에 대한 회계처리를 하는 데 도움을 제공한다.
4) 감사인이 재무제표가 한국채택국제회계기준을 따르고 있는지에 대한 의견을 형성하는 데 도움을 제공한다.
5) 재무제표의 이용자가 한국채택국제회계기준에 따라 작성된 재무제표에 포함된 정보를 해석하는 데 도움을 제공한다.
(6) 한국회계기준위원회의 업무활동에 관심 있는 이해관계자에게 한국채택국제회계기준을 제정하는 데 사용한 접근방법에 대한 정보를 제공한다.

## 3. 개념체계와 한국채택국제회계기준의 관계

개념체계는 한국채택국제회계기준이 아니므로 특정한 측정과 공시에 관한 기준을 정하지 아니한다. 따라서 개념체계는 어떤 경우에도 특정한 한국채택국제회계기준에 우선하지 아니한다. 즉, 개념체계와 한국채택국제회계기준이 상충(trade-off)되는 경우에는 특정한 측정과 공시에 관한 기준을 정하고 있는 한국채택국제회계기준이 개념체계보다 우선한다. 개념체계는 특정 항목을 인식하기 위한 한국채택국제회계기준이 없는 경우에 회계처리를 위한 지침을 제공하는 것이 때문이다.

## 4. 개념체계의 구조

국제회계기준위원회가 제정한 재무보고를 위한 개념체계는 다음과 같이 구성되어 있다.

1) 재무보고의 목적: 정보이용자의 경제적 의사결정에 유용한 정보제공
2) 유용한 재무정보의 질적 특성
   ① 근본적 질적 특성: 목적적합성, 표현의 충실성
   ② 보강적 질적 특성: 비교가능성, 검증가능성, 적시성, 이해가능성
3) 재무제표의 기본가정: 계속기업
4) 재무제표 요소의 인식과 측정: 자산, 부채, 자본, 수익, 비용의 인식과 측정

### 1) 재무보고의 목적

#### (1) 일반목적 재무보고의 목적

일반목적 재무보고의 목적은 현재 및 잠재적 투자자와 대여자 및 기타 채권자가 기업에 자원을 제공하는 것에 대한 의사결정을 할 때 유용한 보고기업의 재무정보를 제공하는 것이다. 투자자, 대여자 및 기타 채권자의 수익에 대한 기대는 기업에 유입될 미래 순현금유입의 금액, 시기 및 불확실성의 전망에 대한 그들의 평가에 달려있다. 따라서 현재 및 잠재적 투자자, 대여자 및 기타 채권자는 기업에 유입될 미래 순현금유입에 대한 전망을 평가하는 데 도움을 주는 정보를 필요로 한다.

한편, 보고기업의 경영진도 해당 기업에 대한 재무정보에 관심이 있다. 그러나 경영진은 그들이 필요로 하는 재무정보를 내부에서 구할 수 있기 때문에 일반목적 재무보고서에 의존할 필요가 없다.

### (2) 일반목적 재무보고가 제공하는 정보

일반목적 재무보고서는 대표적으로 다음과 같은 두 가지 성격의 정보를 제공한다.

첫째, 보고기업의 경제적 자원과 이에 대한 청구권에 관한 재무상태의 정보를 제공한다. 왜냐하면 보고기업의 경제적 자원과 청구권의 성격 및 금액에 대한 정보는 정보이용자가 보고기업의 재무적 강점과 약점을 식별하는 데 도움을 줄 수 있기 때문이다. 또한 그 정보는 정보이용자가 보고기업의 유동성과 지급능력, 추가적인 자금조달의 필요성 및 그 자금조달이 얼마나 성공적일지를 평가하는 데 도움을 줄 수도 있다. 경제적 자원과 청구권에 관한 정보는 재무상태표를 통하여 확인할 수 있다.

둘째, 보고기업의 경제적 자원과 청구권을 변동시키는 거래와 그 밖의 사건의 영향에 대한 정보도 제공한다. 보고기업의 경제적 자원과 청구권의 변동은 주로 그 기업의 재무성과로 인해서 발생하며, 재무성과 이외의 사건 또는 거래에서도 발생할 수 있다.

보고기업의 미래현금흐름에 대한 전망을 올바르게 평가하기 위하여 정보이용자는 이러한 두 가지 변동을 구별할 수 있는 능력이 필요하다. 보고기업의 경제적 자원과 청구권의 변동 원인 중의 하나인 재무성과에 관한 정보는 그 기업의 경제적 자원에서 해당 기업이 창출한 수익을 정보이용자가 이해하는 데 도움을 준다.

기업이 창출한 수익에 대한 정보는 경영진이 보고기업의 자원을 효율적이고 효과적으로 사용해야 하는 책임을 얼마나 잘 이행하였는지를 보여준다. 특히 미래현금흐름의 불확실성을 평가하는 데 있어서는 그 수익의 변동 및 구성요소에 대한 정보도 역시 중요하다.

경제적 자원과 청구권의 변동에 관한 정보는 포괄손익계산서와 현금흐름표 등을 통해서 확인할 수 있다.

## 2) 유용한 재무정보의 질적 특성

질적 특성(qualitative characteristics)은 일반목적 재무보고를 통해 제공되는 정보가 그 목적을 달성하기 위해 갖추어야 할 주요 속성을 말한다. 따라서 질적 특성은 현재 및 잠재적 투자자, 대여자 및 기타 채권자가 재무보고서에 포함된 정보에 근거하여 보고기업에 대한 의사결정을 할 때 정보의 유용성을 판단하는 기준이 된다.

개념체계에서는 유용한 재무정보가 갖추어야 할 질적 특성으로서 목적적합성(relevance)과 표현의 충실성(representational faithfulness)으로 구성되는 근본적(fundamental) 질적 특성과 비교가능성, 검증가능성, 적시성, 이해가능성 등으로 구성되는 보강적(enhancing) 질적 특성을 제시하고 있다.

### (1) 근본적 질적 특성: 목적적합성

의사결정에 유용한 정보가 되려면 재무정보가 정보이용자의 경제적 의사결정에 차이가 날 수 있어야 하는데, 이를 목적적합성이라고 한다. 목적적합성을 구성하는 세부특성에는 예측가치, 확인가치, 중요성 등이 있다.

① **예측가치**: 예측가치(predictive value)는 미래 예측을 위한 정보로서의 가치를 말한다.

② **확인가치**: 확인가치(confirmative value)는 과거 의사결정의 확인과 수정을 위한 정보로서의 가치를 말하며, 피드백가치(feedback value)라고도 한다. 재무정보의 예측가치와 확인가치는 상호 연관되어 있다. 예측가치를 갖는 정보는 확인가치도 가지는 경우가 많다. 예를 들면, 미래 연도 수익의 예측 근거로 사용할 수 있는 당해 연도 수익정보를 과거연도에 행한 당해 연도 수익 예측치와 비교할 수 있다. 그 비교결과는 정보이용자가 과거예측에 사용한 절차를 수정하고 개선하는 데 도움을 줄 수 있다.

③ **중요성**: 중요성(materiality)은 보고기업과 관련된 의사결정에 영향을 미칠 수 있는 정보로서의 가치를 말한다. 즉, 중요성은 개별 기업 재무보고서의 관점에서 해당 정보와 관련된 항목의 성격이나 규모 또는 이 둘 모두에 근거하여 해당 기업에 특유한 측면의 목적적합성을 의미한다. 따라서 회계기준위원회는 중요성에 대한 획일적인 기준치를 정하거나 특정한 상황에서 무엇이 중요한 것인지를 미리 결정할 수는 없다.

### (2) 근본적 질적 특성: 표현의 충실성

의사결정에 유용한 정보가 되려면 목적적합한 현상을 표현하는 것뿐만 아니라 나타내고자 하는 현상을 충실하게 표현해야 하는데, 이를 표현의 충실성(representational faithfulness)이라고 한다. 재무보고서가 완벽하게 충실한 표현이 되려면 재무보고서와 관련된 서술이 완전하고, 중립적이며, 오류가 없어야 한다는 것이다.

① **완전한 서술**: 완전한 서술(complete depiction)은 정보이용자가 현상을 이해하는데 필요한 모든 정보를 재무보고서가 제공해야 한다는 것이다. 예를 들어, 자산 집합의 완전한 서술은 적어도 집합 내 자산의 특성에 대한 서술과 집합 내 모든 자산의 수량적 서술, 그러한 수량적 서술이 표현하고 있는 내용을 포함한다.

② **중립적 서술**: 중립적 서술(neutral depiction)은 정보의 선택이나 표시에 편향이 없는 재무정보를 제공해야 한다는 것이다. 중립적 정보는 목적이 없거나 행동에 대한 영향력이 없는 정보를 의미하지 않는다.

③ **오류없는 서술**: 오류없는 서술(depiction free from error)은 현상의 서술이나 절차상에 오류나 누락이 없는 정보의 제공을 의미한다. 하지만 오류가 없다는 것이 모든 면에서 완벽하게 정확하다는 것을 의미하는 것은 아니다. 예를 들면, 관측가능하지 않은 가격이나 가치의 추정치는 정확한지 또는 부정확한지 결정할 수 없다. 그러나 추정치로서 금액을 명확하고 정확하게 서술하고, 추정 절차의 성격과 한계를 설명하며, 그 추정치를 도출하기 위한 적절한 절차를 선택하고 적용하는 데 오류가 없다면 그 추정치의 표현은 충실하다고 할 수 있다.

### (3) 보강적 질적 특성: 비교가능성

의사결정에 더욱 유용한 정보가 되려면 기업간 비교가능성과 기간간 비교가능성이 있는 정보를 제공해야 하는데 이와 관련된 질적 특성을 비교가능성이라고 한다. 정보이용자의 의사결정은 여러 대안들 중에서 선택을 하는 것이다. 따라서 보고기업에 대한 정보는 다른 기업에 대한 유사한 정보와 비교(기업간 비교가능성)할 수 있고, 해당 기업에 대한 다른 기간이나 다른 일자의 유사한 정보와 비교(기간간 비교가능성) 할 수 있다면 더욱 유용하다.

일관성(consistency)은 비교가능성과 관련은 되어 있지만, 동일하지는 않다. 일관성은 한 보고기업 내에서 기간 간 또는 같은 기간 동안에 기업 간, 동일한 항목에 대해 동일한 방법을 적용하는 것을 말한다. 비교가능성은 목표이고 일관성은 그 목표를 달성하는 도움을 준다. 한편, 비교가능성은 통일성(uniformity)이 아니다. 정보가 비교가능하기 위해서는 비슷한 것은 비슷하게 보여야 하고, 다른 것은 다르게 보여야 한다. 재무정보의 비교가능성은 비슷한 것을 달리 보이게 하여 보강되지 않는 것처럼, 비슷하지 않은 것을 비슷하게 보이게 한다고 해서 보강되지는 않는다.

### (4) 보강적 질적 특성: 검증가능성

의사결정에 더욱 유용한 정보가 되려면 제공되는 정보에 대하여 합리적인 판단력이 있고 독립적인 서로 다른 관찰자가 어떤 서술이 충실한 표현이라는데 의견이 일치할 수 있어야 하는데 이를 검증가능성(verifiability)이라고 한다. 물론 완전히 일치하지 않을 수는 있다. 따라서 계량화된 정보가 검증가능하기 위해서는 단일 점추정치이어야 할 필요는 없다. 가능한 금액의 범위 및 관련된 확률도 검증될 수 있기 때문이다.

검증은 직접적 또는 간접적으로 이루어질 수 있다. 직접 검증은 현금을 세는 것과 같이 직접적인 관찰을 통하여 금액이나 그 밖의 표현을 검증하는 것을 의미한다. 간접 검증은 모형, 공식 또는 그 밖의 기법에의 투입요소를 확인하고 같은 방법을 사용하여 그 결과를 재계산하는 것을 의미한다. 예를 들어, 기말재고자산의 검증을 위해 투입요소인 수량과 원가를 확인하고 보고기업과 같은 원가흐름가정을 사용하여 재고자산의 장부금액을 검증하는 것이 간접 검증의 방법이다.

### (5) 보강적 질적 특성: 적시성

의사결정에 더욱 유용한 정보가 되려면 제공되는 정보가 의사결정에 영향을 미칠 수 있도록 정보이용자가 제때에 이용가능하게 할 수 있어야 하는데 이를 적시성(timeliness)이라 한다. 일반적으로 정보는 오래될수록 유용성이 낮아진다. 그러나 일부 정보는 보고기간 말 후에도 오랫동안 적시성이 있을 수 있다. 예를 들어, 일부 정보이용자는 과거의 정보를 이용하여 추세를 식별하고 평가할 필요가 있을 수 있기 때문이다.

### (6) 보강적 질적 특성: 이해가능성

의사결정에 더욱 유용한 정보가 되려면 제공되는 정보가 이용자에게 쉽게 이해될 수 있도록 제공되어야 하는데 이를 이해가능성(understandability)이라고 한다. 정보를 명확하고 간결하게 분류하고 표시하면 이해가능하게 된다. 일부 현상은 본질적으로 복잡하여 이해하기 쉽게 할 수 없다. 그 현상에 대한 정보를 복잡하다는 이유만으로 재무보고서에서 제외하면, 그 재무보고서의 정보를 더 이해하기 쉽게 할 수 있다. 그러나 그 보고서는 불완전하여 잠재적으로 오도할 수 있다. 재무보고서는 사업활동과 경제활동에 대해 합리적인 지식이 있고, 부지런히 정보를 검토하고 분석하는 정보이용자를 위해 작성된다. 때로는 박식하고 부지런한 정보이용자도 복잡한 경제적 현상에 대한 정보를 이해하기 위해 자문가의 도움을 받는 것이 필요할 수 있다.

### (7) 유용한 재무보고에 대한 원가제약

재무정보의 보고에는 원가가 소요되고, 해당 재무정보의 효익이 재무정보의 원가를 정당화한다는 것이 중요하다. 따라서 원가는 재무보고로 제공될 수 있는 정보에 대한 포괄적 제약요인이다.

원가제약요인을 적용함에 있어서, 회계기준위원회도 특정 정보를 보고하는 효익이 그 정보를 제공하고 사용하는 데 발생한 원가를 정당화할 수 있을 것인지 평가해야 한다. 본질적인 주관성 때문에, 재무정보의 특정 항목 보고의 원가 및 효익에 대한 평가는 개인마다 달라진다. 따라서 회계기준위원회는 단지 개별 보고기업과 관련된 것이 아닌, 전반적으로 재무보고의 원가와 효익을 고려하려고 노력하고 있다.

#### ① 재무정보의 원가

재무정보의 제공자는 재무정보의 수집, 처리, 검증 및 전달에 대부분의 노력을 투입하면서 원가가 발생한다. 한편, 정보이용자도 궁극적으로 수익의 감소형태로 그 원가를 부담하게 된다. 또한 재무정보의 이용자는 제공된 정보를 분석하고 해석하는 데에도 원가가 발생한다. 필요한 정보가 제공되지 않으면, 그 정보를 다른 곳에서 얻거나 그것을 추정하기 위한 추가적인 원가가 정보이용자에게 발생한다.

#### ② 재무정보의 효익

목적 적합하고 나타내고자 하는 바가 충실하게 표현된 재무정보를 보고하는 것은 정보이용자가 더 확신을 가지고 의사결정하는 데 도움을 주게 된다. 이것은 자본시장이 더 효율적으로 기능하도록 하고, 경제 전반적으로 자본비용을 감소시키면서 효익을 제공하게 된다. 개별 투자자, 대여자 및 기타 채권자도 더 많은 정보에 근거한 의사결정을 함으로써 효익을 얻는다. 그러나, 정보이용자 각자가 목적적합하다고 보는 모든 정보를 일반목적 재무보고서에서 제공하는 것은 가능하지 않다.

### 3) 재무제표를 구성하는 요소

재무제표는 거래나 그 밖의 사건의 재무적 영향을 경제적 특성에 따라 대분류하여 나타낸다. 이러한 대분류를 재무제표의 요소(elements of financial statements)로 정의한다. 재무상태표에서 재무상태의 측정과 직접 관련된 요소는 자산, 부채 및 자본이다. 그리고 포괄손익계산서에서 경영성과의 측정과 직접 관련된 요소는 수익과 비용이다. 재무상태변동표는 일반적으로 재무상태표 요소의 변동과 포괄손익계산서 요소를 반영하므로 이 개념체계에서는 재무상태변동표의 고유한 요소에 대해 별도로 식별하지 아니한다.

재무제표의 요소가 재무상태표와 포괄손익계산서에 표시될 때 소분류의 과정을 거친다. 예를 들면, 자산과 부채는 기업이 영위하는 사업에서의 해당 항목의 성격이나 기능에 따라 이용자의 경제적 의사결정 목적에 가장 유용하도록 당해 정보를 나타내는 방법으로 분류할 수 있다. 보다 상세한 것은 제2절 재무보고를 참조.

### (1) 재무제표 요소의 정의

재무상태의 측정에 직접 관련되는 요소는 자산, 부채 및 자본이다. 이러한 요소의 정의는 다음과 같다.

자산은 과거 사건의 결과로 기업이 통제하고 있고 미래 경제적 효익이 기업에 유입될 것으로 기대되는 자원이다. 자산에 내재된 미래 경제적 효익이란 직접 또는 간접으로 특정 기업의 미래 현금 및 현금성자산의 유입에 기여하게 될 잠재력을 말한다.

부채는 과거 사건에 의하여 발생하였으며 경제적 효익이 내재된 자원이 기업으로부터 유출됨으로써 이행될 것으로 기대되는 현재의무이다. 현재의무와 미래의 약속은 구별되어야 한다. 미래에 특정 자산을 취득하겠다는 경영자의 의사결정 그 자체만으로는 현재의무가 발생하지 아니한다.

자본은 기업의 자산에서 모든 부채를 차감한 잔여지분이다. 자본총액은 그 기업이 발행한 주식의 시가총액 또는 순자산을 나누어서 처분하거나 기업 전체를 처분할 때 받을 수 있는 대가와 일치하지 않는 것이 일반적이다.

이익은 흔히 성과의 측정치로 사용되거나 투자수익률이나 주당이익과 같은 측정치의 기초로 사용된다. 이익의 측정과 직접 관련된 요소는 수익과 비용이다. 수익과 비용은 다음과 같이 정의된다.

수익은 자산의 유입이나 증가 또는 부채의 감소에 따라 자본의 증가를 초래하는 특정 회계기간 동안에 발생한 경제적 효익의 증가로서, 지분참여자에 의한 출연과 관련된 것은 제외한다.

비용은 자산의 유출이나 소멸 또는 부채의 증가에 따라 자본의 감소를 초래하는 특정 회계기간 동안에 발생한 경제적 효익의 감소로서, 지분참여자에 대한 분배와 관련된 것은 제외한다.

### (2) 재무제표 요소의 인식

인식(recognition)은 재무제표 요소의 정의에 부합하고 인식기준을 충족하는 항목을 재무상태표나 포괄손익계산서에 반영하는 과정을 말한다. 이 과정은 해당 항목을 서술하는 계정명칭과 화폐금액으로 기술하고 그 금액을 재무상태표 또는 포괄손익계산서 총계에 산입하는 것을 포함한다. 인식기준을 충족하는 항목은 재무상태표나 포괄손익계산서에 인식되어야 한다. 관련된 회계정책의 공시, 주석 또는 설명 자료만으로는 그러한 항목의 인식누락을 정당화할 수 없다.

재무제표 요소의 정의에 부합하는 항목이 다음 기준을 모두 충족한다면 재무제표에 인식되어야 한다.

① 그 항목과 관련된 미래 경제적 효익이 기업에 유입되거나 기업으로부터 유출될 가능성이 높다.
② 그 항목의 원가 또는 가치를 신뢰성 있게 측정할 수 있다.

어떤 항목이 이러한 기준을 충족하여 재무제표에 인식해야 하는지를 평가할 때 중요성을 고려할 필요가 있다. 재무제표의 요소 간 상호연관성은 특정 요소의 정의 및 인식기준을 충족하는 항목 예를 들면, 자산을 인식하는 경우 수익이나 부채 같은 다른 요소가 자동적으로 인식되어야 한다는 것을 의미한다.

자산은 미래 경제적 효익이 기업에 유일될 가능성이 높고 해당 항목의 원가 또는 가치를 신뢰성 있게 측정할 수 있을 때 재무상태표에 인식한다.

부채는 현재 의무의 이행에 따라 경제적 효익이 내재된 자원의 유출 가능성이 높고 결제될 금액에 대해 신뢰성 있게 측정할 수 있을 때 재무상태표에 인식한다.

수익은 자산의 증가나 부채의 감소와 관련하여 미래 경제적 효익이 증가하고 이를 신뢰성 있게 측정할 수 있을 때 포괄손익계산서에 인식한다.

비용은 자산의 감소나 부채의 증가와 관련하여 미래 경제적 효익이 감소하고 이를 신뢰성 있게 측정할 수 있을 때 포괄손익계산서에 인식한다.

### (3) 재무제표 요소의 측정

측정(measurement)이란 대상의 특징을 수치(number)로 나타내는 것을 말한다. 기업에서 재무제표의 요소를 측정한다는 것은 결국 이들 요소의 공통적인 특징을 화폐로 나타내는 것을 의미하는데 이를 화폐적 측정(monetary measurement)이라고 하며, 화폐적 측정을 가치평가(valuation)이라고도 한다.

측정은 재무상태표와 포괄손익계산서에 인식되고 평가되어야 할 재무제표 요소의 화폐금액을 결정하는 과정이다. 측정은 특정한 측정기준의 선택과정을 포함한다.

측정기준에는 역사적 원가, 현행원가, 실현가능가치, 현재가치 등이 있다.[7)]

#### ① 역사적 원가(historical cost)

자산은 취득의 대가로 취득 당시에 지급한 현금 또는 현금성자산이나 그 밖의 대가의 공정가치로 기록한다. 부채는 부담하는 의무의 대가로 수취한 금액으로 기록한다. 어떤 경우(예: 법인세)에는 정상적인 영업과정에서 그 부채를 이행하기 위해 지급할 것으로 기대되는 현금이나 현금성자산의 금액으로 기록할 수도 있다.

#### ② 현행원가(current cost)

자산은 동일하거나 또는 동등한 자산을 현재시점에서 취득할 경우에 그 대가로 지불하여야 할 현금이나 현금성자산의 금액으로 평가한다. 부채는 현재시점에서

7) 개념체계에서는 측정기준으로 제시되어 있지 않지만, 한국채택 국제회계기준에서 널리 이용되고 있는 측정기준에 공정가치(fair value)가 있다. 공정가치는 단일의 가치개념이 아니라 복합적인 가치개념이다. 공정가치는 합리적인 판단과 거래의사가 있는 독립된 당사자 사이의 거래에서 자산이 교환되거나 부채가 결제될 수 있는 금액을 말한다. 정상적인 조건하에서 형성되는 현재시점의 가치를 의미한다. 현행원가, 실현가능가치 등이 공정가치로 이용될 수 있다.

그 의무를 이행하는데 필요한 현금이나 현금성자산의 할인하지 아니한 금액으로 평가한다.

#### ③ 실현가능가치(realizable value)

자산은 정상적으로 처분하는 경우 수취할 것으로 예상되는 현금이나 현금성자산의 금액으로 평가한다. 부채는 이행가치(settlement value)로 평가하는 데, 이는 정상적인 영업과정에서 부채를 상환하기 위해 지급될 것으로 예상되는 현금이나 현금성자산의 할인하지 아니한 금액으로 평가한다.

#### ④ 현재가치(present value)

자산은 정상적인 영업과정에서 그 자산이 창출할 것으로 기대되는 미래 순현금유입액의 현재가치로 평가한다. 부채는 정상적인 영업과정에서 그 부채를 상환할 때 필요할 것으로 예상되는 미래 순현금유출액의 현재가치로 평가한다.

재무제표를 작성할 때 기업이 가장 보편적으로 채택하고 있는 측정기준은 역사적 원가이다. 역사적 원가는 일반적으로 다른 측정 기준과 함께 사용된다. 예를 들면, 재고자산은 통상 역사적 원가와 순실현가능가치를 비교하여 저가로 평가되고, 시장성 있는 유가증권은 시가로 평가되기도 하며 연금부채는 현재가치로 평가된다. 일부 기업은 비화폐성자산에 대한 가격변동효과를 반영하지 못하는 역사적 원가 모형에 대한 대응책으로 현행원가기준을 사용하기도 한다.

### 4) 재무보고를 위한 기본가정: 계속기업

재무제표는 일반적으로 기업이 계속기업(going concern)이며 예상 가능한 기간 동안 영업을 계속할 것이라는 가정 하에 작성된다. 따라서 기업은 그 경영활동을 청산하거나 중요하게 축소할 의도나 필요성을 갖고 있지 않다는 가정을 적용하며, 만약 이러한 의도나 필요성이 있다면 재무제표는 계속기업을 가정한 기준과는 다른 기준을 적용하여 작성하는 것이 타당할 수 있으며 이때 적용한 기준은 별도로 공시하여야 한다.

### 5) 자본유지의 개념

대부분의 기업은 자본의 재무적 개념에 기초하여 재무제표를 작성한다. 자본을 투자된 화폐액 또는 투자된 구매력으로 보는 재무적 개념 하에서 자본은 기업의 순자산이나 지분과 동의어로 사용된다. 자본을 조업능력으로 보는 자본의 실물적 개념 하에서는 자본은 예를 들면, 1일 생산수량과 같은 기업의 생산능력으로 간주된다.

자본개념에 따라 자본유지개념도 다음과 같이 도출된다.

#### (1) 재무자본유지

재무자본유지 개념 하에서 이익은 해당 기간 동안 소유주에게 배분하거나 소유주가 출연한 부분을 제외하고 기말 순자산의 재무적 측정금액(화폐금액)이 기초 순자산의 재무적 측정금액(화폐금액)을 초과하는 경우에만 발생한다. 재무자본유지개념은 특정한 측정기준의 적용을 요구하지 아니한다. 재무자본유지개념 하에서 측정기준의 선택은 기업이 유지하려는 재무자본의 유형과 관련 있다. 즉, 재무자본유지는 명목화폐단위 또는 (일반물가수준을 반영하는) 불변구매력단위를 이용하여 측정할 수 있다.

#### (2) 실물자본유지

실물자본유지개념 하에서 이익은 해당 기간 동안 소유주에게 배분하거나 소유주가 출연한 부분을 제외하고 기업의 기말 실물생산능력이나 조업능력(또는 그러한 생산능력을 갖추기 위해 필요한 자원이나 기금)이 기초 실물생산능력 을 초과하는 경우에만 발생한다. 실물자본유지개념을 사용하기 위해서는 현행원가기준에 따라 측정해야 한다.

# 2절 재무보고

회계거래나 사건이 발생하면, 이를 인식하고 측정해서 회계정보로 만든 후, 회계정보이용자에게 제공하게 되는데, 이 때 외부의 일반이해관계자에게 회계정보를 널리 공시하는 것을 재무보고(financial reporting)라 한다. 즉, 재무보고는 기업이 일정시점의 재무상태와 일정기간의 재무상태의 변동에 관한 재무정보를 외부의 일반이해관계자에게 제공하는 모든 보고수단을 말한다. 재무보고의 수단으로는 일반적으로 재무제표가 가장 널리 이용되고 있다.

재무제표 이외의 수단을 통해서 이해관계자에게 전달되는 재무정보의 전달수단은 일정한 양식이나 규칙이 없으며, 그 내용도 다양하다.

기타 재무보고수단으로는 경영자의 분석과 전망(management discussion and analysis, MD&A), 주주에 대한 경영자의 서한 등이 있고, 이외에 재무분석가(analysts)의 이익예측, 경제통계 등의 여러 정보가 있다. 기업정보의 종류와 이들의 전달수단에 관해서는 <도표 2-1>을 참조하라.

도표 2-1 기업정보의 종류와 전달수단

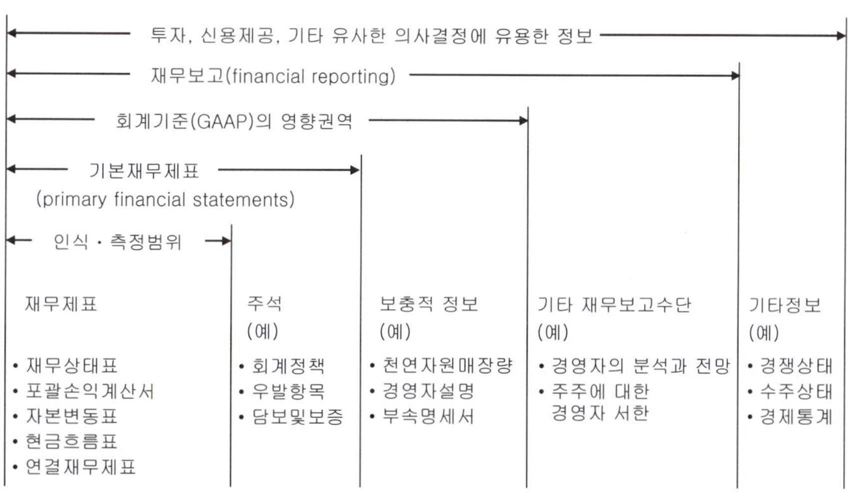

우선 재무제표부터 살펴보도록 하자.

## 1. 재무제표

재무제표(financial statements)는 기업실체의 외부 정보이용자에게 기업실체에 관한 재무정보를 전달하는 핵심적 재무보고수단이며, 투자자와 채권자를 포함한 다양한 정보이용자의 공통적 정보요구를 위해 작성되는 일반목적 재무제표이다. 그러나 일반목적이 모든 목적을 의미하는 것은 아니며 재무제표가 모든 정보이용자의 요구를 동일하게 충족시키는 것도 아니다.

재무제표는 경제적 사실과 거래의 실질을 반영하여 기업의 재무상태, 경영성과, 재무상태의 변동(현금흐름이나 자본변동)을 공정하게 표시하여야 하며, 기업회계기준에 따라 적정하게 표시된 재무제표는 공정하게 표시된 재무제표로 간주된다.

재무보고의 목적을 달성하기 위해서는 다양한 회계정보가 제공되어야 한다. 이러한 정보의 다양성으로 인해 여러 종류의 재무제표가 필요하다. 각 회계기간별로 회계기말 현재의 재무상태에 관한 정보를 나타내는 재무상태표가 필요하고, 회계기간 동안의 경영성과에 관한 정보를 나타내는 포괄손익계산서가 필요하다. 또한 회계기간 동안의 현금흐름에 관한 정보를 나타내는 현금흐름표와 자본의 변동에 관한 자본변동표가 필요하게 된다. 이러한 재무제표들은 서로 연관되어 있으며, 전체적으로 하나의 체계를 이루고 있다.

지배/종속 관계에 있는 기업들은 그 전체를 대상으로 연결재무제표를 작성해야 하는데, 연결재무제표는 기본적인 재무제표이다.

재무제표는 주석 및 부속명세서 등의 기타 설명자료를 통하여 재무제표 본문에 표시된 정보를 이해하는 데 도움이 되는 추가적 정보 또는 재무제표 본문에 계상되지 않은 자원, 의무 등에 대한 정보를 함께 제공해야 한다. 예를 들어, 재무제표 작성에 적용된 중요한 회계방침과 회계변경의 효과에 대한 정보, 사업부문별 정보, 기업실체에 영향을 미치는 불확실성이나 위험에 대한 정보 등이 제공되어야 한다.

이러한 재무제표의 작성과 표시에 대한 궁극적인 책임은 경영자에게 있으며, 재무제표를 조작해서 분식회계나 역분식회계와 같은 회계부정을 저지르게 되는 경우에 경영자가 처벌을 받게 된다.

재무제표에 의하여 제공되는 정보는 다음과 같은 특성과 한계점을 가지고 있다.

첫째, 재무정보는 주로 재무적 성격을 가지고 있기 때문에 의사결정에 유용한 비재무적 정보가 제외될 수 있다.

둘째, 재무정보는 산업 또는 경제전반에 관한 것이라기보다는 개별기업과 관련이 있다. 산업 또는 경제전반에 관한 거시적 경제지표에 관한 정보는 재무제표에 포함되지 않는다.

셋째, 재무정보는 정확한 측정치라기보다는 주관적인 요소가 반영된 개략적인 추정치인 경우가 많다.

넷째, 재무정보는 이미 발생한 거래나 사건으로 인한 재무적 영향을 나타내기 때문에 주로 과거에 관한 정보이다.

다섯째, 재무정보는 경제적 의사결정을 필요로 하는 자에 의하여 요구되는 여러 정보 중 하나의 원천에 지나지 않는다.

여섯째, 재무정보를 제공하거나 이용하는 데에는 원가가 수반된다. 정보는 자유재가 아닌 공공재 내지는 경제재로 간주하는 것이 타당하다.

기업의 기본재무제표에는 재무상태표, 포괄손익계산서, 자본변동표, 현금흐름표, 연결재무제표, 주석이 포함된다. 이하에서 이들을 살펴보기로 한다.

### 1) 재무상태표

재무상태표(statement of financial position)는 일정한 시점 현재 기업실체의 재무상태에 관한 정보를 제공한다. 재무상태표의 기본요소는 자산, 부채, 자본이다. 재무상태는 기업이 보유하는 경제적 자원인 자산과 그 자산에 대한 청구권으로 구성되는

데, 이러한 청구권은 다시 채권자의 청구권과 소유자의 청구권의 두 종류로 나누어진다. 여기서 채권자의 청구권을 부채(경제적 의무)라고 하고, 소유자의 청구권을 자본 또는 주주지분이라고 한다. 이 관계를 등식으로 표시하면 다음과 같다.

회계등식: 자산 = 부채 + 자본
= 채권자지분 + 주주지분
= 지분

기업의 재무상태에 관한 이용자의 이해를 증진하기 위해 기업은 가끔 유사한 자산과 부채를 함께 분류한다. 이것은 집단내의 항목들이 유사한 경제적 특성을 가지고 있다는 것을 말해주기 때문에 유용하다. 구분식 재무상태표는 일반적으로 <도표 2-2>와 같이 표준적인 구분을 하고 있다.

**도표 2-2 표준적인 재무상태표구분**

| 자산 | 부채 | 자본 |
|---|---|---|
| 유동자산 | 유동부채 | 지배기업소유주지분 |
| 당좌자산 | 비유동부채 | 자본금 |
| 재고자산 | | 자본잉여금 |
| 매각예정자산(집단) | | 자본조정 |
| 생물자산 | | 기타포괄손익누계액 |
| 기타유동자산 | | 이익잉여금 |
| 비유동자산 | | 비지배지분 |
| 투자자산 | | |
| 유형자산 | | |
| 무형자산 | | |
| 생물자산 | | |
| 기타비유동자산 | | |

채권자는 부채의 상환가능성을 결정하기 위해 기업의 재무상태표를 분석한다. 그들은 기업의 자산과 부채의 상태를 조심스럽게 평가한다. 예를 들면, 기업은 부채를

쉽게 상환할 수 있는 자산을 가지고 있는가? 경영자는 재고자산이 미래매출을 지지하기에 적절한지와 보유현금이 현금의 수요에 충분한지의 여부를 결정하기 위해 재무상태표를 이용한다. 경영자는 기업의 부채와 자본의 비율이 최적인지의 여부를 결정하기 위해 부채와 자본 사이의 관계를 살펴본다. 이제 재무상태표의 중분류의 항목들을 살펴보자.

### (1) 자산

자산은 과거 거래나 사건의 결과로서 특정 기업실체에 의해 지배되어 미래에 경제적 효익을 창출할 것으로 기대되는 자원이다. 자산은 다음과 같은 특징을 가지고 있다.

첫째, 자산은 미래 경제적 효익(future economic benefits)이 창출될 것으로 기대되는 자원이다. 미래 경제적 효익이란 직접 또는 간접으로 특정한 기업실체의 순현금유입에 기여할 수 있다는 것을 의미한다.

둘째, 자산은 특정한 기업실체에 의해 통제(control)되어야 한다. 특정한 기업실체에 의해 통제되어야 한다는 것은 다른 실체가 그 자산에 접근하는 것을 막을 수 있어야 한다는 의미인데, 법적 소유권을 반드시 의미하는 것은 아니다. 즉, 형식보다는 실질우선의 원칙에 의해 법적 소유권이 없더라도 그로 인한 경제적 효익을 배타적으로 누리고 있을 경우에는 기업의 자산으로 간주할 수 있다.

셋째, 미래 경제적 효익이 기대되는 거래나 사건이 과거에 이미 발생했어야 한다.

한국채택국제회계기준에 의하면, 자산을 유동자산과 비유동자산으로 구분하여 표시하여야 한다. 자산이 일반적으로 보고기간 후부터 12개월 이내나 정상영업주기(normal operating cycle)내에 실현할 것으로 예상되는 경우에는 유동자산으로 분류하고 그 이외의 경우에는 비유동자산으로 분류한다.

한국채택국제회계기준에 의한 자산항목을 구체적으로 살펴보면 다음과 같다.

#### ① 유동자산

유동자산(current assets)에는 ㉠ 현금이나 현금성자산으로서 교환이나 부채상환

목적으로의 사용에 대한 제한 기간이 보고기간 후 12개월 이상이 아닌 경우, ㉡ 기업의 정상적인 영업주기 내에 실현될 것으로 예상하거나 정상적인 영업주기 내에 판매목적 또는 소비목적으로 보유하고 있는 자산, ㉢ 단기매매 목적으로 보유하는 자산, ㉣ 보고기간 후 1년 이내에 현금화 또는 실현될 것으로 예상되는 자산 등이 포함된다.

대부분의 기업에서 유동자산으로의 분류기준은 재무상태표일로부터 일년이다(일년기준). 예를 들면, 매출채권(accounts receivable)은 일년 이내에 회수를 통해 현금으로 전환될 것이기 때문에 유동자산에 포함된다. 소모품은 기업이 일년 이내에 이용할 것으로 예상되기 때문에 유동자산이다.

일부 기업은 일년 이상의 영업주기(operating cycle)를 가지기 때문에 자산과 부채를 유동으로 분류하기 위해 일년 이상의 기간을 이용하기도 한다. 기업의 영업주기는 영업활동을 위한 자산의 취득시점부터 그 자산이 현금이나 현금성자산으로 실현되는 시점까지 소요되는 기간이다. 대부분의 기업의 경우에 이 순환기간은 일년 미만이기 때문에, 일년 기준을 이용하며, 정상영업주기를 명확히 식별할 수 없는 경우에는 그 기간이 일년(12개월)인 것으로 가정한다. 그러나 포도주나 항공기 제조업체와 같은 일부 기업의 경우에, 이 기간은 일년 이상일 수도 있다. 따로 언급되는 경우를 제외하고는 자산이나 부채가 유동인지 비유동인지의 여부를 결정하기 위해 일년 기준이 이용된다고 가정할 것이다.

기업의 유동자산은 단기부채상환능력을 평가하는데 중요하다. 재무상태표에서 유동자산 항목들은 현금으로 전환될 것으로 예상되는 순서대로 열거된다(유동성배열법). 유동자산은 당좌자산, 재고자산, 매각예정자산, 매각예정자산집단, 생물자산 등으로 분류할 수 있다.

당좌자산에는 현금 및 현금성자산, 단기금융자산, 매출채권(대손충당금을 차감한 순액), 기타채권, 선급법인세 등의 계정과목들이 있고, 재고자산에는 상품, 제품, 재공품, 원재료 등의 계정과목들이 있다. 매각예정자산은 비유동자산중에서 1년 이내에 매각할 예정인 자산을 말하며, 매각예정자산집단은 자산집단을 단일거래로 1년 이내에 매각할 예정인 경우의 자산집단을 말한다. 생물자산은 1년 이내에 판매할 예정인 살아있는 동물이나 식물을 말한다.

### ② 비유동자산

비유동자산은 기업이 1년 이상 보유하는 자산을 말한다. 이에는 투자자산, 유형자산, 무형자산, 생물자산, (이연법인세를 포함한) 기타비유동자산이 있다.

## (2) 부채

부채는 과거 거래나 사건의 결과로서 특정한 기업실체가 현재 부담하고 있고 그 이행을 위하여 미래에 경제적 효익이 내재된 자원의 희생(유출)이 예상되는 의무이다. 부채는 다음과 같은 특징을 가지고 있다.

첫째, 부채는 미래의 경제적 효익이 내재된 자원(자산)의 희생이 예상되어야 한다. 부채는 현금을 지급하거나 재화의 인도, 용역의 제공 등을 필요로 한다.

둘째, 특정한 기업실체가 부담하는 의무이어야 한다. 대부분의 의무는 법적 강제력으로부터 발생하지만 특정한 기업실체의 형평적 의무(equitable obligation)나 추정적 의무(constructive obligation)로부터 부채가 발생할 수도 있다. 여기서 형평적 의무나 추정적 의무란 사회적, 도덕적 관습으로부터 발생되는 것으로 계약이나 협정에 의해서가 아니라 특정한 상황에서 처해 있다는 사실로부터 추론되어 인정되는 의무(예를 들면, 종업원의 유급휴가, 명절상여금)이다.

셋째, 경제적 효익의 희생이 예상되는 사건이 과거에 이미 발생되었어야 한다.

한국채택 국제회계기준에 의하여 부채를 유동부채와 비유동부채로 분류하면 다음과 같다.

### ① 유동부채

유동부채의 분류기준은 다음과 같다.

㉠ 정상영업주기 내에 결제될 것으로 예상된다.

㉡ 주로 단기매매 목적으로 보유하고 있다.

㉢ 보고기간 후 12개월 이내에 결제하기로 되어 있다.

㉣ 보고기간 후 12개월 이상 부채의 결제를 연기할 수 있는 무조건의 권리를 가지고 있지 않아야 한다.

그리고 기업의 정상영업주기 내에 사용되는 운전자본의 일부인 매입채무와 종업원 및 그 밖의 영업원가에 대한 미지급비용과 같은 유동부채의 경우 보고기간 후 12개월 후에 결제일이 도래한다고 하더라도 유동부채로 분류한다.

정상영업주기 이내에 결재되지는 않지만, 보고기간 후 12개월 이내에 결제일이 도래하거나 단기매매목적으로 보유하는 부채는 유동부채로 처리한다. 이에는 단기매매목적으로 분류된 금융부채, 당좌차월, 비유동금융부채의 유동성 대체부분, 미지급법인세 및 기타 지급채무 등이 있다.

**② 비유동부채**

비유동부채에는 이자를 부담하는 차입채무로서 재무상태일 이후 1년을 초과한 기간에 상환이 예상되는 부채(사채, 신주인수권부사채, 전환사채 등이 포함)가 있고, 지출의 시기 또는 금액이 불확실하지만, 과거사건이나 거래의 결과에 의하여 재무상태표일 현재 부담하는 의무를 이행하기 위해 자원의 유출가능성이 높고 그 금액을 신뢰성있게 추정할 수 있는 부채(퇴직급여충당부채, 장기제품보증충당부채)가 있다. 이외에 이연법인세부채, 장기보증금, 장기성매입채무, 장기선수금 등의 비유동부채가 있다.

### (3) 자본

자본(capital)은 특정한 기업실체의 자산에서 부채를 차감한 후의 잔여지분(residual interest)을 말한다. 자본은 순자산이나 소유주지분이라고도 하며, 오늘날 대부분의 기업들이 주식회사의 형태를 취하고 있기 때문에 자본을 주주지분이라고도 한다.

재무제표상의 자본은 자산과 부채의 측정에 따라 결정된다. 여기서 자본총액이 주식의 시가총액이나 기업가치와 반드시 동일한 것은 아니다.

기업이 하나 이상의 종속기업을 가지고 있는 지배기업의 경우에 그 종속기업의 지분을 50% 이상을 소유하거나 실질적으로 지배할 경우 연결재무제표를 작성해야 하며, 이 경우에 종속기업의 자본은 지배기업소유주지분과 비지배지분으로 분류된다. 기업이 종속기업을 가지고 있지 않을 경우에는 자본을 지배기업소유주지분과 비지배지분으로 구분할 필요가 없다.

비지배지분은 지배기업이 직접으로 또는 다른 종속기업을 통하여 간접으로 소유하지 않는 지분에 귀속되는 종속기업의 당기순손익 및 순자산의 해당 부분을 말한다.

### ① 지배기업소유주지분

지배기업소유주지분은 다시 자본금, 자본잉여금, 자본조정, 기타포괄손익누계액, 이익잉여금(또는 결손금)으로 분류한다.

#### ㉠ 자본금

자본금은 법정자본금으로서 주당 액면가액에 발행주식수를 곱한 금액이다. 자본금은 보통주자본금과 우선주자본금으로 구분한다.

#### ㉡ 자본잉여금

자본잉여금은 증자나 감자, 주주와의 기타 거래에서 발생한 잉여금이다. 자본잉여금은 주식발행초과금과 기타자본잉여금으로 구분한다.

#### ㉢ 자본조정

자본조정은 당해 항목의 성격상 주주와의 거래에 해당하지만, 최종 불입된 자본으로 볼 수 없거나 자본의 가감 성격으로 자본금이나 자본잉여금으로 분류할 수 없는 항목이다. 예를 들면, 주식할인발행차금, 배당건설이자, 자기주식, 주식매수선택권, 출자전환채무, 감자차손, 자기주식처분손실, 미교부주식배당금 등이 포함된다.

㉣ 기타포괄손익누계액

기타포괄손익누계액은 재무상태표일 현재의 기타포괄손익 잔액이다. 기타포괄손익누계액은 해외사업환산차손익, 매도가능금융자산평가손익, 파생상품평가손익 등으로 구분하여 표시한다.

㉤ 이익잉여금

이익잉여금은 포괄손익계산서에 보고된 이익 중에서 주주에 대한 배당, 다른 자본항목으로의 전입 등으로 사용되지 않고 남은 금액의 누적액을 말한다. 이익잉여금은 법정적립금, 임의적립금, 미처분이익잉여금으로 구분한다.

② **비지배지분**

비지배지분이란 지배기업이 직접으로 또는 다른 종속기업을 통하여 간접으로 소유하지 않는 지분에 귀속되는 종속기업의 당기순손익 및 순자산의 해당 부분을 말한다.

### (4) 재무상태표에 공시해야 할 최소한의 항목

유형자산, 투자부동산, 무형자산, 금융자산, 지분법투자자산, 생물자산, 재고자산, 매출채권 및 기타채권, 현금및현금성자산, 매각예정자산, 매입채무 및 기타채무, 충당부채, 금융부채, 당기법인세와 관련한 부채와 자산, 이연법인세부채와 이연법인세자산, 매각예정부채, 비지배지분, 지배기업소유주지분 등 18개 항목은 반드시 재무상태표에 표시하여야 한다.

### (5) 재무상태표의 양식

재무제표의 양식에는 계정식과 보고식이 있다. 재무상태표의 경우는 일반적으로 계정식으로 작성한다. 계정식은 재무상태표를 차변과 대변으로 나누어 차변에는 자산을 대변에는 부채와 자본을 표시하는 방법이다. 한편, 보고식은 재무상태표를 상하 배열하는 형식으로 자산, 부채, 자본의 순서로 표시하는 방법이다. 한국채택 국제회계기준에 의한 재무상태표를 보고식으로 나타내면 <도표 2-3>과 같다.

한국채택 국제회계기준에 의해 재무제표를 작성할 때, 재무상태표는 원칙적으로 이분법(유동성/비유동성)으로 구분하여 표시하여야 하고, 모든 재무제표는 기간별 비교가능성을 제고하기 위해 전기와 당기를 비교하는 형식으로 보고하여야 한다.

**도표 2-3 재무상태표의 양식**

재무상태표

제2기 20X2년 12월 31일

제1기 20X1년 12월 31일

(주)XXX (단위: 원)

| | 20X2년 12월 31일 | 20X1년 12월 31일 |
|---|---|---|
| 자산 | | |
| 유동자산 | | |
| 현금및현금성자산 | xxx | xxx |
| 단기금융자산 | xxx | xxx |
| 매출채권 | xxx | xxx |
| 기타채권 | xxx | xxx |
| 선급법인세 | xxx | xxx |
| 재고자산 | xxx | xxx |
| 매각예정자산 | xxx | xxx |
| 생물자산 | xxx | xxx |
| 기타유동자산 | xxx | xxx |
| 유동자산 합계 | xxx | xxx |
| 비유동자산 | | |
| 투자자산 | | |
| 장기금융자산 | xxx | xxx |
| 관계기업투자 | xxx | xxx |
| 투자부동산 | xxx | xxx |
| 유형자산 | xxx | xxx |
| 무형자산 | xxx | xxx |
| 생물자산 | xxx | xxx |
| 기타비유동자산 | | |
| 이연법인세자산 | xxx | xxx |
| 비유동자산 합계 | xxx | xxx |
| 자산 총계 | xxx | xxx |

| | | |
|---|---|---|
| 부채 | | |
| 유동부채 | | |
| 매입채무 | xxx | xxx |
| 단기금융부채 | xxx | xxx |
| 단기충당부채 | xxx | xxx |
| 미지급법인세 | xxx | xxx |
| 기타유동부채 | xxx | xxx |
| 유동부채 합계 | xxx | xxx |
| 비유동부채 | | |
| 장기금융부채 | xxx | xxx |
| 장기충당부채 | xxx | xxx |
| 이연법인세부채 | xxx | xxx |
| 비유동부채 합계 | xxx | xxx |
| 부채 총계 | xxx | xxx |
| 자본 | | |
| 지배기업소유주지분 | | |
| 자본금 | xxx | xxx |
| 자본잉여금 | xxx | xxx |
| 자본조정 | xxx | xxx |
| 기타포괄손익누계액 | xxx | xxx |
| 이익잉여금 | xxx | xxx |
| 비지배지분 | xxx | xxx |
| 자본 총계 | xxx | xxx |
| 부채와 자본 총계 | xxx | xxx |

## 2) 포괄손익계산서

포괄손익계산서(comprehensive income statement)는 일정한 회계기간 동안 기업실체의 경영성과에 관한 재무정보를 보고하는 동태적 재무보고서이다. 포괄손익계산서에는 당해 회계기간의 경영성과를 나타낼 뿐만 아니라 기업의 미래현금흐름과 수익창출능력 등의 예측에 유용한 정보를 제공한다.

이익은 수익에서 비용을 차감하여 결정한다. 재무제표이용자가 이익에 관심을 두는 이유는 무엇인가? 투자자는 기업의 과거 순이익이 미래 순이익에 관한 어떤 정보를 제공하기 때문에 과거 순이익에 관심이 있다. 투자자는 기업의 미래성과에 관한 자신의 생각에 근거해서 주식을 사고 판다. 만약 어떤 기업이 미래에 더욱 성공적으로 될 것이며, 이러한 성공으로 주가가 오를 것이라고 생각한다면, 투자자는 그 기업의 주식을 매입할 것이다. 채권자도 미래를 예측하기 위해 포괄손익계산서를 이용할 것이다. 은행이 기업에 자금을 대출할 때, 기업이 미래에 상환할 것이라고 생각해서 대출할 것이다. 기업이 상환할 것이라고 생각하지 않는다면, 은행은 대출하지 않을 것이다. 그러므로 대출을 하기 전에, 은행대출담당자는 기업이 대출금을 상환하기에 충분할 정도로 수익성이 있는지의 여부를 예측하기 위해 포괄손익계산서를 정보의 원천으로 이용할 것이다.

주식을 발행하여 조달한 금액이나 배당으로 지불한 금액은 이익을 결정하는데 이용되지 않는다. 주주로부터 수령하였거나 지급한 금액은 수익이나 비용이 아니다. 예를 들면, 신주를 발행하여 수령한 현금은 수익으로 처리되지 않고 자본의 증가로 처리되며, 지급한 배당금도 기업의 비용으로 간주되지 않고 이익잉여금의 처분으로 처리된다.

### (1) 수익

수익(revenue)이란 자산의 유입이나 증가 또는 부채의 감소에 따라 자본의 증가를 초래하는 특정한 회계기간 동안에 발생한 경제적 효익의 증가로, 소유주에 의한 출자와 관련된 것을 제외하는데, 이러한 미래경제적 효익의 증가를 신뢰성 있게 측정할 수 있을 때 포괄손익계산서에 인식한다.

경제적 의사결정에 목적적합한 정보를 제공하기 위해서 포괄손익계산서에 수익과 비용을 다양한 방법으로 표시할 수 있다. 예를 들면, 기업의 정상적인 영업활동의 일환으로 발생하는 수익과 비용 항목 및 비정상적인 수익과 비용 항목을 구분하여 표시하는 것이 보통이다.

수익과 비용 항목을 구분하거나 다양하게 결합하면 기업의 성과를 여러 가지 측정치로 표시할 수 있다.

수익은 광의로 정의하면 차익(gain)을 포함하는 개념인데, 시장성있는 유가증권의 재평가나 장기성자산의 장부금액증가로 인한 미실현이익을 포함한다. 수익을 협의로 정의하면 기업의 정상적인 영업활동의 일환으로 발생하며, 매출액, 수수료수익, 이자수익, 배당수익, 임대료수익 등 다양한 명칭으로 구분할 수 있다.

(비유동자산의 처분이익과 같은) 차익은 광의의 수익정의를 충족하는 그 밖의 항목으로 기업의 정상적인 영업활동의 일환이나 그 이외의 활동에서 발생할 수 있다. 차익은 관련 비용을 차감한 금액으로 보고된다.

차익도 경제적 효익의 증가를 나타내므로 본질적으로 수익과 차이가 없기 때문에 개념체계에서는 차익을 별개의 요소로 보지 않는다.

### (2) 비용

비용(expense)이란 자산의 유출이나 소멸 또는 부채의 증가에 따라 자본의 감소를 초래하는 특정한 회계기간 동안에 발생한 경제적 효익의 감소로서 소유주에 대한 분배와 관련되는 것은 제외하는데, 이러한 미래 경제적 효익의 감소를 신뢰성 있게 측정할 수 있을 때 포괄손익계산서에서 인식한다. 광의의 비용개념은 기업의 정상적인 영업활동의 일환으로 발생하는 매출원가, 급여, 감가상각비 등과 같은 비용 뿐만 아니라 차손(loss)도 포함한다.

비용은 일반적으로 현금 및 현금성자산, 재고자산 또는 유형자산과 같은 자산의 유출이나 소모의 형태로 나타난다.

차손은 비용의 정의를 충족하는 그 밖의 항목으로 기업의 정상적인 영업활동의 일환이나 그 이외의 활동에서 발생할 수 있다. 차손도 경제적 효익의 감소를 나타내므로 본질적으로 다른 비용과 차이가 없으며, 개념체계에서는 차손을 별개의 요소로 보지 않는다. 기업의 외화차입금과 관련된 환율상승의 영향으로 발생하는 미실현손실도 비용의 정의에 포함된다. 차손은 관련 수익을 차감한 금액으로 보고된다.

비용은 발생한 원가와 특정한 수익 간에 존재하는 직접적인 관련성을 기준으로 포괄손익계산서에 인식한다. 수익에 비용을 대응시키는 과정은 동일한 거래나 그 밖의 사건에 따라 직접적으로 그리고 공통적으로 발생하는 수익과 비용을 동시에 또는 통합하여 인식하는 것이 포함된다.

경제적 효익이 여러 회계기간에 걸쳐 발생할 것으로 예상되고 수익과의 관련성이 단지 포괄적으로 또는 간접적으로만 결정될 수 있는 경우에 비용은 체계적이고 합리적인 배분절차를 기준으로 포괄손익계산서에 인식한다. 미래 경제적 효익이 기대되지 않는 지출이거나 미래 경제적 효익이 기대되더라도 재무상태표에 자산을 인식하기 위한 조건을 원래 충족하지 못하거나 더 이상 충족하지 못하는 부분은 즉시 포괄손익계산서에 비용으로 인식한다. 제품보증에 따라 부채가 발생하는 경우와 같이 자산의 인식을 수반하지 않는 부채가 발생하는 경우에는 포괄손익계산서에 비용을 동시에 인식한다.

포괄손익계산서에 비용을 표시할 때 성격별로 구분하여 표시할 것인지, 기능별로 구분하여 표시할 것인지 선택할 수 있다.

#### ① 성격별 표시방법

비용을 상품매입액, 종업원급여, 감가상각비, 이자비용, 기타비용 등 성격별로 구분하여 표시하는 방법이다. 이 경우에 매출원가를 나타낼 때는 당기 상품의 변동액(기초상품재고액과 기말상품재고액의 차액)을 당기상품매입액에 가감하는 방법으로 표시해야 한다.

#### ② 기능별 표시방법

비용을 매출원가, 물류활동원가(물류비), 관리활동원가(관리비), 마케팅비용 등 기능별로 구분하여 표시하는 방법이다. 여기서는 매출원가를 다른 비용과 반드시 분리하여 표시하여야 한다. 이 방법에 의하면, 수익(매출액)에서 매출원가를 차감한 금액을 매출총이익으로 구분해서 표시해야 한다.

비용의 기능별 표시방법은 성격별 표시방법보다 재무제표이용자에게 더욱 목적적합한 정보를 제공할 수 있지만, 비용을 기능별로 배분하는데 자의적인 배분과 상당한 정도의 주관적인 판단이 개입될 여지가 있다.

### (3) 포괄손익계산서의 양식

재무제표의 양식에는 계정식과 보고식이 있다. 포괄손익계산서의 경우는 일반적으로 보고식으로 작성한다. 한국채택 국제회계기준에 의하면 포괄손익계산서를 다음의 두 가지 방법 중 하나를 선택하여 표시할 수 있다.

#### ① 단일의 포괄손익계산서

포괄손익계산서

| | |
|---|---|
| 수익 | xxx |
| 비용 | (xxx) |
| 당기순손익 | xxx |
| 기타포괄손익 | xxx |
| 총포괄손익 | xxx |

#### ② 두 개의 보고서

㉠ 손익계산서 : 당기순손익의 구성요소를 나타내는 보고서

㉡ 포괄손익계산서 : 당기순손익으로 시작해서 기타포괄손익의 구성요소를 나타내는 보고서.

손익계산서

| | |
|---|---|
| 수익 | xxx |
| 비용 | (xxx) |
| 당기순손익 | xxx |

포괄손익계산서

| | |
|---|---|
| 당기순손익 | xxx |
| 기타포괄손익 | xxx |
| 총포괄손익 | xxx |

포괄손익계산서에는 적어도 당해 기간의 다음 금액을 표시하는 항목을 포함해야 한다.

㉠ 수익

㉡ 금융비용

㉢ 지분법을 적용하는 관계회사와 합작투자의 당기순손익에 대한 지분법손익

㉣ 법인세비용

㉤ 다음의 항목을 합한 금액

- 중단영업에 대한 세후손익
- 중단영업에 속한 자산이나 자산집단의 처분으로 인하여 또는 순공정 가치의 측정으로 인하여 인식된 세후중단영업손익

㉥ 당기순손익은 다음과 같이 구분하여 표시한다.

- 비지배지분에 귀속되는 당기순손익
- 지배기업소유주지분에 귀속되는 당기순손익

㉦ 성격별로 분류되는 기타포괄손익의 당기순손익

㉧ 지분법 적용대상인 관계기업과 합작투자의 기타포괄손익에 대한 지분

㉨ 총포괄손익은 다음과 같이 구분하여 표시한다.

- 비지배지분에 귀속하는 총포괄손익
- 지배기업소유주지분에 귀속하는 총포괄손익

단일의 포괄손익계산서의 양식을 성격별, 기능별로 구분해서 나타내면 <도표 2-4> 와 같다.

도표 2-4 포괄손익계산서(성격별)의 양식

포괄손익계산서(성격별)

제2기 20X2년 1월 1일부터 20X2년 12월 31일까지
제1기 20X1년 1월 1일부터 20X1년 12월 31일까지

(주)XXX (단위: 원)

| | 20X2년 | 20X1년 |
|---|---|---|
| 수익 | xxx | xxx |
| 기타수익 | xxx | xxx |
| 상품의 변동 | (xxx) | (xxx) |
| 상품매입액 | (xxx) | (xxx) |
| 종업원급여 | (xxx) | (xxx) |
| 감가상각비 | (xxx) | (xxx) |
| 이자비용 | (xxx) | (xxx) |
| 기타비용 | (xxx) | (xxx) |
| 법인세비용차감전손익 | xxx | xxx |
| 법인세비용 | (xxx) | (xxx) |
| 계속사업손익 | xxx | xxx |
| 중단영업손익 | xxx | xxx |
| 당기순손익 | xxx | xxx |
| 기타포괄손익 | xxx | xxx |
| 총포괄손익 | xxx | xxx |
| 당기순이익의 귀속 | | |
| 지배기업소유주지분 | xxx | xxx |
| 비지배지분 | xxx | xxx |
| 총포괄손익의 귀속 | | |
| 지배기업소유주지분 | xxx | xxx |
| 비지배지분 | xxx | xxx |
| 주당손익 | | |
| 기본주당손익 | xxx | xxx |
| 희석주당손익 | xxx | xxx |

**도표 2-5 포괄손익계산서(기능별)의 양식**

포괄손익계산서(기능별)

제2기 20X2년 1월 1일부터 20X2년 12월 31일까지

제1기 20X1년 1월 1일부터 20X1년 12월 31일까지

| (주)XXX | | (단위: 원) |
|---|---|---|
| | 20X2년 | 20X1년 |
| 수익 | xxx | xxx |
| 매출원가 | (xxx) | (xxx) |
| 매출총이익 | xxx | xxx |
| 기타수익 | xxx | xxx |
| 물류비 | (xxx) | (xxx) |
| 관리비 | (xxx) | (xxx) |
| 금융원가 | (xxx) | (xxx) |
| 기타비용 | (xxx) | (xxx) |
| 법인세비용차감전손익 | xxx | xxx |
| 법인세비용 | (xxx) | (xxx) |
| 계속영업손익 | xxx | xxx |
| 중단영업손익 | xxx | xxx |
| 당기순손익 | xxx | xxx |
| 기타포괄손익 | xxx | xxx |
| 총포괄손익 | xxx | xxx |
| 당기순이익의 귀속 | | |
| 지배기업소유주지분 | xxx | xxx |
| 비지배지분 | xxx | xxx |
| 총포괄손익의 귀속 | | |
| 지배기업소유주지분 | xxx | xxx |
| 비지배지분 | xxx | xxx |
| 주당손익 | | |
| 기본주당손익 | xxx | xxx |
| 희석주당손익 | xxx | xxx |

### 3) 자본변동표

자본변동표(statement of changes in equity)는 일정한 회계기간 동안 발생한 자본의 크기와 변동에 관한 정보를 나타내는 재무보고서이며, 재무상태표, 포괄손익계산서, 자본변동표, 현금흐름표 등의 4대 재무제표중의 하나이다.

자본변동표는 자본의 구성항목인 자본금, 자본잉여금, 자본조정, 기타포괄손익누계액, 이익잉여금 등의 각 항목별로 기초잔액, 변동사항, 기말잔액을 일목요연하게 보여준다.

자본변동표의 유용성은 다음과 같다.

첫째, 자본(순자산)의 변동내역을 알 수 있게 해준다. 자본의 증가가 주식의 발행으로 이루어진 것인지 아니면 영업활동으로 인한 것인지를 알 수 있게 해준다.

둘째, 이익잉여금의 변동내역을 보고함으로써 배당가능이익이 얼마인가를 알 수 있게 해주며, 배당금으로 인한 사외유출이 얼마인가를 알 수 있게 해준다.

셋째, 회계정책 변경으로 인한 효과와 중대한 오류수정으로 인한 이익잉여금의 변동내역을 알 수 있게 해준다.

넷째, 소유주와의 거래 이외의 모든 원천에서 인식된 자본의 변동, 즉 포괄이익에 관한정보를 알 수 있게 해준다. 포괄이익에는 수익, 비용, 차익, 차손뿐만 아니라 당신순이익에 포함되지 않은 항목도 포함된다.

자본변동표의 양식은 <도표 12-11>과 같다.

### 4) 현금흐름표

현금흐름표(statement of cash flow)는 재무제표이용자에게 일정한 회계기간 동안 기업실체의 현금유입과 현금유출에 관한 정보를 제공한다. 재무제표이용자는 경제적 의사결정을 하기 위하여 현금흐름의 창출능력, 시기, 불확실성의 정도를 평가해야 한다. 현금흐름표는 기업실체에 대한 현금의 유입과 유출에 관한 정보와 관련된 영업활동에 관한 정보, 투자활동에 관한 정보, 자본조달을 위한 재무활동에 관한 정보를 제공하는 동태적 재무제표이다. 이러한 현금정보는 기업실체의 현금지급능력, 수익성, 위험 등을 평가하는 데 유용하다.

기업의 현금상태를 분석할 때, 투자자, 채권자 등을 도와주기 위하여, 현금흐름표는 (1) 영업활동, (2) 투자활동, (3) 재무활동 등으로 인한 현금흐름으로 구분하여 표시하고, 이 세 가지 활동의 순현금흐름에 기초의 현금을 가산하여 기말의 현금을 산출하는 형식으로 표시한다.

현금흐름표의 양식은 <도표 13-1>과 같다.

### 5) 연결재무제표

연결재무제표(consolidated financial statements)란 지배기업과 그 종속기업으로 구성되는 경제실체의 재무상태와 경영성과 및 현금흐름 등에 관한 재무정보를 회계정보의 이용자에게 제공하기 위하여 지배기업이 작성하는 재무제표를 말하는데 기본재무제표이며, 연결재무제표의 종류에는 연결재무상태표, 연결포괄손익계산서, 연결자본변동표, 연결현금흐름표 등이 있다. 연결재무제표를 작성할 때, 개별재무제표를 작성할 의무는 없다.

연결재무제표는 정보이용자들이 지배기업의 재무상태와 경영성과를 더 잘 알 수 있도록 하기 위하여 작성되는데, 이들은 다음과 같은 유용성을 가지고 있다.

첫째, 연결재무제표는 지배 · 종속기업의 재무상태, 경영성과, 자본의 변동, 현금흐름 등에 관한 정보를 하나의 기업실체의 관점에서 파악할 수 있도록 제공한다.

둘째, 연결재무제표의 작성으로 회계부정을 어느 정도 방지할 수 있다. 지배기업은 종속기업을 이용하여 회계부정을 할 가능성이 있는데, 연결재무제표를 작성하게 되면 이를 어느 정도 방지할 수 있다.

셋째, 연결재무제표는 연결납세신고제도의 채택으로 기업과세의 실질적인 합리화에 기여할 수 있다.

넷째, 연결재무제표는 정부의 각종 경제정책(경제성장, 공정거래, 여신관리, 기업회계제도, 조세제도)의 수립과 규제에 도움이 되는 정보를 제공할 수 있다.

다섯째, 자본자유화, 기업의 국제화에 도움이 되고, 특히 기업의 해외자본조달에 도움이 된다. 왜냐하면 해외자본들은 기업경영 투명화의 일환으로 연결재무제표의 작성을 요구하고 있기 때문이다.

그러나 연결재무제표는 다음과 같은 한계점도 가지고 있다.

첫째, 연결재무제표에 공시된 금액을 기초로 한 재무비율의 분석은 무의미한 경우가 있다. 왜냐하면 이는 개별기업의 재무비율이 아니라 연결실체의 재무비율이기 때문이다.

둘째, 연결대상이 되는 각 개별회사의 업종, 결산일, 회계처리방법 등이 다를 경우에는 연결재무제표의 유용성이 저하될 수 있다.

셋째, 연결재무제표는 정보이용자의 의사결정을 오도할 가능성이 있다. 왜냐하면, 건실한 기업과 부실한 기업이 연결실체를 구성하는 경우 연결재무제표 작성과정에서 각 기업이 경영성과와 재무상태가 평균화하기 때문이다. 따라서 연결재무제표에 의한 회계정보는 어느 기업의 경제적 실질을 제대로 나타내지 못하게 된다.

넷째, 연결재무제표에 의해서는 개별회사 고유의 정보를 알 수 없으며, 특히 종속기업의 이해관계자들은 연결재무제표로부터 유용한 정보를 얻기가 곤란하다.

### 6) 재무제표의 주석

모든 재무제표는 필수적인 부분을 이루는 주석과 부속명세서를 수반하고 있다. 재무제표의 주석(notes to the financial statements)은 재무제표에 제시된 정보를 명확하게 해 줄 뿐만 아니라 설명이 더 필요한 곳에 설명을 제공해 준다. 주석에 있는 정보는 계량적일 필요는 없다. 주석의 예로는 중요한 회계정책, 재무제표를 작성할 때 이용한 회계처리방법 등의 서술, 불확실성과 우발사건의 설명, 너무 많아서 재무제표본문에 포함할 수 없는 다양한 통계치와 상세한 사항 등이 있다. 주석은 기업의 경영성과와 재무상태를 이해하는 데 필수적이다.

주석은 다음의 정보를 제공한다.

(1) 재무제표 작성근거와 중요한 거래와 회계사건의 회계처리에 적용한 회계정책에 관한 정보.
(2) 한국채택국제회계기준에서 요구하는 정보이지만 재무제표는 어느 곳에도 표시되지 않는 정보.
(3) 재무상태표, 포괄손익계산서, 현금흐름표, 자본변동표 등의 본문에 표시되지 않는 사항으로서 재무제표를 이해하는 데 필요한 정보

주석은 일반적으로 재무제표 이용자가 재무제표를 이해하고 다른 기업의 재무제표와 비교하는 데 도움이 될 수 있도록 다음의 순서로 작성한다.

(1) 한국채택국제회계기준을 준수하였다는 사실
(2) 재무제표 작성에 적용된 중요한 회계정책의 요약
  ㉠ 재무제표를 작성하는 데 사용한 측정기준
  ㉡ 재무제표를 이해하는 데 목적적합한 기타의 회계정책
(3) 재무제표 본문에 표시된 항목에 대한 보충정보(재무제표의 배열 및 각 재무제표의 본문에 표시된 순서에 따라 표시한다)
(4) 다음을 포함한 기타 공시
  ㉠ 우발부채와 재무제표에서 인식하지 아니한 계약상 약정사항
  ㉡ 비재무적 공시항목, 예를 들면, 기업의 재무위험관리목적과 정책

### 7) 재무제표의 연계성

일부 재무제표에 대한 결과는 다른 재무제표에 대한 투입물로 이용되기 때문에, 재무제표는 상호관련되어 있다. 재무상태표는 일정한 시점에서 자산, 부채, 자본의 저량(stock)에 관한 정보를 나타내며, 이러한 저량의 변화를 나타내는 유량(flow)에

관한 정보는 포괄손익계산서, 현금흐름표, 자본변동표 등이 보여주는데, 재무제표간의 이러한 상호관계를 재무제표의 연계성(articulation of financial statements)이라고 한다. 재무제표의 연계성은 <도표 2-6>과 같이 나타낼 수 있을 것이다.

## 2. 기타 재무보고수단

공개적으로 거래되는 기업들은 주주에게 매년 연간보고서를 제출해야 한다. 연간보고서에는 항상 재무제표가 포함된다. 재무제표이외에 연간보고서에는 부속명세서, 외부감사인의 감사보고서, 경영자의 분석과 전망(management discussion and analysis, MD&A), 등이 있다. 기업의 네 가지 중요한 재무제표 이외에도 이러한 보고서들을 참고해서 분석하지 않으면, 기업의 재무상태와 성과에 관한 분석과 전망이 완전하다고 볼 수 없을 것이다.

도표 2-6 재무제표의 연계성

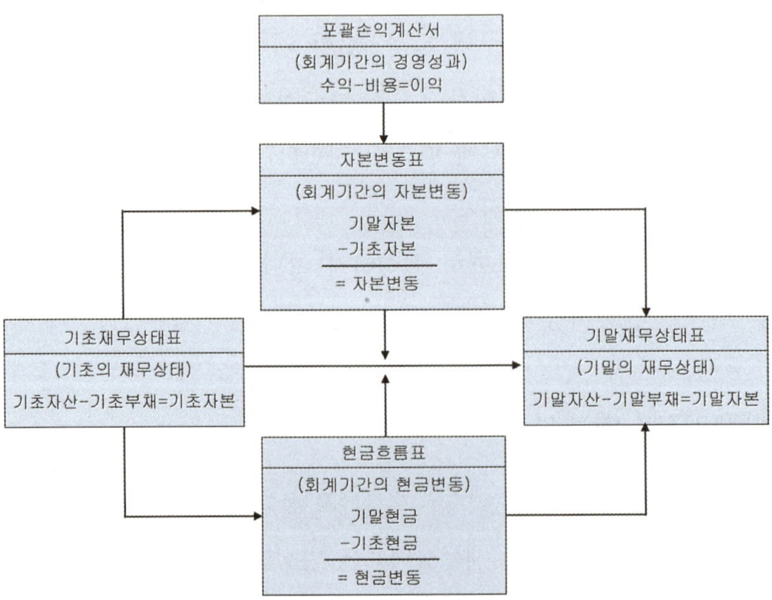

## 1) 부속명세서

재무제표의 본문에 있는 계정과목의 내용을 보다 상세하게 설명하는 것으로 부속명세서가 있는데, 재무제표의 부속명세서에는 다음과 같은 것들이 있다.

유가증권명세서, 투자유가증권명세서, 특수관계자간의 채권 · 채무명세서, 재고자산명세서, 투자부동산명세서, 유형자산명세서, 무형자산명세서, 단기차입금명세서, 장기차입금명세서, 사채명세서, 채무보증명세서, 충당금명세서, 제조원가명세서, 매출액명세서, 매출원가명세서, 물류비와 관리비명세서, 감가상각비명세서, 잉여금명세서. 현금 및 현금등가물명세서, 매출채권명세서, 대여금명세서, 기타의 당좌자산명세서, 투자자산명세서, 투자자산처분명세서, 유형자산처분명세서, 매입채무명세서, 수선비명세서.

## 2) 비교재무제표

재무제표를 공시할 때는 당해 회계기간(당기)과 직전 회계기간(전기)의 금액을 비교하는 형태로 공시한다. 즉, 연속된 두 기간의 재무제표가 함께 제시되어 당해 기간의 금액이 직전 기간과 비교하여 어떻게 변동하였는가를 보여준다. 이와 같이 기간비교 형태로 재무제표가 작성될 때 이를 비교재무제표(comparative financial statements)라 한다. 비교재무제표에는 항목별로 두 기간의 금액이 함께 표시된다.

재무제표가 비교재무제표 형태로 공시되면, 정보이용자들이 기업의 재무상태와 경영성과가 과거에 비해 어떻게 변화하였는가를 쉽게 파악할 수 있다. 투자자 · 채권자 등의 정보이용자들이 기업의 미래 수익성을 전망하고 채무이행능력을 평가함에 있어서는 기업의 재무상태와 수익성이 어떠한 변화추세에 있는지를 파악하는 것이 중요하다. 이러한 이유로 정보이용자들이 기업의 재무제표를 분석할 때는 여러 기간의 회계정보를 비교분석한다. 예를 들면, 최근 수년간에 대해 매출액, 영업이익, 순이익의 변동추세를 분석하고 또 부채 대 자본의 비율은 어떻게 변화하고 있는지를 검토한다.

### 3) 중간재무제표

재무제표를 통해 제공되는 회계정보가 정보이용자들의 의사결정에 실제로 유용하기 위해서는 정보를 적시성있게 공시해야 한다. 기업의 회계기간은 일반적으로 1년인데, 1년 단위로 작성되는 재무제표를 연차재무제표(annual financial statements)라 한다. 연차재무제표는 정보이용자들에게 적시성(timeliness) 있는 정보를 제공하지 못하는 단점이 있다. 투자자 · 채권자 등의 정보이용자들은 필요에 따라 연중에 수시로 의사결정을 해야 하는데, 이 때 최근의 회계정보를 이용할 수 없다면, 정보이용자들은 의사결정을 하기 어려울 것이다. 그래서 정보이용자들에게 적시성 있는 회계정보를 제공하기 위해 연차재무제표보다 기간이 짧은 중간재무제표(interim financial statements)를 공시하게 된다.

중간재무제표는 1회계기간(1회계기간은 대개의 경우 1년이다)보다 짧은 회계기간 대해 작성되는 재무제표이며, 이에는 분기재무제표, 반기재무제표 등이 있다. 증권거래소에 주식을 상장한 상장회사 등은 중간재무제표를 공시해야 하는데, 현재 중간재무제표는 회계연도 개시일로부터 3개월 간격으로 작성되는 분기재무제표(quarterly financial statements)의 형태를 취하고 있다.

중간재무제표는 재무상태표, 포괄손익계산서, 현금흐름표, 자본변동표, 주석으로 구성되며, 기본적으로 연차재무제표와 동일한 양식으로 작성하는 것을 원칙으로 하되, 정보이용자를 오도하지 않는 범위 내에서 계정과목을 요약 또는 일괄 표시할 수 있다.

중간재무제표에서 재무상태표는 중간기간말과 직전 회계연도말을 비교하는 형식으로 작성하며, 포괄손익계산서와 현금흐름표는 당 회계연도의 중간기간과 누적중간기간(회계연도 개시일부터 당해 중간기간의 종료일까지의 기간)을 직전회계기간의 동일기간과 비교하는 형식으로 작성한다. 그리고 중간재무제표는 외부감사인의 검토절차를 거쳐서 공시된다.

중간재무제표에는 주석으로 회계정책 및 추정의 변경, 기업결합 및 사업의 중단, 주식과 채권의 발행 등 직전 회계연도 후에 발생한 재무상태와 경영성과의 중요한 변동과 관련된 거래나 회계사건을 기재한다.

중간재무제표는 연차재무제표에 적용하는 것과 동일한 회계정책을 적용하여 작성하며 중간재무제표의 작성을 위한 측정은 누적중간기간을 기준으로 한다. 따라서 연차재무제표의 결과는 중간재무제표의 작성빈도에 따라 달라지지 않는다.

### 4) 외부감사인의 보고서

정보의 중요한 원천 중의 하나는 외부감사인의 보고서이다. 외부감사인은 기업의 재무제표를 독자적으로 검토하는 회계전문가이다. 일정한 시험에 합격하고 공인회계사(Certified Public Accountants, CPA)라는 명칭을 획득한 회계사만이 감사를 수행할 수 있다. 만약 외부감사인이 재무제표가 일반적으로 인정된 회계원칙에 따라서 기업의 재무상태, 경영성과, 현금흐름 등을 적정하게 표시하고 있다는 것에 만족한다면, 적정의견(unqualified opinion)이 표명된다. 만약 외부감사인이 적정의견 이외의 의견(한정의견, 부적정의견, 의견거절)을 표명한다면, 재무제표를 조심스럽게 이용해야 한다. 즉, 적정의견이 아니면, 재무제표가 기업의 재무건전성에 관해서 정확한 모습을 보여주고 있다는 것을 완전하게 신뢰할 수 없다.

## 전공용어

- 가치평가(valuation) • 개념체계(conceptual framework)
- 계속기업(going concern) • 납입자본(paid-in capital) • 당좌자산(quick asset)
- 목적적합성(relevance) • 무형자산(intangible asset)
- 미래 경제적 효익(future economic benefit) • 발생기준(accrual basis)
- 분기재무제표(quarterly financial statements) • 비교가능성(comparability)
- 비교재무제표(comparative financial statements) • 비용(expense)
- 생물자산(living asset) • 소유자에 대한 분배(distribution to owners)
- 소유자의 투자(investment of owners) • 수익(revenue) • 신뢰성(reliability)
- 신중성(prudence) • 실현가능가치(realizable value) • 역사적 원가(historical cost)
- 연결재무제표(consolidated financial statements) • 영업활동(operating activity)
- 완전성(completeness) • 유동자산(current asset) • 유형자산(tangible asset)
- 이익의 질(quality of earnings) • 이해가능성(understandability)
- 이행가치(settlement value) • 인식(recognition) • 자본(capital)

- 자본변동표(statement of changes in equity) • 잔여지분(residual interest)
- 재고자산(inventory) • 재무보고(financial reporting)
- 재무상태표(statement of financial position) • 재무제표(financial statements)
- 재무활동(financing activity) • 적시성(timeliness)
- 적정의견(unqualified opinion) • 정상영업주기(normal operating cycle)
- 주석(notes) • 중간재무제표(interim financial statements) • 중립성(neutrality)
- 중요성(materiality) • 질적특성(qualitative charateristics)
- 추세분석(trend analysis) • 충실한 표현(faithful representation)
- 측정(measurement) • 투자자산(long-term investments)
- 투자활동(investing activity) • 포괄손익계산서(comprehensive income statement)
- 현금흐름표(statement of cash flow) • 현재가치(present value)
- 현행원가(current cost)

---

## 토의문제

1. 재무보고의 목적을 설명하라.

2. 회계정보의 질적 특성을 설명하라.

3. 재무제표의 종류를 설명하라.

4. 재무제표의 주요한 기능은 무엇인가?

5. 재무제표의 주석사항에는 어떠한 것이 있는가를 설명하라.

6. 재무제표의 한계점을 설명하라.

7. 재무상태표에 반드시 포함시켜야 계정과목들은 무엇인가?

8. 유동자산과 비유동자산을 구분하는 기준을 무엇인가?

9. 재무상태표의 작성목적은 무엇인가?

10. 포괄손익계산서의 작성목적은 무엇인가?

11. 자본변동표의 작성목적은 무엇인가?

12. 현금흐름표의 작성목적은 무엇인가?

## 연습문제

**01** 다음의 빈칸에 적당한 단어를 기입하시오.

<u>재무상태표</u>

(주)부암　　　　20X1년 12월 31일 현재　　　　(단위: 천원)

| 계정과목 | 계정과목 |
|---|---|
| 자산 | 부채 |
| 유동자산 | ( 6 ) |
| 현금및현금성자산 | 매입채무 |
| ( 1 ) | 단기금융부채 |
| 매출채권 | ( 7 ) |
| 기타채권 | 미지급법인세 |
| 선급법인세 | 기타유동부채 |
| ( 2 ) | 유동부채합계 |
| 매각예정자산 | 비유동부채 |
| 생물자산 | ( 8 ) |
| ( 3 ) | 장기충당부채 |
| 유동자산합계 | 이연법인세부채 |
| 비유동자산 | 비유동부채합계 |
| ( 4 ) | 부채총계 |
| 장기금융자산 | ( 9 ) |
| 관계기업투자 | 지배기업소유주지분 |
| 투자부동산 | ( 10 ) |
| 유형자산 | 자본잉여금 |
| ( 5 ) | |

| | |
|---|---|
| 생물자산 | ( 11 ) |
| 기타비유동자산 | 기타포괄손익누계액 |
| 이연법인세자산 | 이익잉여금(또는 결손금) |
| ....... | ( 12 ) |
| | 자본 총계 |
| 자산 총계 | 부채 및 자본 총계 |

**02** 다음의 빈칸에 적당한 단어를 기입하시오.

포괄손익계산서

제1기 20X1년1월1일부터 20X1년12월31일까지

(주)부암 (단위: 천원)

| 과 목 | 금액 |
|---|---|
| 수익 | X |
| ( 1 ) | ( X ) |
| 매출총이익(또는 매출총손실) | X |
| ( 2 ) | X |
| ......... | |
| 물류비 | (X) |
| 관리비 | (X) |
| 금융원가 | |
| 기타비용 | |
| ......... | |
| 법인세비용차감전손익 | X |
| ( 3 ) | X |
| 계속영업손익 | X |
| ( 4 ) | X |
| 당기순이익(또는 당기순손실) | X |
| 기타포괄이익 | X |
| 매도가능금융자산평가손익 | |
| 재평가잉여금 | |
| ........ | |
| 총포괄이익 | X |
| 기본주당손익 | |
| ( 5 ) | |

**03** 다음의 빈칸에 적당한 단어를 기입하시오.

현금흐름표

20X5년 1월 1일부터 20X5년 12월 31일까지

| 과 목 | 금 액 |
|---|---|
| Ⅰ. 영업활동으로 인한 현금흐름 | |
| Ⅱ. (  1  )으로 인한 현금흐름 | |
| (  1  )으로 인한 (  2  ) | |
| (  1  )으로 인한 현금유출액 | |
| Ⅲ. 재무활동으로 인한 현금흐름 | |
| 재무활동으로 인한 현금유입액 | |
| 재무활동으로 인한 현금유출액 | |
| Ⅳ. 현금의 증가(감소) | |
| Ⅴ. (  3  ) | |
| Ⅵ. 기말의 현금 | |

**04** (1)의 경우와 같이 다음 거래와 사건들의 경우에, 이들이 수익, 비용, 이익, 자산, 부채, 자본에 미치는 영향이 증가일 경우에는 +, 감소일 경우에는 -의 부호로 표시하고 영향 없을 경우에는 0으로 표시하라.

(1) 서비스를 외상으로 제공하다.

| 수익 | 비용 | 이익 | 자산 | 부채 | 자본 |
|---|---|---|---|---|---|
| + | 0 | + | + | 0 | + |

(2) 미래에 서비스를 제공하기로 하고 대가를 미리 수령하다.

(3) 보험에 가입하고 2년분의 보험료를 지급하다.

(4) 종업원에게 현재 수행한 업무에 대해 급여를 현금으로 지급하다.

(5) 무형자산을 감가상각하다.

(6) 재고자산을 외상으로 구입하다.

(7) 재고자산을 현금으로 판매하고 이익을 남기다.

(8) 가입한 (3)의 보험에 대해 가입 후 1년이 경과하여 당기의 보험료를 인식하다.

(9) (2)의 서비스 중에서 당기에 해당하는 서비스를 제공하다.

(10) 유형자산의 감가상각을 실시하다.

(11) 발생한 종업원의 급여를 연말에 아직 지급하지 않았다.

(12) 은행차입금에 대한 이자비용을 아직 지급하지 않았다.

(13) 연말에 영업사원에 지불해야 할 수수료를 지급하지 않았다.

| 거래 | 수익 | 비용 | 이익 | 자산 | 부채 | 자본 |
|---|---|---|---|---|---|---|
| (2) | | | | | | |
| (3) | | | | | | |
| (4) | | | | | | |
| (5) | | | | | | |
| (6) | | | | | | |
| (7) | | | | | | |
| (8) | | | | | | |
| (9) | | | | | | |
| (10) | | | | | | |
| (11) | | | | | | |
| (12) | | | | | | |
| (13) | | | | | | |

**05** **다음에서 포괄손익계산서의 계정과목에는 손, 재무상태표의 계정과목에는 재라고 표시하라.**

(1) 법인세 ( ) (2) 매출액 ( ) (3) 재고자산 ( )

(4) 매출원가 ( ) (5) 매출채권 ( ) (6) 이익잉여금 ( )

(7) 보통주 ( ) (8) 지급이자 ( ) (9) 종업원급여 ( )

(10) 차입금 ( )

**06** **아래의 문제 (1)의 경우와 같이, 다음의 오류나 누락이 기업의 수익, 비용, 이익, 자산, 부채, 자본에 미치는 영향을 나타내시오. 과소계상의 경우에는 과소, 과대계상의 경우에는 과대, 영향을 없을 경우에는 무로 표시하시오.**

(1) 종업원에게 지급할 급여를 인식하지 못하고 연말에 지급하지도 않았다.

| 수익 | 비용 | 이익 | 자산 | 부채 | 자본 |
|---|---|---|---|---|---|
| 무 | 과소 | 과대 | 무 | 과소 | 과대 |

(2) 연말에 감가상각비를 과소계상하다.

(3) 특허권을 상각하기 위해 이용할 내용연수를 과대추정하다.

(4) 발생한 수익을 인식하지 못하고 아직 기록도 하지 않았다.

(5) 수행한 서비스에 대한 선수수익을 수정하지 않았다.

(6) 선급집세계정에서 집세비용을 기록하였다.

(7) 연말에 새로 구입한 컴퓨터에 대한 청구서를 분실하였다.

(8) 연말에 전기요금청구서를 분실하였다.

(9) 소멸한 선급보험료의 수정분개를 하지 않았다.

(10) 연말에 제공한 서비스에 대해 고객에게 과대청구하였다.

| 거래 | 수익 | 비용 | 이익 | 자산 | 부채 | 자본 |
|---|---|---|---|---|---|---|
| (2) | | | | | | |
| (3) | | | | | | |
| (4) | | | | | | |
| (5) | | | | | | |
| (6) | | | | | | |
| (7) | | | | | | |
| (8) | | | | | | |
| (9) | | | | | | |
| (10) | | | | | | |

**07** (주)울산의 20X5년도 재무제표에서 추출한 회계정보는 다음과 같다. 20X5년도의 기말재무상태표와 포괄손익계산서를 작성하라.

| | | | |
|---|---|---|---|
| 미지급급여 | 1,960,000원 | 급여 | 54,700,000원 |
| 전기요금 | 22,600,000원 | 기계 | 15,900,000원 |
| 매입채무 | 4,220,000원 | 수수료수익 | 61,100,000원 |
| 임대료수익 | 8,500,000원 | 장기차입금 | 1,800,000원 |
| 보통주자본금 | 16,000,000원 | 현금 | 24,200,000원 |
| 매출채권 | 8,780,000원 | 감가상각누계액 | 5,400,000원 |
| 배당금 | 4,000,000원 | 감가상각비 | 4,000,000원 |
| 기초이익잉여금 | 35,200,000원 | | |

**08** 다음은 (주)광명의 20X2년도 포괄손익계산서, 재무상태표, 현금흐름표의 일부이다. 빈칸에 적절한 금액을 기입하라.

포괄손익계산서

(주)광명 20X2.1.1부터 20X2.12.31까지 (단위: 원)

|  |  |
|---|---|
| 순매출액 | ( A ) |
| 매출원가 | ( 2,000,000) |
| 매출총이익 | 3,000,000 |
| 물류비와 관리비 | ( B ) |
| 영업이익 | 900,000 |
| 기타수익(기타비용) | |
| 이자수익 | 10,000 |
| 이자비용 | ( 20,000) |
| 법인세차감전순이익 | ( C ) |
| 법인세 | 340,000 |
| 당기순이익 | ( D ) |

재무상태표

20X2년 12월 31일 현재

(주)광명 20X1년 12월 31일 현재 (단위: 원)

| | 2002 | 2001 |
|---|---|---|
| 자산 | | |
| 현금 및 현금성자산 | ( E ) | ( F ) |
| 순매출채권 | 230,000 | 120,000 |

| | | |
|---|---|---|
| 재고자산 | 310,000 | 300,000 |
| 선급비용 | 80,000 | 50,000 |
| 유형자산(순액) | 1,000,000 | 900,000 |
| 기타비유동자산(순액) | 110,000 | 80,000 |
| 자산합계 | ( G ) | ( H ) |
| | | |
| 부채와 자본 | | |
| 매입채무 | 170,000 | 250,000 |
| 미지급비용 | 110,000 | 60,000 |
| 미지급법인세 | 160,000 | 120,000 |
| 장기부채 | 300,000 | 400,000 |
| 자본금 | ( I ) | 500,000 |
| 이익잉여금 | ( J ) | 200,000 |
| 부채와 자본합계 | ( K ) | 1,530,000 |

## 현금흐름표

(주)광명 20X2.1.1부터 20X2.12.31까지 (단위: 원)

| | |
|---|---|
| 영업활동 현금흐름 | |
| 고객으로부터 현금유입액 | 4,900,000 |
| 납품업체와 종업원에게 현금유출액 | ( N ) |
| 법인세로 현금유출액 | (300,000) |
| 영업활동 순현금흐름 | 470,000 |
| 투자활동 현금흐름 | |
| 유형자산매입으로 인한 현금유출액 | (150,000) |
| 기타비유동자산매입으로 인한 현금유출액 | ( O ) |
| 투자활동 순현금흐름 | (190,000) |
| 재무활동 현금흐름 | |
| 주식발행으로 인한 현금유입액 | 250,000 |
| 배당금지급으로 인한 현금유출액 | (480,000) |
| 장기부채의 상환으로 인한 현금유출액 | (100,000) |
| 재무활동 순현금흐름 | ( P ) |
| 현금의 증가(감소) | ( Q ) |
| 기초의 현금 | 80,000 |
| 기말의 현금 | ( R ) |

# 제 2 부

# 회계의 순환과정

# 3장 회계거래의 분석과 기록

제 1 절 | 회계순환과정

제 2 절 | 회계거래

제 3 절 | 계정

제 4 절 | 기록과정의 단계

제 5 절 | 기록과정의 예

제 6 절 | 시산표

## 가야산

친구가
가야산 다녀왔다 하네

날 두고 혼자
가야?
했더니

꼭 한번
가야 할 산이라 한네

나도 가기 싫어 안 가는 것 아니다.

가려 해도 바빠서 못
가야!
했다.

가고 싶다
가야산
산이 거기 있으면 뭐하나
가야 산이지

이경재(전주대학교 교수, 시인, 아동문학가)

기업경영자는 상이한 시점에서 기업의 상태에 관한 정보를 필요로 한다. 이러한 정보는 기업에 대한 거래의 영향을 분석하고 의사결정을 하는데 유용하다. 예를 들면, 이웃집 세탁소의 주인은 현금을 얼마만큼 이용할 수 있는지, 현금을 얼마만큼 지출하였는지, 어떤 종류의 서비스를 제공하였는지를 알 필요가 있다.

제3장에서는 거래기록방법을 공부하기로 한다.

## 1절 회계순환과정

회계순환과정이란 회계기간 중에 발생하는 회계처리대상인 거래나 사건을 식별 · 인식 · 측정해서 이를 기록하고, 회계기말에 그러한 회계기록을 요약하여 재무제표를 작성하는 일련의 순환과정을 말한다. 이러한 과정은 회계기간마다 동일하게 발생하므로 회계순환과정(accounting cycle)이라고 한다.

회계순환과정은 <도표 3-1>에서 보는 바와 같이 9개의 단계로 이루어지고 있다. 이 순환과정에서 수정전시산표, 수정후시산표, 마감후시산표 등의 작성은 반드시 필수적인 것은 아니며 보조적인 수단이다. 회계순환과정은 기업거래의 분석으로 시작하고 마감후시산표의 작성으로 종료한다는 점을 알 수 있다. 순환과정의 단계들은 순서대로 실시되며 각각의 회계기간에서 반복된다.

회계순환과정은 처음에는 발생된 모든 거래나 사건을 분석해서 회계처리의 대상인지의 여부를 식별하고 이들을 거래의 8요소로 분석해서 차변요소와 대변요소로 나누어 분개장에 분개하고는 원장에 전기하는 일련의 과정이다. 이와 같이 단계1, 2, 3의 과정은 회계기간동안 매일 반복해서 발생한다.

단계4, 5, 6, 7은 월별, 분기별, 반기별, 연도별 등과 같이, 기간기준으로 결산시에 실시된다. 이 과정은 첫 번째 과정에서 이루어진 분개와 전기에 오류가 있는지의 여부를 알아보기 위해 계정과목별로 합산하여 시산표를 만들고, 결산정리분개인 수정분개를 실시한 후 재무제표를 작성하는 과정이다.

단계8, 9의 마감분개와 마감후시산표는 항상 기업의 회계년말에만 작성된다. 각 계정들을 마감하고 오류의 여부를 살펴보기 위해 마감후시산표를 작성하는 과정이다.

**도표 3-1 회계순환과정의 단계**

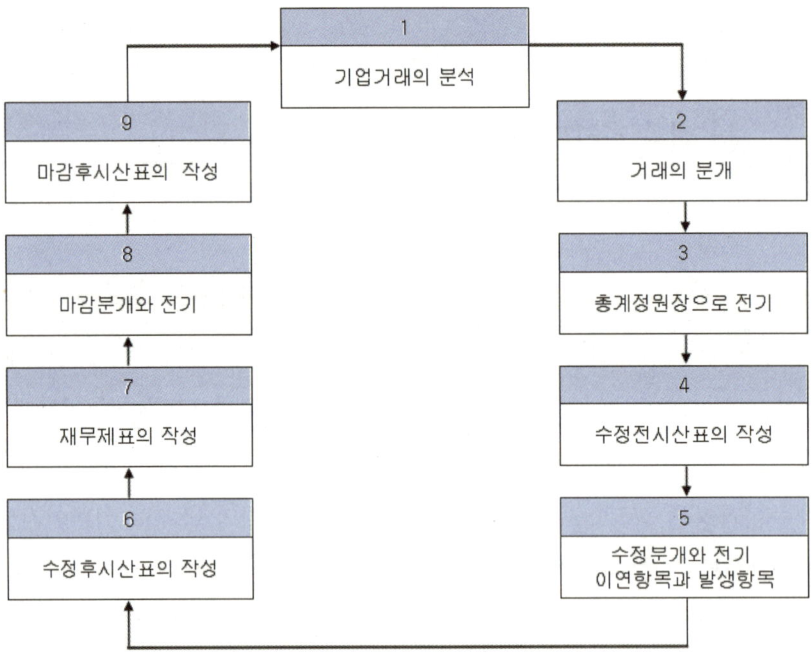


본장에서는 단계1부터 먼저 살펴보기로 한다.

## 2절 회계거래

회계거래를 분석하기 위해서는 먼저 어떠한 경제적 사건을 식별해야 하는가를 알 필요가 있다. 모든 사건이 다 재무제표에 기록・보고되는 것은 아니다. 예를 들면,

(주)현대자동차가 신규종업원을 고용하였다거나 신형컴퓨터를 구입하였다고 하자. 이러한 사건들이 모두 회계기록에 반영되는가? 신규종업원을 고용하였다는 사건은 기록되지 않을 것이지만, 신형컴퓨터를 구입하였다는 사건은 기록될 것이다. 이와 같이 어떤 경제적 사건의 결과로 자산, 부채, 자본의 항목들이 변화하여 이들을 재무제표에 기록할 필요가 있을 때 이러한 경제적 사건을 회계거래(accounting transaction)라고 한다.

## 1. 거래의 종류

회계거래는 손익의 발생여부에 따라, 또는 현금의 수지에 따라, 또는 기업외부와의 관계에 따라 여러 가지로 나눌 수 있다.

### 1) 손익의 발생여부에 의한 분류

#### (1) 교환거래

교환거래(exchange transaction)는 수익이나 비용이 발생하지 않고, 자산, 부채, 자본이 서로 증감하는 변화를 초래하는 거래이다. 예를 들면, 토지를 현금으로 매입한다든가, 부채를 상환하는 경우의 거래이다.

#### (2) 손익거래

손익거래(income transaction)는 비용과 수익을 발생시키는 거래를 말하며, 수익거래와 비용거래로 구분된다. 이것은 자본의 증감을 일으키면서 동시에 자산 구성부분에도 동액의 증감을 일으키는 거래이다. 예를 들면, 예금이자의 수령, 사채이자의 지급 등이다.

### (3) 혼합거래

혼합거래(mixed transaction)는 교환거래와 손익거래가 동시에 발생하는 거래이다. 예를 들면, 차입금의 원금과 이자를 상환하는 경우이다.

## 2) 현금수지 여부에 의한 분류

### (1) 현금거래

현금거래는 현금의 수수가 따르는 거래를 말하며, 이는 입금거래와 출금거래로 나눌 수 있다. 예를 들면, 급여의 지급, 상품의 현금매출 등이다.

### (2) 대체거래

현금의 수지가 수반되지 않는 거래로서 이는 전부대체거래와 일부대체거래로 구분할 수 있다. 예를 들면, 상품을 외상으로 매입하는 경우는 전부대체거래이고, 상품을 외상으로 매입하면서 일부를 현금으로 지급하는 경우는 일부대체거래이다.

## 3) 발생장소에 의한 분류

### (1) 외부거래

외부거래는 기업외부와의 관계에서 이루어지는 거래로 대부분의 거래가 외부거래이다.

### (2) 내부거래

내부거래는 기업내부에서 발생하는 거래로 유형자산에 대한 감가상각이라든가 잉여금의 적립 등 회계처리상 결산시에 발생하는 수정기입이나 원가회계에서 원가계산의 경우가 이에 해당한다.

## 2. 거래의 요소

회계거래의 요소에는 <도표 3-2>와 같이 자산의 증가, 자산의 감소, 부채의 증가, 부채의 감소, 자본의 증가, 자본의 감소, 수익의 발생, 비용의 발생 등의 8가지 요소가 있다.

**도표 3-2 회계거래의 8요소**

| 차변요소 | 대변요소 |
|---|---|
| 자산의 증가 | 자산의 감소 |
| 부채의 감소 | 부채의 증가 |
| 자본의 감소 | 자본의 증가 |
| 비용의 발생 | 수익의 발생 |

위의 도표에서 거래의 8요소의 결합관계를 구체적으로 살펴보면 다음과 같다.

자산의 증가 —
① 자산의 감소
② 부채의 증가
③ 자본의 증가
④ 수익의 발생

① 자산의 증가와 자산의 감소를 초래하는 거래.
예를 들면, 건물 100,000,000원을 취득하고 현금으로 결제하다. 이 거래에는 건물이라는 자산의 증가와 현금이라는 자산의 감소가 발생한다.

② 자산의 증가와 부채의 증가를 초래하는 거래.
예를 들면, 상품 5,000,000원을 외상으로 구입하다. 이 거래에는 상품이라는

자산의 증가와 외상매입금이라는 부채의 증가가 발생한다.

③ 자산의 증가와 자본의 증가를 초래하는 거래.

예를 들면, 현금 100,000,000원을 출자하여 영업을 시작하였다. 이 거래에는 현금이라는 자산의 증가와 자본금이라는 자본의 증가가 발생한다.

④ 자산의 증가와 수익의 발생을 초래하는 거래.

예를 들면, 주식투자로 인하여 배당금 10,000원을 현금으로 수령하였다. 이 거래에는 현금이라는 자산의 증가와 배당금수익이라는 수익이 발생하였다.

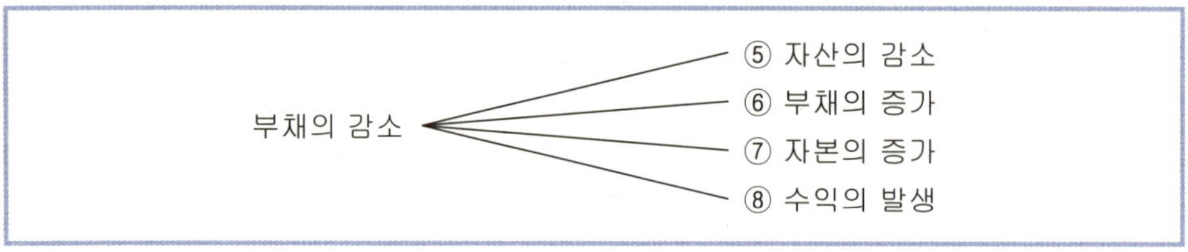


⑤ 부채의 감소와 자산의 감소를 초래하는 거래.

예를 들면, 차입금 3,000,000원을 현금으로 상환하다. 이 거래에는 차입금이라는 부채의 감소와 현금이라는 자산의 감소가 발생하였다.

⑥ 부채의 감소와 부채의 증가를 초래하는 거래.

예를 들면, 외상매입금 1,000,000원을 어음발행하여 상환을 연기하였다. 이 거래에는 외상매입금이라는 부채의 감소와 지급어음이라는 부채의 증가가 발생하였다.

⑦ 부채의 감소와 자본의 증가를 초래하는 거래.

예를 들면, 전환사채 500,000원을 자본금으로 전환하였다. 이 거래에는 전환사채라는 부채의 감소와 자본금이라는 자본의 증가가 발생하였다.

⑧ 부채의 감소와 수익의 발생을 초래하는 거래.

예를 들면, 채권자로부터 차입금 1,000,000원의 상환을 면제받았다. 이 거래에는 차입금이라는 부채의 감소와 채무면제이익이라는 수익이 발생하였다.

자본의 감소 → ⑨ 자산의 감소 / ⑩ 부채의 증가 / ⑪ 자본의 증가

⑨ 자본의 감소와 자산의 감소를 초래하는 거래.

예를 들면, 주주에게 배당금 100,000원을 현금으로 지급하다. 이 거래에는 배당금이라는 자본(이익잉여금)의 감소와 현금이라는 자산의 감소가 발생하였다.

⑩ 자본의 감소와 부채의 증가를 초래하는 거래.

예를 들면, 조합원 김대한씨가 탈퇴할 때 출자금 1,000,000원을 차입금으로 대체하다. 이 거래에는 출자금이라는 자본의 감소와 차입금이라는 부채의 증가가 발생하였다.

⑪ 자본의 감소와 자본의 증가를 초래하는 거래.

예를 들면, 자본잉여금을 자본금으로 전입하다. 이 거래에서는 자본잉여금이라는 자본의 감소와 자본금이라는 자본의 증가가 발생하였다.

비용의 발생 → ⑫ 자산의 감소 / ⑬ 부채의 증가 / ⑭ 자본의 증가

⑫ 비용의 발생과 자산의 감소가 발생하는 거래.

예를 들면, 종업원의 급여 2,000,000원을 현금으로 지급하였다. 이 거래에는 급여라는 비용의 발생과 현금이라는 자산의 감소가 발생하였다.

⑬ 비용의 발생과 부채의 증가를 초래하는 거래.

예를 들면, 이자 200,000원이 발생하였으나 아직 지급하지 않았다. 이 거래에서는 지급이자라는 비용의 발생과 미지급이자라는 부채의 증가가 발생하였다.

⑭ 비용의 발생과 자본의 증가를 초래하는 거래.

예를 들면, 종업원급여 2,000,000원을 우리사주조합을 이용하여 주식을 발행하여 지급하였다. 이 거래에서는 종업원급여라는 비용의 발생과 자본금이라는 자본의 증가가 발생하였다.

이외의 거래(자본의 감소와 수익의 발생, 비용의 발생과 수익의 발생이라는 두 거래는 잘 발생하지 않는 거래이다.

## 3. 거래의 분석

기업의 재무상태는 자산과 그 자산에 대한 청구권으로 구성되는 바, 이러한 청구권은 다시 채권자의 청구권과 소유자의 청구권의 두 종류로 나누어진다. 여기서 채권자의 청구권을 채권자지분 또는 부채라 하고, 소유자의 청구권을 소유자지분이나 주주지분 또는 자본이라고 한다. 이 관계를 등식으로 표시하면 다음과 같다.

회계등식: 자산 = 부채 + 자본
= 채권자지분 + 주주지분
= 지분

본장에서는 자산, 부채, 자본에 대한 영향에 의해서 거래를 분석하는 방법을 배울 것이다. 거래분석(transaction analysis)은 경제적 사건이 회계등식에 미치는 구체적인 영향을 식별하는 과정이다.

회계등식은 항상 균형상태를 이루어야 한다. 각각의 거래는 등식이 양쪽에 동일한 영향을 주는 데, 이를 거래의 이중성(duality of transaction)이라고 한다. 예를 들면, 만약 어떤 개별자산이 증가한다면, 이에 상응해서 다른 자산이 감소하거나, 부채가 증가하거나, 자본이 증가해야 한다.

어떤 자산이 증가할 때 두 개 이상의 항목이 영향을 받을 수도 있다. 예를 들면, 만약 어떤 기업이 1천만원짜리 컴퓨터를 현금 6,000,000원과 지급어음 4,000,000원으로 구입한다면, 자산(컴퓨터)이 10,000,000원 증가하고, 다른 자산(현금)은 6,000,000원 감소하며, 부채(지급어음)가 4,000,000원 증가한다. 이의 결과는 회계등식이 여전히 균형상태로 있다는 것이다. 즉 아래와 같이 자산이 순액 4,000,000원 만큼 증가하였고, 부채가 4,000,000원만큼 증가하였다.

| 자산 | = | 부채 | + | 자본 |
|---|---|---|---|---|
| + 10,000,000 | | + 4,000,000 | | |
| − 6,000,000 | | | | |
| 4,000,000 | | 4,000,000 | | |

경제적 사건이 회계등식에 어떻게 영향을 주는가를 예시하기 위해, 10월 한 달동안 (주)가나다에 영향을 주는 사건들을 검토하기로 한다.

사건(1). 주주의 현금투자. 10월 1일에 주주들이 10,000,000원의 현금을 기업에 투자하고 10,000,000원어치의 보통주를 수령하였다. 이 사건으로 자산과 자본이 증가하였기 때문에 이 사건은 회계거래이다. (주)가나다의 장부에 자산인 현금 10,000,000원의 증가와 자본인 보통주자본금 10,000,000원의 증가가 있다. 이 거래의 회계등식에 대한 영향은 다음과 같다.

| | 자산 | = | 부채 | + | 자본 |
|---|---|---|---|---|---|
| | 현금 | = | | | 보통주자본금 |
| (1) | + 10,000,000 | | | | + 10,000,000 |

이 등식은 균형상태에 있다. 이 경우에 자본의 증가는 보통주식의 발행으로 인한 것이다. 자본변화의 원천을 추적하는 것은 특히 이익의 계산에 중요하다.

사건(2). 현금과의 교환으로 어음발행. (주)가나다는 10월 1일에 액면가 5,000,000원이고 액면이자율 12%인 3개월짜리 어음을 서울은행에 발행하고 현금을 차입하였다. 이 거래로 인해서 자산과 부채가 동일하게 증가하게 된다. 즉, 현금(자산)이 5,000,000원 증가하고 차입금(부채)이 5,000,000원 증가한다. 이 거래의 구체적인 영향과 처음 두 거래의 누적효과는 다음과 같다.

| | | 자산 | = | 부채 | + | 자본 |
|---|---|---|---|---|---|---|
| | | 현금 | = | 차입금 | | 보통주자본금 |
| | 구잔액 | 10,000,000 | | | | 10,000,000 |
| (2) | | + 5,000,000 | | + 5,000,000 | | |
| | 신잔액 | 15,000,000 | = | 5,000,000 | + | 10,000,000 |
| | | | | 15,000,000 | | |

자산합계는 이제 15,000,000원이며 자본과 새로운 부채의 합계도 15,000,000원이다.

사건(3). 기계의 현금구입. 10월 2일에 (주)가나다는 기계를 (주)현대정밀에게 현금 5,000,000원을 지불하고 취득하였다. 이 사건은 (주)가나다의 자산에 동일한 크기의 증가와 감소가 발생하기 때문에 거래이다. 기계(자산)가 5,000,000원 증가하고, 현금(자산)이 5,000,000원 감소한다.

| | | 자산 | | = | 부채 | + | 자본 |
|---|---|---|---|---|---|---|---|
| | | 현금 | 기계 | | 차입금 | | 보통주자본금 |
| | 구잔액 | 15,000,000 | | | 5,000,000 | | 10,000,000 |
| (3) | | - 5,000,000 | + 5,000,000 | | | | |
| | 신잔액 | 10,000,000 | 5,000,000 | = | 5,000,000 | + | 10,000,000 |
| | | 15,000,000 | | | 15,000,000 | | |

자산합계는 이제 15,000,000원이고, 자본과 부채의 합계도 15,000,000원이다.

사건(4). 고객으로부터 현금의 선수. 10월 2일에 (주)가나다는 12월 31일까지 제공하기로 한 광고서비스에 대해 고객 김길동으로부터 현금 1,200,000원을 미리 수령하였다.

광고서비스가 제공될 때까지 수익을 기록해서는 안 된다. 잡지업계와 항공업계에서는 고객들이 대금을 미리 지불하는 것으로 기대된다. 이러한 업종의 기업들은 잡지가 고객에게 배달되거나 탑승이 제공될 때까지는 고객에 대한 부채를 가지며 제품이나 서비스가 제공되는 즉시, 수익을 기록할 수 있다.

(주)가나다는 서비스를 수행하기 전에 현금을 수령하였기 때문에, (주)가나다는 이 서비스에 대한 부채를 가진다. 현금은 1,200,000원만큼 증가하고 부채인 선수수익(unearned revenue)이 같은 금액만큼 증가한다.

| | | 자산 | | | = | 부채 | | | + | 자본 |
|---|---|---|---|---|---|---|---|---|---|---|
| | | 현금 | | 기계 | | 차입금 | + | 선수수익 | | 보통주자본금 |
| | 구잔액 | 10,000,000 | + | 5,000,000 | | 5,000,000 | | | | 10,000,000 |
| (4) | | + 1,200,000 | | | | | | + 1,200,000 | | |
| | 신잔액 | 11,200,000 | + | 5,000,000 | = | 5,000,000 | + | 1,200,000 | + | 10,000,000 |
| | | 16,200,000 | | | | 16,200,000 | | | | |

사건(5). 서비스 대가로 현금 수령. 10월 3일 (주)가나다는 (주)동해로부터 수행한 광고서비스에 대해 현금 10,000,000원을 수령하였다. 이 사건은 (주)가나다가 서비스의 대가로 자산(현금)을 수령한 것이다.

광고서비스는 (주)가나다의 주된 수익산출활동이다. 수익은 자본을 증가시킨다. 자산과 자본은 이 거래로 증가한다. 현금은 10,000,000원 증가하고 이익잉여금도 10,000,000원 증가한다. 등식에서 새로운 잔액은 다음과 같다.

| | 자산 | | = | 부채 | | 자본 | |
|---|---|---|---|---|---|---|---|
| | 현금 + | 기계 | | 차입금 + | 선수수익 | 보통주자본금 + | 이익잉여금 |
| 구잔액 | 11,200,000 | 5,000,000 | | 5,000,000 | 1,200,000 | 10,000,000 | |
| (5) | + 10,000,000 | | | | | | + 10,000,000 |
| 신잔액 | 21,200,000 + | 5,000,000 | = | 5,000,000 + | 1,200,000 + | 10,000,000 + | 10,000,000 |
| | 26,200,000 | | | 26,200,000 | | | |

가끔 기업들은 서비스를 외상으로 제공한다. 즉, 기업들은 서비스의 대가를 나중에 받기로 하고 서비스를 제공한다. 그러나 수익은 서비스를 수행할 때 가득(earn)된다. 그러므로, 서비스를 수행할 때 현금을 수령하지 않았을지라도 자본은 증가할 것이다. 현금을 수령하는 대신에, 기업은 다른 종류의 자산인 매출채권(account receivable)을 가진다. 매출채권은 나중에 현금을 수령할 권리를 나타낸다. (주)가나다가 이러한 서비스를 현금이 아닌 외상으로 제공하였다고 하자. 이 사건은 회계등식을 이용하여 다음과 같이 보고될 것이다.

| 자산 | = | 부채 | + | 자본 |
|---|---|---|---|---|
| 매출채권 | = | | | 이익잉여금 |
| + 10,000,000 | | | | + 10,000,000 |

나중에, 10,000,000원을 고객으로부터 회수할 때, 매출채권은 10,000,000원만큼

하락할 것이며 현금은 10,000,000원만큼 증가할 것이다.

| 자산 | | = | 부채 | + | 자본 |
|---|---|---|---|---|---|
| 현금 | 매출채권 | = | | | |
| + 10,000,000 | − 10,000,000 | | | | |

이 경우에 자본은 현금의 회수에 의해 영향을 받지 않는다. 그 대신에 하나의 자산(매출채권)을 다른 자산(현금)과 교환한 것이 기록될 것이다.

사건(6). 임차료의 지급. 10월 3일에 (주)가나다는 10월 한달간의 사무실임차료 900,000원을 현금으로 지급하였다. 이 임차료지급으로 인해서 현금이 감소하기 때문에 임차료지급은 거래이다.

임차료는 수익을 발생시키기 위한 노력에서 (주)가나다에 발생한 비용이다. 임차료 지급은 회계등식의 균형을 유지시키기 위해 현금을 감소시키고 자본(특히 이익잉여금)을 감소시킴으로써 기록된다. 이 거래를 기록하기 위해 현금은 900,000원만큼 감소되고 이익잉여금도 900,000원만큼 감소된다. 이러한 지급의 회계등식에 대한 영향은 다음과 같다.

| | 자산 | | = | 부채 | | 자본 | |
|---|---|---|---|---|---|---|---|
| | 현금 + | 기계 | | 차입금 + | 선수수익 | 보통주자본금 + | 이익잉여금 |
| 구잔액 | 21,200,000 | 5,000,000 | | 5,000,000 | 1,200,000 | 10,000,000 | 10,000,000 |
| (6) | − 900,000 | | | | | | − 900,000 |
| 신잔액 | 20,300,000 + | 5,000,000 | = | 5,000,000 + | 1,200,000 + | 10,000,000 + | 9,100,000 |
| | 25,300,000 | | | 25,300,000 | | | |

사건(7). 현금으로 보험가입. 10월 4일에 (주)가나다는 내년 9월 30일에 소멸하는 1년짜리 보험에 대해 600,000원을 지급하였다. 이 사건은 하나의 자산이 다른 자산으

로 교환되었기 때문에 거래이다. 자산인 현금이 600,000원 감소하였다. 지급액은 한 달 이상에 해당하기 때문에 자산인 선급보험료가 600,000원 증가하였다. 한 회계기간 이상동안 효력이 있을 비용의 지급은 선급비용으로 식별된다. 자산합계의 금액은 변화하지 않는다. 즉, 하나의 자산계정이 감소하는 금액만큼 다른 자산계정이 증가한다.

| | | 자산 | | | | 부채 | | 자본 | |
|---|---|---|---|---|---|---|---|---|---|
| | | 현금 | + 선급보험료 | 기계 | | 차입금 | + 선수수익 | + 보통주자본금 | 이익잉여금 |
| | 구잔액 | 20,300,000 | | 5,000,000 | | 5,000,000 | 1,200,000 | 10,000,000 | 9,100,000 |
| (7) | | − 600,000 | + 600,000 | | | | | | |
| | 신잔액 | 19,700,000 + | 600,000 + | 5,000,000 | = | 5,000,000 + | 1,200,000 + | 10,000,000 + | 9,100,000 |
| | | 25,300,000 | | | | 25,300,000 | | | |

사건(8). 소모품의 외상구입. 10월 5일에 (주)가나다는 (주)서해로부터 3개월어치의 광고소모품을 2,500,000원어치 외상으로 구입하였다. 소모품은 고객에게 서비스를 제공하는 과정에 이용될 자원을 의미하기 때문에 이 거래에 의해 자산이 증가한다. 부채는 (주)서해에 갚아야 하는 금액만큼 증가한다. 자산인 소모품이 2,500,000원 증가하고, 부채인 매입채무(accounts payable)는 같은 금액만큼 증가한다. 회계등식에 대한 영향은 다음과 같다.

| | | 자산 | | | | = | 부채 | | | 자본 | |
|---|---|---|---|---|---|---|---|---|---|---|---|
| | | 현금 | + 소모품 | 선급보험료 | 기계 | | 차입금 | + 매입채무 | + 선수수익 | 보통주자본금 | + 이익잉여금 |
| | 구잔액 | 19,700,000 | | 600,000+ | 5,000,000 | | 5,000,000 | | 1,200,000 | 10,000,000 | 9,100,000 |
| (8) | | | + 2,500,000 | | | | | + 2,500,000 | | | |
| | 신잔액 | 19,700,000 + | 2,500,000+ | 600,000+ | 5,000,000 | = | 5,000,000 + | 2,500,000 + | 1,200,000 + | 10,000,000 + | 9,100,000 |
| | | 27,800,000 | | | | | 27,800,000 | | | | |

사건(9). 신규종업원의 고용. 10월 9일에 (주)가나다는 10월 15일에 일을 시작하기 위해 신규종업원을 4명 고용하였다. 각각의 종업원은 주당 5일 근무조건으로 주당

500,000원의 임금을 2주 단위로 받을 것이다. 종업원들은 10월 26일에 처음으로 임금을 받을 것이다. 회사의 자산, 부채, 자본은 변화하기 않았기 때문에 회계등식에 대해 어떠한 영향도 없다. 회계거래는 발생하지 않았다. 이 시점에서는 종업원들이 10월 15일에 일을 시작할 것이라는 합의만 있다.

사건(10). 배당금의 지급. 10월 20일에 (주)가나다는 500,000원의 배당금을 지급하였다. 배당금은 순이익의 배분이지 비용은 아니다. 배당금거래는 자산과 자본에 영향을 준다. 현금과 이익잉여금이 500,000원 감소한다.

| | | 자산 | | | | : 부채 | | | 자본 | |
|---|---|---|---|---|---|---|---|---|---|---|
| | | 현금 | 소모품 | 선급보험료 | 기계 | 차입금 | 매입채무 | 선수수익 | 보통주자본금 | 이익잉여금 |
| | 구잔액 | 19,700,000 | 2,500,000 | 600,000 + | 5,000,000 | 5,000,000 | 2,500,000 | 1,200,000 | 10,000,000 | 9,100,000 |
| (10) | | −500,000 | | | | | | | | −500,000 |
| | 신잔액 | 19,200,000 + | 2,500,000 + | 600,000 + | 5,000,000 = | 5,000,000 + | 2,500,000 + | 1,200,000 + | 10,000,000 + | 8,600,000 |
| | | 27,300,000 | | | | 27,300,000 | | | | |

사건(11). 종업원임금으로 현금지급. 종업원들에게 임금으로 4,000,000원을 10월 26일에 지급하였다. 임차료의 경우에 발생한 원가처럼, 임금도 비용이다. 이들은 수익을 발생시키기 위한 원가이기 때문에, 자본을 감소시킨다. 종업원과 관련된 이 사건은 자산과 자본이 같은 금액으로 영향을 받기 때문에 거래이다. 그리하여 현금과 이익잉여금은 각각 4,000,000원 감소한다.

| | | 자산 | | | | : 부채 | | | 자본 | |
|---|---|---|---|---|---|---|---|---|---|---|
| | | 현금 | 소모품 | 선급보험료 | 기계 | 차입금 | 매입채무 | 선수수익 | 보통주자본금 | 이익잉여금 |
| | 구잔액 | 19,200,000 | 2,500,000 | 600,000 + | 5,000,000 | 5,000,000 | 2,500,000 | 1,200,000 | 10,000,000 | 8,600,000 |
| (11) | | −4,000,000 | | | | | | | | −4,000,000 |
| | 신잔액 | 15,200,000 + | 2,500,000 + | 600,000 + | 5,000,000 = | 5,000,000 + | 2,500,000 + | 1,200,000 + | 10,000,000 + | 4,600,000 |
| | | 23,300,000 | | | | 23,300,000 | | | | |

## 3. 거래의 요약

(주)가나다의 거래는 기본회계등식에 대한 이들의 누적효과를 나타내기 위해 <도표 3-3>에 요약되어 있다. 거래수와 거래의 개별적인 영향이 표시되어 있다. 사건(9)는 거래가 아니기 때문에, 이 사건에 대해서는 기입할 필요가 없다. <도표 3-3>은 세 가지 사실을 보여준다.

① 각 거래가 자산, 부채, 자본에 대한 그 영향으로 분석되어 있다.
② 등식의 두 변(오른쪽과 왼쪽)이 항상 일치해야 한다.
③ 자본변화의 원인이 나타나야 한다.

**도표 3-3 거래의 요약**

| | 자산 | | | | 부채 | | | 자본 | |
|---|---|---|---|---|---|---|---|---|---|
| | 현금 + | 소모품 + | 선급보험료 + | 기계 | 차입금 + | 매입채무 + | 선수수익 | 보통주자본금 + | 이익잉여금 |
| (1) | + 10,000,000 | | | | | | | +10,000,000 | |
| (2) | + 5,000,000 | | | | + 5,000,000 | | | | |
| (3) | − 5,000,000 | | | + 5,000,000 | | | | | |
| (4) | + 1,200,000 | | | | | | + 1,200,000 | | |
| (5) | + 10,000,000 | | | | | | | | + 10,000,000 |
| (6) | − 900,000 | | | | | | | | − 900,000 |
| (7) | − 600,000 | | + 600,000 | | | | | | |
| (8) | | + 2,500,000 | | | | +2,500,000 | | | |
| (9) | − 500,000 | | | | | | | | − 500,000 |
| (10) | − 4,000,000 | | | | | | | | − 4,000,000 |
| | 15,200,000 + | 2,500,000 + | 600,000 + | 5,000,000 = | 5,000,000 + | 2,500,000 + | 1,200,000 + | 10,000,000 + | 4,600,000 |
| | 23,300,000 | | | | 23,300,000 | | | | |

## 3절 계정

계정(account)은 특정한 자산, 부채, 자본항목의 증감에 관한 개별적인 회계기록이다. 예를 들면, (주)가나다(제2절에서 논한 기업)는 현금, 매출채권, 매입채무, 용역수익, 급여 등에 대해서는 별도의 계정을 가질 것이다. 가장 단순한 양식에서는 계정이 세 부분으로 구성된다. (1) 계정과목, (2) 차변(왼쪽)측면, (3) 대변(오른쪽)측면. 계정의 이러한 부분의 배열은 T 문자와 닮았기 때문에, T계정(T account)이라고 한다. 계정의 기본양식은 <도표 3-4>에 나타나 있다.

**도표 3-4 계정의 기본양식**

계정과목

| 차변 | 대변 |
|---|---|
| 차변잔액 | 대변잔액 |

T계정은 개별계정들에 대한 거래의 효과를 명확히 하는데 도움을 주는 간편한 양식이다. 본서에서는 기본적인 회계의 관계를 설명하기 위해 이 계정형태를 이용할 것이다.

### 1. 차변과 대변

오늘날, 차변(debit)이라는 용어는 왼쪽을 가리키고 대변(credit)은 오른쪽을 가리킨다. 이들은 공통적으로 차변에 대해서는 Dr.로, 대변에 대해서는 Cr.로 약어로 사용되고 있다. 이러한 용어는 원래 "채무자"(debtor)와 "채권자"(creditor)를 의미하는 라틴어에서 유래하였다.

오늘날 이들은 방향표시이다. 이들은 T계정의 어느 쪽에 수치를 기록할 것인가를 가리킨다. 계정의 왼쪽에 금액을 기재하는 것을 계정에 차변기입한다(debiting)라고 한다. 오른쪽에 기재하는 것을 계정에 대변기입한다(crediting)라고 한다.

왼쪽에 차변을 가지고 오른쪽에 대변을 가지는 절차는 (미국에서 도로의 오른쪽에서 주행하는 관습처럼) 회계관습이나 회계절차이다. 이 절차는 모든 계정에 적용된다. 양쪽의 합계를 비교할 때, 차변금액의 합계가 대변의 합계를 초과할 때 그 계정은 **차변잔액**(debit balance)을 가질 것이다. 만약 대변금액의 합계가 차변금액의 합계를 초과할 때 그 계정은 **대변잔액**(credit balance)을 가질 것이다.

계정에서 차변과 대변의 기록은 (주)가나다의 현금거래에 대해 <도표 3-5>에 나타나 있다. <도표 3-3>의 현금칸에서 자료를 가져왔다.

### 도표 3-5 계정일람표의 요약과 계정양식

(단위: 원)

계정과목일람표의 요약

| 현 금 |
|---:|
| 10,000,000 |
| 5,000,000 |
| −5,000,000 |
| 1,200,000 |
| 10,000,000 |
| −900,000 |
| −600,000 |
| −500,000 |
| −4,000,000 |
| 15,200,000 |

계정양식

| 현 금 | | | |
|---|---:|---|---:|
| (차변) | 10,000,000 | (대변) | 5,000,000 |
| | 5,000,000 | | 900,000 |
| | 1,200,000 | | 600,000 |
| | 10,000,000 | | 500,000 |
| | | | 4,000,000 |
| 잔액 (차변) | 15,200,000 | | |

<도표 3-5>에서는 모든 양(+)의 금액은 현금의 수입을 의미한다. 모든 음(-)의 금액은 현금의 지출을 의미한다. 계정양식에서는 현금의 증가가 차변으로 기록되고, 현금의 감소는 대변으로 기록된다. 한 쪽에 증가와 다른 쪽에 감소를 가지는 것은

오류를 기록하는 것을 감소시키고 계정의 각 변의 합계를 결정하고 계정의 잔액을 결정하는 데 도움을 준다. 계정의 차변잔액 15,200,000원은 (주)가나다의 현금의 감소보다는 현금의 증가가 15,200,000원 더 많다는 것을 가리킨다. 즉, 회사는 0원의 잔액으로 시작한 이후, 이제 현금계정에 15,200,000원을 가지고 있다.

## 2. 차변과 대변의 절차

각 거래가 기본회계등식을 균형상태로 유지하기 위해서는 두 개 이상의 계정에 영향을 주어야 한다. 즉, 각 거래의 경우, 계정에서 차변의 합계는 대변의 합계와 동일해야 한다. 차변합계와 대변합계의 동일성(대차평균의 원리)은 거래를 기록하는 복식부기시스템에 기초를 제공해 준다.

복식부기시스템(double-entry system)하에서 각 거래의 이중효과가 적절한 계정에 영향을 준다. 이 시스템은 거래를 기록하는데 논리적인 방법을 제공해 준다. 이것은 또한 기록금액의 정확성을 보증하는 수단을 제공해 준다. 만약 모든 거래의 차변과 대변이 동일한 금액으로 기록된다면, 계정들의 모든 차변합계는 모든 대변합계와 동일해야 한다. 회계등식의 동일성을 결정하기 위한 복식부기시스템은 제2절에서 사용된 +/− 절차보다 훨씬 더 효율적이다. 그곳에서는 각 거래가 발생한 후, 회계등식의 양변의 동일성을 결정하기 위해 자산합계를 부채와 자본의 합계와 비교하는 것이 필요하였다.

### 1) 자산과 부채의 분개절차

<도표 3-5>에서 자산인 현금의 증가가 왼쪽에 기재되었고 현금의 감소가 오른쪽에 기재되었다. 기본등식의 양변은 동일해야 한다(자산 = 부채 + 자본)는 것을 알고 있다. 그러므로, 부채의 증가 및 감소는 자산의 증가 및 감소와는 반대로 기록되어야 할 것이다. 부채의 증가는 오른쪽이나 대변에 기재되어야 하고, 부채의 감소는 왼쪽이나

차변에 기재되어야 한다. 차변과 대변이 자산과 부채에 미치는 영향은 다음과 같이 요약된다.

**도표 3-6 차변과 대변의 영향 - 자산과 부채**

| 차 변 | 대 변 |
|---|---|
| 자산증가 | 자산감소 |
| 부채감소 | 부채증가 |

자산계정은 정상적으로 차변잔액을 보여준다. 즉, 특정한 자산계정의 차변은 그 계정의 대변을 초과해야 한다. 이와 마찬가지로 부채계정은 정상적으로 대변잔액을 보여준다. 즉, 부채계정의 대변은 그 계정의 차변을 초과해야 한다. 정상잔액은 다음과 같이 도표로 나타낼 수 있다.

**도표 3-7 정상잔액 - 자산과 부채**

| | 자 산 | | | 부 채 | | |
|---|---|---|---|---|---|---|
| ↑ | 차변에 증가 | 대변에 감소 | ↓ ↓ | 차변에 감소 | 대변에 증가 | ↑ |
| | **정상잔액** | | | | **정상잔액** | |

어느 것이 계정의 정상잔액인가를 알게 됨으로써 오류를 추적하는데 도움이 될 것이다. 예를 들면, 토지와 같은 자산계정의 대변잔액이나 미지급임금과 같은 부채의 차변잔액은 기록의 오류를 가리킬 것이다. 그러나 때때로 비정상잔액이 정확할 수도 있다. 예를 들면, 현금계정은 기업이 은행잔액을 초과하여 인출하였을 때 대변잔액을 가질 것이다.

### 2) 자본의 분개절차

제2절에서 살펴본 바와 같이, 자본은 크게 자본금과 이익잉여금으로 구성된다.

앞에서 수익, 비용, 배당금지급은 이익잉여금에 영향을 준다는 것을 살펴보았다. 자본을 이제 5가지 부분(보통주자본금, 이익잉여금, 배당금, 수익, 비용)으로 나누어 살펴보기로 하자. 복식부기시스템에서는 이들의 각각에 대해 계정이 유지되고 있다.

☑ **보통주자본금** . 주주의 투자와 교환으로 보통주가 발행된다. 보통주자본금계정은 대변에 의해 증가하고 차변에 의해 감소한다. 예를 들면, 현금을 기업에 투자할 때, 현금은 차변에 기입(증가)되고 보통주자본금은 대변에 기입(증가)된다. 보통주자본금에 대한 차변과 대변의 효과는 <도표 3-8>과 같다.

**도표 3-8 차변과 대변의 효과(보통주자본금)**

| 차 변 | 대 변 |
|---|---|
| 보통주자본금의 감소 | 보통주자본금의 증가 |

이 계정의 정상잔액은 다음과 같이 도표로 나타낼 수 있다.

**도표 3-9 정상잔액(보통주자본금)**

보통주자본금

| ↓ 차변에 감소 | 대변에 증가 ↑ |
|---|---|
| | **정상잔액** |

☑ **이익잉여금** : 이익잉여금은 기업에 유보되는 순이익이다. 이것은 기업의 영리활동을 통해 축적되어온 주주지분의 몫을 의미한다. 이익잉여금은 <도표 3-10>과 같이, 대변(예를 들면, 순이익)에 의해 증가하고, 차변(예를 들면, 순손실)에 의해 감소한다.

**도표 3-10 차변과 대변의 효과(이익잉여금)**

| 차 변 | 대 변 |
|---|---|
| 이익잉여금의 감소 | 이익잉여금의 증가 |

이익잉여금의 정상잔액은 <도표 3-11>과 같이 나타낼 수 있다.

**도표 3-11 정상잔액(이익잉여금)**

이익잉여금

| ↓ 차변에 감소 | 대변에 증가 ↑ |
|---|---|
| | **정상잔액** |

**배당금** : 배당금은 주식회사가 주주에게 각 주주의 소유비율에 따라 일정한 금액으로 배분하는 것이다. 가장 일반적인 배분형태는 현금배당이다. 배당금은 주주의 청구권 행사로 자본(이익잉여금)이 감소하게 된다. 배당금은 자본을 감소시키기 때문에, 배당금계정의 증가는 차변으로 기록되며 자본의 감소를 의미한다. <도표 3-12>와 같이 배당금계정은 정상적으로 차변잔액을 가진다.

**도표 3-12 정상잔액(배당금)**

배당금

| ↑ 차변에 증가 | 대변에 감소 ↓ |
|---|---|
| **정상잔액** | |

**수익과 비용** : 수익을 가득할 때, 자본은 증가한다. 그러므로, 차변과 대변의 수익계정에 대한 효과는 자본에 대한 효과와 동일하다. 수익계정은 차변에 의해 증가하고 대변에 의해 감소한다.

한편, 비용은 자본을 감소시킨다. 따라서, 비용은 차변에 의해 기록된다. 비용은 순이익을 계산하는데 음(−)의 요소이고 수익은 양(+)의 요소이기 때문에, 비용계정의 증가쪽과 감소쪽이 수익계정과는 반대이어야 한다는 것이 논리적이다. 그리하여 비용계정은 차변에 의해 증가하고 대변에 의해 감소한다.

수익과 비용에 대한 차변과 대변의 효과는 다음과 같이 나타낼 수 있다.

**도표 3-13 차변과 대변의 효과(수익과 비용)**

| 차 변 | 대 변 |
|---|---|
| 수익의 감소 | 수익의 증가 |
| 비용의 증가 | 비용의 감소 |

수익계정의 대변은 차변을 초과해야 하고, 비용계정의 차변은 대변을 초과해야 한다. 그리하여 수익계정은 정상적으로 대변잔액을 보여주고, 비용계정은 정상적으로 차변잔액을 보여준다. 정상잔액은 다음과 같이 나타낼 수 있다.

**도표 3-14 정상잔액(수익과 비용)**

| | 수 익 | | | 비 용 | | |
|---|---|---|---|---|---|---|
| ↓ | 차변에 감소 | 대변에 증가 | ↑ ↑ | 차변에 증가 | 대변에 감소 | ↓ |
| | | **정상잔액** | | **정상잔액** | | |

## 3. 자본의 관계

### 1) 자본의 관계

자본금과 이익잉여금은 재무상태표의 자본에 보고된다. 배당금은 자본변동표와 현금흐름표에 보고된다. 수익과 비용은 포괄손익계산서에 보고된다. 배당금, 수익,

비용은 결국 기말에 이익잉여금으로 이체된다. 그 결과, 이 3가지 항목의 어느 하나라도 변화가 생기면 이들은 자본에 영향을 준다. 자본에 영향을 주는 계정들의 관계는 <도표 3-15>와 같다.

**도표 3-15 자본의 관계**

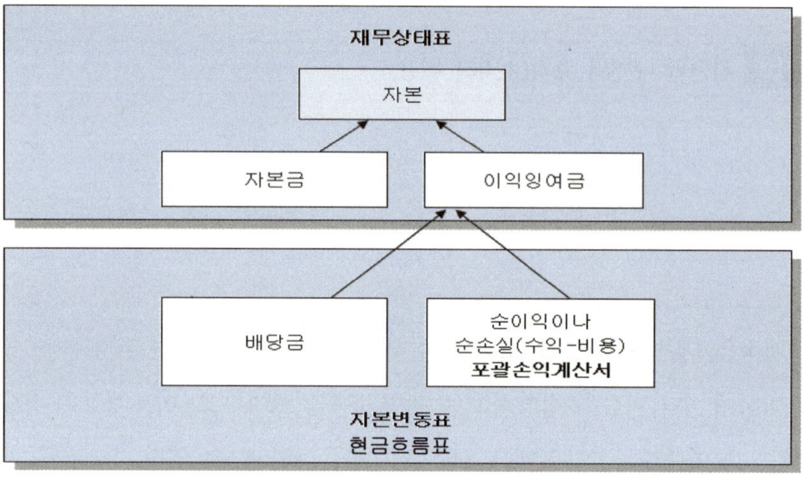


## 2) 기본등식의 확장

여러분은 기본회계등식을 이미 배웠다. <도표 3-16>은 이 등식을 확장하여 자본을 구성하는 계정들을 보여주고 있다. 그리고 차변/대변의 규칙과 각 형태의 계정에 대한 효과가 예시되어 있다. 이 도표를 조심스럽게 공부하면 복식부기시스템의 근간을 이해하는데 도움이 될 것이다. 기본등식처럼, 확장된 기본등식도 차변합계와 대변합계가 동일해야 한다(대차평균의 원리).

**도표 3-16 확장된 기본등식과 차변/대변의 규칙과 효과**

| | | | | | | | | | | | | | |
|---|---|---|---|---|---|---|---|---|---|---|---|---|---|
| 기본등식 | 자산 | = | 부채 | + | 자본 | | | | | | | | |
| 확장기본등식 | 자산 | = | 부채 | + | 자본금 | + | 이익잉여금 | - | 배당금 | + | 수익 | - | 비용 |
| 차변/대변의 효과 | Dr. / Cr. | | Dr. / Cr. | | Dr. / Cr. | | Dr. / Cr. | | Dr. / Cr. | | Dr. / Cr. | | Dr. / Cr. |
| | + / − | | − / + | | − / + | | − / + | | + / − | | − / + | | + / − |

# 4절 기록과정의 단계

실제로 모든 기업에서 기록과정의 기본단계는 다음과 같다.

1. 계정에 대한 그 효과로 각 거래를 분석한다.
2. 분개장에 거래정보를 분개한다.
3. 분개장정보를 원장의 적절한 계정에 전기한다.

분개장이나 원장을 이용하지 않고 거래정보를 계정에 직접 기재하는 것도 가능하지만, 그러한 기업은 거의 없다.

기록과정의 순서는 거래로 시작한다. 거래의 증거는 매출전표, 수표, 청구서, 현금등록기테이프 등과 같은 원천서류(source document)의 형태로 나온다. 이 증거는 특정한 계정에 대한 거래의 효과를 결정하기 위해 분석된다. 그리고 나서 거래는 분개장에 분개된다. 마지막으로, 분개장의 분개가 원장의 지정된 계정으로 전기된다. 기록과정의 사건순서는 <도표 3-17>과 같다.

**도표 3-17 기록과정**

각 거래를 분석 → 분개장에 거래를 분개 → 분개장의 정보를 원장계정에 전기

기록과정의 기본단계는 반복적으로 발생한다. 거래의 분석은 제2절에서 살펴보았다. 기록과정의 다른 단계는 아래에서 살펴보기로 한다.

## 1. 분개장

거래는 계정에 전기되기 전에 발생순서대로 분개장(journals)에 처음 기록된다. 각 거래의 경우, 분개장은 특정한 계정에 대한 차변과 대변의 효과를 보여준다(전산시스템에서는 "분개장"이 파일로 보존되고, "계정"들은 데이터베이스에 기록된다).

기업은 다양한 종류의 분개장을 이용하지만, 모든 기업은 가장 기본적인 형태의 분개장인 일반분개장(general journal)을 공통적으로 가지고 있다. 특히, 일반분개장은 날짜, 계정과목, 두 개의 금액칸 등을 가지고 있다. 본서에서 분개장이라는 용어를 이용할 때는 일반분개장을 의미한다.

분개장은 기록과정에서 세 가지 중요한 기여를 한다.

1. 그것은 하나의 장소에서 거래의 완전한 효과를 공시한다.
2. 그것은 발생순서대로 거래의 기록을 제공한다.
3. 그것은 각 분개에 대한 차변과 대변의 금액을 쉽게 비교할 수 있기 때문에 오류를 방지하는 것을 도와준다.

분개장에 거래자료를 기장하는 것을 분개한다(journalizing)라고 한다. 분개기법의 예를 들기 위해 (주)가나다의 처음 세 거래를 살펴보자. 이 거래는 다음과 같다. 10월 1일 보통주를 발행하고 현금 10,000,000원을 수령하였다. 10월 1일에 3개월 만기, 연리 12%인 어음을 발행하고 5,000,000원을 차입하였다. 10월 2일에 기계를 5,000,000원에 구입하였다. 등식형태로, 이들 거래는 다음과 같이 나타난다.

| 자산 | = | 부채 | + | 자본 |
|---|---|---|---|---|
| 현금 | = | | | 보통주자본금 |
| +10,000,000 | | | | +10,000,000 |

| 자산 | = | 부채 | + | 자본 |
|---|---|---|---|---|
| 현금 | = | 차입금 | | |
| +50,000,000 | | +5,000,000 | | |

| 자산 | | | = | 부채 | + | 자본 |
|---|---|---|---|---|---|---|
| 현금 | | 기계 | | | | |
| -5,000,000 | + | 5,000,000 | | | | |

각각의 거래에 대해 분개를 한다. 완전한 분개는 다음과 같이 구성된다. (1) 거래일자, (2) 차변과 대변에 기입할 계정과 금액, (3) 간단한 거래설명. 이러한 거래는 <도표 3-18>과 같이 분개된다.

**도표 3-18 분개장형태로 거래기록**

일반분개장

(단위: 원)

| 날짜 | 적요 | 차변 | 대변 |
|---|---|---|---|
| 20X5.10.01 | 현금 | 10,000,000 | |
| | 보통주자본금 | | 10,000,000 |
| | (기업에 현금투자) | | |
| 01 | 현금 | 5,000,000 | |
| | 차입금 | | 5,000,000 |
| | (3개월만기, 연리 12% 지급어음을 현금으로 발행) | | |
| 02 | 기계 | 5,000,000 | |
| | 현금 | | 5,000,000 |
| | (현금으로 기계를 구입) | | |

분개장의 분개는 다음과 같은 특징을 가지고 있다는 점에 유의하라.

1. 거래날짜는 날짜 칸에 기재한다.
2. 차변계정과목(즉, 차변에 기입되는 계정)은 "적요"라는 칸의 왼쪽 끝에 먼저 기재한다. 그리고 차변금액은 차변 칸에 기록한다.
3. 대변계정과목(즉, 대변에 기입되는 계정)은 약간 안으로 들어가서 "적요"라는 칸의 다음 줄에 기재하고 대변금액은 대변 칸에 기록한다.
4. 거래를 간단하게 설명한다.

분개에서 정확하고 개별적인 계정과목을 이용하는 것이 중요하다. 대부분의 계정은 재무제표에서 나중에 나타나기 때문에, 틀린 계정과목은 부정확한 재무제표를 유도한다. 처음에는 계정과목을 선택하는데 약간의 융통성이 존재한다. 중요한 기준은 각각의 과목이 계정의 내용을 적절하게 서술해야 한다는 것이다. 예를 들면, 운송트럭 원가에 이용되는 계정과목은 운송설비, 운송트럭 또는 트럭일 것이다. 일단 기업이 특정한 과목을 이용하기로 선택하면, 그 계정을 포함하는 나중의 모든 거래들은 그 계정과목하에서 기록되어야 한다.

### 예제 3-1

**다음과 같은 사건들이 (주)대전의 사업개시 첫 달에 발생하였다.**

1. 주주에게 보통주를 발행하고 현금 20,000,000원을 수령하였다.
2. 30일 이내에 갚기로 하고 기계를 4,800,000원어치 외상으로 구입하였다.
3. 3명의 임원을 채용하였다.

**예제풀이**

분개장에 각각의 사건을 다음과 같이 분개한다.

| | | 차변 | 대변 |
|---|---|---|---|
| 1. | 차) 현금 | 20,000,000 | |
| | 대) 보통주자본금 | | 20,000,000 |
| | (보통주를 현금발행하다) | | |

2. 차) 기계 4,800,000

대) 미지급금 4,800,000

(기계를 외상으로 구입하다)

3. 거래가 발생하지 않았으므로 분개가 없다.

## 2. 원 장

기업이 유지하는 계정집단전체를 원장(ledger)이라 한다. 원장은 특정한 계정잔액의 변동에 관한 모든 정보를 한 장소에서 유지한다.

기업은 다양한 종류의 원장을 가질 수도 있지만, 모든 기업은 총계정원장을 가진다. 총계정원장(general ledger)은 모든 자산, 부채, 자본계정을 포함하고 있다. 기업은 원장으로 가제식 노트(looseleaf binder)나 카드파일을 이용할 수 있는데, 각 계정은 별도의 카드나 종이에 유지된다. 그러나 오늘날 대부분의 기업은 전산회계시스템을 이용하고 있다. 본서에서 원장이라는 용어를 이용할 때는 별도의 언급이 없는 한 총계정원장을 의미한다.

### 1) 계정과목일람표

계정의 유형과 수는 각 기업마다 그 규모, 복잡성, 사업의 유형에 따라 다르다. 예를 들면, 계정의 수는 경영자가 어느 정도 상세한 것을 원하는가에 달려있다. 어떤 기업의 경영자는 모든 유형의 전기·가스·수도비용에 대해 하나의 계정을 원할 수도 있을 것이다. 다른 기업의 경영자는 전기료, 가스료, 수도료처럼 각각의 비용에 대해 각각의 계정을 원할 수도 있다. 이와 마찬가지로, (주)가나다와 같은 소기업은 대기업에 비해서 많은 계정과목을 가지지 않을 것이다.

대부분의 기업은 계정과목일람표(chart of accounts)에 계정들을 가지고 있다. 기업의 존속기간동안 필요에 따라 신규계정과목이 만들어질 수도 있다. (주)가나다의 계정과목일람표가 <도표 3-19>와 같다고 하자.

**도표 3-19 (주)가나다의 계정과목일람표**

(주)가나다 - 계정과목일람표

| 자산 | 부채 | 자본 | 수익 | 비용 |
|---|---|---|---|---|
| 현금 | 차입금 | 보통주자본금 | 광고수익 | 급여 |
| 매출채권 | 매입채무 | 이익잉여금 | | 소모품비 |
| 광고소모품 | 미지급이자 | 배당금 | | 임차료 |
| 선급보험료 | 선수수익 | 집합손익 | | 보험료 |
| 기계 | 미지급급여 | | | 이자비용 |
| (감가상각누계액) | | | | 감가상각비 |

### 2) 전기

분개장에서 원장계정으로 이전하는 절차를 전기(posting)라고 한다. 이 단계의 기록과정은 개별계정에서 분개된 거래의 효과를 누적하고 있다. 전기는 다음과 같은 단계를 거친다.

1. 분개장에 있는 적절한 차변계정과목 칸에 차변금액과 날짜를 원장에 기재한다.
2. 분개장에 있는 적절한 대변계정과목 칸에 대변금액과 날짜를 원장에 기재한다.

## 5절 기록과정의 예

<도표 3-20>에서 <도표 3-30>까지는 (주)가나다의 10월 한달 동안의 거래를 이용하여 기록과정에서 기본단계를 보여준다. 이의 회계기간은 한 달이다. 기본분석과 차변/대변의 분석은 각 거래의 분개와 전기보다 선행한다. 이러한 거래분석을 조심스

럽게 공부하라. 거래분석의 목적은 먼저 계정의 형태를 식별하고 다음으로 그 계정의 차변이나 대변이 필요한지의 여부를 결정하는 것이다. 분개를 하기 전에 이러한 형태의 분석을 항상 수행해야 한다. 이렇게 함으로써 분개를 이해할 수 있을 것이다.

### 도표 3-20 주주의 현금투자

거　　래: 10월 1일에 주주가 (주)가나다에 현금 10,000,000원을 투자하였다.

기본분석: 자산인 현금이 10,000,000원 증가하고 자본(보통주자본금)이 10,000,000원 증가하였다.

| | 자산 | = | 부채 | + | 자본 |
|---|---|---|---|---|---|
| 등식분석: | 현금 | = | | | 보통주자본금 |
| | (1) +10,000,000 | = | | | +10,000,000 |

차변/대변 분석:
- 차변은 자산이 증가: 차) 현금 10,000,000원
- 대변은 자본이 증가: 대) 보통주자본금 10,000,000원

분개:

| | | | |
|---|---|---|---|
| 10월 1일 | 차) 현금 | 10,000,0000 | |
| | 대) 보통주자본금 | | 10,000,000 |

(현금을 사업에 투자하다)

전기:

| 현금 | |
|---|---|
| 10/01　10,000,000 | |

| 보통주자본금 | |
|---|---|
| | 10/01　10,000,000 |

### 도표 3-21 지급어음의 발행

거래: 10월 1일에 3개월 만기, 연리12%인 지급어음을 발행하고 현금 5,000,000원을 수령하였다.

기본분석: 자산인 현금이 5,000,000원 증가하고 부채인 차입금이 5,000,000원 증가하였다.

| 등식분석: | 자산 | = | 부채 | + | 자본 |
|---|---|---|---|---|---|
| | 현금 | = | 차입금 | | |
| | (2) +5,000,000 | = | +5,000,000 | | |

차변/대변 분석: 차변은 자산이 증가: 차) 현금 5,000,000원
대변은 부채가 증가: 대) 차입금 5,000,000원

분개: 10월 1일 차) 현금 5,000,0000
대) 차입금 5,000,000
(3개월만기 연리 12%인 어음을 현금을 받고 발행하다)

전기:

| 현금 | | | |
|---|---|---|---|
| 10/01 | 10,000,000 | | |
| 01 | 5,000,000 | | |

| 차입금 | | | |
|---|---|---|---|
| | | 10/01 | 5,000,000 |

## 도표 3-22 기계의 구입

거 래: 10월 2일에 기계를 구입하고 현금 5,000,000원을 지불하였다.

기본분석: 자산인 기계가 5,000,000원 증가하고 자산인 현금이 5,000,000원 감소하였다.

| 등식분석: | 자산 | | = | 부채 | + | 자본 |
|---|---|---|---|---|---|---|
| | 현금 | + 기계 | = | | | |
| | (3) -5,000,000 | +5,000,000 | = | | | |

차변/대변 분석: 차변은 자산이 증가: 차) 기계 5,000,000원
대변은 자산이 감소: 대) 현금 5,000,000원

분개: 10월 2일 차) 기계 5,000,0000
대) 현금 5,000,000
(기계를 현금으로 구입하다)

전기:

| 현금 | | | |
|---|---|---|---|
| 10/01 | 10,000,000 | 10/02 | 5,000,000 |
| 01 | 5,000,000 | | |

| 기계 | | | |
|---|---|---|---|
| 10/02 | 5,000,000 | | |

### 도표 3-23 고객으로부터 현금을 미리 수령

거　　래: 10월 2일에 12월 31일에 완료될 것으로 예상되는 광고서비스의 대가로 고객으로부터 현금 1,200,000원을 미리 수령하였다.

기본분석: 자산인 현금이 1,200,000원 증가하고 부채인 선수수익이 1,200,000원 증가하였다.

| | 자산 | = | 부채 | + | 자본 |
|---|---|---|---|---|---|
| 등식분석: | 현금 | = | 선수수익 | | |
| | (4) +1,200,000 | = | +1,200,000 | | |

차변/대변 분석:

차변은 자산이 증가: 차) 현금　1,200,000원

대변은 부채가 증가: 대) 선수수익 1,200,000원

분개:

10월 2일　차) 현금　1,200,0000

대) 선수수익　1,200,000

(고객으로부터 광고대가로 현금을 미리 수령하다)

전기:

| 현금 | | | |
|---|---|---|---|
| 10/01 | 10,000,000 | 10/02 | 5,000,000 |
| 01 | 5,000,000 | | |
| 02 | 1,200,000 | | |

| 선수수익 | | | |
|---|---|---|---|
| | | 10/02 | 1,200,000 |

## 도표 3-24 현금의 대가로 제공한 광고서비스

거　　래: 10월 3일에 10월에 제공한 광고서비스의 대가로 고객으로부터 현금 10,000,000원을 수령하였다.

기본분석: 자산인 현금이 10,000,000원 증가하고 수익인 광고수익이 10,000,000원 증가하였다.

| | 자산 | = | 부채 | + | 자본 |
|---|---|---|---|---|---|
| 등식분석: | 현금 | = | | | 이익잉여금 |
| | (5) +10,000,000 | = | | | +10,000,000 |

차변/대변 분석:
- 차변은 자산이 증가: 차) 현금　10,000,000원
- 대변은 수익이 증가: 대) 광고수익 10,000,000원

분개: 10월 3일　차) 현금　10,000,0000
　　　　　　　　　대) 광고수익　10,000,000
　　　　　　(광고를 제공하고 현금을 수령하다)

전기:

현금

| | | | |
|---|---|---|---|
| 10/01 | 10,000,000 | 10/02 | 5,000,000 |
| 01 | 5,000,000 | | |
| 02 | 1,200,000 | | |
| 03 | 10,000,000 | | |

광고수익

| | | | |
|---|---|---|---|
| | | 10/03 | 10,000,000 |

## 도표 3-25 현금으로 임차료지급

거　　래: 10월 3일에 10월분 임차료 900,000원을 현금으로 지급하였다.

기본분석: 비용인 임차료가 900,000원 증가하고 자산인 현금이 900,000원 감소하였다.

| | 자산 | = | 부채 | + | 자본 |
|---|---|---|---|---|---|
| 등식분석: | 현금 | = | | | 이익잉여금 |
| | (6) -900,000 | = | | | -900,000 |

차변/대변 분석:
- 차변은 비용이 증가: 차) 임차료 900,000원
- 대변은 자산이 감소: 대) 현금 900,000원

분개: 10월 3일 차) 임차료 900,0000
대) 현금 900,000
(사무실 10월분 임차료를 현금으로 지급하다)

전기:

| 현금 | | | |
|---|---|---|---|
| 10/01 | 10,000,000 | 10/02 | 5,000,000 |
| 01 | 5,000,000 | 03 | 900,000 |
| 02 | 1,200,000 | | |
| 03 | 10,000,000 | | |

| 임차료 | | | |
|---|---|---|---|
| 10/03 | 900,000 | | |

## 도표 3-26 보험에 가입하고 현금을 지급

거 래: 10월 4일에 내년 9월 30일에 만기가 될 1년만기 보험에 가입하고 현금 600,000원을 지급하다.

기본분석: 자산인 선급보험료가 600,000원 증가하고 자산인 현금이 600,000원 감소하였다.

등식분석:

| 자산 | | | = | 부채 | + | 자본 |
|---|---|---|---|---|---|---|
| 현금 | + | 선급보험료 | = | | | |
| (7) -600,000 | | +600,000 | = | | | |

차변/대변 분석:
- 차변은 자산이 증가: 차) 선급보험료 600,000원
- 대변은 자산이 감소: 대) 현금 600,000원

분개: 10월 4일 차) 선급보험료 600,0000
대) 현금 600,000
(10월 1일부터 유효한 1년만기 보험에 가입하고 현금을 지급)

전기:

| 현금 | | | |
|---|---|---|---|
| 10/01 | 10,000,000 | 10/02 | 5,000,000 |
| 01 | 5,000,000 | 03 | 900,000 |
| 02 | 1,200,000 | 04 | 600,000 |
| 03 | 10,000,000 | | |

| 선급보험료 | | | |
|---|---|---|---|
| 10/04 | 600,000 | | |

## 도표 3-27 소모품의 외상구입

거 래: 10월 5일에 3개월추정 광고소모품을 2,500,000원에 외상으로 구입하였다.

기본분석: 자산인 광고소모품이 2,500,000원 증가하고 부채인 매입채무가 2,500,000원 증가하였다.

| | 자산 | = | 부채 | + | 자본 |
|---|---|---|---|---|---|
| 등식분석: | 광고소모품 | = | 매입채무 | | |
| | (8) +2,500,000 | = | +2,500,000 | | |

차변/대변 분석: 차변은 자산이 증가: 차) 광고소모품 2,500,000원
대변은 부채가 증가: 대) 매입채무 2,500,000원

분개: 10월 5일 차) 광고소모품 2,500,0000
대) 매입채무 2,500,000
(소모품을 외상으로 구입한다)

전기:

| 광고소모품 | | | |
|---|---|---|---|
| 10/05 | 2,500,000 | | |

| 매입채무 | | | |
|---|---|---|---|
| | | 10/05 | 2,500,000 |

## 도표 3-28 신규임원의 채용

거　　래: 10월 9일에 4명의 임원을 채용하였다.

기본분석: 이것은 회계거래가 아니므로 분개를 할 필요가 없다.

## 도표 3-29 배당금의 지급

거　　래: 10월 20일에 이사회는 배당을 선언하고 주주에게 500,000원의 현금배당을 지급하였다.

기본분석: 배당금계정이 500,000원 증가하고 자산인 현금이 500,000원 감소한다.

| | 자산 | = | 부채 | + | 자본 |
|---|---|---|---|---|---|
| 등식분석: | 현금 | = | | | 이익잉여금 |
| | (10) -500,000 | = | | | -500,000 |

차변/대변 분석:
　차변은 배당금이 증가: 차) 배당금 500,000원
　대변은 자산이 감소: 대) 현금 500,000원

분개: 10월 20일 차) 배당금 500,0000
　　　　　　　　대) 현금 500,000
　　　　(배당을 선언하고 현금을 지급하다)

전기:

현금

| | | | |
|---|---|---|---|
| 10/01 | 10,000,000 | 10/02 | 5,000,000 |
| 01 | 5,000,000 | 03 | 900,000 |
| 02 | 1,200,000 | 04 | 600,000 |
| 03 | 10,000,000 | 20 | 500,000 |

배당금

| | | |
|---|---|---|
| 10/20 | 500,000 | |

**도표 3-30 종업원급여의 현금지급**

거　　래: 10월 26일에 종업원급여 4,000,000원을 현금으로 지급하다.

기본분석: 비용계정인 급여가 4,000,000원 증가하고 자산인 현금이 4,000,000원 감소하였다.

| | 자산 | = | 부채 | + | 자본 |
|---|---|---|---|---|---|
| 등식분석: | 현금 | = | | | 이익잉여금 |
| | (11) -4,000,000 | = | | | -4,000,000 |

차변/대변 분석:
차변은 비용이 증가: 차) 급여 4,000,000원
대변은 자산이 감소: 대) 현금 4,000,000원

분개: 10월 26일 차) 급여 4,000,0000
대) 현금 4,000,000
(급여를 지급)

전기:

| 현금 | | | |
|---|---|---|---|
| 10/01 | 10,000,000 | 10/02 | 5,000,000 |
| 01 | 5,000,000 | 03 | 900,000 |
| 02 | 1,200,000 | 04 | 600,000 |
| 03 | 10,000,000 | 20 | 500,000 |
| | | 26 | 4,000,000 |

| 급여 | | | |
|---|---|---|---|
| 10/26 | 4,000,000 | | |

### 4) 분개와 전기의 요약

10월 한 달동안 (주)가나다의 분개장은 <도표 3-31>와 같다. 원장은 <도표 3-32>과 같다.

**도표 3-31** (주)가나다의 일반분개장

(단위: 원)

| 날짜 | 적요 | 차변 | 대변 |
|---|---|---|---|
| 20X5/10/01 | 현금 | 10,000,000 | |
| | 보통주자본금 | | 10,000,000 |
| | (기업에 현금투자하다) | | |
| 01 | 현금 | 5,000,000 | |
| | 차입금 | | 5,000,000 |
| | (3개월만기 연리12%인 지급어음을 현금으로 발행하다) | | |
| 02 | 기계 | 5,000,000 | |
| | 현금 | | 5,000,000 |
| | (기계를 현금으로 구입하다) | | |
| 02 | 현금 | 1,200,000 | |
| | 선수수익 | | 1,200,000 |
| | (광고서비스의 대가로 현금을 미리 수령하다) | | |
| 03 | 현금 | 10,000,000 | |
| | 광고수익 | | 10,000,000 |
| | (제공한 광고에 대해 현금을 수령하다) | | |
| 03 | 임차료 | 900,000 | |
| | 현금 | | 900,000 |
| | (10월의 사무실 임차료로 현금을 지급하다) | | |
| 04 | 선급보험료 | 600,000 | |
| | 현금 | | 600,000 |
| | (10월 1일부터 유효한 보험에 가입하다) | | |
| 05 | 광고소모품 | 2,500,000 | |
| | 매입채무 | | 2,500,000 |
| | (소모품을 외상으로 구입하다) | | |
| 20 | 배당금 | 500,000 | |
| | 현금 | | 500,000 |
| | (배당을 선언하고 현금배당을 실시하다) | | |
| 26 | 급여 | 4,000,000 | |
| | 현금 | | 4,000,000 |
| | (급여를 현금으로 지급하다) | | |

**도표 3-32** (주)가나다의 총계정원장

현금

| | | | |
|---|---|---|---|
| 10/01 | 10,000,000 | 10.02 | 5,000,000 |
| 01 | 5,000,000 | 03 | 900,000 |
| 02 | 1,200,000 | 04 | 600,000 |
| 03 | 10,000,000 | 20 | 500,000 |
| | | 26 | 4,000,000 |
| 잔액 | 15,200,000 | | |

선수수익

| | | | |
|---|---|---|---|
| | | 10/02 | 1,200,000 |
| | | 잔액 | 1,200,000 |

광고소모품

| | | | |
|---|---|---|---|
| 10/05 | 2,500,000 | | |
| 잔액 | 2,500,000 | | |

보통주자본금

| | | | |
|---|---|---|---|
| | | 10/01 | 10,000,000 |
| | | **잔액** | 10,000,000 |

선급보험료

| | | | |
|---|---|---|---|
| 10/04 | 600,000 | | |
| 잔액 | 600,000 | | |

배당금

| | | | |
|---|---|---|---|
| 10/20 | 500,000 | | |
| 잔액 | 500,000 | | |

기계

| | | | |
|---|---|---|---|
| 10/02 | 5,000,000 | | |
| 잔액 | 5,000,000 | | |

광고수익

| | | | |
|---|---|---|---|
| | | 10/03 | 10,000,000 |
| | | 잔액 | 10,000,000 |

매입채무

| | | | |
|---|---|---|---|
| | | 10/05 | 2,500,000 |
| | | 잔액 | 2,500,000 |

급여

| | | | |
|---|---|---|---|
| 10/26 | 4,000,000 | | |
| 잔액 | 4,000,000 | | |

임차료

| | | | |
|---|---|---|---|
| 10/03 | 900,000 | | |
| 잔액 | 900,000 | | |

차입금

| | | | |
|---|---|---|---|
| | | 10/01 | 5,000,000 |
| | | 잔액 | 5,000,000 |

## 예제 3-2

다음 분개장의 분개를 보고 원장에 전기하라. (단위: 원)

| 날짜 | 계정과목 | 차변 | 대변 |
|---|---|---|---|
| 07/01 | 현금 | 30,000,000 | |
| | 보통주자본금 | | 30,000,000 |
| 09 | 매출채권 | 6,000,000 | |
| | 광고수익 | | 6,000,000 |
| 24 | 현금 | 4,000,000 | |
| | 매출채권 | | 4,000,000 |

**예제풀이**

현금

| | | | | | |
|---|---|---|---|---|---|
| 07/01 | 보통주자본금 | 30,000,000 | | | |
| 24 | 매출채권 | 4,000,000 | | | |

매출채권

| | | | | | |
|---|---|---|---|---|---|
| 07/09 | 광고수익 | 6,000,000 | 07/24 | 현금 | 4,000,000 |

보통주자본금

| | | | | | |
|---|---|---|---|---|---|
| | | | 07/01 | 현금 | 30,000,000 |

광고수익

| | | | | | |
|---|---|---|---|---|---|
| | | | 07/09 | 매출채권 | 6,000,000 |

# 6절 시산표

회계기말이 되면, 결산의 예비단계로서 기간 중에 이루어진 계정기록의 정확성 여부를 검토하기 위해 일반적으로 시산표를 먼저 작성한다. 시산표(trial balance)는 일정한 시점에서 자산, 부채, 자본, 수익, 비용 등 모든 계정과목과 그 계정과목들의 잔액이나 합계를 한 곳에 나열하여 모아놓은 표이다. 이 계정과목들은 원장에 나타나는 순서대로 나열되는데, 차변잔액은 시산표의 차변인 왼쪽에 나열되고 대변잔액은 시산표의 대변인 오른쪽에 나열된다. 이 시산표는 결산시에 수정분개를 실시하기 전에 결산의 예비단계로서 작성되기 때문에 수정전시산표(unadjusted trial balance)라고도 한다.

시산표의 일차적 목적은 전기 후에 차변의 합계와 대변의 합계가 동일하다는 것을 증명하는 것이다. 달리 말하자면, 시산표에서 차변계정잔액의 합계가 대변계정잔액의 합계와 동일해야 한다. 만약 차변의 합계와 대변의 합계가 일치하지 않다면, 시산표에는 분개와 전기에서 오류가 있다는 것을 시사한다. 이외에, 시산표의 이차적 목적은 재무제표의 작성을 용이하게 하는 것이다. 시산표에는 계정의 잔액을 반영하는 잔액시산표, 각 계정의 차변합계액과 대변합계액을 반영하는 합계시산표, 각 계정의 잔액과 합계액을 모두 반영하는 합계잔액시산표가 있다.

시산표를 작성하는 절차는 다음과 같다.

1. 계정과목과 그 잔액을 열거한다.
2. 차변과 대변의 합계를 구한다.
3. 차변합계와 대변합계가 일치하는가를 증명한다.

(주)가나다의 원장으로부터 작성한 잔액시산표는 아래와 같다.

**도표 3-33** (주)가나다의 (잔액)시산표

시산표

(주)가나다 20×5년 10월 31일 (단위: 천원)

| 계정과목 | 차변 | 대변 |
|---|---|---|
| 현　　금 | 15,200 | |
| 광고소모품 | 2,500 | |
| 선급보험료 | 600 | |
| 기계 | 5,000 | |
| 차입금 | | 5,000 |
| 매입채무 | | 2,500 |
| 선수수익 | | 1,200 |
| 보통주자본금 | | 10,000 |
| 배 당 금 | 500 | |
| 광고수익 | | 10,000 |
| 급　　여 | 4,000 | |
| 임 차 료 | 900 | |
| | 28,700 | 28,700 |

차변합계(28,700)와 대변합계(28,700)가 동일하다는 점에 유의하라.

시산표의 한계: 시산표는 모든 거래가 기록되었다거나 원장이 정확하다는 것을 증명하지는 않는다. 시산표의 칸이 일치할지라도 수많은 오류가 존재할 수 있다. 예를 들면, 시산표는 (1) 거래가 처음부터 분개되지 않았을 때, (2) 정확한 분개가 전기되지 않았을 때, (3) 분개가 두 번 전기될 때, (4) 부정확한 계정이 분개나 전기에 이용되었을 때, (5) 거래금액을 기록할 때 오류의 상쇄가 이루어졌을 때도 대차평균이 이루어질 수 있다. 달리 말하자면, 동일한 차변과 대변이 틀린 계정이나 틀린 금액에 전기되는 한, 차변합계는 대변합계와 일치할 것이다. 그러나 그 한계에도 불구하고, 시산표는 오류를 발견하기 위한 유용한 여과장치이며 실무에서 빈번하게 이용된다.

## 전공용어

- 거래분석(transaction analysis) • 거래의 이중성(duality of transaction)
- 계정(account) • 계정과목일람표(chart of accounts)
- 교환거래(exchange transaction) • 대변(credit) • 대변잔액(credit balance)
- 매입채무(account payables) • 매입채권(account receivables)
- 분개장(journal) • 손익거래(income transaction)
- 수정전시산표(unadjusted trial balance) • 시산표(trial balance) • 원장(ledger)
- 일반분개장(general journal) • 전기(posting) • 차변(debit)
- 차변잔액(debit balance) • 채권자(creditor) • 채무자(debtor)
- 총계정원장(general ledger) • 혼합거래(mixed transaction)
- 회계거래(accounting transaction) • 회계순환과정(accounting cycle)

## 종합예제

김승우는 친구들과 20X5년 9월 1일에 (주)경성을 개업하였다. 영업한 첫 달에 다음과 같은 거래가 발생하였다.

9월 1일 주주들이 기업에 20,000,000원을 투자하였다.
2일 9월달 한달간의 점포 임차료로 현금 1,000,000원을 지불하였다.
3일 기계를 25,000,000원에 구입하고는 10,000,000원은 현금으로 지불하고 나머지는 6개월 만기, 연리12%의 어음을 발행하였다.
4일 1년만기 보험에 가입하고 보험료 1,200,000원을 지불하였다.
10일 신문에 개업을 광고하고 신문사로부터 200,000원의 청구서를 수령하였다.
15일 상품을 외상으로 6,200,000원어치 판매하였다.
20일 배당을 선언하고 주주에게 현금 700,000원을 지급하였다.
30일 9월 15일에 고객으로부터 외상으로 매출한 것 중에서 현금 5,000,000원을 수령하였다.

(1) 9월달의 거래를 분개하라.
(2) 9월의 거래를 총계정원장에 전기하라.
(3) 2005년 9월 30일에 시산표를 작성하라.

**종합예제풀이**

(1)

20X5년 9월 1일 차) 현금 20,000,000 대) 보통주자본금 20,000,000

(기업에 현금투자하다)

2일 차) 임차료 1,000,000 대) 현금 1,000,000

(9월 점포임차료를 지불하다)

3일 차) 기계 25,000,000 대) 현금 10,000,000

미지급금 15,000,000

(기계를 현금과 6개월만기, 연리12%의 어음을 발행하고 구입하다)

4일 차) 선급보험료 1,200,000 대) 현금 1,200,000

(1년만기 보험에 가입하다)

10일 차) 광고비 200,000 대) 미지급비용 200,000

(신문사로부터 광고비 청구를 받다)

15일 차) 매출채권 6,200,000 대) 매출 6,200,000

(상품을 외상으로 매출하다)

20일 차) 배당금 700,000 대) 현금 700,000

(배당을 선언하고 현금을 지급하다)

30일 차) 현금 5,000,000 대) 매출채권 5,000,000

(2) 총계정원장

**현금**

| | | | |
|---|---|---|---|
| 9/1 | 20,000,000 | 9/2 | 1,000,000 |
| 30 | 5,000,000 | 3 | 10,000,000 |
| | | 4 | 1,200,000 |
| | | 20 | 700,000 |
| 잔액 | 12,100,000 | | |

**보통주자본금**

| | | | |
|---|---|---|---|
| | | 3/1 | 20,000,000 |
| | | 잔액 | 20,000,000 |

**매출채권**

| | | | |
|---|---|---|---|
| 9/15 | 6,200,000 | 9/30 | 5,000,000 |
| 잔액 | 1,200,000 | | |

**배당금**

| | | | |
|---|---|---|---|
| 9/20 | 700,000 | | |
| 잔액 | 700,000 | | |

선급보험료

| | | | |
|---|---|---|---|
| 9/4 | 1,200,000 | | |
| 잔액 | 1,200,000 | | |

매출

| | | | |
|---|---|---|---|
| | | 9/15 | 6,200,000 |
| | | 잔액 | 6,200,000 |

기계

| | | | |
|---|---|---|---|
| 9/3 | 25,000,000 | | |
| 잔액 | 25,000,000 | | |

광고비

| | | | |
|---|---|---|---|
| 9/10 | 200,000 | | |
| 잔액 | 200,000 | | |

미지급금

| | | | |
|---|---|---|---|
| | | 9/3 | 15,000,000 |
| | | 잔액 | 15,000,000 |

임차료

| | | | |
|---|---|---|---|
| 9/2 | 1,000,000 | | |
| 잔액 | 1,000,000 | | |

미지급비용

| | | | |
|---|---|---|---|
| | | 9/10 | 200,000 |
| | | 잔액 | 200,000 |

(3)

시산표

20X5년 9월 30일 (단위: 원)

| | 차변 | 대변 |
|---|---|---|
| 현 금 | 12,100,000 | |
| 매출채권 | 1,200,000 | |
| 선급보험료 | 1,200,000 | |
| 기 계 | 25,000,000 | |
| 미지급금 | | 15,000,000 |
| 미지급비용 | | 200,000 |
| 보통주자본금 | | 20,000,000 |
| 배 당 금 | 700,000 | |
| 매 출 | | 6,200,000 |
| 광 고 비 | 200,000 | |
| 임 차 료 | 1,000,000 | |
| | 41,400,000 | 41,400,000 |

## 토의문제

1. 차변과 대변이라는 용어는 무엇을 의미하는가?

2. 자산, 부채, 자본에 대한 차변과 대변의 효과는 무엇인가?

3. 수익, 비용, 배당금에 대한 차변과 대변의 효과는 무엇인가?

4. 자산계정에는 어떠한 것이 있는가?

5. 부채계정에는 어떠한 것이 있는가?

6. 자본계정에는 어떠한 것이 있는가?

7. 회계순환과정(accounting cycle)의 정확한 순서는 무엇인가?

8. 분개장은 기록과정에 어떠한 기여를 하는가?

9. 일반분개장에서 분개의 표준양식과 내용은 무엇인가?

10. 분개와 전기는 어떻게 다른가를 설명하라.

11. 원장과 계정과목일람표의 목적은 무엇인가?

12. 시산표란 무엇인가? 시산표를 어떻게 작성하는가?

13. 시산표의 일차적인 목적은 무엇인가?

14. 시산표의 한계점은 무엇인가?

## 연습문제

**01** 다음 거래를 거래의 8요소로 분석하고 분개하라.

(1) 보통주를 투자자에게 발행하고 현금 2,500,000원을 수령하다.

(2) 기계를 외상으로 900,000원어치 구입하다.

(3) 임차료 500,000원을 지주에게 지불하다.

(4) 6개월치 보험료 2,100,000원을 미리 지불하다.

(5) 비서에게 급여 500,000원을 지불하다.

**02** 다음은 (주)종로의 거래이다. 분개를 실시하고, 총계정원장의 각 계정과목으로 전기하라.

9월 1일 투자자에게 보통주를 발행하고 현금 15,000,000원을 수령하다.

5일 기계를 12,000,000원에 구입하고 그 중에서 5,000,000원은 현금으로 지급하고 나머지는 외상으로 하다.

25일 외상대금 중에서 3,000,000원을 현금으로 지급하다.

30일 배당금 500,000원을 현금으로 지급하다.

**03** 홍길동은 최근에 20X5년 12월 31일 현재 (주)가나다와 관련있는 다음과 같은 정보를 받았다.

| | | | |
|---|---|---|---|
| 선급비용 | 2,300,000원 | 상품 | 3,400,000원 |
| 현　금 | 800,000원 | 감가상각누계액 | 2,700,000원 |
| 설비자산 | 10,700,000원 | 매출채권 | 1,100,000원 |

(주)가나다의 재무상태표 중에서 자산항목들을 재무상태표양식에 따라 작성하라.

**04** 다음 회계정보를 이용하여 유동성배열법에 따라 재무상태표의 자산항을 작성하라.

| | | | |
|---|---|---|---|
| 선급비용 | 157,801,000원 | 당기손익인식금융자산 | 5,371,000원 |
| 토지 | 54,774,000원 | 건물 | 3,826,006,000원 |
| 기타유동자산 | 23,282,000원 | 현금 | 138,849,000원 |
| 무형자산 | 2,765,892,000원 | 수취채권 | 1,383,550,000원 |
| 기타비유동자산 | 984,064,000원 | 감가상각누계액 | 1,712,400,000원 |

## 05 다음의 빈칸에 적당한 금액을 기입하시오.

(단위: 원)

| | 기말자산 | 기말부채 | 기말자본 | 기초자본 | 수익 | 비용 | 당기순이익 |
|---|---|---|---|---|---|---|---|
| 1 | 34,000 | (1) | (2) | 20,000 | 24,000 | 18,000 | (3) |
| 2 | 18,000 | 9,000 | (4) | (5) | 10,000 | 4,000 | (6) |
| 3 | (7) | 5,000 | 10,000 | (8) | (9) | 6,000 | 3,000 |
| 4 | 11,000 | (10) | 8,000 | 6,000 | 8,000 | (11) | (12) |

## 06 (주)태백산의 다음과 같은 20X5년도의 재무정보를 이용하여 아래의 문제에 답하라.

| | | | |
|---|---|---|---|
| 이익잉여금 | 1,564,700원 | 비유동부채 | 5,619,000원 |
| 매출원가 | 4,128,500원 | 재고자산 | 574,500원 |
| 물류비와 일반관리비 | 3,523,600원 | 순매출액 | 8,853,300원 |
| 현금 | 231,800원 | 외상매입금 | 577,500원 |
| 지급어음 | 513,300원 | 보통주자본금 | 103,800원 |
| 지급이자 | 351,500원 | 법인세비용 | 322,100원 |
| 기타비용 | 54,000원 | | |

(1) 각 계정과목이 자산, 부채, 자본, 수익, 비용 중에 어느 것에 해당하는지를 구별하라.

(2) 20X5년 12월 31일 현재 (주)태백산의 포괄손익계산서를 작성하라.

## 07 다음은 (주)청주의 20X1년 12월 31일 현재의 재무상태표이다. 질문에 답하라.

재무상태표

(주)청주 20X1년 12월 31일 현재 (단위: 천원)

| 자산 | | 부채 | |
|---|---|---|---|
| 유동자산 | | 부채합계 | 0 |
| 현금 | 2,000 | 자본 | |
| 유가증권 | 8,000 | 자본금 | ( ) |
| 유동자산합계 | 10,000 | 이익잉여금 | 0 |
| 비유동자산 | 0 | 자본합계 | ( ) |
| 자산총계 | 10,000 | 부채와 자본총계 | ( ) |

(주)청주의 시장성유가증권은 20X1년 12월 31일 현재의 재무상태표에 재무상태표일의 공정가치로 보고되어 있다. 즉, (주)청주가 20X1년 12월 31일에 이 유가증권을 매각하였다면, 현금 8,000,000원을 받았을 것이다.

(1) (주)청주의 자본금은 얼마인가?

(2) 20X2년 1월 1일에 (주)청주의 주주 중의 한 사람이 당신에게 (주)청주의 지분 50% (말하자면, 자본금의 반)를 매각할 것을 제안하고 있다. 당신은 얼마를 기꺼이 지불할 것인가? 세금문제는 무시하라.

**08 다음은 가야상사의 20X1년 12월 31일 현재의 재무상태표이다.**

재무상태표

| 가야상사 | | 20X1년 12월 31일 | (단위: 천원) |
|---|---|---|---|
| 자산 | | 부채 | |
| 유동자산 | | 부채합계 | 0 |
| 현금 | 2,000 | 자본 | |
| 유동자산합계 | 2,000 | 자본금 | (　　) |
| 비유동자산 | | 이익잉여금 | 0 |
| 토지 | (　　) | 자본합계 | (　　) |
| 자산총계 | (　　) | 부채와 자본총계 | (　　) |

가야상사는 10년전 1월 1일에 사업을 시작하였다. 10년전 1월 1일에 주주들은 현금 10,000,000원을 불입하였고 이 중에서 8,000,000원을 토지구입에 즉시 사용하였다. 이후에 다른 거래는 발생하지 않았다고 하자. 만약 가야상사가 20X1년 12월 31일에 이 토지를 매각하였다면, 가야상사는 현금 16,000,000원을 받았을 것이다.

(1) 가야상사의 20X1년 12월 31일 현재 재무상태표상에 토지로 보고할 금액은 얼마인가?

(2) 가야상사의 20X1년 12월 31일 현재 재무상태표의 자본금으로 보고할 금액은 얼마인가?

(3) 20X2년 1월 1일, 가야상사의 주주 중의 한 사람이 당신에게 가야상사의 지분 50% (말하자면, 가야상사의 자본금의 반)를 매각할 것을 제안한다면, 당신은 얼마를 지불할 것인가? 세금문제를 무시하라.

# 4장 결 산

복식부기를 누가 발명하였는지는 아직 모르고 있다. 그러나 복식부기에 관한 장부로서 역사상 가장 오래된 것은 1494년에 이탈리아의 베니스에서 프란체스코(Francesco) 수도회의 수도사인 루카 파치올리(Luca Pacioli)가 집필한 「대수 · 기하 · 비 · 비례총람」이란 책자이다. 이 책자의 제9편 11장 "계산과 기록에 관한 상세한 설명"에서 복식부기에 관해 설명하고 있다. 이후 복식부기가 서양의 여러 나라에 전파된 후 미국을 거쳐 일본에는 메이지(明治)유신 때인 1873년에 후꾸자와 유기찌(福澤諭吉)가 미국인 Bryant과 Stratton의 공저, *Common School Bookkeeping*(1871)을 「帳合之法」이라는 이름으로 번역하여 출간한 바 있다.

우리나라에서는 중세시대에 四介松都治簿法이라는 고유의 부기법이 있었지만, 서양식 복식부기에 관한 우리 나라 최초의 부기책은 융희 2년(1908)에 임경재가 집필한 「신편 은행부기학」과 「간이 상업부기학」이라고 한다.

수익과 비용을 적절하게 수정한다는 것은 중요하고도 필요하다. 적절하게 수정하지 않는다면 수익과 비용을 잘못 계상하게 된다. 본장에서는 이러한 수정을 가능하게 하는 발생주의(Accrual) 회계개념을 소개하고자 한다.

## 1절 시간문제

만약 기업이 그 영업을 종료할 때까지 재무제표의 작성을 기다릴 수 있다면, 수정은 필요 없을 것이다. 그 시점에서 최종 재무상태표와 기업이 가득한 평생이익의 크기를 쉽게 결정할 수 있을 것이다. 다음과 같은 일화가 평생이익을 계산하는 하나의 방식을 예시해 준다.

어떤 과일상점 주인이 매입채무를 서류꽂이에 보관하고, 매출채권을 메모용지철에 보관하고, 현금을 담배상자에 보관하고 있었다. 최근에 공인회계사시험에 합격한 그의 딸이 아버지에게 잔소리하였다. "저는 어떻게 이런 방식으로 사업을 운용할 수 있는지 이해가 되지 않아요. 이익이 얼만지 어떻게 알지요?"

"글쎄다." 아버지가 대꾸하였다. "내가 40년전에 배에서 내렸을 때, 입고 있었던 바지 외에는 아무 것도 없었다. 오늘날 너의 오빠는 의사, 동생은 대학교수, 너는 공인회계사가 되었다. 너의 엄마와 나는 좋은 차와 집을 가지고 있다. 우리는 좋은 사업체를 가지고 있으며, 모든 것에 대가를 치렀다. 그래서 나는 전부를 합하고는 바지를 차감하면 그곳에 나의 이익이 있을 것이다."

늙은 과일상의 경우 평생동안의 이익계산방법에 관한 자신의 평가가 옳을지라도, 대부분의 기업은 얼마나 잘 운영하고 있는가에 관해서 보다 즉각적인 피드백을 필요로 한다. 예를 들면, 경영자는 항상 재무결과에 관한 월별 보고서를 원하며, 대부분의 대기업들은 분기별 및 연도별 재무제표를 주주에게 제출해야 하며, 국세청은 모든 기업에게 연간납세신고서를 제출하도록 요구한다. 회계는 기업의 경제적 수명을 인위적인 기간으로 구분한다. 이것을 기간가정 또는 기간별 보고의 가정(time period assumption)이라고 한다.

회계기간은 일반적으로 월, 분기(3개월), 반기(6개월), 1년 등이다. 월, 분기, 반기의 기간을 중간기간(interim periods)이라고 한다. 대부분의 대기업들은 반기 재무제표와 연간 재무제표를 작성해야 한다.

일년인 회계기간을 회계연도(fiscal year)라고 한다. 회계연도는 대개의 경우 어떤 달의 첫째 날에 시작하고 12개월후 월말에 끝난다. 대부분의 기업이 이용하는 회계기간은 역년(calendar year, 1월1일부터 12월 31일)과 일치한다. 회계연도가 역년과는 다른 기업에는 기말이 6월 30일, 9월 30일, 1월 31일 등이 있고, 일본기업들의 경우는 3월 31일이 기말인 경우가 많다.

많은 기업거래가 하나 이상의 이러한 인위적인 기간에 영향을 준다. 예를 들면, 어떤 회사가 구입한 건물이나 어떤 항공사가 구입한 비행기는 오랫동안 사용될 것이다. 건물이나 항공기는 미래에도 사용될 것이기 때문에 구입시점에서 이들의 원가전부를 비용화하는 것은 합리적이지 않다. 그 대신에 우리는 특정한 회계기간에 대한 각 거래의 영향을 결정해야 한다.

일정한 회계기간에 보고할 수익과 비용의 금액을 결정하는 것은 어려울 수 있다. 적절한 보고는 사업의 본질에 관한 이해를 필요로 한다. 두 가지 원칙이 지침으로 이용되는데 이들은 수익인식원칙과 비용인식원칙이다. 여기에는 주관적인 판단과 추정치가 포함될 수 있다.

## 1. 수익인식원칙

수익인식원칙(revenue recognition principle)은 수익을 가득한 회계기간에 인식해야 한다는 것을 의미한다. 서비스기업에서는 수익이 서비스를 제공하는 시점에서 가득된다고 간주된다. 예를 들면, 세탁소에서 6월 30일에 옷을 세탁하였지만 고객은 7월 첫 주까지 세탁비를 지불하지 않았다고 하자. 수익인식원칙하에서 수익은 현금을 수령한 7월이 아닌 서비스를 제공한 6월에 가득된다. 6월 30일에 세탁소주인은 그 재무상태표에 매출채권을 보고할 것이며, 제공한 서비스에 대해 포괄손익계산서에 수익을 보고할 것이다.

수익인식원칙의 부적절한 적용은 투자자에게 참담한 결과를 초래할 수 있다. 최근에 투자자들은 기아자동차(1998), 대우그룹(2000), 동아건설(2001), SK글로벌(2003) 등의 회계부정에서 보았듯이 부적절한 수익인식 때문에 많은 돈을 상실하였다.

## 2. 비용인식원칙

비용인식은 수익인식과 결부되어 있다. 앞의 예에 적용해 보면, 이것은 세탁서비스를 제공할 때 발생한 급여는 서비스수익을 인식하는 기간과 동일한 기간에 보고되어야 한다는 것을 의미한다. 비용인식에서 중요한 문제는 비용이 수익에 언제 기여하는가를 결정하는 것이다. 이것은 비용을 지불하는 기간과 동일할 수도 있고 동일하지 않을 수도 있다. 만약 6월 30일에 발생한 급여가 7월까지 지급되지 않는다면, 세탁소주인은 6월 30일자 재무상태표에 미지급급여를 보고할 것이다.

비용인식의 실무를 대응원칙(matching principle)이라고도 하는데, 이는 노력(비용)이 성과(수익)와 대응해야 한다는 것을 의미하기 때문이다. 이러한 관계는 <도표 4-1>에 나타나 있다.

**도표 4-1 수익과 비용의 인식에서 GAAP 관계**

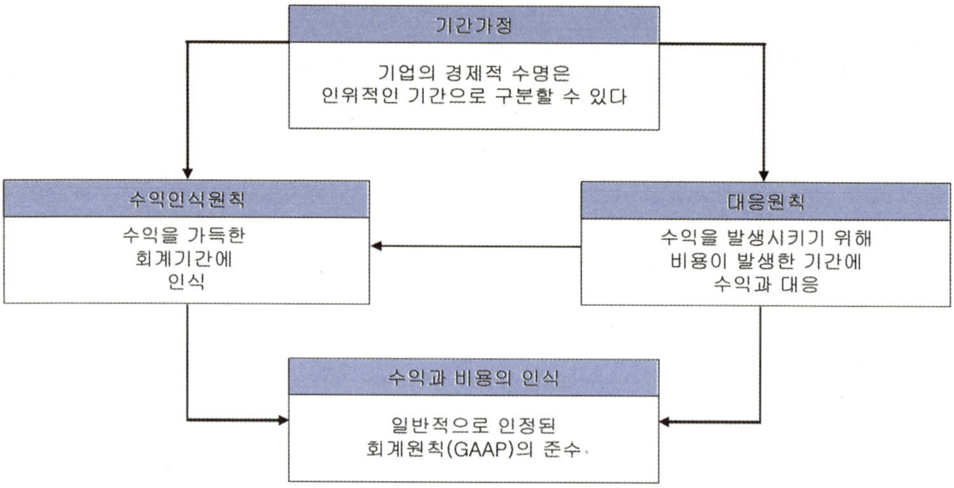


## 3. 발생주의회계 대 현금주의회계

수익인식원칙과 대응원칙을 결합해서 적용하면 발생주의회계가 된다. 발생주의회계란 기업의 재무제표를 변화시키는 거래가 기업이 실제로 현금을 수령하거나 지불하는 때가 아닌 사건이 발생하는 기간에 기록된다는 것을 의미한다. 예를 들면, 순이익을 결정하기 위해 발생주의를 이용하는 것은 현금을 수령할 때가 아닌 수익을 가득할 때 인식한다는 것(수익인식원칙)을 의미한다. 이와 마찬가지로 발생주의에서 비용은 지불할 때가 아닌 발생할 때 인식된다(대응원칙).

발생주의의 대안이 현금주의이다. 현금주의회계에서, 수익은 현금을 수령할 때 기록되며, 비용은 현금을 지급할 때 기록된다. 현금주의회계에 의해 포괄손익계산서를 작성하는 것은 일반적으로 인정된 회계원칙하에서 금지된다. 그 이유는 무엇인가? 이것은 가득하였지만 현금을 수령하지 않은 수익을 기록하지 않아서 수익인식원칙을 위반하기 때문이다. 현금기준에 의한 포괄손익계산서는 가득한 수익과 비용을 대응시키지 않으며, 이것은 대응원칙도 위반한다.

예를 들어 여러분이 페인트가게를 운영하고 일년동안 큰 건물을 페인트칠을 한다고 하자. 일년동안 비용이 50,000,000원 발생하여 지불하였다고 할 때 비용에는 페인트원가와 종업원의 급여도 포함되어 있다고 하자. 여러분이 1차년도말에 용역제공의 대가로 80,000,000원을 고객에게 청구하였지만, 2차년도까지 지급받지 않았다. 발생기준에 의하면, 여러분은 가득한 기간인 1차년도에 수익을 보고할 것이며 비용은 수익을 가득한 기간에 대응될 것이다. 그리하여 1차년도에 여러분의 순이익은 30,000,000원으로 계산되고, 2차년도는 이 사업으로 인한 수익과 비용은 보고되지 않을 것이다. 1차년도에 보고된 이익 30,000,000원은 이 기간에 여러분들의 노력에 대한 수익성 지표로 유용하게 제공된다.

만약 여러분이 현금주의로 보고하고 있었다면, 1차년도에 50,000,000원, 2차년도에 80,000,000원의 수익을 보고할 것이다. 1차년도의 영업결과는 50,000,000원의 손실일 것이며, 2차년도에는 80,000,000원의 순이익일 것이다. 현금기준측정치는 1차년도와 2차년도에 여러분의 노력의 결과에 관한 정보가 별로 없다.

**도표 4-2 발생주의회계 대 현금주의회계**

| | 1차년도 | | 2차년도 | |
|---|---|---|---|---|
| 활동 | 페인트구입, 건물을 페인트하기,<br>종업원에게 급여지급 | | 1차년도에 실시한 작업에 대한<br>대가를 수령 | |
| 발생주의 | 수 익 | 80,000,000원 | 수 익 | 0 |
| | 비 용 | 50,000,000 | 비 용 | 0 |
| | 순이익 | 30,000,000 | 순이익 | 0 |
| 현금주의 | 수 익 | 0원 | 수 익 | 80,000,000원 |
| | 비 용 | 50,000,000 | 비 용 | 0 |
| | 순손실 | (50,000,000)원 | 순이익 | 80,000,000원 |

대부분의 기업들이 발생주의회계를 이용하지만, 일부 중소기업들은 매출채권과 매입채무를 별로 안 가지고 있기 때문에 현금주의회계를 이용한다. 이러한 기업들의 경우에 현금주의는 발생주의와 거의 유사하다.

## 2절 수정분개의 기초

발생주의회계에서는 수익을 가득한 기간에 기록하고 비용을 발생한 기간에 인식하기 위해, 수정분개를 회계기말에 실시한다. 요컨대, **수정분개**(adjusting entries)는 수익인식원칙과 비용인식원칙이 준수되고 있다는 것을 보증하기 위해 필요하다.

수정분개는 회계기말에 정확한 재무제표를 산출하는 것을 가능하게 한다. 그리하여 재무상태표는 재무상태표일에 적절한 자산, 부채, 자본을 보고하고 포괄손익계산서는 그 기간에 적절한 순이익(또는 순손실)을 보고한다. 거래자료를 처음으로 합산하는 (수정전)시산표가 다음과 같은 이유로 최신의 완전한 자료를 반영하지 않을 수 있기 때문에 수정분개가 필요하다.

1. 일부 사건은 매일 분개하는 것이 유용하지 않거나 비효율적이기 때문에 매일 분개되지 않는다. 이의 예로는 소모품의 소비와 종업원의 임금가득 등이 있다.
2. 일부 원가는 반복적인 일상거래의 결과라기보다는 시간의 경과와 더불어 소멸하기 때문에 회계기간에 분개되지 않는다. 이의 예로는 임차료, 보험료, 건물, 기계의 이용을 반영하기 위한 감가상각비 등이 있다.
3. 일부 항목은 기록되지 않을 수도 있다. 이의 예로는 이자수익이 발생하였지만 회사가 아직 통지를 받지 않은 경우이다.

수정분개는 재무제표를 작성할 때마다 필요하다. 시산표에서 각 계정이 재무제표 목적에 맞게 완전하고 최신인지의 여부를 결정하기 위해 분석된다.

## 1. 수정분개의 유형

수정분개는 이연항목(deferrals)이나 발생항목(accruals)으로 분류해서 실시된다. 이들은 각각 <도표 4-3>처럼 두 종류를 가진다.

**도표 4-3 수정분개의 종류**

| | | |
|---|---|---|
| 이연항목 | 선급비용 (prepaid expenses) | 이용되거나 소비되기 전에 미리 현금으로 지급되고 자산으로 기록되는 비용 |
| | 선수수익 (unearned revenues) | 가득되기 전에 현금이 수령되고 부채로 기록되는 수익 |
| 발생항목 | 미수수익 (accrued revenues) | 가득하였지만 현금으로 아직 수령하지 않거나 기록되지 않은 수익 |
| | 미지급비용 (accrued expenses) | 발생하였지만, 현금으로 아직 지급되지 않거나 기록되지 않은 비용 |

각 종류의 수정에 관한 구체적인 예와 설명은 아래에 제시되어 있다. 각각의 예는 10월 31일 (주)가나다의 시산표에 근거하고 있다.

**도표 4-4 시산표**

시산표

20×5년 10월 31일

(주)가나다 (단위: 천원)

| | 차 변 | 대 변 |
|---|---|---|
| 현금 | 15,200 | |
| 광고소모품 | 2,500 | |
| 선급보험료 | 600 | |
| 기계 | 5,000 | |
| 차입금 | | 5,000 |
| 매입채무 | | 2,500 |

| | | |
|---|---|---|
| 선수수익 | | 1,200 |
| 보통주자본금 | | 10,000 |
| 이익잉여금 | | 0 |
| 배당금 | 500 | |
| 광고수익 | | 10,000 |
| 급여 | 4,000 | |
| 임차료 | 900 | |
| | 28,700 | 28,700 |

여기서는 (주)가나다가 한달의 회계기간을 이용한다고 가정한다. 그리하여 매달 수정분개가 이루어질 것이다. 분개는 10월 31일에 실시될 것이다.

## 2. 이연항목의 수정분개

이연항목은 선급비용이거나 선수수익이다. 이연항목의 수정분개는 현재의 회계기간에 발생한 비용이나 가득한 수익에 해당하는 부분을 재무상태표일에 기록해야 한다.

### 1) 선급비용

한 회계기간 넘어서 차기까지 효익을 제공해 줄 비용의 지급을 선급비용(prepaid expenses, prepayments)이라고 한다. 비용이 선급될 때, 미래에 수령될 서비스나 효익을 나타내기 위해 자산계정이 증가(차변기입)된다. 일반적인 선급비용의 예로는 보험료, 소모품, 광고비, 임차료 등이 있다. 이외에, 건물과 시설을 구입할 때도 선급이 이루어진다.

선급비용은 시간의 경과(예를 들면, 임차료와 보험료)나 사용(예를 들면, 소모품)을 통해 소멸되는 원가다. 이러한 원가의 소멸은 비실제적이고도 불필요한 일상적인 분개를 필요로 하지 않는다. 따라서 재무제표가 작성될 때까지 이러한 원가소멸의 인식을 연기하는 것이 일반적이다. 각각의 재무상태표일에서 현재의 회계기간에 해당하는 비용을 기록하고, 자산계정에 잔존하는 금액을 나타내기 위해 수정분개가 실시된다.

수정 전에 자산은 과대계상되고 비용은 과소계상된다. 그러므로, <도표 4-5>에서 보는 바와 같이, 선급비용의 수정분개로 비용계정이 증가(차변)하고 자산계정이 감소(대변)한다.

**도표 4-5 선급비용의 수정분개**

선급비용

| 자산 | | | 비용 | |
|---|---|---|---|---|
| 미수정잔액 | 대변<br>수정분개(-) | → | 차변<br>수정분개(+) | |

일부 특정한 종류의 선급비용을 더 상세하게 살펴보자.

### (1) 소모품

종이, 봉투와 같은 소모품의 구입으로 자산계정이 증가(차변)하게 된다. 회계기간 동안 소모품이 이용된다. 기중에 소모품을 이용함에 따라 소모품비용을 기록하기 보다는 소모품비용을 회계기말에 인식한다. 회계기말에 회사는 잔존하는 소모품을 계산해야 한다. 소모품(자산)계정의 미수정잔액과 보유소모품의 실제원가의 차이는 그 기간에 이용된 소모품(비용)을 나타낸다.

제3장에서 (주)가나다가 10월 5일에 2,500,000원어치의 광고소모품을 구입하였다는 사실을 상기하라. 이 구입은 광고소모품이라는 자산을 증가시킴으로써 기록되었다. 이 계정은 10월 31일자의 시산표에 2,500,000원의 잔액을 보여준다. 10월 31일 월말 때의 재고조사에 의하면 소모품을 여전히 1,000,000원어치 보유하고 있다. 그리하여 이용된 소모품의 원가는 1,500,000원(2,500,000원 - 1,000,000원)이다. 이러한 소모품의 이용은 광고소모품이라는 자산을 감소시킨다. 그것은 또한 광고소모품비용이라는

비용계정을 발생시킴으로써 자본을 감소시킨다. 소모품의 이용은 다음과 같은 방식으로 회계등식에 영향을 준다.

| 자산 | = | 부채 | + | 자본 |
|---|---|---|---|---|
| -1,500,000 | | | | -1,500,000 |

다음과 같은 수정분개가 이루어진다.

| | | |
|---|---|---|
| 10월 31일 차) 광고소모품비 | 1,500,000 | |
| 대) 광고소모품 | | 1,500,000 |

수정분개를 전기한 후, T 계정형태로 표시한 두 개의 소모품계정은 아래와 같다.

**도표 4-6 수정후의 소모품계정**

(단위: 원)

| 광고소모품 | | 광고소모품비 | |
|---|---|---|---|
| 10/05 2,500,000 | 10/31 **수정 1,500,000** | 10/31 **수정 1,500,000** | |
| 10/31 잔액 1,000,000 | | 10/31 잔액 1,500,000 | |

자산계정인 광고소모품은 이제 1,000,000원의 잔액을 보여주는데, 이것은 재무상태표일에 보유하고 있는 소모품의 원가이다. 이외에, 광고소모품비용은 1,500,000원의 잔액을 보여주는데, 이것은 10월에 이용된 소모품의 원가와 동일하다. 만약 수정분개가 이루어지지 않는다면, 10월의 비용은 과소계상될 것이며 순이익은 1,500,000원만큼 과대계상될 것이다. 그리고 자산과 자본은 10월 31일의 재무상태표에서 1,500,000원만큼 과대계상될 것이다.

### (2) 보험료

대부분의 기업은 화재, 절도, 기타 예측할 수 없는 사건으로 인한 손실로부터 보호하기 위해 보험에 가입한다. 보험은 일년이상 미리 지급되어야 한다. 미리 지급된 보험료는 정상적으로 자산계정인 선급보험료에 기록된다. 재무제표일에 그 기간에 소멸한 보험원가에 대한 보험료를 증가(차변기입)시키고, 선급보험료를 감소(대변기입)시키는 것이 필요하다.

10월 4일에, (주)가나다는 일년분의 화재보험에 가입하고 600,000원을 지급하였다. 유효한 보상일은 10월 1일부터 시작하였다. 이것은 지급되었을 때 선급보험료를 증가시킴으로써 기록되었다. 이 계정은 10월 31일의 시산표에 600,000원의 잔액을 보여준다. 보험약관의 분석에 의하면, 보험료 50,000원(600,000원/12)이 매달 소멸한다는 것을 알 수 있다. 선급보험료의 소멸은 10월(과 다음 11개월)에 회계등식에 다음과 같은 영향을 줄 것이다.

| 자산 | = | 부채 | + | 자본 |
|---|---|---|---|---|
| -50,000 | | | | -50,000 |

그리하여 다음과 같은 수정분개가 이루어진다.

| | | | |
|---|---|---|---|
| 10월 31일 | 차) 보험료 | 50,000 | |
| | 대) 선급보험료 | | 50,000 |
| | (소멸보험료를 기록하기 위해) | | |

수정분개를 전기한 후, 계정들은 <도표 4-7>과 같다.

**도표 4-7** 수정후의 보험료계정

(단위: 원)

선급보험료

| 차변 | | 대변 | |
|---|---|---|---|
| 10/04 | 600,000 | 10/31 | **수정 50,000** |
| 10/31 | 잔액 550,000 | | |

보험료

| 차변 | | 대변 | |
|---|---|---|---|
| 10/31 | **수정 50,000** | | |
| 10/31 | 잔액 50,000 | | |

자산인 선급보험료는 550,000원의 잔액을 보여주고 있는데, 이 금액은 나머지 11개월의 보험기간에 해당하는 원가를 의미한다. 이와 동시에 보험료의 잔액은 10월에 이용된 보험료원가와 동일하다. 만약 이 수정이 이루어지지 않는다면, 10월의 비용은 50,000원만큼 과소계상될 것이며 순이익은 50,000원만큼 과대계상될 것이다. 나아가 회계등식이 보여주는 바와 같이, 자산과 자본도 10월 31일의 재무상태표에 50,000원만큼 과대계상될 것이다.

### (3) 감가상각

기업은 특히 건물, 설비, 자동차 등과 같은 장기간의 수명을 가지는 다양한 자산을 소유하고 있다. 서비스기간을 자산의 내용연수(useful life)라고 한다. 건물은 수년동안 서비스를 제공할 것으로 기대되기 때문에, 취득하는 날짜에 비용이라기 보다는 자산으로 기록된다. 제2장에서 설명한 바와 같이, 이러한 자산은 원가원칙에 따라 원가(cost)로 기록된다. 대응원칙에 따라, 이러한 원가의 일부는 그 자산 내용년수의 각 기간동안 비용으로 보고되어야 한다. 감가상각(depreciation)은 자산의 원가를 그 내용년수 동안 합리적이고 체계적인 방법으로 배분하는 과정이다.

#### ① 감가상각수정의 필요성

회계의 관점에서, 장기자산의 취득은 본질적으로 서비스에 대한 장기간의 선급이다. 그러므로, 감가상각에 대해 정기적으로 수정분개할 필요성은 앞에서 서술한 다른 선급비용의 경우와 동일하다. 즉, 기중에 소멸된 원가(비용)를 인식하는 것과 기말에 미소멸원가(자산)를 보고하는 것이다. 감가상각은 배분개념이지 평가개념이 아니라는 점을 이해하는 것이 매우 중요하다. 즉, 자산을 이용하는 기간에 자산의 원가를 배분하기 위해 자산을 감가상각하는 것이지, 자산가치의 실제변화를 반영하기 위한 것이 아니다.

(주)가나다의 경우, 기계의 감가상각은 매년 480,000원 또는 매달 40,000원으로 추정된다. 이것은 회계등식에 다음과 같은 영향을 줄 것이다.

| 자산 | = | 부채 | + | 자본 |
|---|---|---|---|---|
| -40,000 | | | | -40,000 |

따라서, 10월의 감가상각은 다음과 같은 수정분개에 의해 인식된다.

| | | | |
|---|---|---|---|
| 10월 31일 | 차) 감가상각비 | 40,000 | |
| | 대) 감가상각누계액-기계 | | 40,000 |
| | (월별감가상각비를 기록하기 위해) | | |

수정분개를 전기한 후, 계정들은 <도표 4-8>과 같을 것이다.

**도표 4-8 감가상각수정후의 계정들**

(단위: 원)

기계

| 차변 | 대변 |
|---|---|
| 10/04 5,000,000 | |
| 10/31 잔액 5,000,000 | |

감가상각누계액-기계

| 차변 | 대변 |
|---|---|
| | 10/31 **수정 40,000** |
| | 10/31 잔액 40,000 |

감가상각비

| 차변 | 대변 |
|---|---|
| 10/31 **수정 40,000** | |
| 10/31 잔액 40,000 | |

감가상각누계액의 잔액은 매달 40,000원만큼 증가할 것이다.

### ② 재무제표표시

감가상각누계액-기계는 자산차감계정(contra asset account)이다. 자산차감계정은 재무상태표에서 자산계정에 대한 상쇄계정이며, 이의 정상적인 잔액은 대변에 나타난다. 이 계정은 기계의 취득원가와 지금까지 소멸한 원가합계를 공시하기 위해 기계를 감소(대변기입)시키는 대신에 이용된다. 재무상태표에서 감가상각누계액-기계는 <도표 4-9>와 같이 관련자산계정에서 차감된다.

**도표 4-9 감가상각누계액의 재무상태표표시**

(단위: 원)

| | | |
|---|---|---|
| 기계 | 5,000,000 | |
| 감가상각누계액-기계 | (40,000) | 4,960,000 |

감가가능자산의 취득원가와 이와 관련된 감가상각누계액의 차액을 그 자산의 장부가액(book value)이라고 한다. <도표 4-9>에서, 재무상태표일에 기계의 장부가액은 4,960,000원이다. 이 자산의 장부가액과 시장가치는 일반적으로 다른 가치라는 점을 이해해야 한다. 앞에서 언급한 바와 같이, 감가상각은 가치평가를 하기 위한 것이 아니라 원가배분을 하기 위한 것이다.

감가상각비는 기중(이 경우에는 10월)에 소멸한 자산의 원가부분을 식별한다. 회계등식은 이 수정분개의 생략은 자산합계, 자본합계, 순이익 등을 과대계상하게 하고 감가상각비를 과소계상하게 할 것이라는 점을 보여준다.

## 2) 선수수익

수익을 가득하기 전에 수령한 현금은 선수수익(unearned revenues)이라는 부채계정을 증가(대변기입)시킴으로써 기록된다. 미래서비스를 위한 임대료, 잡지구독료, 고객예치금 등과 같은 항목들은 선수수익으로 될 것이다. 대한항공, 아시아나항공 등과 같은 항공사들은 탑승권의 판매로 인한 수령액을 항공서비스가 제공될 때까지 선수수익으로 처리한다. 선수수익은 선급비용과는 정반대이다. 사실상, 어떤 기업의 장부상에서 선수수익은 미리 지급한 기업의 장부에서는 선급항목일 가능성이 있다. 예를 들면, 동일한 회계기간이 가정된다면, 소작인이 임차료를 미리 지급하였을 때 지주는 선수임대료수익을 가질 것이다.

미래회계기간에 제공될 서비스에 대한 대가를 수령할 때, 선수수익(부채)계정은 존재하는 의무를 인식하기 위해 증가(대변기입)되어야 한다. 나중에, 서비스를 고객에게 제공함으로써 선수수익이 가득된다. 회계기간 중에 수익을 가득할 때마다 매일 분개를 하는 것은 실제적이지 않다. 이러한 경우에 가득수익의 인식은 수정과정을 거칠 때까지 연기된다. 그리고 나서 기중에 가득된 수익을 기록하고 회계기말에 잔존하는 부채를 나타내기 위해 수정분개가 이루어진다. 전형적으로 수정전에는 부채가 과대계상되고 수익이 과소계상된다. 그러므로, <도표 4-10>에서 보는 바와 같이, 선수수익의 수정분개는 부채계정의 감소(차변)와 수익계정의 발생(대변)으로 된다.

**도표 4-10 선수수익의 수정분개**

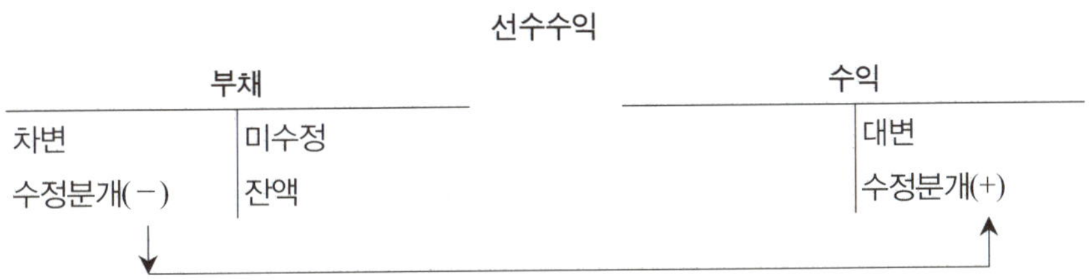


(주)가나다는 12월 31일에 완료될 것으로 예상되는 광고서비스에 대해 김재성으로부터 10월 2일에 1,200,000원을 수령하였다. 이것은 선수수익에 대변기입되었고, 이 부채계정은 10월 31일의 시산표에 1,200,000원의 잔액을 보여주고 있다. 10월 중에 (주)가나다가 김재성을 위해 수행한 업무의 평가로부터 400,000원을 10월에 가득하였다는 것이 결정되었다. 이것은 다음과 같은 방식으로 회계등식에 영향을 줄 것이다.

| 자산 | = | 부채 | + | 자본 |
|---|---|---|---|---|
| | | -400,000 | | +400,000 |

다음과 같은 수정분개가 이루어진다.

| | | | |
|---|---|---|---|
| 10월 31일 | 차) 선수수익 | 400,000 | |
| | 대) 광고수익 | | 400,000 |
| | (가득한 수익을 기록) | | |

수정분개를 전기한 후, 계정들은 <도표 4-11>과 같을 것이다.

**도표 4-11 수정후의 수익계정**

(단위: 원)

**선수수익**

| | | | |
|---|---|---|---|
| 10/31 | **수정** 400,000 | 10/02 | 1,200,000 |
| | | 10/31 | 잔액 800,000 |

**광고수익**

| | | | |
|---|---|---|---|
| | | 10/03 | 10,000,000 |
| | | 31 **수정** | **400,000** |
| | | 10/31 잔액 | 10,400,000 |

선수수익이라는 부채는 이제 800,000원의 잔액을 보여주는데, 이것은 미래에 수행될 것으로 예상되는 잔존하는 광고서비스를 의미한다. 이와 동시에, 광고수익은 10월에 가득한 10,400,000원의 수익합계를 보여준다. 만약 이 수정이 이루어지지 않는다면, 수익과 순이익은 포괄손익계산서에서 400,000원만큼 과소계상될 것이다. 나아가 10월 31일의 재무상태표에 자본은 400,000원만큼 과소계상될 것이고, 부채는 과대계상될 것이다.

## 예제 4-1

20X7년 3월 31일에 (주)가야의 원장에는 수정분개를 하기 전에 다음과 같은 계정과목들이 포함되어 있다.

| | 차변 | 대변 |
|---|---|---|
| 선급보험료 | 3,600,000원 | |
| 사무실소모품 | 2,800,000 | |
| 기계 | 25,000,000 | |
| 감가상각누계액 | | 5,000,000원 |
| 선수수익 | | 9,200,000 |

계정을 분석한 결과 다음과 같은 사실이 밝혀졌다.

1. 보험료는 매달 100,000원씩 소멸한다.
2. 보유하고 있는 소모품은 합계 800,000원이다.
3. 기계는 매달 200,000원씩 감가상각한다.
4. 선수수익의 반이 3월에 발생하였다.

3월 한 달의 수정분개를 실시하라.

**예제풀이**

1. 차) 보험료 100,000 대) 선급보험료 100,000
   (소멸한 보험료를 기록)
2. 차) 사무실소모품비 2,000,000 대) 사무실소모품 2,000,000
   (이용한 소모품을 기록)
3. 차) 감가상각 200,000 대) 감가상각누계액 200,000
   (월별 감가상각비를 기록)
4. 차) 선수수익 4,600,000 대) 수익 4,600,000
   (가득한 수익을 기록)

## 3. 발생항목의 수정분개

두 번째 종류의 수정분개는 발생항목(accruals)이다. 발생항목을 수정분개하기 위해서는 매일의 분개를 통해 인식되지 않아서 아직 계정에 반영되지 않은 당기의 회계기간에 발생한 비용과 가득한 수익을 기록해야 한다. 발생항목을 수정하기 전에는 수익계정(및 관련자산계정)이나 비용계정(및 관련부채계정)은 과소계상된다. 그리하여 발생항목의 수정분개는 재무상태표와 포괄손익계산서계정을 증가시킬 것이다.

### 1) 미수수익

가득하였지만 재무상태표일에 아직 기록되지 않은 수익이 미수수익(accrued revenues)이다. 미수수익은 이자수익의 경우처럼 시간의 경과에 따라 증가되는 항목 또는 이들은 수수료와 경비의 경우처럼 수행되었지만 청구되거나 회수되지도 않은 서비스로부터 발생할 것이다. 수수료는 이자의 가득이 매일의 거래를 반영하지 않기 때문에 기록되지 않는다. 경비는 전체서비스의 일부만이 제공되고 고객은 서비스가 완료될 때까지 청구받지 않기 때문에 기록되지 않는다.

수정분개는 재무상태표일에 존재하는 미수수익을 나타내고, 기중에 가득한 수익을 기록하기 위해서 필요하다. 수정전에는 자산과 수익이 과소계상된다. 따라서 <도표 4-12>에서 보는 바와 같이, 미수수익의 수정분개로 자산계정(차변)이 증가하고 수익계정(대변)이 증가하게 된다.

**도표 4-12 미수수익의 수정분개**

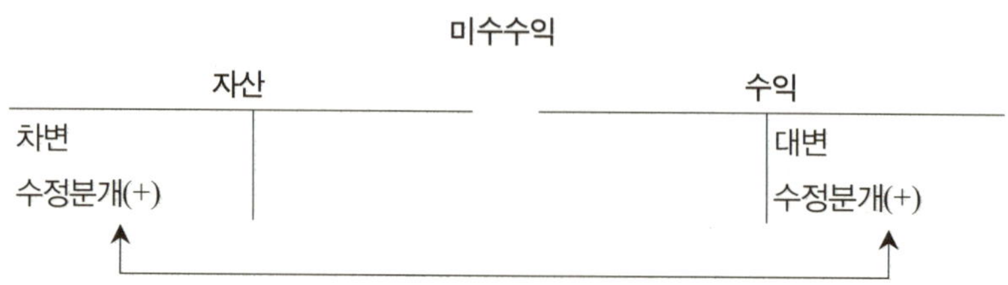

10월에 (주)가나다는 광고서비스를 제공하였으나, 10월 31일까지 서비스대가 200,000원을 아직 수령하지 않았다. 자산과 자본은 다음과 같이 영향을 받을 것이다.

| 자산 | = | 부채 | + | 자본 |
|---|---|---|---|---|
| +200,000 | | | | +200,000 |

다음과 같은 수정분개가 10월 31에 실시되었다.

| | | | |
|---|---|---|---|
| 10월 31일 | 차) 미수수익 | 200,000 | |
| | 대) 광고수익 | | 200,000 |
| | (가득한 수익을 기록) | | |

수정분개를 전기한 후, 계정들은 <도표 4-13>과 같을 것이다.

**도표 4-13 발생항목수정후 미수수익계정과 수익계정**

(단위: 원)

미수수익

| 차변 | 대변 |
|---|---|
| 10/31 **수정 200,000** | |
| 10/31 잔액 200,000 | |

광고수익

| 차변 | 대변 |
|---|---|
| | 10/03 10,000,000 |
| | 10/31 400,000 |
| | 10/31 **수정 200,000** |
| | 10/31 잔액10,600,000 |

자산인 미수수익은 재무상태표일에 고객이 200,000원을 빚지고 있다는 것을 보여준다. 광고수익에서 10,600,000원의 잔액은 10월중에 가득한 수익전체(10,000,000원 + 400,000원 + 200,000원)를 나타낸다. 만약 수정분개를 하지 않는다면, 재무상태표에서 자산과 자본, 포괄손익계산서에서 수익과 순이익이 과소계상될 것이다.

다음의 회계기간에 고객이 청구를 받을 것이다. 이것이 발생할 때, 그 청구를 기록하기 위한 분개는 10월에 가득한 수익 200,000원이 이미 10월 31일의 수정분개에서 기록되었다는 것을 인식해야 한다. 예를 들어, 11월 10일에 고객에게 합계 3,000,000원의 청구서가 송부되었다고 하자. 이 금액 중에서 200,000원은 10월에 가득하고 10월 31일의 수정분개에 광고수익으로 기록된 수익을 의미한다. 나머지 2,800,000원은 11월에 가득할 수익을 의미한다. 자산과 자본은 다음과 같이 영향을 받을 것이다.

| 자산 | = | 부채 | + | 자본 |
|---|---|---|---|---|
| +2,800,000 | | | | +2,800,000 |

다음과 같은 분개가 이루어진다.

| | | | |
|---|---|---|---|
| 11월 10일 | 차) 미수수익 | 2,800,000 | |
| | 대) 광고수익 | | 2,800,000 |
| | (가득한 수익을 기록) | | |

이 분개는 11월 1일과 11월 10일 사이에 가득한 수익금액을 기록하고 있다. (10월에 가득한 200,000원을 포함해서) 고객으로부터 이후의 현금회수는 현금의 증가(차변)와 미수수익의 감소(대변)로 기록될 것이다.

### 2) 미지급비용

발생하였지만 재무상태표일에 아직 지급하지 않았거나 기록하지 않은 비용을 미지급비용(accrued expenses)이라고 한다. 이자, 세금, 급여 등은 미지급비용의 전형적인 예이다. 미지급비용은 미수수익과 동일한 요소로부터 발생한다. 사실상, 어떤 기업의 장부상에서 미지급비용은 다른 기업의 미수수익이다. 예를 들면, (주)가나다에 의한 200,000원의 광고수익의 미수는 그 서비스를 제공받은 고객에게는 미지급비용이다.

미지급비용의 수정은 재무상태표일에 존재하는 의무를 기록하고, 당기의 회계기간에 해당하는 비용을 인식하기 위해 필요하다. 수정을 하기 전에는 부채와 비용이 과소계상된다. 그러므로, <도표 4-14>에서 보는 바와 같이, 미지급비용의 수정분개로 비용계정이 증가(차변)하게 되고, 부채계정이 증가(대변)하게 된다.

**도표 4-14 미지급비용의 수정분개**

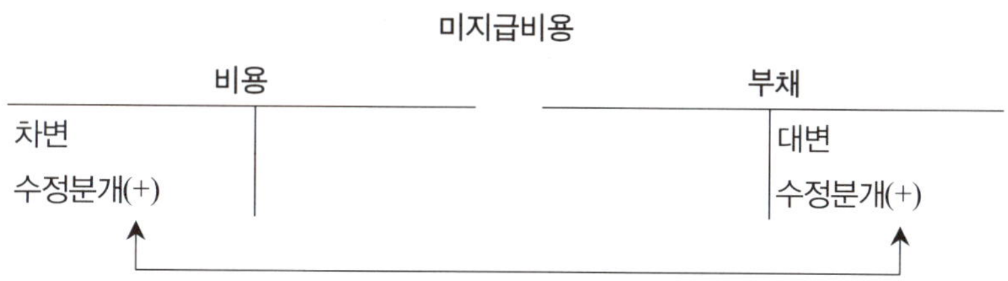


### (1) 미지급이자

(주)가나다는 10월 1일에 3개월만기, 액면가 5,000,000원인 지급어음을 발행하였다. 이 어음의 이자는 연리 12%이다. 이자는 3가지 요소에 의해 결정된다. (1) 어음의 액면가액, (2) 이자율, 이것은 항상 연리로 표시된다, (3) 어음의 유통기간. 이 예의 경우에 3개월후 만기일에 액면가 5,000,000원인 어음의 이자합계는 (5,000,000원 × 12% × 3/12)인 150,000원이다(한달에 50,000원). 이자의 계산공식과 10월 한달동안 (주)가나다에 해당하는 부분은 <도표 4-15>에 있다.

**도표 4-15 이자계산공식**

| 어음의 액면가액 | × | 연리 | × | 기간 | = | 이자 |
|---|---|---|---|---|---|---|
| 5,000,000원 | × | 12% | × | 1/12 | = | 50,000원 |

기간은 일년의 일부분으로 표시된다는 점에 유의하라. 10월 31일에 이자의 발생은 회계등식에 다음과 같은 영향을 줄 것이다.

| 자산 | = | 부채 | + | 자본 |
|---|---|---|---|---|
| | | +50,000 | | -50,000 |

이것은 다음과 같이 10월 31일에 미지급비용의 수정분개에 반영될 것이다.

| | | | |
|---|---|---|---|
| 10월 31일 | 차) 이자비용 | 50,000 | |
| | 대) 미지급이자 | | 50,000 |
| | (미지급어음상의 이자를 기록) | | |

이 수정분개를 전기한 후, 계정들은 다음과 같을 것이다.

**도표 4-16 수정후 이자계정**

(단위: 원)

| 이자비용 | | 미지급이자 | |
|---|---|---|---|
| 10/31 **수정 50,000** | | | 10/31 **수정 50,000** |
| 10/31 잔액 50,000 | | | 10/31 잔액 50,000 |

이 이자비용은 10월의 이자비용을 보여준다. 재무상태표일에 지급해야 할 이자금액은 미지급이자로 나타난다. 그것은 이 어음이 3개월말에 만기가 될 때까지 지급되지 않을 것이다. 상이한 두 종류의 의무인 이자와 원금을 계정과 재무제표에 공시하기 위해 지급어음을 대변기입하는 대신에 미지급이자계정이 이용된다. 만약 이 수정분개가 이루어지지 않는다면, 부채와 지급이자는 과소계상될 것이며, 순이익과 자본은 과대계상될 것이다.

### (2) 미지급급여

종업원급여, 수수료 등과 같은 일부 형태의 비용은 서비스가 수행된 후에 지급된다.

(주)가나다에서는 급여가 10월 26일(금요일)에 지급되었다. 다음 번의 급여지급일은 11월 9일(금요일)이다. 주말을 제외하고 10월에 3개의 근무일(10월 29일, 30일, 31일)이 남아 있다.

10월 31일에, 10월의 마지막 3일간에 해당하는 급여는 (주)가나다의 미지급비용 및 관련부채를 의미한다. 통상적으로 종업원들은 주당 5일간의 작업으로 2,000,000원의 급여를 수령한다. 그리하여 10월 31일에 미지급급여는 1,200,000원(400,000원 × 3)이다. 이러한 발생항목은 부채인 미지급급여와 비용계정인 급여를 증가시키며, 회계등식에 다음과 같은 영향을 준다.

| 자산 | = | 부채 | + | 자본 |
|---|---|---|---|---|
| | | +1,200,000 | | -1,200,000 |

수정분개는 다음과 같다.

| | | 차변 | 대변 |
|---|---|---|---|
| 10월 31일 | 차) 급여 | 1,200,000 | |
| | 대) 미지급급여 | | 1,200,000 |
| | (미지급급여를 기록) | | |

이 수정분개를 전기한 후, 계정들은 다음과 같을 것이다.

**도표 4-17 수정후의 급여계정**

급여

| 차변 | 대변 |
|---|---|
| 10/26 4,000,000 | |
| 31 **수정 1,200,000** | |
| 10/31 잔액 5,200,000 | |

미지급급여

| 차변 | 대변 |
|---|---|
| | 10/31 **수정 1,200,000** |
| | 10/31 잔액 1,200,000 |

이 수정후에, 5,200,000원(13일 × 400,000원)의 급여(비용)잔액은 10월의 실제급

여비용이다. 1,200,000원의 미지급급여 잔액은 10월 31일 현재 지급해야 하는 급여에 대한 부채금액이다. 만약 1,200,000원의 급여 수정이 기록되지 않는다면, (주)가나다의 비용은 1,200,000원만큼 과소계상될 것이며, 그 부채는 1,200,000원만큼 과소계상될 것이다.

(주)가나다에서 급여는 2주마다 지급해야 한다. 따라서 다음 번의 급여지급일은 11월 9일인데, 이 때 총급여액 4,000,000원이 다시 지급될 것이다. 지급액은 10월 31일의 미지급급여 1,200,000원과 11월의 급여비용 2,800,000원(7일간의 작업일 × 400,000원)으로 구성될 것이다. 그러므로, 다음과 같은 분개가 11월 9일에 이루어질 것이다.

| | | | |
|---|---|---|---|
| 11월 9일 | 차) 미지급급여 | 1,200,000 | |
| | 급여비용 | 2,800,000 | |
| | 대) 현금 | | 4,000,000 |
| | (11월 9일의 급여를 기록) | | |

이 분개는 10월 31일의 수정분개에서 기록된 미지급급여라는 부채를 제거하고, 11월 1일과 11월 9일 사이의 기간에 적절한 급여비용금액을 기록하고 있다.

### 예제 4-2

**(주)전주전자는 20X7년 8월 1일에 영업을 시작하였다. 20X7년 8월 말에 경영자는 월별 재무제표를 작성하고자 하였다. 이 정보는 8월과 관계있다.**

1. 8월 31일에 회사는 9월 1일에 지급할 급여로 800,000원을 종업원에게 빚지고 있다.
2. 8월 1일에 회사는 은행으로부터 15년간의 담보로 30,000,000원을 차입하였다. 연리는 10%이다.
3. 8월에 가득하였지만 기록하지 않은 매출은 합계 1,100,000원이었다.

20X7년 8월 31일에 필요한 수정분개를 실시하라.

**예제풀이**

| | | | |
|---|---|---|---|
| 1. | 차) 급여 | 800,000 | |
| | 대) 미지급급여 | | 800,000 |
| | (미지급급여의 기록) | | |
| 2. | 차) 이자비용 | 250,000 | |
| | 대) 미지급이자 | | 250,000 |
| | (미지급이자의 기록: 30,000,000원 × 10% × 1/12) | | |
| 3. | 차) 매출채권 | 1,100,000 | |
| | 대) 매출 | | 1,100,000 |
| | (가득한 수익의 기록) | | |

## 4. 기본관계의 요약

수정분개의 네 가지 기본유형이 <도표 4-18>에 요약되어 있다. 수정분개를 공부하고 분석하기 위해서는 시간을 가져야 한다. 각각의 수정분개는 하나의 재무상태표계정과 하나의 포괄손익계산서계정에 영향을 준다는 점에 유의하라.

**도표 4-18 수정분개의 요약**

| 수정유형 | 수정전 계정 | 수정분개 |
|---|---|---|
| 1. 선급비용 | 자산 과대계상<br>비용 과소계상 | 차변) 비용<br>대변) 자산 |
| 2. 선수수익 | 부채 과대계상<br>수익 과소계상 | 차변) 부채<br>대변) 수익 |
| 3. 미수수익 | 자산 과소계상<br>수익 과소계상 | 차변) 자산<br>대변) 수익 |
| 4. 미지급비용 | 비용 과소계상<br>부채 과소계상 | 차변) 비용<br>대변) 부채 |

10월 31일에 (주)가나다의 수정분개와 전기는 <도표 4-19>와 <도표 4-20>에 있다. <도표 4-20>에서 총계정원장을 검토할 때, 수정은 굵은 글씨로 표시되어 있다.

**도표 4-19 수정분개를 보여주는 일반분개장**

(단위: 원)

| 번호 | 날짜 | 적요 | 차변 | 대변 |
|---|---|---|---|---|
| | | 수정분개 | | |
| ① | 20X7년 10월 31일 | 광고소모품비 | 1,500,000 | |
| | | 광고소모품 | | 1,500,000 |
| | | (이용한 소모품의 기록) | | |
| ② | 20X7년 | 보험료 | 50,000 | |
| | | 선급보험료 | | 50,000 |
| | | (소멸한 보험료의 기록) | | |
| ③ | 20X7년 10월 31 | 감가상각비 | 40,000 | |
| | | 감가상각누계액 | | 40,000 |
| | | (월별 감가상각비의 기록) | | |
| ④ | 20X7년 10월 31 | 선수수익 | 400,000 | |
| | | 광고수익 | | 400,000 |
| | | (가득한 수익의 기록) | | |
| ⑤ | 20X7년 10월 31 | 미수수익 | 200,000 | |
| | | 광고수익 | | 200,000 |
| | | (가득한 수익의 기록) | | |
| ⑥ | 20X7년 10월 31 | 이자비용 | 50,000 | |
| | | 미지급이자 | | 50,000 |
| | | (지급어음의 이자기록) | | |
| ⑦ | 20X7년 10월 31 | 급여 | 1,200,000 | |
| | | 미지급급여 | | 1,200,000 |

**도표 4-20** 수정후의 총계정원장

(단위: 원)

| 현금 | | | |
|---|---|---|---|
| 10/01 | 10,000,000 | 10/02 | 5,000,000 |
| 01 | 5,000,000 | 03 | 900,000 |
| 02 | 1,200,000 | 04 | 600,000 |
| 03 | 10,000,000 | 20 | 500,000 |
| | | 26 | 4,000,000 |
| 10/31 | 잔액15,200,000 | | |

| 미수수익 | | | |
|---|---|---|---|
| 10/31 | 200,000 | | |
| 10/31 | 잔액 200,000 | | |

| 광고소모품 | | | |
|---|---|---|---|
| 10/05 | 2,500,000 | 10/31 | 1,500,000 |
| 10/31 | 잔액 1,000,000 | | |

| 선급보험료 | | | |
|---|---|---|---|
| 10/04 | 600,000 | 10/31 | 50,000 |
| 10/31 | 잔액 550,000 | | |

| 기계 | | | |
|---|---|---|---|
| 10/02 | 5,000,000 | | |
| 10/31 | 잔액 5,000,000 | | |

| 감가상각누계액 | | | |
|---|---|---|---|
| | | 10/31 | 40,000 |
| | | 10/31 | 잔액 40,000 |

| 차입금 | | | |
|---|---|---|---|
| | | 10/01 | 5,000,000 |
| | | 10/31 | 잔액 5,000,000 |

| 보통주자본금 | | | |
|---|---|---|---|
| | | 10/01 | 10,000,000 |
| | | 10/31 | 잔액10,000,000 |

| 이익잉여금 | | | |
|---|---|---|---|
| | | 10/31 | 잔액 0 |

| 배당금 | | | |
|---|---|---|---|
| 10/20 | 500,000 | | |
| 10/31 | 잔액 500,000 | | |

| 광고수익 | | | |
|---|---|---|---|
| | | 10/03 | 10,000,000 |
| | | /31 | 400,000 |
| | | /31 | 200,000 |
| | | 10/31 | 잔액10,600,000 |

| 급여 | | | |
|---|---|---|---|
| 10/26 | 4,000,000 | | |
| /31 | 1,200,000 | | |
| 10/31 | 잔액5,200,000 | | |

| 광고소모품비 | | | |
|---|---|---|---|
| 10/31 | 1,500,000 | | |
| 10/31 | 잔액1,500,000 | | |

| 매입채무 | | | |
|---|---|---|---|
| | | 10/05 | 2,500,000 |
| | | 10/31 | 잔액 2,500,000 |

| 임차료 | | | |
|---|---|---|---|
| 10/03 | 900,000 | | |
| 10/31 | 잔액900,000 | | |

| 미지급이자 | | | |
|---|---|---|---|
| | | 10/31 | 50,000 |
| | | 10/31 | 잔액 50,000 |

| 보험료 | | | |
|---|---|---|---|
| 10/31 | 50,000 | | |
| 10/31 | 잔액 50,000 | | |

| 선수수익 | | | |
|---|---|---|---|
| 10/31 | 400,000 | 10/02 | 1,200,000 |
| | | 10/31 | 잔액 800,000 |

| 감가상각비 | | | |
|---|---|---|---|
| 10/31 | 40,000 | | |
| 10/31 | 잔액 40,000 | | |

| 미지급급여 | | | |
|---|---|---|---|
| | | 10/31 | 1,200,000 |
| | | 10/31 | 잔액 1,200,000 |

| 이자비용 | | | |
|---|---|---|---|
| 10/31 | 50,000 | | |
| 10/31 | 잔액 50,000 | | |

## 3절 수정후시산표와 재무제표

모든 수정분개가 완료되고 전기된 후, 원장계정들로부터 또다른 시산표가 작성된다. 이것을 수정후시산표(adjusted trial balance)라고 한다. 이것은 회계기말에 수정된 계정들을 포함해서 모든 계정들의 잔액을 보여준다. 수정후시산표의 목적은 모든 수정을 실시한 후 원장에서 차변잔액합계와 대변잔액합계의 동일성(대차평균의 원리)을 증명하는 것이다. 수정후시산표의 계정들이 재무제표에 필요한 모든 자료를 수록하고 있기 때문에, 수정후시산표는 재무제표작성의 주된 기초가 된다.

## 1. 수정후시산표의 작성

(주)가나다의 수정후시산표가 <도표 4-21>에 제시되어 있다. 이것은 <도표 4-20>에서 원장계정들로부터 작성되었다. 수정분개에 의해 영향을 받은 금액은 굵은 글씨로 표시되어 있다.

**도표 4-21 수정후시산표**

수정후시산표

(주)가나다 20X7년 10월 31일 (단위: 천원)

| 계 정 | 차 변 | 대 변 |
|---|---|---|
| 현 금 | 15,200 | |
| 미수수익 | 200 | |
| 광고소모품 | 1,000 | |
| 선급보험료 | 550 | |
| 기계 | 5,000 | |
| 감가상각누계액 | | 40 |
| 차입금 | | 5,000 |
| 매입채무 | | 2,500 |
| 미지급이자 | | 50 |
| 선수수익 | | 800 |
| 미지급급여 | | 1,200 |
| 보통주자본금 | | 10,000 |
| 이익잉여금 | | 0 |
| 배 당 금 | 500 | |
| 광고수익 | | 10,600 |
| 급 여 | 5,200 | |
| 광고소모품비 | 1,500 | |
| 임 차 료 | 900 | |
| 보 험 료 | 50 | |
| 이자비용 | 50 | |
| 감가상각비 | 40 | |
| | 30,190 | 30,190 |

## 2. 재무제표의 작성

재무제표는 수정후시산표로부터 직접 작성할 수 있다. <도표 4-22>는 (주)가나다의 수정후 시산표에 있는 자료의 상호관계를 보여준다. <도표 4-22>에서 보는 바와 같이, 포괄손익계산서는 수익계정과 비용계정으로부터 작성된다. 재무상태표는 자산계정과 부채계정과 자본계정으로부터 작성된다. 수정전시산표로부터 수정과정과 수정후시산표, 재무상태표, 포괄손익계산서 등을 작성하는 과정을 하나의 표로 일목요연하게 알 수 있는 것이 정산표(work sheet)이다. 정산표는 수동적으로 작성할 수도 있지만, 오늘날은 대부분이 컴퓨터 스프레드시트(spreadsheet)상에서 작성된다. 정산표는 영구적인 회계기록이 아니다. 이것은 분개장도 아니고 총계정원장의 일부도 아니다. 정산표는 단순히 수정분개와 재무제표를 작성하는 것을 용이하게 하는데 이용되는 보조수단에 지나지 않는다. 상대적으로 계정과목과 수정사항이 적은 중소기업에서는 정산표가 필요하지 않을 수도 있다. 계정과목과 수정사항이 많은 대기업에서는 정산표가 필요하다.

**도표 4-22 정산표의 형태의 절차**

정산표

20X7년 10월 1일부터 20X7년 10월 31일까지

(주)가나다 (단위: 천원)

| 계정과목 | 수정전시산표 | | 수정분개 | | 수정후시산표 | | 포괄손익계산서 | | 재무상태표 | |
|---|---|---|---|---|---|---|---|---|---|---|
| | 차변 | 대변 | 차변 | 대변 | 차변 | 대변 | 차변 | 대변 | 차변 | 대변 |
| 현금 | 15,200 | | | | 15,200 | | | | 15,200 | |
| 광고소모품 | 2,500 | | | ①1,500 | 1,000 | | | | 1,000 | |
| 선급보험료 | 600 | | | ②50 | 550 | | | | 550 | |
| 기계 | 5,000 | | | | 5,000 | | | | 5,000 | |
| 차입금 | | 5,000 | | | | 5,000 | | | | 5,000 |
| 매입채무 | | 2,500 | | | | 2,500 | | | | 2,500 |
| 선수수익 | | 1,200 | ④400 | | | 800 | | | | 800 |
| 보통주자본금 | | 10,000 | | | | 10,000 | | | | 10,000 |
| 이익잉여금 | | 0 | | | | 0 | | | | 0 |
| 배당금 | 500 | | | | 500 | | | | 500 | |

| | | | | | | | | | | |
|---|---|---|---|---|---|---|---|---|---|---|
| 광고수익 | | 10,000 | | ④400<br>⑤200 | | | | 10,600 | | |
| 급여 | 4,000 | | ⑦1,200 | | 5,200 | | 5,200 | | | |
| 임차료 | 900 | | | | 900 | | 900 | | | |
| 합계 | 28,700 | 28,700 | | | | | | | | |
| 광고소모품비 | | | ①1,500 | | 1,500 | | 1,500 | | | |
| 보험료 | | | ②50 | | 50 | | 50 | | | |
| 감가상각누계액 | | | | ③40 | | 40 | | | | 40 |
| 감가상각비 | | | ③40 | | 40 | | 40 | | | |
| 이자비용 | | | ⑥50 | | 50 | | 50 | | | |
| 미수수익 | | | ⑤200 | | 200 | | | | 200 | |
| 미지급이자 | | | | ⑥50 | | 50 | | | | 50 |
| 미지급급여 | | | | ⑦1,200 | | 1,200 | | | | 1,200 |
| 합계 | | | 3,440 | 3,440 | 30,190 | 30,190 | 7,740 | 10,600 | 22,450 | 19,590 |
| 순이익 | | | | | | | 2,860 | | | 2,860 |
| 합계 | | | | | | | 10,600 | 10,600 | 22,450 | 22,450 |

정산표의 기본형태는 <도표 4-22>와 같다. 정산표는 수정전시산표의 두 칸으로부터 시작한다. 다음 두 칸은 수정사항을 기록한다. 다음은 수정후시산표이다. 그리고 나서는 포괄손익계산서와 재무상태표를 위한 칸들이다. 수정후시산표의 모든 계정과목들은 포괄손익계산서나 재무상태표에 기록된다.

## 4절 장부의 마감

수익계정과 비용계정 및 배당금계정은 이익잉여금계정에 반영되며, 이것은 재무상태표의 자본항에 보고된다. 수익, 비용, 배당금은 일정한 회계기간에 관련되기 때문에, 이들은 임시계정(temporary accounts)으로 간주된다. 이와는 대조적으로 모든 재무상태표계정은 그 잔액들이 미래의 회계기간으로 이월되기 때문에 영구계정(permanent accounts)으로 간주된다. <도표 4-23>은 이러한 계정들을 두 종류로 구분하고 있다.

**도표 4-23 임시계정과 영구계정**

| 임시계정 | 영구계정 |
|---|---|
| 수익계정 | 자산계정 |
| 비용계정 | 부채계정 |
| 배당금계정 | 자본계정 |

## 1. 마감분개

회계기말에 임시계정잔액은 마감분개를 통해서 영구적인 자본계정인 이익잉여금으로 대체된다. 마감분개(closing entries)는 순이익(또는 순손실)과 배당금을 이익잉여금으로 대체한다. 예를 들면, <도표 4-22>에서 이익잉여금은 수정후 0의 잔액을 가진다. 마감분개전에, 이익잉여금의 잔액은 기초의 잔액일 것이다. (주)가나다의 경우 이것은 (주)가나다의 영업첫해이기 때문에 0이다.

이익잉여금을 정확한 기말잔액으로 수정한 후, 마감분개로 인해서 각각의 임시계정은 잔액이 0으로 된다. 그 결과, 이러한 계정들은 전기의 자료와는 별개인 차기의 수익, 비용, 배당금에 관한 자료를 축적할 준비가 되어 있다. 영구계정들은 마감되지 않는다.

마감분개를 할 때, 각 포괄손익계산서계정은 이익잉여금으로 직접 마감될 수 있을 것이다. 그러나 그렇게 하는 것은 이익잉여금계정을 너무 번거롭게 하게 된다. 따라서 수익계정과 비용계정은 또다른 임시계정인 집합손익(income summary)계정으로 마감되며, 최종적인 결과치인 순이익이나 순손실만이 이 계정에서 이익잉여금으로 대체된다. <도표 4-24>는 마감과정을 나타내고 있다. (주)가나다의 마감분개는 <도표 4-25>와 같다.

임시계정은 마감분개로 인하여 그 잔액이 집합손익계정으로 전기되었으므로 차변금액과 대변금액이 일치하게 된다. 차변합계와 대변합계를 기록하고, 그 밑에 두 줄을 그어 장부를 마감한다.

한편, 영구계정인 재무상태표계정들은 차변 또는 대변에 잔액이 남아 있게 되는데, 이 잔액은 다음 회계기간으로 이월된다. 자산계정의 경우에는 차변에 잔액이 남게 되므로 그 잔액만큼을 대변에 차기이월로 기록하여 차변합계와 대변합계를 일치하게 한 후 그 밑에 두 줄을 그어 장부를 마감한다. 이 때 차기이월이라는 글씨는 붉은 색으로 기록하고, 다음 기간의 초에 자산계정의 차변에 전기이월이라는 글씨를 붉은 색으로 기록한 후 다음 기간의 기록을 시작한다.

**도표 4-24 마감과정**

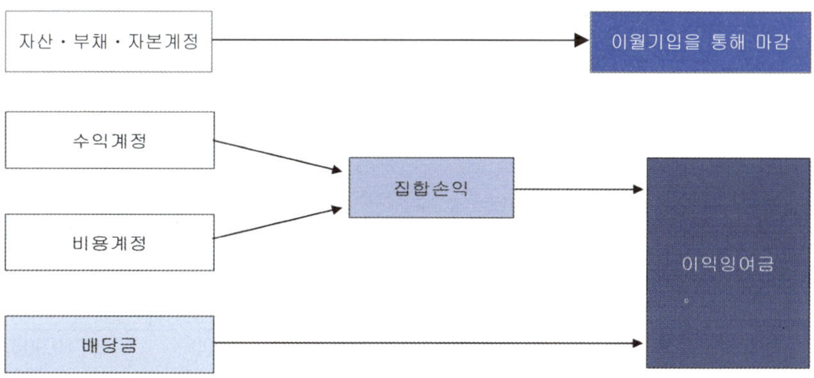


**도표 4-25 마감분개(수익·비용 계정)**

(단위: 원)

| 날짜 | 계정과목과 설명 | 차변 | 대변 |
|---|---|---|---|
| 20X7 | **마감분개** | | |
| | (1) | | |
| 10/31 | 광고수익 | 10,600,000 | |
| | 집합손익 | | 10,600,000 |
| | (수익계정의 마감) | | |
| | (2) | | |
| 10/31 | 집합손익 | 7,740,000 | |
| | 급여 | | 5,200,000 |
| | 광고소모품비 | | 1,500,000 |
| | 임차료 | | 900,000 |

| | | | |
|---|---|---|---|
| | 보험료 | | 50,000 |
| | 이자비용 | | 50,000 |
| | 감가상각비 | | 40,000 |
| | (비용계정의 마감) | | |
| | (3) | | |
| 10/31 | 집합손익 | 2,860,000 | |
| | 이익잉여금 | | 2,860,000 |
| | (순이익을 이익잉여금으로 대체마감) | | |
| | (4) | | |
| 10/31 | 이익잉여금 | 500,000 | |
| | 배당금 | | 500,000 |
| | (배당금을 이익잉여금으로 대체마감) | | |

(주)가나다의 마감분개를 위한 전기과정은 <도표 4-26>에 나타나 있다.

**도표 4-26 마감분개의 전기**

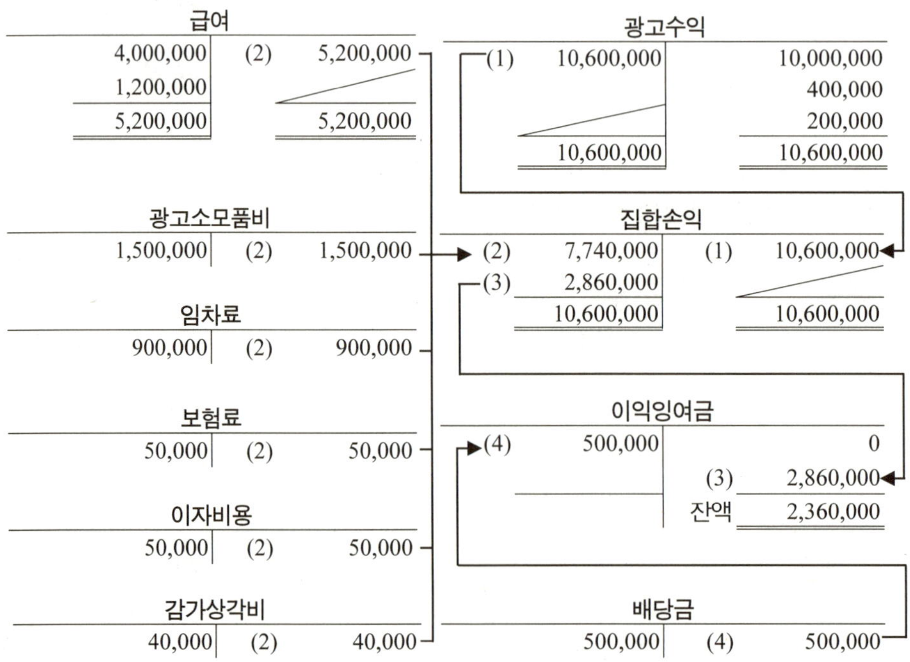

## 2. 마감후 시산표의 작성

모든 마감분개와 전기를 실시한 후, 또 다른 시산표인 마감후시산표(post- closing trial balance)를 원장으로부터 작성한다. 모든 임시계정은 0의 잔액을 가지기 때문에 마감후시산표는 마감분개와 전기를 실시한 후에 모든 영구계정과 그 잔액을 수록할 것이다. 이 시산표는 차기의 회계기간으로 이월될 영구계정잔액들이 정확하게 기입되었는가를 검정하기 위해 각 계정의 차기이월 금액만을 모아서 잔액시산표를 작성하기 때문에 이월시산표라고도 한다.

마감후 시산표의 양식은 아래와 같다.

**도표 4-27** 마감후 시산표(이월시산표)

마감후시산표

(주)가나다 20X7년 12월 31일 (단위: 천원)

| 차변 | 계정과목 | 대변 |
|---|---|---|
| 15,200 | 현금 | |
| 1,000 | 광고소모품 | |
| 550 | 선급보험료 | |
| 5,000 | 기계 | |
| | 감가상각누계액 | 40 |
| 200 | 미수수익 | |
| | 차입금 | 5,000 |
| | 매입채무 | 2,500 |
| | 미지급이자 | 50 |
| | 미지급급여 | 1,200 |
| | 선수수익 | 800 |
| | 보통주자본금 | 10,000 |
| | 이익잉여금 | 2,360 |
| 21,950 | 합계 | 21,950 |

회계순환과정(accounting cycle)을 요약하면 다음과 같다.

우선 거래가 발생하면, 이 거래가 회계처리의 대상인지의 여부를 식별한 후, 회계처리의 대상인 회계거래로 판명되면 회계거래의 8요소로 분석한다. 다음으로는 거래의 8요소를 차변요소와 대변요소로 나누어 분개장에 분개한 후, 총계정원장의 해당 계정과목계정으로 전기한다. 이러한 과정을 회계기간동안 반복실시한 후, 기말결산기에 우선 (수정전)시산표를 작성해 본다. 시산표에서 대차평균의 원리를 확인한 후에는 결산수정분개를 실시한다. 재고조사를 하고, 이연항목과 발생항목을 확인해서 수정분개를 실시한 후, 수정후시산표를 작성한다. 수정후시산표로부터 재무제표(주로 재무상태표와 포괄손익계산서)를 작성한 후, 계정과목들을 마감한다. 포괄손익계산서계정과목들은 집합손익계정을 만든 후 각 계정과목들을 마감하고 이익잉여금계정으로 대체하며, 재무상태표계정과목들은 차기로 이월시키며, 경우에 따라 마감후시산표(이월시산표)를 작성해 본다.

## 전공용어

- 감가상각(depreciation) • 기간가정(time period assumption)
- 내용년수(useful life) • 대응원칙(matching principle)
- 마감분개(closing entries) • 마감후시산표(post-closing trial balance)
- 미수수익(accrued revenues) • 미지급비용(accrued expenses)
- 반대분개(reversing entry) • 발생주의회계(accrual-basis accounting)
- 선급비용(prepaid expense, prepayments) • 선수수익(unearned revenues)
- 수익인식원칙(revenue recognition principle) • 수정분개(adjusting entries)
- 수정후시산표(adjusted trial balance) • 영구계정(permanent accounts)
- 임시계정(temporary accounts) • 자산차감계정(contra asset account)
- 장부가액(book value) • 정산표(work sheet) • 중간기간(interim periods)
- 집합손익(income summary) • 현금주의회계(Cash basis accounting)
- 회계연도(fiscal year)

## 종합예제

(주)전주는 사람들에게 의료서비스를 제공하는 회사이다. 전주에 본사를 두고 있으며, 500명의 종업원이 있다. (주)전주의 20X7년 12월 31일자 수정후시산표는 다음과 같다. 이 시산표로부터 포괄손익계산서와 재무상태표를 작성하라.

수정후시산표

(주)전주 20X7년 12월 31일 (단위: 천원)

| 계정과목 | 차 변 | 대 변 |
|---|---|---|
| 현금 | 651 | |
| 단기투자자산 | 1,390 | |
| 매출채권 | 322 | |
| 기타 유동자산 | 260 | |
| 건물(순액) | 462 | |
| 장기투자자산 | 280 | |
| 기타 유형자산 | 1,039 | |
| 미지급의료비용 | | 1,086 |
| 매입채무 | | 480 |
| 기타 유동부채 | | 741 |
| 비유동부채 | | 589 |
| 보통주자본금 | | 951 |
| 배당금 | 0 | |
| 이익잉여금 | | 440 |
| 수익 | | 10,195 |
| 의료비용 | 8,280 | |
| 물류비 | 1,545 | |
| 감가상각비 | 162 | |
| 이자비용 | 25 | |
| 법인세 | 66 | |
| 합 계 | 14,482 | 14,482 |

종합예제풀이

## 포괄손익계산서

| (주)전주 | 20X7.1.1-20X0.12.31 | (단위: 천원) |
|---|---|---|
| 수익 | | 10,195 |
| 의료비용 | 8,280 | |
| 물류비 | 1,545 | |
| 감가상각비 | 162 | |
| 이자비용 | 25 | |
| 법인세 | 66 | 10,078 |
| 순이익 | | 117 |

## 재무상태표

(주)전주 20X7.12.31 현재 (단위: 천원)

|  | | |  | | |
|---|---|---|---|---|---|
| 유동자산 | | | 유동부채 | | |
| 현금 | 651 | | 미지급의료비용 | 1,086 | |
| 단기투자자산 | 1,390 | | 매입채무 | 480 | |
| 매출채권 | 322 | | 기타 유동부채 | 741 | |
| 기타 유동자산 | 260 | | 유동부채합계 | | 2,307 |
| 유동자산합계 | | 2,623 | 비유동부채 | | 589 |
| 장기투자자산 | | 280 | 부채합계 | | 2,896 |
| 건물(순액) | | 462 | 보통주자본금 | 951 | |
| 기타 유형자산 | | 1,039 | 이익잉여금 | 557 | |
| 자산합계 | | 4,404 | 자본합계 | | 1,508 |
| | | | 부채와 자본합계 | | 4,404 |

## 토의문제

1. 회계연도(fiscal year)를 설명하라.

2. 수익인식원칙과 대응원칙이란 무엇인가?

3. 현금주의회계와 발생주의회계의 차이란 무엇인가?

4. 네 가지 종류의 수정분개란 무엇인가?

5. 만약 선급비용의 수정분개가 이루어지지 않는다면, 자산, 자본, 비용, 순이익에 대한 영향은 무엇인가?

6. 만약 선수수익의 수정분개가 이루어지지 않는다면, 부채, 자본, 수익, 순이익에 대한 영향은 무엇인가?

7. 미수수익의 수정분개가 이루어지지 않는다면 자산, 자본, 수익, 순이익에 대한 영향은 무엇인가?

8. 미지급비용의 수정분개가 이루어지지 않는다면, 부채, 자본, 비용, 순이익에 대한 영향은 무엇인가?

9. 영구계정은 임시계정과 어떻게 상이한가?

10. 마감후시산표의 내용과 목적은 무엇인가?

11. 정산표의 작성목적은 무엇인가

12. 회계순환과정에서 필수적인 단계는 무엇인가?

## 연습문제

**01** 다음의 회계정보는 다섯 기업들의 재무제표에서 뽑은 것이다. 물음에 답하시오.

| | 부산상사 | 서울상사 | 대구상사 | 대전상사 | 전주상사 |
|---|---|---|---|---|---|
| 20X1/12/31 | | | | | |
| 자산 | 45,000원 | 70,000원 | 121,500원 | 82,500원 | 124,000원 |
| 부채 | 30,000 | 50,000 | 58,500 | 61.500 | A |
| 20X2/12/31 | | | | | |
| 자산 | 49,000 | 90,000 | 136,000 | B | 160,000 |
| 부채 | 26,000 | C | 55,500 | 72,000 | 52,000 |
| 20X2/1/1-12/31 | | | | | |
| 주식발행 | 6,000 | 10,000 | D | 38,100 | 40,000 |
| 순이익 | E | 30,000 | 16,500 | 24,000 | 32,000 |
| 현금배당 | 4,500 | 2,000 | 0 | 18,000 | 6,000 |

1. 부산상사의 경우에 20X1년과 20X2년 12월 31일 현재 자본과 20X2년의 순이익을 계산하라.
2. 서울상사의 경우에 20X1년과 20X2년 12월 31일 현재 자본과 20X2년 12월 31일 현재 부채를 계산하라.
3. 대구상사의 경우에 20X2년에 주식발행액을 계산하라.
4. 대전상사의 경우에 20X2년 12월 31일 현재 자산을 계산하라.
5. 전주상사의 경우에 20X1년 12월 31일 현재 부채를 계산하라.

**02** 아래의 회계정보를 이용하여 (주)수원의 20X5년도 순이익을 발생주의와 현금주의로 각각 계산하라.

(주)수원은 20X5년에 서비스수익으로 26,000,000원을 벌었는데, 이 중에서 4,000,000원은 연말까지 받지 못하였다. 나머지 22,000,000원은 고객으로부터 현금으로 수령하였다.
회사는 영업비용으로 14,500,000원이 발생하였는데, 이 중에서 13,000,000원은 현금으로 지급하였고, 1,500,000원은 연말까지 지급하지 않았다. 그리고 회사는 내년도 보험료 2,500,000원을 미리 지급하였다.

**03** (주)명동의 7월 한달간 포괄손익계산서에서는 순이익이 1,400,000원이고, 서비스수익 5,500,000원, 급여 2,300,000원, 소모품비용 1,000,000원, 전기요금 800,000원 등이었다. 포괄손익계산서를 검토한 결과, 다음과 같은 점을 발견하였다. 정확한 포괄손익계산서를 작성하라.

(1) 7월달에 소멸한 보험료 300,000원이 누락되었다.

(2) 소모품비용 중에는 7월 31일 현재 여전히 소유하고 있는 소모품 400,000원이 포함되어 있다.

(3) 기계의 감가상각비 150,000원이 누락되었다.

(4) 7월 31일 현재 발생하였지만 지급하지 않은 임금 300,000원이 반영되지 않았다.

(5) 발생하였지만, 기록되지 않은 수익이 모두 750,000원이다.

**04** (주)광주는 20X5년 5월 1일에 새로운 사업을 시작하였다. 5월 31일의 시산표는 다음과 같다. 5월달의 수정분개를 실시하고, 수정분개를 총계정원장의 각 계정과목으로 전기하라. 그리고 20X5년 5월 31일 현재 수정후시산표를 작성하라.

시산표

(주)광주 20X5년 5월 31일 (단위: 천원)

| | 차변 | 대변 |
|---|---|---|
| 현금 | 6,500 | |
| 매출채권 | 3,000 | |
| 선급보험료 | 3,600 | |
| 소모품 | 1,500 | |
| 사무실가구 | 12,000 | |
| 매입채무 | | 3,500 |
| 선수서비스수익 | | 4,000 |
| 보통주자본금 | | 19,100 |
| 서비스수익 | | 5,000 |
| 급여 | 4,000 | |
| 임차료 | 1,000 | |
| | 31,600 | 31,600 |

시산표에 있는 계정과목 외에도, (주)광주의 계정도표에는 다음과 같은 계정과목들이 포함되어 있다. 감가상각누계액(사무실가구), 미지급여비, 미지급급여, 감가상각비, 보험료, 여비, 소모품비.

(1) 소모품 500,000원은 5월중에 이용되었다.
(2) 발생하였지만 지급되지 않은 여비가 200,000원이다.
(3) 보험가입기간은 3년이다.
(4) 선수서비스수익의 월말잔액은 1,000,000원이다.
(5) 5월 31일은 수요일이며 종업원은 금요일에 급여를 지급받는다. (주)광주에는 주당 600,000원을 받는 종업원이 두 명 있다.
(6) 사무실가구는 내용연수가 5년이며, 잔존가치는 0이다. 그리고 60개월동안 매달 200,000원씩 감가상각되고 있다.
(7) 5월중에 수행한 서비스수익 2,000,000원에 대한 청구서가 5월 31일 현재 기록되지 않았다.

**05** 전주광고상사는 2X05년 1월에 박광주에 의해 설립되었다. 아래의 시산표는 2X05년 12월 31일 현재 수정후시산표와 수정전시산표이다. (a) 두 시산표를 참고해서 수정분개를 추정하고, (b) 12월 31일 현재의 재무상태표와 2X05년도 포괄손익계산서를 작성하라. (c) 그리고 12월 31일에 공시해야 할 계정과목을 열거하라.

시산표

2X05년 12월 31일 현재

전주광고상사 (단위: 원)

| 계 정 과 목 | 수정전시산표 | | 수정후시산표 | |
|---|---|---|---|---|
| | 차변 | 대변 | 차변 | 대변 |
| 현금 | 11,000 | | 11,000 | |
| 매출채권 | 18,000 | | 21,500 | |
| 소모품 | 8,400 | | 6,000 | |
| 선급보험료 | 3,350 | | 2,500 | |
| 기계 | 60,000 | | 60,000 | |
| 감가상각누계액 | | 28,000 | | 35,000 |
| 매입채무 | | 5,000 | | 5,000 |

| | | | | |
|---|---|---|---|---|
| 미지급이자 | | 0 | | 150 |
| 차입금 | | 5,000 | | 5,000 |
| 선수수익 | | 6,000 | | 5,600 |
| 미지급급여 | | 0 | | 1,300 |
| 보통주자본금 | | 20,000 | | 20,000 |
| 이익잉여금 | | 5,500 | | 5,500 |
| 배당금 | 12,000 | | 12,000 | |
| 광고수익 | | 57,600 | | 61,500 |
| 급여 | 10,000 | | 11,300 | |
| 보험료 | | | 850 | |
| 이자비용 | | | 150 | |
| 감가상각비 | | | 7,000 | |
| 소모품비 | | | 2,400 | |
| 임차료 | 4,350 | | 4,350 | |
| 합 계 | 127,100 | 127,100 | 139,050 | 139,050 |

**06** (주)대연은 2X09년 12월 1일에 창립하였다. 12월 중에 (주)대연은 다음과 같은 거래를 하였다.

(1) 투자자들에게 보통주를 발행하고 현금 60,000,000원을 조달하였다.
(2) 토지를 구입하고 현금 5,000,000원을 지불하였다.

2X09년 12월 31일 현재의 재무상태표는 다음과 같다.

재무상태표

(주)대연 2X09년 12월 31일 현재 (단위: 천원)

| | | | |
|---|---|---|---|
| 현금 | 55,000 | 부채합계 | 0 |
| 유동자산합계 | 55,000 | 자본 | |
| | | 보통주자본금 | 60,000 |
| 토지 | 5,000 | 부채와 자본의 총계 | 60,000 |
| 자산총계 | 60,000 | | |

2X10년에는 다음과 같은 거래를 하였다.

(3) (주)대연은 통조림제품 490,000개를 구입하고 현금 49,000,000원을 지급하였다.

(4) (주)대연은 2010년에 490,000개를 모두 판매하였다. 판매단가는 150원이었으며, 현금 매출액은 73,500,000원(490,000개 × 150원)이다.

**07** **(주)용호의 2X10년 12월 31일 현재의 재무상태표를 작성하고, 2X10년도 포괄손익계산서를 작성하라. (주)용호의 회계정보는 다음과 같다.**

재무상태표

(주)용호 2X09년 12월 31일 (단위: 천원)

| | | | |
|---|---|---|---|
| 현금 | 52,000 | 유동부채합계 | 0 |
| 선급집세 | 3,000 | 장기성매입채무 | 40,000 |
| 유동자산합계 | 55,000 | 자본 | |
| 토지 | 5,000 | 보통주자본금 | 20,000 |
| 자산총계 | 60,000 | 부채와 자본의 총계 | 60,000 |

(1) 2X10년에 (주)용호는 통조림 490,000개를 개당 100원에 현금으로 구입하고는 개당 150원에 현금으로 매출하였다.

(2) 2X09년 12월 31일에 지급한 선급집세로 인해서 2X10년에 6개월간 건물을 사용할 수 있게 되었다. 2X10년 7월 1일에 (주)용호는 매월 500,000원씩 8개월간의 집세를 선불하였다.

(3) 2X09년 12월 31일에 장기성지급어음을 발행하였으며, 2X12년 12월 31일에 상환해야 한다. 2X11년 1월 1일부터 매년 1월 1일에 연리 10%의 이자를 지불해야 한다.

(4) (주)용호의 경영자의 봉급은 월 1,000,000원이며 매월 1일에 지급한다. 경영자의 첫 근무일은 2X10년 1월 1일이기 때문에, 경영자의 첫 봉급수표는 2X10년 2월 1일에 작성되며, 두 번째는 3월 1일, 세 번째는 4월 1일 등이다.

**08** 2X07년 12월 31일 현재 (주)수영의 수정후시산표는 다음과 같다. 문제에 답하라.

수정후시산표

(주)수영 2X07년 12월 31일 (단위: 천원)

| 계 정 과 목 | 차변 | 대변 |
|---|---|---|
| 현금 | 800 | |
| 매출채권 | 1,250 | |
| 소모품 | 125 | |
| 선급집세 | 3,000 | |
| 미수이자 | 20 | |
| 받을어음 | 4,000 | |
| 사무실설비 | 40,000 | |
| 감가상각누계액-사무실설비 | | 12,000 |
| 매입채무 | | 2,650 |
| 미지급법인세 | | 2,000 |
| 선수수익 | | 2,000 |
| 보통주자본금 | | 3,750 |
| 이익잉여금 | | 13,000 |
| 이자수익 | | 60 |
| 서비스수익 | | 137,705 |
| 급여 | 65,020 | |
| 감가상각비-사무실설비 | 4,000 | |
| 보험료 | 4,800 | |
| 법인세비용 | 5,100 | |
| 집세 | 36,000 | |
| 수도 · 전기 · 가스료 | 8,400 | |
| 소모품비 | 650 | |
| 합 계 | 173,165 | 173,165 |

문제:

(1) (주)수영의 2X07년도 당기순이익은 얼마인가?

(2) 2X07년 12월 31일 현재 재무상태표상에서 이익잉여금은 얼마가 될 것인가?

(3) (주)수영은 사무실설비를 얼마의 기간동안 소유하고 있는가? (잔존가치는 없다고 가정하라.)

(4) 사무실설비의 내용연수는 몇 년인가? 잔존가치는 없다고 가정하라.

(5) 받을어음은 (주)수영의 업무수행과 관련해서 받은 어음이다. 이것은 2X07년 11월 1일에 수령한 6개월짜리 어음이다. 어음상의 이자율은 연리로 얼마인가? 시산표상

의 이자는 모두 이 어음과 관련있다.

(6) 어음에서 발생한 이자의 얼마가 2X07년 12월 31일에 현금으로 수령되었는가?

(7) (주)수영은 2X06년 1월 1일부터 사무실을 임대하고 있다. 2X07년 12월 31일 현재 사무실임대료는 몇 개월치가 선급되어 있는가?

(8) 소모품비용의 잔액은 연말의 수정분개의 결과이다. 수정분개를 추정하라.

(9) (8)의 수정분개를 하기 전에 소모품계정의 잔액을 추정하라.

(10) 2X07년 12월 31일에 사무실설비와 관련해서 어떤 수정분개가 실시되었는가?

(11) 미지급법인세는 2X07년 12월 31일에 발생하였다고 가정하고, 연말에 법인세와 관련된 수정분개를 추정하라.

(12) 2X06년 12월 31일에 선수수익의 잔액은 5,000,000원이었다. 2X06년에 이 계정과 관련해서 12,000,000원의 수익이 발생하였다. 2X07년에 발생한 선수수익은 얼마인가?

(13) (12)와 관련해서 2X07년 12월 31일에 필요한 마감분개를 실시하라.

**09** **홍길동의 조경상사는 2X08년 1월 2일에 사업을 시작하였다. 2X08년에 다음과 같은 거래와 사건이 발생하였다.**

(1) 1월 2일에 회사는 주식을 현금 100,000,000원을 받고 매각하였다.

(2) 2X08년 1월 2일에 시중은행으로부터 40,000,000원을 차입하였다. 차입금은 연리 6%이며, 2X09년 6월 30일에 상환해야 한다.

(3) 2X08년 1월 3일에 사업용으로 이용하기 위해 트랙터를 현금으로 구입하였다. 이 트랙터는 추정 내용년수가 5년이며 원가는 50,000,000원이고, 추정 잔존가액은 0이다.

(4) 2X08년에, 회사는 조경사업을 실시하여 120,000,000원의 수익이 발생하였다. 이 중에서 20,000,000원이 연말까지 돈을 받지 못하였다.

(5) 2X08년 12월 30일에, 회사는 2X09년 4월에 시작할 조경작업으로 현금 10,000,000원을 받았다.

(6) 여러 명의 잠재고객들이 2X09년에 홍길동의 조경상사와 계약할 의향을 나타내었는데, 추정수익총액은 40,000,000원이었다.

(7) 2X08년에 물류비 40,000,000원이 발생하였다. 5,000,000원의 잔액이 연말에 미지급인 상태로 남아 있다.

(8) 2X08년 1월 2일에 회사는 24개월분 보험료로 현금 7,200,000원을 지불하였다.

(9) 조경작업을 위해 구입한 원재료와 식물의 원가는 45,000,000원이었는데, 이 중에서 10,000,000원을 연말까지 사용하지 않았다. 모든 구입은 현금 으로 지불되었다.

문제: 다음 질문에 답하시요.

(1) 홍길동의 조경상사는 2X08년의 포괄손익계산서에 수익을 얼마로 계상할 것인가?

(2) 2X08년에 이자비용을 얼마로 인식해야 하는가?

(3) 2X08년의 포괄손익계산서에 매출원가의 잔액은 얼마인가?

(4) 2X08년의 포괄손익계산서에 회사는 보험료를 얼마로 인식할 것인가?

(5) 2X08년의 포괄손익계산서에 물류비는 모두 얼마로 보고될 것인가?

(6) 2X08년 12월 31일에 감가상각의 수정분개를 실시하라.

(7) 2X08년 12월 31일에 트랙터의 장부가액은 얼마인가?

(8) 2X08년 12월 31일에 차입금의 이자에 대한 수정분개를 실시하라.

(9) 2X09년 6월 30일에 차입금과 관련해서 지급된 금액은 모두 얼마인가?

(10) 2X08년의 당기순이익은 얼마인가?

(11) 2X08년 12월 31일에 이익잉여금의 잔액은 얼마인가? 이 잔액은 차변잔액인가, 대변잔액인가?

(12) 2X08년 12월 31일에 현금잔액을 계산하라. 이것은 차변잔액인가, 대변잔액인가?

(13) 2X08년 12월 31일에 재무상태표에 나타날 모든 자산의 계정과목을 열거하라.

(14) 2X08년 12월 31일에 보고되는 부채총계는 얼마인가?

(15) 2X08년 12월 31일에 자본총계를 계산하라.

**10** **김남북은 2X09년 1월에 남북잡지라는 상호로 잡지배달업을 시작하였다. 2X09년에 다음과 같은 거래가 발생하였다.**

(1) 1월 1일에 주식을 현금 3,000,000원에 매각하였다.

(2) 4월 1일에 현금 20,000,000원을 차입하였다. 차입금의 이자율은 연리 12%이며, 상환할 때까지 매년 12월 31일에 이자를 지급해야 한다.

(3) 1월 1일에 자전거를 1,000,000원에 구입하였다. 이 자전거의 추정내용연수는 5년이고, 잔존가액은 0이다.

(4) 4월 5일에 잡지 10,000권을 권당 2,000원에 구입하였다.

(5) 잡지를 판매하여 판매수익합계는 22,500,000원이며, 모두 외상거래이었다.

(6) 잡지를 외상으로 구입한 고객으로부터 20,500,000원을 회수하였다.
(7) 자신에게 급여로 현금 3,000,000원을 지급하였다.
(8) 주주에게 주식 3,000,000원에 대한 배당금 50,000원을 지급하였다.
(9) 4월 1일의 차입금에 대한 이자를 지급하였다.
(10) 12월 31일에 김남북은 창고에 잡지 1,000권이 남아 있다는 것을 실지재고조사를 통해 확인하였다.

문제: 각 거래를 분개하고 T계정에 전기하라. 2X09년 12월 31일에 필요한 수정분개와 마감분개를 실시하라. 2X09년 12월 31일 현재 재무상태표와 2X09년도의 포괄손익계산서를 작성하라.

**11** **박동서는 2X09년 4월 1일에 (주)울산을 설립하였는데, 4월 1일에 다음과 같은 거래가 있었다.**

(1) 액면가 5,000원인 보통주 20,000주를 현금 100,000,000원에 발행하였다.
(2) 제품제조용 기계를 60,000,000에 구입하였다. 이 기계의 추정내용연수는 6년이고 정액법으로 감가상각을 하며, 잔존가액은 0이다.
(3) 건물의 일년간 임차료 4,000,000원을 지급하였다.
(4) 30,000,000원어치의 재고자산을 외상으로 구입하였다.
(5) (주)우주의 보통주를 단기투자자산으로 25,000,000원에 구입하였다.
(6) 액면가 20,000,000원, 액면이자율 10%인 사채를 발행하였다. 이자는 매년 한 번 지급된다.

4월 1일과 12월 31일 사이에 다음과 같은 거래가 발생하였다.
(7) 원가 25,000,000원인 재고자산을 40,000,000원에 외상으로 판매하였다.
(8) (4)의 외상으로 구입한 재고자산에 대해 납품업자에게 15,000,000원을 지급하였다.
(9) 외상으로 구입한 고객으로부터 현금 30,000,000원을 회수하였다.
(10) 200,000원을 갚아야 할 고객이 파산을 선언하였으며, 이 중에서 50,000 원만을 갚겠다는 통지서와 더불어 50,000원의 수표가 동봉되었다.
(11) 급여와 봉급으로 6,000,000원을 지급하였다

12월 31일에 기말수정사항은 다음과 같다.

(12) 급여와 봉급 1,000,000원을 아직 지급하지 않았다.

(13) 재고자산의 시가는 12,500,000원이었다.

(14) (주)우주의 보통주의 시가는 25,000,000원이었다.

문제:

(1) 각 거래를 분개하고 적절한 계정과목의 T계정에 전기하라.

(2) 12월 31일에 필요한 수정분개와 마감분개를 실시하라.

(3) 12월 31일에 재무상태표를 작성하라.

(4) 4월 1일부터 12월 31일까지의 기간동안 포괄손익계산서를 작성하라.

**12** **김남해는 2X10년 3월 1일에 세탁소업을 하는 (주)세탁을 개업하였다. 3월에 다음과 같은 거래가 있었다.**

3월 1일. 보통주 10,000,000원어치를 현금으로 발행하였다.

1일. 중고트럭을 8,000,000원에 구입하고 5,000,000원을 현금으로 지불하고 나머지는 외상으로 하였다.

3일. 세탁소모품을 1,200,000원어치 외상으로 구입하였다.

5일. 3월1일부터 유효한 1년분의 보험료 1,440,000원을 현금으로 지급하였다.

14일. 고객에게 세탁비 2,800,000원을 청구하였다.

18일. 중고트럭의 외상구입대금 중 1,500,000원을 현금으로 지급하고 세탁소모품의 외상구입대금 중 500,000원을 현금으로 지급하였다.

20일. 종업원의 급여로 현금 1,500,000원을 지급하였다.

21일. 3월 14일자로 고객에게 청구한 대금 중 1,600,000원을 현금으로 회수하였다.

28일. 고객에게 세탁비 4,200,000원을 청구하였다.

31일. 3월 한 달동안 트럭의 휘발유값으로 현금 200,000원을 지급하였다.

31일. 현금배당금 900,000원을 선언하고 지급하였다.

(주)세탁의 계정도표에는 다음과 같은 계정과목들이 포함되어있다. 현금, 매출채권, 세탁소모품, 선급보험료, 자동차, 감가상각누계액, 미지급금, 미지급급여, 보통주자본금,

이익잉여금, 배당금, (집합)손익, 서비스수익, 석유가스비, 세탁소모품비, 감가상각비, 보험료, 급여.

(a) 3월의 거래를 분개하라.

(b) 원장의 계정으로 전기하라(T계정을 사용).

(c) 3월 31일에 시산표를 작성하라.

(d) 다음을 수정분개하라.

1. 3월 31일에 발생하였지만 청구하지 않은 수익이 600,000원이었다.
2. 3월분의 자동차 감가상각비는 250,000원이었다.
3. 선급보험료의 1/12이 소멸하였다.
4. 3월 31일에 실제로 재고조사를 한 바, 세탁소모품의 400,000원이 재고자산으로 있다.
5. 발생하였지만 지급하지 않은 종업원급여가 700,000원이었다.

(e) 수정분개를 T계정으로 전기하라.

(f) 수정후시산표를 작성하라.

(g) 3월의 포괄손익계산서서를 작성하고, 3월 31일 현재 재무상태표를 작성하라.

(h) 마감분개를 실시하고 전기하며 마감과정을 완료하라.

(i) 3월 31일 마감후시산표를 작성하라.

# 제 3 부

# 회계정보의 생산

# 5장 현금 · 현금성자산

스위스의 국제경영개발원(IMD)은 1989년부터 국가경쟁력지수를 발표해 왔고, 현재 58개국을 대상으로 통계자료분석 및 설문조사를 통해 매년 순위를 발표해 오고 있다. 또 다른 기관인 세계경제포럼(WEF)에서도 전 세계 139개국을 대상으로 1979년 이후 유사한 결과를 계속 공개해 오고 있다.

지난해 대한민국의 IMD 회계 및 감사 부문 신뢰도 순위는 46위였고, 2009년 WEF는 감사 및 공시 기준으로 36위를 주었다. 물론 전체 국가경쟁력은 이보다 높다. 하지만 한국은 회계 신뢰도 지표가 낮아 국가경쟁력을 약화시키고 있다는 분석도 제기됐다. 이러한 사실을 무시해야 할까. 경제협력개발기구(OECD) 회원국이며 주요 20개국(G20) 정상회의 의장국, 경제 규모 15위 대한민국이라고 하기에는 너무나 초라한 성적이다. 왜 그런 것일까? 혹시 IMD와 WEF의 조사방법이나 평가기준이 우리에게 너무 불리해서 그런 것은 아닌지 점검해 봐야 한다. 게다가 이러한 순위가 중요한 이유는 '코리아 디스카운트'로 직·간접적 불이익이 발생하기 때문이다. 한국회계학회는 연구결과를 통해 회계불투명성에 따른 경제적 손실이 2008년에는 38조원, 2014년에는 무려 55조원에 이를 것이라고 예측했다. 국제회계신인도가 낮으면, 해외증시 상장 시, 주식할인, 외채발생시 할증이자 등 실질적 손해로 이어진다는 얘기다.

이러한 국제기구 발표순위는 우리 나라 회계시스템과 직접적으로 관련이 있다. 회계 및 감사제도에 대한 불신, 글로벌 스탠더드에 따르지 못한 각종 규제 및 정부 규제 등 한국의 국제적 회계신인도가 낮은 데는 여러 가지 문제점이 있는 것이다. 투명성은 유해 환경을 제거해 회계시장의 발전을 유도하는 쪽으로 전환되어야 한다.

권오형(한국공인회계사회 회장), "우리 나라 회계순위는 몇 등",
아시아경제(2011년 4월 8일)

## 1절 금융자산의 의의

금융자산(financial asset)은 현금과 금융상품을 의미하는 바, 여기서 금융상품(financial instrument)은 거래당사자 일방에게 금융자산을 발생시키고 동시에 다른 거래상대방에게 금융부채나 지분상품을 발생시키는 모든 계약을 말하는데, 여기에는 파생상품도 포함된다. 실무적으로는 현금, 대여금, 수취채권, 유가증권, 금융기관이 취급하는 금융상품 등을 의미한다. 회계학상으로 금융자산을 다음과 같이 분류할 수 있다.

(1) 현금 · 현금성자산 : 현금과 유동성이 매우 높은 단기금융상품(지분상품은 제외).

(2) 수취채권 : 지급금액이 확정되었거나 결정가능하며 활성거래시장(거래되는 항목이 동질적이며, 일반적으로 거래의사가 있는 구매자들과 판매자들을 언제나 찾을 수 있으며, 가격이 공개되어 이용가능한 시장)에서 가격이 공시되지 않은 비파생금융자산.

(3) 기타금융자산 : 지분상품과 채무상품 등의 유가증권과 금융기관이 취급하는 금융상품을 의미하며 다음과 같이 세분해서 살펴볼 수 있다.

① 당기손익인식금융자산 : 당기손익인식지정금융자산, 단기매매금융자산

② 만기보유금융자산

③ 매도가능금융자산

여기서는 현금 · 현금성자산에 관해서 살펴보고 수취채권은 제6장 수취채구건과 지급채무에서 살펴보며 기타금융자산은 제9장 금융자산투자에서 살펴본다.

## 2절 현금 · 현금성자산의 의의

현금은 기업의 혈액(lifeblood)이다. 모든 기업은 현금을 조심스럽게 관리해야 한다. 매사에 성공적인 기업일지라도 현금을 관리하는데 실패한다면 파산할 수도 있다. 경영자들은 현금을 효율적으로 이용하는 방법과 관리하는 방법을 알아야 한다. 현금의 유동성 때문에 현금은 도난당하기가 가장 쉬운 자산이다. 기업에 부정직한 종업원이 있을 때 특히 어려운 문제가 발생할 수 있다.

본장에서는 현금·현금성자산의 거래를 회계처리하고 재무제표에 보고하는 방법 및 이들을 관리하는 방법을 배울 것이다.

현금 및 현금성자산은 자산 중에서 유동자산에 속하며 그 중에서도 특히 당좌자산에 속한다.

기업은 재화와 용역을 구입하거나 부채를 상환하는 데 사용하기 위한 교환수단, 다른 재화와 용역의 가치를 측정·평가하는 가치측정수단 및 가치를 저장하는 가치저장수단으로 현금을 보유한다.

현금은 유동성이 가장 높은 자산이다. 유동성(liquidity)이란 현금으로 전환가능한 정도를 의미하는 데, 유동성이 높은 자산이라는 것은 단기간 내에 현금으로 전환가능한 자산이라는 의미이다. 따라서 현금의 유동성이 가장 높고, 그 다음으로 현금성자산(cash equivalent)이 높다. 재무상태표의 자산들은 유동성에 입각해서 배열되어 있는데 이러한 것을 유동성배열법이라고 한다.

기업의 경영자는 단기적 지급불능상태에 도달하여 부도가 나지 않도록 기업의 유동성을 적정한 수준에서 항상 유지해야 하고, 현금 및 현금성자산의 경우에는 부정이 발생하기 쉬우므로 이들의 관리·통제를 철저히 해야 한다. 일반적으로 현금은 통화(지폐와 동전)만을 가리키는데, 회계에서 현금은 지폐와 동전 뿐만 아니라 타인발행수표, 배당증권, 송금환, 우편환증서, 지급기일이 도래한 사채이자표 등의 통화대용증권도 포함하고 있다. 당좌예금과 보통예금 등의 요구불예금(cash on demand)은 현금으로 전환하는데 아무런 제약이 없는 예금으로 은행에 현금을 예치하고 있다는 점을 제외하고는 그 유동성은 현금과 동일하다고 볼 수 있다.

현금성자산은 현금의 단기적인 운용을 목적으로 취득한 유동성이 높은 유가증권과 단기금융상품을 의미한다. 현금성자산은 ① 큰 거래비용 없이 현금전환이 용이하고, ② 금융상품의 가격변동이 심하지 않으며, ③ 취득당시 만기일이 3개월 이내에 도래하는 단기금융상품을 의미한다. 여기서 단기금융상품이란 3개월 이내에 만기가 도래하는 채권이나 3개월 이내에 상환조건인 환매조건부채권[1], 신탁계약기간이 3개월 이내인 단기수익증권(기업어음[2], 양도성예금증서[3], 어음관리계좌[4], 금전신탁[5]) 등을 의미한다. 현금 및 현금성자산은 통합계정으로 보고해야 한다.

금융자산 중에서 현금성자산으로 분류되지 않은 것은 제6장과 제9장에서 살펴본다.

1) 환매조건부채권(repurchase agreement, RP)은 일정기간이 경과한 후에 다시 매입하는 조건으로 채권을 매도함으로써 자금의 수요자가 단기자금을 조달하는 금융수단을 말하는데, 이를 특히 환매조건부채권 매도라고 한다. 한편 환매조건부채권 매수의 경우는 취급금융기관이 채권을 되파는 조건으로 채권을 매수하는 동시에 거래상대방에게 자금을 공급하는 경우를 말한다.

2) 기업어음(commercial paper, CP)은 기업이 단기적인 자금조달을 위해 발행하는 어음을 말하는데, 일반적으로 금융기관이 기업으로부터 수수료를 받고 투자자에게 매각한다.

3) 양도성예금증서(certificate of deposit, CD)는 일정한 기간동안의 정기예금에 대하여 양도를 가능하게 하는 은행이 발행하는 무기명 잔고증명서인 예금증서이다. 은행은 예금의 만기일에 예금증서 소지인에게 원금 및 이자를 지급한다. 이 증서는 예금의 만기일 이전에 유통시장에서 거래할 수 있는 단기금융상품이다.

4) 어음관리구좌(cash management account, CMA)는 투자금융회사가 고객이 맡긴 예금을 어음이나 단기채권, 양도성 예금증서 등 단기금융상품에 투자해서 운용수익을 올린 후 일정한 수수료를 공제하고 고객에게 반환하는 금융상품이다.

5) 금전신탁(money in trust)은 고객의 일시적인 여유자금을 은행이 위탁받아 유가증권 등 적절한 투자대상에 운용해서 그 실적을 배당해 주는 제도이다.

# 3절 현금의 통제

현금은 기업의 영업순환주기의 시작인 것처럼, 그것은 항상 기업의 내부통제시스템을 위한 시발점이다. 현금은 다음과 같은 이유로 관리·통제를 잘 해야 한다.

첫째, 기업은 현금을 적정한 수준에서 보유해야 한다. 현금은 다른 재화와의 교환수단이기 때문에 다른 재화를 구입하거나 부채를 상환할 때 필요하며, 현금이 부족할 경우 부도가 발생하거나 필요한 재화를 제때 구입하지 못할 수도 있다. 그러나 현금 그 자체에서는 수익이 발생하지 않으므로 다른 자산에 투자하거나 다른 금융자산으로 운용하여 수익을 창출하는 데 이용해야 한다.

둘째, 현금은 쉽게 다른 종류의 자산으로 전환가능한 자산이다. 그것은 쉽게 은폐되고 운반되며, 탐욕의 대상이 된다. 이러한 특성 때문에, 현금은 부적절한 유용과 용도에 가장 민감한 자산이다.

셋째, 현금거래가 많을 경우, 수많은 오류가 현금거래를 실행하고 기록하는 데서 발생할 수도 있다. 현금을 관리하고 현금에 대한 회계기록의 정확성을 보증하기 위해, 현금에 대한 효과적인 내부통제가 필요하다.

## 1. 전자자금이체시스템

현금에 대한 회계처리와 현금의 통제는 비싸고 시간이 많이 소모되는 과정이다. 은행시스템을 통해 수표를 처리하는 비용은 증가하고 있다. 그러나 만약 고객이 전화를 이용한다면 이 보다 적은 비용이 소요되며, 고객이 컴퓨터를 이용한다면 매우 적은 비용이 소요된다. 그러므로 종이(예금증서, 수표 등)의 이용없이 당사자들간에 자금을 이체하기 위해 새로운 방법들이 개발되고 있다. 전자자금이체(electronic funds transfer, EFT)라는 이러한 절차는 한 장소에서 다른 장소로 현금을 이체하기 위해 전선, 전화, 전보, 컴퓨터 등을 이용하는 지출시스템이다. EFT의 이용은 매우 일반적이다. 예를 들면, 주택, 자동차, 공공요금 등에 대한 지출과 같은 정규적인 지급은 빈번하게 EFT에 의해 이루어진다.

## 2. 소액현금기금

앞에서 배운 바와 같이, 현금지출에 대한 보다 더 좋은 내부통제는 지급이 수표로 이루어질 때 가능하다. 그러나, 우표요금, 종업원점심, 택시요금 등과 같은 이러한 소액을 지급하기 위해 수표를 이용하는 것은 비실제적이고 번거롭다. 만족할 만한 통제를 유지하면서 이러한 지급을 처리하는 일반적인 방법은 소액현금제도을 이용하는 것이다. 소액현금제도(petty cash system)는 비교적 소액을 지급하기 위해 이용되는 제도이다. 소액현금제도에는 사용자금의 보충방법에 따라 정액기금전도제도와 부정액기금전도제도가 있다.

소액현금제도 중에서 가장 대표적인 방법이 정액기금전도제도(imprest fund system)이다. 이것은 기업이 일정액을 소액현금기금으로 사전에 설정하여 관리하는 제도로서, 현금출납담당자는 이 기금을 통해 현금을 지출하지만 현금보유액을 보충할 필요가 있을 때는 원래 설정된 일정한 금액에서 사용한 금액만큼 당좌예금으로부터 전도시킨다. 따라서 현금출납담당자가 보관하는 현금보유액과 현금지출영수증의 합계액은 기업이 사전에 설정한 일정한 기금액으로 유지된다.

$$\text{정액기금} = \text{현금보유액} + \text{현금지출영수증합계}$$

소액현금기금을 운영한다는 것은 (1) 이 기금을 설정하고, (2) 이 기금으로부터 지출하고, (3) 이 기금을 보충한다는 것을 의미한다.

### (1) 소액현금기금의 설정

소액현금기금을 설정할 때 두 가지 단계는 (1) 이 기금을 책임질 소액현금관리인을 임명하는 것과 (2) 기금의 규모를 결정하는 것이다. 대개의 경우, 그 금액은 3주 내지 4주동안 예상되는 지출을 충당할 것으로 기대되는 금액이다. 기금을 설정할 때, 소액현금관리인에게 지불해야 할 수표는 약정액으로 발행된다. 만약 동해상사가 3월 1일에 100,000원을 설정하기로 결정한다면, 일반분개장에서의 분개는 다음과 같을 것이다.

| 3월 1일 | 차) 소액현금 | 100,000 | 대) 당좌예금 | 100,000 |
|---|---|---|---|---|
| | | | (소액현금기금을 설정) | |

그리고 나서 수표가 현금화되고 소액현금보관상자에서 돈이 지출된다. 대부분의 소액현금기금은 정액기준으로 설정된다. 나아가, 약정기금액이 변한다면, 소액현금계정에 분개가 추가될 것이다. 예를 들면, 동해상사가 7월 1일에 기금의 규모를 250,000원으로 증가시키기로 결정한다면, 차변에 소액현금 150,000원, 대변에 현금 150,000원으로 분개될 것이다.

### (2) 소액현금기금의 지출

소액현금기금의 관리인은 규정된 관리정책을 준수하면서 기금으로부터 지출할 권한을 갖는다. 대개의 경우 경영자는 지출의 규모를 제한하고 (종업원에 대한 단기대부와 같은) 어떤 형태의 거래에 대해서는 그 기금의 이용을 허용하지 않는다. 기금으로부터의 각 지출은 소액현금영수증으로 문서화되어야 한다. 관리인과 소액현금을 수령하는 개인 두 사람의 서명이 영수증상에 필요하다. 만약 화물송장과 같은 다른 문서를 이용할 수 있다면, 이들은 소액현금영수증에 첨부되어야 한다.

영수증은 기금이 보충될 때까지 소액현금상자에 보관된다. 그 결과, 소액현금영수증의 합계와 기금의 돈은 항상 설정된 합계와 일치해야 한다. 이것은 그 기금이 항상 유지되고 있는지의 여부를 결정하기 위해 내부감사인과 같은 제3자에 의해 불시에 계산될 수 있다는 것을 의미한다.

소액현금을 인출하는 시점에서 인출을 기록하기 위해 분개를 하지 않는다. 그렇게 하는 것은 불필요하고 부적당하다. 그 대신에 각 지출의 회계효과는 기금을 보충할 때 인식된다.

### (3) 소액현금기금의 보충

소액현금기금의 돈이 최소수준에 도달할 때, 기금은 보충된다. 소액현금관리인이 보충을 요청한다. 소액현금관리인은 지출된 내용에 따라 지출명세표를 작성하고는 그 명세표를 소액현금수령증과 기타 부속서류를 첨부해서 경리부장에게 보낸다. 영수증과 부속서류는 기금으로부터 적절한 지출이었는지를 검증하기 위해 경리부장 사무실에서 검토된다. 그 이후 경리부장은 그 요청을 승인하고 설정된 기금금액까지 보충하기 위해 수표를 작성한다. 이와 동시에, 모든 부속서류는 또다시 지출하기 위해 제출되지 않도록 '지급필'(paid)이라는 도장이 찍힌다.

예를 들어, 3월 15일에 소액현금관리인이 87,000원짜리 수표를 요청한다고 하자. 관리인은 현금 13,000원과 우표용 44,000원, 소모품용 38,000원, 잡비용 5,000원의 소액현금영수증을 가지고 있다. 일반분개장에서 이 수표를 기록하기 위한 분개는 다음과 같다.

| | | | | |
|---|---|---|---|---|
| 3월 15일 | 차) 우표비 | 44,000 | 대) 소액현금 | 87,000 |
| | 소모품 | 38,000 | | |
| | 잡비 | 5,000 | | |
| 3월 15일 | 차) 소액현금 | 87,000 | 대) 당좌예금 | 87,000 |

(소액현금기금의 보충)

소액현금계정은 상환분개에 의해 영향을 받지 않는다. 보충은 소액현금영수증을 현금으로 대체함으로써 기금의 구성을 변경시키지만, 기금의 잔액을 변경시키지는 않는다.

때때로, 소액현금기금을 보충할 때, 현금과부족을 인식하는 것이 필요할 것이다. 예를 들면, 앞의 예에서, 관리인이 영수증과 기금의 현금으로 12,000원만 가지고 있다고 가정하자. 따라서 상환요청은 88,000원일 것이며 다음과 같은 분개가 이루어질 것이다.

| | | | | | |
|---|---|---|---|---|---|
| 3월 15일 | 차) 우표비 | 44,000 | 대) 소액현금 | 88,000 |
| | 소모품 | 38,000 | | |
| | 잡비 | 5,000 | | |
| | 현금과부족 | 1,000 | | |
| 3월 15일 | 차) 소액현금 | 88,000 | 대) 당좌예금 | 88,000 |
| | | | (소액현금기금의 보충) | |

역으로, 만약 관리인이 현금을 14,000원 가지고 있었다면, 이 상환요청은 86,000원일 것이며, 현금과부족은 1,000원으로 대변에 기입될 것이다. 현금과부족의 차변잔액은 포괄손익계산서에서 잡손실로 보고된다. 대변잔액은 잡수익으로 보고된다. 현금과부족은 기말에 집합손익으로 마감된다.

한편, 부정액기금전도제도는 소액현금의 기금액과 사용기간을 사전에 정하지 않고 소액현금을 보충하기 때문에 기금이 전도될 때마다 기금의 크기와 전도시기가 변동한다는 것이 정액기금전도제도와 다르다. 소액현금의 기금을 설정할 때는 정액기금전도제도의 경우와 동일하게 회계처리하지만, 일정기간이 경과한 후 소액현금의 지출내역을 보고받았을 때와 소액현금을 보충하였을 때는 정액기금전도제도의 경우와 다른 회계처리를 하게 된다.

예를 들어, 3월 15일에 소액현금관리인이 소액현금의 지출내역으로 우표용 44,000원, 소모품용 38,000원, 잡비용 5,000원의 소액현금영수증을 가지고 보고하였고 3월 18일에 소액현금을 보충하였다고 하자. 일반분개장에서 이를 기록하기 위한 분개는 다음과 같다.

| | | | | | |
|---|---|---|---|---|---|
| 3월 15일 | 차) 우표비 | 44,000 | 대) 소액현금 | 87,000 |
| | 소모품 | 38,000 | | |
| | 잡비 | 5,000 | | |
| | | | (소액현금의 지출) | |
| 3월 18일 | 차) 소액현금 | 87,000 | 대) 당좌예금 | 87,000 |
| | | | (소액현금의 보충) | |

소액현금기금은 기금의 현금에 관계없이 회계기말에 보충되어야 한다. 이 시점에서 보충은 소액현금지출의 재무제표에 대한 효과를 인식하기 위해 필요하다.

(1) 지급영수증과 기금현금이 지정금액과 동일한지의 여부를 확인하기 위해서 감독자로 하여금 기금을 불시에 계산하게 하고, (2) 상환을 위해 재제출되지 않도록 지급된 영수증을 취소하거나 삭제함으로써 소액현금기금에 대한 내부통제가 강화된다.

소액현금계정은 내부통제를 위해 편의상 설정한 것이므로 외부보고용 재무상태표에는 현금 및 현금성자산 계정에 포함된다.

## 3. 은행의 이용

현금의 내부통제에 대한 수단으로 은행을 이용하기도 한다. 기업은 수표를 발행하고 수표를 수령하기 위한 결제소와 예금장소로 은행을 이용함으로써 현금을 관리할 수 있다. 은행을 이용함으로써 기업은 보유해야 하는 통화량을 최소화한다. 그리고 그것은 모든 은행거래에 관해 기록이 이중으로 유지되기 때문에 현금의 통제를 촉진한다. 기업이 유지하는 자산계정인 현금은 그 기업에 대한 은행의 부채계정의 "상대편"(flip-side)이다. 이러한 계정들은 언제라도 일치하도록 조정하는 것이 가능해야 한다.

많은 기업들은 한 가지 이상의 은행계정을 가지고 있다. 보다 나은 통제와 운영을 위해, 전국적인 영업망을 가진 기업은 여러 개의 지방은행계정을 가지기도 한다. 그리고 기업은 필요할 때 단기차입금을 조달하기 위한 한 가지 이상의 원천을 가지기 위해 여러 개의 은행계정을 유지할 수도 있다.

### 1) 은행잔고증명서

기업은 은행과의 거래와 잔액을 보여주는 은행잔고증명서(bank statement)를 은행으로부터 매달 수령한다. 은행잔고증명서는 다음을 보여주고 있다. (1) 지급한 수표와 예금자의 계정에서 잔고를 감소시키는 기타 차변항목 (2) 예금자의 계정에서 잔고를 증가시키는 예금과 기타 대변항목. (3) 매일의 거래후 계정잔고. 은행잔고증명서는 은행의 관점에서 작성된다. 예를 들면, 은행이 수령한 모든 예금은 은행부채의 증가이다(예금자에 대한 미지급채무). 그러므로 예를 들어, 경남기업으로부터 수령한 가나은행의 모든 예금은 은행에 의해 경남기업 계정의 대변에 기입된다. 경남기업이 그 당좌계정잔고에서 발행한 수표를 은행이 지불할 때는 그 반대가 발생한다. 즉 은행의 부채를 감소시키는 예금지급은 은행에 있는 경남기업 계정의 차변에 기입된다.

모든 기지급수표는 수표가 지급된 날짜와 금액에 따라 은행잔고증명서에 날짜순서로 열거된다. 수표를 현금으로 지급하는 즉시, 은행은 수표에 "지급필"이라는 도장을 찍는다. 기지급수표는 때때로 무효(canceled)수표라고도 한다. 그리고 은행은 은행잔고증명서와 더불어 은행이 예금자 계정의 차변항목과 대변항목을 설명하는 비망록을 고객에게 제공한다.

차변항목의 비망록은 이전에 예금한 고객의 수표가 불충분한 자금 때문에 부도가 될 때 은행에 의해 이용된다. 이러한 경우에, 그 수표에는 고객의 은행에 의해 NSF(Not Sufficient Fund)이라는 표시가 붙고 예금자의 은행으로 반환된다. 그러면 은행은 은행잔고증명서의 NSF가 보여주는 것처럼 예금자의 계정을 감소시키며, NSF 수표(부도수표)와 차변항목의 비망록을 예금자에게 보낸다. 부도수표는 예금자에게 수취채권을 발생시키며 은행계정에서 현금을 감소시킨다.

## 2) 은행계정조정표

은행과 기업은 기업의 당좌예금계정을 독립적으로 기록하기 때문에, 각각의 잔고는 항상 일치할 것이라고 가정할 것이다. 사실상, 이 두 가지 잔고가 어떤 특정한 시점에서는 동일하지 않을 수도 있기 때문에, 은행계정조정표(bank reconciliation statement)가 필요하다. 은행계정조정은 장부의 잔액을 은행의 잔액과 일치시키는 과정이다. 이 두 잔액의 불일치는 두 가지 원인에서 비롯된다.

1. 시차. 당사자의 한 쪽이 동일한 기간에 거래를 기록하는 것을 방해하는 시차.
2. 오류. 거래를 기록하는 데서 어느 한 당사자의 오류.

시차는 빈번하게 발생한다. 예를 들면, 기업이 수표로 고객에게 지불하는 시점과 은행이 그 수표를 현금으로 교환, 지불하는 시점 사이에는 여러 날이 경과할 수도 있다. 이와 마찬가지로 기업이 예금을 하기 위해 은행의 야간금고를 이용할 때, 기업이 예금을 기록하는 시점과 은행이 예금을 기록하는 시점 사이에는 하루의 차이가 있을 것이다. 은행이 기업에게 차변이나 대변의 비망록을 보낼 때에도 시차가 발생한다.

오류의 발생은 기업과 은행이 유지하는 내부통제의 효과성에 달려있다. 은행의 오류는 잘 일어나지 않지만, 어느 당사자가 우연히 450,000원짜리 수표를 45,000원이나 540,000원으로 기록할 수도 있을 것이다. 그리고 은행이 수표를 발행한 사람의 이름을 잘못 적을 수도 있을 것이다.

### (1) 조정의 절차

은행계정을 조정할 때, 기업장부의 잔액과 은행의 잔액을 정확한 현금잔액으로 조정하는 것이 일반적이다. 은행조정으로부터 최대한의 효과를 얻기 위해서 조정은 현금과 관련된 어떠한 책임도 지지 않는 종업원이 해야 한다. 조정표를 작성할 때 독자적인 내부검증이라는 내부통제원칙이 지켜지지 않을 때는 현금횡령이 눈에 띄일 수도 있다.

은행계정조정표는 <도표 5-1>에 나타나 있다. 은행계정조정표를 작성하는 출발점은 은행의 잔액과 장부의 잔액을 살펴보는 것이다. 다음 단계들은 이 두 잔액 사이의 차액을 초래하는 모든 조정항목을 드러내고 있다.

1. 회사는 입금기록, 은행은 입금미기록

회사에서는 입금이 회계처리되어 당좌예금계정이 증가되었지만, 은행에서 아직 입금을 기록하지 않은 경우가 있다. 예를 들어, 회사가 입금처리하였으나, 은행의 마감시간이 경과하였기 때문에 은행이 기록하지 않은 경우이다. 이와 같은 예금을 특히 미기록예금(deposits in transit)이라고 한다. 이러한 예금은 은행의 잔액에 가산한다.

2. 회사는 출금기록, 은행은 출금미기록

회사에서 거래대금을 수표로 발행하여 지급하였지만, 거래처가 아직 은행에 지급제시를 하지 않아서 출금처리 되지 않은 경우이다. 은행은 지급하지 않았지만 회사가 당좌수표의 발행에 따라 은행 당좌예금의 차감으로 기록한 수표를 미결제수표(outstanding check)라고 하는 데, 이것을 은행잔액에서 차감한다.

3. 은행은 출금기록, 회사는 출금미기록

은행에서는 출금이 회계처리 되었지만, 회사는 이에 대한 통보를 아직 받지 못해서 출금을 회계처리하지 않은 경우가 있다. 예를 들어, 은행에서 제공한 서비스에 대한 각종 수수료나 대출금이자를 출금처리하였지만, 회사가 통보받지 못해서 기록하지 못한 은행수수료나 이자비용, 그리고 거래처에서 받은 타인발행 수표가 거래은행에서 부도수표로 판명되어 부도처리할 경우, 회사의 장부에서 차감한다. 이 때 부도수표는 매출채권으로 처리한다.

4. 은행은 입금기록, 회사는 입금미기록

은행에서는 입금을 기록하였지만, 회사에서는 이 입금을 통보받지 못해서 입금을 기록하지 않은 경우이다. 예를 들어, 거래처가 거래대금을 온라인으로 은행에 입금하고, 회사가 아직 통보받지 못한 경우와 받을어음을 은행에서 현금으로 회수하여 입금처리였으나 회사가 아직 통보받지 못한 경우의 미통지예금(deposit by third parties)과 은행에서 예금에 대한 이자수익을 회사에 통보하지 않은 경우이다. 이 경우에는 회사의 장부잔액에 가산해 준다.

5. 앞의 단계에서 발견된 모든 기장오류에 유의하고 이들을 조정표의 적절한 곳에서 표시한다. 예금자인 회사의 모든 오류는 회사장부의 현금잔액을 수정하는 데서 항목들을 조정한다. 이와는 대조적으로 은행의 모든 오류는 은행의 현금잔액을 수정하는 데서 항목들을 조정한다.

**도표 5-1 은행계정조정표의 조정항목**

| 은행잔액 | 회사장부잔액 |
|---|---|
| 1. + 미기록예금 | 3. - 부도수표 |
| 2. - 미결제수표 | 3. - 은행수수료 |
| 5. +/- 은행의 기장오류 | 3. - 이자비용 |
| | 4. + 이자수익 |
| | 4. + 은행의 회수어음 |
| | 5. +/- 회사의 기장오류 |
| 은행의 정확한 수정잔액 | 회사의 정확한 장부잔액 |

### (2) 은행조정의 예

경남기업의 은행잔고증명서에 의하면 20X7년 4월 30일에 은행의 잔액은 15,907,450원이라고 하자. 이 날짜에 경남기업장부의 현금잔액은 11,589,450원이고, 다음과 같은 조정항목들이 결정되었다고 하자.

1. 미기록예금. 4월 30일의 예금(은행은 5월 1일에 수령). 2,201,400원
2. 기발행수표. 수표번호 453, 3,000,000원; 수표번호 457, 1,401,300원; 수표번호 460, 1,502,700원

3. 오류. 수표번호 433인 수표가 1,226,000원으로 정확하게 발행되고 은행이 정확하게 지불하였다. 그러나 경남기업은 1,262,000원으로 기록하였다.
4. 은행의 비망록
   (a) 김해동의 부도수표 425,600원.
   (b) 인쇄회사의 수표발행수수료 30,000원
   (c) 받을어음의 회수 1,000,000원, 미수이자의 회수 50,000원,
   은행수수료 15,000원

상기의 조정항목에 따른 은행계정조정표는 <도표 5-2>와 같다.

**도표 5-2 은행계정조정표**

은행계정조정표

| 경남기업 | 20X7년 4월 30일 | | (단위: 원) |
|---|---|---|---|
| 은행잔고증명서상의 현금잔액 | | | 15,907,450 |
| (+) 미기록예금 | | | 2,201,400 |
| | | | 18,108,850 |
| (-) 기발행수표 | | | |
| 수표번호 453 | | 3,000,000 | |
| 수표번호 457 | | 1,401,300 | |
| 수표번호 460 | | 1,502,700 | 5,904,000 |
| **은행의 수정잔액** | | | 12,204,850 |
| 장부의 잔액 | | | 11,589,450 |
| (+) 받을어음의 회수 | 1,000,000 | | |
| 미수이자 | 50,000 | | |
| 은행수수료 | (-) 15,000 | 1,035,000 | |
| 수표번호 433의 기록오류 | | 36,000 | 1,071,000 |
| | | | 12,660,450 |
| (-) 부도수표 | | 425,600 | |
| 수표발행수수료 | | 30,000 | 455,600 |
| **장부의 수정잔액** | | | 12,204,850 |

### (3) 은행계정조정표로부터의 분개

장부의 수정잔액을 결정하기 위해 이용된 각 조정항목을 예금자가 기록해야 한다. 만약 이러한 항목이 분개·전기되지 않는다면, 현금계정은 정확한 잔액을 보여주지 않을 것이다. 4월 30일자 경남기업의 은행잔고증명서에 대한 수정분개는 다음과 같다.

받을어음의 회수. 이 분개에는 4개의 계정이 포함된다. 50,000원의 이자가 기록되지 않고 수수료가 잡비계정에 부과되지 않았다고 가정하면, 분개는 다음과 같다.

| 4월 30일 | 차) 현금 | 1,035,000 | 대) 매출채권 | 1,000,000 |
|---|---|---|---|---|
| | 잡비 | 15,000 | 이자수익 | 50,000 |

(은행에 의한 받을어음의 회수를 기록)

장부의 오류. 현금지급장의 검토로 수표번호 443의 수표는 납품업자인 남해기업에 대한 외상거래의 지급이었다. 수정분개는 다음과 같다.

| 4월 30일 | 차) 현금 | 36,000 | 대) 매입채무 | 36,000 |
|---|---|---|---|---|

(수표443의 기록오류를 수정)

부도수표. 앞에서 살펴본 바와 같이, 부도수표는 예금자에게는 매출채권으로 된다. 분개는 다음과 같다.

| 4월 30일 | 차) 매출채권(김해동) | 425,600 | 대) 현금 | 425,600 |
|---|---|---|---|---|

(부도수표를 기록)

은행수수료. 수표인쇄비와 기타 은행수수료는 대개의 경우 금액이 정상적이기 때문에 잡비계정에 부과된다.

4월 30일 차) 잡비 30,000 대) 현금 30,000

(기업수표의 인쇄비를 기록)

앞의 분개들은 하나의 혼합계정으로 결합될 수 있을 것이다.

분개가 전기된 후, 현금계정은 <도표 5-3>으로 나타날 것이다. 원장에서 현금의 수정잔액은 <도표 5-2>에서 은행조정표의 장부수정잔액과 일치해야 한다.

**도표 5-3 현금계정의 수정잔액**

(단위: 원)

현금

| | | | | |
|---|---|---|---|---|
| 4/30 | 잔액 | 11,589,450 | 4/30 | 425,600 |
| | | 1,035,000 | | 30,000 |
| | | 36,000 | | |
| 4/30 | 잔액 | 12,204,850 | | |

은행은 어떤 분개를 하는가? 만약 은행계정조정표를 작성하는 데서 은행의 오류가 발견된다면, 은행은 그 기록에서 필요한 수정을 할 수 있도록 통지받아야 한다. 미기록 예금이나 기발행수표에 대해서는 분개를 하지 않는다. 이러한 항목이 은행에 도착할 때만, 은행은 이러한 항목을 기록할 것이다,

## 4. 현금과부족

기업이 소액현금제도나 은행계정조정표 등을 통해 내부통제제도를 잘 운영하고 있더라도 현금보유액과 현금계정잔액이 일치하지 않는 경우가 발생한다.

현금보유액과 현금계정잔액이 일치하지 않는 경우에 현금과부족계정(cash over and short account)을 설정하여 이의 원인을 규명해야 한다. 결산 때까지 현금과부족의

원인이 규명되지 않으면 일단 포괄손익계산서에 잡수익이나 잡손실로 처리한다.

### 예제 5-1

1) 문현상사의 기말 현금금고의 실제 현금보유액은 300,000원인데 반해서 현금계정의 잔액은 350,000원인 것으로 확인되었다. 이 때 현금과부족에 관한 분개는 다음과 같다.

차) 현금과부족 50,000 대) 현금 50,000

2) 현금보유액이 부족한 원인이 종업원의 여비 50,000원의 지출을 장부에 기재하지 않은 것으로 판명되었다. 이러한 경우에는 다음과 같이 분개한다.

차) 여비 50,000 대) 현금과부족 50,000

3) 기말 결산 때까지 현금과부족 50,000원에 대한 그 원인이 밝혀지지 않았다면 다음과 같이 결산수정분개를 실시한다.

차) 잡손실 50,000 대) 현금과부족 50,000

## 4절 현금의 보고

현금은 두 가지 다른 재무제표(재무상태표와 현금흐름표)에 보고된다. 재무상태표는 일정한 시점에서 이용가능한 현금액을 보고한다. 현금흐름표는 기중에 현금의 원천과 용도를 보고한다. 현금흐름표는 제13장에서 상세히 살펴볼 것이다. 여기서는 재무상태표의 현금표시에 관해서 일부 중요한 측면을 살펴보기로 한다.

# 1. 사용제한현금

기업은 일반용도로 이용할 수 있는 것이 아니라 특별한 목적으로 제한된 현금을 가질 수도 있다. 이와 같이 사용에 제한된 현금은 재무상태표에 사용제한현금(restricted cash)으로 별도로 보고되어야 한다. 만약 사용제한현금이 다음 년도에 이용될 것으로 예상된다면, 그 금액은 유동자산으로 보고되어야 한다. 그렇지 않다면, 사용제한자금은 비유동자산으로 보고되어야 한다.

사용제한현금에는 보상잔액(compensating balance), 감채기금, 설비확장기금, 공탁금 등이 있다.

보상잔액은 꺽기예금 또는 양건성예금이라고도 하는 데, 기업이 은행 등의 금융기관으로부터 자금을 차입할 경우, 금융기관이 대출금액의 일정한 비율을 다시 그 금융기관에 예치할 것을 요구하는 경우 이 금액을 보상잔액이라고 한다. 이 보상잔액은 차입자인 기업이 임의로 사용할 수 없는 예금이므로 사용제한현금으로 간주된다. 단기차입금에 대한 보상잔액은 단기금융상품이라는 유동자산으로 보고하고, 장기차입금에 대한 보상잔액은 투자자산으로 보고한다.

감채기금(sinking fund)은 사채의 만기시에 사채의 상환에 필요한 자금을 적립하기 위하여 별도로 설정한 기금을 말한다. 이 기금은 사채의 상환에만 사용하므로 사용제한현금이다. 사채의 만기가 1년이상일 경우 이 감채기금은 투자자산으로 보고한다.

설비확장기금은 회사가 기업의 설비를 확장하기 위해 따로 적립하는 기금인데 이 기금도 설비확장의 경우에만 사용하므로 사용제한현금이다. 이것은 기타비유동자산으로 보고한다.

공탁금은 법원의 판결에 의해 강제이행을 보장하기 위하여 공탁기간에 예치하여 놓은 현금이다. 공탁기간이 1년 이상일 경우 이것은 기타비유동자산으로 보고한다.

기업은 이러한 현금을 일반용도로 사용할 수 없으며, 따라서 현금 및 현금성자산의 일부라기 보다는 별도로 보고해야 한다.

## 2. 당좌차월

때때로 기업은 은행에 있는 자신의 당좌예금계정에서 음(-)의 잔액을 가질 수도 있다. 이 경우에, 음의 잔액은 유동부채로 보고되어야 한다. 예를 들면, 어떤 기업이 당좌예금잔액을 초과해서 수표를 발행하였을 경우, 사전에 은행과 당좌차월약정을 하였을 경우에는 이것을 당좌차월(bank overdraft)로 처리하여 유동부채인 단기차입금으로 보고하며, 당좌차월약정을 하지 않았을 경우에는 부도수표(dishonored check)[1]로 처리하며 발행자가 형사처벌을 받게 된다.

### 예제 5-2 〈당좌예금 거래〉

한국상사(주)는 거래의 편의를 위해 서울은행과 당좌거래 계약을 체결하고 당좌예금 계좌를 개설하였다. 이 계약서에서는 필요한 경우 일정 범위의 당좌차월도 허용하고 있다. 다음 거래들을 분개하라.

(1) 강동상점으로부터 상품 10,000원을 매입하고 대금은 수표를 발행하여 지급하다.
(2) 종업원의 급료 30,000원을 당좌수표로 발행하여 지급하다.
(3) 전주상점에 상품 20,000원을 매출하고 대금은 동점발행수표로 받아 곧 당좌예입하다.
(4) 공주상점의 외상매입금을 지급하기 위하여 80,000원의 수표를 발행하다(단, 당좌예금 잔액은 30,000원이며 당좌차월 계약한도액은 100,000원이다.)

**예제풀이**

| | 차변 | 금액 | 대변 | 금액 |
|---|---|---|---|---|
| (1) | <차> 상　품 | 10,000 | <대> 당좌예금 | 10,000 |
| (2) | <차> 급　료 | 30,000 | <대> 당좌예금 | 10,000 |
| (3) | <차> 당좌예금 | 20,000 | <대> 상　품 | 10,000 |
| (4) | <차> 외상매입금 | 80,000 | <대> 당좌예금 | 30,000 |
| | | | 당좌차월 | 50,000 |

1) 이를 NSF(Not Sufficient Fund) check이라고도 한다.

## 전공용어

- 감채기금(sinking fund) • 금융상품(financial instruments)
- 금융자산(financial asset) • 당좌차월(bank overdraft),
- 미결제수표(outstanding check) • 미기록예금(deposits in transit),
- 미통지예금(deposit by third parties) • 보상잔액(compensating balance)
- 부도수표(dishonored check, Not Sufficient Fund check, NSF check)
- 소액현금제도(petty cash system) • 요구불예금(cash on demand)
- 유동성(liquidity) • 은행계정조정표(bank reconciliation statement)
- 은행잔고증명서(bank statement) • 전자자금이체(Electronic Fund Transfer, EFT)
- 정액기금전도제도(imprest fund system) • 현금(cash), • 현금성자산(cash equivalent)

---

## 종합예제

20X5년 5월동안 (주)서해의 은행잔액증명서는 다음과 같은 자료를 보여주고 있다.

| | | | |
|---|---|---|---|
| 5월 1일 잔액 | 12,650,000원 | 5월 31일 잔액 | 14,280,000원 |
| 차변: | | 대변: | |
| 부도수표 | 175,000원 | 받을어음의 회수 | 505,000원 |

5월 31일자 회사장부의 현금잔액은 13,319,000원이다. 자료를 검토한 결과 다음과 같은 사실이 밝혀졌다.

1. 부도수표는 거래처인 (주)남해가 발행한 것이었다.
2. 은행이 회수한 어음은 3개월 만기 연리 12%인 500,000원짜리 어음이었다. 은행은 회수수수료로 10,000원을 부과하였다. 이자는 발생하지 않았다.
3. 발행하였지만 아직 미결제인 수표의 합계금액이 2,410,000원이었다.
4. 5월 31일 현재 은행이 미기입한 예금의 합계금액이 1,752,000원이었다.
5. 5월 10일자로 발행한 352,000원짜리 (주)서해의 수표가 5월 25일에 은행에서 결제되었다. 이 수표는 외상거래에 대한 지출이었으며 325,000원으로 분개한 것이었다.

(1) 5월 31일자 은행조정표를 작성하라.

(2) 회사에서 필요한 분개를 하라.

종합예제풀이

(1)

| 은행측 | 금액 | 회사측 | 금액 | 합계 |
|---|---|---|---|---|
| 은행의 현금잔액 | 14,280,000원 | 회사의 현금잔액 | | 13,319,000원 |
| (+) 미기입예금 | 1,752,000 | (+) 받을어음의 회수 | 500,000 | |
| | 16,032,000 | 수입이자 | 15,000 | |
| (−) 기발행미결제수표 | 2,410,000 | (−) 수수료 | 10,000 | 505,000 |
| 은행의 수정현금잔액 | 13,622,000원 | | | 13,824,000 |
| | | (−) 부도수표 | 175,000 | |
| | | 수표기록오류 | 27,000 | 202,000 |
| | | 회사의 수정현금잔액 | | 13,622,000원 |

(2)

| 일자 | 차변 | 금액 | 대변 | 금액 |
|---|---|---|---|---|
| 5월 31일 | 차) 현금 | 505,000 | 대) 받을어음 | 500,000 |
| | 잡비 | 10,000 | 이자수익 | 15,000 |
| | (은행의 어음회수를 기록) | | | |
| 5월 31일 | 차) 매출채권 | 175,000 | 대) 현금 | 175,000 |
| | ((주)남해의 부도수표를 기록) | | | |
| 5월 31일 | 차) 매입채무 | 27,000 | 대) 현금 | 27,000 |
| | (수표의 기록오류를 수정) | | | |

## 토의문제

1. 금융자산을 설명하라.
2. 현금(cash)을 정의하라.
3. 현금성자산(cash equivalent)을 정의하라.
4. 은행계정조정표의 작성방법을 설명하라.
5. 사용제한현금에는 어떠한 것들이 있는가를 설명하라.
6. 소액현금제도를 설명하라.

## 연습문제

**01** 신평상사는 10월달에 소액현금기금을 설정하면서 다음과 같은 거래를 경험하였다. 소액현금기금에 속하는 10월달의 거래를 분개하라.

10월 1일 소액현금관리인에게 발행된 100,000원의 수표로 소액현금기금이 설정되었다.

10월 31일 소액현금기금을 조사해 보니 다음과 같은 항목들이 있었다.

통화 4,000원

동전 400원

지출영수증

| | |
|---|---|
| 사무실소모품 | 28,100원 |
| 전화, 인터넷, 팩스이용료 | 16,400원 |
| 우표값 | 44,000원 |
| 배달비 | 6,800원 |

10월 31일 소액현금기금에 불입하기 위해 수표를 작성하였으며 기금을 200,000원 증가시켰다.

**02** 광안상사는 소액현금출납담당자인 김경리에게 소액현금기금 150,000원을 설치하였다. 이 기금의 잔액이 19,000원에 도달하였을 때, 김경리는 다음과 같이 소액현금지출보고서를 작성하였다.

소액현금지출보고서

| 영수증번호 | 계정과목 | 금액 | 서명 | 수령 |
|---|---|---|---|---|
| 12 | 배달비 | 29,000원 | 김경리 | 이재서 |
| 13 | 상품 | 18,000 | 김경리 | 박사보 |
| 15 | 누락 | 32,000 | 김경리 | 최허서 |
| 16 | 잡비 | 41,000 | 누락 | 김화려 |
| | 합계 | 120,000 | | |

(1) 다음을 기록하기 위한 분개를 실시하라.

a. 소액현금기금의 설치

b. 소액현금기금의 지출(영수증번호 15는 잡비로 발행되었다고 가정)

(2) 지출직전과 지출직후에 소액현금계정의 잔액은 각각 얼마이었는가?

**03** 서울상사는 201x년 9월 1일에 소액현금을 설정하고 당좌수표 30,000원을 발행하여 소액현금자금을 마련하였다. 201x년 9월 28일에 서울상사의 소액현금출납장에는 다음과 같은 소액지출내역이 표시되어 있으며, 소액현금을 보충하기 위해 당좌수표 26,000원을 발행하였다.

| | | |
|---|---|---|
| 소모품비 8,000원, | 광고선전비 10,000원 | 매출운임 4,000원 |
| 접대비 2,500원, | 출장여비 1,000원 | 기타잡비 500원 |

(1) 서울상사가 201x년 9월 1일과 9월 28일에 필요한 회계처리를 설시하라.

(2) 다음의 경우에 필요한 회계처리를 실시하라.

a. 201x년 9월 28월에 현금잔액을 실사한 결과 2,000원이었다.

b. a에서 부족한 현금 중에서 1,000원은 매출운임 누락분인 것으로 판명되었다.

c. a에서 부족한 현금 중에서 1,000원은 아직 원인을 확인하지 못하였다.

**04** 회계지식이 부족한 신입사원 양정식은 1월 31일에 현재 은행계정조정표를 작성하는 임무가 부여되었다. 양정식의 은행계정조정표는 아래와 같다.

| | |
|---|---|
| 은행의 현금잔액 | 3,660,200원 |
| 가산: 부도수표 | 430,000 |
| 차감: 은행수수료 | 25,000 |
| 은행의 수정잔액 | 4,065,200 |

| | |
|---|---|
| 개인장부의 현금잔액 | 3,975,200원 |
| 차감: 통보중인 예치금 | 590,000 |
| 가산: 미결제수표 | 730,000 |
| 개인장부의 수정잔액 | 4,115,200 |

(a) 은행의 적절한 수정현금잔액은 얼마인가?

(b) 개인장부의 적절한 수정현금잔액은 얼마인가?

(c) 개인장부의 수정현금잔액을 결정하기 위해 필요한 수정분개를 실시하라.

**05** **다음의 정보는 사하상사에 해당하는 정보이다.**

(1) 20X5년 7월 31일 은행의 현금잔액은 7,238,000원.

(2) 예금자가 기록하지 않은 7월의 은행수수료는 40,000원.

(3) 7월 31일 개인장부의 현금잔액은 7,190,000원.

(4) 통보중인 예치금 1,700,000원.

(5) 7월에 은행이 사하상사를 위해 회수한 1,000,000원에 이자 36,000원을 가산하고 수수료 20,000원을 차감한 어음. 이 회수액은 사하상사가 기록하지 않았으며, 이자는 아직 발생하지 않았다.

(6) 7월 31일 미결제수표 772,000원.

(a) 20X5년 7월 31일에 은행계정조정표를 작성하라.

(b) 사하상사의 장부상에서 7월 31일에 수정분개를 실시하라.

**06** **20X5년 11월 한달동안 범일상사의 은행계정조정표를 작성하고 범일상사에 필요한 수정분개를 실시하라. 다음의 정보는 20X5년 11월 30일 현재 은행잔고증명서상의 잔액과 범일상사의 장부상의 현금잔액을 조정하는데 이용할 수 있는 것들이다.**

(1) 11월 30일에 모든 전기를 완료한 후, 회사장부상의 현금잔액은 16,380,000원이지만, 은행계정조정표상의 잔액은 38,520,000원이었다.

(2) 4,810,000원짜리 수표(2024번)와 5,000,000원짜리 수표(2036번)가 아직 미결제 상태이다.

(3) 은행잔고증명서상의 결제완료수표와 회사회계장부의 기장을 비교하여, 집세를 지불하면서 발행한 1,000,000원짜리 수표(2025번)가 정확히 인출되었지만, 회계장부에서는 880,000원으로 잘못 기장되어 있다.

(4) 11월 30일에 17,150,000원을 은행업무시간 마감후에 은행야간금고에 입금하였으며, 이 금액은 은행계정조정표에 나타나지 않았다.

(5) 은행계정조정표를 검토해 보니, 소임상사가 발행한 수표 160,000원이 범일상사의 계정에서 잘못 인출되었다.

(6) 은행계정조정표와 동봉한 대변비망록(credit memorandum)은 소림상사를 대신해서 은행이 30,000,000원의 어음과 관련이자 900,000원을 회수하였다는 것을 보여주고 있다. 은행계정조정표를 받기 전에는 범일상사가 이 거래를 기록하지 않았다.

(7) 1,100,000원의 차변비망록(debit memorandum)은 고객인 김봉수로부터 수령한 부도수표 1,100,000원을 보여주고 있다. 범일상사는 은행계정조정표를 받기 전에 이 수표의 반환을 기록하지 않았다.

(8) 11월 한달간의 은행수수료는 모두 40,000원이다. 은행계정조정표를 받기 전에 범일상사는 이 수수료를 기록하지 않았다.

**07** **소림상사는 비료를 공급하는 회사이다. 20X5년 7월 31일에 이 회사장부의 현금계정잔액은 6,012,700원이었다. 같은 날 거래은행인 우리들은행의 은행잔액증명서는 다음과 같은 잔액을 나타내었다. 이들을 참고해서 (a) 20X5년 7월 31일자 은행계정조정표를 작성하라. (b) 20X5년 7월 31일에 필요한 수정분개를 실시하라.**

우리들은행

| 수표및차변 | 예금및대변 | 일일잔액 |
|---|---|---|
| xxx | xxx | 7/31 7,075,800원 |

은행잔고증명서의 사항과 현금계정의 사항들을 비교해보니 다음과 같은 사실이 드러났다.

(1) 7월달 은행의 서비스수수료가 25,000원이었다.

(2) 은행은 7월 15일에 소림상사에 대한 1,200,000원의 받을어음과 이자 48,000원을 수령하였다.

(3) 7월 31일자 2,115,000원의 수령액은 7월의 은행예금에 포함되지 않았다. 회사는 이 수령액들을 7월 31일에 야간은행금고에 입금하였다.

(4) 7월에 은행채권자인 김재열에게 발행한 490,000원짜리 회사 수표(수표번호 2480번)가 7월 10일에 현금지급장에 429,000원으로 잘못 기장되었다.

(5) 7월 31일에 미결제수표가 모두 2,480,100원이었다.

(6) 7월 31일에 은행잔고증명서는 회사가 고객인 이헌성으로부터 수령한 수표에 대해 452,000원의 잔액부족수수료를 보여주었다.

**08** **대치상사는 수익성이 높은 소기업이지만, 내부통제에 취약점이 있다. 예를 들면, 사무경비를 최소화하려는 노력으로 회사는 현금출납담당자와 장부기록자의 업무를 통합하였다. 그 결과, 회사직원 윤사보는 모든 현금수입을 취급하고, 회계기록을 실시하며, 매달 은행계정조정표를 작성한다. 다음의 자료를 근거로 물음에 답하시오.**

20X5년 10월 31일에 은행계정조정표의 잔액은 13,155,000원이었다. 미결제 수표는 62번이 126,750원, 183번이 180,000원, 284번이 253,250원, 862번이 190,710원, 863번이 226,800원, 864번이 165,280원이었다. 은행계정조정표와 동봉한 대변비망록 875,000원은 10월 25일에 은행에 의한 대치상사에 대한 받을어음의 회수를 가리키고 있다. 이 비망록을 대치상사가 아직 기록하지 않고 있다.

대치상사의 원장은 잔액이 16,242,770원인 하나의 현금계정을 보여주고 있다. 이 잔액은 예금하지 않고 보유하고 있는 현금도 포함하고 있다. 내부통제의 부족 때문에, 윤사보는 2,695,510원을 초과한 비예금수령액 전부를 개인용으로 이용한 것으로 간주하였다. 그리하여 윤사보는 그의 현금횡령을 감추려는 노력으로 다음과 같은 은행계정조정표를 작성하였다.

| | | |
|---|---|---|
| 10/31, 회사장부상의 현금잔액 | | 16,242,720원 |
| 가산: 미결제수표 | | |
| 862번 | 190,710원 | |
| 863번 | 226,800 | |
| 864번 | 165,280 | 482,790 |
| | | 16,725,510 |
| 차감: 비예금수령액 | | 2,695,510 |
| 10/31, 은행잔액 | | 14,030,000 |
| 차감: 은행대변비망록 | | 875,000 |
| 10/31, 은행계정조정표상의 현금잔액 | | 13,155,000 |

(1) 정확한 은행계정조정표를 작성하라.

(2) 윤사보가 횡령을 은폐하고자 한 세 가지 방법을 나타내고 각 방법에 속한 금액을 나타내시오.

**09** 20X5년 3월 31일 현재 (주)신항의 재무상태표로부터 다음과 같은 정보를 제공받았다.

| | |
|---|---:|
| 현금 | 8,000,000원 |
| 매출채권 | 20,000,000원 |
| 재고자산 | 36,000,000원 |
| 유형자산(감가상각누계액차감) | 120,000,000원 |
| 매입채무 | 21,750,000원 |
| 보통주자본금 | 150,000,000원 |
| 이익잉여금 | 12,250,000원 |

추가정보는 다음과 같다.

(1) 매출총이익은 매출액의 25%이다.

(2) 실제매출액과 추정매출액의 자료는 다음과 같다.

3월(실제) 50,000,000원, 4월(추정) 60,000,000원

(3) 매출액의 60%는 현금으로 40%는 외상으로 거래한다. 매출할인은 없으며, 신용매출은 매출한 달에 회수한다.

(4) 매달 구입액의 반은 구입한 달에 지급하고 다음 달에 나머지 반을 지급한다. 재고자산의 구입액은 3월에 합계 43,500,000원이었고, 4월에 합계 52,200,000원으로 추정된다. 기말재고자산은 4월말에 43,200,000원으로 추정된다.

(5) 현금관리비용은 4월에 13,300,000원으로 추정된다.

(6) 취득원가 2,500,000원의 기계는 4월에 현금으로 취득될 것이다.

(7) 회사는 최소한의 현금잔액 8,000,000원을 유지하고자 한다. 모든 차입은 월초에 실시되고, 모든 상환은 월말에 실시된다. 이자율은 연 12%이며, 이자비용은 월말에 발생하고 다음 달에 지급된다.

a. 3월 매출과 4월 매출에 대한 4월의 현금회수액을 계산하라.

b. 3월 매입과 4월 매입에 대한 4월의 현금지출액을 계산하라.

# 6장 수취채권과 지급채무

제 1 절 | 외상매출금과 외상매입금

제 2 절 | 받을어음과 지급어음

제 3 절 | 기타 비금융자산과 비금융부채

제 4 절 | 수취채권의 매각

## 시계탑

눈을
열두 개나 가지고 있으면서
넌,
참 거만하구나
올려다보아야만 아는 체를 하니

무슨 소리야
눈 마주 치자마자
넌,
늦었다며
총총걸음으로 가 버리잖아

이경재(전주대학교 교수, 시인, 아동문학가)

수취채권(receivables)은 개인이나 기업에게 재화나 용역을 요구할 수 있는 권리이다. 1년 이내에 회수될 것으로 기대되는 수취채권은 유동자산으로 분류하고, 그 외의 수취채권은 비유동자산으로 분류한다. 수취채권 중에서 특히 재화나 용역을 외상으로 판매하는 경우에 발생하는 권리를 매출채권(trade receivables)이라고 하며, 그 외의 다양한 거래에서 발생하는 단기대여금, 미수금, 미수수익, 선급금, 선급비용 등의 비매출채권이 있다. 많은 기업의 경우에 수취채권은 가장 규모가 큰 자산 중의 하나이다.

수취채권에 상반되는 계정이 지급채무(payables)이다. 일년이나 영업순환기간(둘 중의 더 긴 기간)내에 지급될 것으로 합리적으로 기대되는 지급채무는 유동부채로 분류하고 그 외의 지급채무는 비유동부채로 분류한다. 지급채무 중에서 특히 재화나 용역을 외상으로 매입하는 경우에 발생하는 채무를 매입채무(trade payables)라고 하며, 이 외의 다양한 거래에서 발생하는 단기차입금, 미지급금, 미지급비용, 선수금, 선수수익 등의 비매입채무가 있다.

자산합계의 비율로서 수취채권의 상대적 중요성은 그 산업, 시점, 기업이 장기자금 조달과 신용정책을 확대하는지의 여부에 따라 다르다. 수취채권들간에 중요한 차이점을 반영하기 위해, 이들은 종종 (1) 외상매출금, (2) 받을어음, (3) 비매출채권 등으로 분류된다.

외상매출금(accounts receivable)은 고객이 외상거래에서 갚아야 하는 금액이다. 이들은 재화와 용역의 판매로 인한 것이다. 이 매출채권은 일반적으로 30일에서 60일 이내에 회수될 것으로 기대된다. 이들은 대개의 경우 기업이 보유하는 가장 중요한 매출채권이다. 이와 대조적인 계정과목은 외상매입금이다.

받을어음(notes receivable)은 신용이 약간 불확실한 고객과 거래할 때, 현금의 회수를 확실하게 하기 위하여 받을어음을 받는다. 받을어음은 정상적으로 채무자에게 이자를 지불하도록 요구하며 60-90일 또는 그 이상의 기간 동안 확장된다. 받을어음과 대조적인 계정과목은 지급어음이다. 판매거래로 인한 받을어음과 외상매출금을 매출채권(trade receivables)이라고 하고 매입거래로 인한 지급어음과 외상매입금을 매입채무(trade payables)라고 한다.

비매출채권(non-trade receivables)에는 단기대여금, 미수금, 미수수익, 선급금, 선급비용 등과 같은 수취채권이 있다. 비매입채무(non-trade payables)에는 단기차입금, 미지급금, 미지급비용, 선수금, 선수수익 등과 같인 지급채무가 있다. 이들은 일반적으로 기업의 운영으로 인한 것이며, 재무상태표에서 별도의 항목으로 분류 · 보고된다.

# 1절 외상매출금과 외상매입금

외상매출금에는 두 가지 회계문제는 있지만, 외상매입금의 경우에는 외상매입금의 평가문제가 발생하지 않는다.

1. 외상매출금의 인식
2. 외상매출금의 평가

매출채권을 포함한 수취채권으로부터 현금수령을 촉진하기 위해서 수취채권을 매각하는 문제는 후반부에서 살펴보기로 한다.

## 1. 외상매출금과 외상매입금의 인식

외상매출금의 최초 인식은 상대적으로 간단하다. 용역(서비스)기업의 경우에, 외상매출금은 용역을 외상으로 제공할 때 기록된다. 상기업의 경우에는 외상매출금이 외상으로 상품을 매출하는 시점에서 기록된다. 상기업이 재화를 판매할 때, 외상매출금과 매출이 동시에 증가한다.

외상매출금은 매출할인과 매출환입의 결과로 감소한다. 판매자는 할인을 제공함으로써 조기상환을 촉진하는 조건을 제공할 것이다. 예를 들면, 2/10, n/30의 조건은 구매자에게 10일이내에 지불하면 2% 할인을 제공한다는 것이다. 만약 구매자가 할인기간내에 지불할 것을 선택한다면, 판매자의 외상매출금은 감소된다. 그리고 구매자는 일부 재화를 수용불가능하다고 생각해서 원치 않는 재화를 반환할 수도 있을 것이다. 예를 들면, 만약 판매가격이 100,000원인 상품이 반환된다면, 판매자는 반환상품을 수령하는 즉시 외상매출금을 100,000원 만큼 감소시킨다.

## 2. 외상매출금과 외상매입금의 평가

일단 외상매출금과 같은 매출채권이 장부에 기록되면, 다음 문제는 매출채권을 재무제표에 어떻게 보고해야 하는가이다. 이들은 재무상태표상에 자산으로 보고되지만, 일부 매출채권은 회수불능으로 되기 때문에 보고할 금액을 결정하는 것이 때때로 어렵다.

고객은 신용매출이 승인되기 전에 판매자의 신용조건을 만족시켜야 하지만, 필연적으로 일부 외상매출금은 회수불가능하게 된다. 예를 들면, 기업고객 중의 한 명은 경제불황으로 매출하락을 겪었기 때문에 지불할 수 없을 것이다. 이와 마찬가지로, 개인들은 예상치 않은 병원청구서를 받거나 직장으로부터 해고될 수도 있다. 기업이 거래처의 부도나 파산으로 인하여 수취채권을 회수할 수 없게 되었을 때 발생하는 손실을 대손(bad debt)이라고 하며, 대손상각비(bad debts expense)로 처리된다. 이러한 손실은 신용정책상 정상적이고도 필요한 사업위험으로 간주된다. 한편 금융자산에 전반적으로 적용되는 손상(impairment)의 개념을 적용하여 손상사건이 발생된 경우 매출채권에 대해 손상차손을 인식해야 하므로, 매출채권에 대한 손상차손을 대손상각비로 간주할 수 있다.

손상차손을 인식하기 위해서는 ① 손상사건이 발생한 결과, ② 손상되었다는 객관적인 증거가 있으며, ③ 그 손상사건으로 말미암아 금융자산의 추정미래현금흐름이 신뢰성있게 추정될 수 있는 정도로 영향을 미쳤다는 세 가지 요건이 충족되어야 한다. 따라서 단순히 미래에 손실을 초래할 가능성이 있거나 예상되는 미래의 상황악화 등은 손상의 객관적인 증거를 제공하지 않는다.

금융자산이 손상되었다는 객관적인 증거는 ① 거래처의 중요한 재무적 어려움, ② 매입채무의 지급기일에 매입대금 상환의 불이행이나 지연과 같은 계약위반, ③ 거래처의 재무적 어려움과 관련된 경제적 법률적 이유로 인한 신용조건의 완화, ④ 거래처의 파산이나 기타 재무구조조정의 가능성이 높은 상태가 된 경우, ⑤ 채무불이행과 상관관계가 있는 국가나 지역의 경제상황의 악화 등의 경우이다.

매출채권의 손상의 회계처리에 대해서는 1) 직접상각법과 2) 충당금법의 두 가지 방법이 있으며, 이 방법들을 아래에서 살펴보기로 한다.

### 1) 직접상각법

직접상각법(direct write-off method)에서는 특정한 계정이 회수불능으로 결정될 때, 그 손실을 당기의 대손상각으로 처리하고, 관련되는 매출채권계정을 장부에서 직접 제거(write-off)하는 방법이다. 예를 들면, 지리상사가 12월 12일에 김경상씨에 대한 매출채권 200,000원의 잔액을 회수불능으로 대손상각한다고 하자. 분개는 다음과 같다.

| | | | | |
|---|---|---|---|---|
| 12월 12일 | 차) 대손상각비 | 200,000 | 대) 매출채권 | 200,000 |

손상(대손)을 초래한 사건이 해결된 경우에는 다음과 같이 분개한다.

| | | | |
|---|---|---|---|
| 차) 매출채권 | 200,000 | 대) 대손상각비환입 | 200,000 |

이때, 대손상각비환입은 포괄손익계산서에서 기타수익으로 처리한다.

손상을 초래한 사건에서 현금으로 회수한 경우에는 다음과 같이 분개한다.

| | | | |
|---|---|---|---|
| 차) 현금 | 200,000 | 대) 매출채권 | 200,000 |

## 2) 충당금법

대손의 회계처리방법 중의 하나인 충당금법(the allowance method)에서는 각 기말에 불량채권을 추정해야 한다. 이로 인해서 포괄손익계산서에서 매출수익과 매출수익과 관련된 비용의 대응이 이루어진다. 그것은 또한 매출채권이 재무상태표에서 순실현가능가치(net realizable value)로 계상된다는 것을 의미한다. 순실현가능가치는 현금으로 실현될 것으로 예상되는 순액이다. 이것은 회사가 수령할 수 없을 것으로 추정되는 금액을 제외한다. 그러므로 매출채권은 충당금법의 이용을 통해 재무상태표상에서 추정되는 불량채권만큼 감소된다.

충당금법은 실제로 대손이 발생하는 경우에는 이미 설정되어 있는 대손충당금잔액과 매출채권을 상쇄시키므로 그 기간의 손익에는 영향을 주지 않는다.

충당금법은 대손상각비를 추정해야 하는데 이것은 쉬운 것이 아니다. 이 방법에는 본질적인 특성이 세 가지 있다.

1. 불량채권은 추정되며 수익이 기록되는 동일한 회계기간에 수익과 대응된다.
2. 추정되는 불량채권은 각 기말에 수정분개를 통해 차변에 대손상각비의 증가, 대변에 대손충당금(대조계정)의 증가로 기록된다.
3. 실제의 회수불능채권은 특정한 계정이 회수불능으로 상각되는 시점에 대손충당금의 차변과 매출채권의 대변에 기록된다.

### (1) 추정불량채권의 기록

충당금법을 예시하기 위해 가야상사가 20×5년에 1,200,000,000원의 신용매출을 하였는데, 이 중에서 200,000,000원이 12월 31일 현재 매출채권의 잔액이라고 가정하자. 신용관리자는 이 매출채권 중에서 12,000,000원이 회수불능으로 판명될 것이라고 가정하였다. 추정불량채권을 기록하기 위한 수정분개는 다음과 같다.

| 12월 31일 | 차) 대손상각비 | 12,000,000 | 대) 대손충당금 | 12,000,000 |
|---|---|---|---|---|

대손상각비는 포괄손익계산서에 기타비용으로 보고된다. 그리하여 추정불량채권은 그 비용이 매출수익이 이루어지는 연도와 동일한 연도에 기록되기 때문에 20X5년도의 매출과 대응된다.

대손충당금은 미래에 회수할 수 없을 것으로 예상되는 고객에 대한 추정청구액을 보여준다. 어떤 고객이 지불하지 않을지를 모르기 때문에 매출채권에서 직접 차감하는 대신에 대손충당금이라는 평가계정을 이용하여 <도표 6-1>에 나타나 있는 것처럼 매출채권의 차감항목으로 보고된다.

**도표 6-1 대손충당금의 표시**

재무상태표

| 가야상사 | 20X5년 12월 31일 현재 | (단위: 천원) |
|---|---|---|
| 유동자산 | | |
| 현금 | | 14,800 |
| 매출채권 | 200,000 | |
| 대손충당금 | (12,000) | 188,000 |
| 선급비용 | | 25,000 |
| 상품 | | 310,000 |
| 유동자산합계 | | 537,800 |

<도표 6-1>에서 188,000,000원은 재무상태표일에 매출채권의 기대현금순실현가능액을 나타낸다.

### (2) 불량채권 상각의 기록

기업은 회수기한이 경과한 채권을 회수하기 위해 서신, 전화, 법적 조치 등과 같은 다양한 방법을 이용한다. 회수기한이 경과한 채권을 회수하기 위한 모든 수단을 다 이용하였고, 회수가 거의 불가능하게 보일 때, 불량채권을 상각해야 한다. 조기에 상각하거나 인정되지 않은 상각을 방지하기 위해, 각각의 상각은 공식적으로 신용관리담당자의 서면허가를 받아야 한다. 양호한 내부통제를 유지하기 위해서, 현금이나 채권과 관련된 일상의 책임을 가진 사람에게 채권의 상각권한을 주어서는 안 된다.

매출채권의 상각을 예시하기 위해, 가야상사의 재무담당이사가 20X6년 3월 1일에 이제주씨가 갚아야 하는 500,000원의 상각을 허가하였다고 가정하자. 상각을 기록하기 위한 분개는 다음과 같다.

| | | | | |
|---|---|---|---|---|
| 3월 1일 | 차) 대손충당금 | 500,000 | 대) 매출채권 | 500,000 |
| | (이제주에 대한 매출채권을 상각) | | | |

불량채권의 상각을 기록하기 위한 분개는 매출채권과 대손충당금을 감소시킨다. 전기를 한 후, 총계정원장의 계정들이 <도표 6-2>처럼 나타날 것이다.

**도표 6-2 상각후 총계정원장의 잔액**

매출채권

| | | |
|---|---|---|
| 1/1 잔액 200,000,000 | 3/1 | 500,000 |
| 3/1 잔액 199,500,000 | | |

대손충당금

| | | |
|---|---|---|
| 3/1 | 500,000 | 1/1 잔액 12,000,000 |
| | | 3/1 잔액 11,500,000 |

상각은 재무상태표의 계정에만 영향을 준다. 그러므로 재무상태표에서 현금실현가능액은 <도표 6-3>에서 보는 바와 같이 동일하다.

**도표 6-3 현금실현가능액의 비교**

| | 상각전 | 상각후 |
|---|---|---|
| 매출채권 | ₩200,000,000 | ₩199,500,000 |
| 대손충당금 | - 12,000,000 | - 11,500,000 |
| **현금실현가능액** | ₩188,000,000 | ₩188,000,000 |

### (3) 불량채권의 회수

때때로, 기업은 매출채권을 회수불능으로 상각한 후에 고객으로부터 회수를 한다. 대손의 회복을 기록하기 위해서는 두 가지 분개가 필요하다. (1) 매출채권을 상각하면서 만든 분개는 고객의 계정을 원상회복하기 위해 역분개된다. (2) 회수를 일상적인 방법으로 분개한다. 예를 들어 양서해가 3월 1일에 상각된 500,000원을 7월 1일에 지급하였다고 가정하자. 이들의 분개는 다음과 같다.

(1)

| | | | | |
|---|---|---|---|---|
| 7월 1일 | 차) 매출채권 | 500,000 | 대) 대손충당금 | 500,000 |

(양서해에 대한 매출채권의 상각을 역분개)

(2)

| | | | | |
|---|---|---|---|---|
| 7월 1일 | 차) 현금 | 500,000 | 대) 매출채권 | 500,000 |

(양서해에 대한 매출채권의 회수를 기록)

대손의 추심은 대손의 상각처럼 재무상태표계정에만 영향을 준다는 점에 유의하라. 두 분개의 순효과는 500,000원씩 현금의 증가와 대손충당금의 증가이다. 매출채권과 대손충당금은 두 가지 이유로 분개(1)에서 증가한다. 첫째, 이 회사는 매출채권을 상각하였을 때 판단의 오류를 하였다. 둘째, 양서해가 지불하였으며 따라서 매출채권 계정은 가능한 미래신용목적으로 이 회수를 나타내어야 한다.

### (4) 대손의 추정

<도표 6-1>에서 가야상사의 경우 예상되는 회수불능액이 주어져 있었다. 그러나 실생활에서 기업이 충당금법을 이용한다면 예상되는 불량채권의 금액을 추정해야 한다. 대손을 추정하는 방법에는 매출액비례법, 매출채권잔액비례법, 연령분석법 등이 있다.

#### ① 매출액비례법(percentage of sales basis)

이것은 매출채권과 대손상각비의 관계가 안정적인 경우에 적용할 수 있다. 매출액비례법에서는 대손상각비의 비율을 매출액에 곱하여 대손상각비를 추정한다. 여기서는 대손충당금의 잔액을 전혀 고려하지 않는다. 즉 이 방법에서는 매출이 발생하는 기간에 매출액에 비례하여 대손상각비를 인식하므로 수익과 비용의 대응이 적절하게 이루어지게 되므로 포괄손익계산서접근법이라고도 한다.

#### ② 매출채권잔액비례법(percentage of receivables basis)

여기서는 경영자가 불량채권의 예상손실과 매출채권잔액 사이의 일정한 비율을 회수불능채권을 간주하고 이를 기말대손충당금잔액으로 계상한다. 여기서는 매출채권의 실현가능액에 대한 추정과 보고를 가능하게 하므로 재무상태표접근법이라고도 하지만, 수익과 비용의 대응이 적절하게 이루어지지 않으며, 매출채권의 기간경과를 고려하지 않고 있기 때문에 합리적인 방법이라고 볼 수 없다.

#### ③ 연령분석법(aging of the accounts receivable method)

여기서는 고객의 잔액이 상환되지 않은 기간으로 분류되는 표를 작성하는데, 이 표를 연령분석표(aging schedule)라고 하며, 이의 분석을 가끔 매출채권연령분석(aging the accounts receivable)이라고 한다. 매출채권의 계정들을 연령으로 정리한 후, 예상되는 대손손실은 과거경험에 근거하여, 각 범주의 합계에 비율을 곱함으로써 결정된다. 매출채권의 기간경과가 길수록, 그것이 회수될 가능성은 적다. 그 결과, 회수불능채권의 추정비율은 기간경과의 일수가 증가함에 따라 증가한다. 남해상사의 연령분석표가 <도표 6-4>에 나타나 있다. 증가하는 불량채권의 비율이 2%에서 40%까지인 점에 유의하라.

한국채택국제회계기준은 대손회계처리에 대해 매출채권잔액을 이용하여 대손충당금을 설정하는 재무상태표접근법을 원칙으로 하고 있다. 하지만 매출채권의 대손추정방법은 채권의 과거 대손율을 근거로 단순히 산정하는 것이 아니라 해당 매출채권의 추정미래현금흐름의 감소액을 기준으로 설정한다. 따라서 대손추정액인 추정미래

현금흐름의 감소액은 매출채권의 장부가액에서 채권의 추정미래현금흐름의 현재가치를 차감하여 계산한다.

도표 6-4 **연령분석표**

(단위: 천원)

| 고객 | 합계 | 미지급액 | 기간경과일수 | | | |
|---|---|---|---|---|---|---|
| | | | 1-30 | 31-60 | 61-90 | 90이상 |
| 김동해 | 600 | | 300 | | 200 | 100 |
| 서남해 | 300 | 300 | | | | |
| 남서해 | 450 | | 200 | 250 | | |
| 이낙동 | 700 | 500 | | | 200 | |
| 박금강 | 600 | | | 300 | | 300 |
| 기타 | 36,950 | 26,200 | 5,200 | 2,450 | 1,600 | 1,500 |
| | 39,600 | 27,000 | 5,700 | 3,000 | 2,000 | 1,900 |
| 불량채권 추정비율 | | 2% | 4% | 10% | 20% | 40% |
| 불량채권 추정총액 | 2,228 | 540 | 228 | 300 | 400 | 760 |

남해상사의 불량채권의 추정총액(2,228,000원)은 미래에 회수불능으로 예상되는 기존고객의 청구권을 의미한다. 따라서 대손상각비 수정분개의 금액은 불량채권 추정총액과 충당금계정의 기존잔액 사이의 차액이다. 만약 시산표에서 대손충당금의 대변잔액이 528,000원이라면, 1,700,000(= 2,228,000 - 528,000)원의 수정분개가 필요하다.

12월 31일 차) 대손상각비 1,700,000 대) 대손충당금 1,700,000

(불량채권추정총액에 대한 충당금계정의 수정)

수정분개를 전기한 후, 남해상사의 계정들은 <도표 6-5>과 같이 나타날 것이다.

**도표 6-5 전기후 대손계정**

대손상각비

| 차변 | | 대변 | |
|---|---|---|---|
| 12/31 | 1,700,000 | | |

대손충당금

| 차변 | | 대변 | |
|---|---|---|---|
| | | 1/1 잔액 | 528,000 |
| | | 12/31 | 1,700,000 |
| | | 12/31 잔액 | 2,228,000 |

추정된 회수불능채권이 수정전의 대손충당금잔액보다 작은 경우에는 대손충당금환입계정을 사용하여 수정전 대손충당금잔액을 감소시키고, 이를 기타수익으로 보고한다. 예를 들어, 당기의 불량채권 추정총액이 2,228,000원인데, 수정전 대손충당금잔액이 2,500,000원이라면, 다음과 같이 분개하여 272,000원을 환입시킨다.

| 12월 31일 차) 대손충당금 | 272,000 | 대) 대손충당금환입 | 272,000 |
|---|---|---|---|

## 예제 6-1

1. ㈜신평은 5년동안 사업을 하고 있다. 당년도의 연말에 원장은 다음을 나타내고 있다. 매출채권 30,000,000원, 매출액 180,000,000원, 대손충당금잔액 2,000,000원. 매출채권의 추정미래현금흐름의 현재가치는 27,000,000원으로 추정된다. 대손충당금을 수정하기 위해 필요한 분개를 실시하라.

**예제풀이**

대손충당금의 잔액은 매출채권의 장부가액 30,000,000원과 추정미래현금흐름의 현재가치 27,000,000원으로 차이인 3,000,000원이 되어야 한다. 따라서 보충설정할 금액은 1,000,000원이며 다음과 같이 분개한다.

| 차) 대손상각비 | 1,000,000 | 대) 대손충당금 | 1,000,000 |
|---|---|---|---|

(대손계정의 추정치를 기록)

2. 〈대손추정 방법〉 한국상사(주)가 20X1년도에 매출했던 금액 중 외상매출액은 총 50,000,000원이다. 또한 20X1년 12월 31일 현재 매출채권 잔액은 20,000,000원이다. 이 잔액에 대한 경과기간을 분석한 결과 다음과 같았다.

| 경과기간 | 매출채권(원) | 대손율(%) | 대손예상액(원) |
|---|---|---|---|
| 1~30일 | 8,000,000 | 0.3 | 24,000 |
| 31~60일 | 6,000,000 | 1.0 | 60,000 |
| 61~90일 | 4,000,000 | 5.0 | 200,000 |
| 91일 이상 | 2,000,000 | 20.0 | 400,000 |
| 합 계 | 20,000,000 | | 684,000 |

20X1년 말 대손충당금을 설정하기 전, 수정전 대손충당금 잔액은 500,000원이었다. 회사에서는 매출채권액비율법을 사용할 경우는 매출채권액에 대한 1.2%를 대손율로 사용하고, 매출채권기말잔액비율법을 사용할 경우는 매출채권 기말잔액에 대해 3%의 대손율을 적용하고 있다. 다음 각 방법 하에서 기말에 필요한 회계처리를 하라. 또 각 방법하에서 기말 재무상태표에 표시될 대손충당금은 얼마인가?

**예제풀이**

(1) 매출채권액비율법 사용시:

<차> 대손상각비 600,000* <대> 대손충당금 600,000

* 50,000,000원×0.012=600,000원

** 수정후 대손충당금: 500,000원+600,000원=1,100,000원

(2) 매출채권기말잔액비율법 사용시:

<차> 대손상각비 100,000* <대> 대손충당금 100,000

* 수정후 대손충당금: 20,000,000원×0.03=600,000원

충당금 설정 필요액: 600,000원−500,000원=100,000원

(3) 연령분석법

<차> 대손상각비 184,000* <대> 대손충당금 184,000

* 수정후 대손충당금: 684,000원

충당금 설정 필요액: 684,000원−500,000원=184,000원

3. 〈대손처리 회계〉 한국상사(주)가 20X1년 1월 1일 현재 매출채권과 대손충당금은 각 계정잔액이 1,200,000원과 150,000이다. 회사에서는 매출채권기말잔액비율법을 사용하여 기말 매출채권잔액의 5%를 대손충당금으로 설정한다.

20X1년 4월 11일 고객에게 상품 480,000원을 외상으로 매출하였다.
20X1년 7월 25일 매출채권 중 210,000원이 회수불능으로 판명되었다.
20X1년 8월 15일 전년도에 대손처리 하였던 매출채권 205,000원이 회수되었다.
20X1년 9월 17일 고객에게 상품 750,000원을 외상판매하였다.
20X1년 12월 31일 기말 매출채권 잔액을 조사한 결과 이중 120,000원이 회수불능으로 판명되었고 나머지 잔액에 대해 대손충당금을 설정하였다.

**예제풀이**

(1) 일자별 회계처리

- 20X1. 4. 11. 외상판매 시:

| | | | | | |
|---|---|---|---|---|---|
| <차> | 매출채권 | 480,000 | <대> | 매 출 | 480,000 |

- 20X1. 7. 25. 대손발생 시:

| | | | | | |
|---|---|---|---|---|---|
| <차> | 대손충당금 | 210,000 | <대> | 매출채권 | 210,000 |

- 20X1. 8. 15. 과거 대손처리 한 채권의 회수 시:

| | | | | | |
|---|---|---|---|---|---|
| <차> | 현 금 | 205,000 | <대> | 대손충당금 | 205,000 |

- 20X1. 9. 17. 외상판매 시:

| | | | | | |
|---|---|---|---|---|---|
| <차> | 매출채권 | 750,000 | <대> | 매 출 | 750,000 |

- 20X1. 12. 31. 대손발생 시:

| | | | | | |
|---|---|---|---|---|---|
| <차> | 대손충당금 | 120,000 | <대> | 매출채권 | 120,000 |
| <차> | 대손상각비 | 85,000 | <대> | 대손충당금 | 85,000 |

## 2절 받을어음과 지급어음

상거래나 기타 거래에서 대금을 지급하는 데 어음이 널리 이용되고 있다. 여기서 일반적인 상거래에서 발행하는 어음을 특히 진성어음이라고 하고, 자금을 융통할 목적으로 발행하는 어음을 금융어음 또는 융통어음이라고 한다. 어음의 표면에 이자가 표시되어 있는가의 여부에 따라 이자부어음과 무이자부어음으로 구별하며, 지급인이 따로 지정되어 있는가의 여부에 따라 약속어음(promissory note)과 환어음(bill of exchange)으로 구별한다.

약속어음은 어음의 발행인(issuer)이 특정한 날짜에 어음의 소지인(bearer)이나 수취인(payee)에게 일정한 금액을 지급하겠다는 것을 서면으로 약속한 증서이고, 환어음은 발행인이 특정한 지급인에 대해 특정한 날짜에 일정한 금액을 어음의 소지인에게 지급하게 하는 증서이다.

도표 6-6

| 구분 | 관련당사자 | 채권 · 채무 관계 |
|---|---|---|
| 약속어음 | 발행인 | 어음을 발행한 사람으로서 채무자가 된다. |
| | 지급인 | 어음 발행인이 곧 지급인이다. |
| | 수취인 | 어음금액의 수령자로서 채권자가 된다. |
| 환어음 | 발행인 | 어음을 발행한 사람으로서 채권 · 채무관계는 발생하지 않는다. |
| | 지급인 | 어음금액의 지정 지급인으로서 채무자가 된다. |
| | 수취인 | 어음금액의 수령자로서 채권자가 된다. |

도표 6-7

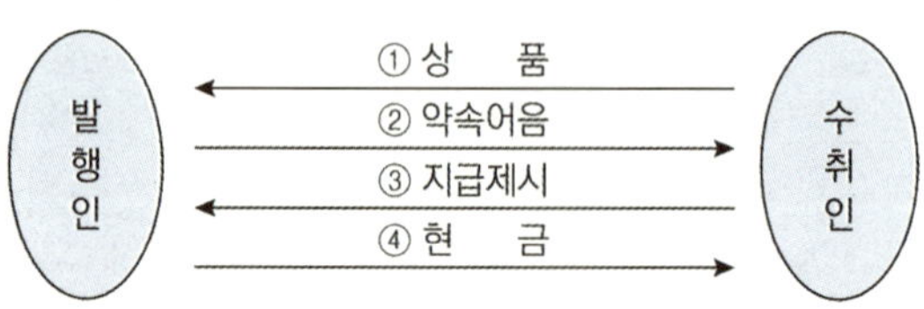

도표 6-8

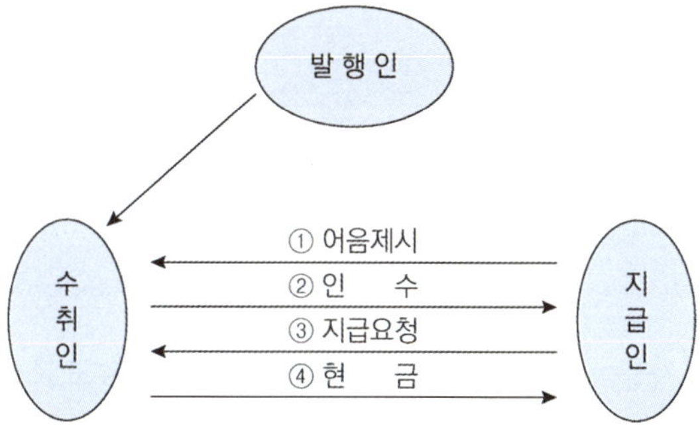


출처: IFRS시대 베스트 회계원리, 오용규 · 김갑룡, 2012년 8월 27일

약속어음은 (1) 개인과 기업이 돈을 빌려주거나 빌릴 때, (2) 거래금액과 신용기간이 정상적인 한계를 초과할 때, (3) 외상매출금을 회수할 때 이용될 수 있다.

받을어음은 어음소지자에게 외상매출금보다 더 강력한 법적인 자산청구권을 부여한다. 외상매출금처럼 받을어음도 제3자에게 쉽게 매각할 수 있다. 약속어음은 (수표처럼) 시장성증권인데, 이것은 매각될 때 배서에 의해 다른 당사자에게 이전될 수 있다는 것을 의미한다.

받을어음은 외상매출금 미결제액의 지급을 연장할 필요가 있는 고객으로부터 종종 수용되고 있으며, 가끔 위험이 높은 고객으로부터 요청된다. 일부 산업에서는 모든 신용매출이 어음에 의해 결제되기도 된다. 상거래로 인해 어음을 받았을 때는 받을어음(매출채권)으로 분류하고, 비유동자산인 토지와 건물 등의 매각으로 어음을 받았을 때는 미수금으로 분류하며, 융자를 제공하고 어음을 받았을 때 만기가 1년 이내이면 단기대여금으로 분류하고 만기가 1년 이상이면 장기대여금(투자자산)으로 분류한다.

받을어음의 회계에서는 기본적으로 세 가지 회계처리문제가 있지만, 지급어음의 경우에는 지급어음의 평가와 처분의 회계처리는 문제가 되지 않는다.

1. 받을어음의 인식
2. 받을어음의 평가
3. 받을어음의 처분

여기서는 세 가지 회계처리문제를 모두 살펴볼 것이다. 그러나 먼저 외상매출금에는 적용되지 않는 이자계산문제를 살펴볼 필요가 있다.

## 1. 이자계산

이자부어음의 이자를 계산하기 위한 간단한 공식은 <도표 6-9>과 같다.

**도표 6-9 이자계산공식**

어음의 액면가 × 연리 × 기간 = 이자

어음상에 지정된 이자율은 연리이다. 계산할 때의 기간은 어음이 미결제인 기간을 의미하는데 일년을 기준으로 분수로 표시된다. 만기일이 일수로 표시될 때, 기간요소는 종종 일수를 360일로 나눈 것이다. 갚을 날짜가 월로 표시될 때, 기간요소는 월수를 12로 나눈 것이다. 다양한 기간의 이자계산은 <도표 6-10>에 나타나 있다.

**도표 6-10 이자계산**

| 어음의 조건 | | | 이자계산 |
|---|---|---|---|
| | | | 액면가 × 이율 × 기간 = 이자 |
| ₩730,000, | 18%, | 120일 | ₩730,000 × 18% × 120/360 = ₩43,800 |
| ₩1,000,000, | 15%, | 6개월 | ₩1,000,000 × 15% × 6/12 = ₩75,000 |
| ₩2,000,000, | 12%, | 1년 | ₩2,000,000 × 12% × 1/1 = ₩240,000 |

이자를 계산하는 다양한 방법이 있다. 예를 들면, <도표 6-10>의 계산은 일년을 360일로 가정하였다. 많은 금융기관들은 이자를 계산하기 위해 365일을 이용한다.

## 2. 받을어음의 인식

받을어음의 기본분개를 예시하기 위해 여기서는 승학상사가 상품 1,000,000원어치를 금정상사에 판매하고 5월 1일자 액면가 1,000,000원, 2개월, 12%의 약속어음을 금정상사로부터 어음을 수령하였다면, 이의 분개는 다음과 같다.

| 5월 1일 | 차) 매출채권 | 1,000,000 | 대) 매출 | 1,000,000 |
|---|---|---|---|---|
| | | | (매출하고 금정상사의 어음을 수령하다) | |

국제회계기준에 의하면, 자산과 부채의 명목상의 가액과 현재가치의 차이가 중요한 경우에는 현재가치로 평가해야 한다. 단기성 받을어음은 만기가 짧아서 액면가액과 현재가치의 차이가 중요하지 않으므로 액면가액(face value)으로 기록한다. 수익인식원칙은 가득할 때까지 수익을 인식하지 않기 때문에 어음을 수령할 때 어떠한 이자수익도 기록하지 않는다. 시간이 경과함에 따라 이자가 발생(가득)한다.

만약 어음이 현금과 교환된다면, 분개는 차변에 현금, 대변에 매출채권으로 된다.

| 차) 현금 | 1,000,000 | 대) 매출채권 | 1,000,000 |
|---|---|---|---|
| | | (받을어음을 주고 현금을 회수하다) | |

## 3. 받을어음의 평가

외상매출금처럼, 단기성 받을어음은 현금(순)실현가능가액으로 보고된다. 받을어음의 충당금계정은 대손충당금계정이다. 단기성 받을어음을 평가하는 것은 외상매출금을 평가하는 것과 동일하다. 현금실현가능가액을 결정하고 대손상각비 및 대손충당금의 적절한 금액을 기록하는 데 수반되는 계산과 추정도 외상매출금의 경우와 유사하다.

## 4. 받을어음의 처분

어음은 만기일까지 보유될 수도 있는데, 이 때 액면가와 발생이자가 미지급인 상태에 있다. 일부 상황의 경우에 어음의 발행자가 채무불이행 상태가 되면 적절한 수정을 해야 한다(대손상각). 어음을 보유하는 동안 기업의 자금상황이 좋지 않을 경우에는 어음의 만기일까지 기다리지 않고 만기일 전에 받을어음을 금융기관에 양도(매각)하거나 차입하기 위해 받을어음을 담보로 제공하고 만기가액에서 이자비용(할인료)을 차감한 금액을 현금으로 수령하게 된다.

### (1) 받을어음의 양도와 담보차입

받을어음(매출채권)에 대한 권리와 의무가 실질적으로 이전되는 때에는 매각거래로 간주하여 양도한 부분을 받을어음(매출채권)에서 차감하고, 장부가액과 양도가액과의 차액을 매출채권처분손실(할인료)로 인식한다. 그러나 매출채권에 대한 권리와 의무가 실질적으로 이전되지 않는다면 이것을 담보차입거래로 간주하여 단기차입금으로 회계처리한다.

### 예제 6-2

**마산상사가 매출채권의 결제대금으로 20X1년 4월 10일자 발행의 어음을 받았는데, 액면가는 100,000원이고 90일 만기이며, 액면이자율은 연리 12%이다. 5월 10일에 은행으로부터 15%의 할인율을 적용하여 할인하고 나머지는 현금으로 받았다. 이를 분개하라.**

**예제풀이**

① 이 거래를 양도(매각)거래로 보는 경우

| | | | | |
|---|---|---|---|---|
| 20X1년 5월 10일 | 차) 현금 | 100,425* | 대) 매출채권 | 100,000 |
| | 매출채권처분손실 | 575 | 이자수익 | 1,000* |

* 현금 100,425 = 어음의 만기가액(= 액면가액 + 이자수익) − 60일간의 할인료

= 100,000 + 3,000(= 100,000 × 12% × 3/12) − (103,000 × 15% × 60/360)

** 이자수익 1,000 = 100,000 × 12% × 30/360

② 이 거래를 양도(차입)거래로 보는 경우

| | | | | |
|---|---|---|---|---|
| 20X1년 5월 10일 | 차) 현금 | 100,425 | 대) 단기차입금 | 100,000 |
| | 이자비용 | 575 | 이자수익 | 1,000 |

### (2) 받을어음의 결제

어음은 만기일에 전액 지불될 때 결제된다. 이자부어음의 경우, 만기에 지급할 금액은 어음의 액면가와 어음에 정한 기간의 이자이다.

위의 예제에서 만기일에 결제된다면 분개는 다음과 같다.

| | | | |
|---|---|---|---|
| 차) 현금 | 103,000 | 대) 매출채권 | 100,000 |
| | | 이자수익 | 3,000 |

### (3) 받을어음의 부도

부도어음(dishonored note)은 어음의 만기일에 어음의 소지인이 어음을 추심의뢰하였으나 어음발행인의 지급불능으로 인하여 부도가 난 어음이다. 부도가 난 받을어음은 더 이상 시장성이 없다. 그러나 소지인은 여전히 어음의 발행인에게 어음과 이자에 대해 청구권을 가지며, 부도가 발생할 때, 그 받을어음이 대손으로 확정되기 전까지는 별도의 분개를 하지 않으며, 기말에 부도어음을 매출채권이라는 계정과목으로 재무상태표에 보고해야 한다. 부도어음이 기말에도 그 회수가능성이 불확실할 때는 대손충당금을 추가로 설정한다.

만약 받을어음의 회수가능성이 없다고 판정되면, 어음의 액면가액은 제거되어야 한다.

#### 예제 6-3

**마산상사가 대구상사로부터 받은 어음(2002년 초 발행, 액면 3,400,000 액면이자율 연 12%)을 만기일에 추심의뢰하였으나 부도가 발생하였다는 통지를 받았다면, 마산상사는 별도의 분개를**

하지 않는다. 나중에 대구상사로부터 부도어음을 회수하였다면 마산상사는 정상채권의 회수와 동일한 분개를 한다. 2002년 3월 말 마산상사가 대구상사의 부도어음에 대해 그 회수가능성이 불가능하다고 최종판단하였다면, 대손충당금잔액이 충분할 경우에는 다음과 같이 분개한다.

| | | | | |
|---|---|---|---|---|
| 차) | 대손충당금 | 3,400,000 | 대) 매출채권 | 3,400,000 |
| | 미수이자 | 102,000 | 대) 이자수익 | 102,000 |

대손충당금의 잔액이 3,000,000원이어서 불충분할 경우에는 부족액을 대손상각비 계정을 추가로 사용한다.

| | | | | |
|---|---|---|---|---|
| 차) | 대손충당금 | 3,000,000 | 대) 매출채권 | 3,400,000 |
| | 대손상각비 | 400,000 | 대) 이자수익 | 102,000 |
| | 미수이자 | 102,000 | | |

미수이자도 회수가능성이 없을 경우에는 다음과 같이 분개한다.

| | | | | |
|---|---|---|---|---|
| 차) | 대손충당금 | 102,000 | 대) 미수이자 | 102,000 |

## 3절 기타 비금융자산과 비금융부채

일반적인 상거래가 아닌 거래에서 발생하는 일년미만의 비매출채권에는 단기대여금, 미수금, 미수수익, 선급금, 선급비용 등이 있고, 일년미만의 비매입채무에는 단기차입금, 미지급금, 미지급비용, 선수금, 선수수익 등이 있다. 이하에서 이들을 간단히 살펴보기로 한다. 단기의 비매출채권의 경우에는 기말평가를 실시하여 대손충당금을 설정하기도 하지만, 단기의 비매입채무의 경우에는 기말평가를 실시하지 않기 때문에 회계처리가 비교적 간단하다.

## 1. 단기대여금과 단기차입금

현금을 제3자에게 단기간 빌려주고 차용증서나 어음을 받았을 경우에는 단기대여금계정에 기록하고, 돈을 빌린 측은 단기차입금계정에 기록한다. 일반적인 상거래에서 어음을 받았으면 매출채권(받을어음)계정을 사용하지만, 자금을 빌려주고 어음을 받았을 경우에는 대여금계정을 사용한다. 어음의 만기일 이전에 결산일이 도래하면 수정분개를 해서 발생한 이자를 당기의 이자수익으로 계상해야 한다. 한편, 기업이 거래은행의 예금잔고를 초과해서 사용한 금액을 당좌차월(bank overdraft)이라고 하는데 이 당좌차월도 단기차입금으로 분류한다.

장기대여금은 투자자산으로 분류하고 장기차입금은 비유동부채로 분류한다.

## 2. 미수금과 미지급금

유가증권, 토지, 건물, 기계, 비품 등 비유동자산을 처분하고 그 대가를 아직 받지 않은 채권을 미수금이라고 하고 이러한 비유동자산을 매입하고 그 대가를 아직 지급하지 않은 채무를 미지급금이라고 한다. 일년 이내에 회수할 예정인 미수금은 유동자산으로 분류하고, 일년 이후에 회수할 예정인 장기미수금은 기타비유동자산으로 분류한다. 한편, 일년 이내에 지급해야 하는 미지급금은 유동부채로 분류한다.

## 3. 미수수익과 미지급비용

미수수익은 이자수익, 수입수수료, 임대료 등의 수익이 발생하였으나, 아직 현금을 회수하지 않은 경우에 나타난다. 한편, 미지급비용은 기간의 경과에 따라 이자비용, 임차료, 지급수수료 등 비용이 이미 발생하였으나, 아직 그 대가를 지급하지 않은 경우에 나타난다.

미수수익과 미지급비용은 결산시의 기말수정분개에서 당기의 수익과 비용을 인식하는 과정에서 주로 발생한다.

## 4. 선급금과 선수금

기업이 일반적인 상거래에서 재화나 용역을 미래(재무상태표일로부터 일년 이내)에 공급받기로 하고 대금의 일부를 미리 지급하는 경우에 이를 선급금이라고 하고 유동자산으로 분류하며, 재화나 용역을 미래에 공급하기로 하고 대금의 일부를 미리 수령하는 경우에 이를 선수금이라고 하고 유동부채로 분류한다. 선수금이나 선급금은 재화나 용역의 인도가 이루어지는 시점에서 소멸된다. 그러나 재화나 용역의 인도가 일년 이상 연장되는 경우에는 장기선급금, 장기선수금으로 되어, 기타비유동자산이나 기타비유동부채로 분류된다.

## 5. 선급비용과 선수수익

발생주의에 의해서 당기의 수익과 비용을 확정하는 과정에서 선급비용과 선수수익이 나타난다. 선급비용은 선급보험료, 선급이자, 선급임차료 등과 같이 차기의 비용으로 보고해야 하지만 그 대가를 미리 지급한 경우이고, 선수수익은 선수임대료, 선수이자 등과 같이 미래의 일정기간동안 서비스(건물의 이용, 자금의 이용)를 제공하기로 약정하고 그 대금의 일부를 미리 받은 것이다. 선급비용은 유동자산으로 분류하고 선수수익은 유동부채로 분류한다.

잡지사와 같은 출판사는 잡지를 주문받을 때 고객의 수표를 수령할 수도 있으며, 항공사들은 가끔 항공티켓을 판매할 때 미리 현금을 수령하기도 한다. 음악회, 스포츠

행사, 극장프로그램 등을 위한 계절입장권도 미리 지급되기도 한다. 기업은 상품이 배달되거나 용역이 제공되기 전에 수령되는 선수수익을 어떻게 회계처리하는가?

1. 미리 수령할 때, 현금이 증가(차변기입)하고, 선수수익의 원천을 확인시켜주는 유동부채도 증가(대변기입)한다.
2. 수익을 가득할 때, 선수수익계정은 감소(차변기입)하고 수익계정이 증가(대변기입)한다.

예를 들면, 대한대학교가 10,000장의 운동시합티켓을 장당 ₩50,000에 판매한다고 하자. 운동시합티켓의 판매에 대한 분개는 다음과 같다.

| | | | | |
|---|---|---|---|---|
| 8월 6일 | 차) 현금 | 500,000,000 | 대) 선수수익 | 500,000,000 |
| | | | (10,000장의 운동시합티켓을 판매) | |

각 시합이 끝났을 때, 다음과 같은 분개를 한다.

| | | | | |
|---|---|---|---|---|
| 9월 7일 | 차) 선수수익 | 100,000,000 | 대) 수익 | 100,000,000 |
| | | | (가득한 운동시합티켓수익을 기록) | |

수익을 가득함에 따라, 선수수익으로부터 수익으로 재분류가 필요하다. 선수수익은 일부 기업의 경우에 중요하다. 항공산업에서 미래탑승을 위해 판매된 티켓은 유동부채합계의 약 50%를 차지한다. 어떤 항공사에서는 선수수익이 유동부채의 가장 큰 부분을 차지한다.

## 6. 가지급금과 가수금

현금이 입금되거나 출금되었지만, 그 거래의 내용이 불분명하여 정확한 거래금액과 계정과목이 확정되지 않았을 때, 이들을 임시적으로 처리하는 계정과목이 가지급금과 가수금 계정이다. 거래내용이 분명하게 밝혀지면 해당 계정과목으로 대체하게 되는데 대체할 때까지 이 계정들을 미결산계정(suspense account)이라고 한다. 이들은 결산시까지 적절한 과목으로 대체해야 하므로 최종재무제표에는 나타나지 않는 계정들이다.

### 예제 6-4

(1) 종업원인 김길수에게 제주도로 출장을 명하고, 여비명목으로 현금 500,000원을 지급하였다.
(2) 출장중인 김길수로부터 현금 2,000,000원이 송금되어 왔으나 그 내용을 알 수 없었다.
(3) 김길수가 회사로 돌아와서 출장업무를 보고하였다. 여비를 정산한 결과 여비로 지출한 금액은 450,000원이었으며 나머지 잔액을 반환받았다. 그리고 김길수가 출장중에 송금한 현금 2,000,000원은 제주상사에 대한 매출채권을 회수한 것으로 판명되었다. 이들을 분개하라.

**예제풀이**

| | | | | | |
|---|---|---|---|---|---|
| (1) | 차) 가지급금 | 500,000 | 대) 현금 | 500,000 |
| (2) | 차) 현금 | 2,000,000 | 대) 가수금 | 2,000,000 |
| (3) | 차) 현금 | 50,000 | 대) 가지급금 | 500,000 |
| | 여비 | 450,000 | | |
| | 차) 가수금 | 2,000,000 | 대) 매출채권 | 2,000,000 |

## 7. 예수금

기업이 거래처나 종업원으로부터 제3자에게 지급하여야 할 금액을 일시적으로 받아서 보관하고 있을 때 이를 예수금이라고 하며 유동부채로 분류한다.

예수금의 예로는 기업이 상품을 판매할 때 고객으로부터 일시적으로 받아서 보관하였다가 국세청에 납부하는 부가가치세와 종업원에게 급여를 지급할 때 종업원이 부담하는 금액을 원천징수하였다가 해당기관에 납부하는 근로소득세, 건강보험료, 연금 등이 있다.

상점에서 판매하는 많은 제품들에는 부가가치세가 부과된다. 이 세금은 판매가격의 일정비율로 표시된다. 회사는 매출이 발생할 때 고객으로부터 부가가치세를 거두고는 정기적으로(대개의 경우 매월) 그 세금을 세무서에 납부한다.

예를 들면, 만약 3월 25일에 청도상사가 상품을 10,000,000원에 매출하고 매출액과 그 부가가치세 ₩1,000,000(부가가치세율 10%)을 매출할 때 받았다면, 분개는 다음과 같다.

| | | | | |
|---|---|---|---|---|
| 3월 25일 | 차) 현금 | 11,000,000 | 대) 매출액 | 10,000,000 |
| | | | 부가가치세예수금 | 1,000,000 |

(매출과 부가가치세를 기록)

세금을 세무서로 보낼 때, 부가가치세예수금은 감소(차변기입)하고 현금도 감소(대변기입)한다. 회사는 부가가치세를 비용으로 보고하지 않는다. 회사는 단순히 고객이 지불한 금액을 정부로 납부할 뿐이다. 그리하여, 청도상사는 과세당국을 위한 세금수납대리인으로서 봉사할 뿐이다. 부가가치세가 별도로 기록되지 않을 때는 총수령액은 (100%+부가가치세율)로 나누어진다. 예를 들면, 청도상사가 총수령액 ₩11,000,000을 기록하였다고 하자. 매출로부터 수령한 금액은 판매가격 100%와 판매가의 10%, 즉 총매출액의 1.1배와 동일하기 때문에, 매출을 다음과 같이 계산할 수 있다. ₩11,000,000 / 1.1 = ₩10,000,000. 그리하여 부가가치세액 ₩1,000,000은 (1)총수령액에서 매출을 차감하거나(11,000,000- 10,000,000), (2)매출액에 부가가치세율을 곱함(₩10,000,000 × 10%)으로써 구할 수 있다.

한편, 홍길동은 양산상사에서 시간당 ₩10,000의 임금을 받으면서 금주에 40시간을 근무하였다. 홍길동은 주말에 ₩400,000의 임금을 받을 것인가? 그렇지 않을 것이다. 그 이유는 다음과 같다. 양산상사는 홍길동의 임금에서 다양한 기관에 납부하기 위해 일정액을 원천징수해야 한다. 예를 들면, 양산상사는 건강보험료와 소득세로 일정액을 원천징수할 것이다. 만약 이러한 원천징수액이 모두 ₩100,000이라면, 홍길동은 ₩300,000의 임금을 수령할 것이다.

이러한 원천징수액을 차감한 결과, 기업은 다양한 기관에게 납부해야 하는 금액을 종업원으로부터 원천징수한다. 그러므로 양산상사에는 다양한 기관에게 납부할 부채가 발생하며, 이 부채는 재무상태표에 보고해야 한다.

두 번째의 예를 제시하기 위해, 창원상사가 4월 한 달의 임금을 기록하기 위해 다음과 같은 분개를 한다고 가정하자.

| | | | | |
|---|---|---|---|---|
| 4월 7일 | 차) 임금 | 2,000,000 | 대) 건강보험료예수금 | 145,200 |
| | | | 소득세예수금 | 495,600 |
| | | | 미지급임금 | 1,359,200 |

(4월 7일에 한달 동안 임금과 원천징수한 예수금을 기록)

4월 10일에 이 임금의 지급은 다음과 같이 기록된다.

| | | | | |
|---|---|---|---|---|
| 4월 10일 | 차) 미지급임금 | 1,359,200 | 대) 현금 | 1,359,200 |

(4월 10일의 임금지급을 기록)

이 경우에 창원상사는 임금으로 ₩2,000,000을 보고한다. 이외에 창원상사는 다른 정부기관에 대한 부채 뿐만 아니라 미지급임금도 보고한다. 창원상사는 종업원에게 ₩1,000,000을 지급하기 보다는 세금과 건강보험료를 원천징수해야 하고 이들을 직접 납부해야 한다. 요컨대 창원상사는 본질적으로 제세공과금의 수납자로 봉사하고 있다.

## 8. 유동성장기부채

기업은 가끔 당기에 지급기일이 도래하는 비유동부채의 일부를 가진다. 예를 들면, 문현상사가 20X4년 1월 1일에 액면가 ₩25,000,000, 5년 만기, 이자부 어음을 발행한다고 하자. 이 어음은 20X5년 1월 1일부터 매년 1월 1일에 원금 ₩5,000,000을 상환해야 한다고 규정하고 있다. 20X4년 12월 31일에 재무제표를 작성할 때, ₩5,000,000은 유동부채로, ₩20,000,000은 비유동부채로 보고되어야 한다. 즉, 비유동부채가 당기 결산일을 기준으로 1년이내에 만기가 도래하면 재무상태표상에 유동부채인 유동성장기부채로 식별한다.

비유동부채가 당기에 만기가 되는 것을 인식하기 위해 수정분개를 할 필요는 없다. 재무상태표일에 일년이내에 지급해야 하는 모든 채무는 유동부채로 분류되며, 다른 모든 채무는 비유동부채로 분류된다.

# 4절 수취채권의 매각

정상적인 거래과정에서 매출채권은 현금으로 회수되고 장부에서 제거된다. 그러나 매출채권과 비매출채권이 규모와 중요성에서 증가하기 때문에, "정상적인 거래과정"은 변화하고 있다. 두 가지 공통적인 표현이 수취채권의 매각에 적용된다. (1) 시간은 돈이다. 즉, 정상적인 회수과정을 기다리는 데는 돈이 필요하다. (2) 손안의 한 마리 새가 숲속의 두 마리 새만큼 가치가 있다. 즉, 지금 돈을 가지는 것이 나중에 돈을 가지거나 전혀 안 가지는 것보다 더 좋다. 그러므로, 기업들은 수취채권으로부터 현금 수령을 촉진하기 위해, 종종 자신들의 수취채권을 다른 기업에 현금으로 매각하기도 하며, 이에 의해서 현금순환과정(cash-to-cash operating cycle)을 줄인다.

수취채권의 매각에는 세 가지 이유가 있다. 첫째는 금융자회사를 활용한 마케팅의 수단으로 판매자가 구매자에 대한 채권을 금융자회사에 매각할 수 도 있다. 최근에 경쟁적인 이유로 판매업자(소매업자, 도매업자, 제조업자)가 상품의 구매업자에게 자금조달(financing)을 제공하고 있다. 예를 들면, 자동차, 트럭, 산업설비, 농업설비, 컴퓨터 등의 산업에 속하는 많은 주요한 기업들이 매출채권의 자금조달에 대한 책임을 인수하는 기업을 창설하였다. 이들 기업은 그 제품을 판매하는 기업에 완전히 종속되기 때문에 금융자회사(captive finance company)라고 한다. 금융자회사의 목적은 구매자에게 자금조달을 보장함으로써 제품의 판매를 촉진하는 것이다. 그러나 관련 모기업이 반드시 많은 수취채권을 가지고자 하는 것은 아니다.

둘째, 수취채권이 유일하게 타당한 현금원천이기 때문에 매각될 수도 있다. 신용평가가 엄격할 때, 기업은 정상적인 신용시장에서 자금을 차입할 수 없을 것이다. 신용을 이용하여 차입할 수 있을지라도, 차입에 다른 이자비용이 엄청나게 비쌀 수가 있다.

수취채권을 매각하는 최종 이유는 청구하고 회수하는 일이 가끔 시간소모적이고 비용이 많이 소모된다는 것이다. 그 결과, 소매업자가 수취채권을 청구와 회수의 업무에 정통한 다른 업자에게 매각하는 것이 가끔 더 용이하다. 일반적으로 BC카드, Master Card, Visa, American Express 등과 같은 신용카드회사들이 수취채권을 청구하고 회수하는 것에 정통하다.

## 1. 신용카드에 의한 판매

오늘날 많은 종류의 신용카드가 유통되고 있다. 가장 일반적인 신용카드는 비자, 마스터카드 등과 같은 세계적인 카드사와 제휴한 카드이다. 신용카드가 상품의 매매에 이용될 때는 (1) 신용카드발행업자(이는 판매업자로부터 독립적이다), (2) 판매업자, (3) 고객 등의 3명의 당사자가 관련된다. 신용카드제도를 판매업자가 수용하는 것은 판매업자가 수취채권을 매각하는 또다른 형태인 팩토링(factoring)이다.

신용카드의 이용으로 판매업자는 보다 많은 매출을 할 수 있고 대손을 줄일 수 있다. 이 두 가지는 판매업자가 이러한 카드제도를 수용하는 강력한 이유이다. 판매업자에게 신용카드의 주요한 장점은 다음과 같다. 즉, (1) 카드발행회사가 고객의 신용을 조사하며, (2) 카드발행회사가 고객계정을 유지하며, (3) 카드발행회사가 채권회수과정을 담당하고 손실을 흡수하며, (4) 판매업자는 신용카드발행회사로부터 보다 신속하게 현금을 수령한다. 이러한 장점의 대가로 판매업자는 신용카드발행회사에게 그 서비스에 대해 거래가격의 일정한 비율로 수수료를 지불한다.

판매업자는 신용카드의 이용으로 인한 매출을 신용매출로 간주한다. 카드를 발행한 카드회사는 판매업자로부터 신용카드 거래대금을 통지받은 후, 일정기간이 지나 판매업자의 은행잔고에 그 금액을 불입한다. 이러한 카드를 발행하는 카드회사는 일반적으로 판매업자에게 이러한 서비스의 대가로 신용카드매출전표금액의 일정한 비율을 수수료로 부과한다.

예를 들면, 최경주가 즐거운 음악사로부터 콤팩디스크를 1,000,000원어치 구입하고는 이 금액을 가나은행카드로 결제한다. 가나은행이 즐거운 음악사에게 부과하는 서비스수수료는 3%이다. 이 거래를 기록하기 위한 즐거운 음악사의 분개는 다음과 같다.

| 차) | 매출채권 | 970,000 | 대) | 매출 | 1,000,000 |
|---|---|---|---|---|---|
| | 서비스수수료 | 30,000 | | | |

(신용카드에 의한 매출을 기록)

## 2. 채권금융회사(factor)에 수취채권의 매각

수취채권회수를 촉진하기 위한 공통적인 방법은 채권금융회사(factor)에게 매각하는 것이다. 채권금융회사는 수수료를 수익으로 얻기 위해 기업으로부터 수취채권을 구입하고, 고객으로부터 직접 채권금액을 회수하는 곳이다. 팩토링(factoring)은 전통적으로 섬유, 의복, 신발, 가구, 가전제품 산업과 관련 있었다. 이것은 이제 다른 유형의 사업에도 보급되어 거대한 산업이 되었다.

팩토링의 조건은 다양하지만, 전형적으로 채권금융회사인 팩토(factor)는 수수료를 부과한다. 이것은 구입한 수취채권금액의 1-3% 정도이다. 예를 들어, 삼일가구가 600,000,000원의 수취채권을 한일채권금융회사에게 매각한다고 하자. 한일채권금융회사는 매각된 수취채권금액의 2%를 서비스수수료로 평가한다. 다음의 분개가 삼일가구에 의한 매각을 기록한다.

| | | | |
|---|---|---|---|
| 차) 현금 | 588,000,000 | 대) 수취채권 | 600,000,000 |
| 서비스수수료 | 12,000,000 | | |

(수취채권의 매각을 기록)

### 예제 6-5

**강서도매상사는 다음 금요일에 종업원의 급여를 지급하기 위해 현금으로 120,000,000원을 조달할 필요가 있다. 강서도매상사의 현재 미결제상태인 수취채권의 잔액은 합계 750,000,000원이다. 강서도매상사는 이러한 현금부족을 완화하기 위해 채권금융회사에 125,000,000원의 수취채권을 매각한다고 하자. 강서도매상사가 필요한 현금을 조달할 때 필요한 분개를 실시하라(1%의 서비스수수료를 가정한다).**

**예제풀이**

만약 강서도매상사가 1%의 서비스수수료로 125,000,000원의 수취채권을 채권금융회사에 매각한다면, 다음과 같은 분개를 할 것이다.

| | | | |
|---|---|---|---|
| 차) 현금 | 123,750,000 | 대) 수취채권 | 125,000,000 |
| 서비스수수료 | 1,250,000 | | |

(채권금융회사에게 수취채권의 매각을 기록)

## 전공용어

- 금융자회사(captive finance company) • 대손상각(bad debts expense)
- 매입채무(trade payable)
- 매출액비례법(percentage of receivables basis)
- 매출채권(trade receivable)
- 매출채권잔액비례법(percentage of receivables basis)
- 미결산계정(suspense account), • 받을어음(note receivable),
- 부도어음(dishonored note), • 소지인(bearer), • 수취인(payee)
- 수취채권(receivables), • 순실현가능가치(net realizable value)
- 약속어음(promissory note)
- 연령분석법(aging of the accounts receivable method)
- 지급어음(note payable), 지급채무(payables)
- 직접상각법(direct write-off method), • 채권금융회사(factor)
- 충당금법(allowance method) • 환어음(bill of exchange)

---

## 종합예제

**아래에 제시되어 있는 거래는 (주)광안과 관련된 거래들이다. (주)광안은 12월말 결산법인이라고 할 때 분개하라.**

10월 1일. 마산상회에 상품 20,000,000원어치를 판매하다. 판매조건은 2/10. n/30.
11일. 마산상회로부터 판매대금을 전액 회수하다.
12일. 진주상사의 어음(액면가 20,000,000원, 6개월 만기, 이자율 12%)을 인수하다.
13일. 산청상사에게 신용카드에 의한 매출을 13,200,000원어치 하였다.
15일. 신용카드매출을 6,700,000원어치 하였다. 신용카드회사가 서비스수수료로 5%를 부과한다.
11월 11일. 매출채권 8,000,000원을 강남채권금융회사(factor)에게 매각하였다. 강남채권금융회사는 매각한 채권금액의 2%를 서비스수수료로 평가한다.
13일. 신용카드에 의해 매출을 한 산청상사에 대해 8,200,000원을 회수하였다.
12월 10일. 매출채권 16,000,000원을 대손으로 처리하였다.

12월 16일. 12월에 대손처리된 매출채권중의 하나에서 4,000,000원이 상환되었다.

12월 30일. 12월 말에 매출채권의 잔액은 200,000,000원이며, 매출채권의 추정미래현금흐름의 현재가치는 180,000,000원이다. 12월 30일에 수정 전에 대손충당금계정의 신용잔액은 7,500,000원이다.

**종합예제풀이**

| 일자 | 차변 | 금액 | 대변 | 금액 |
|---|---|---|---|---|
| 10월 1일 | 차) 매출채권 | 20,000,000 | 대) 매출 | 20,000,000 |
| | | | (외상매출을 기록) | |
| 11일 | 차) 현금 | 19,600,000 | 대) 매출채권 | 20,000,000 |
| | 매출할인 | 400,000* | | |
| | * 400,000 = 20,000,000 × 0.02 | | | |
| | | | (매출채권의 상환을 기록) | |
| 12일 | 차) 매출채권(받을어음) | 20,000,000 | 대) 매출채권 | 20,000,000 |
| | | | (진주상사의 어음인수를 기록) | |
| 13일 | 차) 매출채권 | 13,200,000 | 대) 매출 | 13,200,000 |
| | | | (회사의 신용카드에 의한 매출을 기록) | |
| 15일 | 차) 현금 | 6,365,000 | 대) 매출 | 6,700,000 |
| | 서비스수수료 | 335,000* | | |
| | * 335,000 = 6,700,000 × 0.05 | | | |
| 11월 11일 | 차) 현금 | 7,840,000 | 대) 매출채권 | 8,000,000 |
| | 서비스수수료 | 160,000* | | |
| | * 160,000 = 8,000,000 × 0.02 | | | |
| | | | (채권을 채권금융회사에 매각) | |
| 13일 | 차) 현금 | 8,200,000 | 대) 매출채권 | 8,200,000 |
| | | | (매출채권의 회수) | |
| 12월 10일 | 차) 대손충당금 | 16,000,000 | 대) 매출채권 | 16,000,000 |
| | | | (매출채권의 완전상각을 기록) | |
| 12월 16일 | 차) 매출채권 | 4,000,000 | 대) 대손충당금 | 4,000,000 |
| | | | (대손처리한 매출채권의 역분개) | |
| | 차) 현금 | 4,000,000 | 대) 매출채권 | 4,000,000 |
| | | | (매출채권의 회수) | |

12월 30일 차) 대손상각비 12,500,000* 대) 대손충당금 12,500,000

* 12,500,000 = 200,000,000 − 7,500,000
(회수불능채권의 추정)

## 토의문제

1. 약속어음과 환어음의 차이는 무엇인가?

2. 대손상각을 처리하기 위한 충당금법의 특징은 무엇인가?

3. 대손상각을 직접상각법으로 처리할 때의 단점은 무엇인가?

4. 미수수익과 미수금의 차이는 무엇인가?

5. 선급금과 선급비용의 차이는 무엇인가?

## 연습문제

**01** 1월 6일에 둔내상사는 강릉상사에 상품을 6,000,000원에 외상(2/10, n/30)으로 판매하였다. 1월 16일에 강릉상사가 이 금액을 지불하였다. 둔내상사의 입장에서 거래를 분개하라.

**02** 금년말에 영동상사의 원장은 매출채권 90,000,000원, 신용매출 78,900,000원, 매출환입과 에누리 40,000,000원을 나타내고 있다.

(1) 만약 영동상사가 불량채권의 대손처리에 대해 직접법을 이용한다면, 영동상사가 김경민에 대한 매출채권 1,400,000원을 회수불능으로 결정한다고 가정하고 12월 31일자에 수정분개를 실시하라.

(2) 만약 대손충당금이 시산표에 1,100,000원의 대변잔액을 가지고 있다면, 대손이 매출채권의 10%로 예상된다고 가정하고 12월 31일자 수정분개를 실시하라.

(3) 만약 대손충당금이 시산표에 500,000원의 차변잔액을 가지고 있다면, 대손이 매출채권의 8%로 예상된다고 가정하고 12월 31일자 수정분개를 실시하라.

**03** **대천상사는 20X2년 3월 31일에 92,500,000원의 매출채권을 가지고 있다. 매출채권의 분석결과는 다음과 같다.**

| | 잔액(3월 31일) | |
|---|---|---|
| 매출기간 | 20X2 | 20X1 |
| 3월 | 65,000,000(원) | 75,000,000(원) |
| 2월 | 12,600,000 | 8,000,000 |
| 1월, 12월 | 8,500,000 | 2,400,000 |
| 11월, 10월 | 6,400,000 | 1,100,000 |
| | 92,500,000 | 86,500,000 |

신용조건은 2/10, n/30이다. 20X2년 3월 31일에 수정전의 대손충당금 대변잔액은 2,200,000원이다. 대천상사는 대손을 추정하기 위해 채권비율기준을 이용한다. 이 기업의 대손추정치는 다음과 같다.

| 매출채권계정의 경과일수 | 대손비율추정치 |
|---|---|
| 당기 | 2% |
| 1－30일 | 7% |
| 31－90일 | 30% |
| 90일 이상 | 50% |

(1) 대손추정치의 합계를 구하라.
(2) 대손을 기록하기 위해 20X2년 3월 31일에 수정분개를 실시하라.
(3) 20X1년에서 20X2년까지 연령분석표 변화의 의미를 논하라.

**04** **전주상사에 다음과 같은 거래가 발생하였다. 분개하라.**

20X1년 5월 1일. 칠곡상사로부터 결제되지 않은 매출채권과 교환으로 액면가

6,000,000원, 1년만기, 12%의 이자율인 어음을 수령하였다.

12월31일. 칠곡상사의 어음으로 인한 이자수익이 발생하였다.

20X2년 5월 1일. 칠곡상사의 어음으로 인한 이자와 원금을 수령하였다.(20X1년 12월 31일 이후로는 이자가 발생하지 않았다고 가정).

**05** 3월 3일에 전주상사는 호곡상사에게 수취채권 700,000,000원을 매각하였다. 호곡상사는 구입한 수취채권금액의 4%를 금융수수료로 평가하고 있다. 전주상사의 입장에서 수취채권의 매각을 분개하라.

**06** 5월 10일에 수원상사는 7,000,000원에 상품을 판매하고는 고객의 거래은행인 가나은행신용카드로 결제하였다. 10일 저녁에, 가나은행의 신용카드결제액이 수원상사의 은행계정에 반영되었다. 가나은행은 신용카드에 의한 매출에 대해 서비스수수료로 3%를 부과한다. 수원상사의 장부에 상품의 매출을 분개하라.

**07** 이재정과 최현섭은 찻집을 운영하기 위해 가야은행으로부터 8개월만기, 연리 9%의 어음으로 15,000,000원을 차입하였다. 이 돈을 20X1년 5월 1일에 차입하였으며, 어음의 만기일은 20X2년 1월 1일이다.

(1) 이 거래를 분개하라.

(2) 5월 31일에 이자의 발생을 분개하라.

(3) 수정분개를 매월 말에 실시한다고 가정하고, 20X1년 12월 31일에 미지급 이자계정의 잔액을 계산하라.

(4) 차입금을 상환할 때인 20X2년 1월 1일자에 필요한 분개를 실시하라.

**08** 금정상사는 6월 1일에 마산은행으로부터 6개월만기, 연리 12%의 어음으로 50,000,000원을 차입하였다. 이 어음의 만기일은 12월 1일이다.

(1) 6월 1일의 거래를 분개하라.

(2) 6월 30일에 수정분개를 실시하라.

(3) 11월 30일까지 매월 수정분개를 실시한다고 가정하고 만기일(12월 1일)에 필요한 분개를 실시하라.

(4) 자금조달비용(이자비용)은 모두 얼마인가?

**09** 우암상사는 월간지인 낚시를 발행하고 있다. 이 잡지의 연간구독료는 24,000원이다. 20X1년 11월에 우암상사는 12월호부터 시작하는 이 잡지 6,000부의 청약을 현금으로 판매하였다. 우암상사는 분기별로 재무제표를 작성하며 분기말에 가득한 청약수익을 인식한다. 이 기업은 선수청약수익 계정과 청약수익 계정을 이용하고 있다. 우암상사의 연말은 12월 31일이다.

(1) 11월에 청약의 수령을 분개하라.
(2) 20X1년 12월에 가득한 청약수익을 반영하기 위해 20X1년 12월 31일에 수정분개를 실시하라.
(3) 20X2년 1/4분기에 가득한 청약수익을 반영하기 위해 20X2년 3월에 수정분개를 실시하라.

**10** (주)고려는 20X1년 1월 1일에 설립되었다. 20X1년에 회사에는 다음과 같은 거래와 사건이 있었다.

(a) 매출채권: 100,000,000원
(b) 매출채권회수액: 60,000,000원
(c) 대손처리액: 4,000,000원
(d) 20X1년 12월 31일에 회수불능으로 간주되는 매출채권의 연령분석에 의하면, 잠재적으로 8,000,000원이 회수불능으로 추정된다.

(1) (주)고려가 대손상각의 간접법(연령분석법)을 이용한다고 가정하고 (a), (b), (c), (d)를 각각 분개하라.
(2) 연말에 다음을 계산하라.
① 순매출채권
② 대손상각비

**11** 문제10을 참고해서 이 회사가 매출액비율법을 이용하여 대손을 추정한다고 가정하라. 연말에, 회사는 외상매출액의 8%가 회수불능으로 추정한다.

(1) 매출액비율법을 이용하여 문제10의 (1)와 (2)를 계산하라.
(2) 대손상각의 직접법을 이용하였다면, 분개는 어떻게 다를 것인가?

**12** 백제상사의 20X1년 12월 31일에 대손상각누계액은 12,000,000원(대변잔액)이었다. 20X2년에 백제상사는 매출채권에서 7,000,000원을 상각하였다. 전에 상각한 계정의 회수액은 없었다. 다음은 20X2년 12월 31일에 백제상사의 매출채권의 연령분석표이다.

| 기간 | 금액 | 대손추정비율 |
|---|---|---|
| 0-60일 | 120,000,000원 | 1% |
| 61-120일 | 90,000,000원 | 2% |
| 120일이상 | 120,000,000원 | 6% |
| | 330,000,000원 | |

20X2년 12월 31일에 백제상사의 재무상태표에 계상할 순매출채권과 백제상사가 20X2년에 계상할 대손상각비를 계산하기 위해 연령분석법을 이용하라.

**13** (주)고성은 20X4년 1월 16일에 다음과 같은 재무상태표정보를 가지고 있었다.

| | |
|---|---|
| 매출채권 | 300,000,000원 |
| 대손충당금 | (15,282,000) |
| 순매출채권 | 284,718,000원 |

20X4년 1월 16일에 회사는 (주)해북으로부터 회사가 파산을 신청하였다는 통지를 받았다. (주)고성은 (주)해북의 계정(합계액 4,250,000원)을 상각하기로 하였다.

(1) (주)해북의 계정을 상각하기 위해 필요한 분개를 하라.

(2) 상각후 순매출채권은 얼마가 될 것인가? (3) 이 상각은 (주)고성의 순이익에 어떤 영향을 줄 것인가?

**14** 다음과 같은 자료는 20X4년 12월 31일에 수정분개를 하기 전에 경주상사의 장부로부터 추출한 것이다.

| | 차변 | 대변 |
|---|---|---|
| 매출채권 | 950,000,000원 | |
| 대손충당금 | | 3,500,000원 |
| 순매출채권 | | 6,000,000,000원 |

다음을 가정하고 연말수정분개를 실시하라.

(1) 경주상사는 대손상각비를 순매출채권의 1.5%로 추정한다.
(2) 경주상사는 대손충당금을 매출채권의 9%로 추정한다.
(3) (1)과 (2)를 실시한 후 순매출채권의 금액을 결정하라.

**15** 20X4년 12월 31일에 진해상사는 대손상각을 수정분개하기 전에 매출채권계정에는 384,000,000원의 잔액이 있고, 대손충당금계정에는 3,800,000원의 대변잔액이 있었다. 2004년의 매출액은 1,200,000,000원이고, 이들은 모두 외상매출이었다. 회사가 이 계정들을 연령분석을 실시한 결과는 다음과 같았다.

| 경과기간일 | 금액 | 추정대손율(%) |
|---|---|---|
| 0–10 | 296,000,000원 | 1 |
| 11–60 | 42,000,000원 | 5 |
| 61–180 | 34,000,000원 | 15 |
| 180일이상 | 12,000,000원 | 30 |
| 합계 | 384,000,000원 | |

(1) 연령분석표를 이용하여
  (a) 20X4년에 진해상사의 대손상각비를 결정하라.
  (b) 20X5년 1월 1일에 특정한 매출채권 10,000,000원이 회수불능으로 판명되어 대손처리하였다고 가정하면, 이 대손처리가 20X5년도의 법인세차감전당기순이익에 영향을 주는가?
  (c) 20X5년 1월 1일에 특정한 매출채권 10,000,000원이 회수불능으로 판명되어 대손처리하였으며 이 날짜에 외상매출이나 외상매출회수가 없었다고 가정하고, 20X5년 1월 1일에 순매출채권의 잔액을 계산하고, 이것을 20X4년 12월 31일 현재의 순매출채권잔액과 비교하라.
(2) 진해상사는 연령을 분석하는 대신, 대손상각비를 추정하기 위해 매출액비율법을 이용하고 있다. 진해상사는 매출액의 0.5%가 회수불능이라고 추정한다. 20X4년 12월 31일 현재 대손충당금계정의 잔액을 결정하라.
(3) 대손상각비를 인식하기 전에 특정한 계정들이 회수불능하게 될 때까지 회계담당자들이 기다리지 않는 이유를 간단히 설명하라.

**16** 20X4년 1월 1일에 (주)진주는 매출채권계정에 2,000,000,000원의 차변잔액을 가지고 있었으며 대손충당금계정에 140,000,000원의 대변잔액을 가지고 있었다. 20X4년에 다음과 같은 사건이 발생하였다.

| | |
|---|---|
| 매출채권 | 2,600,000,000원 |
| 매출채권회수 | 2,400,000,000원 |
| 회수불능의 상각액 | 150,000,000원 |
| 전년도에 상각한 매출채권의 회수 | 1,200,000원 |
| 20X4년도 대손추정율 | 6% |

(1) 20X4년도에 (주)진주의 장부에 모든 거래를 분개하고 수정하라.

(2) 20X4년도 (주)진주의 포괄손익계산서에서 대손상각비는 얼마인가?

(3) 20X4년 12월 31일에 (주)진주의 재무상태표에서 순매출채권은 얼마인가?

(4) 20X5년에 (주)진주는 20X4년의 매출에 대해 5%의 대손만 발생하였다. 이러한 사실이 (주)진주의 20X5년도 재무제표에 어떠한 영향을 주는가?

**17** (주)영도는 회수불능한 매출채권을 추정하기 위해 연령분석법을 이용하고 있다. 최근의 경험에 근거해서, 회사는 회수불능한 매출채권의 비율을 나타내는 연령분석표를 작성하였다.

| | |
|---|---|
| 0-30일 | 1% |
| 31-60일 | 6 |
| 61-90일 | 14 |
| 91-120일 | 30 |
| 120일 이상 | 50 |

20X4년 12월 31일에 (주)영도의 회계담당자는 매출채권계정에 관한 다음과 같은 연령분석표를 작성하였다.

| 매출채권의 경과일수 | 매출채권의 금액 |
|---|---|
| 0-30일 | 8,000,000원 |
| 31-60일 | 3,000,000원 |
| 61-90일 | 600,000원 |
| 91-120일 | 115,000원 |
| 120일 이상 | 20,000원 |
| 합계 | 11,735,000원 |

| | |
|---|---|
| 20X4년 1월 1일에 매출채권의 잔액 | 9,450,000원 |
| 20X4년의 매출액 | 105,900,000원 |
| 20X4년의 대손발생액 | 426,000원 |
| 20X4년 1월 1일에 대손충당금의 잔액 | 330,750원 |

(1) 20X4년에 매출채권으로부터 회수한 현금의 금액을 결정하라.
(2) (주)영도의 20X4년도 포괄손익계산서에 나타날 대손상각비를 계산하라.
(3) 2004년의 대손을 인식하기 위한 20X4년 12월 31일의 수정분개를 실시하라.
(4) 20X4년12월 31일 현재 (주)영도의 재무상태표에 계상할 순매출채권을 계산하라.

# 7장 상품매매기업의 회계

제 1 절 | 상품매매기업의 영업

제 2 절 | 상품계정의 분할

제 3 절 | 상품매입의 기록

제 4 절 | 상품매출의 기록

제 5 절 | 실지재고조사법에 의한 상품거래의 회계

제 6 절 | 상품매매기업의 기말결산

## 두 배로 행복한 세상

오늘은 누구를
어떻게 기쁘게 해 줄까
내가 두 사람을
그 두 사람은 각자 다른 두 사람을
기쁘게 해 주는 거지
그리고 그 사람들은
또 다른 두 사람을……

오늘은 누구에게
어떤 도움을 줄까
내가 두 사람에게
그 두 사람은 각자 다른 두 사람에게
도움을 주는 거지
그리고 그 사람들은
또 다른 두 사람에게……

그럼 2배, 4배, 8배, 16배……
자꾸 자꾸 늘어나겠지
두 배로 행복한 세상
이렇게 만들어가는 거야

이경재(전주대학교 교수, 시인, 아동문학가)

# 1절 상품매매기업의 영업

기업에는 서비스를 제공해서 수익을 획득하는 서비스기업, 제품을 제조해서 판매하여 수익을 획득하는 제조기업, 상품을 매매해서 수익을 획득하는 상품매매기업 등의 세 가지 유형이 있다.

롯데백화점, 이마트 등은 수익의 주된 원천으로서 서비스를 제공하는 것이 아니라 상품을 사고 팔기 때문에 상품매매기업(merchandising companies)이라고 한다. 소비자에게 직접 판매하는 상품매매기업을 소매상(retailers)이라고 한다. 소매상에게 물건을 파는 상품매매기업을 도매상(wholesalers)이라고 한다. 상품매매기업의 경우, 수익의 주된 원천은 상품의 매출이며, 이를 단순히 매출수익(sales revenue)이나 매출액(sales)이라고 한다. 상품매매기업의 비용은 매출원가와 기타비용의 두 종류로 구분된다.

매출원가(cost of goods sold)는 기중에 매출된 상품의 원가총액이다. 이 비용은 상품의 매출로부터 인식된 수익과 직접 관련있다. 상품매매기업의 이익측정과정은 <도표 7-1>에 나타나 있다. 매출원가와 매출총이익은 상품매매기업에만 나타나며, 서비스기업은 이용하지 않는다.

**도표 7-1 상품매매기업의 이익측정과정**

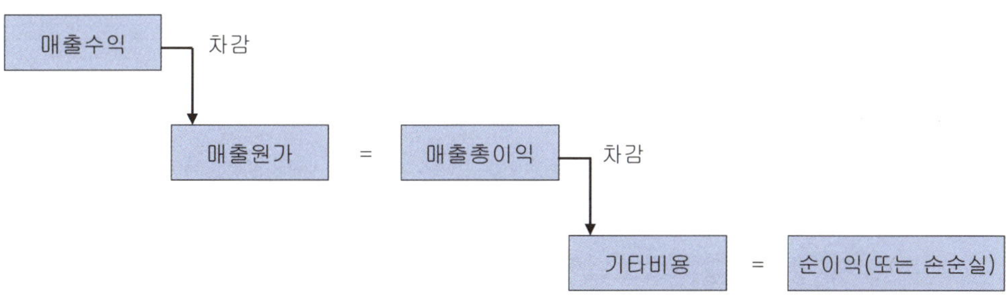

## 1. 영업순환주기

상품매매기업은 상품을 구입해서 보관하였다가 다시 판매하게 되는 데, 이 때 보관중인 상품을 재고자산(inventory)이라고 한다. 보관중인 재고자산은 현금이나 외상으로 판매되어 매출채권이 발생하게 되며, 일정한 기간이 경과한 후 이것은 현금으로 회수된다. 기업은 이 현금으로 다시 상품을 구입하고 보관하였다가 판매하는 과정을 반복하게 되는 데, 이러한 과정을 영업순환주기(operating cycle)이라고 한다.

상품매매기업의 영업순환주기는 <도표 7-2>에서 보는 바와 같이 서비스기업의 영업순환주기보다 더 길다. 상품재고자산의 매입과 이의 궁극적인 매출이 이 순환주기를 길게 한다. 서비스기업과 상품매매기업의 영업순환주기는 <도표 7-2>에 대조적으로 표시되어 있다. 상품매매기업의 경우 추가로 나타난 자산계정은 재고자산(inventory)계정이라는 것에 유의하라.

**도표 7-2** **서비스기업과 상품매매기업의 영업순환주기**

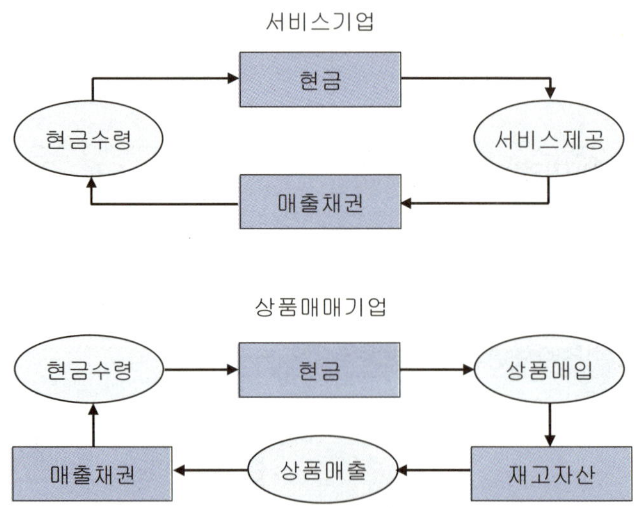

## 2. 재고시스템

상품매매기업은 재고자산의 수량파악과 관리를 위해 계속기록법과 실지재고조사법이라는 두 가지 방법을 사용하고 있다. 이들은 매출에 이용가능한 재고자산의 수량과 매출된 재고자산의 수량을 결정하기 위해 재고자산을 추적한다. 두 가지 방법(계속기록법과 실지재고조사법) 중의 하나가 재고자산의 회계에 이용된다.

### 1) 계속기록법

계속기록법(perpetual inventory system)에서는 상품의 매입과 매출의 원가에 관한 상세한 기록이 유지된다. 즉, 여기서는 상품의 증감을 상품계정에 기록하고 매출액과 매출원가를 기록하는 방법이다. 이 방법은 계속적으로 모든 상품에 대해 보유하고 있어야 하는 재고자산을 보여준다. 예를 들면, 어떤 자동차회사의 판매제도는 야적장과 전시장에서 각각의 승용차, 트럭, 승합차 등에 대해 별도의 재고자산기록을 가지고 있다. 이와 마찬가지로 식료품상점은 바코드와 전자스캐너를 가지고 매매하는 모든 식료품을 매일 기록할 수 있다. 계속기록법에서는 매출이 발생할 때마다 매출원가가 결정되므로 회계기말에서 매출원가계정에서 당해기간의 매출원가를 바로 알 수 있다. 따라서 기말에 매출원가를 계산하기 위한 수정분개가 필요하지 않으며, 기말의 상품계정에서 기말의 상품재고자산의 원가를 알 수 있다.

계속기록법은 자동차, 가구, 가전제품 등과 같이 비싼 가격의 상품을 판매하는 기업들이 전통적으로 이용하는 방법이다. 최근에 컴퓨터와 전자스캐너를 광범위하게 이용함에 따라 많은 기업들이 계속기록법을 이용할 수 있게 되었다. 계속기록법에서는 회계기록이 언제라도 보유해야 하는 재고자산의 원가와 수량을 계속적으로 보여주기 때문에 계속기록법이라는 이름이 사용되고 있으며, 재고관리에 매우 유용하다.

계속기록법은 실지재고조사법보다 재고자산에 대한 통제를 더 잘 할 수 있다. 재고자산기록은 보유해야 하는 수량을 보여주기 때문에 실제로 보유하는 상품의 수량이 재고자산기록과 일치하는지의 여부를 살펴보기 위해 상품의 수량을 언제라도 파악할 수 있다. 발견된 부족분은 즉시 조사할 수 있다. 계속기록법은 보조기록을 유지하기 위해서 사무적인 일과 비용이 추가로 필요하지만, 업무의 전산화로 이러한 비용을 줄일 수 있다.

일부 기업들은 계속기록법을 전산화하는 것이 불필요하거나 비경제적이라고 생각한다. 특히 소규모의 상품매매기업들은 계속기록법이 비경제적이라고 생각한다. 이러한 기업의 경영자들은 계속기록법을 사용함으로써 상세한 재고자산의 기록이 없어도 일상의 영업을 관리하고 상품을 통제할 수 있다.

### 2) 실지재고조사법

실지재고조사법(periodic inventory system)에서는 보유상품의 상세한 재고기록이 일정한 기간동안 유지되지 않는다. 매출원가는 정기적으로 즉 회계기말에 결정된다. 이 시점에서 보유상품의 원가를 결정하기 위해 실제로 재고자산의 수량을 파악한다. 여기서는 상품의 매입시에 임시적으로 매입계정의 차변에 상품매입액을 기록하며, 매출시에는 계속기록법과 동일하게 회계처리한다. 실지재고조사법하에서 매출원가를 결정하기 위해서는 (1) 회계기초에 보유상품의 원가를 결정하고, (2) 매입상품의 원가를 그것에 가산하고, (3) 회계기말에 보유상품의 원가를 차감해야 한다.

<도표 7-3>은 두 재고시스템하에서 매출원가계산의 시기와 활동순서를 도표로 비교하고 있다.

**도표 7-3 계속기록법과 실지재고조사법**

| 구 분 | 실지재고조사법 | 계속기록법 |
|---|---|---|
| 매입시점 | <차> 매　　입 XXX<br>　　　<대> 매입채무 XXX | <차> 재고자산 XXX<br>　　　<대> 매입채무 XXX |
| 판매시점 | <차> 매출채권 XXX<br>　　　<대> 매　　출 XXX | <차> 매출채권 XXX<br>　　　<대> 매　　출 XXX<br><차> 매출원가 XXX<br>　　　<대> 재고자산 XXX |

| | | |
|---|---|---|
| 결산시점 | <차> 매출원가 XXX<br><대> 재고자산 XXX<br><차> 매출원가 XXX<br><대> 매　입 XXX<br><차> 재고자산 XXX<br><대> 매출원가 XXX | 수정분개 없음 |

## 2절 상품계정의 분할

상품매매기업에서는 상품계정에서 모든 매입과 매출을 기록할 수도 있지만, 상품계정이 너무 복잡하므로 편의상 여러 가지 방식(2분법, 3분법, 5분법, 7분법, 9분법)으로 분할하여 상품거래를 기록한다. 이 중에서 3분법이 가장 기본적으로 널리 사용되는 방법이다.

**도표 7-4 상품계정의 분할**

| 2분법 | 3분법 | 5분법 | 7분법 | 9분법 |
|---|---|---|---|---|
| 상품<br>매출 | 이월상품<br>매입<br>매출 | 이월상품<br>매입<br>매입환출및에누리<br>매출<br>매출환입및에누리 | 이월상품<br>매입<br>매입환출<br>매입에누리<br>매출<br>매출환입<br>매출에누리 | 이월상품<br>매입<br>매입환출<br>매입에누리<br>매입할인<br>매출<br>매출환입<br>매출에누리<br>매출할인 |

3분법이 널리 이용되고 있는 데, 3분법에 의하면 상품계정을 이월상품계정, 매입계정, 매출계정으로 나누어 처리하게 된다.

매입계정의 차변에는 당기 총매입원가가 기록되고, 대변에는 매입에누리 및 환출액과 매입할인이 기록된다. 그러므로 매입계정의 잔액은 항상 차변에 남게 되며 순매입액을 나타낸다.

매출계정의 대변에는 당기 총매출액이 매출가격으로 기록되고 차변에는 매출에누리, 매출환입, 매출할인액이 기록되며, 대변잔액은 순매출액을 나타낸다.

이월상품계정은 차변에 전기로부터 이월된 상품액이 기록된다.

| 매입 | |
|---|---|
| 당기총매입원가 | 매입에누리 |
| | 매입환출 |
| | 매입할인 |
| | 순매입원가 |

| 매출 | |
|---|---|
| 매출에누리 | 당기총매출액 |
| 매출환입 | |
| 매출할인 | |
| 순매출액 | |

| 이월상품 | |
|---|---|
| 전기이월액 | |

상품매매손익을 계산하기 위해서는 결산시에 기말상품재고액을 결정한 후에 기초상품재고액에 당기순매입원가를 가산한 후 기말상품재고액을 차감하여 매출원가를 계산하고 이를 순매출액에서 차감하여 상품의 매출총이익을 구한다.

## 3절 상품매입의 기록

상품의 매입은 현금이나 외상(신용)으로 이루어질 것이다. 매입은 정상적으로 상품을 판매회사로부터 수령할 때 기록된다. 모든 매입은 서면에 의한 거래증거를 제공하는 기업서류에 의해 증빙되어야 한다. 각 현금매입은 매입한 품목과 지급한 금액을 가리키는 금전등록기의 영수증이나 수표에 의해 증빙되어야 한다. 현금매입은 상품의 증가와 현금의 감소로 기록된다.

차) 상품 xxx 대) 현금 xxx

각 신용매입은 매입송장(purchase invoice)에 의해 증빙되어야 하는데, 이 서류는 매입가격합계와 기타 관련정보를 가리킨다. 그러나 매입회사는 별도의 매입송장을 작성하지 않는다. 그 대신에 매입회사는 판매회사가 보낸 매출송장(상품판매자가 상품을 선적하고 나서 구매자에게 발송하는 상품매매서류, 이 서류에는 상품의 매매와 관련된 모든 조건이 명시되어 있다)사본을 매입송장으로 이용한다.

예를 들어, 독도상사가 5월 4일에 송도상사로부터 3,800,000원의 매출송장을 수령하였다고 하면, 송도상사의 매출송장에 대한 독도상사의 관련분개는 상품의 증가와 매입채무의 증가이다.

5월 4일 차) 상품 3,800,000 대) 매입채무 3,800,000
(송도상사로부터 외상으로 매입한 상품을 기록)

계속기록법에서 판매용 상품의 매입은 상품계정에 기록된다. 그리하여, 이마트와 같은 일반상품의 소매상은 고객에게 재판매하기 위해 매입한 의류, 스포츠용품, 기타 상품을 차변에 기록할 것이다. 그러나 모든 매입이 상품계정의 차변에 기록되지는 않는다. 재판매용이 아닌 (소모품, 설비자산, 기타 등과 같이) 사용하기 위해 취득한 자산의 매입은 상품이 아닌 특정한 자산계정의 증가로 기록된다. 그리고 이들을 외상으로 구입하였다면 이들은 매입채무가 아닌 미지급금으로 회계처리된다.

## 1. 매입환출과 매입에누리

수령한 상품에 흠집이나 손상이 가해져 있을 수 있으며, 품질이 낮거나 매입회사가 지정하는 특성의 상품이 아닐 수도 있기 때문에 어떤 매입회사는 수령한 상품에 만족하지 않을 수도 있다. 이러한 경우에 매입회사는 그 매입이 현금으로 이루어졌다면 현금을 환급받고, 그 상품을 판매회사에게 반환할 수도 있다. 이 거래를 매입환출(purchase return)이라고 한다. 이와는 달리, 만약 판매회사가 판매가격에서 에누리(차감)를 해 준다면 매입회사는 그 상품을 계속해서 간직하고자 할 것이다. 이 거래를 매입에누리(purchase allowance)라고 한다.

독도상사가 5월 8일에 원가 300,000원인 상품을 송도상사에 환출하였다고 가정하자. 환출상품에 대한 독도상사의 분개는 다음과 같다.

| | | | | |
|---|---|---|---|---|
| 5월 8일 | 차) 매입채무 | 300,000 | 대) 상품 | 300,000 |

(송도상사로부터 수령한 상품의 환출을 기록)

독도상사는 상품을 수령하였을 때 상품을 증가시켰기 때문에, 독도상사는 상품을 환출할 때는 상품을 감소시킨다.

## 2. 운반비

판매자와 매입자 간에 상품의 운반비를 누가 부담할 것인가를 결정해야 한다.

운반비의 부담조건에는 선적지인도가격(FOB shipping point)과 도착지인도가격(FOB destination)이 있다. 선적지인도가격의 경우에는 판매회사가 상품을 판매하기 위해 선적하는 시점에서 상품의 소유권이 매입자에게 넘어가므로 매입자가 운반비를 부담하며, 도착지인도가격의 경우에는 상품이 목적지에 도착해야 매입자에게 소유권이 넘어가므로 판매회사가 운반비를 부담한다.

매출송장에는 판매회사나 매입회사가 매입회사의 영업장소까지 상품을 운반하는 비용을 지불하는지의 여부가 명시되어 있다. 매입회사가 운반비를 지불할 때, 이러한 비용은 재고자산의 매입원가에 포함된다. 그 결과, 상품계정은 증가한다. 예를 들면,

5월 6일에 상품이 도착되는 즉시, 독도상사는 경부운송회사에게 운반비로 150,000원을 지불한다면, 독도상사의 분개는 다음과 같다.

| 5월 6일 | 차) 상품 | 150,000 | 대) 현금 | 150,000 |
|---|---|---|---|---|
| | | | (매입상품의 운반비지급을 기록) | |

이와는 대조적으로, 판매회사가 출하하는 상품에 대해 부담하는 운반비(freight costs)는 판매회사에게는 영업비용이다. 이 비용은 운반비나 배달비라는 계정과목으로 비용을 증가시킨다. 만약, 송도상사(판매회사)가 150,000원의 운반비를 지불한다면, 송도상사의 분개는 다음과 같을 것이다.

| 5월 4일 | 차) 운반비 | 150,000 | 대) 현금 | 150,000 |
|---|---|---|---|---|
| | | | (매출상품의 운반비 지급을 기록) | |

판매회사가 운반비를 지불할 때, 그 판매회사는 대개의 경우 선적비용을 포함시키기 위해 상품의 송장가격을 높게 책정할 것이다.

## 3. 매입할인

외상매입의 신용조건에 의하면 매입회사는 신속한 현금지불에 대해 현금할인을 요구할 수 있을 것이다. 이러한 현금할인을 매입할인(purchase discount)이라고 한다. 이러한 할인은 두 당사자에게 도움이 된다. 매입회사는 돈을 절약하고 판매회사는 매출채권을 현금으로 빨리 전환함으로써 영업순환주기를 짧게 할 수 있다.

신용조건(credit terms)은 현금할인의 금액, 기간 등을 구체적으로 정한다. 신용조건은 또한 매입회사가 송장가격을 모두 지불할 것으로 기대되는 기간을 지정한다. 판매송장에서, 신용조건이 2/10, n/30(two-ten, net thirty)이라면, 송장일로부터 10일

(할인기간)이내에 지급하면 (송장가격에서 환출이나 에누리를 차감한) 송장가격순액에서 2% 현금할인을 해 준다는 것을 의미한다. 이 기간내에 지급되지 않는다면, 송장가격은 송장일로부터 30일까지 갚아야 한다. 그런데, 판매가 발생한 달 이후에 정해진 기간까지 할인기간이 연장될 수도 있다. 예를 들면, 1/10, EOM(end of month)는 송장이 다음 달의 10일 이내에 지급된다면, 1%할인이 가능하다는 것을 의미한다.

판매회사가 신속한 현금수령을 위한 현금할인을 제공하지 않을 때, 신용조건은 갚아야 할 금액을 지급하기 위한 최대기간만을 지정할 것이다. 예를 들면, 기간은 n/30, n/60, n/10 EOM으로 정해질 수도 있다. 이들은 각각 순액을 30일, 60일, 다음 달의 10일이내에 지급해야 한다는 것을 의미한다.

송장가격을 할인기간내에 지급할 때, 할인금액은 상품재고자산을 감소시킨다. 이는 재고자산이 원가로 기록되며, 할인기간내에 지급함으로써 매입회사는 그 원가를 줄이기 때문이다. 예를 들면, 독도상사가 3,500,000원(송장가격 3,800,000원 - 매입환출과 매입에누리 300,000원)의 신용금액을 할인기간의 최종일인 5월 14일에 지불한다고 하자. 현금할인은 70,000원(3,500,000원 × 2%)이며, 독도상사가 지불한 현금은 3,430,000원(3,500,000 - 70,000)이다. 독도상사가 5월 14일에 지급한 것을 기록하기 위한 분개는 다음과 같다.

| | | | | |
|---|---|---|---|---|
| 5월 14일 | 차) 매입채무 | 3,500,000 | 대) 현금 | 3,430,000 |
| | | | 상품 | 70,000 |
| | | | (할인기간내의 지급을 기록) | |

만약 독도상사가 할인을 받지 못하고 6월 3일에 전액을 지불하였다면, 독도상사의 분개는 다음과 같을 것이다.

| | | | | |
|---|---|---|---|---|
| 6월 3일 | 차) 매입채무 | 3,500,000 | 대) 현금 | 3,500,000 |
| | | | (무할인으로 전액을 지급) | |

상품매매기업은 대개의 경우 이용가능한 모든 할인을 이용해야 한다. 할인을 포기하는 것은 화폐의 이용에 대한 이자를 지급하는 것으로 간주될 것이다. 예를 들면, 만약 독도상사가 이 할인을 포기하였다면, 그것은 20일(30일 - 10일)동안 3,500,000원의 이용에 대해 2%의 이자율을 지급하는 것과 같을 것이다. 이것은 약 36.5%(2% × 365/20)의 년이자율과 같을 것이다. 분명히 독도상사는 할인을 포기하기 보다는 현재의 은행이자율인 8%~12%로 빌리는 것이 더 좋을 것이다.

### 4. 매입거래의 요약

상기 거래의 상품재고자산에 대한 영향을 요약한 것이 아래의 T계정에 있다. 독도상사는 원래 판매하기 위해 3,800,000원어치의 재고자산을 구입하였다. 그리고나서 300,000원어치의 상품을 반환하였다. 독도상사는 운임으로 150,000원을 지급하였으며, 마지막으로 할인기간내에 지급하였기 때문에 잔액에서 70,000원의 할인을 받았다. 이로 인해 재고자산의 잔액은 3,580,000원이다.

상 품

| | | | | | |
|---|---|---|---|---|---|
| (매입) | 5월 4일 | 3,800,000 | 5월 8일 | 300,000 | (매입환출) |
| (운반비) | 9일 | 150,000 | 14일 | 70,000 | (매입할인) |
| (잔액) | | 3,580,000 | | | |

## 4절 상품매출의 기록

서비스수익처럼 매출수익은 수익인식원칙을 준수하기 위해 가득했을 때 기록된다. 특히, 매출수익은 상품이 판매회사로부터 매입회사로 이전될 때 가득된다. 이 시점에서 매출거래가 완료되고 매출가격이 설정된다.

매출은 외상(신용)이나 현금으로 이루어진다. 모든 매출거래는 매출에 관한 서면증거를 제공하는 기업서류(business document)에 의해 증빙되어야 한다. 금전등록기 테이프는 현금매출의 증거를 제공해준다. 매출송장은 신용매출을 증빙해 준다. 송장의 원본은 고객에게 가며 판매회사는 그 매출을 기록하는 데 이용하기 위해 사본을 보관한다. 송장은 매출일자, 고객이름, 총판매가격, 기타 관련정보를 나타낸다.

각각의 매출에 대해 두 개의 분개가 이루어진다. (1) 매출채권이나 현금이 증가하고 매출이 증가한다. (2) 매출원가가 증가하고 상품이 감소한다. 그 결과, 상품계정은 항상 보유해야 하는 재고금액을 보여줄 것이다.

신용매출거래를 예시하기 위해, 5월 4일자 송도상사의 독도상사에 대한 매출 3,800,000원은 다음과 같이 기록된다(송도상사의 상품원가는 2,400,000원이라고 가정).

| | | | | |
|---|---|---|---|---|
| 5월 4일 | 차) 매출채권 | 3,800,000 | 대) 매출 | 3,800,000 |
| | | | (독도상사에 대한 신용매출을 기록) | |
| 4일 | 차) 매출원가 | 2,400,000 | 대) 상품 | 2,400,000 |
| | | | (독도상사에 판매한 상품의 원가를 기록) | |

내부의사결정목적으로, 상품매매기업들은 한 개 이상의 매출계정을 이용할 것이다. 예를 들면, 송도상사는 다양한 상품을 판매하기 위해 별도의 매출계정들을 유지하기로 결정할 것이다. 이마트는 스포츠용품, 아동의류, 하드웨어 등에 대해 별도의 계정들을 이용하였다. 단일의 혼합매출계정보다는 주요한 제품군에 대해 별도의 매출계정을 이용함으로써, 회사경영자는 매출추세를 보다 면밀하게 감시할 수 있으며, 보다 적절한 전략으로 매출양상의 변화에 반응할 수 있다. 예를 들면, 만약 TV의 매출이 증가하는데 반하여 전자오븐의 매출이 감소하고 있다면, 회사는 이러한 품목의 각각에 대한 광고와 가격결정정책이 최적인지의 여부를 알아보기 위해서는 이들을 재평가해야 한다.

외부투자자에게 제출되는 포괄손익계산서상에서, 상품매매기업은 정상적으로 단일의 매출금액(개별매출계정들의 합계액)만을 제공할 것이다. 이것은 두 가지 이유로 실시된다. 첫째, 그 개별매출계정들의 전부에 관해 명세를 제공하는 것은 포괄손익계산서를 상당히 길게 할 것이다. 둘째, 기업들은 경쟁자들이 영업결과의 세부사항을 아는 것을 원하지 않는다. 그러나 일부 기업은 연례보고서에서 공시하는 다양한 수익유형의 수를 확대하기로 결정하였다. 이러한 공시로 재무제표이용자는 그 고객과 인터넷사업의 성장을 더 잘 평가할 수 있을 것이다.

## 1. 매출환입과 매출에누리

이제 매입환출과 매입에누리의 반대측면을 살펴보기로 하자. 이들은 판매회사의 장부에서 매출환입과 매출에누리(sales returns and allowances)로 기록된다. 환입상품에 대한 신용을 기록하기 위한 송도상사의 분개는 (1) 300,000원의 매출환입 및 에누리의 증가와 매출채권의 감소 (2) 상품의 증가(원가는 140,000원으로 가정)와 매출원가의 감소 등이다.

| | | | | |
|---|---|---|---|---|
| 5월 8일 | 차) 매출환입과 에누리 | 300,000 | 대) 매출채권 | 300,000 |
| | (환입상품에 대해 독도상사에 부여된 신용을 기록) | | | |
| 8일 | 차) 상품 | 140,000 | 대) 매출원가 | 140,000 |
| | | | (환입상품의 원가를 기록) | |

매출환입과 에누리는 매출에 대한 수익차감계정(contra revenue account)이다. 매출환입과 에누리의 정상적인 잔액은 차변에 있다. 포괄손익계산서에 매출환입과 에누리의 금액을 공시하기 위해 매출을 차변에 기입하는 대신에, 차감계정이 사용된다. 이 정보의 공시는 경영자에게 중요하다. 과도한 환입과 에누리는 문제점(품질불량, 비효율적인 주문처리, 고객청구의 오류, 상품선적이나 배달의 실수 등)을 시사한다.

나아가, 매출에 대해 직접 기록된 감소(차변)는 매출의 비율로서 매출환입과 에누리의 상대적 중요성을 흐리게 할 것이다. 그것은 또한 상이한 회계기간에 매출합계의 비교를 왜곡시킬 수 있을 것이다.

## 2. 매출할인

매입거래에 관한 논의에서 언급한 바와 같이, 판매회사는 받아야 할 잔액의 신속한 수령을 위해 고객에게 (판매회사가 매출할인이라고 하는) 현금할인을 제공할 수 있을 것이다. 매입할인처럼, 매출할인도 송장가격에서 매출환입과 에누리를 차감한 순액에 근거하고 있다. 매출할인계정에서는 할인이 발생할 때 차변에 기입된다. 송도상사가 할인기간내에 독도상사로부터 5월 14일에 현금을 수령한 것을 기록하기 위한 분개는 다음과 같다.

| | | | | | |
|---|---|---|---|---|---|
| 5월 14일 | 차) 현금 | 3,430,000 | 대) 매출채권 | 3,500,000 |
| | 매출할인 | 70,000 | | |
| | (독도상사로부터 2/10, n/30의 할인기간내에 현금회수를 기록) | | | |

매출환입과 에누리처럼, 매출할인도 매출에 대한 수익차감계정이다. 그것의 정상적인 잔액은 차변에 있다. 고객이 받은 현금할인액을 공시하기 위해 매출을 차변기입하기 보다는 이 계정을 이용한다. 만약 할인이 발생하지 않으면, 송도상사는 현금회수일에 현금 3,500,000원을 증가시키고 같은 금액으로 매출채권을 감소시킨다.

### 예제 7-1

**9월 5일에 종로상사는 여수상사로부터 외상으로 상품을 구입하였다. 상품의 판매가격은 1,500,000원이며 매입원가는 800,000원이다. 9월 8일에 200,000원의 판매가인 상품(원가 150,000)이 반환되었다. 두 기업의 장부에 거래를 분개하라.**

**예제풀이**

종로상사

| | | | | |
|---|---|---|---|---|
| 9월 5일 | 차) 상품 | 1,500,000 | 대) 매입채무 | 1,500,000 |
| | | | (외상으로 구입한 상품을 기록) | |
| 9월 8일 | 차) 매입채무 | 200,000 | 대) 상품 | 200,000 |
| | | | (상품반환을 기록) | |

여수상사

| | | | | |
|---|---|---|---|---|
| 9월 5일 | 차) 매출채권 | 1,500,000 | 대) 매출 | 1,500,000 |
| | | | (외상매출을 기록) | |
| 5일 | 차) 매출원가 | 800,000 | 대) 상품 | 800,000 |
| | | | (매출한 상품의 매출원가를 기록) | |
| 9월 8일 | 차) 매출환입과 에누리 | 200,000 | 대) 매출채권 | 200,000 |
| | | | (매출한 상품의 환입을 기록) | |
| 8일 | 차) 상품 | 105,000 | 대) 매출원가 | 105,000 |
| | | | (환입한 상품의 매출원가를 기록) | |

## 5절 실지재고조사법에 의한 상품거래의 회계

앞에서 언급한 바와 같이, 재고자산회계의 두 가지 기본시스템(계속기록법과 실지재고조사법) 중의 하나가 이용될 수 있다. 앞에서는 계속기록법의 특징에 초점을 두었다. 여기서는 실지재고조사법을 살펴보기로 한다. 두 시스템 사이의 주요한 차이점 중의 하나는 매출원가가 계산되는 시점이다.

## 1. 상품매매의 기록

실지재고조사법에서 상품의 매출수익은 계속기록법처럼 매출이 이루어질 때 기록된다. 그러나 계속기록법과는 달리, 매출일에 매출원가를 기록하기 위한 어떠한 시도도 이루어지지 않는다. 그 대신에, (1) 보유상품의 원가와 (2) 기중의 매출원가를 결정하기 위해 기말에 실제로 재고조사를 실시한다. 그리고, 실지재고조사법하에서 상품의 매입은 상품계정보다는 매입계정에 기록된다. 그리고 실지재고조사법에서 매입환출과 매입에누리, 매입할인 등은 별도의 계정에 기록된다.

실지재고조사법에서 상품거래의 기록을 예시하기 위해, 본장의 계속기록법에서 예시한 것처럼 송도상사와 독도상사 간의 매입/매출거래를 이용할 것이다.

## 2. 상품매입의 기록

송도상사로부터 주문받은 상품의 수령과 매출송장에 근거하여, 독도상사는 3,800,000원의 매입을 다음과 같이 기록한다.

| 5월 4일 | 차) 매입 | 3,800,000 | 대) 매입채무 | 3,800,000 |
|---|---|---|---|---|
| | (2/10, n/30의 조건으로 외상매입한 상품을 기록) | | | |

매입계정은 정상잔액이 차변에 있는 임시계정이다.

### (1) 매입환출과 에누리

송도상사로부터 수령한 상품 300,000원이 불량이므로 독도상사는 그 상품을 환출하고 이 환출을 인식하기 위해 다음과 같은 분개를 하였다.

5월 8일　　차) 매입채무　　　　300,000　　대) 매입환출과 에누리 300,000

(송도상사로부터 매입한 상품의 환출을 기록)

매입환출과 에누리는 그 정상잔액이 대변에 있는 임시계정이다.

### (2) 운반비

매입회사가 직접 운반비를 부담할 때, 매입운임(freight-in)계정의 차변에 기입한다. 예를 들면, 5월 6일에 상품을 배달할 때, 독도상사가 운송회사에게 송도상사로부터의 매입할 때 운임으로 150,000원을 지불한다면, 독도상사의 장부상의 분개는 다음과 같다.

5월 6일　　차) 매입운반비　　　　150,000　　대) 현금　　　　150,000

(매입상품의 운반비지급을 기록)

매입처럼, 매입운반비도 그 정상잔액이 차변에 있는 임시계정이다. 매입운반비는 매입원가의 일부이다. 그 이유는 매입원가는 그 상품을 매입회사에게 가져오는데 필요한 운반비를 포함하기 때문이다. 운반비는 매입할인의 대상이 아니다. 매입할인은 상품의 송장원가에 포함된다.

### (3) 매입할인

5월 14일에 송도상사가 10일이내에 지급하면 가능하다는 2%의 현금할인을 받으면서, 독도상사는 송도상사에게 외상잔액을 지급하였다. 독도상사가 기록하는 지급과 할인은 다음과 같다.

| | | | | |
|---|---|---|---|---|
| 5월 14일 | 차) 매입채무 | 3,500,000* | 대) 매입할인 | 70,000** |
| | | | 현금 | 3,430,000 |

* 3,500,000 = 3,800,000 - 300,000
** 70,000 = 3,500,000 × 0.02
(할인기간내에 송도상사에 대한 지급을 기록)

매입할인은 그 정상잔액이 대변에 있는 임시계정이다.

## 3. 상품매출의 기록

5월 4일에 독도상사로 상품 3,800,000원어치를 신용매출한 판매회사인 송도상사가 다음과 같이 기록하였다.

| | | | | |
|---|---|---|---|---|
| 5월 4일 | 차) 매출채권 | 3,800,000 | 대) 매출 | 3,800,000 |

(독도상사에 대한 신용매출을 기록)

### (1) 매출환입과 에누리

5월 8일에 독도상사로부터 수령한 환입상품을 기록하기 위해 송도상사는 매출환입 300,000원을 다음과 같이 기록한다.

| | | | | |
|---|---|---|---|---|
| 5월 8일 | 차) 매출환입과 에누리 | 300,000 | 대) 매출채권 | 300,000 |

(독도상사로부터 상품의 환입을 기록)

### (2) 매출할인

5월 14일에 송도상사는 독도상사로부터 외상매출금 3,430,000원을 수령한다. 송도상사는 2%의 현금할인을 부여하고 독도상사의 지급을 다음과 같이 기록한다.

5월 14일　　차) 현금　　　　3,430,000　　대) 매출채권　　　3,500,000
매출할인　　　　70,000*

* 70,000 = 3,500,000 × 0.02
(2/10, n/30의 할인기간내에 독도상사로부터 현금수령을 기록)

## 4. 계속기록법과 실지재고조사법의 분개비교

독도상사 장부상의 분개

| | 거래 | 계속기록법 | 실지재고조사법 |
|---|---|---|---|
| 5월4일 | 상품의 외상매입 | 상품 3,800,000 / 매입채무 3,800,000 | 매입 3,800,000 / 매입채무 3,800,000 |
| 5월8일 | 매입환출과 에누리 | 매입채무 300,000 / 상품 300,000 | 매입채무 300,000 / 매입환출과 에누리 300,000 |
| 5월9일 | 매입운반비 | 상품 150,000 / 현금 150,000 | 매입운반비 150,000 / 현금 150,000 |
| 5월14일 | 매입채무 할인지급 | 매입채무 3,500,000 / 현금 3,430,000<br>상품 70,000 | 매입채무 3,500,000 / 현금 3,430,000<br>매입할인 70,000 |

송도상사 장부상의 분개

| | 거래 | 계속기록법 | 실지재고조사법 |
|---|---|---|---|
| 5월 4일 | 상품의 외상매출 | 매출채권 3,800,000 / 매출 3,800,000<br>매출원가 2,400,000 / 상품 2,400,000 | 매출채권 3,800,000 / 매출 3,800,000 |
| 5월 8일 | 매출상품의 환입 | 매출환입과 에누리 300,000 / 매출채권 300,000<br>상품 140,000 / 매출원가 140,000 | 매출환입과 에누리 300,000 / 매출채권 300,000<br>분개없음 |
| 5월 14일 | 현금할인수령 | 현금 3,430,000<br>매출할인 70,000<br>/ 매출채권 3,500,000 | 현금 3,430,000<br>매출할인 70,000<br>/ 매출채권 3,500,000 |

## 5. 실지재고조사법의 매출원가결정

매출원가의 결정은 실지재고조사법과 계속기록법에서 서로 다르다. 어떤 기업이 계속기록법을 이용할 때, 재고자산에 영향을 주는 모든 거래(운반비, 반환, 할인)는 상품계정으로 직접 기록된다. 그리고 매출시점에서 계속기록법은 상품재고의 감소와 매출원가의 증가를 필요로 한다. 그러나 실지재고조사법에서는 운반비, 환입, 환출, 할인 등을 기록하기 위해 별도의 계정이 이용된다. 여기서는 기중의 매출원가 뿐만 아니라 기말재고자산의 잔액이 기말에 계산된다.

매출원가 = 기초재고원가 + 당기매입원가 - 기말재고원가

여기서 기초재고원가는 상품계정의 기초재고원가이며, 당기매입원가는 임시계정인 매입계정에서 계산된다. 기초재고원가와 당기매입원가의 합계를 판매가능원가라고도 한다. 이 합계액에서 실지재고조사를 통해 파악한 기말재고원가를 차감하여 매출원가를 구하게 된다.

실지재고조사법을 이용하는 송도상사의 매출원가 결정은 <도표 7-5>에 나타나 있다.

**도표 7-5 실지재고조사법을 이용하는 기업의 매출원가**

매출원가

| 송도상사 | 20X7.1.1-20X5.12.31 | | (단위: 천원) |
|---|---|---|---|
| 매출원가 | | | |
| 기초재고(1.1) | | | 36,000 |
| 매입 | | 325,000 | |
| (-)매입환출과 에누리 | 10,400 | | |
| 매입할인 | + 6,800 | - 17,200 | |
| 순매입 | | 307,800 | |
| (+)운반비 | | + 12,200 | |

| | |
|---|---|
| 매입원가 | + 320,000 |
| 판매가능원가 | 356,000 |
| (-)기말재고(12.31) | - 40,000 |
| 매출원가 | 316,000 |

실지재고조사법을 이용하더라도 재무상태표의 내용은 영향을 받지 않는다. 계속기록법처럼 상품재고자산은 유동자산 항에 동일한 금액으로 보고된다.

## 예제 7-3

**경주상사의 회계기록은 기말인 20X7년 12월 31일에 다음과 같은 것을 보여주고 있다. 매입할인 3,400,000원, 운반비 6,100,000, 매입가격 162,500,000원, 기초재고자산 18,000,000원, 기말재고자산 20,000,000원, 매입환출 5,200,000원, 실지재고조사법을 이용하여 경주상사의 다음을 계산하라.**

(1) 매입원가
(2) 매출원가

**예제풀이**

(1) 매입원가 = 매입 - 매입환출 - 매입할인 + 운반비
162,500,000 - 5,200,000 - 3,400,000 + 6,100,000 = 160,000,000원

(2) 매출원가 = 기초재고 + 매입원가 - 기말재고
18,000,000 + 160,000,000 - 20,000,000 = 158,000,000원

# 6절 상품매매기업의 기말결산

상품매매기업의 기말결산과정을 간단히 살펴보기로 한다. 기말결산과정에서는 기말수정분개와 마감분개가 필요하다.

상품매매기업의 수정분개는 먼저 순매출액과 매출원가를 산출하는 것부터 시작한다.

수정분개 1단계에서는 매출에누리와 환입, 매출할인 등이 있을 경우, 이들을 매출액에서 차감하는 분개를 실시한다.

수정분개 1단계

| | | | | |
|---|---|---|---|---|
| 수정분개① | 차) 매출 | xxx | 대) 매출에누리와 환입 | xxx |
| | | | 매출할인 | xxx |

수정분개의 2단계에서는 매출원가를 산출한다. 기업이 실지재고조사법으로 재고수량을 파악한다면, 회계기간중에는 매출원가를 알 수 없기 때문에 기말수정분개단계에서 매출원가를 계산해야 한다. 기업이 실지재고조사법을 이용할 경우, 회계기간중에 재고자산계정에는 기초재고자산만 있을 뿐, 재고자산의 증감이 나타나지 않는다. 즉, 재고자산의 매입은 매입계정, 매출은 매출계정에 기입되기 때문이다. 따라서 회계기말에는 재고자산계정에서 기말재고자산의 원가를 알 수 있도록 수정하는 절차가 필요하다. 그리고 기중에 따로 계산하지 않았던 매출원가도 계산해야 한다.

수정분개 2단계

| | | | | |
|---|---|---|---|---|
| 수정분개② | 차) 매출원가 | xxx | 대) 상품 | xxx |

(기초재고자산원가를 제거하다.)

수정분개③ 차) 상품 xxx 대) 매출원가 xxx
(기말재고자산원가를 계상하다.)

수정분개④ 차) 매입에누리와 환출 xxx 대) 매입 xxx
차) 매입할인 xxx 대) 매입 xxx
(매입에누리와 환출, 매입할인계정을 매입계정으로 대체하다.)

수정분개⑤ 차) 매출원가 xxx 대) 매입 xxx
(매입계정을 마감하다.)

수정분개 3단계에서는 매출원가계정과 매출계정을 집합손익계정으로 대체한다.

수정분개⑥ 차) 집합손익 xxx 대) 매출원가 xxx
(매출원가계정을 마감하고 집합손익계정으로 대체하다.)

수정분개⑦ 차) 매출 xxx 대) 집합손익 xxx
(매출계정을 마감하고 집합손익계정으로 대체하다.)

수정분개 4단계에서는 집합손익계정에서 이익잉여금계정으로 마감한다.

수정분개⑧ 차) 집합손익 xxx 대) 이익잉여금 xxx

이상의 과정을 관련계정들의 도표로 나타내 보면 다음과 같다.

**도표 7-6 재고자산계정의 기말결산**

| 상품 | | 매출원가 | |
|---|---|---|---|
| 기초재고 | ②매출원가 | ②기초재고 | ③기말재고 |
| ③매출원가 | | ⑤매입 | ⑥집합손익 |

| 매입 | |
|---|---|
| 당기매입 | ④매입에누리와 환출 |
| | ④매입할인 |
| | ⑤매출원가 |

| 집합손익 | |
|---|---|
| ⑥매출원가 | ⑦매출 |
| ⑧이익잉여금 | |

| 매입에누리와 환출 | |
|---|---|
| ④매입 | 매입에누리와 환출 |

| 이익잉여금 | |
|---|---|
| | ⑧집합손익 |

| 매입할인 | |
|---|---|
| ④매입 | 매입할인 |

## 전공용어

- 계속기록법(perpetual inventory system) • 도매상(wholesaler)
- 매입송장(purchase invoice) • 매입에누리(purchase allowance)
- 매입할인(purchase discount) • 매입환출(purchase return)
- 매출수익(sale revenue) • 매출에누리(sales allowance)
- 매출원가(cost of goods sold) • 매출할인(sales discount)
- 매출환입(sales return) • 상품매매기업(merchandising company)
- 소매상(retailer) • 수익차감계정(contra revenue account)
- 신용조건(credit terms) • 실지재고조사법(periodic inventory system)
- 영업순환주기(operating cycle) • 재고자산(inventory)

## 종합예제

의류제품을 판매하는 (주)경남의 회계기간은 20X5년 9월 1일부터 9월 30일까지이다.

(1) (주)경남의 20X5년 9월 중 상품매매거래는 다음과 같다.

9월 1일, 기초상품 재고액은 100,000원이다.

6일, 상품 200,000원을 외상매입하였다.

12일, 취득원가 150,000원의 상품을 220,000원에 외상매출하였다.

18일, 운송비 5,000원과 상품 250,000원을 외상매입하고, 현금을 한달 후에 지급하기로 하였다.

23일, 취득원가 205,000원의 상품을 270,000원에 외상매출하였다.

31일, 기말에 상품재고액을 실사한 결과 200,000원으로 밝혀졌다.

(2) (주)경남의 20X5년 9월 31일의 수정전시산표와 추가 자료는 다음과 같다.

수정전시산표

(주)경남 20X5년 9월 30일 현재 (단위: 원)

| 차변 | 계정과목 | 대변 |
|---|---|---|
| 175,000 | 현금 | |
| 490,000 | 외상매출금 | |
| 200,000 | 상품 | |
| 60,000 | 선급비용 | |
| | 외상매입금 | 455,000 |
| | 자본금 | 350,000 |
| | 미처분이익잉여금 | 50,000 |
| | 매출 | 490,000 |
| 355,000 | 매출원가 | |
| 50,000 | 급여 | |
| 5,000 | 여비교통비 | |
| 10,000 | 통신비 | |
| 1,345,000 | 합계 | 1,345,000 |

<추가 자료>

① 선급비용계정 60,000원은 9월 1일에 1년간의 화재보험료로 지급한 것이다.

② 매장과 창고에 대한 9월분 임차료 40,000원이 지급되지 않았다.

<물음>

(1) 계속기록법과 실지재고조사법을 사용하여 9월의 상품매매거래를 분개한 후 전기하라.

(2) 계속기록법과 실지재고조사법을 사용하여 9월의 매출원가를 산정하라.

(3) 기말수정분개를 하라. 단, 실지재고조사법 하에서 매출원가 산정을 위한 수정분개를 추가로 제시하라.

(4) 수정후시산표를 작성하라.

(5) 비용의 기능별 분류법에 따른 포괄손익계산서와 재무상태표를 작성하라.

**종합예제풀이**

1) 상품매매거래의 분개 및 전기

| 거래 | 계속기록법 | | | 실지재고조사법 | | |
|---|---|---|---|---|---|---|
| 9월 6일 | 상품 | 200,000 | | 매입 | 200,000 | |
| | 외상매입금 | | 200,000 | 외상매입금 | | 200,000 |
| | 외상매출금 | 220,000 | | 외상매출금 | 220,000 | |
| | 매출 | | 220,000 | 매출 | | 220,000 |
| 9월 12일 | 매출원가 | 150,000 | | | | |
| | 상품 | | 150,000 | | | |
| 9월 18일 | 상품 | 255,000 | | 매입 | 255,000 | |
| | 외상매입금 | | 255,000 | 외상매입금 | | 255,000 |
| | 외상매출금 | 270,000 | | 외상매출금 | 270,000 | |
| | 매출 | | 270,000 | 매출 | | 270,000 |
| 9월 23일 | 매출원가 | 205,000 | | | | |
| | 상품 | | 205,000 | | | |

**계록기록법**

상 품

| | | | |
|---|---|---|---|
| 9/1 전기이월 | 100,000 | 9/12 매출원가 | 150,000 |
| 6 외상매입금 | 200,000 | 23 매출원가 | 205,000 |
| 18 외상매입금 | 255,000 | | |

매출원가

| | | | |
|---|---|---|---|
| 9/12 상품 | 150,000 | | |
| 23 상품 | 205,000 | | |

매 출

| | | | |
|---|---|---|---|
| | | 9/12 외상매출금 | 220,000 |
| | | 23 외상매출금 | 270,000 |

**실지재고조사법**

상 품

| | | | |
|---|---|---|---|
| 9/1 전기이월 | 100,000 | | |

매 입

| | | | |
|---|---|---|---|
| 9/6 외상매입금 | 200,000 | | |
| 18 외상매입금 | 255,000 | | |

매 출

| | | | |
|---|---|---|---|
| | | 9/12 외상매출금 | 220,000 |
| | | 23 외상매출금 | 270,000 |

2) 매출원가 산정

(1) 계속기록법

매출원가 = 매출원가계정의 차변잔액 합계

= ₩150,000 + ₩205,000

= ₩355,000

(2) 실지재고조사법 : 공식 적용

매출원가 = 기초재고액 + 당기매입액 - 기말재고액

= ₩100,000 + ₩455,000 - ₩200,000

= ₩355,000

3) 기말수정분개

(1) 선급 보험료

| | | | |
|---|---|---|---|
| 차) 보험료 | 5,000* | 대) 선급비용 | 5,000 |

*5,000 = 60,000 ÷ 12

(2) 미지급 임차료

| | | | |
|---|---|---|---|
| 차) 임차료 | 40,000 | 대) 미지급비용 | 40,000 |

(3) 매출원가-실지재고조사법

① 기초재고액

| | | | |
|---|---|---|---|
| 차) 매출원가 | 100,000 | 대) 상품 | 100,000 |

② 당기매입액

| | | | |
|---|---|---|---|
| 차) 매출원가 | 455,000 | 대) 매입 | 455,000 |

③ 기말재고액

| | | | |
|---|---|---|---|
| 차) 상품 | 200,000 | 대) 매출원가 | 200,000 |

4) 수정후시산표

수정후시산표

| (주)경남 | 20X5년 9월 30일 현재 | (단위: 원) |
|---|---|---|
| 차변 | 계정과목 | 대변 |
| 175,000 | 현금 | |
| 490,000 | 외상매출금 | |
| 200,000 | 상품 | |
| 55,000 | 선급비용 | |
| | 외상매입금 | 455,000 |
| | 미지급비용 | 40,000 |
| | 자본금 | 350,000 |
| | 미처분이익잉여금 | 50,000 |
| | 매출 | 490,000 |
| 355,000 | 매출원가 | |
| 50,000 | 급여 | |
| 40,000 | 임차료 | |
| 5,000 | 보험료 | |
| 5,000 | 여비교통비 | |
| 10,000 | 통신비 | |
| 1,385,000 | 합계 | 1,385,000 |

5) 포괄손익계산서와 재무상태표

포괄손익계산서

| (주)경남 | 20X5년 9월 1일부터 20X5년 9월 30일까지 | (단위: 원) |
|---|---|---|
| 과 목 | 금 액 | |
| 매출액 | | 490,000 |
| 매출원가 | | 355,000 |
| 매출총이익 | | 135,000 |
| 급여 | 50,000 | |
| 임차료 | 40,000 | |
| 보험료 | 5,000 | |
| 여비교통비 | 5,000 | |
| 통신비 | 10,000 | 110,000 |
| 당기순이익 | | 25,000 |

### 재무상태표

| (주)경남 | 20×5년 9월 30일 현재 | | (단위: 원) |
|---|---|---|---|
| 자산 | | 부채 | |
| 현금 | 175,000 | 외상매입금 | 455,000 |
| 외상매출금 | 490,000 | 미지급비용 | 40,000 |
| 상품 | 200,000 | 부채총계 | 495,000 |
| 선급비용 | 55,000 | 자본 | |
| | | 자본금 | 350,000 |
| | | 미처분이익잉여금* | 75,000 |
| | | 자본총계 | 425,000 |
| 자산총계 | 920,000 | 부채와 자본총계 | 920,000 |

*당기말 미처분이익잉여금 = 전기이월 미처분이익잉여금(₩50,000) + 당기순이익(₩25,000)

## 토의문제

1. 계속기록법에서 매출시점에서 기록해야 하는 두 종류의 분개는 무엇인가?
2. 상품이 반환될 때, 단순히 매출계정을 감소시키지 않고 매출환입과 에누리를 이용하는 것이 왜 중요한가?
3. 실지재고조사법에서 매출원가를 결정하는 단계를 논하라.
4. 매입원가를 결정하는데 이용되는 어떤 계정이 이용되는가?
5. 실지재고조사법은 계속기록법과 어떤 점에서 차이가 있는가?

## 연습문제

**01** 아래의 빈칸에 적절한 금액을 기입하라.

| 매출액 | 매출원가 | 매출총이익 | 영업비용 | 순이익 |
|---|---|---|---|---|
| 75,000원 | (b) | 39,000 | (d) | 10,800 |
| 108,000 | 65,000 | (c) | (e) | 29,500 |
| (a) | 71,900 | 109,600 | 39,500 | (f) |

**02** 다음은 판매처인 (주)울산과 매입처인 (주)논산의 거래내용이다. (주)울산과 (주)논산이 계속기록시스템을 이용하여 재고자산을 파악하고 있다고 할 때, 두 회사의 입장에서 각각 다음 거래를 분개하라.

(1) 3월 2일에 울산상사는 900,000,000원어치의 상품을 2/10, n/30의 조건으로 논산상사에 판매하였다. 상품의 매출원가는 600,000,000원이다.

(2) 3월 6일에 논산상사는 3월 2일에 구입한 상품 중에서 120,000,000원어치를 반환하였다. 반환상품의 원가는 65,000,000원이었다.

(3) 3월 12일에 울산상사는 논산상사로부터 잔액을 수령하였다.

**03** 충주상사는 재고자산을 파악하는 방법으로 계속기록법을 이용하고 있으며 다음과 같은 계정잔액을 가지고 있다고 가정하자. 매입 400,000,000원, 매입환출과 에누리 11,000,000원, 매입할인 8,000,000원, 매입운임 16,000,000원이이라고 할 때, 순매입가격과 매입원가를 계산하라.

**04** 아래는 원주상사의 20X5년 1월 한 달간의 회계정보이다. 이를 이용하여 손익계산서를 작성하라.

매출원가 208,000,000원, 임차료 18,000,000원, 매출운임 7,000,000원,
매출할인 8,000,000원, 보험료 12,000,000원, 급여 61,000,000원,
매출환입 에누리 13,000,000원, 매출액 350,000,000원.

**05** 아래에는 인천상사, 부천상사, 창원상사, 마산상사의 매출원가에 관한 정보이다. 빈칸에 적절한 금액을 기입하라.(단위: 원)

| | 인천상사 | 부천상사 | 창원상사 | 마산상사 |
|---|---|---|---|---|
| 기초재고자산 | 250,000 | 120,000 | 1,000,000 | ( j ) |
| 매입 | 1,500,000 | 1,080,000 | ( g ) | 43,590,000 |
| 매입환출과 에누리 | 40,000 | ( d ) | 290,000 | ( k ) |
| 순매입액 | ( a ) | 1,030,000 | 7,210,000 | 42,090,000 |
| 매입운반비 | 110,000 | ( e ) | ( h ) | 2,240,000 |
| 매입원가 | ( b ) | 1,230,000 | 7,940,000 | ( l ) |
| 매출가능원가 | 1,820,000 | 1,350,000 | ( i ) | 49,530,000 |
| 기말재고자산 | 310,000 | ( f ) | 1,450,000 | 6,230,000 |
| 매출원가 | ( c ) | 1,230,000 | 7,490,000 | 43,300,000 |

**06** 김재성은 의류소매점을 운영하고 있다. 그는 모든 상품을 외상으로 구입하고 계속기록법을 이용하고 있다. 매입채무계정은 상품매입에만 이용된다. 다른 유동부채는 별도의 계정에서 처리한다. 다음과 같은 20X1년, 20X2년, 20X3년, 20X4년의 회계연도에 해당하는 회계정보가 있다. 이들을 참고해서

(1) 20X2, 20X3, 20X4년도의 매출원가를 계산하라.

(2) 20X2년, 20X3년, 20X4년도의 매출총이익을 계산하라.

(3) 20X2년, 20X3년, 20X4년도의 매입채무계정의 기말잔액을 계산하라.

| | 20X1년 | 20X2년 | 20X3년 | 20X4년 |
|---|---|---|---|---|
| 기말재고자산 | 13,000원 | 11,300원 | 14,700원 | 12,200원 |
| 매입채무기말잔액 | 20,000 | | | |
| 매출액 | | 225,700 | 227,600 | 219,500 |
| 매입채무 | | 141,000 | 150,000 | 132,000 |
| 매입채무상환액 | | 135,000 | 161,000 | 127,000 |

**07** 강서상사는 기계부품을 매매하는 소매입을 운영하고 있다. 강서상사는 모든 상품을 외상으로 매입하고 계속기록법을 이용하고 있다. 매입채무계정은 상품매입을 기록할 때만 이용된다. 다른 모든 유동부채는 각각 별도의 계정에 이용된다. 다음과 같은 자료의 빈칸에 적절한 금액을 기입하라.

| | 20X1년 | 20X2년 | 20X3년 | 20X4년 |
|---|---|---|---|---|
| **포괄손익계산서** | | | | |
| 매출액 | | 96,850원 | ( 5 ) | 82,220원 |
| 매출원가 | | ( 1 ) | 27,140 | 26,550 |
| 매출총이익 | | 69,260 | 61,540 | ( 9 ) |
| 기타비용 | | 63,500 | ( 6 ) | 52,060 |
| 당기순이익 | | ( 2 ) | 4,570 | ( 10 ) |
| **재무상태표** | | | | |
| 기말재고자산 | 13,000 | ( 3 ) | 14,700 | ( 11 ) |
| 기말매입채무 | 5,000 | 6,500 | 4,600 | ( 12 ) |
| **추가정보** | | | | |
| 기중매입채무 | | 25,890 | ( 7 ) | 24,050 |
| 기중매입채무상환액 | | ( 4 ) | ( 8 ) | 24,650 |

# 8장 재고자산

## 물음표

마침표처럼
그냥 찍는 것이 아니지요

느낌표처럼
곧바도 내려가는 것도 아니고요

빙 돌아가며
조금 더 생각해 봐야 해요

잠시 멈춰
한 번 더 고민해 보고

그리고
비로소 물어보는 거예요

그러다 보면
스스로 답을 찾기도 해요

이경재(전주대학교 교수, 시인, 아동문학가)

본장에서는 재무상태표일 현재 보유중인 재고자산의 원가와 매출원가를 계산하기 위해 이용되는 방법들을 살펴본다.

## 1절 재고자산의 의의와 종류

재무상태표에서 재고자산은 상품, 제품, 재공품, 원재료 등으로 나타난다. 기업이 그 재고자산을 어떻게 분류하는가는 그 기업이 상품매매기업인가 제조기업인가의 여부에 달려있다. 제5장에서 서술한 바와 같이 상품매매기업에서는 재고자산이 수많은 항목으로 구성되어 있다. 예를 들면, 식료품상회에서는 통조림상품, 유제품, 육류 등이 일부 보유중인 재고자산항목들이다. 이러한 항목들은 두 가지 공통적인 특징을 가진다. (1) 기업이 이들을 소유하고 있다. (2) 이들은 정상적인 영업활동에서 고객에게 판매목적으로 보유하고 있는 자산이다. 그리하여 전체 재고자산을 구성하는 수많은 다양한 항목들을 서술하기 위해서 필요한 단 하나의 재고자산 분류는 상품이다.

제조기업에서는 일부 재고자산이 아직 판매용으로 준비되어 있지 않다. 따라서, 재고자산은 크게 세 종류로 분류되는데 제품, 재공품, 원재료가 있다. 이들에 관해서는 원가계산시간에 상세히 배우게 될 것이다.

여기서는 상품을 중심으로 살펴보자.

## 2절 재고자산수량의 결정

기업의 재고자산수량을 파악하는 방법에는 계속기록법과 실지재고조사법이 있다. 기업이 계속기록법을 이용하던 실지재고조사법을 이용하던 관계없이, 모든 기업은 회계기말에 재고자산의 수량을 결정할 필요가 있다. 기업이 계속기록법을 이용한다면, 두 가지 목적으로 실제로 재고를 조사한다. 첫째, 계속기록법하에서 기록의 정확성을 검토하기 위해서 재고조사를 한다, 둘째, 낭비된 원재료, 절도, 횡령 등에 기인해서 없어진 재고자산의 수량을 결정하기 위해서 재고조사를 한다. 실지재고조사법을 이용하는 기업은 두 가지 목적으로 실제로 재고조사를 해야 한다. 첫째, 재무상태표일에 보유중인 재고자산을 결정하기 위해서 재고조사를 한다. 둘째, 기중의 매출원가를 결정하기 위해서 재고조사를 한다.

회계의 관점에서 볼 때 계속기록법에서는 수량과 함께 단위원가가 거래시마다 기록되는 반면, 실지재고조사법에서는 수량만 기록되고 단위원가가 기말과 같은 특정한 시점에서 기록된다.

계속기록법에서는 재고자산의 재고조사가 장부 수량과 실제 수량을 비교하여 기말 수정분개를 하기 위해 이루어진다. 재고조사의 결과 실제 수량이 적을 경우에는 재고자산계정의 대변에 기록하고, 재고자산감모손실을 기말에 집합손익계정으로 대체하여 마감한 후 정상적인 경우에는 매출원가에 가산하고 비정상적인 경우에는 기타비용으로 처리한다.

한편, 실지재고조사법에서는 재고자산을 매입할 때 매입계정의 차변에 기록한다. 기말에서는 기초재고자산원가를 제거하고 동시에 기말재고자산원가를 기록하기 위한 기말수정분개와 매입계정을 마감하기 위한 마감분개가 필요하다. 여기서는 매출원가를 따로 계산할 필요가 있다.

재고자산의 수량을 결정하기 위해서는 다음의 두 단계가 필요하다. (1) 보유중인 상품의 재고를 조사하는 것, (2) 상품의 소유권을 결정하는 것.

## 1. 재고조사

재고를 조사한다는 것은 실제로 보유중인 모든 종류의 재고자산의 수량을 파악하고, 무게를 달고, 측정하는 것 등을 포함한다. 기업에서 재고를 조사한다는 것은 엄청난 업무이다. 많은 기업들은 수천가지의 다양한 품목의 재고자산을 가지고 있다. 재고자산의 수량파악은 수량을 파악하는 동안에 상품이 매매되지 않을 때 일반적으로 더욱 정확하다. 따라서, 기업은 사업이 마감되거나 사업이 느슨할 때 “재고조사”를 한다. 많은 소매상들은 재고자산의 수량을 파악하기 위해 연말연시의 휴가기간의 매출과 반환이 끝나서 재고자산이 가장 낮은 수준에 있는 1월의 특정한 날짜에 재고조사를 실시한다. 어떤 대형할인판매점의 경우는 1월 31일이 결산기말이다. 회계기말에 실제로 재고가 조사된다.

## 2. 상품소유권의 결정

재고자산의 수량을 결정하는 데 하나의 문제는 어떤 기업이 그 재고자산을 소유하는지를 확인하는 것이다. 상품의 소유권을 결정하기 위해, 두 가지 질문을 해야 한다. 수량파악에 포함되는 상품의 전부가 기업에 속하는가? 기업이 수량파악에 포함되지 않은 상품도 소유하는가?

### 1) 미착품

소유권을 결정하는 데 복잡한 것 중의 하나는 기말에 미착품(goods in transit)(트럭, 선박, 비행기 등에 운송중인 상품)이다. 기업은 아직 수령되지 않은 상품을 구입하였거나 아직 배달되지 않은 상품을 판매할 수 도 있다. 정확한 수량을 파악하기 위해서 이러한 상품의 소유권을 결정해야 한다.

미착품은 그 상품에 대한 법적 권리를 가지고 있는 기업의 재고자산에 포함해야 한다. 법적 권리는 <도표 8-1>과 아래에 서술한 바와 같이 판매조건에 의해 결정된다.

**도표 8-1 판매조건**

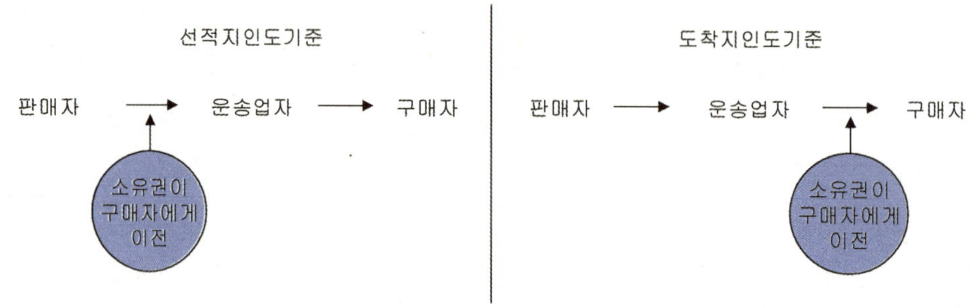


1. 조건이 선적지 인도기준(FOB shipping point)일 때, 상품의 소유권은 운송업자가 판매자로부터 상품을 수령할 때 구매자에게 이전되기 때문에 상품은 구매자의 재고자산에 속한다.
2. 조건이 도착지 인도기준(FOB destination)일 때, 상품의 소유권은 그 상품이 구매자에게 도착할 때까지 판매자에게 있기 때문에 상품은 판매자의 재고자산에 속한다.

### 예제 8-1

**〈미착품〉 다음은 20X1년 12월 31일 현재 한국상사(주)의 재고자산 관련 자료이다. 미착품은 20X1년 10월 15일 일본에 있는 동경물산(주)로부터 판매용 상품을 구입하여 현재 운송 중에 있는 것이다. 운송료와 운송보험료는 각각 25,000원, 18,000원으로서 이 금액은 아래의 미착품 금액에 포함되어 있지 않다.**

| 품 명 | 금 액 | 품 명 | 금 액 |
|---|---|---|---|
| 상품 A | 120,000원 | 소모품 | 34,000원 |
| 상품 B | 210,000원 | 미착품 | 119,000원 |

1. 10. 15.의 매입조건이 선적지인도기준일 경우의 한국상사(주)의 기말 재무상태표에 보고될 재고자산 금액을 계산하라.
2. 10. 15.의 매입조건이 도착지인도기준일 경우의 한국상사(주)의 기말 재무상태표에 보고될 재고자산 금액을 계산하라.

**예제풀이**

1. 선적지인도기준에서는 미착품이 구매자의 재고자산에 포함되어야 하며 구입부대비용도 모두 취득원가에 포함되어야 한다. 따라서 한국상사(주)의 기말재고자산은
120,000원+210,000원+34,000+(119,000원+25,000원+18,000원)=526,000원
2. 도착지인도기준에서는 미착품이 구매자의 재고자산에 포함되지 않으며 구입부대비용은 모두 판매자의 부담이 된다. 따라서 한국상사(주)의 기말 재고자산은
120,000원+210,000원+34,000원=364,000원

### 2) 적송품

어떤 사업의 경우에는 어떤 상인(수탁자)이 다른 상인(위탁자)의 상품을 보유하고는 그 상품의 소유권도 없이 수수료를 받고 그를 대신해서 상품을 판매하려고 하는데, 이것을 위탁판매(consigned sales)라고 하며, 이 상품을 위탁상품 또는 적송품(consigned goods)이라고도 한다. 여기서 위탁상품은 수탁자가 판매할 때까지 위탁자의 재고자산이며, 수탁자는 최종소비자에게 상품을 판매하고 위탁자에게 보고하면 위탁자는 수탁자가 판매한 시점에서 수익을 인식하고 해당 재고자산을 자신의 재고자산에서 제외시킨다. 예를 들면, 여러분(위탁자)이 팔고자 하는 중고차를 가지고 있으며 이것을 중개상에게 가지고 간다면, 그 중개상(수탁자)은 차고지에 중고차를 주차하고는 그것이 팔릴 때 수수료를 여러분에게 부담시킬 것이다. 이 계약에서 중개상은 이 차의 소유권을 가지지 않을 것이며, 소유권은 여전히 여러분에게 속할 것이다. 그러므로, 만약, 중고차의 재고수량을 파악한다면, 이 중고차는 중개상의 재고자산에 포함되지 않을 것이다.

### 3) 시송품

이것은 잠재적인 고객에게 시험적으로 사용하게 한 뒤, 잠재적인 고객이 매입을 하겠다는 의사표시를 할 때, 판매가 성립되는데 이러한 판매를 시용판매(sales on approval)라 하며, 이 상품을 시송품(goods on approval)이라고 한다. 따라서 고객이 매입하겠다는 의사표시를 하지 않았을 때는 이 상품은 판매자의 재고자산에 포함되어야 한다.

### 4) 할부상품

할부판매(installment sales)는 상품을 인도한 후 장기간에 걸쳐서 할부로 판매대금을 회수하는 것을 조건으로 하는 판매이다. 일반적으로는 상품의 판매와 동시에 그 상품의 소유권도 구매자에게로 이전되지만, 할부판매의 경우에는 판매대금의 회수가능성이 불확실하므로 모든 할부대금의 지급이 완료될 때까지 판매자가 그 상품의 소유권을 가진다. 그러나 상품의 점유로 인한 경제적 효익이나 위험은 구매자가 가지므로, 할부상품의 경우에는 법적 소유권의 여부에 관계없이 경제적 실질의 관점에서 판매시점에서 수익을 인식하고 할부상품을 판매자의 재고자산에서 제외시킨다.

우리나라의 회계기준에서도 "판매자가 판매대금의 회수를 확실히 할 목적으로 해당 재화의 법적 소유권을 계속 가지고 있더라도 소유에 따른 위험과 효익의 상당부분이 실질적으로 구매자에게 이전되었다면 해당 거래를 판매로 보아 수익을 인식한다"라고 규정되어 있다. 다만 비상장 중소기업의 경우 장기할부판매에 대한 수익인식기준으로 인도기준 대신에 회수기일도래기준을 허용하고 있으므로 매출채권의 회수기일이 도래하지 않은 부분의 상품은 판매자의 재고자산에 포함시킬 수 있다.

### 5) 반품가능상품

반품가능성이 높은 판매는 출판업, 의류업 등에서 발생하는 데, 이러한 거래에서는 매입한 상품의 일부 또는 전부를 반품할 수 있도록 허용되고 있다.

우리 나라의 회계기준에서는 거래 이후에도 판매자가 소유에 따른 위험의 대부분을 부담하는 반품가능상품의 경우에는 ① 판매가격이 사실상 확정되었고, ② 구매자의 지급의무가 재판매 여부에 영향을 받지 않으며, ③ 미래의 반품금액을 신뢰성 있게 추정할 수 있다는 조건들이 모두 충족되지 않는 한 판매자가 판매수익을 인식할 수 없다고 규정하고 있다. 따라서 이러한 세 가지 수익인식조건이 모두 충족되지 않을 경우에는 구매자에게 인도한 상품을 판매자의 재고자산에 포함시켜야 한다.

## 3절 재고자산의 원가배분

재고자산의 수량을 결정한 후, 재고자산의 단위원가를 결정해야 하는데, 재고자산의 취득원가가 서로 다를 경우에는 단위원가의 계산이 복잡할 수 있다. 예를 들면, 강릉전자상사가 46인치 TV 3대를 각각 200만원, 250만원, 300만원에 매입하였으며, 기중에 이 회사가 두 대를 각각 500만원에 판매하였다고 하자. 이러한 사실은 <도표 8-2>에 요약되어 있다.

**도표 8-2 재고자산 원가계산 사례의 자료**

| | | |
|---|---|---|
| **매입** | | |
| 2월 3일 | 한 대 | 200만원 |
| 3월 5일 | 한 대 | 250만원 |
| 5월22일 | 한 대 | 300만원 |
| **판매** | | |
| 6월 1일 | 두 대 | 1,000만원(= 500만원 × 2대) |

매출원가는 이 기업이 어떤 TV를 판매하였는지에 따라 다를 것이다. 예를 들면, 매출원가는 450만원(200만원 + 250만원)이거나 500만원(200만원 + 300만원), 또는 550만원(250만원 + 300만원)일 것이다. 여기서는 강릉전자상사가 이용할 수 있는 다양한 원가계산방법을 살펴보기로 하자.

기말재고자산의 원가와 매출재고자산의 원가를 어떤 단위원가로 할 것인가를 결정하는 것은 재고자산의 총취득원가를 매출원가와 기말재고자산의 원가로 나누는 방법이므로 재고자산의 원가배분(cost allocation)이라고도 한다. 재고자산의 원가배분방법에는 개별법, 선입선출법, 후입선출법, 평균법 등이 있다. 국제회계기준에서는 후입선출법을 인정하지 않고 있다.

## 1. 개별법

만약 강릉전자상사가 판매한 TV가 2월 3일과 5월 22일에 매입한 것이라면, 그 매출원가는 500만원(200만원+300만원)이며, 기말재고자산은 250만원이다. 만약 강릉전자상사가 어떤 특정한 단위가 판매되었으며, 어떤 것이 여전히 기말재고자산에 있는지를 적극적으로 확인할 수 있다면, 이 기업은 재고자산의 원가계산에서 개별법(specific identification method)을 이용할 수 있다. 이 경우에, 기말재고자산과 매출원가는 쉽고도 정확하게 결정된다.

개별법은 원가흐름과 실물흐름이 일치하며 수익과 비용의 대응이 정확하다는 점에서 우수한 방법이다. 그러나 개별법을 이용하기 위해서는 개별재고자산품목의 취득원가에 관한 기록을 유지해야 한다. 역사적으로 개별법은 기업이 구입시점부터 판매시점까지 명확하게 확인할 수 있는 한정된 고가의 품목일 경우에만 가능하였다. 이러한 상품의 예에는 귀금속, 자동차, 피아노, 골동품 등이다. 오늘날, 바코드를 이용하여 어떠한 종류의 상품도 개별법을 이용하는 것이 이론적으로는 가능하다. 그러나 이 실무는 현실적으로 여전히 드물다. 대부분의 기업은 특정한 판매품목의 원가를 추적하기 보다는 어떤 품목의 판매에 관한 원가흐름(cost flow)을 가정한다.

## 2. 원가흐름가정

개별법은 현실적인 적용상의 어려움 때문에, 다른 원가흐름방법들이 이용된다. 이들은 상품의 실물흐름과는 무관한 원가흐름을 가정한다는 점에서 개별법과는 다르다. 원가흐름을 가정한 것으로는 세 가지 방법이 있다.

1. 선입선출(FIFO)법
2. 후입선출(LIFO)법[2)]
3. 평균법

원가흐름가정이 상품의 실물흐름과 같아야 한다는 회계상의 요구는 없으며, 경영자가 적절한 원가흐름가정을 선택한다.

세 가지 원가흐름가정은 강릉전자상사의 자료를 이용하여 예시할 수 있다. 선입선출(First-in, First-out)법에서는 첫 번째의 구입상품이 첫 번째의 판매상품으로 가정된다. 그리하여 선입선출법하에서 강릉전자상사의 매출원가는 450만원(200만원 + 250만원)이다. 후입선출법에서는 마지막 매입상품이 첫 번째 판매상품으로 가정된다. 그리하여 후입선출법에서는 강릉전자상사의 매출원가는 550만원(300만원 + 250만원)이다. 마지막으로, 평균법에서는 매출원가를 모든 매입수량의 가중평균원가에 근거하여 계산한다. 이 예에서 평균원가는 250만원[(200만원 + 250만원 + 300만원) / 3]이고 매출원가는 2 × 250만원 = 500만원이다.

### 1) 실지재고조사법에 의한 원가흐름가정

이러한 세 가지 재고자산 원가흐름가정을 예시하기 위해서 여기서는 인천전자상사가 실지재고조사법을 이용하고 있으며, <도표 8-3>과 같이 어떤 상품에 관한 정보를 가지고 있다고 가정할 것이다.

2) 한국채택 국제회계기준에서는 재고자산의 평가방법으로 개별법, 평균법, 선입선출법을 규정하고 있으므로 우리 나라의 기업에서는 후입선출법을 사용하지 않는다. 본서에서는 후입선출법도 이론적으로 재고자산의 평가방법 중의 하나이므로 소개하고 있다.

도표 8-3 판매가능상품의 원가

인천전자상사

| 날짜 | 비고 | 단위(개) | 단위원가 | 원가합계 |
|---|---|---|---|---|
| 1월 1일 | 기초재고 | 100 | ₩100 | ₩10,000 |
| 4월 15일 | 매입 | 200 | ₩110 | ₩22,000 |
| 8월 24일 | 매입 | 300 | ₩120 | ₩36,000 |
| 11월 27일 | 매입 | 400 | ₩130 | ₩52,000 |
| | 합계 | 1,000 | | ₩120,000 |

이 기업은 기중에 판매할 수 있는 상품을 1000개를 가지고 있었다. 이 품목의 원가합계는 ₩120,000이었다. 기말에 재고자산은 기중에 550개가 판매되었고 450개가 12월 31일에 재고로 있다고 결정하였다. 문제는 매출상품과 기말재고를 평가하기 위해 어떤 가격을 이용할지를 어떻게 결정하는가이다. 매출단위에 배분된 원가와 재고단위의 원가의 합계는 판매가능상품의 원가합계인 120,000원이어야 한다.

### (1) 선입선출법

선입선출(FIFO)법은 가장 빠르게 구입한 상품이 첫 번째 판매상품이라고 가정한다. 선입선출법은 일반적으로 가장 오래된 품목들을 먼저 판매하는 좋은 관행이기 때문에 가끔 실제적인 상품흐름과 동일하다. 그러므로 선입선출법하에서 가장 빠르게 구입한 상품의 원가가 가장 먼저 인식되는 매출원가이다(이것이 가장 오래된 품목이 가장 먼저 판매되지만, 가장 오래된 품목의 원가가 가장 먼저 인식된다는 것을 반드시 의미하는 것은 아니라는 점에 유의하라.) 인천전자상사의 선입선출법하에 판매가능상품의 원가배분이 <도표 8-4>에 나타나 있다.

### 도표 8-4 원가배분-선입선출법

판매가능상품의 원가

| 날짜 | 비고 | 단위(개) | 단위원가 | 원가합계 |
|---|---|---|---|---|
| 1월 1일 | 기초재고 | 100 | ₩100 | ₩10,000 |
| 4월 15일 | 구입 | 200 | ₩110 | ₩22,000 |
| 8월 24일 | 구입 | 300 | ₩120 | ₩36,000 |
| 11월 27일 | 구입 | 400 | ₩130 | ₩52,000 |
| | 합계 | 1,000 | | ₩120,000 |

단계1: 기말재고자산

| 날짜 | 단위 | 단위원가 | 원가합계 |
|---|---|---|---|
| 11월 27일 | 400 | ₩130 | ₩52,000 |
| 8월 24일 | 50 | 120 | 6,000 |
| 합계 | 450 | | ₩58,000 |

단계2: 매출원가

| | |
|---|---|
| 판매가능상품원가 | ₩120,000 |
| (-)기말재고자산 | 58,000 |
| | ₩62,000 |

<도표 8-5>는 처음 취득한 550개의 단위원가를 이용하여 판매한 550개의 원가를 계산함으로써 매출원가를 계산할 수 있다는 것을 보여준다. 8월 24일에 구입한 300개 중에서 250개만 판매되었다고 가정된다는 점에 유의하라. 이것은 기말재고자산의 원가계산과 일치하는데, 여기서는 300개 중에서 50개가 판매되지 않았고 그리하여 기말재고자산에 포함되었다고 가정되었다.

도표 8-5 매출원가의 증명

| 날짜 | 단위(개) | 단위원가 | 원가합계 |
|---|---|---|---|
| 1월 1일 | 100 | ₩100 | ₩10,000 |
| 4월 15일 | 200 | ₩110 | ₩22,000 |
| 8월 24일 | 250 | ₩120 | ₩30,000 |
| 합계 | 550 | | ₩62,000 |

### (2) 후입선출법

후입선출(LIFO)법은 가장 늦게 매입한 상품이 가장 먼저 판매된다고 가정한다. 후입선출법은 재고자산의 실제흐름과는 잘 맞지 않는다(예외적으로 석탄이나 건초와 같이 무더기로 저장되어 있는 상품들은 실제흐름과 맞다. 여기서는 상품들이 판매될 때 무더기의 꼭대기부터 없어진다.). 후입선출법에서는 가장 늦게 구입한 상품의 원가가 매출원가로서 가장 먼저 인식된다. 후입선출법에서 인천전자상사의 판매가능상품의 원가는 <도표 8-6>에 나타나 있다.

도표 8-6 후입선출법의 원가배분

판매가능상품의 원가

| 날짜 | 비고 | 단위(개) | 단위원가 | 원가합계 |
|---|---|---|---|---|
| 1월 1일 | 기초재고 | 100 | ₩100 | ₩10,000 |
| 4월 15일 | 매입 | 200 | ₩110 | ₩22,000 |
| 8월 24일 | 매입 | 300 | ₩120 | ₩36,000 |
| 11월 27일 | 매입 | 400 | ₩130 | ₩52,000 |
| | 합계 | 1,000 | | ₩120,000 |

단계1: 기말재고자산

| 날짜 | 단위(개) | 단위원가 | 원가합계 |
|---|---|---|---|
| 1월 1일 | 100 | ₩100 | ₩10,000 |
| 4월 15일 | 200 | 110 | 22,000 |
| 8월 24일 | 150 | 120 | 18,000 |
| 합계 | 450 | | ₩50,000 |

단계2: 매출원가

| | |
|---|---|
| 판매가능상품의 원가 | ₩120,000 |
| (-)기말재고자산 | 50,000 |
| 매출원가 | ₩70,000 |

후입선출법에서는 첫 번째 판매상품이 가장 최근에 매입한 상품이라고 가정되기 때문에, 기말재고는 가장 오래전에 매입한 단위의 원가에 근거하고 있다. 이 예에서 기말재고자산 450개는 가장 오래전에 매입한 상품의 원가를 이용하여 기말재고자산의 원가를 정해야 한다. 최초 매입은 1월 1일에 기초재고로 100개를 100원으로 매입한 것이었다. 그리고 나서 200개는 110원으로 매입되었다. 나머지 150개는 단위원가 120원으로 가격이 정해진다(8월 24일 매입). 다음으로, 매출원가는 판매가능상품의 원가에서 판매되지 않은 기말재고자산의 원가를 차감하여 계산된다.

<도표 8-7>은 가장 늦게 취득한 550개의 매입원가를 이용하여 판매한 550개의 원가를 정함으로써 매출원가도 계산될 수 있다는 것을 보여준다. 8월 24일에 구입한 300개 중에서 150개만이 판매되었다고 가정된다는 점에 유의하라. 이것은 기말재고자산의 원가계산과 일치하는데, 이 중에서 150개는 판매되지 않고 기말재고자산에 포함된 것으로 가정되었다.

**도표 8-7 매출원가의 증명**

| 날짜 | 단위(개) | 단위원가 | 원가합계 |
|---|---|---|---|
| 11월 27일 | 400 | ₩130 | ₩52,000 |
| 8월 24일 | 150 | 120 | 18,000 |
| 합계 | 550 | | ₩70,000 |

여기서 사용하고 있는 실지재고조사법에서는 기중에 매입한 모든 상품이 매입날짜에 관계없이 첫 번째 판매에 이용가능하다고 가정된다. 따라서 실물흐름과 원가흐름이 일치하지 않는다.

### (3) 평균법

실지재고조사법에 의한 평균법을 총평균법 또는 가중평균법이라고 하는데, 발생한 가중평균단위원가에 근거하여 판매가능상품의 원가를 배분한다. 평균법은 상품들이 본질적으로 유사하다고 가정하며, 계산이 매우 단순하고 실무적으로 적용하기가 쉽다. 그러나 회계연도 전체기간의 가중평균단위원가를 계산하기 때문에 기말에서만 재고자산의 원가를 구할 수 있다는 단점이 있다. 가중평균단위원가의 공식과 표본계산은 <도표 8-8>에 나타나 있다.

**도표 8-8 가중평균단위원가의 공식**

| 판매가능상품의 원가 | ÷ | 판매가능총수량 | = | 가중평균단위원가 |
|---|---|---|---|---|
| ₩120,000 | ÷ | 1,000 | = | ₩120 |

기말재고자산의 원가를 결정하기 위해서는 기말의 재고자산수량에 가중평균단위원가를 곱한다. 평균원가법을 이용하는 인천전자상사의 판매가능상품의 원가배분은 <도표 8-9>에 나타나 있다.

**도표 8-9 평균법을 이용한 원가배분**

판매가능상품의 원가

| 날짜 | 비고 | 단위(개) | 단위원가 | 원가합계 |
|---|---|---|---|---|
| 1월 1일 | 기초재고 | 100 | ₩100 | ₩10,000 |
| 4월 15일 | 매입 | 200 | ₩110 | ₩22,000 |
| 8월 24일 | 매입 | 300 | ₩120 | ₩36,000 |
| 11월 27일 | 매입 | 400 | ₩130 | ₩52,000 |
| | 합계 | 1,000 | | ₩120,000 |

단계1: 기말재고자산

단위원가: ₩120,000 ÷ 1,000 = ₩120

| 단위 | | 단위원가 | | 원가합계 |
|---|---|---|---|---|
| 450개 | × | ₩120 | = | ₩54,000 |

단계2: 매출원가

| | |
|---|---|
| 판매가능상품의 원가 | ₩120,000 |
| (-)기말재고의 원가 | 54,000 |
| 매출원가 | ₩66,000 |

가중평균단위원가에 판매수량을 곱함으로써 매출원가를 검증할 수 있다(550개 × ₩120 = ₩66,000). 이 방법은 단위원가의 단순평균[(₩100 + ₩110 + ₩120 + ₩130 = ₩460; ₩460/4=₩115)]을 이용하는 것은 아니다. 평균법은 각 단위원가로 매입한 수량에 의해 가중된 가중평균을 이용한다.

## 예제 8-2

**사천상사의 회계기록은 다음과 같은 자료를 보여주고 있다.**

기초재고자산 4,000개 단가 3,000원

매입　　6,000개 단가　4,000원
매출　　5,000개 단가　12,000원

**실지재고조사법의 의한 (a) 선입선출법, (b) 후입선출법, (c) 평균법을 이용하여 기중의 매출원가를 계산하라.**

**예제풀이**

(a) 선입선출법: (4,000 × @3,000) + (1,000 × @4,000)
= 12,000,000 + 4,000,000 = 16,000,000원

(b) 후입선출법: 5,000 × @4,000 = 20,000,000원

(c) 평균법: 평균원가 = [(4,000 × @3,000) + (6,000 × @4,000)]/10,000
= (12,000,000 + 24,000,000)/10,000
= 3,600원;
매출원가 = 3,600원 × 5,000개 = 18,000,000원

## 2) 계속기록법의 원가흐름가정

앞에서 서술한 실지재고조사법하에서 재고자산의 각 원가흐름가정은 계속기록법에서도 이용될 수 있다. 세 가지 원가흐름가정(선입선출법, 후입선출법, 평균법)의 적용을 예시하기 위해, 아래의 자료를 이용할 것이다.

**도표 8-10 재고자산과 원가**

인천전자상사

| 날짜 | 비고 | 단위(개) | 단위원가 | 원가합계 | 잔고단위 |
|---|---|---|---|---|---|
| 1/1 | 기초재고 | 100 | ₩100 | ₩10,000 | 100개 |
| 4/15 | 매입 | 200 | 110 | 22,000 | 300 |
| 8/24 | 매입 | 300 | 120 | 36,000 | 600 |
| 9/10 | 판매 | 550 | | | 50 |
| 11/27 | 매입 | 400 | 130 | 52,000 | 450 |
| | | | | ₩120,000 | |

### (1) 선입선출법

선입선출법에서는 각각의 매출에 앞서서 가장 최근에 매입한 상품의 원가가 매출원가에 반영된다. 그러므로 9월 10일의 매출단위는 8월 24일과 4월 15일에 매입한 단위와 1월 1의 기초재고의 일부로 구성되어 있다. 계속기록법에서 선입선출법에 의한 재고자산은 <도표 8-11>에 나타나 있다.

**도표 8-11 계속기록법-선입선출법**

인천전자상사

| 날짜 | 매입 | 매출원가 | 잔고 | |
|---|---|---|---|---|
| 1/1 | | | (100개 @₩100) | ₩10,000 |
| 4/15 | (200개 @₩110) ₩22,000 | | (100개 @₩100) | ₩32,000 |
| | | | (200개 @₩110) | |
| 8/24 | (300개 @₩120) ₩36,000 | | (100개 @₩100) | |
| | | | (200개 @₩110) | ₩68,000 |
| | | | (300개 @₩120) | |
| 9/10 | | (100개 @₩100) | | |
| | | (200개 @₩110) | | |
| | | (250개 @₩120) | (50개 @₩120) | ₩6,000 |
| | | ₩62,000 | | |
| 11/27 | (400개 @₩130) ₩52,000 | | (50개 @₩120) | ₩58,000 |
| | | | (400개 @₩130) | |

여기서 기말재고자산의 원가는 ₩58,000이며 매출원가는 ₩62,000 [(100개 × ₩100) + (200개 × ₩110) + (250개 × ₩120)]이다.

계속기록법에서 선입선출법으로 인한 결과는 실지재고조사법의 경우와 동일하다(기말재고자산의 원가가 ₩58,000이고 매출원가는 ₩62,000이다).

### (2) 후입선출법

계속기록법에 의한 후입선출법에서는 판매시점을 기준으로 대부분이 최근의 매입원가가 매출단위에 배분된다. 그러므로 9월10일의 매출원가는 8월 24일과 4월 15일의 매입원가와 기초재고자산 50개의 매입원가로 구성되어 있다. 후입선출법에 의한 기말재고자산의 원가는 <도표 8-12>처럼 계산된다.

**도표 8-12 계속기록법-후입선출법**

| 날짜 | 매입 | 매출원가 | 잔고 | |
|---|---|---|---|---|
| 1/1 | | | (100개 @₩100) | ₩10,000 |
| 4/15 | (200개@₩110) ₩22,000 | | (100개 @₩100) | ₩32,000 |
| | | | (200개 @₩110) | |
| 8/24 | (300개@₩120) ₩36,000 | | (100개 @₩100) | |
| | | | (200개 @₩110) | ₩68,000 |
| | | | (300개 @₩120) | |
| 9/10 | | (300개 @₩120) | | |
| | | (200개 @₩110) | | |
| | | ( 50개 @₩100) | (50개 @₩100) | ₩5,000 |
| | | ₩63,000 | | |
| 11/27 | (400개@₩130) ₩52,000 | | (50개 @₩100) | ₩57,000 |
| | | | (400개 @₩130) | |

계속기록법에서 후입선출법의 이용은 실지재고조사법에서 후입선출법을 이용하는 것과는 다른 원가배분을 항상 하게 된다. 계속기록법에서는 각각의 매출시점을 기준으로 가장 최근에 매입한 단위가 매출원가에 배분된다. 이와는 대조적으로, 실지재고조사법에서는 기말에 가서 기중에 가장 늦게 매입한 단위들이 매출원가에 배분된다. 그리하여 최종매출 후에 매입이 이루어질 때, 후입선출법의 실지재고조사법에서는 이 매입을 이전의 매출에 적용할 것이다. <도표 8-8>에서는 11월 27일에 ₩130원으로 매입한 400개가 9월 10일에 550개의 매출에 적용되었다.

위에서 살펴본 바와 같이, 계속기록법의 후입선출법에서는 11월 27일에 ₩130원으로 매입한 400개가 기말재고자산에 모두 포함되었다.

이 계속기록법에 의한 후입선출법의 예에서 기말재고자산의 원가는 ₩57,000이고 매출원가는 ₩63,000인데 반해서, 실지재고조사법에 의한 후입선출법의 예에서는 기말재고자산의 원가가 ₩50,000이고 매출원가는 ₩70,000이다.

### (3) 평균법

계속기록법에 의한 평균법을 이동평균법(moving average method)이라고 한다. 이 방법에서는 매입을 할 때마다 새로운 평균원가를 계산한다. 평균원가는 판매가능상품의 원가를 보유개수로 나눔으로써 계산된다. 그리고나서 평균원가는 (1) 매출원가를 결정하기 위해 매출단위, (2) 기말재고자산의 원가을 결정하기 위해 기말재고자산의 단위에 적용된다. 인천전자상사의 평균법의 적용은 <도표 8-13>처럼 계산된다.

**도표 8-13 계속기록법-평균법**

| 날짜 | 구입 | 매출원가 | 잔고 | |
|---|---|---|---|---|
| 1/1 | | | (100개 @₩100) | ₩10,000 |
| 4/15 | (200개 @₩110) ₩22,000 | | (300개 @₩106.67) | ₩32,000 |
| 8/24 | (300개 @₩120) ₩36,000 | | (600개 @₩113.33) | ₩68,000 |
| 9/10 | | (550개 @₩113.33)<br>₩62,330 | ( 50개 @₩113.33) | ₩ 5,670 |
| 11/27 | (400개 @₩130) ₩52,000 | | (450개 @₩128.16) | ₩57,670 |

위에서 지적한 바와 같이, 매입을 할 때마다 새로운 평균원가를 계산한다. 4월 15일에 200개를 ₩22,000으로 매입한 후, 매입총원가가 ₩32,000(₩10,000 + ₩22,000)인 300개(기존의 100개를 포함)를 보유하게 된다. 평균단위원가는 ₩106.67(₩32,000/300개)이다. 8월 24일에 300개를 ₩36,000에 매입한 후, 재고총수량은 600개이고 매입총원가는 ₩68,000(₩10,000 + ₩22,000 + ₩36,000)인데, 평균단위원가는 ₩113.33

(₩68,000/600개)로 계산된다. 새로운 단위원가를 계산할 때, 다른 매입을 할 때까지 이 단위원가 ₩113.33이 매출원가의 계산에 이용된다. 따라서, 9월 10일에 판매된 550개의 단위원가는 ₩113.33이고 매출원가합계는 ₩62,330이다. 11월 27일에, 400개를 ₩52,000에 매입한 후, 재고총수량은 450개이고, 재고의 매입총원가는 ₩57,670(₩5,670 + ₩52,000)인데, 새로운 평균단위원가는 ₩128.16(₩57,670/450개)이다.

계속기록법에 의한 이동평균원가를 실지재고조사법에 의한 가중평균원가를 보여주는 <도표 8-9>와 비교해 보자.

## 3. 각 방법들의 비교

동일한 재고자산 거래에 대해 이상과 같이 여러 가지 원가흐름의 가정 하에 각각 적용한 재고자산 평가방법들의 결과를 요약하면 다음 <도표 8-14>와 같다.

**도표 8-14** 각 방법들간의 비교

(단위: 원)

| 구 분 | 평균원가법 | | 선입선출법 | | 후입선출법 | |
|---|---|---|---|---|---|---|
| | 총평균법 | 이동평균법 | 재고실사법 | 계속기록법 | 재고실사법 | 계속기록법 |
| 매출원가 | 66,000 | 62,330 | 62,000 | 62,000 | 70,000 | 63,000 |
| 기말재고액 | 54,000 | 57,670 | 58,000 | 58,000 | 50,000 | 57,000 |
| 합 계 | 120,000 | 120,000 | 120,000 | 120,000 | 120,000 | 120,000 |

물가가 지속적으로 상승하고, 기말재고가 기초재고보다 클 경우 일반적으로 다음의 관계가 성립한다.

| 기말재고액 | FIFO > 이동평균법 > 총평균법 > LIFO(재고실사법) |
|---|---|
| 매출원가 | FIFO < 이동평균법 < 총평균법 < LIFO(재고실사법) |
| 당기순이익 | FIFO > 이동평균법 > 총평균법 > LIFO(재고실사법) |
| 법인세비용 | FIFO > 이동평균법 > 총평균법 > LIFO(재고실사법) |

### 4. 원가흐름방법의 일관성

기업이 어떠한 원가흐름방법을 선택하던지, 그것은 한 회계기간에서 다른 회계기간까지 일관성 있게 이용되어야 한다. 일관성 있는 적용으로 연속적인 기간동안 재무제표의 비교가능성을 높일 수 있다. 이와 대조적으로, 당기에는 선입선출법을 이용하고 차기에는 후입선출법을 이용하는 것은 두 기간의 당기순이익을 비교하는 것을 어렵게 할 것이다.

일관성 있는 적용이 선호되지만, 기업이 재고자산의 원가계산방법을 결코 변경할 수 없다는 것을 의미하지는 않는다. 기업이 다른 방법을 채택할 때는 그 변경과 당기순이익에 대한 영향을 재무제표의 주석에 보고해야 한다.

## 4절 재고자산의 평가

### 1. 저가평가

고도의 기술이나 유행상품을 판매하는 기업의 재고자산가치는 기술의 변화나 유행의 변화 때문에 급격하게 하락할 수 있다. 이러한 상황으로 인해서 지금까지 제시된 방법과는 다른 재고자산평가방법이 필요하다. 예를 들면, 여러분이 컴퓨터를 판매하는 소매상의 주인이라고 하자. 최근 12개월 동안 A 컴퓨터의 단위원가가 300,000원 하락하였다고 하자. 여러분은 회계기말에 재고자산으로 A 컴퓨터를 일부 가지고 있다. 여러분의 재고자산은 원가기준에 따라 원가로 평가해야 하는가, 아니면 이보다 적은 시가로 평가해야 하는가?

이러한 상황에서는 원가가 아닌 시가로 평가할 필요가 있다. 재고자산의 시가가 그 원가보다 낮을 때, 재고자산을 시가로 평가해야 한다. 이것은 가격이 하락하는 기간에 저가주의(lower of cost or market, LCM)로 재고자산을 평가한다는 것을 의미한다. 저가주의는 원가를 결정하기 위해 원가흐름방법(개별법, 선입선출법, 후입선출법, 평균원가법)중의 하나를 이용한 후에 재고자산의 품목에 적용된다. 재고자산을 저가로 평가하는 경우, 제품, 상품, 재공품의 공정가액(시가)으로는 순실현가능가치(net realizable value)를 사용한다. 여기서 순실현가능가치란 재고자산의 추정판매가격에서 추정물류비용을 차감한 것을 의미한다.

## 2. 재고자산평가손실

재고자산을 저가로 평가할 경우, 재고자산평가손실이 발생하는데, 이것을 당기의 매출원가에 반영한다.

재고자산을 상기와 같이 저가기준에 의해 평가하여 재고자산평가손실이 발생할 경우 이것을 포괄손익계산서의 매출원가에 가산하고 동시에 그 금액을 재고자산에서 직접 차감하거나 평가충당금으로 계상하여 재무상태표상의 재고자산의 차감계정으로 표시할 수도 있다.

| | | | | |
|---|---|---|---|---|
| 차) 매출원가 | xxx | 대) 재고자산 | xxx | 또는 |
| 차) 매출원가 | xxx | 대) 재고자산평가충당금 | xxx | |

재고자산평가손실은 재고자산의 취득원가와 공정가치(시가)의 차액에 재고자산의 실지재고량을 곱하여 구한다.

예를 들어 장부상에 재고자산의 취득원가가 2,000원인 상품이 기말에 20개가 남아 있어야 하지만, 기말 현재 18개만 남아 있고 또 이의 순실현가능가치가 1,500원이라고 하면, 재고자산평가손실은 다음과 같이 계산된다.

재고자산평가손실 = (2,000 - 1,500) × 18 = 9,000원

| 차) 매출원가 | 9,000원 | 대) 재고자산 | 9,000원 | 또는 |
|---|---|---|---|---|
| 차) 매출원가 | 9,000원 | 대) 재고자산평가충당금 | 9,000원 | |

## 3. 재고자산감모손실

기말재고자산의 평가액 변동은 재고자산 단가인 단위당 시가(공정가액)가 변동하여 나타날 수도 있지만, 재고자산의 수량이 감소하여 나타날 수도 있다. 기말재고자산의 수량이 분실, 도난, 파손, 증발 등으로 인하여 감소할 경우 이를 재고자산감모손실로 회계처리해야 한다. 정상적으로 발생하는 재고자산의 감모손실은 매출원가에 가산하고 화재, 태풍, 홍수, 도난, 횡령 등 비정상적으로 발생하는 재고자산의 감모손실은 기타비용으로 처리한다.

기말결산시에 재고자산의 실제 수량과 시가를 파악하여 기말재고자산을 평가할 때, 재고자산의 평가손실과 감모손실이 동시에 발생할 수도 있다. 이러한 경우에 재고자산 평가손실과 재고자산 감모손실을 수식으로 표시하면 다음과 같다.

재고자산 평가손실 = (단위원가 - 단위시가) × 실지재고량

재고자산 감모손실 = (장부재고량 - 실지재고량) × 단위원가

**도표 8-15** 재고자산의 평가손실과 감모손실

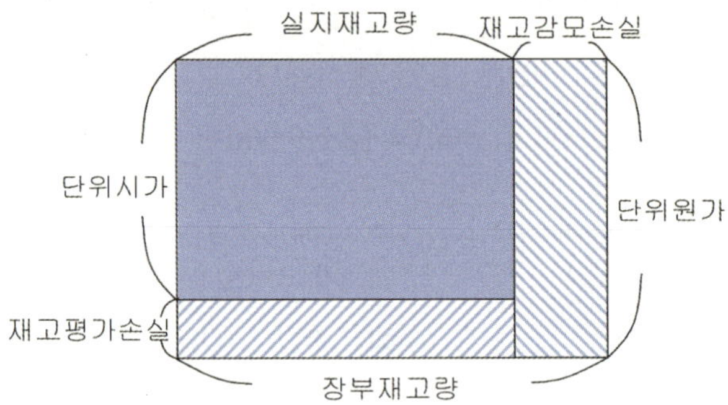


재고자산의 평가손실과 감모손실이 발생하는 경우, 매출원가의 계산과정을 상품계정에서 나타내보면 다음과 같다.

상품

| 차변 | 대변 | |
|---|---|---|
| 기초재고자산원가 | 매출원가(매출수량 × 원가) | |
| 당기재고자산매입원가 | 재고자산평가손실 | ---매출원가 |
| | 정상적인 감모손실 | ---매출원가 |
| | 비정상적인 감모손실 | ---기타비용 |
| | 기말재고자산원가 | |

## 예제 8-3

금산상회가 20X7년도 회계기간동안 상품의 매매활동과 관련된 자료는 다음과 같다. 12월 31일 결산시에 상품의 시가는 150원으로 하락하였으며, 실지재고수량은 250개로 판명되었다.

| | 수량 | 단가 | 금액 |
|---|---|---|---|
| 기초재고(1/1) | 200개 | 250원(매입가) | 50,000원 |
| 당기매입 | 800개 | 250원(매입가) | 200,000원 |
| 당기매출 | 700개 | 400원(판매가) | 280,000원 |

금산상회가 실지재고조사법을 이용하는 경우와 계속기록법을 이용하는 경우로 나누어 매입,

매출, 결산시에 필요한 회계처리를 실시하라.

**예제풀이**

| | 실지재고조사법 | 계속기록법 |
|---|---|---|
| 1. 상품매입: | 차) 매입 200,000 | 차) 상품 200,000 |
| | 대) 현금 200,000 | 대) 현금 200,000 |
| 2. 상품매출: | 차) 현금 280,000 | 차) 현금 280,000 |
| | 대) 매출 280,000 | 대) 매출 280,000 |
| | | 차) 매출원가 175,000 |
| | | 대) 상품 175,000 |

결산분개를 하기 전에 먼저 재고자산평가손실과 재고자산감모손실을 계산해야 한다.

재고자산평가손실 = 250개 × (250원 - 150원)
= 25,000원

재고자산감모손실 = (300개 - 250개) × 250원
= 12,500원

3. 기말결산수정분개:

(1) 재고자산감모손실이 정상적인 경우

① 기초재고자산원가를

| 매출원가계정의 차변에 대체; | |
|---|---|
| 차) 매출원가 50,000 | 분개없음 |
| 대) 상품 50,000 | |

② 기말재고자산원가(실제수량의 원가)를

| 매출원가계정의 대변에 대체; | |
|---|---|
| 차) 상품 62,500 | 분개없음 |
| 대) 매출원가 62,500 | |
| (250개 × 250원) | |

③ 매입원가를 매출원가계정의 차변에 대체

| 차) 매출원가 200,000 | 분개없음 |
|---|---|
| 대) 매입 200,000 | |

④ 재고자산평가손실의 처리;

차) 매출원가 25,000　　　　　　　　차) 매출원가　250,000
대) 상품평가충당금 25,000　　　　　대) 상품평가충당금 250,000

⑤ 재고자산감모손실의 처리

분개없음　　　　　　　　　　　　　차) 매출원가 12,500
　　　　　　　　　　　　　　　　　　대) 상품　12,500

(2) 재고자산감모손실이 비정상적인 경우;

①의 경우는 동일　　　　　　　　　분개없음

②의 경우는 기말재고자산원가(장부상의 원가)를
매출원가계정의 대변에 대체

차) 상품　75,000　　　　　　　　　분개없음
대) 매출원가　75,000

③매입원가를 매출원가계정의 차변에 대체

차) 매출원가 200,000　　　　　　　분개없음
대) 매입 200,000

④재고자산평가손실의 처리;

차) 매출원가 25,000　　　　　　　　차) 매출원가　250,000
대) 상품평가충당금 25,000　　　　　대) 상품평가충당금 250,000

⑤재고자산감모손실의 처리

차) 재고자산감모손실 12,500　　　　차) 재고자산감모손실 12,500
(기타비용)　　　　　　　　　　　　(기타비용)
대) 상품　12,500　　　　　　　　　대) 상품 12,500

## 4. 추정에 의한 재고자산 평가

재고실사를 통해 재고조사를 제대로 파악할 수 없는 경우에는 추정에 의해서 재고자산의 금액을 평가할 수 있다. 이러한 추정방법으로 매출적인 것이 매출총이익률법(gross margin method)과 소매재고법(retail inventory method)이다.

### 1) 매출총이익률법

매출총이익법은 과거의 평균매출총이익률을 기초로 하여 당기의 매출원가를 추정한 후 추정매출원가로부터 기말재고자산의 원가를 계산하는 방법이다. 매출총이익법은 다음과 같은 과정을 거쳐 계산된다.

첫째, 과거의 매출총이익을 과거의 매출액으로 나누어 과거의 평균매출총이익률을 구한다.

둘째, 매출총이익률을 당기의 매출액에 곱하여 당기의 매출총이익을 추정한다.

셋째, 당기의 매출액에서 당기의 매출총이익 추정치를 차감하여 당기의 매출원가 추정치를 계산한다.

넷째, 당기의 매출원가추정치를 당기의 판매가능재고원가(기초재고자산원가 + 당기매입원가)에서 차감하여 기말재고자산의 원가추정치를 계산한다.

#### 예제 8-4

**(주)고원의 과거 매출총이익률은 30%이었다. 당기의 기초재고자산원가는 1,000,000원이고, 당기매입원가는 9,000,000원이며, 당기매출액은 13,000,000원이다. 매출총이익법을 이용하여 기말재고자산의 원가를 추정하라.**

**예제풀이**

| | | |
|---|---|---|
| 기초재고자산원가 | | 1,000,000원 |
| 당기매입원가 | | 9,000,000 |
| 판매가능재고원가 | | 10,000,000 |
| 매출원가(추정) | | |
| 당기매출액 | 13,000,000 | |
| 매출총이익률 | × 0.3 | |
| 매출총이익 | 3,900,000 | 9,100,000 |
| 기말재고자산원가 | | 900,000원 |

### 2) 소매재고법

소매재고법(retail inventory method)은 매출가격환원법이라고도 하며, 재고자산의 원가와 소매가(판매가격, 매출가격) 사이의 관계를 이용하여 기말시점에 소매가로 표시된 기말재고자산 금액을 원가로 환산하여 기말재고액을 구하는 방법이다. 우리나라 기업회계기준에서도 이 방법의 적용을 허용하되, 기업의 업종이나 재고자산의 특성에 비추어 다른 방법을 적용하는 것 보다 소매재고법을 적용하는 것이 합리적이라고 인정되는 경우에 한하여 이 방법을 적용하도록 하고 있다.

우선 소매재고법을 적용하기 위해서는 다음의 세 가지 자료가 반드시 필요하다. 즉, 기초재고자산의 원가와 소매가, 당기매입분의 원가와 소매가, 그리고 소매가로 표시된 당기매출액에 관한 자료가 필요하다. 이제 이 자료들을 이용하여 다음의 절차로 기말재고액을 계산한다.

| | |
|---|---|
| 1단계 | 원가율 = $\dfrac{\text{판매가능상품액(기초재고액 + 당기매입액)……원가}}{\text{판매가능상품액(기초재고액 + 당기매입액)……매가}}$ |
| 2단계 | 기말재고액(매가) = 판매가능상품액(매가) − 당기매출액(매가) |
| 3단계 | 기말재고액(원가) = 기말재고액(매가) × 원가율 |

위 단계들의 의미는 판매가능상품액에 대해 소매가 중에서 차지하는 원가의 비율, 즉 원가율을 계산하여, 매가로 표시된 기말재고액에 이 원가율을 곱함으로써 최종적으로 원가로 표시한 기말재고액을 구해낸다는 것이다. 이 방법은 취급품목이 다양한 일반 소매점에서 소매가와 원가 사이의 관계가 안정적일 경우, 실무적으로 매우 유용한 기말재고액 추정방법이다.

## 예제 8-5

〈소매재고법〉 다음은 한국상사(주)의 20X1년 회계자료이다. 이 자료를 이용하여 기말재고액을 추정하라.

| | 취득원가 | 소 매 가 |
|---|---|---|
| 기초재고액 | 14,000원 | 18,000원 |
| 당기매입액 | 40,000원 | 62,000원 |
| 당기매출액 | | 54,000원 |

**예제풀이**

- 원가율=(14,000원+40,000)÷(18,000원+62,000원)=0.675
- 기말재고액(매가)=(18,000원+62,000)−54,000원=26,000원
- 기말재고액(원가)=26,000원×0.675=17.550원

# 부 록
# 재고자산의 오류

재고자산의 회계처리에서 오류가 가끔 발생할 수 있다. 일부의 경우에, 오류는 재고자산의 수량이나 가격을 정확하게 계산하지 못하였기 때문에 발생할 수도 있고, 운송중인 상품에 대한 법적 권리를 적절하게 인식하지 못하였기 때문에 발생할 수도 있다. 오류가 발생할 때, 이들은 포괄손익계산서와 재무상태표에 영향을 준다.

## 1. 포괄손익계산서효과

기초와 기말의 재고자산은 포괄손익계산서에 나타난다. 한 기간의 기말재고자산은 자동적으로 다음 기간의 기초재고자산으로 된다. 재고자산의 오류는 두 기간의 순이익과 매출원가의 계산에 영향을 준다.

매출원가에 대한 효과는 아래와 같은 매출원가의 공식에 부정확한 자료를 기입하고는 정확한 자료를 대체함으로써 계산할 수 있다.

매출원가의 공식 :

매출원가 = 기초재고자산원가 + 매입원가 - 기말재고자산원가

기초재고자산이 과소계상된다면, 매출원가는 과소계상될 것이다. 한편, 기말재고자산을 과소계상하는 것은 매출원가를 과대계상할 것이다. 당기의 포괄손익계산서에 대한 재고자산오류의 영향은 <도표 8A-1>과 같다.

**도표 8A-1** 재고자산오류가 포괄손익계산서에 주는 효가

| 재고자산오류 | 매출원가 | 순이익 |
|---|---|---|
| 기초재고자산의 과소계상 | 과소계상 | 과대계상 |
| 기초재고자산의 과대계상 | 과대계상 | 과소계상 |
| 기말재고자산의 과소계상 | 과대계상 | 과소계상 |
| 기말재고자산의 과대계상 | 과소계상 | 과대계상 |

당기의 기말재고자산오류는 차기 회계기간의 순이익에 반대효과를 가질 것이다. 이것은 <도표 8A-2>에 나타나 있다. 20X4년에 기말재고자산의 과소계상은 20X5년에 기초재고자산의 과소계상으로 되며 20X5년에 순이익의 과대계상으로 된다는 점에 유의하라.

**도표 8A-2** 재고자산오류가 두 회계기간의 포괄손익계산서 주는 효과

요약포괄손익계산서

(단위 :원)

| | 20X4 | | | | 20X5 | | | |
|---|---|---|---|---|---|---|---|---|
| | 부정확 | | 정확 | | 부정확 | | 정확 | |
| 매출액 | | 80,000 | | 80,000 | | 90,000 | | 90,000 |
| 기초재고원가 | 20,000 | | 20,000 | | 12,000 | | 15,000 | |
| 매입원가 | 40,000 | | 40,000 | | 68,000 | | 68,000 | |
| 판매가능원가 | 60,000 | | 60,000 | | 80,000 | | 83,000 | |
| 기말재고원가 | 12,000 | | 15,000 | | 23,000 | | 23,000 | |
| 매출원가 | | 48,000 | | 45,000 | | 57,000 | | 60,000 |
| 매출총이익 | | 32,000 | | 35,000 | | 33,000 | | 30,000 |
| 물류비 | | 10,000 | | 10,000 | | 20,000 | | 20,000 |
| 순이익 | | 22,000 | | 25,000 | | 13,000 | | 10,000 |

(3,000)
순이익의 과소계상

3,000
순이익의 과대계상

두 기간을 결합하면 오류가 자동적으로 상쇄된다.

두 기간동안 오류가 자동적으로 서로 상쇄하기 때문에 순이익의 합계는 정확하게 된다. 부정확한 자료를 이용한 이익합계는 35,000원(22,000 + 13,000)이고, 정확한 자료를 이용한 이익합계도 35,000원(25,000 + 10,000)이라는 점에 유의하라. 그리고 이 예에서 기초재고자산의 오류가 이 기간동안 기말재고자산의 상응하는 오류로 되지 않는다는 점에 유의하라. 기말재고자산의 정확성은 전적으로 계속기록법하에서 재무상태표일에 재고자산의 원가를 정확하게 계산하는가에 의존한다.

## 2. 재무상태표효과

기말재고자산오류가 재무상태표에 주는 효과는 기본회계등식(자산 = 부채 + 자본)을 이용함으로써 결정될 수 있다. 기말재고자산의 오류는 <도표 8A-3>과 같은 효과를 가진다.

**도표 8A-3 기말재고자산오류가 재무상태표에 주는 효과**

| 기말재고자산오류 | 자산 | 부채 | 자본 |
|---|---|---|---|
| 과대계상 | 과대계상 | 무효과 | 과대계상 |
| 과소계상 | 과소계상 | 무효과 | 과소계상 |

기말재고자산의 오류가 차기에 주는 효과는 <도표 8A-2>에 나타나 있다. 만약 오류가 수정되지 않는다면, 두 기간의 순이익합계는 정확하게 될 것이라는 점을 상기하라. 따라서 20X5년의 기말에 재무상태표상에 보고되는 자본합계도 정확할 것이다.

## 전공용어

- 개별법(specification identification method)
- 매출총이익법(gross margin method)
- 미착품(goods in transit) • 선입선출(first-in, first-out)
- 순실현가능가치(net realizable value) • 시송품(goods on approvla)
- 시용판매(sales on approvla) • 원가흐름(cost flow)
- 위탁판매(consigned sales) • 이동평균법(moving average method)
- 재고자산(inventory) • 저가주의(lower of cost or market)
- 적송품(consigned goods) • 평균원가(average cost)
- 할부판매(installment sales) • 후입선출(last-in, first-out)

## 종합예제

가야상사는 3월 한달동안 다음과 같은 재고자산과 매입, 매출의 자료를 가지고 있다.

| | | | |
|---|---|---|---|
| 3월 1일 재고자산 | 200개 | @4,000 | 800,000원 |
| 매입 3월 10일 | 500개 | @4,500 | 2,250,000원 |
| 매입 3월 20일 | 400개 | @4,750 | 1,900,000원 |
| 매입 3월 30일 | 300개 | @5,000 | 1,500,000원 |
| 매출 3월 15일 | 500개 | | |
| 매출 3월 25일 | 400개 | | |

3월 31일에 실지재고조사를 해서 500개의 재고자산을 보유하고 있다.

문제: 실지재고조사법하에서 3월 31일에 보유하고 있는 재고자산의 원가를 결정하고, (a) 선입선출법, (b) 후입선출법, (c) 평균법으로 3월의 매출원가를 계산하라.

**종합예제풀이**

판매가능상품원가는 6,450,000원이다.

| | | | |
|---|---|---|---|
| 재고자산 | 200개 | @4,000 | 800,000원 |
| 매입 3월 10일 | 500개 | @4,500 | 2,250,000원 |

| | | |
|---|---|---|
| 3월 20일 | 400개 @4,750 | 1,900,000원 |
| 3월 30일 | 300개 @5,000 | 1,500,000원 |
| 판매가능상품원가 | | 6,450,000원 |

(a) 선입선출법

기말재고자산

| 날짜 | 단위 | 단위원가 | 원가합계 |
|---|---|---|---|
| 3월 30일 | 300개 | 5,000원 | 1,500,000원 |
| 3월 20일 | 200개 | 4,750원 | 950,000 |
| 합계 | | | 2,450,000원 |

매출원가: 6,450,000원 - 2,450,000 = 4,000,000원

(b) 후입선출법

기말재고자산

| 날짜 | 단위 | 단위원가 | 원가합계 |
|---|---|---|---|
| 3월 1일 | 200개 | 4,000원 | 800,000원 |
| 3월 10일 | 300개 | 4,500원 | 1,350,000 |
| 합계 | | | 2,150,000원 |

매출원가: 6,450,000원 - 2,150,000 = 4,300,000원

(c) 평균법

가중평균단위원가: 6,450,000원 / 1,400개 = 4,607원

기말재고자산: 500개 × 4,607원 = 2,303,500원

매출원가: 6,450,000원 - 2,303,500 = 4,146,500원

## 토의문제

1. 제조기업이 사용할 가능성이 있는 세 가지 종류의 재고자산은 무엇인가?

2. 재고자산의 수량을 결정할 때 어떠한 단계가 포함되는가?

3. 미착상품의 경우 소유권은 어떻게 결정되는가?

4. 적송품의 소유권은 누가 가지는가?

5. 경영자가 재고자산의 원가흐름방법을 선택할 때 어떠한 요소를 고려해야 하는가?

6. 물가상승기에 재고자산에 관한 원가흐름방법중에서 어떤 방법이 순이익을 가장 많이 계상하는가?

7. 언제 재고자산을 원가가 아닌 가치로 평가해야 하는가?

## 연습문제

**01** 김해은행은 영도상사에게 대출할 것을 고려하고 있다. 대출하기 전에, 김해은행은 영도상사의 회계담당자와 더 논의하는 것이 바람직하다고 결정했다. 특별한 관심분야의 하나는 재고자산계정인데, 이것의 연말재고는 295,000,000원이다. 회계담당자와의 논의로 다음과 같은 사실이 드러났다. 영도상사의 12월 31일 현재 정확한 재고자산금액을 계산하라.

(1) 영도상사는 12월 28일에 인천상사의 FOB선적지기준에 의해 선적지까지 원가 55,000,000원인 상품을 판매하였다. 이 상품은 1월 12일까지 인천상사에 도달할 것으로 기대되지 않는다. 이 상품은 창고에 없었기 때문에 실제재고자산에 포함되지 않았다.

(2) 재고자산의 실제수량에는 12월 27일에 영도상사의 FOB도착지기준에 선적된 원가 95,000,000원인 상품이 포함되지 않았는데, 이들은 연말에 여전히 운송 중이었다.

(3) 영도상사는 1월 2일에 원가 25,000,000원인 상품을 수령하였다. 이 상품은 속초상사가 12월 26일에 FOB선적지기준에 의해 선적된 것이었다. 이 상품은 실제수량에 포함되지 않았다.

(4) 영도상사는 12월 30일에 원가 40,000,000원인 상품을 캐나다의 Sterling사에게 FOB도착지기준으로 판매하였다. 이 상품은 1월 8일 캐나다 회사에 도착하였다. 이 상품은 영도상사의 실제재고자산에 포함되지 않았다.

(5) 영도상사는 12월 29일에 FOB도착지기준으로 선적된 원가 37,000,000원 상품을 1월 2일에 수령하였다. 이 선적은 12월 31일에 도착하기로 예정된 특별주문이었다. 이 매입은 기말재고자산 295,000,000원에 포함되었다.

**02** **12월 1일에 (주)가나는 재고로 3개의 DVD기계를 가지고 있다. 이들은 모두 동일하고 판매가는 개당 750,000원이다. 재고로 있는 3개의 DVD기계 중에서 하나(일련번호 1012번)는 원가 500,000원으로 6월 1일에 구입되었다. 또다른 하나(일련번호 1045번)는 11월 1일에 450,000원에 구입되었다. 나머지(일련번호 1056번)는 11월 30일에 400,000원으로 구입되었다.**

(1) (주)가나의 연말에 12월 말까지 3개의 DVD기계 중에서 두 개가 판매 되었다고 가정하고 실지재고조사법에 의한 선입선출법을 이용하여 매출원가를 계산하라.

(2) 만약 (주)가나가 선입선출법 대신에 개별법을 이용하였다면, 회사는 두 명의 고객에게 판매하기 위해 특정한 기계를 선별적으로 선택함으로써 회사의 이익을 어떻게 변경하였을 것인가? 만약 회사가 이익을 최소화하고자 하였다면, (주)가나의 매출원가는 얼마였을까? 만약 회사가 이익을 최대화하고자 하였다면, (주)가나의 매출원가는 얼마이었을까?

(3) 당신은 (주)가나가 이용할 재고자산방법으로 어떤 방법을 권고할 것인가? 그 이유를 설명하라.

**03** 6월 달에 미포상사는 6월 한 달 동안 다음과 같은 것을 보고하고 있다

| 날짜 | 개요 | 단위 | 단가 | 원가합계 |
|---|---|---|---|---|
| 6월 1일 | 재고자산 | 200 | 5,000원 | 1,000,000원 |
| 12일 | 매입 | 300 | 6,000 | 1,800,000 |
| 23일 | 매입 | 500 | 7,000 | 3,500,000 |
| 30일 | 재고자산 | 160 | | |

(1) (a) 선입선출법, (b) 후입선출법, (c) 평균법을 이용하여 매출원가와 기말재고자산의 원가를 계산하라.

(2) 어떤 원가계산방법을 이용하는 것이 기말재고자산의 원가와 매출원가가 가장 많은가? 그 이유는 무엇인가?

(3) 평균법에 의한 기말재고자산과 매출원가의 평가가 선입선출법과 후입선출법에 의한 기말재고자산과 매출원가의 평가와 어떻게 관련이 있는가?

(4) 평균원가가 6,000원이 아닌 이유를 설명하라.

**04** 상기의 3번 문제에서 미포상사의 재고자산자료를 이용해서 다음 질문에 답하라.

(1) 계속기록법을 이용한다고 가정하고 선입선출법, 후입선출법, 평균법으로 기말재고자산의 원가와 매출원가를 계산하라. 6월 15일에 판매가격 8,000원으로 400개를 판매하였고, 6월 27일에 9,000원으로 440개를 판매하였다고 가정하라.

(2) (1)의 결과들은 문제3의 결과와 어떻게 다른가?

(3) 평균단위원가가 6,000원[(5,000원 + 6,000원 + 7,000원) / 3 = 6,000원]이 아닌 이유는 무엇인가?

**05** 달성상사는 매출원가를 다음과 같이 보고하였다.

| | 20X6 | 20X5 |
|---|---|---|
| 기초재고자산 | 30,000,000원 | 20,000,000원 |
| 매입원가 | 175,000,000 | 160,000,000 |

| | | |
|---|---|---|
| 판매가능원가 | 205,000,000 | 180,000,000 |
| 기말재고자산 | 35,000,000 | 30,000,000 |
| 매출원가 | 170,000,000 | 150,000,000 |

달성상사는 두 가지 오류를 범하였다.

(1) 20X5년의 기말재고자산이 4,000,000원만큼 과대계상되었다.

(2) 20X6년의 기말재고자산이 3,000,000원만큼 과소계상되었다.

**달성상사의 20X5년도와 20X6년도의 정확한 매출원가를 계산하라.**

**06** **(주)청주의 재고자산기록에 의하면 20X3년 12월 31일에 다음과 같은 정보가 수록되어있다.**

| | 수량 | 단위원가 | 원가합계 |
|---|---|---|---|
| 20X3년 1월 1일 기초재고 | 1,000개 | 4,500원 | 4,500,000원 |
| 매입 | | | |
| 20X3년 2월 2일 | 500개 | 5,000원 | 2,500,000원 |
| 20X3년 4월 1일 | 1,650개 | 5,000원 | 8,250,000원 |
| 20X3년 6월 30일 | 1,400개 | 6,000원 | 8,400,000원 |
| 20X3년 10월 31일 | 1,000개 | 6,500원 | 6,500,000원 |
| 20X3년 12월 31일 | 600개 | 7,000원 | 4,200,000원 |
| 판매가능수량과 원가 | 6,150개 | | 34,350,000원 |

20X3년 12월 31일에 기말재고자산의 수량은 1,200개이었다. 기중에 판매된 것들은 모두 단가 10,000원으로 판매되었다.

(1) 선입선출법, 후입선출법, 평균법 등을 가정하고 20X3년도 매출원가와 기말재고자산의 원가를 계산하라.

(2) 선입선출법, 후입선출법, 평균법하에서 매출총이익과 매출총이익률을 각각 계산하라.

(3) (a) 최근에 창업해서 아동완구를 판매하는 경우와 (b) 장사가 잘 되는 전자제품을 크게 운영하는 경우에 각각 어떤 재고자산의 원가흐름가정을 이용할 것이라고 생각하는가?

**07** (주)충주의 20X0년도 분기별 포괄손익계산서에서 추출한 자료는 다음과 같다.

| | 20X0/12/31 | 20X0/9/30 | 20X0/7/1 | 20X0/4/1 |
|---|---|---|---|---|
| 순매출액 | 8,702,000원 | 8,731,000원 | 8,300,000원 | 7,993,000원 |
| 매출원가 | 3,230,000원 | 3,148,000원 | 3,283,000원 | 2,989,000원 |
| 순이익 | 2,193,000원 | 2,509,000원 | 3,137,000원 | 2,696,000원 |
| 주당이익 | 0.33 | 0.36 | 0.45 | 0.39 |

20X1년 3월 9일에, (주)충주는 20X0년 4/4분기에 보고한 8,702,000원의 매출액이 20X1년 1/4분기에 25%하락할 것이라고 예상한다고 발표하였다. 회사는 매출총이익이 4/4분기 매출액의 15%, 비용도 매출액의 15%로 하락할 것이라고 예상하였다.

(1) 이러한 예상이 정확하다면 20X1년 1/4분기에 (주)충주의 법인세차감전 기대이익을 계산하라.

(2) 20X0년의 각 분기에 (주)충주의 매출총이익률을 계산하라.

**08** 20X0년 12월 31일자 (주)둔내의 재고자산은 다음과 같다.

| | 수량 | 단위원가 | 원가합계 |
|---|---|---|---|
| 20X0년 1월 1일 기초재고 | 1,000개 | 7,000원 | 7,000,000원 |
| 당기매입 | | | |
| 20X0년 2월 2일 | 1,000개 | 6,750원 | 6,750,000원 |
| 20X0년 4월 1일 | 1,500개 | 6,500원 | 9,750,000원 |
| 20X0년 6월30일 | 1,400개 | 6,000원 | 8,400,000원 |
| 20X0년 10월31일 | 1,000개 | 5,800원 | 5,800,000원 |
| 20X0년 12월31일 | 1,200개 | 5,500원 | 6,600,000원 |
| 판매가능수량과 원가 | 7,100개 | | 44,300,000원 |

20X0년 12월 31일에 기말재고자산의 수량은 1,800개이었다. 1월부터 6월까지 회사는 개당 12,000원으로 2,500개를 판매하였다. 7월부터 12월까지 총 2,800개를 개당 11,000원으로 판매하였다.

(1) 선입선출법, 후입선출법, 평균법하에서 20X0년도에 기말재고자산의 금액과 매출원가를 계산하라. 실질재고조사법을 채택하고 있다고 가정하라.

(2) 각각의 원가흐름가정하에서 매출총이익과 매출총이익률을 계산하라.

**09** **문제8과 관련해서 (주)둔내의 재고자산의 시가가 20X0년 12월 31일 기말에 5,300원으로 하락한다고 가정하고 다음에 답하라.**

(1) 이 회사가 선입선출법을 이용하고 있다고 가정하고 저가법하에서 필요한 분개를 실시하라.

(2) 이 회사가 후입선출법을 이용하고 있다고 가정하고 저가법하에서 필요한 분개를 실시하라.

(3) 재고자산의 시가하락에 직면하는 기업은 어떠한 방법을 선호할 것인가? 그 이유를 설명하라.

**10** **제주상사는 20X3년 1월 1일에 사업을 시작하였다. 20X3년에 회사는 다음과 같이 재고자산을 구입하였다.**

| 날짜 | 단위(개) | 단가(원) | 합계 |
|---|---|---|---|
| 1월 1일 | 1,000 | 5,000 | 5,000,000 |
| 4월 1일 | 1,250 | 7,000 | 8,750,000 |
| 7월 1일 | 1,500 | 8,000 | 12,000,000 |
| 12월 1일 | 1,400 | 10,000 | 14,000,000 |

제주상사는 회계연도에 개당 16,000원에 3,100개를 판매하였다. 제주상사는 기말재고자산과 매출원가를 실질재고조사법을 이용하여 계산하고 있다. 즉, 회사는 1년에 한 번만 이러한 금액을 계산한다.

(1) 선입선출법을 가정하면 제주상사의 기말재고자산은 얼마인가?

(2) 후입선출법을 가정하면 제주상사의 기말재고자산은 얼마인가?

(3) 제주상사가 선입선출법과 후입선출법을 사용한다고 가정하고 제주상사

**손익계산서의 빈칸에 적절한 금액을 기입하라.**

(법인세비용은 당기순이익의 40%이다).

포괄손익계산서

| 제주상사 | 20X3.1.1부터 20X3.12.31까지 | (단위: 천원) |
|---|---|---|
| | 선입선출법 | 후입선출법 |
| 매출액 | ( 1 ) | ( 7 ) |
| 매출원가 | ( 2 ) | ( 8 ) |
| 매출총이익 | ( 3 ) | ( 9 ) |
| 물류비와 관리비 | 10,000 | 10,000 |
| 감가상각비 | 5,000 | 5,000 |
| 이자비용 | 3,000 | 3,000 |
| 법인세차감전순이익 | ( 4 ) | ( 10 ) |
| 법인세비용 | ( 5 ) | ( 11 ) |
| 당기순이익 | ( 6 ) | ( 12 ) |

# 9장 금융자산투자

## 맨드라미와 매발톱꽃

시골 할머니 집 마당에는
닭들이 모이를 쪼아 먹고 있었대

시골 할머니 집 하늘에는
매 한 마리가 빙빙 돌고 있었대

시골 할머니 집 마루 밑엔
진돗개 한마리가 잠을 자고 있었대

그런데
그 매 한 마리
갑자기 마당으로 뛰어들어
수탉을 덮치려는 순간
진돗개가
왈왈왈 짖으며 달려들었대

놀란 매가 급히 도망가다 그만
발톱을 빠뜨리고
겁먹은 수탉도 줄행랑치다
볏을 땅에 떨어뜨리고 말았대

그게 나중에
꽃들로 피어났다지 뭐야

이경재(전주대학교 교수, 시인, 아동문학가)

# 1절 기타금융자산의 의의

기타금융자산은 현금 및 현금성자산과 수취채권을 제외한 금융자산(financial asset) 즉 유가증권(채무상품과 지분상품), 파생상품, 금융기관이 취급하는 금융상품(financial instrument)을 말한다. 지분상품은 회사 · 조합 또는 기금 등의 순자산에 대한 소유지분을 나타내는 유가증권(예: 보유주, 우선주)과 일정금액으로 소유지분을 취득할 수 있는 권리(예: 신주인수권 또는 콜옵션) 또는 소유지분을 처분할 수 있는 권리(예: 풋옵션)를 나타내는 유가증권 및 이와 유사한 유가증권을 말한다.

채무상품은 발행자에 대하여 금전을 청구할 수 있는 금리를 표시하는 유가증권 및 이와 유사한 유가증권을 말한다. 채무증권은 국채, 공채, (회)사채(전환사채 포함) 등을 포함한다. 한국채택 국제회계기준에서는 기타금융자산을 다음과 같이 분류하고 있다.

(1) 당기손익인식금융자산 : 공정가치로 평가하여 공정가치평가분을 당기손익에 반영하는 금융자산이다.
   ① 당기손익인식지정금융자산 : 최초 인식지점에 공정가치변동분을 당기손익으로 인식하는 조건을 충족하여 당기손익인식항목으로 지정한 유가증권, 파생상품, 금융기관이 취급하는 금융상품 등이 있다.
   ② 단기매매금융자산 : 금융기관이 단기적 시세차익을 목적으로 취득한 금융자산이다.

(2) 만기보유금융자산 : 만기가 고정되고 지급금액이 확정되었거나 결정가능한 비파생금융자산으로 만기까지 보유할 적극적인 의도와 능력이 있는 경우의 금융자산이다.
   ① 채무상품 : 당기손익인식금융자산과 매도가능금융자산에 해당하지 않고 만기까지 보유할 의도가 있는 채무상품이다.

② 금융기관이 취급하는 금융상품 : 현금및현금성자산과 당기손익인식금융자산으로 분류되지 않고 만기까지 보유할 의도가 있는 금융자산이다.

(3) 매도가능금융자산 : 매도가능항목으로 지정한 비파생금융자산이다.

① 지분상품 : 당기손익인식금융자산에 해당하지 않는 지분상품이다.

② 채무상품 : 당기손익인식금융자산에 해당하지 않고 만기까지 보유할 의도가 없는 채무상품이다.

③ 금융기관이 취급하는 금융상품 : 현금및현금성자산, 당기손익인식금융자산, 만기보유금융자산으로 분류되지 않는 금융상품이다.

도표 9-1 유가증권의 분류

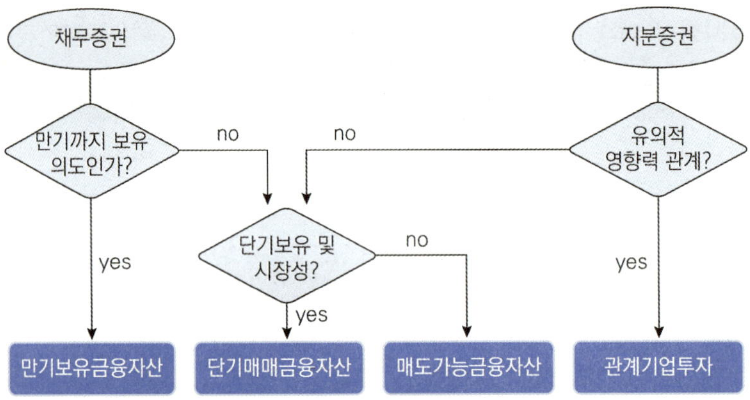


출처: 베스트 회계원리, 오용규, 김갑룡 저, 신론사, 2012년 8월 27일 발행

이하에서 이들을 상세히 살펴보기로 한다.

# 2절 당기손익인식금융자산

## 1. 당기손익인식금융자산의 정의

당기손익인식금융자산(financial assets at fair value through profit or loss)은 공정가치로 평가하며, 공정가치변동분을 당기손익에 반영하는 금융자산으로서 ① 당기손익인식지정금융자산과 ② 단기매매금융자산으로 분류한다. 당기손익인식금융자산은 유동자산에 속한다.

### (1) 당기손익인식지정금융자산

당기손익인식지정금융자산은 최초 인식시점에서 당기손익인식항목으로 지정하는 것이 더 목적적합한 정보를 제공하는 경우 당기손익인식항목으로 지정한 금융자산을 말한다. 즉, 당기손익인식지정금융자산은 이자, 배당금, 공정가치변동 등 총수익을 얻기 위하여 금융자산에 투자하는 사업을 영위하는 벤처캐피탈, 뮤추얼펀드 등과, 일반적인 기업의 경우에 일시적인 유휴자금을 이용하기 위해 금융자산(지분상품, 채무상품, 금융상품)에 투자한 경우의 자산이다.

### (2) 단기매매금융자산

단기매매금융자산은 단기적 시세차익을 얻기 위하여 매매한 금융자산을 의미하는바, 금융업을 제외한 일반기업의 경우에 이러한 항목은 거의 없다.

## 2. 인식과 측정

### (1) 일반적인 경우

당기손익인식금융자산은 금융상품의 계약당사자가 되는 때 재무상태표에 인식하며, 최초 인식시 공정가치로 측정한다. 이때 이 금융자산의 취득에 직접 관련되는 거래비용(중개수수료, 부과금, 세금)은 당기비용으로 처리한다.

#### 예제 9-1

(주)부산은 20X1년에 단기적 시세차익을 목적으로 유가증권에 투자하였는 바, 이 유가증권은 당기손익인식지정금융자산에 해당한다.
동년 3월 1일에 주당 액면가 5,000원인 (주)대전의 주식 10주를 약정일의 공정가치인 주당 12,000원에 매입하고 중개수수료 2,000원을 지급하였다. 필요한 분개를 실시하라.

**예제풀이**

| | | | | |
|---|---|---|---|---|
| 3월 1일 | 차) 당기손익인식금융자산 | 120,000 | 대) 현금 | 122,000 |
| | 수수료 | 2,000 | | |

### (2) 채무상품의 경우

금융자산이 채무상품일 경우에는 이를 취득하기 위하여 지불한 금액에 이자부분이 포함될 수 있으므로 이자부분을 채무상품의 취득원가에서 제외시켜야 한다. 즉, 이자지급일 사이에 채무상품을 구입한 경우 최종이자지급일 이후 구입일 현재까지 발생한 미수이자는 채무상품의 취득원가와 별도로 구분하여야 한다.

#### 예제 9-2

(주)울산은 20X1년에 단기적 시세차익을 목적으로 유가증권에 투자하였는 바, 이 유가증권은

당기손익인식지정금융자산에 해당한다.
동년 3월 1일에 (주)서울이 발행한 액면가 100,000원, 액면이자율 12%의 사채를 발생이자를 포함하여 95,000원에 매입하고 중개수수료로 1,000원을 지급하였다. 이 사채의 이자지급일은 12월 31일이다. 필요한 분개를 실시하라.

**예제풀이**

| |  |  |  |  |
|---|---|---|---|---|
| 3월 1일 | 차) 당기손익인식금융자산 | 93,000 | 대) 현금 | 96,000 |
| | 미수이자 | 2,000* | | |
| | 수수료 | 1,000 | | |

* 2,000 = 100,000 × 12% × 2/12 = 2,000

## 3. 기말평가

당기손익인식금융자산은 공정가치(fair value)로 측정하며, 공정가치변동분은 당기손익에 반영한다. 금융상품의 경우에 공정가치는 활성거래시장에서 공시되는 가격이다.

### 예제 9-3

20X1년 3월 1일에 (주)대전은 단기투자목적으로 A, B, C사의 주식과 D사의 사채를 구입하였다. 각 주식과 사채의 취득원가와 동년 12월 31일의 공정가치는 다음과 같다.
이 금융상품이 당기손익인식금융자산일 경우에 기말평가에 관한 회계처리를 실시하라.

| 종목 | 취득원가 | 공정가치 |
|---|---|---|
| A사주식 | 750,000원 | 600,000원 |
| B사주식 | 1,400,000 | 1,500,000 |
| C사주식 | 6,000,000 | 5,800,000 |
| D사주식 | 900,000 | 950,000 |

예제풀이

차) 당기손익인식금융자산평가손실 200,000　대) 당기손익인식금융자산 200,000
(당기손실)

| | | | | | |
|---|---|---|---|---|---|
| A사주식: | 600,000 | − | 750,000 | = (150,000) | 평가손실 |
| B사주식: | 1,500,000 | − | 1,400,000 | = 100,000 | 평가이익 |
| C사주식: | 5,800,000 | − | 6,000,000 | = (200,000) | 평가손실 |
| D사사채: | 950,000 | − | 900,000 | = 50,000 | 평가이익 |
| 합계: | | | | (200,000) | 평가손실 |

## 4. 처분

기업은 금융상품을 보유함에 따라 배당수익과 이자수익을 얻을 수 있으며, 상황에 따라 금융상품을 처분함으로써 이익을 창출할 수 있는 바, 금융상품을 처분할 경우에는 다음 사항을 주의해야 한다.

① 금융상품을 처분한 경우에 장부금액과 처분가액의 차액을 처분손익에 계상하는데, 이 때 처분가액은 매각대금에서 매각과 관련된 수수료를 차감한 금액이다.
② 동일한 금융상품을 여러 번에 걸쳐 각각 다른 가격으로 구입한 경우에 이를 처분한 시점에서는 단가를 결정할 필요가 있다. 이 경우에 단가결정방법으로는 재고자산의 경우처럼, 개별법, 선입선출법, 가중평균법 등이 있는데, 회계기준에서는 가중평균법(이동평균법)만을 인정하고 있다.
③ 채무상품을 이자지급일 사이에 처분한 경우에는 처분시점까지 이자수익을 인식한 후에 직전 이자지급일의 장부금액에 처분일까지의 이자수익을 합한 금액과 처분가액의 차액을 처분손익으로 인식해야 한다.

## 예제 9-4

**다음은 20X1년에 (주)제주의 당기손익인식금융자산과 관련된 자료이다. 필요한 분개를 실시하라.**

(1) 4월 20일에 E사의 주식 150주를 주당 6,200원에 매각하고 매각수수료 10,000원을 지급하였다. (주)제주는 20X1년 2월에 E사의 주식 100주를 주당 5,000원에 취득하였으며, 20X1년 3월에 동 주식 200주를 주당 6,500원에 취득하였다. 단가산정을 이동평균법을 적용한다.

(2) 7월 1일에 F사의 사채 100개(개당 액면금액 1,000원)를 발생이자를 포함하여 96,000원에 매입하였으며, 매입수수료는 1,000원이었다. 사채의 액면이자율은 연 12%이며 이자지급일은 매년 6월 30일이다.

(3) 10월 1일에 F사의 사채 100개를 발생이자를 포함하여 98,000원에 처분하고 처분수수료로 1,500원을 지급하였다.

**예제풀이**

| | 차변 | | 대변 | |
|---|---|---|---|---|
| 4월 20일 | 차) 현금 | 920,000* | 대) 당기손익인식금융자산 | 900,000** |
| | | | 금융자산처분이익 | 20,000 |

* 920,000 = 150주 × 6,200원 − 10,000원

** 1주당 장부금액 = (100주 × 5,000원 + 200주 × 6,500원) ÷ 300주 = 6,000원
처분주식의 장부금액 = 900,000원 = 150주 × 6,000원

| | 차변 | | 대변 | |
|---|---|---|---|---|
| 7월 1일 | 차) 당기손익인식금융자산 | 96,000 | 대) 현금 | 97,000 |
| | 수수료 | 1,000 | | |

| | 차변 | | 대변 | |
|---|---|---|---|---|
| 10월 1일 | 차) 미수이자 | 3,000 | 대) 이자수익 | 3,000 |

100개 × 1,000원 × 12% × 3/12 = 3,000원

| 차변 | | 대변 | |
|---|---|---|---|
| 차) 현금 | 96,500* | 대) 당기손익인식금융자산 | 96,000 |
| 금융자산처분손실 | 2,500 | 미수이자 | 3,000** |

* 96,500 = 98,000원 − 1,500원

** 3,000 = 100개 × 1,000원 × 12% × 3/12

# 3절 만기보유금융자산

여기서는 만기보유금융자산에 관해서 살펴본다. 만기보유금융자산의 정의와 측정 방법에 관해 살펴본 후, 만기보유금융자산의 대표적인 예가 사채이므로 사채에 관해 보다 상세한 것은 제11장 비유동부채(사채)에서 살펴보기로 한다. 만기보유금융자산은 비유동자산에 속한다.

## 1. 만기보유금융자산의 정의

만기보유금융자산이란 다음의 경우를 제외하고, 만기가 고정되고 지급금액이 확정되었거나 결정가능한 비파생금융자산으로서 만기까지 보유할 적극적인 의도와 능력이 있는 경우의 금융자산을 말한다.

(1) 금융자산의 최초 인식시점에 당기손익인식항목으로 지정한 경우
(2) 금융자산을 매도가능금융자산으로 지정한 경우
(3) 금융자산이 대여금 및 수취채권의 정의를 충족하는 경우

따라서, 만기보유금융자산은 다음과 같이 분류할 수 있다.

(1) 당기손익인식금융자산과 매도가능금융자산에 해당하지 않고 만기까지 보유할 의도와 능력이 있는 채무상품
(2) 현금및현금성자산과 당기손익인식금융자산으로 분류되지 않고 만기까지 보유할 의도와 능력이 있는 금융상품

여기서는 (1)의 채무상품을 중심으로 살펴보기로 한다.

## 2. 만기보유금융자산의 측정

### 1) 최초인식과 측정

만기보유금융자산은 금융상품의 계약당사자가 되는 때 재무상태표에 인식하며, 최초 인식시 공정가치로 측정한다. 여기서 만기보유금융자산의 취득에 직접 관련된 거래원가(중개수수료, 부과금, 세금 등)는 최초 인식하는 공정가치에 가산하여 측정한다. 즉, 취득원가에 가산한다. 따라서 이를 비용으로 처리하는 당기손익인식금융자산과 차이가 있다는 점에 유의해야 한다. 그리고 이자지급일 사이에 채무상품을 구입한 경우의 회계처리는 당기손익인식금융자산의 경우와 동일하다.

### 2) 후속측정

만기보유금융자산은 유효이자율법을 적용하여 상각후원가로 측정한다. 즉, 만기보유금융자산은 만기까지 보유할 자산이므로 공정가치로 평가하지 않는다. 그리고 만기보유금융자산을 매도한 경우의 회계처리는 당기손익인식금융자산의 경우와 동일하다. 여기서 유효이자율법과 상각후원가에 관해서는 제11장 비유동부채에서 상세히 설명하고 있다.

# 4절 매도가능금융자산

매도가능금융자산의 정의와 측정방법에 관해서 먼저 살펴본 후, 매도가능금융자산의 측정방법인 공정가치법(이연법)의 회계처리를 구체적으로 살펴본다. 매도가능금융자산은 비유동자산에 속한다.

## 1. 매도가능금융자산의 정의

매도가능금융자산이란 매도가능항목으로 지정한 비파생금융자산 또는 (1) 대여금 및 수취채권, (2) 만기보유금융자산, (3) 당기손익인식금융자산 등에 해당되지 않는 비파생금융자산을 말한다.

매도가능금융자산은 다음과 같이 분류할 수 있다.

(1) 당기손익인식금융자산에 해당하지 않는 지분상품,
(2) 당기손익인식금융자산에 해당하지 않고 만기까지 보유할 의도가 없는 채무상품
(3) 현금및현금성자산과 당기손익인식금융자산 및 만기보유금융자산으로 분류되지 않는 금융상품.

채무자의 신용악화를 제외한 다른 이유 때문에 최초 투자액의 대부분을 회수하지 못할 수 있는 금융자산도 매도가능금융자산으로 분류하여야 한다.

여기서는 매도가능금융자산으로 분류되는 지분상품과 채무상품을 중심으로 살펴본다.

## 2. 지분상품의 측정

### 1) 최초인식과 측정

매도가능금융자산(지분상품)은 금융상품의 계약당사자가 되는 때 재무상태표에 인식하며 최초 인식시 공정가치로 측정하는데, 이때 매도가능금융자산의 취득에 직접 관련된 거래비용은 최초 인식하는 공정가치에 가산하여 측정한다. 즉, 취득원가에 가산한다.

### 2) 후속측정

매도가능금융자산(지분상품)은 공정가치로 측정하며, 평가손익은 기타포괄손익으로 처리하여 자본항목(기타포괄손익누계액)으로 계상하지만, 활성거래시장에서 공시되는 시장가격이 없고 공정가치를 신뢰성 있게 측정할 수 없는 지분상품은 원가로 측정한다.

매도가능금융자산(지분상품)의 후속측정과 관련해서 유의할 점은 다음과 같다.

① 매도가능금융자산에서 발생한 배당금은 지급액을 받을 권리가 확정되는 시점에서 당기손익으로 인식한다. 일반적으로 배당결의시점이 수익인식시점이 된다.

② 매도가능금융자산을 처분할 경우에 자본항목에 계상된 평가손익을 처분손익에 반영하며, 기타 내용은 당기손익인식금융자산의 경우와 동일하다.

## 3. 채무상품의 측정

매도가능금융자산(채무상품)의 최초인식과 측정은 만기보유금융자산과 매도가능금융자산(지분상품)의 경우와 동일하지만, 다음에 유의해야 한다.

(1) 매도가능금융자산(채무상품)의 이자수익은 유효이자율법으로 계산하여 당기손익으로 인식한다.

(2) 매도가능금융자산(채무상품)은 매기말에 공정가치로 측정하며, 평가손익은 기타포괄손익으로 처리하여 자본항목(기타포괄손익누계액)으로 계상한다.

(3) 매도가능금융자산(채무상품)을 처분한 경우 자본항목에 계상된 매도가능금융자산평가손익을 처분손익에 반영한다.

## 4. 회계처리

매도가능금융자산의 측정방법인 공정가치법(이연법)을 구체적으로 살펴보자. 공정가치법(이연법)이란 금융자산을 공정가치로 평가함에 따라 발생하는 평가손익을 기타포괄손익으로 처리하여 자본항목(기타포괄손익누계액)으로 이연시켰다가 당해 금융자산을 매각하는 시점에서 당기손익으로 인식하는 방법이다.

### 1) 기말평가

금융자산을 공정가치법(이연법)으로 측정할 경우에 평가전 매도가능금융자산 평가손익잔액을 고려하여 회계처리해야 한다. 즉, 매도가능금융자산평가이익(손실)이 발생한 경우 평가전 매도가능금융자산평가손실(이익)과 먼저 상계한 후 잔액을 매도가능금융자산평가이익(손실)으로 계상한다.

#### 예제 9-5

**(주)부산은 20X1년 1월2일에 (주)부경의 주식을 주당 1,000원에 취득하여, 공정가치법으로 평가하고 있다. 결산일은 12월 31일이다. 각 년말에 (주)부경의 주당 공정가치는 다음과 같다. 공정가치법에 의해 각 년말의 주식을 평가하여 회계처리하시오.**

| | | | |
|---|---|---|---|
| 20X1년말 | 1,200원 | 20X4년말 | 800원 |
| 20X2년말 | 1,300원 | 20X5년말 | 1,400원 |
| 20X3년말 | 1,100원 | 20X6년말 | 1,000원 |

**예제풀이**

| | | | | |
|---|---|---|---|---|
| 20X1/01/02 | 차) 매도가능금융자산 | 1,000 | 대) 현금 | 1,000 |
| 20X1/12/31 | 차) 매도가능금융자산 | 200 | 대) 매도가능금융자산평가이익 | 200 |
| 20X2/12/31 | 차) 매도가능금융자산 | 100 | 대) 매도가능금융자산평가이익 | 100 |
| 20X3/12/31 | 차) 매도가능금융자산평가이익 | 200 | 대) 매도가능금융자산 | 200 |

| | | | | | |
|---|---|---|---|---|---|
| 20X4/12/31 | 차) 매도가능금융자산평가이익 | 100 | 대) 매도가능금융자산 | 300 |
| | 매도가능금융자산평가손실 | 200 | | |
| 20X5/12/31 | 차) 매도가능금융자산 | 600 | 대) 매도가능금융자산평가손실 | 200 |
| | | | 매도가능금융자산평가이익 | 400 |
| 20X6/12/31 | 차) 매도가능금융자산평가이익 | 400 | 대) 매도가능금융자산 | 400 |

### 2) 처분

공정가치법으로 금융자산을 측정할 경우 처분시에도 평가손익잔액을 고려해야 한다. 처분시에 평가이익잔액이 있을 경우에 평가이익은 대변잔액이므로 매각분만큼 평가이익을 차기하여야 하며, 평가손실잔액이 있을 경우에 평가손실은 차변잔액이므로 매각분만큼 평가손실을 대기하여야 한다.

처분손익 = 수취한 금액 - (장부금액 ± 자본항목으로 인식한 누적평가손익)
여기서 장부금액 ± 자본항목으로 인식한 누적평가손익 = 취득원가.

#### 예제 9-6

**(주)제주는 (주)부산과 (주)부경의 주식을 취득하여 공정가치법으로 평가하고 있으며, 결산일은 매년 12월 31일이다. 아래의 자료를 이용하여 처분시에 필요한 회계처리를 실시하시오.**

(1) 20X1년 1월 2일에 (주)부산의 주식을 주당 1,000원에 취득하였는 바, (주)부산의 20X1년말 주당 공정가치는 1,200원이었고 이를 20X2년 3월 2일에 1,300원에 처분하였다.

(2) 20X1년 1월 2일에 (주)부경의 주식을 주당 1,000원에 취득하였는 바, (주)부경의 20X1년말 주당 공정가치는 800원이었고 이를 20X2년 3월 3일에 800원에 처분하였다.

**예제풀이**

| | | | | |
|---|---|---|---|---|
| 20X2/03/02 | 차) 현 금 | 1,300 | 대) 매도가능금융자산 | 1,200 |
| | | | 매도가능금융자산처분이익 | 100 |
| | 차) 매도가능금융자산평가이익 | 200 | 대) 매도가능금융자산처분이익 | 200 |
| 20X2/03/03 | 차) 현 금 | 800 | 대) 매도가능금융자산 | 800 |
| | 차) 매도가능금융자산처분손실 | 200 | 대) 매도가능금융자산평가손실 | 200 |

## 5절 금융자산의 손상

기업이 보유하고 있는 금융자산의 가치가 급격하게 하락하여 회복할 기미가 보이지 않을 경우에는 손상발생에 관한 객관적인 증거가 있는지를 매 보고기말에 평가하고, 그러한 증거가 있는 경우에 손상차손을 인식한다.

다음의 사건들은 금융자산이 손상되었다는 객관적인 증거라고 할 수 있다.

① 금융자산의 발행자나 지급의무자의 중요한 재무적 어려움
② 이자지급이나 원금상환의 불이행이나 지연과 같은 계약위반
③ 차입자의 재무적 어려움에 관련된 경제적 또는 법률적 이유로 인한 당초 차입조건의 불가피한 완화
④ 차입자의 파산이나 기타 재무구조조정의 가능성이 높은 상태가 됨
⑤ 재무적 어려움으로 당해 금융자산에 대한 활성거래시장의 소멸
⑥ 금융자산의 집합에 포함된 금융자산집합의 추정미래현금흐름에 측정가능한 감소가 있다는 것을 시사하는 관측가능한 자료가 있는 경우. 이의 예로는 차입자의 지급능력의 악화, 금융자산의 집합에 포함된 자산에 대한 채무불이행과 상관관계가 있는 국가나 지역의 경제상황
⑦ 공정가치의 중요하고도 지속적인 하락

금융자산 중에서 당기손익인식금융자산은 손상에 대한 영향이 평가손익으로 나타나고, 평가손익이 직접 당기순손익에 반영되므로 손상차손을 별도로 인식하지 않는다. 따라서 만기보유금융자산이나 매도가능금융자산에 대한 손상발생의 여부는 상기와 같은 객관적인 증거가 있는지를 매 보고기간말에 평가하고 그러한 증거가 있는 경우에는 손상차손을 인식해야 한다. 보다 상세한 것은 중급재무회계를 참고할 필요가 있다.

# 6절 관계기업투자

## 1. 관계기업투자의 의의

보통주를 보유하면 보유주식수에 비례하여 의결권을 가지기 때문에, 다른 기업이 발행한 보통주를 대량 보유하게 되면 그 기업의 경영의사결정에 중대한 영향력(significant influence)을 행사할 수 있다. 이와 같이 중대한 영향력을 행사할 수 있을 때 해당기업을 관계기업(associates)이라고 한다.

한국채택국제회계기준에 의하면 발행된 의결권 주식의 20%이상을 보유하면 그 주식을 발행한 기업 즉, 피투자기업(관계기업)에 중대한 영향력을 행사할 정도의 지분율이라고 간주한다. 따라서 20%이상의 지분율을 보유한 경우에는 그 유가증권(보통주) 보유를 기타금융자산이 아닌 관계기업투자(investment in associates)로 인식하여 재무상태표에 비유동자산으로 분류·표시해야 한다.

한편, 의결권이 있는 보통주의 50%이상을 보유한 경우는 그 기업을 지배한다고 간주한다. 이 때 투자기업을 지배기업 또는 모기업(parent company)이라고 하고, 피투자기업을 종속기업 또는 자기업(subsidiary company)이라고 한다. 지배-종속관계가 성립하는 경우에 지배기업과 종속기업은 반드시 연결재무제표(consolidated financial statements)를 작성해야 한다. 연결재무제표에 관한 것은 고급재무회계에서 배운다.

관계기업투자주식의 취득은 다른 자산의 경우와 마찬가지로 취득원가로 회계처리한다. 예를 들면, 20X0년 2월 8일에 부산상사(주)가 서울상사(주)의 보통주 25%를 100억원에 취득하였다고 가정하자. 부산상사(주)는 서울상사(주)의 의결권있는 보통주를 20%이상 보유하는 것이므로, 관계기업투자로 회계처리한다.

차) 관계기업투자주식 100억원 대) 현금 100억원

## 2. 지분법회계

### 1) 지분법손익의 인식

관계기업투자는 지분법(equity method)을 적용하여 회계처리한다. 지분법이란 관계기업투자를 최초에는 취득원가로 인식하고, 취득시점 이후에는 발생한 종속기업의 순자산 변동금액 중에서 지배기업 지분율만큼의 금액을 해당 관계기업투자 계정에 가감하여 반영하는 회계처리방법이다.

예를 들면, 20X1년 12월 31일에 종속기업인 서울상사(주)가 지배기업인 부산상사(주)에게 금년도 당기순이익을 12억원으로 측정한 후 부산상사(주)에게 보고하였다고 가정하자. 그러면 서울상사(주)의 당기순이익 12억원 중에서 25%인 3억원은 지배기업인 부산상사(주)에게 귀속된다. 이 지분을 지배기업의 입장에서는 지분법이익이 발생하였다고 한다. 그리고 이 지분법이익으로 인해서 부산상사(주)가 보유한 서울상사(주) 주식(즉, 관계기업투자)의 가치도 3억원 증가하였다고 간주한다.

요약하면, 종속기업의 당기순이익 발생은 지배기업에게 지분율만큼의 지분법이익을 발생시키고, 동시에 관계기업투자 계정의 금액을 그만큼 증가시킨다.

차) 관계기업투자주식 3억원 대) 지분법이익 3억원

위의 기말수정분개에 의하여 관계기업투자 계정은 3억원이 증가한 103억원으로 재무상태표에 표시되고, 지분법이익은 포괄손익계산서에 기타수익으로 표시된다. 여기서 지분법이익은 매도가능금융자산평가손익(포괄손익)과는 달리 당기순손익에 포함된다.

한편, 위의 예와는 반대로, 만일 종속기업이 당기순손실을 기록하였다면, 지분율만큼의 지분법손실을 인식하고, 관계기업투자 계정의 금액을 그만큼 감소시키는 회계처리를 한다.

### 2) 배당금 수취

종속기업은 주주총회에서 이익처분을 결의한 후 지배기업에게 배당을 실시한다. 예를 들면, 다음 년도인 20X2년 2월 28일에 부산상사(주)가 종속기업인 서울상사(주)로부터 배당금으로 1억원을 받았다고 하자. 지배기업의 입장에서 종속기업으로부터 배당을 받으면 관계기업투자 계정을 그만큼 감소시켜야 한다. 왜냐하면, 종속기업의 당기순이익 보고일에 관계기업투자 계정을 이미 3억원 증가시켰는데, 그 중에서 1억원을 배당으로 회수하였기 때문에 이제 남아 있는 지배기업의 지분은 2억원에 불과하다는 것이다.

따라서 배당금을 받은 부산상사(주)는 현금 1억원의 유입을 기록하고 동시에 관계기업투자의 금액을 그만큼 감소시키는 분개를 해야 한다.

| 차) 현금 | 1억원 | 대) 관계기업투자주식 | 1억원 |
|---|---|---|---|

위와 같이 20X2년 2월 25일에 관계기업투자는 1억원이 감소한 102억원으로 수정되며, 손익항목의 추가기록은 없다(지분법이익은 그 발생연도인 20X1년에 이미 인식하였다).

이와는 달리, 매도가능금융자산(지분상품)을 보유한 경우에 현금배당을 받았으면 배당금수익으로 회계처리한다는 점에 유의하라.

### 3) 관계기업투자의 처분

관계기업투자를 매각처분한 때에는 처분가액과 장부가액의 차액을 처분손익으로 계산해서 포괄손익계산서의 기타손익으로 회계처리한다.

예를 들면, 20X2년 3월에 부산상사(주)가 서울상사(주)의 주식 전부를 매각하고 130억원을 현금으로 수령하였다고 하자. 이 경우, 부산상사(주)는 관계기업투자 102억원을 계정에서 제거하고, 현금 130억원의 유입을 기록한다. 그리고 그 차액을 투자자산처분이익 28억원을 포괄손익계산서상의 기타수익으로 인식한다.

| | | | | | |
|---|---|---|---|---|---|
| 차) | 현금 | 130억원 | 대) | 관계기업투자주식 | 102억원 |
| | | | | 투자자산처분이익 | 28억원 |

### 예제 9-7

**다음은 제주상사(주)의 강원상사(주) 주식거래에 관한 자료이다. 두 회사의 결산일은 모두 년말이다.**

(1) 제주상사(주)는 20X1년초에 강원상사(주)가 발행한 주식의 25%인 5,000주를 주당 2,800원으로 취득하여 중대한 영향력을 가지게 되었다.

(2) 취득시점에서 강원상사(주)의 순자산 장부금액은 50,000,000원 이었으며 강원상사(주)의 순자산 장부금액과 공정가치는 일치하였다.

(3) 20X1년에 강원상사(주)의 당기순이익은 8,000,000원(내부거래를 제외한 금액) 이었으며, 제주상사(주)가 강원상사(주)와의 내부거래를 통하여 이익을 증가시킨 금액은 200,000이었다.

(4) 20X2년에 강원상사는 보통주식에 대하여 주당 150원의 현금배당을 실시하였으며, 10,000,000원의 당기순이익(내부거래를 제외한 금액)을 보고하였다. 그리고 20X2년에 강원상사(주)는 종업원에게 주식옵션을 교부하였는 바, 이로 인하여 5,000,000원의 주식옵션(기타자본요소)이 발생하였다.

**문제: 제주상사(주)가 관계기업투자주식에 대하여 지분법을 적용할 경우의 회계처리를 나타내고, 각 연말에 관계기업투자주식의 장부금액과 지분법손익을 구하라.**

**예제풀이**

취득시:

20X1년　차) 관계기업투자주식 14,000,000*　　대) 현금　　14,000,000

* 14,000,000 = 2,800원 × 5,000주

순이익보고시:

20X1년　차) 관계기업투자주식 2,000,000*　　대) 지분법이익 2,000,000

* 2,000,000 = 8,000,000원 × 25%

20X2년　차) 관계기업투자투식 2,500,000*　　대) 지분법이익 2,500,000

* 2,500,000 = 10,000,000원 × 25%

배당금수취시:

20X2년　차) 현금　　750,000　　대) 관계기업투자주식　750,000

* 750,000 = 150원 × 5,000주

투자자의 내부거래제거:

20X1년　차) 지분법이익　50,000　　대) 관계기업투자주식　50,000

* 50,000 = 200,000원 × 25%

2. 관계기업투자주식의 장부금액과 지분법손익

장부금액:

20X1년　15,950,000원,　20X2년　18,950,000원

지분법이익:

20X1년　1,950,000원,　20X2년　2,500,000원

## 7절 기타 장기투자자산

투자자산에는 앞에서 살펴본 장기투자증권, 관계기업투자주식 이외에도 투자부동산, 기타 등이 있다.

## 1. 투자부동산

투자부동산은 임대수익이나 시세차익을 얻기 위하여 장기간 보유하고 있는 부동산(건물이나 토지)을 말한다. 따라서 재화나 용역의 제공 또는 관리활동에 사용하기 위하여 보유하고 있는 업무용 부동산(유형자산)이나, 정상적인 영업과정에 판매목적으로 보유하는 부동산(재고자산)과는 구별해야 한다. 그리고 개발중인 투자부동산의 경우는 건설이나 개발이 완료될 때까지는 유형자산(건설중인 자산)으로 분류하고, 완료된 후에 투자부동산으로 분류한다.

### 1) 인식기준

투자부동산을 인식하기 위해서는 일반적인 자산의 인식기준처럼, 자산에서 발생하는 미래 경제적 효익이 기업에 유입될 가능성이 높고, 자산의 원가를 신뢰성있게 측정할 수 있어야 한다.

### 2) 최초측정

최초 인식시점에는 원가로 측정하며, 거래비용을 포함한다. 여기서 구입한 투자부동산의 원가는 구입금액과 구입비에 직접 관련있는 지출(예를 들면, 부동산중개수수료, 취득세 등)로 구성된다. 한편, 자가 건설한 투자부동산의 원가는 건설 또는 개발이 완료될 때까지 투입한 원가이다. 교환거래로 취득하는 경우에 투자부동산의 원가는 유형자산의 교환거래 경우와 동일하게 회계처리한다.

### 3) 재평가

투자부동산은 원가모형이나 공정가치모형 중 하나를 선택하여 모든 투자부동산에 동일하게 적용해야 한다. 공정가치모형을 선택한 경우에는 최초 인식 후에 모든 투자부동산을 공정가치로 측정한다. 여기서 투자부동산의 공정가치변동으로 인한 손익은 발생한 기간의 당기손익에 반영한다. 그리고 공정가치모형에 의하여 측정하는 투자부동산은 감가상각을 하지 않는다.

한편, 투자부동산을 원가모형으로 재평가하는 경우, 모든 투자부동산을 원가모형으로 측정하고 해당 투자부동산의 공정가치는 주석으로 공시해야 한다.

### 예제 9-8

**(주)경남을 임대수익을 목적으로 건물을 취득하였다. (주)경남의 결산일은 매년 12월 31일이다. (주)경남은 이 건물을 20X1년초에 100,000원에 취득하였으며, 건물의 내용연수는 10년이고 잔존가치는 없다. (주)경남은 이 투자부동산을 공정가치모형으로 평가하고 있으며, 20X1년말과 20X2년말에 이 건물의 공정가치는 각각 108,000원과 70,000원이었다. 필요한 분개를 실시하라.**

**예제풀이**

| | | | | |
|---|---|---|---|---|
| 20X1년 12월 31일 | 차) 투자부동산 | 8,000 | 대) 평가이익 | 8,000 |
| 20X2년 12월 31일 | 차) 평가손실 | 38,000 | 대) 투자부동산 | 38,000 |

## 2. 기타 투자자산

기타 투자자산에는 장기금융상품, 보증금, 장기대여금, 장기성매출채권 등이 있다.

장기금융상품은 1년 이내에 만기일이 도래하지 않거나 그 기간 동안에 인출할 계획이 없는 예금으로서 장기성예금과 특정예금을 말한다. 장기성예금은 기업이 장기적인 이자수익을 얻기 위하여 보유하는 자산이므로 투자자산의 일부로 보고한다. 특정현금과 예금은 특정한 용도에 사용하기 위하여 일반적인 영업목적에 사용할 수 없도록 인출을 제한하고 있는 현금이나 예금(예를 들면, 사채의 상환에 사용하도록 제한되고 있는 감채기금)을 말하는데 만기일이 1년 이내에 도래하지 않으면 장기금융상품에 포함시킨다. 보증금은 전세권, 전신전화가입권, 임차보증금, 영업보증금 등을 말한다. 전세권은 타인의 부동산을 사용할 수 있는 권리이며, 전신전화가입권은 특정한 전신 또는 전화를 소유하는 권리, 임차보증금은 타인의 재산을 임차한 권리, 영업보증금은 영업을 목적으로 제공한 거래보증금, 입찰보증금 등을 말한다.

장기대여금은 1년 이후에 만기일이 도래할 것으로 예상되는 대여금으로 1년 이내에 만기일이 도래하면 유동자산으로 분류된다. 장기성매출채권은 일반적인 상거래에서 발생한 매출채권으로서 재무상태표일로부터 1년 이후에 만기일이 도래하는 채권이다. 장기성매출채권은 재무상태표에 현재가치로 표시되며, 액면가액과 장부가액과의 차이는 현재가치할인차금으로 계상된다.

정기연불조건의 매매거래, 장기금전대차거래 또는 이와 유사한 거래에서 발생하는 채권·채무로서 명목가액과 현재가치와의 차이가 중요한 경우에는 이를 현재가치로 평가해야 한다. 단기성매출채권은 만기가 짧기 때문에 명목가액과 현재가치의 차이가 중요하지 않으므로 액면가액으로 기록하지만, 장기대여금이나 장기매출채권의 경우에는 명목가액과 현재가치의 차이가 중요하므로 이를 현재가치로 평가해야 한다. 여기서 현재가치는 당해 채권으로 인하여 미래에 수취할 총금액을 적정한 이자율로 할인한 가액을 말하며, 적정한 할인율은 유효이자율을 의미한다. 장기성채권의 명목가액과 현재가치의 차액은 현재가치할인차금(또는 현재가치할증차금)의 과목으로 기재하고 적용한 이자율, 기간 및 회계처리방법 등을 주석으로 기재한다.

현재가치할인차금(또는 현재가치할증차금)은 일종의 평가계정으로 장기성채권에서 차감(또는 가산)하는 형식으로 재무상태표에 보고한다. 이 현재가치할인차금(또는 현재가치할증차금)은 일정한 방법으로 매기 상각 또는 환입하여 이자수익이나 이자비용으로 인식한다. 여기서 일정한 방법에는 정액법과 유효이자율법이 있지만 기업회계기준에서는 유효이자율법을 적용하도록 규정하고 있다. 유효이자율법에 의한 상각(환입)방법은 제11장에서 상세히 살펴볼 것이다.

# 부록 제1109호 금융상품

기업회계기준서 제1039호 '금융상품:인식과 측정'의 개정 기준인 제1109호 '금융상품'은 2015년 8월말 심의·의결을 거쳐, 2015년 12월 공표되었다. 개정 기준서의 시행일은 2018년 1월 1일 이후 시행하는 사업연도부터 적용되며 기업에 따라 조기적용을 허용하였다. 개정된 제1039호 '금융상품: 인식과 측정'의 주요 내용은 다음과 같다.

## 1. 금융자산의 분류와 측정

계약상 현금흐름의 특성과 사업모형[3]에 따라 세 가지로 분류·측정한다. <그림 5-2>는 금융자산의 분류와 측정에 대한 요약을 보여주고 있다.

도표 9-2 금융자산별 상세 분류·측정

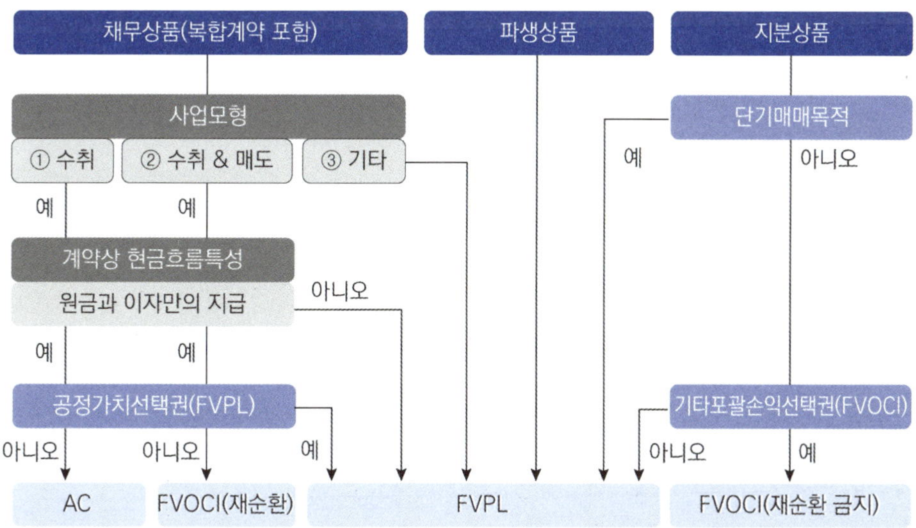


3) 사업모형은 세 가지 목적의 모형이 있는데 I) 금융자산의 계약상 현금흐름 수취가 목적인 모형, ii) 계약상 현금흐름 수취와 금융자산의 매도가 해당 사업의 목적을 달성하는 데 필수적인 모형, iii) 매도를 통한 현금흐름 실현 등 기타의 목적을 달성하는 모형이 있다.

### (1) 상각후원가(Amortised Cost, AC)

사업모형이 계약상 현금흐름 수취를 목적으로 하는 사업모형에서 금융자산을 보유하고 계약상 현금흐름의 특성이 원금과 이자의 지급만으로 구성된 경우 상각후원가(AC)로 분류한다.

### (2) 기타포괄손익-공정가치(Fair Value through Other Comprehensive Income, FVOCI)

채무상품(복합계약포함)중 사업모형이 수취와 매도이며 계약상 현금흐름 특성이 원금과 이자 지급만으로 구성되어있는 경우 또는 지분상품 중 단기매매목적이 아니고 기타포괄손익선택권이 있는 경우 기타포괄손익-공정가치(FVOCI)로 분류한다.

### (3) 당기손익-공정가치(Fair Value through Profit or Loss, FVPL)

채무상품 중 사업모형이 기타인 경우, 계약상 현금흐름 특성이 원금과 이자지급만으로 구성되지 않는 경우, 공정가치선택권(FVPL)이 있는 경우 또는 파생상품 또는 지분상품중 단기매매목적으로 보유하는 경우와 단기매매목적으로 보유하지 않지만 기타포괄손익선택권(FVOCI)이 없는 경우 당기손익-공정가치(FVPL)로 분류한다.

## 전공용어

- 공정가치(fair value) • 관계기업투자(investments in associates)
- 당기손익인식금융자산(financial assets at fair value through profit or loss)
- 만기보유금융자산(held-to-maturity financial asset)
- 매도가능금융자산(available-for-sale financial asset)
- 모기업(parent company) • 시장성유가증권(marketable securities)
- 연결재무제표(consolidated financial statements)
- 원가법(cost method) • 자기업(subsidiary company)
- 지배권(controlling interest) • 지분법(equity method)

## 종합예제

**장림상사는 사업 첫해에 당기손익인식금융자산으로 간주되는 주식투자자산에 다음과 같은 거래를 하였다.**

6월 1일. (주)용원의 보통주 600주를 주당 24,000원에 현금으로 구입하고 거래수수료 300,000원을 지급하였다.
7월 1일. (주)진무의 보통주 800주를 주당 33,000원에 현금으로 구입하고 거래수수료 600,000원을 지급하였다.
9월 1일. (주)진무로부터 주당 1,000원씩 현금배당을 수령하였다.
11월 1일. (주)용원의 보통주를 주당 27,000원에 200주 매각하고 수수료 150,000원을 차감한 후 현금을 수령하였다.
12월15일. (주)용원의 보통주에 대한 현금배당금으로 주당 500원을 수령하였다.

(1) 거래를 분개하라.

(2) 주식을 공정가액으로 보고하기 위해 12월 31일에 수정분개를 실시하라. 12월 31일에 (주)용원의 주당 공정가액은 25,000원이고 (주)진무의 주당 공정가액은 30,000원이다.

종합예제풀이

(1) 6월 1일. 차) 당기손익인식금융자산 14,400,000 대) 현금 14,700,000*
수수료 300,000

* 14,700,000 = (600 × 24,000) + 300,000

((주)용원의 보통주 600주를 취득)

7월 1일. 차) 당기손익인식금융자산 26,400,000 대) 현금 27,000,000*
수수료 600,000

* 27,000,000 = (800 × 33,000) + 600,000

((주)진무의 보통주 800주를 취득)

9월 1일. 차) 현금 800,000 대) 배당금수익 800,000

11월 1일. 차) 현금 5,250,000* 대) 당기손익인식금융자산 4,800,000**
금융자산처분이익 450,000

* 5,250,000 = (200 × 27,000) − 150,000
** 4,800,000 = 200 × 24,000

((주)용원의 보통주 200주를 처분)

12월 15일. 차) 현금 200,000* 대) 배당금수익 200,000

* 200,000 = (600 − 200) × 500

((주)용원으로부터 주당 500원의 배당금을 수령)

(2)

12월 31일. 차) 당기손익인식금융자산평가손실 2,000,000 대) 당기손익인식금융자산 2,000,000

(단기매매증권의 미실현손실을 기록)

| 투자자산 | 원가 | 공정가치 | 평가손익 |
|---|---|---|---|
| (주)용원의 보통주 | ₩9,600,000 | 10,000,000 | 400,000 |
| (주)진무의 보통주 | 26,400,000 | 24,000,000 | (2,400,000) |
| | 36,000,000 | 34,000,000 | (2,000,000) |

## 토의문제

1. 회사가 금융자산에 투자하는 목적을 설명하라.
2. 금융자산의 종류를 설명하라.
3. 매도가능금융자산의 공정가치 평가방법을 설명하라.
4. 관계기업투자를 설명하라.
5. 지분법회계를 설명하라.

## 연습문제

**01** 화명주식회사는 당기손익인식목적으로 채권투자와 관련해서 다음과 같은 거래를 하였다.

1월 1일. 가나주식회사의 사채(액면가 ₩1,000,000, 액면이자율 10%) 90매를 ₩90,000,000과 수수료 ₩900,000을 포함해서 현금으로 취득하였다. 이자는 7월 1일과 1월 1일에 지급한다.

7월 1일. 가나주식회사의 사채의 6개월분 이자를 수령하다.

7월 1일. 가나주식회사의 사채 40매를 ₩44,000,000에 매각하고 수수료 ₩400,000을 차감하였다.

(1) 거래를 분개하라.

(2) 12월 31일에 이자의 발생에 대해 수정분개를 하라.

**02** 청송상사는 당기손익인식목적으로 보통주에 대한 투자와 관련해서 다음과 같은 거래를 하였다. 거래를 분개하라.

1월 1일. 하나주식회사의 보통주 1,000주(5%)를 현금 ₩70,000,000과 거래수수료 ₩1,400,000으로 취득하였다.

7월 1일. 주당 ₩7,000의 현금배당금을 수령하였다.

12월 1일. 하나주식회사의 보통주 500주를 ₩32,000,000에 매각하고 거래수수료 ₩800,000을 차감하고 수령하였다.

**03** 명지주식회사는 1월 1일에 송정주식회사에 30%의 투자지분을 ₩150,000,000 에 취득하였다. 12월 31일에 송정주식회사는 현금배당을 선언하고 ₩70,000,000을 지급하였으며 순이익 ₩250,000,000을 보고하였다.

(1) 거래를 분개하라.
(2) 12월 31일에 송정주식회사의 주식에 대한 투자자산으로 보고할 금액을 계산하라.

**04** 20X5년 12월 31일에 정관상사의 당기손익인식금융자산은 다음과 같다.

| 유가증권 | 원가 | 공정가액 |
|---|---|---|
| A | ₩17,500,000 | ₩16,000,000 |
| B | 12,500,000 | 14,000,000 |
| C | 23,000,000 | 19,000,000 |
| 합계 | ₩53,000,000 | ₩49,000,000 |

(1) 유가증권을 공정가액으로 보고하기 위해 2005년 12월 31일에 수정분개를 실시하라.
(2) 공정가액으로 수정한 후, 2005년 12월 31일에 재무상태표와 손익계산서에 나타내시오.

**05** 20X2년 1월 1일에 취득한 시장성유가증권에서 20X6년 12월 31일까지 원리금 합계로 ₩5,000,000이 기대되고 있으며, 적절한 이자율은 9%라고 가정하고 이 시장성유가증권의 20X2년 1월 1일자 매입가격을 계산하라.

**06** 20X2년 1월 1일에 무배당 보통주식을 매입하였다. 이 보통주는 20X6년 12월 31일에 ₩2,000,000의 가치가 있을 것으로 예상된다. 투자자는 10%의 투자이익률을 기대한다. 이 보통주의 매입가격을 계산하라.

**07** 가야상사는 20X2년 1월 1일에 시장성유가증권을 매입하였다. 이 유가증권은 20X5년 12월 31일에 이 유가증권의 가치(원리금)는 ₩1,000,000으로 기대된다. 가야상사는 7%의 이자율이 적절하다고 생각하고 있다.

(1) 가야상사가 이 유가증권에 대해 지불한 매입가격을 계산하라.
(2) 다음 빈칸에 해당하는 날짜에 이 유가증권의 가치를 계산하라.

| 날짜 | 20X2/01/01 | 20X2/12/31 | 20X3/12/31 | 20X4/12/31 | 20X5/12/31 |
|---|---|---|---|---|---|
| 가치 | a | b | c | d | e |

**08** (주)충북은 20X2년 1월 1일에 시장성이 있는 지분증권을 ₩473,010에 매입하였다. 20X2년 12월 31일에 이 증권의 시장가치는 ₩498,750이다. 회사는 이 증권을 당기손익인식금융자산으로 간주하고 있다.

(1) 20X2년 1월 1일에 이 증권의 구입을 분개하라.
(2) 20X2년 12월 31일에 필요한 수정분개를 실시하라.

**09** (주)건용은 20X2년 1월 2일에 매도가능금융자산을 가지고 있는 바, 이것은 20X1년 1월 2일에 ₩1,470,720으로 구입한 것이었다. 20X1년 12월 31일에 회사는 미실현이익으로 ₩78,560을 기록하였다. 20X2년 1월 31일에 이 자산을 매각하였다.

(1) 이 자산을 ₩1,560,580에 매각하였다고 가정하고 매각을 분개하라.
(2) 이 자산을 ₩1,538,200에 매각하였다고 가정하고 매각을 분개하라.
(3) 이 자산을 ₩1,420,000에 매각하였다고 가정하고 매각을 분개하라.

**10** (주)일영은 20X2년 12월 31일 현재 재무상태표에서 시장성유가증권에 대한 투자와 관련해서 다음과 같은 사항을 보고하고 있다.
당기손익인식금융자산(주식)(원가) ₩1,200,000,000

20X2년 12월 31일에 (주)일영은 당기손익인식금융자산에서 미실현손실 ₩240,000,000을 기록하였다. 20X3년에 회사는 원가가 ₩250,000,000인 증권을 ₩180,000,000에

현금으로 매각하였다. 회사는 또한 20X3년에 ₩400,000,000에 증권을 추가로 매입하였다. 20X3년 12월 31일에 보유중인 유가증권의 시가총액은 ₩847,000,000이다. 회사는 이 증권들을 당기손익인식금융자산으로 분류하였다.

(1) 20X2년에 회사가 실시한 시장성유가증권과 관련된 모든 거래와 수정사항을 분개하라.
(2) 시장성유가증권과 관련된 거래와 수정사항은 회사의 20X2년도 손익계산서에 어떠한 영향을 주는가?
(3) 20X3년 12월 31일에 회사에 필요한 수정분개를 실시하라.
(4) 20X3년 12월 31일에 회사의 재무상태표에 계상되는 시장성유가증권의 금액은 얼마인가?

**11** **광안상사에 관한 다음과 같은 거래가 20X1년에 발생하였다.**

2월 10일. 당기손익인식금융자산으로 분류한 시장성유가증권을 ₩15,475,000에 매입하였다.
6월 30일. 당기손익인식금융자산으로 분류한 시장성유가증권을 ₩27,540,000에 매입하였다.
9월 30일. 매도가능증권으로 분류한 시장성유가증권을 ₩18,450,000에 매입하였다.
12월 31일. 이들 증권의 시장가치는 다음과 같다.

| | |
|---|---|
| 2월 10일 매입한 증권 | ₩ 17,438,000 |
| 6월 30일 매입한 증권 | ₩ 26,540,000 |
| 9월 30일 매입한 증권 | ₩ 18,495,000 |

(1) 유가증권의 매입을 분개하라.
(2) 20X1년 12월 31일에 유가증권과 관련해서 필요한 수정분개를 실시하라.

**12** 가나다주식회사는 20X1년 1월 15일에 매입한 다양한 시장성유가증권에 관해서 다음과 같은 정보를 가지고 있다.

| | |
|---|---|
| 유가증권의 매입원가 | ₩100,000,000 |
| 20X1/12/31 유가증권의 시장가치 | 110,000,000 |
| 20X2/12/31 유가증권의 시장가치 | 108,000,000 |
| 20X3/12/31 유가증권의 시장가치 | 112,000,000 |

20X4년 2월 24일 유가증권을 ₩114,500,000에 매각하였다.

(1) 상기의 증권을 당기손익인식금융자산으로 분류할 경우에 20X1년 12월 31일, 20X2년 12월 31일, 20X3년 12월 31일, 20X4년 2월 24일에 필요한 분개를 실시하라.

(2) 상기의 증권을 매도가능금융자산으로 분류할 경우에 20X1년 12월 31일, 20X2년 12월 31일, 20X3년 12월 31일, 20X4년 2월 24일에 필요한 분개를 실시하라.

**13** (주)백두의 20X1년 재무보고서의 주석에는 다음과 같은 정보가 수록되어 있다.
20X1년 6월 30일 현재, 회사는 투자자산으로 매도가능금융자산을 가지고 있는 바, 이의 시장가치는 ₩1,956,000이고 취득원가는 ₩1,686,000이었다. 자본항에는 매도가능금융자산평가이익이 기록되어 있었다.

(1) 매도가능금융자산과 관련해서 (주)백두가 실시한 분개를 추정하라.

(2) 20X1년 6월에 증권시장에서 유가증권 전부를 매각하고 현금을 받았다고 가정하고 유가증권의 매각을 분개하라.

**14** 결산일이 매년말인 경남상사의 20X1년 당기손익인식금융자산의 거래내역은 다음과 같다. 물음에 답하시오.

2월 15일. 액면가액 400,000원인 X주식을 현금 500,000원에 구입하였다.

3월 21일. 액면가액 300,000원인 Y주식을 현금 315,000원에 구입하고 당좌수표를 발행하였다.

4월 11일. Y주식을 현금 310,000원에 매각하였다.

9월 12일. 액면가액 200,000원인 Z사채를 191,000원에 구입하고 당좌수표를 발행하였으며 수수료 3,000원을 현금으로 지급하였다.

12월 31일 현재 당기손익인식금융자산의 공정가치는 다음과 같다.

| 구분 | 공정가치 |
|---|---|
| X주식 | 550,000원 |
| Z사채 | 192,000원 |

위의 거래와 관련해서 경남상사가 20X1년도의 회계처리를 날짜별로 나타내시오.

**15** (주)가야는 20X1년 12월 15일에 취득한 (주)전주의 주식을 매도가능금융자산으로 분류하여 20X2년 12월 31일 현재 그대로 보유하고 있다. 이 주식의 공정가치가 다음과 같이 변화하였는 바, (주)가야가 각 년도의 기말에 해야 할 수정분개를 실시하시오.

| | 취득원가 | 공정가치 | |
|---|---|---|---|
| | 20X1년 | 20X1년말 | 20X2년말 |
| (주)전주의 주식 | 600,000원 | 580,000원 | 610,000원 |

**16** 결산일이 년말인 (주)우암상사가 20X1년말 현재 보유중인 매도가능금융자산과 20X2년중 매도가능금융자산의 거래내역은 다음과 같다.

| 구분 | 취득원가 | 장부금액 |
|---|---|---|
| A 주식 | 500,000원 | 550,000원 |
| B 주식 | 194,000원 | 194,000원 |

2월 15일 A주식에 대한 배당으로 15,000원을 현금으로 지급받았다.

5월 22일 액면가액 350,000원인 C주식을 현금 420,000원에 구입하고 수수료 5,000원을 현금으로 지급하였다.

6월 27일 A주식을 매각하고 530,000원을 현금으로 받고 수수료 4,000원을 현금으로 지급하였다.

12월 31일 현재 매도가능금융자산의 공정가치는 다음과 같다.

| 구분 | 공정가치 |
| --- | --- |
| B주식 | 194,000원 |
| C주식 | 465,000원 |

위의 거래와 관련해서 (주)우암상사가 20X2년에 해야 할 회계처리를 날짜별로 나타내시오.

**17** (주)경남은 20X1년초에 (주)전남의 보통주식 30%를 1,300,000원에 취득하여 중대한 영향력을 가지게 되었다. 관련자료는 다음과 같다. 물음에 답하시오.

(1) 20X1년초에 (주)전남의 순자산 장부가액은 3,000,000원이었으며, 자산과 부채의 장부금액과 공정가치는 일치하였다.
(2) 20X1년과 20X2년에 (주)전남이 보고한 당기순이익(내부거래로 인한 미실현손익을 제거한 금액)은 각각 500,000원과 600,000원이며, 20X2년에 (주)전남은 200,000원의 현금배당을 실시하였다.
(3) 20X1년에 (주)우암은 (주)전남과의 내부거래를 통하여 이익을 증가시킨 금액이 20,000이었으며, 20X2년에는 30,000원의 이익을 감소시켰다.
(4) 20X2년에 (주)전남은 종업원에게 주식옵션을 교부하였는 바, 이로 인하여 200,000원의 주식옵션(자본조정)이 발생하였다.

(주)우암이 관계기업투자주식에 대하여 지분법을 적용할 경우의 회계처리를 나타내고 각 연도말에 관계기업투자주식의 장부금액과 지분법손익을 구하시오.

# 10장 유형자산과 무형자산

## 가을비

노오란 불꽃 일던
가을 산
빨갛게 타오르자
하늘 소방서
비상걸렸어요

번개는 번쩍번쩍
천둥도 사이렌 울리고
구름소방차가 물 뿌려줘요

남은 불씨들은
바람아저씨가가
훅~ 불어
꺼버리지요

이경재(전주대학교 교수, 시인, 아동문학가)

## 1절 유형자산의 의의

유형자산은 기업이 보유하고 있는 실물자산 중에서 기업의 영업활동에 사용할 목적으로 장기간 보유하고 있는 자산으로 특히 제조업의 경우에는 오늘날 자동화의 영향으로 그 비중이 매우 크다. 유형자산에는 토지, 설비자산(건물, 기계장치, 차량운반구 등), 건설중인 자산 등이 있다.

유형자산(tangible assets 또는 property, plant and equipments)은 재화의 생산과 판매, 용역의 제공, 타인에 대한 임대 또는 자체적으로 사용할 목적으로 보유하는 물리적 형체가 있는 자산으로서 1년을 초과하여 사용할 것이 예상되는 자산이다. 이러한 유형자산의 특징은 다음과 같다.

① 물리적 형체를 가진다.
물리적 형체가 없는 자산은 무형자산으로 분류된다.

② 영업활동에 사용하기 위해 보유하는 자산이다.
여기서 영업활동이란 재화의 생산과 판매, 용역의 제공, 타인에 대한 임대 또는 자체적으로 사용할 목적을 모두 포함한다. 이러한 영업활동을 위해 보유하는 자산이 유형자산이다. 투기목적이나 판매목적으로 보유하는 자산은 투자자산이나 재고자산으로 분류해야 한다.

③ 재무상태표일로부터 1년을 초과하여 장기간 보유하는 자산이다.
일 년 미만의 단기간 동안 사용하기 위해 보유하는 자산은 소모품으로 유동자산으로 분류한다.

유형자산은 기업의 생산능력을 결정하고 따라서 고객을 만족시킬 수 있는 능력을 결정하기 때문에 기업의 성공에 결정적이다. 너무 적은 생산능력을 가지고 있으면 고객을 경쟁사에게 빼앗길 우려가 있고, 너무 많은 생산능력을 가지고 있으면 생산시설의 일부가 유휴상태에 있게 된다. 경영자는 그 필요성을 항상 생각하고 자산을 취득해야 한다. 그렇게 하지 못하면 사업기회를 상실하게 되거나 기존자산을 비효율적으로 이용하게 되며, 결국에는 빈약한 재무성과를 보여줄 가능성이 있다.

유형자산의 회계처리는 취득시, 보유기간중, 처분시 등의 3단계로 나누어 살펴볼 수 있다. 취득시에는 취득원가결정, 보유기간중에는 감가상각문제와 자본적 지출과 수익적 지출 그리고 평가의 문제, 처분시에는 유형자산처분손익문제 등을 살펴본다.

## 2절 유형자산의 인식시점의 측정

처음 인식하는 유형자산은 취득원가로 측정해야 한다. 이때 취득원가는 자산을 취득하고 의도한 용도에 이용하기 위해 필요한 모든 지출로 구성된다. 유형자산을 취득하는 데는 시장에서 매입하는 것이 일반적이지만, 자가제조할 수도 있고, 물물교환이나 현물출자, 증여나 무상 등으로 취득할 수도 있다. 유형자산을 매입하는 경우에는 예를 들어 공장기계의 경우, 이의 매입가격에 매입수수료, 취득세 등의 각종 제세공과금, 매입자가 지불한 운반비, 설치비, 시운전비 등의 매입부대비용을 모두 합산하여 공장기계의 취득원가로 기록한다.

유형자산의 취득원가 = 매입가격 + 매입부대비용

취득원가는 유형자산의 취득시점에서 지불된 현금이나 현금성자산으로 측정된다. 일단 취득원가가 결정되면, 그것은 유형자산의 내용연수동안 그 유형자산에 대한 회계처리의 기준이 되지만, 취득한 후에 이의 시장가격이 변동하면 그 변동액을 장부에 반영한다.

자가제작의 경우에는 원재료비, 노무비, 제조간접비 등의 제조비용이 취득원가를 구성하게 된다. 이 경우에 특히 제조자금을 차입할 경우 제조기간동안에 지불한 이자비용은 취득원가를 구성하지만, 제조가 완성된 후에 지불한 이자비용은 취득원가가 아니라 기간비용으로 분류한다.

유형자산의 자가건설과정에서 발생되는 모든 원가들은 자산이 완성될 때까지는 '건설중인 자산(construction in progress)'계정으로 기록되며, 완성된 시점에서 이 계정에서 집계된 금액을 모두 해당 유형자산계정으로 대체하면 된다. 그리고 아직 완성되지 않은 상태에서 기말결산시 재무상태표 상에 유형자산의 한 항목으로 보고한다.

### 예제 10-1

**〈자가건설에 의한 유형자산 취득〉 한국건설(주)는 회사에서 필요한 사옥을 한 동 건설하기로 하고 20X1년 3월 15일 건설에 착수하였다. 건설과정에서 발생한 각종 원가들은 여러 번에 걸쳐서 지불되었으며, 그 구체적인 내용은 다음과 같다. 건물은 20X2. 5. 1.에 완성될 예정이다. 각 시점별로 필요한 회계처리를 하라.**

| | |
|---|---|
| 20X1. 3. 15. | 건설용 원자재 1,800,000원을 구입하여 건설에 착수하였다. |
| 20X1. 6. 15. | 공사시작부터 금년 말까지의 건설인부 인건비 2,400,000원을 지급하였다. |
| 20X1. 12. 31. | 이날은 결산일로서 지난 3. 15. 이후부터 결산일 현재까지 투입된 원자재는 총 1,400,000원이었으며, 이날까지 발생된 각종 부대경비 870,000원을 지불하였다. |
| 20X2. 5. 1. | 공사가 예정대로 완성되었으며, 20X2년 들어 추가로 발생한 원재료 투입은 150,000원, 인건비 추가지급액은 500,000원이었다. |
| 20X2. 5. 15. | 이날까지 준공검사를 위해 지출된 각종 공과금은 150,000원이다. |

**예제풀이**

– 20X1. 3. 15.의 회계처리:

| | | | | |
|---|---|---|---|---|
| <차> | 재고자산(원재료) | 1,800,000 | <대> 현 금 | 1,800,000 |

– 20X1. 6. 15.의 회계처리:

| | | | | |
|---|---|---|---|---|
| <차> | 건설중인자산 | 2,400,000 | <대> 현 금 | 2,400,000 |

－ 20X1. 12. 31.의 회계처리:

| 차변 | 금액 | 대변 | 금액 |
|---|---|---|---|
| <차> 건설중인자산 | 2,270,000 | <대> 재고자산(원재료) | 1,400,000 |
| | | 현　　금 | 870,000 |

－ 20X2. 5. 1.의 회계처리:

| 차변 | 금액 | 대변 | 금액 |
|---|---|---|---|
| <차> 건설중인자산 | 650,000 | <대> 재고자산(원재료) | 150,000 |
| | | 현　　금 | 500,000 |
| <차> 건　　물 | 5,320,000* | <대> 건설중인자산 | 5,320,000 |

* 2,400,000원+2,270,000+650,000원=5,320,000원

－ 20X2. 5. 15.의 회계처리:

| 차변 | 금액 | 대변 | 금액 |
|---|---|---|---|
| <차> 건　　물 | 150,000 | <대> 현　　금 | 150,000 |

물물교환, 특히 이종자산교환의 경우에 취득한 유형자산의 취득원가는 양도한 유형자산의 공정가액으로 측정한다. 이때 양도한 유형자산의 공정가액이 명확하지 않으면, 취득한 유형자산의 공정가액을 취득원가로 할 수 있다. 그리고 양도자산의 공정가액에서 장부가액을 차감하여 유형자산의 교환손익을 구한다. 동종자산교환의 경우에 취득한 유형자산의 취득원가는 양도한 유형자산의 장부가액으로 측정한다. 이 경우에 교환손익은 발생하지 않는다.

현물출자로 유형자산을 취득한 경우에는 제공한 주식의 시가를 취득원가로 측정한다. 그러나 취득대가로 발행한 주식의 공정가치를 알 수 없다면, 해당 유형자산의 취득시점에서의 공정가액을 취득원가로 사용할 수 있다.

## 예제 10-2

**〈주식발행에 의한 유형자산 취득〉 한국건설(주)는 거래처인 우주기업(주)으로부터 토지를 제공받고 그 대가로 자사의 주식(주당 액면금액 5,000원) 100주를 발행하여 제공하였다.**

<요구사항>

1. 토지의 공정가치는 알 수 없으나, 주식 발행시점에서 주식의 시가가 주당 8,000원으로 확인된 경우, 한국건설(주)의 입장에서 필요한 회계처리를 하라.

2. 토지 취득 시 발행되는 주식의 공정가치는 알 수 없으나, 토지의 공정가치가 700,000원으로 확인된 경우 한국건설(주)의 입장에서 필요한 회계처리를 하라.

**예제풀이**

한국건설(주)

| | | | | |
|---|---|---|---|---|
| 1. <차> 토지 | 800,000 | <대> | 자본금 | 500,000 |
| | | | 주식발행초과금 | 300,000 |
| 2 <차> 토지 | 700,000 | <대> | 자본금 | 500,000 |
| | | | 주식발행초과금 | 200,000 |

---

증여나 무상으로 취득한 경우에는 취득한 유형자산의 공정가액을 취득원가로 측정하며, 자산수증이익을 기타수익으로 분류한다.

## 예제 10-3

〈유형자산의 무상취득〉 한국건설(주)는 고객으로부터 토지를 기증 받았다. 이 토지는 기증 받은 시점에서 전문 감정인의 평가에 의하면 공정가액이 2,500,000원으로 확인되었다. 이 토지의 취득에 대하여 한국상사(주)가 행할 회계처리를 하라.

**예제풀이**

| | | | | |
|---|---|---|---|---|
| <차> 토　　지 | 2,500,000 | <대> | 자산수증이익 | 2,500,000 |

---

아래에서 주요한 종류의 각 유형자산에 대한 취득원가주의의 적용을 살펴보기로 한다.

## 1. 토지

토지(land)는 제조공장이나 사무실의 부지를 위한 건물부지로 가끔 이용된다. 토지의 원가에는 (1) 현금매입가격, (2) 등기비용, (3) 부동산중개인의 수수료, (4) 매입자가 부담하는 미지급재산세 등이 포함된다. 예를 들면, 만약 현금가격이 ₩50,000,000이고 구입자가 미지급세금 ₩5,000,000을 지불하기로 동의한다면, 토지의 원가는 ₩55,000,000이다.

토지를 의도한 용도로 만들기 위해 발생된 모든 필요한 원가는 토지계정을 증가(차변)시킨다. 공터인 토지를 취득하였을 때, 그 원가에는 청소, 관개, 정지 등을 위한 지출이 포함된다. 만약 토지에 건물신축에 적합한 부지를 만들기 위해 제거해야 하는 건물이 있다면, 모든 파괴 및 제거의 원가에서 잔존폐기물의 실수금을 차감한 것이 토지계정에 포함된다.

예를 들면, 한강제조상사가 부동산을 현금 ₩100,000,000으로 취득하였다고 하자. 이 부동산에는 순원가 ₩6,000,000(철거원가 ₩7,500,000에서 잔존폐기물의 실수금 ₩1,500,000)으로 철거되는 낡은 창고가 포함되어 있다. 추가지출은 변호사비용 ₩1,000,000과 부동산중개인 수수료 ₩8,000,000이다. 이러한 요소를 가정하면, 토지의 원가는 <도표 10-1>처럼 계산된 ₩115,000,000이다.

**도표 10-1 토지원가의 계산**

| 토지 | |
|---|---:|
| 토지의 현금가격 | ₩100,000,000 |
| 창고의 순철거원가 | 6,000,000 |
| 변호사비용 | 1,000,000 |
| 부동산중개인 수수료 | 8,000,000 |
| 토지의 원가 | ₩115,000,000 |

취득할 때 분개는 다음과 같다.

차) 토지 115,000,000 대) 현금 115,000,000

## 2. 토지구축물

토지구축물은 도로, 주차장, 울타리, 조경 등과 같이 토지에 구조적으로 첨가한 것이다. 토지구축물원가에는 토지를 의도된 용도로 이용하기 위해 필요한 모든 지출이 포함된다. 예를 들면, 신설회사의 주차장의 원가에는 도로포장, 울타리, 조명 등을 위해 지출한 금액이 포함된다. 그리하여 이러한 원가의 합계가 토지구축물의 차변에 기입된다. 토지구축물은 내용연수를 한정하였으며, 그 유지와 대체는 회사의 책임이다. 제한적인 내용연수 때문에 토지구축물원가는 그 내용연수동안 비용화(감가상각)된다.

## 3. 건물

건물(building)은 상점, 사무실, 공장, 창고 등과 같이 영업에 이용되는 시설이다. 건물의 구입이나 건설과 관련있는 모든 필요한 지출은 건물계정에 가산된다. 건물을 구입하였을 때, 그 원가에는 구입가격, 체결비용(closing costs)(변호사수수료, 등기료 등), 부동산중개인의 수수료 등이 포함된다. 건물을 의도된 용도로 이용하기 위한 원가에는 방과 사무실을 개축하기 위한 지출과 지붕, 마루, 전기배선, 관개 등을 대체하기나 수선하기 위한 지출 등이 있다. 새로운 건물을 신축할 때, 그 원가에는 건축가의 수수료, 건물허가비용, 굴착비용 등으로 소유자가 지불한 금액과 계약가격이 포함된다.

그리고 건설에 필요한 자금을 조달하기 위해 발생한 이자비용은 건설자산을 이용하는데 상당한 시간이 필요할 때 자산의 원가에 포함된다. 이러한 상황에서 이자비용은 원재료비와 노무비처럼 필요한 것으로 간주된다. 그러나 이자비용을 신축건물의 원가에 포함시키는 것은 건설기간에 발생한 이자비용에 국한된다. 건설이 완료되었을 때, 그 건설의 자금조달을 위해 차입한 자금에 대한 이후의 이자지급은 이자비용(기간비용)의 발생(차변)으로 기록된다.

## 4. 설비자산

설비자산(equipment)에는 상점의 계산대, 사무실가구, 공장기계, 운반트럭, 비행기 등과 같이 영업에 이용되는 자산이 포함된다. 설비자산의 원가는 현금매입가격, 취득세, 운반비, 매입자가 지불한 운송보험료 등으로 구성된다. 그것에는 또한 설비자산을 조립하고, 설치하고, 검사하는 데 필요한 지출이 포함된다. 그러나 회사트럭과 자동차에 대한 자동차운전면허증과 자동차보험 등과 관련된 지출은 연례적으로 반복되는 지출을 의미하고 미래기간에 효익이 나타나는 것이 아니기 때문에 발생하는 즉시 비용으로 처리된다.

예를 들어 여수상사가 현금 ₩22,000,000으로 운반트럭을 구입한다고 가정하자. 관련지출은 부가가치세 ₩1,320,000, 도색 ₩500,000, 자동차운전면허증 ₩80,000, 3년간의 보험료 ₩1,600,000 등이다. 이때 운반트럭의 원가는 ₩23,820,000인데, 이의 계산은 <도표 10-2>와 같다.

**도표 10-2 운반트럭의 원가계산**

| 운반트럭 | |
|---|---|
| 현금가격 | ₩22,000,000 |
| 부가가치세 | 1,320,000 |
| 도색 | 500,000 |
| 운반트럭원가 | ₩23,820,000 |

자동차운전면허증의 원가는 기간비용으로 처리되며, 보험료의 원가는 선급비용으로 간주된다. 그리하여 트럭의 매입과 관련지출을 기록하기 위한 분개는 다음과 같다.

| 차) | 운반트럭 | 23,820,000 | 대) | 현금 | 25,500,000 |
|---|---|---|---|---|---|
| | 면허증비용 | 80,000 | | | |
| | 선급보험료 | 1,600,000 | | | |

(운반트럭의 매입과 관련지출을 기록)

또 다른 예로, 안동상사가 공장기계를 현금 ₩50,000,000으로 구입한다고 가정하자. 관련지출은 부가가치세 ₩3,000,000, 선적보험료 ₩500,000, 설치 및 검사비 ₩1,000,000 등이다. 공장기계의 취득원가는 ₩54,500,000인데, 이의 계산은 <도표 10-3>과 같다.

**도표 10-3 공장기계의 취득원가계산**

공장기계

| | |
|---|---:|
| 현금가격 | ₩50,000,000 |
| 부가가치세 | 3,000,000 |
| 선적보험료 | 500,000 |
| 설치 및 검사 | 1,000,000 |
| 공장기계의 취득원가 | ₩54,500,000 |

그리하여, 매입 및 관련지출을 기록하기 위한 분개는 다음과 같다.

| 차) | 공장기계 | 54,500,000 | 대) | 현금 | 54,500,000 |
|---|---|---|---|---|---|

(공장기계의 매입 및 관련지출을 기록)

# 3절 유형자산의 감가상각

## 1. 감가상각의 의의

토지와 건설중인 자산 및 생물자산의 경우를 제외하고 대부분의 유형자산은 시간의 경과나 사용으로 인하여 그 가치가 하락하거나 유용성이 감소한다. 유형자산은 기업의 수익창출활동에 기여하면서 그 가치나 유용성이 하락하기 때문에 수익과 비용의 대응원칙에 따라 수익창출활동에 기여한 기간동안 그 가치의 하락을 비용으로 인식한다.

감가상각(depreciation)은 유형자산의 원가를 비용화하기 위해 그 내용연수동안 합리적이고 체계적인 방법으로 배분하는 과정이다. 이러한 원가배분(cost allocation)은 비용과 수익을 적절하게 대응시키기 위해 설계된다.

감가상각은 유형자산의 차감항목으로 보고되는 감가상각누계액을 통해 재무상태표에 반영되고, 감가상각비를 통해 포괄손익계산서에 반영된다.

감가상각은 원가배분과정이지 자산평가과정은 아니라는 점을 이해하는 것이 중요하다. 유형자산의 (취득원가에서 감가상각누계액을 차감한) 장부가액(book value)은 그 시장가치와 상당히 다를 수 있다. 사실상, 만약 어떤 자산이 완전히 감가상각된다면, 장부가액이 0이 될 수도 있지만 여전히 상당한 시장가치를 가질 수도 있다.

감가상각은 세 종류의 유형자산에 적용된다. 토지구축물, 건물, 설비자산. 이러한 세 종류의 각각은 기업에 대한 유용성과 각 종류의 수익창출능력이 그 자산의 내용연수동안 하락하기 때문에 감가가능자산(depreciable asset)으로 간주된다. 토지를 소유하는 기간동안 그 유용성과 수익창출능력은 일반적으로 그대로 유지되기 때문에 감가상각은 토지에 적용되지 않는다. 사실상, 많은 경우에 토지의 유용성은 좋은 부지의 희소성 때문에 시간의 경과에 따라 증가한다. 따라서 토지는 감가가능자산이 아니다.

## 2. 감가상각의 원인

유형자산의 감가상각의 원인으로는 물리적 원인과 기능적 원인을 들 수 있다.

### 1) 물리적 원인

물리적 원인은 시간의 경과나 사용으로 인해 자산의 가치가 감소하는 것으로 마모와 훼손이 있다. 감가가능자산의 내용연수동안 수익창출능력은 마모와 훼손 때문에 하락한다. 100,000마일을 달린 운반트럭은 800마일만 달린 운반트럭보다 기업에 대한 유용성이 적을 것이다. 이와 마찬가지로 소금과 눈에 노출된 트럭과 자동차는 이러한 것들에 노출되지 않은 것들보다 더 빨리 노후화된다.

### 2) 기능적 원인

기능적 원인은 경영환경의 변화에 의해 자산의 가치가 감소하는 것으로 부적응과 진부화가 있다.

부적응(inadequacy)은 제품제조방법의 변경, 공장의 이전, 제품종류의 변경 등 기업환경의 변화와 경영자의 의사결정에 의하여 기존의 유형자산을 물리적으로는 사용할 수 있으나 경제적으로 사용할 수 없어서 그 가치가 상대적으로 하락하는 경우를 말한다.

진부화(obsolescence)는 새로운 발명이나 신기술의 개발로 기존의 유형자산을 사용하는 것이 경제적으로 불리하기 때문에 상대적으로 그 가치가 감소하는 경우를 말한다. 기업들은 기존의 컴퓨터를 계획보다 일찍 신형컴퓨터로 교체하는데, 이는 신형 컴퓨터의 등장으로 인해서 기존의 구형 컴퓨터가 진부화되었기 때문이다.

자산에 대한 감가상각을 인식한다는 것이 그 자산의 대체를 위한 현금을 적립한다는 것은 아니다. 감가상각누계액의 잔액은 지금까지 비용으로 처리된 취득원가의 누계액을 의미하지 현금이 그만큼 누적되어 있다는 의미가 아니다.

## 3. 감가상각의 계산요소

세 가지 요소가 감가상각의 계산에 영향을 준다.

1. 취득원가. 감가가능자산의 원가에 영향을 주는 고려사항들은 앞에서 살펴보았다. 유형자산은 취득원가주의에 따라 원가로 기록된다.
2. 내용연수. 내용연수(useful life)는 자산의 소유자를 위한 자산의 기대되는 생산연수(용역연수)의 추정치이다. 내용연수는 시간, (기계시간과 같은) 활동단위, 산출단위 등으로 표현할 수 있다. 내용연수는 추정치이다. 추정을 할 때, 경영자는 자산의 의도된 용도, 수선유지정책, 자산의 진부화가능성 등과 같은 요소를 고려한다. 기업의 유사자산에 대한 과거경험이 종종 기대내용연수에 관한 의사결정에 도움이 될 수 있다.
3. 잔존가액. 잔존가액(residual value, salvage value)은 자산의 소유자를 위한 자산의 내용연수 말에 자산가치에 관한 추정치이다. 이 잔존가액은 자산의 폐기물로서의 가치나 기대보상가치에 근거할 수도 있다. 내용연수처럼 잔존가액도 추정치이다.

## 4. 감가상각의 방법

수많은 방법들이 존재하지만, 감가상각은 일반적으로 다음과 같은 세 가지 방법 중의 하나를 이용하여 계산된다.

- 정액법
- 체감잔액법
- 활동단위법

제9장에서 논한 다양한 재고자산방법처럼, 이러한 감가상각방법은 모두 일반적으로 인정된 회계원칙에서 인정되고 있다. 경영자는 자산의 내용연수동안 수익에 대한 자산의 기여를 가장 잘 측정한다고 생각하는 방법을 선택한다. 일반적으로 어떤 방법을 선택하면, 그 방법을 내용연수동안 일관성 있게 적용해야 한다. 일관성은 재무제표의 비교가능성을 높인다.

오늘날 대부분의 기업에서 주로 사용하는 감가상각방법은 정액법이다. 사실상, 일부 기업은 한 가지 방법 이상을 이용하기 때문에, 실제로 기업의 90% 이상이 감가상각방법으로 정액법을 이용한다고 말할 수 있다. 이러한 이유로, 여기서는 개념적 수준에서 감가상각의 정액법에 대한 절차를 먼저 간단히 살펴보고 나서 체감잔액법과 활동단위법을 살펴보기로 한다.

감가상각방법에 관한 예시는 20X5년 1월 1일에 경주상사가 구입한 운반트럭과 관련있는 다음과 같은 자료에 근거하고 있다.

| | |
|---|---|
| 취득원가 | ₩13,000,000 |
| 예상잔존가액 | ₩ 1,000,000 |
| 추정내용연수 | 5년 |
| 추정주행거리 | 100,000마일 |

### 1) 정액법

정액법(straight-line method)에서는 동일한 감가상각금액이 자산의 내용연수동안 매기에 비용화된다. 경영자는 자신의 예상과 경험에 근거해서 자산의 내용연수를 선택해야 한다. 연간감가상각비를 계산하기 위해, 감가가능원가를 추정내용연수로 나눈다. 감가가능원가(depreciable cost)는 감가상각의 대상이 되는 원가총액을 의미하며 자산의 취득원가에서 그 잔존가액을 차감한 것으로 계산된다. 경주상사의 운반트럭에 대한 첫연도 감가상각비의 계산은 <도표 10-4>에 나타나 있다.

**도표 10-4 정액법의 공식**

| 취득원가 | - | 잔존가액 | = | 감가가능원가 |
|---|---|---|---|---|
| ₩13,000,000 | - | ₩1,000,000 | = | ₩12,000,000 |

| 감가가능원가 | ÷ | 내용연수 | = | 감가상각비 |
|---|---|---|---|---|
| ₩12,000,000 | ÷ | 5 | = | ₩2,400,000 |

여기서 감가상각비의 분개는 다음과 같다.

차) 감가상각비 2,400,0000 대) 감가상각누계액 2,400,000

이와는 달리, 운반트럭의 연간 감가상각률을 계산할 수도 있다. 이 경우에, 그 비율은 20%(100% ÷ 5년)이다. 연간 비율을 정액법에서 이용할 때, 비율은 <도표 10-5>의 감가상각표에 나타나 있는 자산의 감가가능원가에 적용된다.

**도표 10-5 정액법에 의한 감가상각표**

경주상사

| | 계산 | | | 년말 | |
|---|---|---|---|---|---|
| 년도 | 감가가능원가 | × 감가상각률 | = 연간감가상각비 | 감가상각누계액 | 장부가액 |
| 20X5 | ₩12,000,000 | 20% | ₩2,400,000 | ₩2,400,000 | ₩10,600,000* |
| 20X6 | 12,000,000 | 20% | 2,400,000 | 4,800,000 | 8,200,000 |
| 20X7 | 12,000,000 | 20% | 2,400,000 | 7,200,000 | 5,800,000 |
| 20X8 | 12,000,000 | 20% | 2,400,000 | 9,600,000 | 3,400,000 |
| 20X9 | 12,000,000 | 20% | 2,400,000 | 12,000,000 | 1,000,000 |
| | | | 합계₩12,000,000 | | |

* ₩10,600,000 = ₩13,000,000 - ₩2,400,000

감가상각비 ₩2,400,000은 매년 동일하며 내용연수말의 장부가액은 추정잔존가액 ₩1,000,000과 동일하다.

여기서의 예처럼 1월 1일이 아닌 기중에 자산을 구입하였을 때는 이용된 기간에 대해 연간감가상각비를 비례배분하는 것이 필요하다. 만약 경주상사가 20X5년 4월 1일에 운반트럭을 구입하였다면, 그 트럭은 20X5년에 9개월동안 이용되었을 것이다. 20X5년의 감가상각비는 ₩1,800,000(₩12,000,000 × 20% × 9/12)일 것이다.

앞에서 지적한 바와 같이, 정액법은 실무에서 널리 이용되고 있다. 그것은 적용하기가 간단하고 자산의 이용이 내용연수동안 합리적으로 일정할 때 수익과 비용을 적절하게 대응시킨다. 내용연수동안 동일한 효익을 제공하는 자산의 유형은 일반적으로 일상적인 이용이 생산성에 영향을 주지 않는 유형들이다. 이의 예로는 사무실가구, 건물, 창고, 자동차차고 등이다.

### 2) 체감잔액법

체감잔액법(decling-balance method)은 체감하는 장부가액을 이용하여 기간감가상각비를 계산한다. 이 방법을 가속상각법(accelerated depreciation method)이라고도 하는데, 이는 정액법보다 자산의 내용연수 초기에 감가상각비가 더 많아지기 때문이다. 그러나 자산의 내용연수동안 감가상각비의 총액(감가가능원가)은 어떠한 방법을 이용하던지 동일하기 때문에, 체감잔액법으로 인해서 그 자산의 내용연수동안 연간감가상각비가 점차 감소하게 된다. 초기에는 체감잔액법에 의한 감가상각비가 정액법에 의한 감가상각비를 초과하지만, 나중에는 정액법에 의한 경우보다 적을 것이다. 여기서 감가상각률은 해마다 일정하지만, 상각률이 적용되는 장부가액은 매년 감소한다. 만약 경영자가 자산의 효용이 급속하게 하락할 것이라고 생각한다면 가속상각법을 선택할 것이다.

첫해의 장부가액은 자산의 내용연수의 초에 감가상각누계액의 잔액이 0이기 때문에 그 자산의 취득원가이다. 다음해에 장부가액은 연초의 감가상각누계액과 취득원가의 차액이다. 체감잔액법에서 잔존가액은 체감잔액율이 적용되는 금액을 결정하는 데서 무시된다. 감가상각은 자산의 장부가액이 기대잔존가액과 동일할 때 중지된다.

체감잔액법은 상이한 비율로 적용될 수도 있는데, 이로 인해 감가상각의 속도가 다양하게 된다. 체감잔액법에는 이중체감법, 연수합계법, 정률법 등이 있다.

### (1) 이중체감법

이중체감법(double-declining-balance method)의 상각률은 정액법에 의한 상각률의 두 배이다. 만약 이중체감법을 경주상사의 운반트럭(내용연수를 5년으로 가정)에 적용한다면, <도표 10-7>과 같은 감가상각양상이 나타날 것이다. 여기서는 감가상각률이 40%(2 × 20%의 정액율)이다. 아래의 도표는 운반트럭의 첫해 감가상각의 공식과 계산을 보여주고 있다. 트럭의 내용연수동안 감가상각비의 총액은 감가가능원가인 ₩12,000,000이라는 점에 유의하라.

**도표 10-6 체감잔액법의 감가상각공식**

| 기초의 장부가액 | × | 이중체감상각률 | = | 감가상각비 |
|---|---|---|---|---|
| ₩13,000,000 | × | 40% | = | ₩5,200,000 |

**도표 10-7 이중체감법에 의한 감가상각표**

경주상사 (단위: 원)

| | 계산 | | | | 기말 | |
|---|---|---|---|---|---|---|
| 년도 | 기초의 장부가액 | × | 감가상각률 | = 감가상각비 | 감가상각누계액 | 장부가액 |
| 20X5 | 13,000,000 | | 40% | 5,200,000 | 5,200,000 | 7,800,000* |
| 20X6 | 7,800,000 | | 40% | 3,120,000 | 8,320,000 | 4,680,000 |
| 20X7 | 4,680,000 | | 40% | 1,872,000 | 10,192,000 | 2,808,000 |
| 20X8 | 2,808,000 | | 40% | 1,123,000 | 11,315,000 | 1,685,000 |
| 20X9 | 1,685,000 | | 40% | 685,000 | 12,000,000 | 1,000,000 |
| | | | | 합계12,000,000 | | |

* 7,800,000 = 13,000,000 - 5,200,000

### (2) 연수합계법

연수합계법(sum-of-the-years'-digit method)에서는 내용연수의 연수를 모두 합산해서 이를 분모로 하고 첫해에 내용연수의 최대연수를 분수로 하여 상각률을 정하고 그 다음해에는 최대연수보다 적은 연수를 분수로 하여 상각률을 정하는 방법이다. 상기의 예에서 연수합계는 15(= 1 + 2 + 3 + 4 + 5)이고, 첫해의 상각률은 5/15이고, 그 다음해의 상각률은 4/15이다. 이러한 상각률에 감가상각대상금액인 감가가능원가(= 취득원가 - 잔존가액)을 곱하여 감가상각비를 구한다. 연수합계법에 의한 감가상각비는 <도표 10-8>과 같다.

**도표 10-8 연수합계법에 의한 감가상각표**

경주상사 (단위: 원)

| 년도 | 계산 | | | 감가상각비 | 기말 | |
|---|---|---|---|---|---|---|
| | 감가가능원가 | × | 감가상각률 | | 감가상각누계액 | 장부가액 |
| 20X5 | 12,000,000 | | 5/15 | 4,000,000 | 4,000,000 | 9,000,000* |
| 20X6 | 12,000,000 | | 4/15 | 3,200,000 | 7,200,000 | 5,800,000 |
| 20X7 | 12,000,000 | | 3/15 | 2,400,000 | 9,600,000 | 3,400,000 |
| 20X8 | 12,000,000 | | 2/15 | 1,600,000 | 11,200,000 | 1,800,000 |
| 20X9 | 12,000,000 | | 1/15 | 800,000 | 12,000,000 | 1,000,000 |
| | | | | 합계12,000,000 | | |

* 9,000,000 = 13,000,000 - 4,000,000

### (3) 정률법

정률법(fixed-percentage-of-declining-balance method)은 매년 초의 유형자산의 장부가액에 일정한 상각률을 곱하여 그 연도의 감가상각비를 계산하는 방법이다. 여기서 장부가액은 취득원가에서 잔존가액이 아닌 감가상각누계액을 차감한 잔액이라는 점에 유의해야 한다. 정률법의 감가상각은 다음과 같이 계산한다.

**도표 10-9 정률법의 감가상각공식**

감가상각비 = 장부가액 × 상각률

= (취득원가 - 감가상각누계액) × 상각률

$$상각률 = 1- \sqrt[n]{\frac{잔존가액}{취득원가}} \qquad n : 내용연수$$

정률법에서 감가상각누계액은 취득시점에서 전년도 말까지의 감가상각비합계액을 의미한다. 한편, 정률법에서 상각률은 계산하기가 상당히 복잡하기 때문에 대개의 경우 주어진다.[1)] 상기의 예를 이용하여 정률법에 의한 감가상각비를 계산하면 <도표 10-10>와 같다.

**도표 10-10 정률법에 의한 감가상각표**

경주상사 (단위: 원)

| | 계산 | | | | | 기말 | |
|---|---|---|---|---|---|---|---|
| 년도 | 기초의 장부가액 | × | 감가상각률 | = | 감가상각비 | 감가상각누계액 | 장부가액 |
| 20X5 | 13,000,000 | | 40.13% | | 5,216,900 | 5,216,900 | 7,783,100* |
| 20X6 | 7,783,100 | | 40.13% | | 3,123,400 | 8,340,300 | 4,659,700 |
| 20X7 | 4,659700 | | 40.13% | | 1,870,000 | 10,210,300 | 2,789,700 |
| 20X8 | 2,789,700 | | 40.13% | | 1,119,500 | 11,329,800 | 1,670,200 |
| 20X9 | 1,670,200 | | 40.13% | | 670,200 | 12,000,000 | 1,000,000 |
| | | | | | 합계12,000,000 | | |

* 7,783,100 = 13,000,000 - 5,216,900

## 3) 활동단위법

앞에서 지적한 바와 같이, 내용연수는 기간이외의 방식으로도 표현할 수 있다. 생산량비례법이라고도 하는 활동단위법(units-of-activity method)하에서 내용연수는

1) 정률법의 상각률은 유형자산의 취득원가(C)가 n년 동안에 감가상각률(r)로 감소하여 n년 후에는 잔존가치(S)만 남게되므로, 이를 방정식으로 표현하면 $c \times (1-r)^n$ = S이다. 따라서 $r = 1 - \sqrt[n]{\frac{s}{c}}$ 이다.

총생산량이나 사용시간으로 표현된다. 활동단위법은 천연자원이나 공장의 기계에 가장 적합하다. 활동단위는 생산량단위나 기계를 운용하는데 이용된 기계시간으로 측정할 수 있다. 자동차(운전거리)와 같은 항목에 대해 이 방법을 이용하는 것도 가능하다. 활동단위법은 일반적으로 건물, 가구 등과 같은 자산에는 적합하지 않다. 왜냐하면 이러한 자산의 활동수준은 측정하기가 어렵기 때문이다.

예를 들어, 활동단위법을 경주상사가 소유하는 운반트럭에 적용하려면, 먼저 기본정보를 일부 알아야 한다. 경주상사는 트럭을 총 100,000km 운전할 수 있을 것으로 예상한다. <도표 10-11>는 첫해에 감가상각의 공식과 계산을 보여주고 있다.

**도표 10-11 활동단위법의 공식**

감가가능원가 / 활동단위수 = 단위당 감가상각비
₩12,000,000 / 100,000Km = 120원

단위당 감가상각비 × 기중의 활동단위 = 감가상각비
120원 × 15,000Km = ₩1,800,000

거리자료를 이용한 감가상각표가 <도표 10-12>에 나타나 있다.

**도표 10-12 활동단위에 의한 감가상각표**

경주상사 (단위: 원)

| 년도 | 활동단위(Km) | 감가상각비 | 년말 | |
|---|---|---|---|---|
| | | | 감가상각누계액 | 장부가액 |
| 20X5 | 15,000 | 1,800,000 | 1,800,000 | 11,200,000* |
| 20X6 | 30,000 | 3,600,000 | 5,400,000 | 7,600,000 |
| 20X7 | 20,000 | 2,400,000 | 7,800,000 | 5,200,000 |
| 20X8 | 25,000 | 3,000,000 | 10,800,000 | 2,200,000 |
| 20X9 | 10,000 | 1,200,000 | 12,000,000 | 1,000,000 |
| | 100,000 | 합계12,000,000 | | |

* 11,200,000 = 13,000,000 − 1,800,000

활동단위법은 정액법만큼 보편적이지는 않는데, 이는 총활동(또는 생산량)단위를 합리적으로 추정하기가 어렵기 때문이다. 그러나 이 방법은 일부 대기업에서 이용되고 있다. 자산의 생산성이 기간마다 상당히 변화할 때는 활동단위법에 의해서 수익과 비용의 대응이 양호하게 된다. 이 방법은 자산을 기중에 구입할 때 적용하기가 쉽다. 이러한 경우에는 기중에 자산의 생산성이 감가상각을 계산하는데 이용된다.

활동단위법에서는 감가상각비의 금액이 그 기간 중에 발생한 활동에 비례한다. 예를 들면, 운반트럭은 20X5년보다 20X6년에 두 배 더 달렸으며, 감가상각비는 20X5년보다 20X6년에 정확하게 두 배이다.

### 4) 감가상각방법의 비교

<도표 10-13>은 세 가지 방법(정액법, 이중체감법, 활동단위법)하에서 경주상사의 연간 감가상각비와 감가상각비의 총액을 비교하고 있다.

**도표 10-13 방법별 감가상각 결과 비교**

(단위: 천원)

| 연도 | 감가상각비 | | | 장부금액 | | |
|---|---|---|---|---|---|---|
| | 정액법 | 연수합계법 | 정률법 | 정액법 | 연수합계법 | 정률법 |
| 20X5 | 2,400 | 4,000 | 5,217 | 10,600 | 9,000 | 7,783 |
| 20X6 | 2,400 | 3,200 | 3,123 | 8,200 | 5,800 | 4,660 |
| 20X7 | 2,400 | 2,400 | 1,870 | 5,800 | 3,400 | 2,790 |
| 20X8 | 2,400 | 1,600 | 1,120 | 3,400 | 1,800 | 1,670 |
| 20X9 | 2,400 | 800 | 670 | 1,000 | 1,000 | 1,000 |

**도표 10-14 방법별 감가상각 결과 비교**

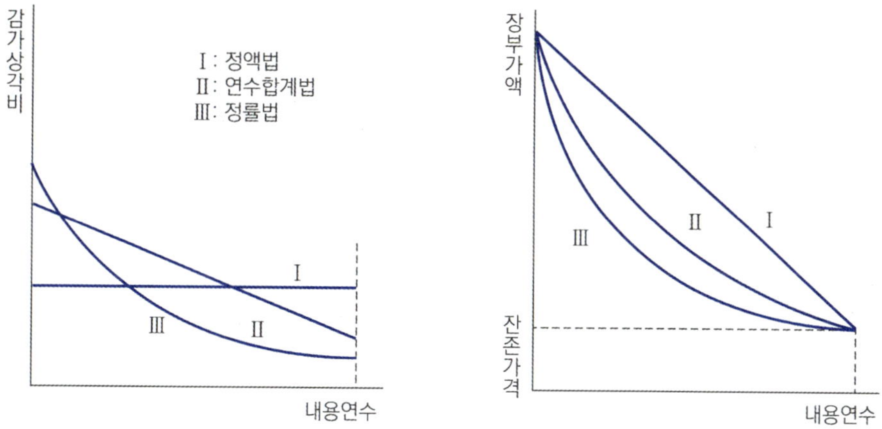


(a) 연도별 감가상각비 (b) 연도별 장부금액

출처: IFRS시대 베스트 회계원리, 오용규 · 김갑룡, 2012년 8월 28일 발행)

기간 감가상각비는 방법에 따라서 상당히 다양하지만, 감가상각비총액은 5년동안 동일하다. 각 방법은 자산의 용역잠재력하락을 합리적이고 체계적인 방법으로 인식하기 때문에 회계에서는 수용가능하다. 각 방법에서 감가상각비의 양상이 <도표 10-14>에 도표로 제시되어 있다.

## 5) 기간감가상각비의 수정

경영자는 기간감가상각비를 정기적으로 검토해야 한다. 만약 유형자산의 가격변동이나 진부화로 잔존가액이 변동하거나 훼손과 마모 등의 이유로 내용연수가 변동하여 기간감가상각비가 부적절하거나 과도하다면, 감가상각비를 수정해야 한다. 이처럼 유형자산의 잔존가액이나 내용연수를 변경하는 것을 회계추정의 변경(change in accounting estimate)이라고 한다.

회계추정의 변경이 필요할 때, 그 변경은 전기가 아닌 당기와 미래에 이루어져야 한다. 그리하여 회계추정의 변경이 이루어질 때, (1) 과거에 기록된 감가상각비나 감가상각누계액을 수정하지 않고, (2) 당기와 미래의 감가상각비를 수정하여 기록한다.

이러한 처리방법을 전진법(prospective method)이라고 한다.

회계추정의 중요한 변경은 재무제표에 공시해야 한다. 기업은 추정내용연수를 변경할 타당한 이유를 가질 수도 있지만, 재무제표의 이용자는 일부 경영자가 단순히 자신의 목표를 달성하기 위해 추정치를 변경할 수도 있다는 점을 알아야 한다. 예를 들면, 자산의 추정내용연수를 확장하는 것은 감가상각비를 감소시키고 당기순이익을 증가시킨다. 상세한 것은 중급회계책을 참조하라.

### 예제 10-4

**우암상사는 20X2년 초에 자동차를 20,000,000원에 구입한 후 정액법을 사용하여 감가상각을 실시하고 있다. 구입시에 자동차의 내용연수는 4년, 잔존가치는 2,000,000원이 될 것으로 추정되었다. 20X4년 초에 자동차의 내용연수를 4년에서 6년으로 변경하였으며, 자동차의 잔존가치도 4,000,000원으로 변경하였다. 우암상사의 20X4년도 감가상각비를 계산하고 분개하라.**

**예제풀이**

| | |
|---|---|
| 자동차의 취득원가 | 20,000,000원 |
| 감가상각누계액(20X2년과 20X3년도) | 9,000,000원 |
| 장부가액(20X3년말) | 11,000,000원 |
| 새로운 잔존가액 | 4,000,000원 |
| 수정후 감가가능원가 | 7,000,000원 |
| 수정후 잔여내용연수 | 4년 |
| 수정후 연간감가상각비 | 1,750,000원 |

차) 감가상각비 1,750,000 　　대) 감가상각누계액 1,750,000

# 4절 유형자산의 후속원가

유형자산을 보유하는 동안 그 가치가 하락할 때, 감가상각을 실시하여 가치하락을 장부에 반영하지만, 때로는 그 가치하락을 방치하지 않고 여러 가지 지출을 할 때가 있다. 즉, 수리, 개선, 확장 등과 관련해서 지출이 발생하는데 이러한 유형자산의 보유기간중에 발생한 지출액을 후속원가라 한다. 여기서 후속원가는 당기의 비용으로 처리할지 유형자산의 취득원가에 가산할지의 여부를 결정해야하는데 이는 매우 중요하다. 만약 후속원가를 유형자산에 포함하지 않는다면, 그 원가를 즉시 비용화해야 하며 이러한 원가를 수익적 지출(revenue expenditure)이라고 한다. 한편, 즉시 비용화하지 않고 유형자산의 취득원가에 가산하는 원가를 자본적 지출(capital expenditure)이라고 한다.

이러한 구별은 그것이 포괄손익계산서에 대해 즉각적이고도 중요한 의미를 가지기 때문에 중요하다. 일부 기업은 당기의 이익을 부풀리기 위해 비용화해야 할 지출을 부적절하게 자본화하기도 한다. 예를 들면, 기말에 발생한 ₩1,000,000의 유지비가 부적절하게 건물의 취득원가에 자본화되었다고 가정하자(즉, 이들이 즉시 비용화되기보다는 자산계정인 건물에 포함되었다). 만약 건물의 원가가 40년동안 비용(감가상각비)으로 배분되고 있다면, ₩1,000,000의 유지비는 당기에 비용화되는 대신에 40년동안 부정확하게 배분될 것이다. 당기의 비용은 ₩1,000,000만큼 과소계상될 것이며 당기의 이익은 ₩1,000,000만큼 과대계상될 것이다. 그리하여 어떤 지출을 자본화하고 어떤 지출을 비용화할지를 결정하는 것은 매우 중요하다.

자본적 지출은 해당 지출로 인해 유형자산이 제공하는 미래 경제적 효익이 증가하여 유형자산의 기능이 증가하는 경우의 지출이다. 이 지출액은 유형자산의 취득원가에 가산하고 잔존내용연수 기간에 감가상각하여 비용으로 인식한다.

한편, 수익적 지출은 해당 지출로 인해 유형자산이 제공하는 미래 경제적 효익이 유지되어 유형자산의 기능이 현상유지되는 경우의 지출이다. 이 지출액은 당기의 비용으로 처리한다.

자본적 지출과 수익적 지출의 판단기준을 보다 구체적으로 살펴보면, 그 지출로 말미암아 유형자산의 생산능력증대, 내용연수연장, 원가절감, 품질향상 중에서 어느 하나라도 발생하면 자본적 지출로 간주하지만, 현실적으로 중요성기준에 비추어 금액이 소액이거나, 수선·유지를 위한 경상적인 지출이면 수익적 지출로 간주한다.

유형자산의 내용연수 기간에, 기업은 정상적인 수선, 증설, 개량 등을 위해 원가를 지출할 수도 있다. **정상적인 수선**(ordinary repairs)은 단위의 기대생산수명과 운영효율성을 유지하기 위한 지출이다. 이것은 대개의 경우 내용연수동안 빈번하게 발생하는 상당히 적은 금액이다. 이들의 예로는 자동차의 엔진조정과 오일교환, 건물도색, 공장기계에서 마모된 기어의 교체 등이다. 이들은 발생하는 즉시 수선(또는 유지)비의 차변에 기입한다. 수선비는 기타비용에 속한다. 이들은 비용으로써 수익에 즉시 부과되기 때문에, 이러한 지출은 **수익적 지출**(revenue expenditure)이다.

| | | | |
|---|---|---|---|
| 차) 수선비 | xxx | 대) 현금 | xxx |

증설과 개량(additions and improvements)은 유형자산의 기대내용연수, 운영효율성, 생산능력 등을 증가시키기 위해 발생한 지출이다. 이러한 지출은 대개의 경우 금액상으로 중요하고 소유기간중에 가끔 발생한다. 증설과 개량을 위한 지출은 유형자산에 대한 기업의 투자를 증가시키고 일반적으로 관련 유형자산의 차변에 기입된다. 따라서 이들은 **자본적 지출**(capital expenditure)이다.

| | | | |
|---|---|---|---|
| 차) 유형자산 | xxx | 대) 현금 | xxx |

# 5절 유형자산의 재평가

유형자산을 회계기말에 재평가하기 위해서 기업은 원가모형이나 재평가모형 중에서 하나를 회계정책으로 선택하고 유형자산 분류별로 평가방법을 동일하게 적용해야 한다.

## 1. 원가모형

원가모형은 최초 인식 후에 유형자산은 감가상각누계액과 손상차손누계액을 차감한 금액을 장부금액으로 한다. 여기서 손상차손은 자산의 장부금액보다 회수가능액이 작은 경우의 이들의 차액이다. 회수가능액은 순공정가치와 사용가치 중에서 큰 금액으로 결정한다. 즉, 자산의 공정가치가 장부금액보다 하락하는 경우 그 차액을 의미한다. 원가모형에서는 손상차손은 인식할 수 있지만 평가손익을 인식하는 것은 아니다.

## 2. 재평가모형

최초로 인식한 후에 공정가치를 신뢰성 있게 측정할 수 있는 유형자산은 재평가일의 공정가치에서 이후의 감가상각누계액과 손상차손누계액을 차감한 재평가금액을 장부금액으로 한다. 재평가는 보고기간말에 자산의 장부금액이 공정가치와 중요하게 차이가 나지 않도록 주기적으로 수행한다. 상세한 것은 중급회계책을 참조하라.

### 1) 공정가치의 평가

일반적으로 토지와 건물의 공정가치는 시장상황을 고려한 공인감정평가사의 감정에 의하고 시장에 근거한 증거로 결정한다. 설비장치와 기계장치의 공정가치는 각 자산의 사용정도를 반영한 감정에 의한 시장가격을 공정가치로 간주한다.

### 2) 재평가의 빈도

재평가의 빈도는 재평가되는 유형자산의 공정가치 변동에 따라 달라진다. 재평가되는 자산의 공정가치는 장부금액과 중요하게 차이가 나는 경우에는 추가적인 재평가가 필요하다. 중요하고 급격한 공정가치의 변동 때문에 매년 재평가가 필요한 유형자산이 있는 반면에 공정가치의 변동이 중요하지 않아 빈번한 재평가가 필요하지 않은 유형자산도 있다.

### 3) 재평가시에 유형자산의 분류

유형자산은 토지, 토지와 건물, 기계장치, 선박, 항공기, 차량운반구, 집기, 사무용비품 등의 예와 같이 유사한 성격과 용도로 분류할 수 있으며, 특정 유형자산을 재평가할 때 해당 자산이 포함되는 유형자산 분류 전체를 재평가한다.

유형자산별로 선택적 재평가를 하거나 서로 다른 기준일의 평가 금액이 혼재된 재무보고를 하는 것을 방지하기 위하여 동일한 분류 내의 유형자산은 동시에 재평가한다. 그러나 재평가가 단기간에 수행되며 계속적으로 갱신된다면, 동일한 분류에 속하는 자산을 순차적으로 재평가할 수 있다.

### 4) 재평가의 회계처리

#### (1) 장부금액이 증가한 경우

자산의 장부금액이 재평가로 인하여 증가된 경우에 그 증가액은 재평가이익으로 하여 기타포괄손익으로 처리한다.

그러나 동일한 자산에 대하여 이전에 당기손실로 인식한 재평가감소액이 있다면 그 금액을 한도로 재평가증가액만큼 당기손익으로 인식하고, 한도초과액은 기타포괄손익으로 인식한다.

재평가증가액이 발생한 경우의 분개는 다음과 같다.

① 과거 당기손실로 인식한 재평가감소액이 없는 경우

| | | | |
|---|---|---|---|
| 차) 유형자산 | XXX | 대) 재평가이익(기타포괄손익) | XXX |

② 과거 당기손실로 인식한 재평가감소액이 있는 경우

| | | | |
|---|---|---|---|
| 차) 유형자산 | XXX | 대) 재평가이익(당기손익)* | XXX |
| | | 재평가이익(기타포괄손익) | XXX |

* 한도: 과거 당기손실 인식분

### (2) 장부금액이 감소한 경우

자산의 장부금액이 재평가로 인하여 감소된 경우에 그 감소액은 당기손실로 인식한다.

그러나 그 자산에 대한 재평가잉여금의 잔액이 있다면 그 금액을 한도로 재평가감소액을 기타포괄손익으로 인식한다.

재평가감소액이 발생한 경우의 분개는 다음과 같다.

① 재평가잉여금 잔액이 없는 경우

| | | | |
|---|---|---|---|
| 차) 재평가손실(당기손익) | XXX | 대) 유형자산 | XXX |

② 재평가잉여금잔액이 있는 경우

| | | | |
|---|---|---|---|
| 차) 재평가손실(기타포괄손익)* | XXX | 대) 유형자산 | XXX |
| 재평가손실(당기손익) | XXX | | |

* 한도: 재평가잉여금 잔액

### 예제 10-5

(주)부산은 2X10년 1월 1일에 야적장으로 사용하기 위해 토지를 ₩100,000에 구입하고 이 토지에 대해 재평가모형을 적용하기로 하였다. 이 토지는 매년 말에 다음과 같은 공정가치로 재평가되었다.

| 일자 | 2X10. 12. 31 | 2X11. 12. 31 | 2X12. 12. 31 |
|---|---|---|---|
| 공정가치 | ₩130,000 | ₩90,000 | ₩140,000 |

물음: 매년 말 재평가에 필요한 분개를 하라.

**예제풀이**

1) 재평가 분개

(1) 2X10. 12. 31

차) 토지 30,000 대) 재평가이익(기타포괄손익) 30,000

(2) 2X11. 12. 31

차) 재평가손실(기타포괄손익) 30,000 대) 토지 40,000
재평가손실(당기손익) 10,000

(3) 2X12. 12. 31

차) 토지 50,000 대) 재평가이익(당기손익) 10,000
재평가이익(기타포괄손익) 40,000

### (3) 재평가시점의 감가상각누계액의 회계처리

유형자산을 재평가할 때 재평가시점의 감가상각누계액은 다음 중 하나의 방법으로 회계처리한다.

① 비례법 : 재평가 후 자산의 장부금액이 재평가금액과 일치하도록 감가상각누계액과 총장부금액을 비례적으로 수정하는 방법이다. 이 방법은 지수를 적용하여 상각후 대체원가를 결정하는 방식으로 자산을 재평가할 때 사용되는 경우가 있다.

② 순액법 : 총장부금액에서 기존의 감가상각누계액을 제거하여 자산의 순장부금액이 재평가금액이 되도록 수정하는 방법이다. 이 방법은 건물을 재평가할 때 사용하는 경우가 많다. 순액법이 보다 일반적으로 널리 사용되는 방법이다.

### 예제 10-6

**(주)충청이 보유하고 있는 설비장치의 취득원가가 100,000원, 감가상각누계액은 40,000원이며, 기말현재의 공정가치는 150,000원이다. 이 자산을 기말에 재평가하면서, 비례법과 순액법에 의하여 재평가차액을 회계처리하라.**

**예제풀이**

| 비례법: | 차) 설비장치 | 150,000 | 대) 재평가잉여금 | 90,000 |
|---|---|---|---|---|
| | | | 감가상각누계액 | 60,000 |

비례법에서는 장부금액 60,000원을 재평가금액으로 증액시키기 위해 취득원가와 감가상각누계액을 각각 (150,000 / 60,000)배 증가시켜야 한다. 따라서 취득원가는 250,000(= 100,000 × 2.5), 감가상각누계액은 100,000(= 40,000 × 2.5)이 되도록 하기 위해 그 차액만큼 다음과 같이 분개하여 가산해야 한다.

| 순액법: | 차) 설비장치 | 50,000 | 대) 재평가잉여금 | 90,000 |
|---|---|---|---|---|
| | 감가상각누계액 | 40,000 | | |

순액법에서는 장부금액 60,000원을 재평가금액 150,000원으로 증가시키기 위해서는 장부금액이 90,000원만큼 증가되어야 한다. 이를 위해 감가상각누계액 40,000원을 차감시켜 장부금액이 40,000원만큼 증가되도록 하고, 부족된 금액 50,000원만큼 설비장치금액을 증가시킨다.

# 6절 유형자산의 손상과 처분

유형자산이 진부화되거나 시장가치의 급격한 하락으로 인하여 유형자산의 미래 경제적 효익이 장부금액에 현저하게 미달하여 감액해야 하는 경우도 발생할 수 있다. 유형자산의 손상(impairments)에 대해서 살펴보기로 한다. 한편 기업은 기업에 더 이상 유용하지 않는 유형자산을 처분한다. 유형자산의 처분시점을 결정할 때에는 수익 인식에 관한 기업회계기준 중 재화의 판매에 관한 수익인식기준을 적용한다. 유형자산의 처분에는 매각(sale), 폐기(retirement), 교환(exchange) 등의 세 가지 방식이 있다.

## 1. 유형자산의 손상

유형자산을 원가모형으로 평가하는 경우, 보고기말마다 유형자산의 손상이 있는지의 여부를 검토하고, 만약 손상이 있다면 당해 자산의 회수가능액을 추정해야 한다. 이 때 유형자산의 회수가능액은 순공정가치와 사용가치 중에서 더 많은 것을 가리킨다. 여기서 순공정가치란 공정가치에서 처분에 따른 부대비용을 차감한 금액을 의미하고, 사용가치는 유형자산에서 창출될 것으로 기대되는 미래현금흐름의 현재가치를 의미하는데, 이를 기업특유가치라고도 한다. 유형자산의 회수가능액과 (원가모형에 의한) 장부금액의 차액의 차이는 다음과 같이 처리한다.

(1) 유형자산의 회수가능액이 장부금액에 미달하는 경우에는 장부금액을 회수가능액으로 조정하고 그 차액을 당기손실(유형자산손상차손)로 회계처리하며, 다음과 같이 분개한다.

| 차) | 유형자산손상차손 | xxx | 대) | 손상차손누계액 | xxx |
|---|---|---|---|---|---|

여기서 손상차손누계액은 감가상각누계액과 마찬가지로 유형자산의 차감항목이다.

(2) 차기 이후 손상차손을 인식한 유형자산의 회수가능액이 장부금액을 초과하는 경우에는 회수가능액을 손상차손을 인식하지 않았을 경우의 장부금액을 한도로 하여 장부금액과의 차액을 당기이익(유형자산손상차손환입)으로 회계처리하며, 다음과 같이 분개한다.

차) 손상차손누계액 xxx 대) 유형자산손상차손환입 xxx

## 예제 10-7

**(주)부경은 기계장치를 원가모형으로 회계처리하고 있으며, 감가상각방법은 정액법이다. 회사는 20×1년초에 내용연수 10년, 잔존가치가 0인 기계장치를 10,000,000원에 구입하였으며, 20×2년 말에 기계장치의 진부화로 인하여 이 유형자산의 순공정가치가 2,000,000원, 사용가치가 1,800,000원으로 급격히 하락하였다는 것을 발견하였다.**

1. 20X2년 말에 필요한 분개와 재무상태표에 계상할 기계장치의 장부금액을 계산하시오.
2. 20X4년말에 기계장치의 회수가능액이 각각 4,000,000원과 8,000,000원으로 증가하였다고 가정할 경우에 20X4년말에 필요한 분개와 기계장치의 장부금액을 계산하시오.

**예제풀이**

1. 20X2/12/31 차) 감가상각비 1,000,000 대) 감가상각누계액 1,000,000
   차) 유형자산손상차손 6,000,000 대) 손상차손누계액 6,000,000

회수가능액 = 순공정가치와 사용가치 중에서 큰 금액

장부금액 = 10,000,000 - 10,000,000 × 2 / 10 = 8,000,000

손상차손 = 회수가능액 - 장부금액

= 2,000,000 - 8,000,000

= 6,000,000

장부금액 = 기계장치 - 감가상각누계액 - 손상차손누계액

= 10,000,000 - 2,000,000 - 6,000,000

= 2,000,000

2. ① 회수가능액이 4,000,000원으로 증가한 경우

| | | | | |
|---|---|---|---|---|
| 20X4/12/31 | 차) 감가상각비 | 250,000 | 대) 감가상각누계액 | 250,000 |
| | 2,000,000 ÷ 8 = 250,000 | | | |
| | 차) 손상차손누계액 | 2,500,000 | 대) 유형자산손상차손환입 | 2,500,000 |

회수가능액의 한도 = 10,000,000 × 6 / 10 = 6,000,000

회수가능액 = 4,000,000

장부금액 = 2,000,000 - 2,000,000 × 2 / 8 = 1,500,000

손상차손환입 = 4,000,000 - 1,500,000 = 2,500,000

장부금액 = 기계장치 - 감가상각누계액 - 손상차손누계액

= 10,000,000 - 2,500,000 - 3,500,000

= 4,000,000

② 회수가능액이 8,000,000원으로 증가한 경우

| | | | | |
|---|---|---|---|---|
| 20X4/12/31 | 차) 감가상각비 | 250,000 | 대) 감가상각누계액 | 250,000 |
| | 차) 손상차손누계액 | 4,500,000 | 대) 유형자산손상차손환입 | 4,500,000 |

회수가능액의 한도 = 10,000,000 × 6 / 10 = 6,000,000

회수가능액 = 6,000,000

장부금액 = 1,500,000

손상차손환입 = 6,000,000 - 1,500,000 = 4,500,000

장부금액 = 기계장치 - 감가상각누계액 - 손상차손누계액

= 10,000,000 - 2,500,000 - 1,500,000

= 6,000,000

## 2. 유형자산의 처분

기업은 기업에 더 이상 유용하지 않는 유형자산을 처분한다. 유형자산의 처분에는 매각(sale), 폐기(retirement), 교환(exchange) 등의 세 가지 방식이 있다.

처분방법이 무엇이던간에, 기업은 유형자산의 장부가액을 처분시점에서 결정해야 한다. 장부가액은 유형자산의 원가와 지금까지의 감가상각누계액 사이의 차액이다. 만약 처분이 기중에 언제라도 발생한다면, 처분일까지의 감가상각을 기록해야 한다. 그리고나서 처분일까지 자산과 관련된 감가상각총액에 대해 감가상각누계액을 차감(차변기입)하고 그 자산원가에 대해 자산계정을 차감(대변기입)함으로써 장부가액이 제거된다.

### 1) 유형자산의 매각

매각에 의한 처분에서 자산의 장부가액은 그 매각으로부터 수령한 실수금과 비교된다. 만약 매각실수금이 유형자산의 장부가액을 초과한다면, 처분이익이 발생한다. 만약 매각실수금이 매각된 유형자산의 장부가액보다 적다면, 처분손실이 발생한다.

우연에 의해서만, 자산이 매각되는 시점에서 자산의 공정시장가치와 장부가액이 동일할 것이다. 그러므로 유형자산의 매각으로 인한 처분손익은 매우 일반적이다.

(1) 처분이익. 유형자산의 처분이익을 예시하기 위해서 20X5년 7월 1일에 종로상사가 사무실가구를 현금 ₩16,000,000으로 처분한다고 가정하자. 사무실가구는 원래 원가가 ₩60,000,000이고, 20X5년 1월 1일 현재 감가상각누계액이 ₩41,000,000이다. 20X5년 첫 6개월동안 감가상각비는 ₩8,000,000이다. 7월 1일까지 감가상각비와 감가상각누계액을 기록하기 위한 분개는 다음과 같다.

| | | | | |
|---|---|---|---|---|
| 7월 1일 | 차) 감가상각비 | 8,000,000 | 대) 감가상각누계액 | 8,000,000 |
| | | (20X5년 첫 6개월동안 사무실가구의 감가상각비를 기록) | | |

감가상각누계액의 잔액을 갱신한 후, 처분이익 ₩5,000,000은 <도표 10-15>와 같이 계산된다.

**도표 10-15 처분이익의 계산**

| | |
|---|---|
| 사무실가구의 원가 | ₩60,000,000 |
| 감가상각누계액(₩41,000,000 + ₩8,000,000) | (49,000,000) |
| 처분일의 장부가액 | 11,000,000 |
| 매각실수금 | 16,000,000 |
| 유형자산처분이익 | ₩5,000,000 |

유형자산의 처분이익과 매각을 기록하기 위한 분개는 다음과 같다.

| | | | | |
|---|---|---|---|---|
| 7월 1일 | 차) 현금 | 16,000,000 | 대) 사무실가구 | 60,000,000 |
| | 감가상각누계액 | 49,000,000 | 처분이익 | 5,000,000 |
| | (사무실가구의 매각을 기록) | | | |

유형자산처분이익은 포괄손익계산서의 "기타수익"에 보고된다.

(2) 처분손실. 종로상사가 사무실가구를 ₩16,000,000으로 매각하는 대신에 ₩9,000,000으로 매각한다고 가정하자. 이 경우에 ₩2,000,000의 손실이 <도표 10-16>과 같이 계산된다.

**도표 10-16 처분손실의 계산**

| | |
|---|---:|
| 사무실가구의 원가 | ₩60,000,000 |
| (-)감가상각누계액 | 49,000,000 |
| 처분일의 장부가액 | 11,000,000 |
| 처분실수금 | 9,000,000 |
| 유형자산처분손실 | ₩2,000,000 |

유형자산의 매각과 처분손실을 기록하기 위한 분개는 다음과 같다.

| | | | |
|---|---|---|---|
| 7월 1일 차) 현금 | 9,000,000 | 대) 사무실가구 | 60,000,000 |
| 감가상각누계액 | 49,000,000 | | |
| 처분손실 | 2,000,000 | | |

(사무실가구의 매각을 기록)

유형자산처분손실은 포괄손익계산서에 "기타비용"으로 보고된다.

## 2) 유형자산의 폐기

일부 자산은 내용연수 말에 기업에 의해 매각되기 보다는 단순히 폐기처분된다. 예를 들면, 일부 제조에 이용되는 생산시설은 매우 특정한 용도를 가질 수 있으며, 따라서 기업이 이것을 더 이상 필요로 하지 않을 때는 준비된 시장이 없을 수 있다. 이러한 경우에 이 자산은 간단히 폐기처분된다.

자산의 폐기는 현금이 수반되지 않는 처분의 특수한 경우이다. 감가상각누계액이 그 자산의 내용연수동안 감가상각총액으로 감소된다. 이 자산계정은 자산의 취득원가로 감소된다. 손실은 폐기일에 자산의 장부가액과 동일하다.

상기의 예에서 종로상사가 20X5년 7월 1일에 사무실가구를 폐기처분한다고 하자. 이의 분개는 다음과 같다.

차) 유형자산처분손실 11,000,000 대) 사무실가구 60,000,000
감가상각누계액 49,000,000

## 예제 10-8

**01** 제주상사는 20X5년 1월 1일에 공장기계를 18,000,000원에 구입하였다. 이 기계의 내용연수는 4년이며, 잔존가치는 2,000,000원으로 예상되었다. 정액법을 이용하여 감가상각표를 작성하라.

**예제풀이**

제주상사의 감가상각표(정액법)

| 년도 | 감가가능원가 | × 감가상각률 | = 감가상각비 | 감가상각누계액 | 장부가액 |
|---|---|---|---|---|---|
| 20X5 | ₩16,000,000 | 25% | ₩4,000,000 | ₩4,000,000 | ₩14,000,000 |
| 20X6 | 16,000,000 | 25% | 4,000,000 | 8,000,000 | 10,000,000 |
| 20X7 | 16,000,000 | 25% | 4,000,000 | 12,000,000 | 6,000,000 |
| 20X8 | 16,000,000 | 25% | 4,000,000 | 16,000,000 | 2,000,000 |

**02** 20X2년 1월 1일에 국제자동차회사는 취득원가 28,000,000원으로 자동차를 한 대 구입하였다. 이 자동차의 잔존가치는 4,000,000원이며, 이의 내용년수 4년이다. 이 자동차는 정액법으로 상각되었다. 이 회사의 회계연도말은 12월 31일이다. 다음을 가정하면서 이 자동차의 처분을 분개하라.

(1) 20X6년 1월 1일에 잔존가치가 0인 채로 폐기처분되었다.
(2) 20X5년 7월 1일에 5,000,000원으로 매각되었다.

**예제풀이**

(1) 20X6년 1월 1일.

차) 감가상각누계액-자동차 24,000,000 대) 자동차 28,000,000
처분손실 4,000,000

(자동차의 폐기처분)

(2) 20X5년 7월 1일.

| | | | | |
|---|---|---|---|---|
| 차) | 감가상각비 | 3,000,000 | 대) 감가상각누계액-자동차 | 3,000,000 |
| | | | (처분일까지 감가상각비계상) | |

| | | | | |
|---|---|---|---|---|
| 차) | 현금 | 5,000,000 | 대) 자동차 | 28,000,000 |
| | 감가상각누계액-자동차 | 21,000,000 | | |
| | 처분손실 | 2,000,000 | | |
| | | | (자동차의 처분) | |

# 7절 무형자산의 의의와 회계

## 1. 무형자산의 의의

무형자산(intangible assets)이란 재화의 생산이나 용역의 제공, 타인에 대한 임대 또는 관리에 사용할 목적으로 기업이 보유하고 있으며, 물리적 형체가 없지만 식별가능하고, 기업이 통제하고 있으며, 미래 경제적 효익이 있는 비화폐성자산이다. 따라서 이러한 자산이 식별가능성, 자산에 대한 통제, 미래 경제적 효익의 존재 등의 세 가지 조건을 모두 충족하면 무형자산으로 인식하고 그렇지 않을 경우에는 비용으로 인식한다. 많은 기업들의 대부분의 귀중한 자산들은 무형자산이다. 무형자산에는 특허권, 실용신안권, 상표권, 상호권 등과 같은 산업재산권, 개발비, 영업권, 기타 등이 있다. 기타에는 가맹권(franchise), 허가권(license), 저작권, 컴퓨터소프트웨어, 임차권리금, 광업권, 어업권 등이 포함된다. 무형자산으로 널리 알려져 있는 것 중의 하나가 상표(brand)인데 가장 유명한 것으로는 코카콜라회사의 코카콜라라는 상표이다.

재무제표가 수많은 무형자산을 보고하지만, 재무적으로 중요한 많은 무형자산들이 보고되지 않고 있다. 예를 들면, 2002년도 마이크로소프트사는 522억달러의 순장부가치를 가지고 있었다. 그러나 이 회사의 시장가치(상장주식의 시가합계)는 대략 2,600억달러이었다. 재무상태표가 역사적 원가로 보고되기 때문에 기업의 장부가치가 그 시가와 상이하다는 것이 특이하지는 않다. 마이크로소프트사의 경우에, 그 차이는 기록되지 않은 무형자산 때문이다. 고도의 기술중심기업이나 소위 지적재산기업의 경우에, 이들의 가치 대부분은 무형자산에 기인하며, 이 중에서 많은 부분이 현재의 회계기준하에서는 보고되지 않는다.

무형자산은 계약, 허가증, 기타 서류에 의해 입증된다. 무형자산은 다음과 같은 원천에서 발생할 것이다.

1. 특허권, 저작권, 가맹권, 상표권, 상호권 등과 같은 정부의 법적 권리부여.
2. 다른 기업의 인수·합병.
3. 가맹권, 허가권 등과 같이 계약으로부터 발생하는 독점적 권리.

## 2. 무형자산의 회계

무형자산은 다른 자산과 마찬가지로 취득원가로 계상한다. 무형자산이 법적 권리일 경우에는 취득원가에 취득에 소요되는 원가 뿐만 아니라 등록과 관련하여 발생하는 부대원가도 포함해야 한다. 취득 후에는 무형자산의 취득원가를 감가상각과 유사한 과정을 이용하여 그 내용연수동안 배분해야 한다. 무형자산의 원가배분과정을 특히 무형자산의 상각(amortization)이라고 하여 유형자산의 감가상각(depreciation), 천연자원과 같은 고갈성자산의 감모상각(depletion)과 구별하고 있다. 무형자산의 상각을 기록하기 위해서는 상각비를 차변에, 특정한 무형자산을 대변에 기재하는 직접상각법을 사용하기도 하고, 감가상각누계액(간접상각법)을 사용하기도 한다.

무형자산도 다양한 감가상각방법을 사용할 수 있지만 주로 정액법으로 감가상각을 한다. 예를 들면, 특허권의 법적 기간이 10년이라고 하면, 특허권의 원가를 10년이나 그 내용연수 중에서 적은 기간동안 감가상각을 해야 한다. 무형자산의 상각기간은 일반적으로 독점적·배타적 권리를 부여하고 있는 관계법령이나 계약에 의하여 정한 경우를 제외하고 20년을 초과하지 못한다. 무형자산의 상각비는 당기의 비용으로 분류한다.

특허권상각의 계산을 예시하기 위해, 어떤 연구소에서 1월 1일에 60,000,000원의 원가로 어떤 특허권을 구입한다고 하자. 이 특허권의 내용연수가 8년으로 추정된다면, 연간상각비는 7,500,000원(= 60,000,000원/8)이다. 다음과 같은 분개를 한다.

| | | | | |
|---|---|---|---|---|
| 1월 1일 | 차) 특허권 | 60,000,000 | 대) 현금 | 60,000,000 |
| | | | (특허권을 취득하다) | |
| 12월 31일 | 차) 특허권상각비 | 7,500,000 | 대) 특허권 | 7,500,000 |
| | | | (특허권을 상각하다) | |

중요한 무형자산을 가지는 기업을 분석할 때, 추정내용연수의 합리성을 평가해야 한다. 내용연수를 결정할 때, 기업은 진부화(obsolescence), 부적응(inadequacy), 기타 요소를 고려해야 한다. 이러한 요소들로 인해서 특허권이나 기타 무형자산이 그 법적 기간 종료 전에 경제적으로 비효과적으로 될 수도 있다. 예를 들면, 어떤 컴퓨터하드웨어 제조업체가 새로이 개발한 컴퓨터칩으로 특허권을 획득하였다고 하자. 이 특허권의 법적 기간은 20년이다. 그러나 경험상, 컴퓨터칩 특허권의 내용연수는 5년을 좀체로 넘기지 않는다는 점을 우리는 알고 있다. 새로운 상위급의 칩이 매우 빠르게 개발되기 때문에 기존의 칩은 진부화된다. 따라서, 회사가 컴퓨터칩의 특허권을 5년이상의 기간 동안 상각하였다면, 회사의 특허권상각비는 의문의 여지가 있을 것이다. 너무 긴 기간 동안 무형자산을 상각하는 것은 상각비용을 과소계상하고, 그 기업의 순이익을 과대계상할 것이며, 그 자산을 과대계상할 것이다.

무형자산과 관련된 모든 요소의 분석에 근거하여, 그 자산의 순현금유입을 창출할 것으로 기대되는 기간에 대해 예측가능한 제한이 없을 경우 무형자산의 내용연수가

무한한 것으로 간주하며, 이 경우에는 무형자산을 상각하지 아니한다.

내용연수가 유한한 무형자산의 잔존가치는 다음의 ①과 ②중에서 하나에 해당하는 경우를 제외하고는 잔존가치가 없는 것으로 간주한다.

① 내용연수 종료시점에 제3자가 자산을 구입하기로 한 약정이 있다.
② 무형자산의 활성거래시장이 있으며, 그 잔존가치를 활성거래시장에서 기초하여 결정할 수 있고, 그러한 활성거래시장이 내용연수 종료시점에 존재할 가능성이 높다.

## 3. 무형자산의 유형

무형자산이 분류기준은 다소 애매하지만, 우리 나라의 기업회계기준서(제3호)에서는 식별가능성의 여부에 따라 개별적으로 식별가능한 무형자산과 식별불가능한 영업권으로 구분하고 있으며, 무형자산을 예시적으로 다음과 같이 열거하고 있다. 1) 영업권, 2) 산업재산권, 3) 개발비, 4) 기타.

### 1) 영업권

대개의 경우 기업의 재무상태표에 나타나는 가장 큰 무형자산은 영업권이다. 영업권(goodwill)은 기업과 관련있는 모든 유리한 속성의 가치를 대표한다. 이에는 뛰어난 경영진, 유리한 위치, 양호한 고객관계, 숙련된 종업원, 고품질의 제품, 공정한 가격정책, 노조와의 조화로운 관계 등이 있다. 시장에서 개별적으로 판매될 수 있는 투자자산, 유형자산, 기타 무형자산 등과 같은 다른 자산과는 달리, 영업권은 기업전체로서만 식별할 수 있다.

만약 영업권을 기업전체로서만 식별할 수 있다면, 그것을 어떻게 결정할 수 있는가? 확실히 많은 기업들은 위에서 언급한 많은 요소들을 가지고 있다. 그러나 이러한 상황에서 영업권의 금액을 결정하는 것은 어렵고 매우 주관적일 것이다. 즉, 영업권에 가치를 부여하는 교환거래가 없이 영업권을 인식하는 것은 재무제표의 신뢰성에 손상을 가하는 주관적인 평가를 유도할 것이다. 그러므로, 영업권은 기업전체의 매입을 수반하는 교환거래 즉, 인수·합병의 거래가 있을 때만 인식된다. 기업전체를 매입할 때, 영업권은 취득한 순자산(자산－부채)의 공정시장가치에 대한 매입원가의 초과액이다. 이것은 장부상에 나타나지 않는 무형의 가치에 대한 보상이라고 볼 수 있는데 이를 일반 상거래에서는 권리금이라고 하고, 회계학에서는 영업권이라고 한다.

기업의 인수·합병을 기록할 때, 순자산은 공정시장가치로 차변에 기입되고, 현금은 매입가격으로 대변에 기입되며, 그 차액은 영업권의 원가로 기록된다.

영업권은 상각하지 않으며, 매 회계연도마다 손상검사를 하여 영업초의 회수가능액이 장부금액에 미달하는 경우에는 손상차손으로 처리한다.

## 예제 10-9

**20X7년 12월 31일에 경남상사가 양산상사를 인수하기로 하였다고 하자. 인수 당시에 양산상사가 보유하고 있는 자산과 부채의 공정시장가치는 다음과 같다고 가정하자. 기업을 인수합병할 때는 피인수기업의 장부가액은 별 의미가 없기 때문에 자산과 부채를 공정시장가치로 평가해야 한다. 따라서 여기서 역사적 원가가 아닌 공정시장가치라는 점에 유의하라.**

재무상태표

양산상사　　20X7년12월31일현재　　(단위: 원)

| | | | |
|---|---|---|---|
| 자산 | 25억 | 부채 | 20억 |
| | | 자본 | 5억 |

경남상사는 인수당시에 양산상사에게 현금 8억원을 지급하고 양산상사의 소유권을 인수하였다고 하자. 이를 분개하라.

**예제풀이**

인수시의 분개는 다음과 같다.

차) 자산　2,500,000,000　　　대) 부채　2,000,000,000

| 영업권 | 300,000,000 | 현금 | 800,000,000 |
|---|---|---|---|

### 2) 산업재산권

산업재산권은 특허권, 상표권, 실용신안권, 의장권 등을 포함하는 데, 관련법률에 따라 등록하여 일정한 기간동안 독점적·배타적으로 이용할 수 있는 권리이다.

특허권은 일정한 기간동안 특정한 제품이나 공정을 이용하여 제품을 제조, 판매할 수 있는 독점적 권리이다. 특허권의 법정기간은 12년이다.

실용신안권은 새로운 고안을 일정한 기간동안 독점적 배타적으로 이용할 수 있는 권리이다. 이의 법정기간은 5년이다.

의장권은 특정한 디자인을 의장법에 의해 등록하여 법적으로 보장받는 권리이며 법정기간은 8년이다.

상표(trademark)나 상호(company name)는 특정한 기업이나 제품을 구별하거나 식별하는 상징이나 단어이다. 삼성, 코카콜라 등과 같은 상호는 순간적으로 제품식별을 가능하게 하며 일반적으로 제품의 매출을 증가시킨다. 창조자나 최초이용자는 특허청에 등록함으로써 상표나 상호에 대한 배타적 권리를 가진다. 이러한 등록으로 우리나라의 경우는 권리가 10년(미국의 경우는 20년)간 보호되며, 상표나 상호가 이용되는 한 무한하게 갱신될 수도 있다.

만약 상표나 상호를 매입한다면, 그 원가는 매입가격이다. 만약 이것이 기업자체에 의해 개발된다면, 그 원가에는 변리사의 비용, 등록비, 설계비, 법적 비용, 기타 이것을 확보하는 것과 직접 관련되는 지출이 포함된다. 상표권은 10년으로 그 존속기간이 법으로 정해져 있다. 산업재산권의 상각은 법에 의한 내용연수와 경제적 내용연수를 고려하여 보다 짧은 기간 이내에 매기 정액법으로 상각해야 한다.

### 3) 개발비

개발비(development costs)는 특허권, 저작권, 신규공정, 신규제품 등을 초래할 수도 있는 지출이다. 많은 기업들이 신규제품이나 공정을 개발하기 위해 지속적인 연구개발활동에 상당한 금액을 지출한다. 이러한 지출의 미래효익의 시기와 정도를 식별하는 데는 불확실성이 있다. 그 결과, 연구개발활동이 성공적인지의 여부에 관계없이 일단 기초연구단계에서 발생하는 지출은 연구비라는 비용으로 처리하고, 개발단계에서 발생한 지출은 미래 이익창출에 기여할 것으로 기대되는 지출만을 개발비라는 무형자산으로 자본화하고, 미래 이익창출에 기여할 것으로 기대되지 않는 지출은 경상개발비라는 비용으로 처리한다. 이러한 관계를 도표로 나타내 보면 <도표 10-17>과 같다.

**도표 10-17 연구개발지출비의 회계처리**

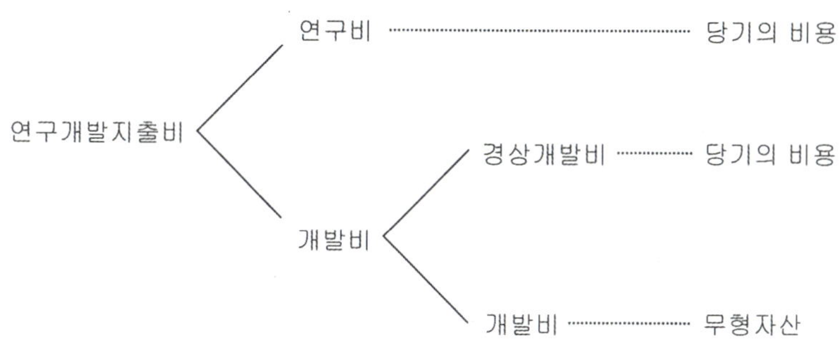


무형자산으로 회계처리된 개발비는 개발이 완료된 제품의 판매나 사용이 가능한 시점부터 일정한 기간동안 정액법으로 상각하거나, 상각하지 않고 손상검사를 실시하여 손상차손을 계상할 수 있다.

개발비의 회계문제를 예를 들어 살펴보기로 하자.

## 예제 10-10

(주)진주개발은 20X7년 2월 1일에 생명공학분야의 기초연구에 3,000,000원을 투자하여 소기의 성과를 거두었다. 회사는 7월 1일에 이 연구결과를 상용화하기로 하여 두 종류의 제품개발에 박차를 가하기로 하고 A제품의 개발에 1,500,000원, B제품의 개발에 1,000,000원을 다시 지출하였지만, A제품의 개발은 실패할 가능성이 높은 것으로 예상되었다. 개발비의 상각기간은 5년이다. 이상의 상황을 분개하라.

예제풀이

이 회사의 연구비는 모두 비용으로 분류하고, A제품의 개발에 지출된 금액은 실패할 가능성이 높으므로 경상개발비라는 비용으로 분류하고, B제품의 개발에 지출한 금액은 개발비라는 무형자산으로 분류한다.

| | | | | | | |
|---|---|---|---|---|---|---|
| 20X7년 2월 1일. | 차) | 연구비 | 3,000,000 | 대) | 현금 | 3,000,000 |
| 20X7년 7월 1일. | 차) | 개발비 | 1,000,000 | 대) | 현금 | 2,500,000 |
| | | 경상개발비 | 1,500,000 | | | |

20X7년 12월 31일에 무형자산인 개발비를 20년 이내의 기간동안 정액법으로 상각해야 한다. 개발비를 5년동안 상각한다면, 개발비상각비는 1,000,000원을 5년으로 나누고는 7월 1일부터 12월 31일까지의 6개월분을 계산하면 100,000원이다.

100,000 = 1,000,000 × 1/5 × 1/2

분개는 다음과 같다.

20X7년 12월 31일. 차) 개발비상각비 100,000 대) 개발비 100,000

따라서 이 회사의 포괄손익계산서에는 연구개발활동과 관련해서 기타비용에 연구비 3,000,000원, 경상개발비 1,500,000원, 개발비상각비 100,000원 등의 비용이 계상된다.

## 4) 기타의 무형자산

기타의 무형자산에는 라이선스, 프랜차이즈, 저작권, 컴퓨터소프트웨어, 임차권리금, 광업권, 어업권 등이 포함되며, 이들 항목이 중요한 경우에는 개별적으로 표시할 수 있다.

가맹권(franchise)은 본사(franchisor)가 가맹점(franchisee)에게 일정한 지역내에서 어떤 제품을 판매할 권리, 특정한 서비스를 제공할 권리, 상표나 상호를 이용할 권리를 부여하는 계약이다. 여러분이 현대자동차의 판매상에서 구입한 자동차를 타고 거리를 질주하면서, OK주유소에서 주유를 하고, 롯데리아에서 점심식사를 한다면,

여러분은 가맹점에서 거래를 하고 있는 것이다.

허가권(license)은 다른 기업의 상표, 특허, 제조기술 등을 사용할 수 있는 권리를 일정한 대가를 지급하고 취득하는 계약상의 권리이다.

가맹권과 허가권은 계약에 의해 일정한 기간 동안 인정된다. 가맹권이나 허가권의 취득으로 원가를 식별할 수 있을 때 무형자산을 인식해야 한다. 가맹권계약하에 정기적으로 이루어지는 연간 수수료(royalty)는 발생한 기간의 영업비(operating cost)로 기록해야 한다. 일정한 기간 동안 프랜차이즈(또는 라이선스)의 취득원가는 그 내용연수동안 영업비로 상각해야 한다.

저작권(copyrights)은 소유자에게 예술작품이나 출판물을 재생산하거나 판매할 수 있는 독점적 · 배타적 권리를 부여하는 법적 권리이다. 저작권은 저작권자에게 사후 50년까지 인정된다. 저작권의 원가는 취득원가와 방어(defending)원가로 구성된다. 이 원가는 정부의 저작권사무소에 지불하는 1만원에 불과할 수도 있고, 저작권침해소송이 있을 때는 더 많은 금액일 수도 있다. 저작권의 내용연수는 일반적으로 그 법적기간보다 상당히 짧다.

컴퓨터소프트웨어는 유형자산의 일부로 간주할 수 없지만 중요한 컴퓨트소프트웨어는 무형자산으로 분류하며, 중요하지 않을 경우에는 취득시에 비용으로 분류한다.

임차권리금은 타인이 소유하는 토지나 건물의 전세권을 취득하면서 기존 전세권자가 누려오던 초과수익력에 대한 대가로 지급한 금액을 의미한다.

광업권은 광업법에 의해 일정한 광구에서 등록을 한 광물과 동 광상 중에 부존하는 다른 광물을 채굴하여 취득할 수 있는 권리이며, 이의 법정 내용연수는 20년 이내이다. 따라서 광업권의 상각은 생산량비례법이나 정액법을 이용하여 20년 이내의 기간에 상각해야 한다. 어업권은 수산업법에 의해 일정한 수면에서 독점적 · 배타적으로 어업을 경영할 수 있는 권리이며, 일정한 기간동안 정액법이나 생산량비례법으로 상각한다.

# 8절 탐사평가자산과 생물자산

## 1. 탐사평가자산

탐사평가자산이란 기업의 회계정책에 따라 자산으로 인식한 광물자원(mineral resources)의 탐사와 평가활동에 지출된 금액을 자본화해서 자산으로 인식한 자산을 말한다.

광물자원은 지하에 매장된 석탄, 석유, 가스 등의 천연자원을 의미한다. 광물자원은 채굴활동에 의해 자산의 양이 감소하게 된다.

광물자원의 회계처리에서는 광물자원의 탐사와 평가활동에 지출된 금액을 비용화해야 하는가 아니면 자본화해야 하는가의 인식문제이다. 비용으로 처리하면 당기순이익이 감소할 것이지만, 원가로 처리해서 자본화하면 당기손익에 관계없이 탐사평가자산의 금액을 증가시킨다.

탐사평가자산을 최초로 인식할 때 원가로 측정하는데, 이에 포함될 수 있는 지출의 예는 다음과 같다.

① 광물자원 탐사에 대한 법적 권리의 취득
② 지형학적, 지질학적, 지구화학적, 지구물리학적 연구
③ 탐사를 위한 시추
④ 굴착
⑤ 표본추출
⑥ 기술적 실현가능성과 상업화가능성의 평가와 관련된 지출

광물자원의 개발과 관련된 지출은 무형자산의 경우처럼 개발단계의 지출로 처리하며, 탐사평가자산으로 처리하지 않는다. 광물자원의 탐사와 평가활동을 수행한 이후에

복구의무가 발생한 때에는 복구충당부채를 인식해야 하며, 탐사평가자산을 인식한 후에는 원가모형이나 재평가모형을 적용하여 평가한다.

탐사평가자산은 그 성격에 따라 유형자산(차량운반구, 시추장비)이나 무형자산(시추권, 광업권)으로 분류할 수 있다.

탐사평가자산에 대한 채굴이나 추출활동으로 광물자원이 감소하는 경우에는 감모상각(depletion)을 한다. 탐사평가자산의 감모상각은 생산량비례법을 이용한다.

기술적 실현가능성과 상업화가능성을 제시할 수 있는 시점에서는 탐사평가자산으로 분류하지 않고 무형자산이나 유형자산으로 분류한다.

### 예제 10-11

(주)남해는 20X1년초에 서해의 대륙붕에서 석유탐사권을 10,000,000원에 취득하고 탐사활동에 6,000,000원을 지출하였다. 20X1년말에 원유를 발견하고 기술적 실현가능성과 상업화가능성을 평가하고 그 평가용역으로 2,000,000원을 지출하였다. 20X2년초에 용역보고서에 의해서 개발활동을 본격적으로 실시하였는 바, 개발원가로 30,000,000원을 지출하였다. 석유의 추정매장량은 30,000배럴이고 20X2년도에 1,000배럴을 채굴하였다. 생산설비의 취득원가는 3,000,000원이고 이의 내용연수는 10년이며 잔존가치는 없다.
(주)남해의 20X2년말 탐사평가자산의 장부금액을 구하고, 관련자산의 감가상각을 실시하라.

**예제풀이**

1. 탐사평가자산의 장부금액: 10,000,000원 + 6,000,000원 + 2,000,000
   = 18,000,000원
2. 20X2년말 감가상각비
   ① 탐사평가자산의 감가상각비:
   배럴당 상각비 = 18,000,000원 ÷ 30,000배럴 = 600원/배럴
   ② 개발비의 감가상각비:
   배럴당 상각비 = 30,000,000 ÷ 30,000배럴 = 1,000원/배럴
   ③ 유형자산의 감가상각비:
   감가상각비 = 3,000,000 ÷ 10년 = 300,000원
   차) 무형자산상각비-탐사평가자산 600,000

대) 상각누계액-탐사평가자산 600,000

차) 무형자산상각비-개발비 1,000,000

대) 상각누계액-개발비 1,000,00

차) 감가상각비 300,000 대) 감가상각누계액 300,000

## 2. 생물자산

생물자산(biological assets)은 살아있는 동물이나 식물을 말한다. 농림어업활동에 종사하는 기업은 생물자산(닭, 소, 과일나무, 곡물)을 가지고 있다.

생물자산은 최초인식시점과 보고기말에 공정가치에서 추정매각원가(중개인이나 판매상에게 지급하는 수수료, 판매시의 세금)를 차감한 순공정가치로 측정하하고, 그에 따른 평가손익을 당기손익으로 보고한다.

생물자산은 매보고기말에 순공정가치로 측정하고 감가상각대상자산이 아니므로 감가상각을 하지 않는다.

생물자산의 수확물도 수확시점에 순공정가치로 측정, 보고하고, 그 금액을 평가손익으로 처리해서 손익계산서의 당기손익에 가감한다.

### 예제 10-12

(주)제주농원은 밀감농장을 운영하고 있다. 20X2년말 농장에서 재배하는 밀감나무의 장부금액은 1,000,000원이었는데, 20X3년말에는 공정가치가 1,500,000원으로 추정되었다. 이 밀감나무를 판매한다면 매각부대비용은 공정가치의 1%로 추정된다. 20X3년말에 밀감나무에 대한 회계처리를 실시하라.

**예제풀이**

| | |
|---|---|
| 20X3년말 공정가치 | 1,500,000원 |
| 매각부대비용(1%) | 15,000 |

| | |
|---|---|
| 순공정가치 | 1,485,000 |
| 20X2년말 공정가치 | 1,000,000 |
| 순공정가치의 증가액 | 485,000 |

차) 밀감나무 (유형자산) 485,000 대) 밀감나무평가이익 485,000

## 전공용어

- 가맹권(franchise) • 가속상각법(accelerated depreciation method)
- 감가가능원가(depreciable cost) • 감가가능자산(depreciable asset)
- 감가상각(depreciation) • 감모상각(depletion) • 개발비(development cost)
- 광물자원(mineral resources) • 내용연수(useful life)
- 무형자산(intangible assets) • 부적응(inadequacy) • 상표(brand)
- 상표권(trademark) • 상호권(company name) • 생물자산(biological assets)
- 설비자산(equipment) • 손상(impairments)
- 수익적 지출(revenue expenditure)
- 연수합계법(sum-of-the-years'-digit method) • 영업권(goodwill)
- 유형자산(tangible assets) • 이중체감법(double-declining-balance method)
- 자본적 지출(capital expenditure) • 잔존가액(residual value, salvage value)
- 장부가액(book value) • 저작권(copyright)
- 정률법(fixed-percentage-of-declining-balance method)
- 정액법(straight-line method) • 진부화(obsolescence)
- 체감잔액법(decling-balance method) • 토지(land)
- 허가권(license) • 활동단위법(units-of-activity method)

## 종합예제

결산일이 12월 31일인 (주)적기상사는 20x5년 1월 1일에 취득원가 220,000원인 기계를 취득하였다. 이 기계의 내용연수는 4년, 잔존가치는 20,000원으로 추정되었다. (주)적기상사는 이 기계를 3년간 사용한 후 20x7년 12월 31일에 50,000원에 현금을 받고 매각하였다. 다음의 문제에 답하시오.

(1) 정액법을 이용하여 감가상각을 하였을 경우에 처분시점인 20x7년 12월 31일에서 기계의 감가상각누계액은 얼마인가?
(2) 정액법을 이용하여 감가상각을 하였을 경우에 기계의 처분손익은 얼마인가?
(3) 정액법을 이용하여 감가상각을 하였을 경우에 기계의 처분을 분개하라.
(4) 연수합계법을 이용하여 감가상각을 하였을 경우에 처분시점인 12월 31일에서 기계장치의 감가상각누계액은 얼마인가?
(5) 연수합계법을 이용하여 감가상각을 하였을 경우에 기계의 처분손익은 얼마인가?
(6) 연수합계법을 이용하여 감가상각을 하였을 경우에 기계의 처분을 분개하라.

**종합예제풀이**

(1) 연간 감가상각비 = (220,000 - 20,000)/4 = 50,000원
취득후 3년이 경과하였으므로 감가상각누계액 = 50,000원 x 3 = 150,000원

(2) 기계의 처분손익 = 처분가액 - 장부금액 = 50,000 - (220,000 − 150,000)
= -20,000원(손실)

(3) 기계처분의 분개

| 20x7년 12월 31일 | 차) 현금 | 50,000 | 대) 기계 | 220,000 |
|---|---|---|---|---|
| | 감가상각누계액 | 150,000 | | |
| | 유형자산처분손실 | 20,000 | | |

(4) 연수합계 = 1+2+3+4 = 10년. 연수합계법을 이용할 경우에 연도별 감가상각비는 다음과 같다.
1차 년도 = (220,000 - 20,000) x 4/10 = 80,000원
2차 년도 = (220,000 - 20,000) x 3/10 = 60,000원
3차 년도 = (220,000 - 20,000) x 2/10 = 40,000원

따라서 3년이 지난 20x7년 12월 31일까지의 감가상각누계액 =

80,000 + 60,000 + 40,000 = 180,000원

(5) 처분손익 = 처분가액 - 장부금액 = 50,000 - (220,000 - 180,000)

= 10,000원(이익)

(6) 처분의 분개

| 20x7년 12월 31일. | 차) 현금 | 50,000 | 대) 기계 | 220,000 |
|---|---|---|---|---|
| | 감가상각누계액 | 180,000 | 유형자산처분이익 | 10,000 |

## 토의문제

1. 유형자산의 특징을 설명하라.

2. 유형자산의 취득원가를 구하는 방법을 설명하라.

3. 자산을 공정가치로 평가하는 회계처리방법을 설명하라.

4. 유형자산의 감가상각의 본질을 설명하라.

5. 감가상각의 원인을 설명하라.

6. 감가상각의 방법을 설명하라.

7. 자본적 지출과 수익적 지출의 차이를 설명하라.

8. 유형자산의 재평가와 손상차손을 설명하라.

9. 무형자산의 주요한 종류를 설명하고 이들의 회계처리방법을 설명하라.

10. 영업원의 본질을 설명하라.

11. 연구개발활동으로 인한 지출비의 회계처리를 설명하라.

12. 생물자산과 탐사평가자산의 회계처리를 설명하라.

## 연습문제

**01** 20X5년 3월 1일에 우암상사는 토지를 취득하고 현금 90,000,000원을 지불하였는데, 여기에 조그만 사무실빌딩을 신축할 계획을 세웠다. 이 토지위에 있는 낡은 창고를 철거하기 위해 8,200,000원의 비용이 소요되었다. 철거잔해물은 1,700,000원으로 매각되었다. 신축하기 전에 추가지출액에는 토지매입에 따른 변호사의 업무비 1,100,000원, 부동산중개인의 수수료 4,000,000원, 건축설계사의 수수료 9,100,000원, 도로와 주차장의 건설비 14,000,000원 등이 포함되었다.

(1) 토지의 원가로 보고해야 할 금액을 결정하라.
(2) (1)에 이용되지 않은 원가의 경우에 차변에 기입할 계정과목을 지적하라.

**02** 문현상사는 원가가 50,000,000원인 운송시설을 가지고 있으며, 20,000,000원이 감가상각되었다. 다음을 가정하고 처분에 따른 분개를 실시하라.

(1) 잔존가치가 없는 것으로 폐기처분되었다.
(2) 37,000,000원으로 매각되었다.
(3) 16,000,000원으로 매각되었다.

**03** 다음은 (주)수영의 20X5년도 거래의 일부이다. 감가상각을 하기 위해 필요한 12월 31일의 수정분개를 실시하라.

1월 1일. 저작권자로부터 140,000,000원에 저작권을 구입하였다. 이 저작권은 10년의 내용연수를 가지며, 법에 의한 잔존기간은 30년이다.
5월 1일. 추정내용연수가 4년이고 법적 기간은 20년인 특허권을 30,000,000원에 구입하였다.

**04** 2X05년에 설립한 대연상사는 기중에 무형자산과 관련된 다음과 같은 거래를 하였다.

(1) 아래의 무형자산을 기록하기 위해 필요한 분개를 실시하라. 발생한 모든 원가는 현금으로 지출하였다.

(2) 필요한 상각을 기록하면서 2X05년 12월 31일 현재 분개를 실시하라.

(3) 2X05년 12월 31일의 잔액을 계산하라.

1월 2일. 특허권(5년의 내용연수)을 450,000,000원에 매입하다.

4월 1일. 영업권(무한한 내용연수)을 360,000,000원에 매입하다.

7월 1일. 10년간의 가맹권을 450,000,000원에 취득하였는데, 이것의 소멸일은 2X15년 7월 1일이다.

9월 1일. 연구개발비가 185,000,000원이다.

**05** (주)경부고속버스는 버스들의 감가상각을 하는데 활동단위법을 이용하고 있다. 버스 한대를 20X5년 1월 1일에 108,000,000원에 구입하였다. 4년의 내용연수 동안 이 버스는 100,000마일을 주행할 것으로 예상된다. 잔존가치는 8,000,000원으로 예상된다.

(1) 단위당 감가상각원가를 계산하라.

(2) 실제 마일수가 20X5년에 30,000마일, 20X6년에 32,000마일, 20X7년에 21,000마일, 20X8년에 17,000마일이라고 가정하고 감가상각표를 작성하라.

**06** 명지상사의 경리부장은 20X9년 초에 일부 자산의 예상내용연수와 잔존가치를 다시 검토하여 내용연수와 잔존가치를 다시 예상하였다.

(단위: 천원)

| 자산종류 | 취득일 | 원가 | 감가상각 누계액 | 내용연수(년) | | 잔존가치 | |
|---|---|---|---|---|---|---|---|
| | | | 20X9.01.01 | 기존 | 변경 | 기존 | 변경 |
| 건물 | 20X1.01.01. | 800,000 | 152,000 | 40 | 50 | 40,000 | 48,000 |
| 창고 | 20X3.01.01. | 120,000 | 27,600 | 25 | 20 | 5,000 | 3,600 |

모든 자산은 정액법으로 감가상각을 실시한다. 명지상사의 회계연도는 1월 1일에서 12월 31일까지이다. 경영진들은 논의한 후, 경리부장의 변경안을 수용하기로 합의하였다(변경안은 잔존내용연수가 아니라 총내용연수이다).

(1) 20X9년도에 각 자산의 수정감가상각비를 계산하라.

(2) 20X9년에 건물의 감가상각비를 분개하라.

**07** (주)광주는 매년 12월 31일 결산일에 유형자산을 재평가하고 있는 바, 이에 관한 자료는 다음과 같다. 다음 자료를 고려하여 (주)광주가 20X1년 말의 회계처리를 실시하고(단, 감가상각누계액의 처리는 순액법으로 실시하라), (주)광주가 이 유형자산을 20X2년 1월 2일에 106,000원에 처분한 경우의 회계처리를 나타내시오.

(1) (주)광주는 유형자산을 20X1년 초에 100,000원(내용연수 10년, 잔존가치는 없다)에 취득하여 정액법으로 감가상각을 실시하고 있다.
(2) 20X1년 말 재평가결과 이 유형자산의 공정가치는 105,000원이다.

**08** 20X7년 1월 1일에 재평가모형으로 토지를 재평가하였다. 토지의 장부가액은 1,000,000원이며, 재평가액은 1,500,000원이다. 20X7년 말에 재평가한 결과 재평가액은 1,200,000원이다. 20X8년 말에 토지에 손상차손 50,000원이 발생하였다. 법인세는 없다고 가정하고 필요한 회계처리를 실시하라.

**09** 20X7년 1월 1일에 재평가모형으로 토지를 재평가하였다. 토지의 장부가액은 1,000,000원이며, 재평가액은 800,000원이었다. 20X7년 말에 토지에 대해 재평가한 결과 재평가액은 1,200,000원이었다. 20X8년 말에 토지를 현금 2,000,000원에 처분하였다. 법인세는 없다고 가정하고 필요한 회계처리를 실시하라.

**10** 20X7년 1월 1일에 공장설비를 3,000,000원에 현금으로 매입하였으며, 내용연수는 10년이고, 제1년도 말에 공정가치를 3,500,000원으로 재평가하였으며, 이 재평가잉여금 중에서 10%를 이익잉여금으로 대체하였다. 법인세율은 30%라고 가정한다. 필요한 회계처리를 실시하라.

**11** (주)제주는 당해연도에 보유한 건물의 취득원가는 1,000,000원이고 감가상각누계액은 500,000원이다. 이 건물에 대해 이듬해 1월 1일에 재평가를 실시하였는 바, 건물의 재평가액은 1,500,000원이었다. 법인세율은 20%로 가정한다. 필요한 회계처리를 실시하라.

**12** (주)부산이 당해연도 말에 보유한 기계장치의 취득원가는 1,000,000원이고, 그 감가상각누계액은 300,000원이다. 연말에 재평가액은 1,500,000원이며 법인세율은 30%라고 할 때 필요한 회계처리를 실시하라. 단, 재평가시의 감가상각누계액을 순액법으로 회계처리하라.

**13** 20X7년 1월 1일에 기계장치를 4,000,000원에 매입하였으며, 그 잔존가액은 400,000원이며, 내용연수는 5년이다. 20X7년 12월 31일에 이 기계장치의 공정가치를 3,800,000원으로 평가하였으며, 그 잔존가액은 500,000원이고 법인세율은 30%이다. 필요한 회계처리를 실시하라. 단, 재평가시의 감가상각누계액을 순액법으로 회계처리한다.

**14** (주)송정의 20X6년 12월 31일자 재무상태표의 무형자산은 다음과 같다.

| | |
|---|---|
| 특허권(원가 60,000,000원 - 특허권상각비 6,000,000원) | 54,000,000원 |
| 저작권(원가 36,000,000원 - 저작권상각비 25,200,000원) | 10,800,000원 |
| 합계 | 64,800,000원 |

특허권은 20X6년 1월에 획득하였으며 10년간 유효하다. 저작권은 20X0년 1월에 획득하였으며 10년간 유효하다. 다음과 같은 현금거래들이 20X7년에 무형자산에 영향을 줄 것이다.

1월 2일. 다른 기업의 특허권침해에 대해 특허권을 성공적으로 지키기 위해 법률비용 27,000,000원을 지불하였다.

1월-6월. 신제품을 개발하였는데, 연구개발비로 210,000,000원 발생하였다. 7월 1일에 이 제품에 대해 특허권이 승인되었으며, 그 내용연수는 법적 유효기간과 동일하다. 특허권을 획득하는데 소요된 비용은 5,000,000원이었다.

9월 1일. 회사의 신제품을 광고하는 상업광고방송에 등장하는 출연배우에 60,000,000원을 지불하였다.

10월 1일. 저작권을 180,000,000원에 획득하였다. 저작권의 내용연수는 50년이다.

(1) 상기의 거래들을 분개하라.
(2) 무형자산의 20X7년도 감가상각비를 분개하라.
(3) 20X7년도 12월 31일 현재 재무상태표의 무형자산항을 나타내어라.
(4) 20X7년도 12월 31일 현재 (주)송정의 무형자산에 관한 재무제표주석을 나타내어라.

**15** 최근에 대명상사는 3대의 기계를 구입하였다. 회계부서의 직원들이 자주 이직하였기 때문에, 서로 다른 회계담당자들이 각 기계의 감가상각방법을 선택하는 책임을 가지고 있었으며, 다양한 방법이 이용되고 있었다. 기계들에 관한 정보는 다음과 같다.

| 기계 | 구입일 | 원가 | 잔존가액 | 내용연수 | 감가상각방법 |
|---|---|---|---|---|---|
| 1 | 20X2.01.01. | 96,000,000원 | 6,000,000원 | 9년 | 정액법 |
| 2 | 20X3.07.01. | 80,000,000 | 10,000,000 | 8 | 이중체감법 |
| 3 | 20X3.11.01. | 78,000,000 | 6,000,000 | 6 | 활동단위법 |

이중체감법의 경우 대명상사는 이중체감법에 의한 상각률을 이용하고 있다. 활동단위법의 경우, 총기계시간은 24,000시간으로 예상된다. 지난 3년 동안 실제이용시간은 다음과 같다. 20X3년에 1,500시간, 20X4년에 4,500시간, 20X5년에 5,000시간.

(1) 20X5년 12월 31일에 각 기계의 감가상각누계액을 계산하라.
(2) 만약 기계2를 7월 1일이 아닌 10월 1일에 구입하였다면, 20X3년과 20X4년에 이 기계의 감가상각비는 얼마가 될 것인가?

**16** 다음은 20X0년 12월 31일자 (주)신영의 재무상태표이다.

재무상태표

(주)신영 20X0년12월31일 현재 (단위: 천원)

| 자산 | | | 부채와 자본 | | |
|---|---|---|---|---|---|
| 유동자산 | | | 유동부채 | | |
| 현금 | 500 | | 매입채무 | 630 | |
| 매출채권 | 875 | | 미지급금 | 1,000 | |
| 재고자산 | 769 | | 유동부채합계 | | 1,875 |
| 유동자산합계 | | 2,144 | 비유동부채 | | |
| 비유동자산 | | | 장기차입금 | 700 | |
| 유형자산 | 3,840 | | 비유동부채합계 | | 700 |
| 감가상각누계액 | (920) | | 부채총계 | | 2,575 |
| 비유동자산합계 | | 2,920 | 보통주자본금 | | 300 |
| 자산총계 | | 5,064 | 이익잉여금 | | 2,189 |
| | | | 자본총계 | | 2,489 |
| | | | 부채와 자본총계 | | 5,064 |

(주)신영은 20X1년에 다음과 같은 사건을 경험하였다.
완전히 감가상각된(잔존가치가 0) 취득원가 240,000원인 낡은 시설을 60,000원에 매각하였다. 감가상각비는 250,000원이었다. 새로운 시설에 대한 현금지급액은 400,000원이었다.

(1) 20X1년도에 필요한 분개를 실시하라.
(2) 상기의 정보에 입각해서 20X1년 말에 (주)신영의 유형자산의 순액은 얼마인가?

**17** **20X3년 1월 2일에 (주)박영은 운반용 트럭을 32,000,000원에 구입하였다. 회사는 현금으로 8,000,000원을 지급하고 나머지는 3년 만기, 연리 6%인 지급어음을 발행하였다. 트럭의 구입과 관련해서 회사에는 다음과 같은 원가가 발생하였다.**

| | |
|---|---|
| 부가가치세 | 1,920,000원 |
| 휘발유 | 40,000원 |
| 자동차보험료 | 1,000,000원 |
| 트럭에 회사이름을 페인트로 도색한 비용 | 500,000원 |
| 신문광고비 | 100,000원 |
| 지급어음에 대한 첫해의 이자지급 | 1,440,000원 |

(1) 트럭의 구입과 관련해서 어느 원가를 자본화해야 하는가? 자본화해서는 안 되는 원가에 대해 설명하라.
(2) (1)의 답변에도 불구하고, 트럭의 최종 취득원가가 34,000,000원이라고 가정하자. 이 트럭의 추정잔존가치는 4,000,000원이며, 회사는 신형 트럭으로 교환하기 전에 4년 동안 이용할 것으로 예상하고 있다. 20X3년도와 20X4년도에 정액법, 이중체감법, 연수합계법을 이용하여 아래의 빈칸에 적절한 금액을 기입하라.

| | | 감가상각비 | 감가상각누계액 | 장부가액 |
|---|---|---|---|---|
| 정액법: | 20X3 | (　　　) | (　　　) | (　　　) |
| | 20X4 | (　　　) | (　　　) | (　　　) |
| 이중체감법: | 20X3 | (　　　) | (　　　) | (　　　) |
| | 20X4 | (　　　) | (　　　) | (　　　) |
| 연수합계법: | 20X3 | (　　　) | (　　　) | (　　　) |
| | 20X4 | (　　　) | (　　　) | (　　　) |

(3) 20X4년 12월 31일에 정액법하에 감가상각비를 반영하기 위한 수정분개를 실시하라.

(4) 만약 (주)박영이 20X5년 12월 31일에 정액법을 이용하였고 트럭을 16,000,000원에 매각하였다면, 어떠한 분개를 하였을 것인가?

(5) 만약 (주)박영이 생산량비례법을 이용하고 트럭을 그 내용연수 동안 150,000km를 주행할 것이라고 가정하라. 만약 트럭이 20X3년에 37,000km를 주행하였다면 감가상각을 기록할 수정분개를 실시하라.

**18** (주)대연은 설비장치를 20X1년 초에 100,000원에 취득하고 정액법으로 감가상각을 실시하고 있다. 이의 내용연수는 10년이고 잔존가치는 없다. 연말에 재평가를 실시한 결과 이 자산의 공정가치는 126,000원이고 20X2년 말에 이의 공정가치는 70,000원이다. (주)대연이 20X1년 말과 20X2년 말에 필요한 회계처리를 나타내시오. 감가상각누계액의 처리는 순액법을 사용하라.

# 11장 비유동부채

제 1 절 | 화폐의 시간가치

제 2 절 | 사채의 의의

제 3 절 | 사채발행의 회계

제 4 절 | 사채상환의 회계

제 5 절 | 기타 비유동부채

부채란 적게 쓰면 약이 될 수도 있지만 많이 쓰면 독이 될 가능성도 있다. 적정한 규모의 부채를 사용하면 부채의 이자율(부채의 자본비용)이 낮기 때문에 회사에 도움이 된다. 부채의 자본 비용은 부채의 표시이자율보다 낮은데, 그 이유는 부채에 대해 지급하는 이자비용이 회사에서 지급하는 세금을 줄여주기 때문이다. 하지만, 부채가 적정규모 이상으로 늘어나면, 부채를 적기에 상환할 수 없어 회사가 파산할 수 있는 위험성이 커지게 된다. 불경기 때문에 투자할 때의 계획대로 이익이 창출되지 않는다면 만기가 돌아오는 부채를 상환하지 못할 위기에 빠질 수 있다. 따라서 부채를 사용할 때는 계획대로 이익이 창출되지 않았을 때도 부채 상환을 충분히 할 수 있는 능력이 있는지를 검토해야 한다. 이익이 전혀 창출되지 않아 투자한 자금을 모두 회수하지 못한다고 해도 회사의 존속에는 문제가 없을 정도로만 부채를 사용해야 한다.

최종학, 숫자로 경영하라(원앤원북스, 2009)

비유동부채(long-term liabilities)는 일년 후에 지급될 것으로 기대되는 의무이다. 여기서는 재무상태표의 비유동부채항에 보고되는 주된 채무형태에 대한 회계처리를 살펴본다. 이러한 채무는 가끔 사채나 장기어음의 형태를 가진다. 비유동부채에는 사채, 신주인수권부사채, 전환사채, 장기차입금, 퇴직급여충당부채, 장기제품보증충당부채, 이연법인세부채 등이 있다.

비유동부채를 구체적으로 살펴보기 전에 비유동부채를 평가하기 위해서는 화폐의 시간가치에 대해 살펴보아야 한다.

## 1절 화폐의 시간가치

일반적으로 오늘의 1원은 1년후의 1원보다 더 가치가 있다. 이러한 현상은 화폐가 시간가치를 가지기 때문이다. 기업회계기준에서도 일부 자산과 부채의 경우에는 현재가치로 평가하도록 규정하고 있는데, 이것은 회계에서도 화폐의 시간가치를 고려한다는 것이다.

화폐의 시간가치는 현재를 기준으로 계산하는가, 미래를 기준으로 계산하는가에 따라 현재가치와 미래가치로 구분할 수 있다. 화폐도 하나의 경제적 자원이므로 일정한 기간 동안 화폐를 이용하는 데 따른 대가를 이자(interest)라고 한다. 화폐의 현재가치를 계산하기 위해서는 일정한 이자율로 할인(discount)하는 것이 필요하고, 화폐의 미래가치를 계산하기 위해서는 일정한 이자율로 누적(accumulate)하는 것이 필요하다. 이자율은 이자계산방식에 따라 달라지며, 이자계산방식에는 단리계산방식과 복리계산방식이 있다.

## 1. 단리계산

단리계산은 원금에 대해서만 이자를 계산하는 방식이다. 단리(simple interest)는 특정한 단일기간에 대해서만 이자를 계산한다. 이에 대한 계산공식은 다음과 같다.

이자 = 원금 × 이자율 × 기간

이자율은 연리로 표시되며, 기간은 연도수로 표시된다.

예를 들면, (주)종로는 4년후 원금 500,000원과 10%의 연이자율로 이자를 상환하기로 하고 어음을 발행하였다면, 4년도말에 지급해야 할 이자는 다음과 같이 계산될 것이다.

이자 = 500,000원 × 0.1 × 4 = 200,000원

만약 기간이 4년이 아니고 9개월이라면 지급해야 할 이자는 다음과 같이 계산될 것이다.

이자 = 500,000원 × 0.1 × 9/12 = 37,500원

## 2. 복리계산

복리계산은 원금과 함께 과거에 발생하여 미지급된 이자에 대해서도 이자를 계산하는 방식이다. 복리(compound interest)는 원금과 이자 모두에 대하여 발생한 이자이다.

### 1) 단일금액의 미래가치

단일금액의 미래가치(future value of a single sum, FV)는 현재의 일정한 금액을 미래의 시점에서 평가하는 가치이다. 이것의 계산공식은 다음과 같다.

$$FV = P_o (1+r)^n$$

$P_o$ : 원금
$r$ : 이자율
$n$ : 기간의 수

여기서 유의할 점은 기간의 수 n이 반드시 n년을 의미하는 것은 아니라는 점이다. n기간은 경우에 따라 1년, 6개월 또는 1개월이 될 수도 있는데, 복리를 계산하는 기간의 기준단위를 의미한다. 따라서 연간기준의 복리계산에서 연이자율이 10%이면, n은 n년을 의미하며 해당 이자율은 10%이다. 그러나 6개월기준의 복리계산에서 연이자율이 10%이고 5년후의 원리금을 계산한다면, 미래가치표에서 n은 10, 이자율은 5%에 해당하는 수치를 구해야 한다.

예를 들면, (주)석포는 고객인 장길산에게 만기 5년인 정기예금 1,000,000원에 대하여 연리 10%의 이자를 복리로 계산해서 매년 지급하기로 하였다면, 5년후 지급해야 할 원리금의 합계액은 다음과 같이 계산될 것이다.

$$\text{미래가치 } FV = 1{,}000{,}000\text{원} \times (1 + 0.1)^5 = 1{,}610{,}500\text{원}$$

그러나 연이자율 10%의 이자를 복리로 계산해서 6개월마다 지급하기로 하였다면, 5년후 지급해야 할 원리금의 합계액은 다음과 같이 계산될 것이다.

미래가치 $FV = 1{,}000{,}000원 \times (1+0.05)^{10} = 1{,}628{,}900원$

여기서 $(1+0.1)^5$와 $(1+0.05)^{10}$는 전자계산기로 계산할 수도 있으나, 본서의 부록에 제시되어 있는 단일금액의 미래가치표를 이용할 수 있다. 부록에서 복리이자율 r = 10%, 기간 n = 5가 만나는 수치는 1.6105이고, r = 5%, n = 10이 만나는 수치는 1.6289인데, 이것을 미래가치요소(future value factor)라 한다. 이것은 연이자율이 10%일 경우 현재 1원의 5년 후 미래가치가 1.6105원이고, 6개월마다 지급할 경우에는 현재 1원의 5년 후 미래가치가 1.6289원이라는 의미이다.

2) 단일금액의 현재가치

단일금액의 현재가치(present value of a single sum, PV)는 미래의 일정한 금액을 현재의 시점에서 평가하는 가치인데, 이것은 미래가치와 역의 관계에 있다. 이것은 단일금액의 미래가치 계산공식을 이용하여 다음과 같이 구할 수 있다.

$$PV = \frac{FV}{(1+r)^n}$$

PV : 현재가치
FV : 미래시점의 단일금액
r : 할인율
n : 기간

현재가치를 계산할 때 r을 할인율(discount rate)이라고 하는 데, 할인율은 어떤 투자로부터 얻고자 하는 최소한의 필수수익률이라고도 한다. 현재가치를 계산할 때 적용되는 할인율은 시장이자율 뿐만 아니라 미래에 기대되는 현금흐름의 불확실성에 대한 위험보상율의 성격도 가진다. 따라서 할인율은 주관적으로 적용된다.

단일금액의 현재가치는 복리계산공식을 통하여 계산할 수도 있지만, 현재가치표를 이용할 수 있다. 부록에 제시되어 있는 1원에 대한 현재가치표는 다양한 기간의 종료 시점에서 1원을 얻기 위해 다양한 이자율로 현재시점에서 투자해야 하는 금액을 표시한다. 이 금액을 현재가치요소(present value factor)라고 하며, 표를 읽는 방법은 미래가치표와 동일하다.

예를 들면 (주)해운이 5년 후에 현금 1,000,000원을 확보하기 위해 연 12%의 이자율로 복리계산하는 정기예금에 가입하고자 할 때, 현재 시점에서 예금할 금액을 계산하면 다음과 같다.

$$PV = 1{,}000{,}000 \times \frac{1}{(1+0.12)^5} = 1{,}000{,}000 \times 0.567427 = 567{,}427\text{원}$$

여기서 0.567427은 현재가치표에서 할인율 12%, 기간 5가 만나는 값이다.

### 3) 정상연금의 미래가치

연금(annuity)은 일정한 기간마다 동일한 금액을 연속적으로 지급하거나 수취하는 경우의 금액을 말하는 데, 이들의 이자는 각 기간말에 복리로 계산된다. 동일한 금액의 지급이나 수취가 각 기간의 말에 발생할 때의 연금을 정상연금(ordinary annuity)이라고 하며, 각 기간의 초에 발생할 때의 연금을 이상연금 또는 선불연금(annuity due)이라고 한다.

정상연금의 미래가치를 계산하는 것은 단일금액의 미래가치를 계산하는 것과 동일한 원리에 입각하고 있다. 정상연금의 미래가치는 개별적으로 나타나는 단일금액의 미래가치의 합계와 동일하다.

즉, n기간동안 매기간의 말에 동일한 금액 A원을 복리이자율 r로 적립할 경우, n기간 후의 미래가치는 다음과 같다.

$$FA = A \cdot \sum_{i=1}^{n} (1+r)^{i}$$

예를 들면, 이도령이 은행의 정기적금에 가입하여 3년동안 매 기간의 말에 10%의 연 이자율로 1,000,000원씩 예금한다면, 3년말에 정상연금의 합계는 다음과 같을 것이다.

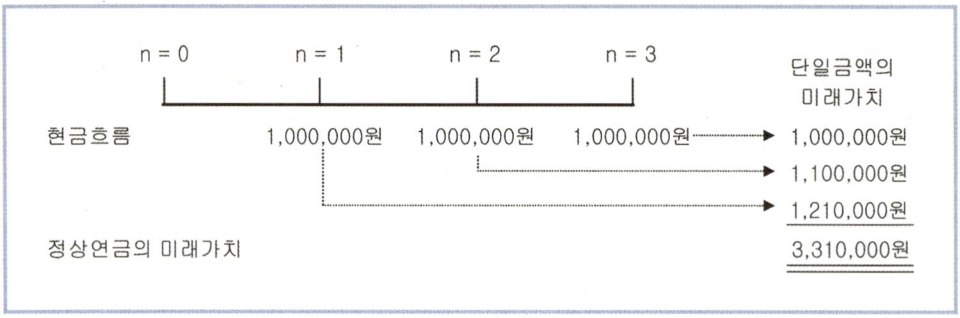


$$\begin{aligned} FV &= 1{,}000{,}000(1+0.1)^2 + 1{,}000{,}000(1+0.1) + 1{,}000{,}000 \\ &= 1{,}210{,}000 + 1{,}100{,}000 + 1{,}000{,}000 \\ &= 3{,}310{,}000\text{원} \end{aligned}$$

정상연금의 미래가치표를 이용하면,

$$\begin{aligned} \text{정상연금의 미래가치 } FV &= 1{,}000{,}000 \times 3.3100 \\ &= 3{,}310{,}000\text{원} \end{aligned}$$

### 4) 정상연금의 현재가치

정상연금의 현재가치(present value of ordinary annuity)는 미래 각 기간의 말에 발생하는 현금흐름을 현재시점의 가치인 현재가치로 계산한 다음, 이들을 합계한 금액이다. 정상연금의 현재가치를 계산하는 것은 단일금액의 현재가치를 계산하는 것과 동일한 원리에 입각하고 있다.

예를 들면, 홍길동씨가 정년퇴직을 하게 되어 회사로부터 향후 3년동안 매년 말에 1,000,000원씩 받기로 하였다면, 연간 할인율 r = 10%일 때 이 정상연금의 현재가치는 다음과 같이 계산된다.

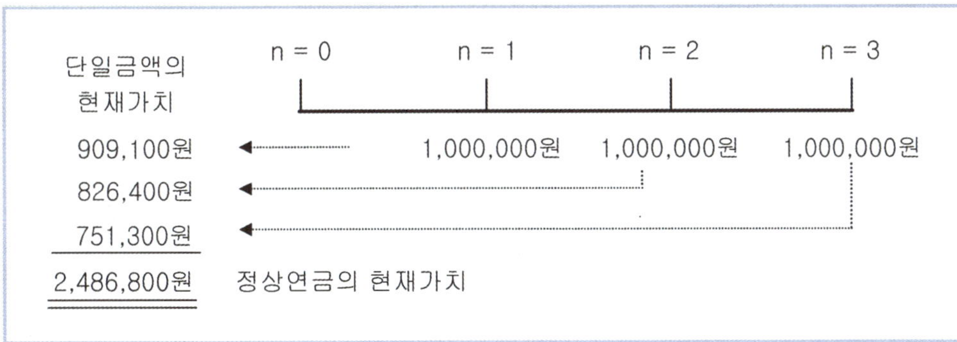


$$\text{정상연금의 현재가치 PV} = \frac{1{,}000{,}000}{(1+0.1)} + \frac{1{,}000{,}000}{(1+0.1)^2} + \frac{1{,}000{,}000}{(1+0.1)^3}$$

$$= 909{,}100 + 826{,}400 + 751{,}300$$

$$= 2{,}486{,}800\text{원}$$

정상연금의 현재가치표를 이용하면,

$$\text{정상연금의 현재가치 PV} = 1{,}000{,}000 \times 2.4868$$

$$= 2{,}486{,}800\text{원}$$

## 2절 사채의 의의

사채(bonds)는 회사, 정부기관 등이 발행하는 일종의 이자부 지급어음이다. 보통주처럼 사채는 일반대중의 다수인으로부터 거액의 자금을 조달하기 위해 소액(대개의 경우 ₩100,000)으로 판매된다. 기업의 입장에서는 사채를 발행하여 자금을 조달할 수 있고, 투자자의 입장에서는 사채를 구입하여 일정한 기간동안 이자수익을 올릴 수 있고 만기에 원금을 받을 수 있다. 그 결과 많은 투자자들이 사채에 투자를 한다. 사채는 기업의 입장에서는 비유동부채가 되고, 투자자의 입장에서는 만기까지 보유하면 투자자산으로서 만기보유금융자산(증권)이 되고, 그렇지 않으면 매도가능금융자산(증권)이나 당기손익인식금융자산이 될 것이다. 여기서는 주로 발행회사의 입장에서 사채를 살펴볼 것이다.

## 1. 사채의 유형

사채는 다양한 특징을 가진다. 공통적으로 발행되는 일부 형태의 사채는 다음과 같다.

### 1) 담보부사채와 무담보사채

담보부사채(secured bonds)는 회사가 특정한 자산을 담보로 제공하는 사채이다. 무담보사채(unsecured bonds)는 회사가 자신의 일반적인 신용으로 발행한다. 이러한 사채는 좋은 신용평가를 가지는 기업들이 광범위하게 이용한다.

### 2) 전환사채와 수의상환사채

사채권자의 옵션으로 보통주로 전환될 수 있는 사채를 전환사채(convertible bonds)라고 한다. 만기이전에 발행기관의 옵션으로 일정액으로 상환되는 사채를 수의상환사채(callable bonds)라고 한다. 전환사채는 사채권자와 발행기관에게 매력적인 특징을 가지고 있다. 전환은 보통주의 시장가격이 실질적으로 상승한다면 사채권자에게 혜택을 줄 기회를 가끔 주고 있다. 나아가, 전환시점까지 사채권자는 사채의 이자를 수령한다. 발행기관의 경우, 사채는 더 높은 가격으로 판매되며, 전환옵션을 가지지 않는 비교가능한 채무증권보다 더 낮은 이자율을 지불한다. 많은 대기업들이 전환사채를 발행하고 있다.

## 2. 발행절차

사채권(bond certificate)은 기업에 대한 투자자의 청구권에 관한 증거를 제공하기 위해 투자자에게 발행된다. 그것은 사채를 발행한 회사의 이름, 사채의 액면가치, 사채의 만기일, 계약이자율 등과 같은 정보를 제공한다. 액면가액(face value)은 만기일에 지급할 금액이다. 만기일(maturity date)은 회사로부터 투자자에게 최종적으로 지급해야 하는 날짜이다. 계약이자율(contractual interest rate)은 사채발행인이 지급하고 투자자가 수령하는 현금이자의 금액을 결정하기 위해 이용되는 이자율로서 액면이자율 또는 표시이자율이라고도 한다. 대개의 경우 계약이자율은 연리로 표시되며 이자는 일반적으로 반년마다 지급된다.

## 3. 사채의 발행가액 결정

사채를 매입하는데 관심이 있는 투자자라면, 사채의 매입금액을 어떻게 결정할 것인가? 보다 구체적으로 살펴보기 위해 청명상사가 액면가 ₩1,000,000,000, 20년 만기의 무이자 사채를 발행한다고 하자. 이 사채의 경우, 투자자가 수령하는 유일한 현금은 20년말에 ₩1,000,000,000이다. 투자자는 이 사채에 대해 ₩1,000,000,000을 지금 지불할 것인가?

지금부터 20년후에 수령하는 ₩1,000,000,000은 지금 수령하는 ₩1,000,000,000과 동일하지 않기 때문에 투자자는 지불하지 않을 것이다. 투자자가 ₩1,000,000,000을 지불해서는 안 되는 이유는 화폐의 시간가치(time value of money) 때문이다. 만약 투자자가 오늘 ₩1,000,000,000을 가지고 있다면, 투자자는 그것을 투자해서 이자를 수령할 것이며 투자자의 투자는 20년말에 ₩1,000,000,000이상의 가치를 가질 것이다. 그리하여 만약 어떤 사람이 여러분에게 20년후에 ₩1,000,000,000을 지불하려고 한다면, 여러분은 지금의 등가액(equivalent) 또는 그 현재가치(present value)를 발견하고자 할 것이다. 달리 말하자면, 여러분은 20년후에 ₩1,000,000,000을 가지기 위해서 현재의 이자율로 오늘 얼마를 투자해야 하는가를 결정하고자 할 것이다.

그러므로 사채의 현재가치는 세 가지 요소의 함수이다. (1) 수령할 금액, (2) 금액을 수령할 때까지의 기간, (3) 시장이자율. 시장이자율(market interest rate)은 투자자가 회사에 자금을 대여하기 위해 요구하는 이자율이다. 현재가치는 미래금액을 할인(discounting)하여 구한다.

예를 들면, 대연상사가 20X5년 1월 1일에 액면가 ₩100,000,000, 만기 5년, 연리 9%(매 년말에 이자를 계산)의 사채를 발행한다고 하자. 사채의 매입자는 다음과 같은 두 가지 형태의 현금지급을 수령할 것이다. (1) 만기에 지급되는 ₩100,000,000의 원금과 (2) 사채의 기간동안 ₩9,000,000씩 5번의 이자지급(₩100,000,000 × 9%). 두 가지 현금흐름을 나타내는 시간표가 <도표 11-1>에 나타나 있다.

**도표 11-1 현금흐름을 나타내는 시간표**

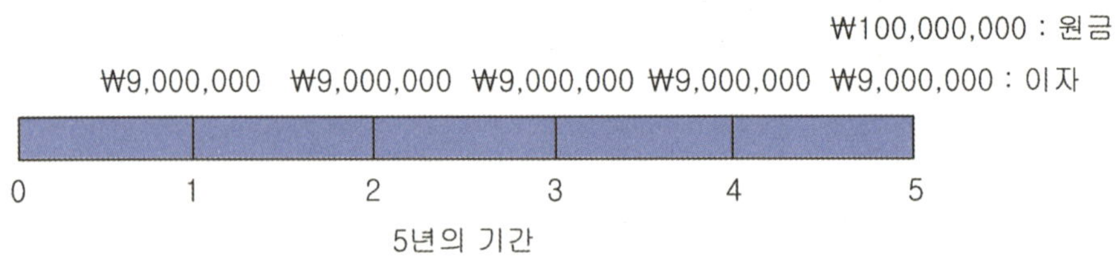


사채의 발행시점에서의 현행시장가치인 발행가액은 사채가 약정한 모든 현금(원금과 이자)지급의 현재가치와 동일하다. 이러한 금액의 현재가치는 <도표 11-2>와 같다.

**도표 11-2 사채의 시장가격 계산**

| | |
|---|---:|
| 5년 후에 수령하는 원금 ₩100,000,000의 현재가치 | ₩64,993,000 |
| 5년 동안 매년 수령하는 이자 ₩9,000,000의 현재가치 | 35,007,000 |
| 사채의 발행가액(시장가치) | ₩100,000,000 |

화폐의 현재가치는 현재가치표를 이용하여 계산할 수 있으며, 현재가치는 수학적으로 계산할 수도 있다. 화폐의 시간가치 계산은 앞에서 살펴본 바 있다.

## 3절 사채발행의 회계

회사는 사채를 발행하거나 상환할 때 그리고 사채권자가 사채를 보통주로 전환할 때 사채거래를 기록하게 된다. 만약 사채권자가 투자증권을 다른 투자자에게 판매할 때, 발행회사는 해당거래와는 무관하므로 어떠한 분개도 하지 않는다.

사채는 액면가, 할인가, 할증가로 발행될 수 있다. 사채의 계약이자율이 시장이자율과 같을 경우에는 회사가 사채를 액면가로 발행(액면발행)하지만, 사채의 계약이자율이 시장이자율(market interest rate)보다 높을 경우에는 사채를 사려고 하는 사람이 많게 되므로 회사에서는 사채의 발행가격을 높게 책정하여 할증발행을 하고자 할 것이다. 그리고 사채의 계약이자율이 시장이자율보다 낮을 경우에는 사채를 사려고 하는 사람이 적게 되므로 회사에서는 사채의 발행가격을 낮게 책정하여 할인발행을 하게 된다. 이 때 시장이자율을 유효이자율(effective interest rate) 또는 실질이자율이라고 한다. 액면이자율과 시장이장율의 관계에 따른 사채의 발행유형은 <도표 11-3>과 같다.

**도표 11-3 액면이자율과 시장이자율의 관계**

액면이자율 < 시장이자율 : 할인발행
액면이자율 = 시장이자율 : 액면발행
액면이자율 > 시장이자율 : 할증발행

한편, 사채의 발행시에 발생하는 사채권의 인쇄비, 광고비, 위탁수수료 등을 사채발행비라고 하는데, 이들은 별도의 비용항목으로 처리하지 않고 사채의 발행가액에서 차감한다. 즉, 사채의 발행가액은 사채발행으로 인하여 받게 되는 현금에서 사채발행비를 차감한 실제의 현금수령액을 가리킨다.

예를 들어, 액면가가 1,000,000원이 사채를 950,000원에 발행하고 사채발행비로 50,000원을 지급하였다면, 사채의 발행가액은 900,000원이 되며, 유효이자율의 계산은 900,000원에 근거해야 한다.

## 1. 사채의 액면발행

액면가로 발행된 사채의 회계를 예시하기 위해, 거제상사가 20X5년 1월 1일에 액면가 ₩1,000,000, 5년 만기, 연리 10%인 사채 100장을 액면발행한다고 가정하자. 이 판매를 기록하기 위한 분개는 다음과 같다.

| 1월 1일 | 차) 현금 | 100,000,000 | 대) 사채 | 100,000,000 |
|---|---|---|---|---|
| | | | (사채의 액면가발행을 기록) | |

사채의 만기가 1년 이상인 2010년 1월 1일이기 때문에 사채는 재무상태표의 비유동부채에 보고된다.

사채의 보유기간동안 사채이자에 대한 분개가 필요하다. 사채이자는 앞에서 설명한 지급어음의 이자와 동일한 방법으로 계산된다. 만약 상기의 사채에 대한 이자를 매년 1월 1일에 지급해야 한다고 가정하면, 12월 31일에 ₩10,000,000(₩100,000,000 × 10% × 12/12)의 이자가 발생해야 한다.

12월 31일에 발생한 이자비용 ₩10,000,000을 인식하기 위해 다음과 같은 수정분개가 필요하다.

| 12월 31일 | 차) 사채이자비용 | 10,000,000 | 대) 미지급사채이자 | 10,000,000 |
|---|---|---|---|---|
| | | | (사채이자의 발생) | |

미지급사채이자는 차기이내에 지급하기로 예정되어 있기 때문에 미지급사채이자는 유동부채로 분류된다. 이자가 20X6년 1월 1일에 지급될 때, 미지급사채이자는 ₩10,000,000 만큼 감소(차변기입)하고 현금도 감소(대변기입)한다.

1월 1일에 지급을 기록하기 위한 분개는 다음과 같다.

| 1월 1일 | 차) 미지급사채이자 | 10,000,000 | 대) 현금 | 10,000,000 |
|---|---|---|---|---|
| | | | (사채이자의 지급을 기록) | |

## 2. 사채의 할인발행과 할증발행

앞의 예에서 가끔 액면(표시)이자율이라고도 하는 사채상의 지급이자율과 시장(유효)이자율은 동일하다고 가정하였다. 액면이자율은 일년동안 지급할 이자를 계산하기 위해 액면가에 적용되는 이자율이라는 점을 상기하라. 시장이자율은 투자자가 자금을 회사에 대여하기 위해 요구하는 이자율이다. 계약이자율과 시장이자율이 동일할 때 사채는 액면가로 판매된다.

그러나, 시장이자율은 매일 변화한다. 이것은 발행된 사채의 유형, 경제상태, 현재의 산업여건, 기업의 개별성과 등에 의해 영향을 받는다. 그 결과, 액면이자율과 시장이자율은 가끔 상이하며, 따라서 사채는 액면가보다 많거나 적은 가격으로 발행된다.

예를 들어, 어떤 기업이 유사한 위험을 가지는 다른 사채가 12%의 이자를 지급할 때, 10%의 이자율로 사채를 발행한다고 가정하자. 투자자는 10%의 이자율인 사채를 구입하는 데 관심이 없을 것이며, 따라서 이들의 가치는 그 액면가보다 하락할 것이다. 이 경우에, 우리는 10%의 이자율인 사채가 할인(discount)되어 발행된다고 말한다. 사채발행가격이 하락하게 되면 기업이 부담하는 실제이자율은 시장이자율 수준으로 상승한다.

역으로, 만약 시장이자율이 액면이자율보다 낮다면, 투자자는 그 사채의 액면가보다 높은 가격을 지불해야 할 것이다. 즉, 만약 시장이자율이 8%이고, 사채의 액면이자율이 10%이면, 발행회사는 투자자로부터 더 많은 자금을 요구할 것이다. 이 경우에, 사채는 할증(premium)되어 발행된다. 이러한 관계가 <도표 11-4>에 나타나 있다.

**도표 11-4 이자율과 사채가격**

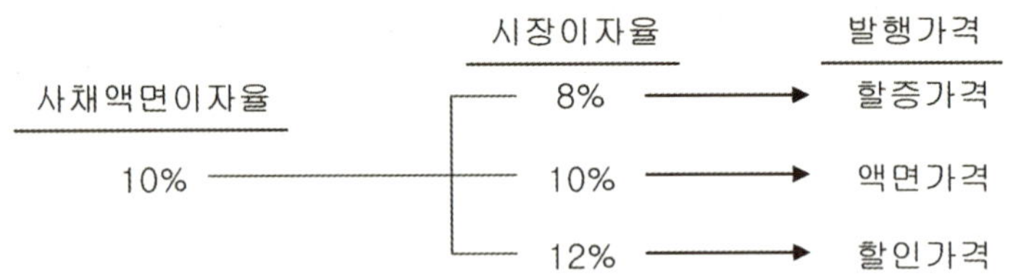


액면가와 상이한 금액으로 사채를 발행하는 것이 일반적이다. 기업이 사채권(bond certificate)을 인쇄하고 그 사채를 발행할 때까지, 시장이자율과 액면이자율이 동일하다면 그것은 우연의 일치일 것이다. 그리하여, 사채의 할인발행이 발행회사의 재무건전성(financial strength)이 반드시 나쁘다는 것을 의미하는 것은 아니다. 역으로 사채의 할증발행이 발행회사의 재무건전성이 반드시 좋다는 것을 가리키는 것도 아니다.

### 1) 사채의 할인발행

사채의 할인발행을 예시하기 위해, 20X5년 1월 1일에 삼척상사가 1월 1일에 이자를 지급하기로 하고 액면가 ₩100,000,000, 5년 만기, 액면이자율 10%인 사채를 액면가액의 98%로 발행한다고 가정하자. 이 발행을 기록하기 위한 분개는 다음과 같다.

| | | | | |
|---|---|---|---|---|
| 1월 1일 | 차) 현금 | 98,000,000 | 대) 사채 | 100,000,000 |
| | 사채할인발행차금 | 2,000,000 | | |

(사채의 할인발행을 기록)

사채할인발행차금은 사채의 차감계정(contra account)이며, 이것은 <도표 11-5>의 경우처럼 재무상태표에서 사채로부터 차감된다.

**도표 11-5 사채할인발행차금의 표시**

(단위: 원)

| | | |
|---|---|---|
| 비유동부채 | | |
| 사채 | ₩100,000,000 | |
| (−)사채할인발행차금 | (2,000,000) | ₩98,000,000 |

₩98,000,000은 사채의 장부가액을 표시한다. 발행일에 이 금액은 사채의 시장가격과 동일하다.

사채의 할인발행으로 차입비용합계가 지급된 사채이자와 상이하게 된다. 즉, 발행회사는 사채의 기간동안 액면이자율을 지급해야 할 뿐만 아니라, 만기에 (발행가격이 아닌) 액면가를 지급해야 한다. 그러므로, 사채의 발행가격과 액면가의 차액인 사채할인발행차금은 사채의 기간동안 사채이자비용으로 기록해야 하는 추가적인 차입비용(additional cost of borrowing)이다. 삼척상사의 차입금액 ₩98,000,000의 비용합계는 <도표 11-6>에서 나타나 있는 바와 같이 ₩52,000,000이다.

**도표 11-6 사채비용의 계산방법-사채할인발행**

| 사채할인발행 | | |
|---|---|---|
| 연간이자지급액(₩100,000,000 × 10% × 5) | | ₩50,000,000 |
| (+)사채할인발행차금(₩100,000,000 - ₩98,000,000) | + | 2,000,000 |
| **사채비용합계** | | ₩52,000,000 |

이와는 달리, 사채비용합계는 다음과 같이 결정할 수도 있다(<도표 11-7>).

**도표 11-7** 사채비용의 다른 계산방법-사채할인발행

사채할인발행

| | |
|---|---|
| 만기의 원금 | ₩100,000,000 |
| 연간이자지급액(₩10,000,000 × 5) | + 50,000,000 |
| 사채권자에게 지급할 현금 | 150,000,000 |
| 사채권자로부터 수령한 현금 | - 98,000,000 |
| **사채비용합계** | ₩52,000,000 |

수익과 비용의 대응원칙에 따라, 사채할인발행차금은 사채기간에 비용화하기 위해 배분된다. 이것을 사채할인발행차금의 상각(amortization of the discount)이라고 한다. 사채할인발행차금의 상각은 각 기간에 보고되는 사채이자비용을 증가시킨다. 즉, 사채할인발행차금을 상각한 후, 어떤 기간에 보고된 이자비용은 액면상의 이자금액을 초과할 것이다. <도표 11-6>에서 보는 바와 같이, 삼척상사가 발행한 사채의 경우, 이자비용합계는 사채의 기간동안 ₩2,000,000만큼 액면상의 이자를 초과할 것이다.

사채할인발행차금이 상각됨에 따라 그 잔액은 감소한다. 따라서 만기때 사채의 장부가액이 그 액면금액과 동일할 때까지 사채의 장부가액은 증가할 것이다. 이것은 <도표 11-8>에 나타나 있다. 사채할인발행차금을 상각하기 위한 절차는 사채발행차금의 상각에서 살펴보기로 한다.

**도표 11-8** 사채할인발행차금의 상각

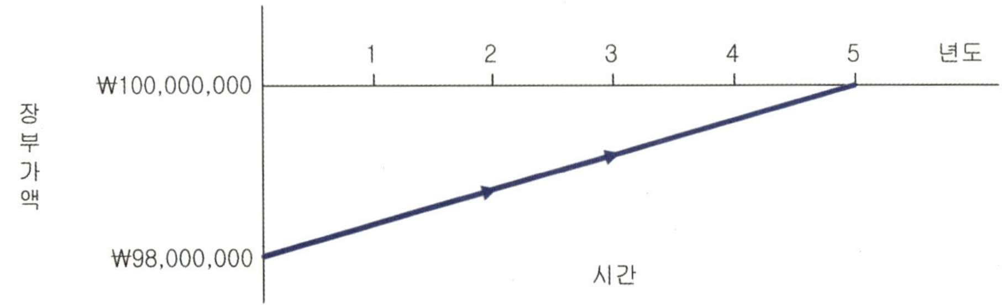

## 2) 사채의 할증발행

사채의 할증발행은 위에서 서술한 삼척상사의 사채가 98이 아닌 102(액면가치의 102%)로 판매된다고 가정함으로써 예시될 수 있다. 이 판매를 기록하기 위한 분개는 다음과 같다.

| 1월 1일 | 차) 현금 | 102,000,000 | 대) 사채 | 100,000,000 |
|---|---|---|---|---|
| | | | 사채할증발행차금 | 2,000,000 |
| | (사채의 할증발행을 기록) | | | |

사채할증발행차금은 <도표 11-9>에서 보는 바와 같이 재무상태표에서 사채에 가산된다.

**도표 11-9 사채할증발행차금의 표시**

| 비유동부채 | | |
|---|---|---|
| 사채 | ₩100,000,000 | |
| (+)**사채할증발행차금** | + 2,000,000 | 102,000,000 |

액면가를 초과한 사채의 발행으로 인해 사채비용합계는 액면상의 사채이자보다 적다. 왜냐하면 발행회사는 사채의 만기일에 사채할증발행차금을 지급할 필요가 없기 때문이다. 그리하여, 이 사채할증발행차금은 사채의 기간동안 사채이자비용을 감소시키는 것으로 간주된다. 삼척상사의 사채발행가액 ₩102,000,000의 비용합계는 <도표 11-10>에서 계산되는 바와 같이 ₩48,000,000이다.

**도표 11-10 사채비용의 계산방법-사채할증발행차금**

| 사채할증발행차금 | | |
|---|---|---|
| 연간이자지급액(₩100,000,000 × 10% × 5) | | ₩50,000,000 |
| (-)사채할증발행차금(₩102,000,000 - ₩100,000,000) | - | 2,000,000 |
| **사채비용합계** | | ₩48,000,000 |

이와는 달리, 사채비용은 <도표 11-11>과 같이 계산할 수 있다.

**도표 11-11 사채비용의 다른 계산방법-사채할증발행차금**

| 사채할증발행차금 | | |
|---|---|---|
| 만기일의 원금 | | ₩100,000,000 |
| 연간이자지급액(₩10,000,000 × 5) | + | 50,000,000 |
| 사채권자에게 지급할 현금 | | ₩150,000,000 |
| 사채권자로부터 수령한 현금 | - | 102,000,000 |
| **사채비용합계** | | ₩48,000,000 |

사채할인발행차금과 유사하게 사채할증발행차금도 사채의 기간에 비용화하기 위해 배분된다. 이것을 사채할증발행차금의 상각(amortization of the premium)이라고 한다. 사채할증발행차금의 상각은 각 기간에 보고되는 사채이자비용을 감소시킨다. 즉, 사채할증발행차금을 상각한 후, 어떤 기간에 보고되는 이자비용은 액면상의 이자금액보다 적을 것이다. <도표 13-9>에서 보는 바와 같이, 삼척상사가 발행한 사채의 경우, 액면상의 이자는 사채의 기간동안 ₩2,000,000만큼 사채이자비용을 초과할 것이다.

사채할증발행차금이 상각됨에 따라 그 잔액은 감소할 것이다. 따라서, 사채의 장부가액은 그 액면금액과 동일할 때까지 감소할 것이다. 이것은 <도표 11-12>에 나타나 있다.

도표 11-12 사채할증발행차금의 상각

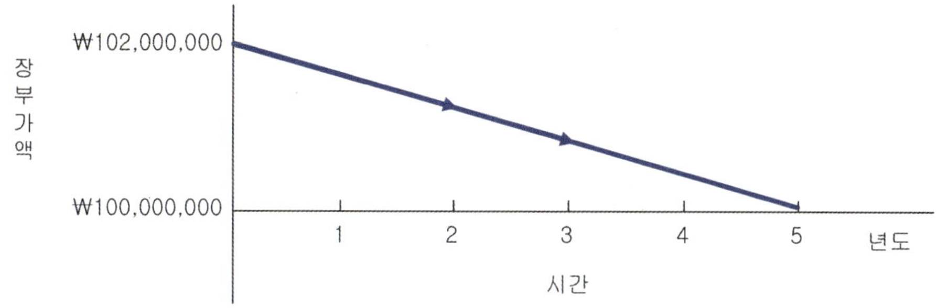


사채할증발행차금을 상각하는 절차도 아래의 사채발행차금의 상각에서 살펴보기로 한다.

## 3. 사채발행차금의 상각(환입)

수익과 비용의 대응원칙에 따라, 사채의 기간동안 사채발행차금을 비용(수익)화하기 위해 배분해야 한다. 사채발행차금을 상각하는 방법에는 크게 정액법(straight line depreciation method)와 유효이자율법(effective interest rate method)의 두 가지 방법이 있는데, 기업회계기준에서는 유효이자율법으로 상각하도록 하고 있다.

### 1) 사채할인발행차금의 상각

사채할인발행차금은 시장의 실질이자율에 접근시키기 위한 이자의 추가보상적인 성격이라 할 수 있으므로 사채이자비용에 가산하는 것이 합리적이다. 따라서 사채할인발행차금상각은 사채이자비용에 가산하여 회계처리한다.

### (1) 정액법에 의한 상각

정액법에 의한 사채할인발행차감의 상각은 동일한 금액을 사채의 기간에 이자비용으로 배분한다. 계산은 <도표 11-13>에 제시되어 있다.

**도표 11-13 사채할인발행차금상각의 정액법 공식**

사채할인발행차금 ÷ 사채기간 = 사채할인발행차금상각

삼척상사의 예에서, 회사는 20X5년 1월 1일에 액면가 ₩100,000,000, 5년만기, 10%이자율인 사채를 ₩98,000,000에 판매하였다. 이로 인해 ₩2,000,000의 사채할인발행차금이 발생하였다(₩100,000,000 - ₩98,000,000). 사채할인발행차금의 상각액은 5개의 상각기간동안 각 기간에 ₩400,000(₩2,000,000/5)이다. 12월 31일에 첫 번째 사채이자 발생과 사채할인발행차금상각을 기록하기 위한 분개는 다음과 같다.

| | | | | |
|---|---|---|---|---|
| 12월 31일 | 차) 사채이자비용 | 10,400,000 | 대) 사채할인발행차금 | 400,000 |
| | | | 미지급사채이자 | 10,000,000 |

(사채이자의 발생과 사채할인발행차금의 상각을 기록)

사채의 기간동안, 사채할인발행차금은 사채의 만기일에 잔액이 0이 될 때까지 매년 동일한 금액으로 감소할 것이다. 그리하여, 만기일에 사채의 장부가액은 사채의 액면가와 동일할 것이다.

<도표 11-14>에서 보는 바와 같이 사채할인발행차금 상각표를 작성하는 것은 사채의 이자비용, 할인발행차금상각, 장부가액 등을 결정하는 데 유용하다.

**도표 11-14 사채할인발행차금상각표**

사채할인발행차금상각표

정액법-연간이자지급

액면가₩100,000 연리 10%, 5년만기 사채 (단위: 천원)

| 이자기간 | (A)<br>지급이자<br>(10%×₩100,000) | (B)<br>이자비용<br>(A)+(C) | (C)<br>할인발행차금상각<br>(₩2,000/5) | (D)<br>미상각잔액<br>(D)-(C) | (E)<br>장부가액<br>(₩100,000-D) |
|---|---|---|---|---|---|
| 발행일 | | | | ₩2,000 | ₩98,000 |
| 1 | ₩10,000 | ₩10,400 | ₩400 | 1,600 | 98,400 |
| 2 | 10,000 | 10,400 | 400 | 1,200 | 98,800 |
| 3 | 10,000 | 10,400 | 400 | 800 | 99,200 |
| 4 | 10,000 | 10,400 | 400 | 400 | 99,600 |
| 5 | 10,000 | 10,400 | 400 | 0 | 100,000 |
| | ₩50,000 | ₩52,000 | ₩2,000 | | |

## (2) 유효이자율법에 의한 상각

수익과 비용의 대응원칙에 따라, 사채의 기간동안 사채할인발행차금을 비용으로 배분해야 하지만, 대응원칙을 완전하게 준수하기 위해서는 장부가액의 비율로서 이자비용이 사채의 기간동안 변동해서는 안 된다. 유효이자율(effective- interest rate)은 사채를 발행한 후 각 기간에 이자율이 일정할 때 확정된다.

여기서 유효이자율이란 사채의 액면가와 그 사채의 만기원금상환액과 매기 지급하는 이자지급액의 현재가치를 일치시켜주는 이자율이다. 앞에서 사채의 발행가액을 결정할 때 유효이자율을 이용한 바 있다. 유효이자율은 사채발행 당시 관련시장에서 형성되는 동종 또는 유사한 채권의 시장이자율에 기초하여 결정된다.

유효이자율법에서는 사채할인발행차금이나 사채할증발행차금의 상각으로 기간이자비용이 사채의 장부가액의 일정한 비율과 같다. 유효이자율법에서는 각 기간의 상각금액과 이자비용이 변화하지만 비율은 일정하다. 이와는 달리, 정액법에서는 각 기간의 상각금액과 이자비용이 일정하지만 비율은 변화한다.

사채와 같은 만기보유금융상품과 관련해서, 취득원가와 만기가액과의 차액을 상환기간동안 유효이자율법에 의해 상각하고 이 상각을 통해 취득원가를 조정한 후의 장부가액을 상각후원가라고 한다.

사채발행차금의 상각방법으로서 유효이자율법은 다음과 같은 단계들이 필요하다.

1. 이자기간 초의 사채 장부가액에 유효이자율을 곱함으로써 사채이자비용을 계산한다.
2. 사채의 액면가에 액면이자율을 곱함으로써 (미)지급사채이자를 계산한다.
3. (1)단계와 (2)단계에서 계산한 금액 사이의 차액을 결정함으로써 상각금액을 계산한다.

이러한 단계는 <도표 11-15>에 도표에 나타나 있다.

**도표 11-15 유효이자율법을 이용한 상각의 계산**

| (1) | | (2) | | (3) |
|---|---|---|---|---|
| 사채이자비용 | | (미)지급사채이자 | | |
| 기초의 사채장부가액 × 유효이자율 | - | 사채의 액면가 × 액면이자율 | = | 상각금액 |

사채발행차금상각의 유효이자율법과 정액법에서 이자비용의 합계는 사채의 전체 기간동안 동일하게 된다. 원칙적으로 사채발행차금의 상각은 정액법이 아닌 유효이자율법을 적용해야 한다.

사채할인발행차금상각의 유효이자율법을 예시하기 위해, 청도상사가 20X5년 1월 1일에 액면가 ₩100,000,000, 5년 만기, 연리 10%(이자는 1월 1일에 지급)의 사채를 발행한다고 하자. 이 사채가 ₩92,790,000(액면가치의 92.79%)으로 판매되었다면, 사채할인발행차금은 ₩7,210,000(₩100,000,000 - ₩92,790,000)이고 유효이자율은 12%이다.

<도표 11-16>과 같이 사채할인발행차금상각표를 작성함으로써 이자비용과 할인상각의 기록이 촉진된다. 장부가치의 비율로서 이자비용은 12%로 일정하다.

**도표 11-16 사채할인발행차금상각표**

사채할인발행차금상각표

유효이자율법-연간이자지급

액면가₩100,000 연리 10%, 5년만기 사채 (단위: 천원)

| 이자기간 | (A) 지급이자 (10%×₩100,000) | (B) 이자비용 (장부가액×12%) | (C) 할인발행차금상각 (B)-(A) | (D) 미상각잔액 (D)-(C) | (E) 장부가액 (₩100,000-D) |
|---|---|---|---|---|---|
| 발행일 | | | | ₩7,210 | ₩92,790 |
| 1 | ₩10,000 | ₩11,135(12%×₩92,790) | ₩1,135 | 6,075 | 93,925 |
| 2 | 10,000 | 11,271(12%×₩93,925) | 1,271 | 4,804 | 95,196 |
| 3 | 10,000 | 11,424(12%×₩95,196) | 1,424 | 3,380 | 96,620 |
| 4 | 10,000 | 11,594(12%×₩96,620) | 1,594 | 1,786 | 98,214 |
| 5 | 10,000 | 11,786(12%×₩98,214) | 1,786 | 0 | 100,000 |
| | ₩50,000 | ₩57,210 | ₩7,210 | | |

첫 번째 이자기간동안, 사채이자비용과 사채할인발행차금상각의 계산은 다음과 같다.

**도표 11-17 사채할인발행차금상각의 계산**

| | |
|---|---|
| 사채이자비용(₩92,790,000 × 12%) | ₩11,135,000 |
| 미지급사채이자(₩100,000,000 × 10%) | - 10,000,000 |
| **사채할인발행차금상각** | ₩ 1,135,000 |

따라서, 12월 31일에 청도상사의 사채할인발행차금의 상각과 이자의 발생을 기록하기 위한 분개는 다음과 같다.

| | | | | |
|---|---|---|---|---|
| 12월 31일 | 차) 사채이자비용 | 11,135,000 | 대) 사채할인발행차금 | 1,135,000 |
| | | | 미지급사채이자 | 10,000,000 |

(사채할인발행차금의 상각과 사채이자의 발생을 기록)

두 번째의 이자기간에, 사채이자비용은 ₩11,271,000(₩93,925,000 × 12%)과 할인발행차금상각은 ₩1,271,000일 것이다. 12월 31일에 다음과 같은 수정분개를 하게 된다.

| | | | | |
|---|---|---|---|---|
| 12월 31일 차) 사채이자비용 | 11,271,000 | 대) 사채할인발행차금 | 1,271,000 |
| | | 미지급사채이자 | 10,000,000 |

(사채할인발행차금의 상각과 사채이자의 발생을 기록)

## 2) 사채할증발행차금의 환입

사채할증발행차금을 상각하는 것을 특히 환입이라고 한다. 사채할증발행차금의 환입은 사채할인발행차금의 상각과 유사하다. 사채할증발행차금은 시장의 실질이자율에 접근시키기 위한 이자의 상쇄적인 성격이라 할 수 있으므로 사채이자비용에서 차감하는 것이 합리적이다. 따라서 사채할증발행차금환입은 사채이자비용에서 차감하여 회계처리한다.

### (1) 정액법에 의한 환입

정액법에 의한 사채할증발행차금의 환입을 결정하기 위한 공식은 <도표11-18>과 같다.

**도표 11-18 사채할증발행차금의 정액법**

사채할증발행차금 ÷ 사채기간 = 사채할증발행차금환입

삼척상사의 예를 계속해서 사용하여, 앞에서 서술한 사채가 ₩98,000,000이 아닌 ₩102,000,000으로 발행된다고 하자. 이로 인해 사채할증발행차금은 ₩2,000,000 (₩102,000,000 - ₩100,000,000)이다. 각 기간의 사채할증발행차금의 환입은 ₩400,000

(₩2,000,000/5)이다. 12월 31일에 첫 번째 이자발생을 기록하기 위한 분개는 다음과 같다.

| | | | | |
|---|---|---|---|---|
| 12월 31일 | 차) 사채이자비용 | 9,600,000 | 대) 미지급사채이자 | 10,000,000 |
| | 사채할증발행차금 | 400,000 | | |

(미지급사채이자와 사채할증발행차금의 환입을 기록)

사채의 기간동안, 사채할증발행차금은 만기일에 잔액이 0이 될 때까지 동일한 금액만큼 매년 감소할 것이다.

<도표 11-19>에서 보는 바와 같이 사채할증발행차금의 환입표는 사채이자비용, 사채할증발행차금환입, 사채의 장부가액 등을 결정하는 데 유용하다. 앞에서 살펴본 바와 같이, 각 기간에 기록되는 사채이자비용은 ₩9,600,000이다. 사채의 장부가액은 5번째 기간의 말에 ₩100,000,000의 액면가에 도달할 때까지 매 기간 ₩400,000씩 감소한다.

**도표 11-19 사채할증발행차금환입표**

사채할증발행차금환입표

정액법-연간이자지급

액면가₩100,000 연리 10%, 5년만기 사채 (단위: 천원)

| 이자기간 | (A) 지급이자 (10%×₩100,000) | (B) 이자비용 (A)-(C) | (C) 할증발행차금환입 (₩2,000/5) | (D) 미환입잔액 (D)-(C) | (E) 장부가액 (₩100,000+D) |
|---|---|---|---|---|---|
| 발행일 | | | | ₩2,000 | ₩102,000 |
| 1 | ₩10,000 | ₩9,600 | ₩400 | 1,600 | 101,600 |
| 2 | 10,000 | 9,600 | 400 | 1,200 | 101,200 |
| 3 | 10,000 | 9,600 | 400 | 800 | 100,800 |
| 4 | 10,000 | 9,600 | 400 | 400 | 100,400 |
| 5 | 10,000 | 9,600 | 400 | 0 | 100,000 |
| | ₩50,000 | ₩52,000 | ₩2,000 | | |

### (2) 유효이자율법에 의한 환입

유효이자율법에 의한 사채할증발행차금의 환입은 사채할인발행차금 상각의 경우와 유사하다. 예로서, 청도상사가 액면가 ₩100,000,000, 연리 10%(매년 1월 1일에 이자지급), 5년 만기의 사채를 발행한다고 가정하자. 이 경우에, 사채가 ₩107,985,000으로 발행되었다면, 사채할증발행차금은 ₩7,985,000이고 유효이자율은 8%이다. 사채할증발행차금환입표는 <도표 11-20>과 같다.

**도표 11-20 사채할증발행차금환입표**

사채할증발행차금환입표

유효이자율법(유효이자율8%)-연간이자지급

액면가₩100,000 연리 10%, 5년만기 사채 (단위: 천원)

| 이자기간 | (A)<br>지급이자<br>(10%×₩100,000) | (B)<br>이자비용<br>(장부가액×8%) | (C)<br>할증발행차금환입<br>(A)-(B) | (D)<br>미환입잔액<br>(D)-(C) | (E)<br>장부가액<br>(₩100,000+D) |
|---|---|---|---|---|---|
| 발행일 | | | | ₩7,985 | ₩107,985 |
| 1 | ₩10,000 | ₩8,639(8%×₩107,985) | ₩1,361 | 6,624 | 106,624 |
| 2 | 10,000 | 8,530(8%×₩106,624) | 1,470 | 5,154 | 105,154 |
| 3 | 10,000 | 8,412(8%×₩105,154) | 1,588 | 3,566 | 103,566 |
| 4 | 10,000 | 8,285(8%×₩103,566) | 1,715 | 1,851 | 101,851 |
| 5 | 10,000 | 8,149(8%×₩101,851) | 1,851 | 0 | 100,000 |
| | ₩50,000 | ₩42,015 | ₩7,985 | | |

첫 번째 이자기간에, 사채이자비용과 사채할증발행차금환입의 계산은 다음과 같다.

**도표 11-21 사채할증발행차금환입의 계산**

| | |
|---|---|
| 미지급사채이자(₩100,000,000 × 10%) | ₩10,000,000 |
| 사채이자비용(₩107,985,000 × 8%) | − 8,639,000 |
| **사채할증발행차금환입** | 1,361,000 |

12월 31일의 분개는 다음과 같다.

| | | | | |
|---|---|---|---|---|
| 12월 31일 | 차) 사채이자비용 | 8,639,000 | 대) 미지급사채이자 | 10,000,000 |
| | 사채할증발행차금 | 1,361,000 | | |

(사채할증발행차금의 환입과 사채이자의 발생을 기록)

두 번째 이자기간에, 이자비용은 ₩8,530,000이며, 사채할증발행차금환입은 ₩1,470,000이다. 사채이자비용은 할증발행된 사채에 유효이자법이 적용될 때 사채의 기간동안 감소한다는 점에 유의하라. 그 이유는 이자비용을 계산하기 위해 감소하는 사채장부가액에 일정한 이자율이 적용되었기 때문이다. 장부가액은 할증발행차금의 환입 때문에 감소하고 있다.

## 4절 사채상환의 회계

사채는 발행회사가 매입할 때 상환된다. 이 거래의 적절한 분개는 아래에서 살펴보기로 한다.

### 1. 사채의 만기상환

사채의 발행가액에 관계없이, 만기일에 사채의 장부가액은 그 액면가액과 동일할 것이다. 최종기간의 이자가 분리되어 지급된다면, 삼척상사의 만기일에 사채상환의 분개는 다음과 같다.

| | | | |
|---|---|---|---|
| 차) 사채 | 100,000,000 | 대) 현금 | 100,000,000 |

(만기일에 사채상환을 기록)

## 2. 사채의 조기상환

사채는 만기일전에 상환될 수 있다. 기업은 이자비용을 감소시키고 그 재무상태표로부터 부채를 제거하기 위해 만기일전에 사채를 상환하려는 결정을 할 수도 있다. 기업은 충분은 현금자원을 가지고 있을 경우에만 부채를 조기에 상환해야 한다.

사채가 만기전에 상환될 때, (1) 상환일에 사채의 장부가액을 제거하고, (2) 지급한 현금을 기록하고, (3) 상환손익을 인식하는 것이 필요하다. 사채의 장부가액은 사채의 액면가치에서 상환일에 사채할인발행차금의 미상각액을 차감하거나 사채할증발행차금의 미상각액을 가산한 것이다.

예를 들면, 네 번째 기간말에 삼척상사는 사채를 할증하여 발행한 후, 연간이자를 지급한 후 103%로 사채를 상환하다고 가정하자. 상환일에 사채의 장부가액은 ₩100,400,000이다. 네 번째 기간말(20X9년 1월 1일)에 상환을 기록하기 위한 분개는 다음과 같다.

| | | | | |
|---|---|---|---|---|
| 1월 1일 | 차) 사채 | 100,000,000 | 대) 현금 | 103,000,000 |
| | 사채할증발행차금 | 400,000 | | |
| | 사채상환손실 | 2,600,000 | | |

(사채의 상환을 기록)

사채상환손실 ₩2,600,000은 현금지급액 ₩103,000,000과 사채의 장부가액 ₩100,400,000의 차액이다. 이 때 사채의 발행회사는 사채상환손익을 포괄손익계산서의 기타손익으로 보고한다. 그리고 사채에 투자하여 투자자산으로 가지고 있는 회사는 이 금액을 만기보유금융자산(또는 매도가능금융자산)처분손익으로 하여 포괄손익계산서의 기타손익으로 보고한다. 위의 예에서 투자회사는 만기보유금융자산처분이익(2,600,000원)을 기타수익으로 보고한다.

## 3. 감채기금과 감채적립금

사채를 상환하는 경우에는 일반적으로 많은 자금이 필요하다. 사채를 발행한 회사는 사채상환을 위한 대비를 해야 하는 데 그 방법으로 감채기금이나 감채적립금을 적립한다.

감채기금(sinking fund)은 매기 일정한 금액을 사채상환을 위해 유보해 놓은 특정한 자산을 의미하는데, 이것은 투자자산에 해당한다.

감채적립금(sinking reserve)은 매기 결산기에 주주총회에서 이익을 처분할 때 사채상환에 필요한 자금의 일부를 임의적립금의 형태로 사내에 유보하는 것을 의미한다.

사채상환을 위한 대비를 하는 방법으로는 감채기금을 설정하는 방법, 감채적립금을 설정하는 방법, 감채기금과 감채적립금을 동시에 설정하는 방법 등 세 가지 방법이 있을 수 있다.

### 예제 11-1

**대연전산상사는 새로운 컴퓨터 프로그램을 성공적으로 개발하였다. 그러나 이 회사가 이 프로그램을 생산 · 판매하기 위해서는 자금이 추가로 ₩2,000,000,000 필요하였다. 20X5년 1월 1일에 대연전산상사는 자금을 다음과 같이 차입하였다.**

1. 대연전산상사는 액면가 ₩500,000,000, 연리 11%, 10년 만기의 사채를 발행하였다. 이 사채는 액면가치로 판매되었으며 1월 1일에 이자를 지불한다.
2. 대연전산상사는 액면가 1,000,000,000, 연리 10%, 10년 만기의 사채를 ₩886,996,000으로 발행하였다. 이자는 1월 1일에 지불한다. 대연전산상사는 정액

상각법을 이용하고 있다.

문제 (a) 연리11% 사채의 경우에 다음과 같은 사건에 필요한 분개를 실시하라.

(1) 20X5년 1월 1일에 사채의 발행

(2) 20X5년 12월 31일에 이자비용의 발생

(3) 20X6년 1월 1일에 이자의 지급

(b) 10년 만기, 연리10% 사채의 경우에,

(1) 20X5년 1월 1일에 사채의 발행을 분개하라.

(2) 20X8년 1월 1일에 지급할 이자를 지급한 후에, 사채를 101로 상환한 것에 대한 분개를 실시하라. 상환일에 사채의 장부가치는 ₩920,897,000이었다.

**예제풀이**

(a) (1) 20X5년

| | | | | |
|---|---|---|---|---|
| 1월 1일 | 차) 현금 | 500,000,000 | 대) 사채 | 500,000,000 |
| | (연리 11%, 10년 만기 사채를 액면발행) | | | |

(2) 20X5년

| | | | | |
|---|---|---|---|---|
| 12월 31일 | 차) 사채이자비용 | 55,000,000 | 대) 미지급사채이자 | 55,000,000 |
| | (사채이자의 발생) | | | |

(3) 20X6년

| | | | | |
|---|---|---|---|---|
| 1월 1일 | 차) 미지급사채이자 | 55,000,000 | 대) 현금 | 55,000,000 |
| | (미지급이자의 지급) | | | |

(b) (1) 20X5년

| | | | | |
|---|---|---|---|---|
| 1월 1일 | 차) 현금 | 886,996,000 | 대) 사채 | 1,000,000,000 |
| | 사채할인발행차금 | 113,004,000 | | |
| | (사채할인발행의 기록) | | | |

(2) 20X8년

| | | | | |
|---|---|---|---|---|
| 1월 1일 | 차) 사채 | 1,000,000,000 | 대) 사채할인발행차금 | 79,103,000 |
| | 사채상환손실 | 89,103,000* | 현금 | 1,010,000,000 |

(사채를 101%로 상환)

* (₩1,010,000,000 - ₩920,897,000)

## 5절 기타 비유동부채

비유동부채 중에서 사채의 비중이 가장 크며 중요하다. 사채 이외에도 비유동부채에는 신주인수권부사채, 장기차입금, 퇴직급여충당부채, 장기제품보증충당부채, 이연법인세부채, 기타 등이 있다. 여기서는 장기차입금, 퇴직급여충당부채, 장기제품보증충당부채 등을 살펴보기로 한다.

### 1. 장기차입금

장기차입금은 일반적으로 금융기관으로부터 차입하는 것으로 재무상태표일로부터 1년 이후에 상환일이 도래하는 차입금이다. 재무상태표일로부터 1년 이내에 상환일이 도래하는 차입금은 단기차입금으로 유동부채로 분류된다.

비유동부채 중에서 그 상환일이 1년 이내에 도래하는 부분을 유동성장기부채(current maturities of long-term debts)로 하여 유동부채로 분류해야 한다.

한편, 재고자산의 장기간 신용매입을 위한 장기연불조건의 거래에서 발생하는 장기외상매입금이나 장기지급어음의 경우를 장기매입채무라 하고, 유형자산 등을 정기연불조건으로 취득하고 장기지급어음을 발행하는 경우를 장기미지급금이라고 한다.

국제회계기준에서는 자산과 부채를 현재가치로 평가하는 경우 자산과 부채의 명목상의 가액과 현재가치가액의 차액인 현재가치할인차금은 유효이자율법에 의해 상각하도록 규정하고 있다. 장기지급어음은 이자와 원금으로 지급되는 미래의 현금을 시장이자율로 할인하여 현재가치로 평가하고 액면가액과의 차이는 현재가치할인차금으로 계산하여 유효이자율법으로 상각해야 한다. 장기지급어음의 회계처리는 사채의 경우와 유사하다.

## 2. 장기충당부채

충당부채는 ① 과거의 사건이나 거래의 결과로 현재의 의무가 존재하고, ② 이 의무를 이행하기 위해 자원이 유출될 시기와 금액은 불확실하지만 그 가능성이 매우 높고, ③ 유출될 자원의 금액을 신뢰성있게 추정할 수 있을 때 인식하게 되는 부채이다.

충당부채와 유사한 개념으로 우발부채가 있다. 우발부채(contingent liability)는 재무제표의 본문에 부채로 인식하지 않고 주석으로 표시한다. 우발부채는 과거의 사건이나 거래의 결과로 현재의 의무가 존재하지만, 이 의무를 이행하기 위한 자원이 유출될 가능성이 높지 않거나, 그 금액을 신뢰성있게 추정할 수 없는 경우의 부채이다.

장기충당부채는 미래에 예상되는 지출에 대해 그 원인이 발생한 연도에 비용으로 인식하고 그 예상 지출액을 부채로 인식할 때 계상하게 된다. 예를 들어, 제품보증의 경우에 판매회사가 제품을 판매한 후 미래에 제품의 교환이나 수리 등에 따른 비용이 발생하게 된다. 이러한 경우에 실제비용은 차기 이후의 기간에 발생하지만 실제수익은 당기에 보고하게 되므로, 발생주의에 의해서 미래에 발생할 비용을 미리 추정하여 관련수익에 대응시켜야만 수익·비용 대응의 원칙을 준수하게 되고 당기의 이익을 올바로 계상할 수 있다. 여기서 미래의 비용을 추정하여 계상하게 되는 당기의 비용에 대응하는 추정부채를 장기충당부채라 하는 데, 장기충당부채의 예로는 제품보증충당부채, 퇴직급여충당부채, 채무보증충당부채 등이 있다.

### 1) 제품보증충당부채

제품을 판매하는 회사가 판매정책의 일환으로 장기간에 걸쳐 제품의 품질을 보증한 경우에 장기제품보증충당부채를 설정하게 된다.

차) 제품보증비 xxx 대) 제품보증충당부채 xxx

제품을 판매한 후에 실제로 제품보증 때문에 비용이 발생한 경우에는 제품보증충당부채로 상계하고, 충당부채를 초과하는 보증비용은 이를 당해기간의 물류비로 처리하며, 보증기간이 종료한 후에 제품보증충당부채의 잔액이 남아있을 경우에는 환입하여 기간수익으로 처리한다.

차) 제품보증충당부채 xxx 대) 현금 xxx

### 예제 11-2

**20X1년 1월에 (주)신진자동차가 2년의 제품보증으로 자동차 1대를 2,000만원에 현금으로 판매하였다고 하자. 과거의 경험에 의해 자동차 1대당 제품보증비용은 20만원으로 추정되었다. 20X1년 8월에 제품보증의 일환으로 자동차의 일부 부품을 교환하였는 바 이의 비용은 5만원이었다. 20X2년 9월에 자동차의 일부를 수리해 주었던 바 이의 비용은 10만원이었으며, 12월 31일에 보증기간이 종료하였다고 가정하고 이들을 분개하라.**

**예제풀이**

| | | | | |
|---|---|---|---|---|
| 20X1/01 | 차) 현금 | 20,000,000 | 대) 매출 | 20,000,000 |
| | 차) 제품보증비 | 200,000 | 대) 장기제품보증충당부채 | 200,000 |
| 20X1/08 | 차) 장기제품보증충당부채 | 50,000 | 대) 현금 | 50,000 |
| 20X2/09 | 차) 장기제품보증충당부채 | 100,000 | 대) 현금 | 100,000 |
| 20X2/12/31 | 차) 장기제품보증충당부채 | 50,000 | 대) 장기제품보증충당부채환입 | 50,000 |

## 2) 퇴직급여충당부채

장기제품보증충당부채의 경우와 마찬가지로 당기에 임직원이 회사의 운영에 참가하였다면, 회사의 임직원은 미래에 퇴직할 때 퇴직금이나 퇴직연금을 지급받는다.

이러한 퇴직(연)금은 종업원의 과거 근무에 대한 보상의 성격을 가진다. 따라서 기업은 해당 종업원의 근무기간 동안에 이를 급여의 일부로서 당기의 수익에 대응하는 퇴직급여라는 당기의 비용으로 기록해야 당기의 이익을 올바로 측정할 수 있을 것이다. 이때 상대계정은 퇴직급여충당부채가 된다.[1)]

여기서 임원과 사무직원의 경우에는 퇴직급여를 당기의 비용으로 처리하고, 생산직원의 경우에는 제조원가로 처리한다. 그리고 실제로 퇴직금을 지급할 때는 퇴직급여충당부채를 감소시킨다.

한국채택 국제회계기준에 의하면, 퇴직급여충당부채는 보험수리적 기법을 적용하여 측정하도록 규정하고 있다. 즉, 기업은 미래의 임금상승율 등을 고려하여 미래의 퇴직급여를 추정해야 한다. 상세한 것은 중급재무회계에서 다루고 있다.

## 전공용어

- 감채기금(sinking fund) • 감채적립금(sinking reserve)
- 공정가치(face value) • 담보부사채(secured bond)
- 만기일(maturity date) • 무담보사채(unsecured bond)
- 비유동부채(long-term liabilities) • 사채(bonds)
- 사채권(bond certificate) • 사채할인발행차금(discount on a bond)
- 사채할증발행차금(premium on a bond) • 수의상환사채(callable bonds)
- 시장이자율(market interest rate)
- 액면(표시)이자율(contractual(stated) interest rate) • 우발사건(contingencies)
- 유동부채(current liability)
- 유효이자상각법(effective-interest method of amortization)
- 유효이자율(effective-interest rate) • 전환사채(convertible bonds)
- 정액상각법(straight-line method of amortization)
- 지급어음(notes payable) • 현재가치(present value)

---

1) 퇴직연금제도는 2005년 12월부터 퇴직일시금제도와 병행해서 우리나라에서 실시되고 있는 제도이다. 퇴직연금제도는 근로자의 퇴직급여에 해당하는 금액을 금융기관에 맡겨 운영한 뒤 근로자가 퇴직한 뒤 연금으로 지급받는 제도인데 여기에는 확정급여형제도(Defined Benefit Plan)와 확정기여형제도(Defined Contribution Plan)가 있다. 확정기여형제도의 회계처리는 퇴직일시금제도의 회계처리와 유사하다. 확정급여형제도의 회계처리에 관해 상세한 것은 중급회계를 참조하라.

## 종합예제

**01** 용호상사의 회계연도는 12월 31일에 끝난다. 용호상사가 발행한 사채를 포함해서 20X1년에서 20X8년까지 일부 거래는 다음과 같다.

20X1년 6월 30일;

액면가 2,000,000원, 만기 25년, 연리 7%의 수의상환사채를 현금 1,920,000원을 받고 발행하였다.

20X1년 12월 31일;

사채의 6개월분 이자를 지불하였다.

정액법으로 상각한 사채할인발행차금상각 1,600원을 기록하였다.

이자비용계정을 마감하였다.

20X2년 6월 30일;

사채의 6개월분 이자를 지불하였다.

20X2년 12월 31일;

사채의 6개월분 이자를 지불하였다.

사채할인발행차금상각 3,200원을 기록하였다.

이자비용계정을 마감하였다.

20X8년 6월 30일;

사채의 상환을 기록하였는 바, 액면가의 101.5%로 상환하였다. 이자를 지불하고 사채할인발행차금을 상각한 후에 사채할인발행차금계정의 잔액이 기록되었다(사채상환만 분개).

1. 위의 거래를 분개하라.
2. 20X1년과 20X2년의 이자비용을 계산하라.
3. 20X1년에 이자비용을 사채발행시의 사채장부가액으로 나누고는 2를 곱하여 유효이자율을 추정하라.
4. 20X2년 12월 31일 현재, 사채의 장부가액을 계산하라.

종합예제풀이

| | | | | | |
|---|---|---|---|---|---|
| 1. 20X1년 6월30일 | 차) 현금 | 1,920,000 | 대) 사채 | 2,000,000 |
| | 사채할인발행차금 | 80,000 | | |
| 20X1년 12월31일 | 차) 이자비용 | 70,000 | 대) 현금 | 70,000 |
| 12월31일 | 차) 이자비용 | 1,600 | 대) 사채할인발행차금 | 1,600 |
| 12월31일 | 차) 집합손익 | 71,600 | 대) 이자비용 | 71,600 |
| 20X2년 6월30일 | 차) 이자비용 | 70,000 | 대) 현금 | 70,000 |
| 12월31일 | 차) 이자비용 | 70,000 | 대) 현금 | 70,000 |
| 12월31일 | 차) 이자비용 | 3,200 | 대) 사채할인발행차금 | 3,200 |
| 12월31일 | 차) 집합손익 | 143,200 | 대) 이자비용 | 143,200 |
| 20X8년 6월30일 | 차) 사채 | 2,000,000 | 대) 현금 | 2,030,000 |
| | 사채상환손실 | 87,600 | 사채할인발행차금 | 57,600 |

2. 20X1년도 이자비용은 71,600원
   20X2년도 이자비용은 143,200원

3. 71,600원 ÷ 1,920,000 = 3.73%(6개월간)
   3.73% × 2 = 7.46%(연리)

4. 사채의 최초장부가액 1,920,000원

| | |
|---|---|
| 사채의 최초장부가액 | 1,920,000원 |
| 20X1년 12월31의 사채할인발행차금상각 | 1,600 |
| 20X2년 12월31의 사채할인발행차금상각 | 3,200 |
| 20X2년 12월31의 사채장부가액 | 1,924,800원 |

## 토의문제

1. 화폐의 시간가치를 설명하라.

2. 현재가치개념이 자산과 부채의 평가에서 사용되는 예를 열거하라.

3. 유효이자율을 설명하라.

4. 사채의 할인발행, 할증발행, 액면발행을 설명하라.

5. 사채할증발행차금환입을 설명하라.

6. 제품보증충당부채를 설명하라.

7. 퇴직급여충당부채를 설명하라.

## 연습문제

**01** (주)대명은 20X4년 1월 1일에 액면가 10,000,000원, 만기5년, 액면이자율 연리 6%인 사채를 발행하였다. 발행당시의 시장이자율은 연리8%이며 발행가격은 9,201,430원이었다. 사채는 20X9년 1월 1일에 상환하기로 한다.

(1) 20X4년 1월 1일에 사채의 발행을 분개하라.
(2) 20X4년 12월 31일에 사채이자비용과 이자지급과 관련된 분개를 실시하라.
(3) 20X4년 12월 31일에 (주)대명의 재무상태표에 사채가 어떻게 표시되는가?
(4) 사채를 상환하기 직전인 20X8년 12월 31일에 사채의 순장부가액은 얼마인가?
(5) 사채의 만기일인 20X9년 1월 1일에 사채를 현금으로 상환할 때 필요한 분개를 실시하라.

**02** (주)신양은 20X4년 1월 1일에 액면가 5,000,000원, 만기 5년, 액면이자율 연리 6%인 사채를 발행하였다. 발행당시의 시장이자율은 연리 5%이며 발행가격은 5,216,490원이었다. 사채는 20X9년 1월 1일에 상환하기로 한다.

(1) 20X4년 1월 1일에 사채의 발행을 분개하라.
(2) 20X4년 12월 31일에 사채이자비용과 이자지급과 관련된 분개를 실시하라.
(3) 20X4년 12월 31일에 (주)신양의 재무상태표에 사채가 어떻게 표시되는가?
(4) 사채를 상환하기 직전인 20X8년 12월 31일에 사채의 순장부가액은 얼마인가?
(5) 사채의 만기일인 20X9년 1월 1일에 사채를 현금으로 상환할 때 필요한 분개를 실시하라.

**03** (주)일미는 20X4년 1월 1일에 시민은행으로부터 10,000,000원을 차입하였다. 차입금의 이자는 연리 8%이다. 차입금은 20X8년 12월 31일에 상환하기로 하였다. (주)일미는 매년 말에 이자를 지급할 것이다.

(1) 차입일, 이자지급일, 차입금상환일에 필요한 분개를 실시하라.

(2) 할인율이 8%이라면, 차입금의 현재가치는 얼마인가?

(3) 원금과 이자를 모두 5년째말에 지급한다면, 원리금의 총합계액을 구하라. 그리고 20X4년말과 20X5년말에 필요한 분개를 실시하라.

**04** 다음은 액면가 1,000,000원, 6개월에 6%의 액면이자율인 사채의 사채할인발행차금상각표이다. 이 사채는 20X1년 1월 1일에 발행하였는데, 이 당시 시장이자율은 10%이었다. 20X5년 12월 31일이 이 사채의 만기일이다(6개월마다 복리계산).

| 기초 | 기말 | 기초잔액 | 이자비용 | 지급액 | 할인발행차 금상각액 | 기말잔액 |
|---|---|---|---|---|---|---|
| X1/01/01 | X1/06/30 | ₩922,780 | ₩ 46,140 | ₩ 40,000 | ₩ 6,140 | ₩928,920 |
| X1/07/01 | X1/12/31 | 928,920 | 46,450 | 40,000 | 6,450 | 935,360 |
| X2/01/01 | X2/06/30 | 935,360 | 46,770 | 40,000 | 6,770 | 942,130 |
| X2/06/30 | X2/12/31 | 942,130 | 47,110 | 40,000 | 7,110 | 949,240 |
| X3/01/01 | X3/06/30 | 949,240 | 47,460 | 40,000 | 7,460 | 956,700 |
| X3/06/30 | X3/12/31 | 956,700 | 47,840 | 40,000 | 7,840 | 964,540 |
| X4/01/01 | X4/06/30 | 964,540 | 48,230 | 40,000 | 8,230 | 972,760 |
| X4/06/30 | X4/12/31 | 972,760 | 48,640 | 40,000 | 8,640 | 981,400 |
| X5/01/01 | X5/06/30 | 981,400 | 49,070 | 40,000 | 9,070 | 990,470 |
| X5/06/30 | X05/12/31 | 990,470 | 49,520 | 40,000 | 9,520 | 1,000,000 |
| | 합계 | | ₩477,220 | ₩400,000 | ₩77,220 | |

(1) 사채를 만기에 상환할 경우에 필요한 분개를 실시하라.

(2) 20X3년 6월 30일에 회사는 사채권자로부터 사채를 935,000원에 매입하였다고 가정할 경우에 필요한 분개를 실시하라.

(3) 20X3년 1월 1일에 사채를 시장에서 1,000,000원에 매입함으로써 사채를 상환하였다고 할 경우에 필요한 분개를 실시하라.

**05** (1) 20X2년 1월 1일에 이산해는 액면가 ₩20,000,000, 액면이자율 0%, 3년 만기 사채를 발행하였다. 이산해가 이 발행에서 실제로 수령한 금액은 연리 7%에 상응한 것이었다. 20X2년, 20X3년, 20X4년의 연말에 필요한 분개를 실시하라.

(2) 이태백은 이산해가 발행한 사채를 매입하고는 단기매매증권으로 분류하였다. 3년동안 시장이자율은 연리 7%로 불변이라고 가정하고 각 년말에 필요한 분개를 실시하라.

(3) 20X3년 1월 1일에 시장이자율이 8%로 상승하였다고 가정하자. 20X3년 1월 1일에 사채의 시장가치는 얼마인가? 이산해와 이태백의 장부에 계상되는 사채의 장부가액은 각각 얼마인가?

**06** 20X5년 9월 1일에 양정주식회사는 10년 만기, 액면이자율 9%인 사채를 액면가로 400,000,000원어치 발행하였다. 이자는 9월 1일에 매년 지급한다. 양정주식회사의 연말은 12월 31일이다. 다음을 분개하라.

(1) 사채의 발행.
(2) 20X5년 12월 31일에 이자의 발생.
(3) 20X6년 9월 1일에 이자의 지급.

**07** 다음의 각 상황은 독립적인 것이다. 사채의 상환에 따라 적절한 분개를 실시하라.

(1) 연산주식회사는 20X5년 6월 30일에 액면이자율이 12%이고 액면가치가 130,000,000원인 사채를 101로 상환하였다. 상환일에 사채의 장부가치는 122,500,000원이었다. 사채의 이자는 매년 지급되며, 20X5년 6월 30일에 지급해야 할 이자는 이미 지급되어 기록되어 있다.
(2) 동래상사는 20X5년 6월 30일에 액면이자율이 12.5%이고 액면가치가 180,000,000원인 사채를 98로 상환하였다. 상환일에 사채의 장부가치는 183,000,000원이었다. 사채의 이자는 매년 지급되며, 20X5년 6월 30일에 지급해야 할 이자는 이미 지급되어 기록되어 있다.

**08** 남포상사는 20X5년 1월 1일에 20년 만기, 액면이자율 9%, 액면가치 300,000,000원인 사채를 104로 발행하였다. 이자는 매년 1월 1일에 지급한다. 남포상사는 사채의 할증이나 할인에 대해 정액법을 이용하여 상각하고 있다. 다음을 분개하라.

(1) 사채의 발행.
(2) 20X5년 12월 31일에 이자의 발생과 할증발행액의 상각.
(3) 20X6년 1월 1일에 이자의 지급.
(4) 최종이자기간에 대한 이자가 지급되어 기록되어 있다고 가정하고 만기에 사채의 상환.

**09** 토곡주식회사는 20X5년 1월 1일에 액면이자율 9%, 10년 만기, 액면가치 260,000,000원인 사채를 244,024,000원에 발행하였다. 이 가격으로 사채의 유효이자율이 10%가 되었다. 이자는 매년 1월 1일에 지급한다. 토곡주식회사는 사채의 할증액이나 할인액을 상각하기 위해 유효이자율법을 이용한다. 다음을 분개하라.

(1) 사채의 발행
(2) 20X5년 12월 31일에 이자의 발생과 할인액의 상각.
(3) 20X6년 1월 1일에 이자의 지급

**10** 사하상사는 20X5년 12월 31일에 건물을 신축하기 위한 자금을 조달하기 위해 액면이자율 10%, 액면가치 110,000,000원인 담보부어음을 발행하였다. 발행조건은 6월 30일과 12월 31일에 7,800,000원씩 반기마다 분할상환하는 것이다. 처음 두 번의 분할상환을 분개하라.

# 12장 자 본

## 나뭇잎

봄 되어
하늘 놀이터에
얼굴 내민 작은 아이

여름 내내
바람이랑
그네타고 놀더니

가을 지나자
롤러코스터 타고
땅속 엄마한테 돌아간다

겨울엔
새근새근 자고
내년에 다시 오렴

이경재(전주대학교 교수, 시인, 아동문학가)

재무상태표에서 자본은 기업 소유주의 지분을 나타내기 때문에 소유주지분(owners' equity)이라고도 하고, 기업의 자산에서 부채를 차감한 후의 잔액을 나타내기 때문에 잔여지분(residual equity)라고도 하며, 순자산(net asset)이라고도 한다.

재무상태표에서 자본은 다음과 같이 이루어져 있다.

자본
- 지배기업소유주지분
  - 자본금
    - 보통주자본금
    - 우선주자본금
  - 자본잉여금
    - 주식발행초과금
    - 기타자본잉여금
  - 자본조정
    - 자기주식
    - 기타자본조정
  - 기타포괄손익누계액
    - 매도가능금융자산평가손익
    - 해외사업환산손익
    - 재평가잉여금
    - · · · · · ·
  - 이익잉여금
    - 법정적립금
    - 임의적립금
    - 미처분이익잉여금(또는 미처리결손금)
- 비지배지분

여기서 자본금과 주식발행초과금을 합한 것을 납입자본이라고 한다. 기타자본잉여금에는 감자차익, 자기주식처분이익 등이 포함될 수 있다. 기타자본조정에는 주식할인발행차금, 주식매수선택권, 출자전환채무, 감자차손, 자기주식처분손실 등이 포함될 수 있다.

본장에서는 자본주의사회에서 가장 대표적인 기업형태인 주식회사의 본질을 살펴보고 나서 주식회사의 자본과 관련된 회계처리문제를 하나씩 살펴보도록 한다.

# 1절 주식회사의 의의

주식회사는 주식을 발행하는 회사이며 법에 의해 설립된다. 법적 실체인 법인으로서 주식회사(corporation)는 인간과 유사한 권리, 의무, 책임 등을 가진다. 예를 들면, 주식회사는 법을 준수해야 하고 세금을 납부해야 한다.

주식회사는 다양한 방식으로 분류될 수 있다. 공개여부에 따라 공개기업과 비공개기업으로 구별된다. 공개기업(publicly held corporation)은 수많은 주주를 가지고 있으며, 그 주식은 증권거래소와 같은 전국적인 증권시장에서 정상적으로 거래된다. 이와는 대조적으로 가끔 비상장기업(closely held corporation)이라고 하는 비공개기업(privately held corporation)은 대개의 경우 소수의 주주가 주식의 대부분을 소유하며 그 주식을 일반대중에게 판매하려고 하지 않는다. 비상장기업은 일반적으로 상장기업보다 규모가 매우 작다. 일반적으로 주식회사는 다음과 같은 특성을 가지고 있다.

## 1) 독립적인 법적 실체

실체가 그 소유자와 분리된 독립체이기 때문에, 주식회사는 주주의 이름보다는 그 자체의 이름으로 행동한다. 예를 들면, 삼성전자는 자산을 매입, 소유, 판매하고, 자금을 차입하며, 그 자신의 이름으로 법적으로 구속력있는 계약을 체결할 수 있다. 이와 같이 실체 자체가 권리와 의무의 주체인 경우 그 실체를 법인이라고 한다.

소유자(조합원)의 행동이 조합을 구속하는 조합과는 대조적으로 소유자(주주)의 행동은 이러한 소유자가 주식회사의 대리인이 아니라면 주식회사를 구속하지 않는다. 예를 들면, 여러분이 삼성전자 주식의 일부를 소유하였더라도, 여러분은 이 회사의 대리인으로 지정되어 있지 않았다면 이 회사를 위해 재고자산을 구입할 권리를 가지지 않을 것이다.

### 2) 주주의 유한책임

주식회사는 독립된 법적 실체이기 때문에, 채권자는 대개의 경우 자신들의 청구권을 충족시키기 위해 회사 자산에만 의지할 것이다. 주주의 책임은 정상적으로 주식회사에 대한 그들의 투자에만 국한된다. 채권자들은 부정이 발생하지 않는 한, 주주의 개인자산에 대한 법적 청구권을 가지지 않는다. 그리하여, 주식회사가 파산하는 경우에도 주주의 손실은 일반적으로 주식회사에 투자한 자본금액에 국한된다.

### 3) 이전가능한 소유권

주식회사의 소유권은 주식으로 소유되는 데 이것은 이전가능하다. 주주는 단순히 자신들의 주식을 매각함으로써 주식회사에 대한 자신들의 지분의 일부 또는 전부를 처분할 수 있다. 조합에 대한 소유지분의 이전에는 각 조합원의 동의가 필요하다. 이와는 대조적으로 주식의 이전은 전적으로 주주의 재량에 달려있다. 그것은 주식회사나 다른 주주의 승인을 필요로 하지 않는다.

주주간에 소유권을 이전하는 것은 대개의 경우 그 주식회사의 영업활동에 영향을 주지 않는다. 그것은 주식회사의 자산, 부채, 자본에도 영향을 주지 않는다. 소유권의 이전은 개별소유자간의 거래이다. 주식회사는 주식을 처음으로 발행한 후에는 이러한 소유권의 이전에 관여하지 않는다.

### 4) 자본조달력

주식회사가 주식의 발행을 통해 자본을 조달하는 것은 비교적 용이하다. 주식회사에서 주식을 매입하는 것은 주주가 유한책임을 가지며 주식이 쉽게 이전가능하기 때문에 투자자에게 매력적이다. 그리고, 수많은 개인들은 소액만을 투자해도 주주가 될 수 있다.

요컨대, 자본을 조달할 수 있는 주식회사의 능력은 사실상 무제한적이다.

### 5) 계속기업

주식회사의 존속기간은 그 정관에 정해져 있다. 존속기간은 영구적일 수도 있고 특정한 기간으로 한정될 수도 있다. 만약 그것이 한정된다면, 존속기간은 정관의 개정으로 연장될 수 있다. 주식회사는 독립된 법적 실체이기 때문에 계속기업으로서의 그 존속성은 주주, 종업원, 경영진 등의 진퇴, 사망 등에 영향을 받지 않는다. 그 결과, 성공적인 주식회사는 지속적이고 영원한 존속기간을 가질 수 있다.

### 6) 회사의 경영

주주가 법적으로 주식회사를 소유하지만, 그들은 자신들이 선출한 이사회를 통해 회사를 간접적으로 경영한다. 이사회는 다시 회사의 영업정책을 규정한다. 이사회는 또한 정책을 실행하고 일상적인 경영기능을 수행하기 위해 사장, 한 명이상의 부사장 등과 같은 경영진을 선출한다.

**사장**(president)은 최고경영자(chief executive officer, CEO)이다. 그는 기업을 경영하는 직접적인 책임을 가진다. 사장은 책임과 권한을 다른 경영진(여러 명의 부사장, 부서장 등)에게 위임하기도 한다. 최고회계책임자는 **콘트롤러**(controller)이다. 콘트롤러의 책임에는 (1) 회계기록과 적절한 내부통제시스템을 유지하고, (2) 재무제표, 납세신고서, 내부보고서를 작성하는 것이 포함된다. **경리부장**(treasurer)은 주식회사의 자금을 관리하며, 회사의 현금상태를 유지하는 책임이 있다.

기업은 기업을 경영하기 위한 전문경영자를 고용할 수 있다. 전문경영자가 유능하고 최선을 다하여 회사를 경영한다면, 매우 좋은 결과를 산출할 수도 있지만, 전문경영자가 회사를 위해 최선을 다하지 않고 자신의 권리와 편리만을 추구한다면 회사의 주인인 주주에게 해를 끼칠 수도 있다. 소유와 경영의 분리로 인해서 일부 소유자는 기업경영에 적극적으로 참여할 수 없다.

### 7) 정부의 규제

주식회사는 수많은 정부의 규제를 받는다. 예를 들면, 법률은 대개의 경우 주식발행을 위한 요건, 주주에게 허용되는 이익배당, 주식소각의 합당한 방법 등을 규정하고 있다. 증권법은 일반대중에 대한 주식의 매각을 규정하고 있다. 그리고 대부분의 공개회사는 분기별보고서와 연간보고서를 통해 증권거래소에 재무업무를 광범위하게 공시해야 한다. 그리고, 주식이 증권시장에 상장되어 거래될 때, 주식회사는 이러한 거래소의 보고규정을 준수해야 한다.

### 8) 이중과세

개인기업과 조합의 경우에, 소유자의 이익지분은 그의 소득세신고서에 보고된다. 그리고나서 개인별로 이 금액을 기준으로 세금을 지불된다. 한편, 주식회사는 독립된 법적 실체로서 법인세를 납부해야 한다.

한편, 주주는 현금배당에 대해서도 납세를 해야 한다. 그리하여, 많은 사람들은 기업이익이 한번은 기업수준에서 또한번은 개인수준에서 두 번 과세(이중과세)된다고 주장한다.

개인기업 및 조합과 비교해서 상대적으로 살펴본 주식회사의 장점과 단점은 <도표 12-1>과 같다.

**도표 12-1 주식회사의 장점과 단점**

| 장점 | 단점 |
|---|---|
| • 독립된 법적 존재<br>• 주주의 유한책임<br>• 이전가능한 소유권<br>• 자본조달능력<br>• 계속기업<br>• 주식회사의 경영-전문경영자 | • 주식회사의 경영-소유와 경영의 분리<br>• 정부의 규제<br>• 이중과세 |

# 2절 주식발행

회사가 주식을 발행하기로 결정할 때, 다음과 같은 기본적인 문제를 해결해야 한다. 주식을 발행하기 위해서는 얼마나 많은 주식이 수권되어야 하는가? 주식을 어떻게 발행해야 하는가? 주식의 발행가격을 얼마로 할 것인가? 이러한 문제를 아래에서 살펴보자.

## 1. 수권주식

주식회사가 발행할 수 있는 주식의 수량은 정관에 정해져 있는 데 이것을 수권주식(authorized stock)이라고 한다. 일반적으로 주식의 발행은 주주총회의 의결을 거쳐야 하는 데, 너무 번거롭게 때문에, 주식발행의 상한선인 수권주식수를 미리 정관에 정해 놓고, 의사회의 결의로 주식발행을 할 수 있다. 만약 모든 수권주식이 발행되어 있어서 주식회사가 주식을 추가로 발행하려면, 주주총회의 결의로 정관을 수정해야 한다.

보통주의 수권으로 회사의 자산이나 주주의 지분에 즉각적인 영향을 주는 것은 아니기 때문에, 공식적인 회계처리가 필요한 것은 아니다. 그러나 수권주식수의 공시는 재무상태표에 주석으로 공시해야 한다.

## 2. 주식의 발행

상법에서 주식회사는 1주당 100원 이상의 균일한 금액의 주식을 발행하도록 규정하고 있다. 주식을 발행하는 회사를 주식회사라 하는 데, 주식회사는 주식을 투자자에게 직접 발행할 수도 있고 전문적인 금융기관을 통해 간접적으로 발행할 수도 있다.

비공개기업에서는 직접발행이 전형적이고 공개기업에서는 간접발행이 일반적이다. 신주발행은 증권거래소를 통해 일반대중에게 거래될 수 있다. 주식은 또한 코스닥에서도 거래될 수 있다.

회사가 주식을 발행하는 경우는 회사를 설립할 때와 증자할 때이다. 증자에는 실질적 증자와 형식적 증가가 있다. 실질적 증자는 주식을 발행하여 자산과 자본이 동시에 증가하는 경우이고, 형식적 증자는 주식을 발행하였지만 자산과 자본이 증가하지 않고 자본의 구성항목에 변동이 발생하여 자본금이 증가하고 자본잉여금이나 이익잉여금이 감소하는 경우이다.

## 3. 주식의 종류

주식의 종류에는 보통주(common stock)와 우선주(preferred stock)가 있다. 보통주는 그 주주에게 소유에 따른 권리(경영참가권, 이익분배청구권, 청산배당청구권, 신주인수권 등)가 부여되는 주식이다. 우선주는 경영에 참여할 수는 없지만, 보통주보다 배당이나 청산배당 등을 우선적으로 보장받을 수 있다. 우선주의 종류에는 (일정한 배당을 우선 지급받은 후 보통주에 지급되는 배당률이 우선주 배당률을 초과하는 경우 그 초과분에 대해서 보통주와 동일한 배당률이 되도록 잔여이익에 추가로 참가할 수 있는) 누적적 우선주, (전기에 우선주의 배당금이 부족한 경우 당기에 그 부족분을 소급해서 우선적으로 배당받을 수 있는) 참가적 우선주, (일정한 조건하에 보통주로 전환할 수 있는 권리가 부여되는) 전환우선주, (일정한 조건하에 발행회사가 우선주를 상환할 수 있는 권리를 가지는) 상환우선주 등이 있다.

주식의 소유로 인한 권리는 주권(stock certificate)에 의해 증빙된다. 주권의 액면에는 주식회사의 이름, 주주의 이름, 주식의 종류, 특징, 소유주식의 수, 회사임원의 서명 등이 있다. 주권은 그 이용에 대한 적절한 통제를 보증하기 위해 일련번호가 인쇄되어 있다. 한편 주식은 그 액면에 금액이 정해져 있는가의 여부에 따라 액면주식과 무액면주식으로 분류할 수 있다.

액면주식(par value stock)은 회사정관에 주당 액면금액이 정해진 주식이다. 주식의 액면금액은 시장가치와 아무런 관계가 없으며, 대부분의 경우에 주식의 액면금액은 경제적 의미가 매우 적다. 즉, 채권이나 어음의 액면금액은 만기일에 상환해야 하는 금액인데 반하여, 주식의 액면금액은 상환해야 하는 금액이 아니며, 단지 자본금을 결정하는 데 이용될 뿐이다. 즉, (발행주식수 × 액면금액)이 자본금이다. 이 자본금은 상법에서의 법정자본에 해당한다. 법정자본은 주주총회의 결의 등으로 인한 감자절차를 거치지 않고는 감소될 수 없기 때문에 채권자보호를 위한 최소한의 금액이라고 볼 수 있다. 오늘날 우리 나라에서 주식의 액면금액은 100원 이상이다.

무액면주식(no-par value stock)은 회사의 정관에 금액이 부여되지 않은 주식이다. 오늘날 미국의 경우에는 무액면주식이 매우 일반적이다. 예를 들면, Nike, Procter &Gamble 등의 기업들이 무액면주식을 발행하고 있다.

## 4. 보통주발행의 회계

주식회사의 재무상태표의 자본항에는 자본금과 자본잉여금, 자본조정, 기타포괄손익누계액, 이익잉여금 등이 포함되어 있다. 여기서는 우선 보통주의 발행과 관련된 회계문제를 살펴보기로 한다. 주식의 발행으로 자본금, 자본잉여금, 자본조정 등이 영향을 받게 된다.

주식을 발행할 때 주주는 현금으로 납입하는 것이 원칙이지만, 현금이외의 현물을 출자하는 수도 있는 바, 이를 현물출자라고 한다. 현물을 출자할 때는 발행한 주식이나 취득한 현물의 공정가치 중에서 보다 합리적으로 결정할 수 있는 공정가치를 주식의 발행가액으로 한다.

| | | | |
|---|---|---|---|
| 차) 유형자산 | xxx | 대) 자본금 | xxx |
| | | 주식발행초과금 | xxx |

만약 현물이나 주식의 공정가치를 과대평가할 경우에 그 자본을 혼수자본(watered capital)이라고 하며, 현물이나 주식의 공정가치를 과소평가할 경우에는 비밀적립금(secret reserve)이 발생한다.

주식을 발행할 때는 주식발행수수료, 인쇄비 등의 주식발행을 위한 주식발행비가 발생하는데, 주식의 발행가액은 주식발행실수금에서 주식발행비를 차감한 후의 금액을 말한다.

주주가 출자한 자본을 납입자본(contributed capital, paid-in capital)이라고 하는데, 이것은 자본금에 주식발행초과금을 가산한 것이거나, 자본금에서 주식할인발행차금을 공제한 것을 말한다.

주식의 발행에는 액면발행, 할증발행, 할인발행 등이 있다. 액면발행은 주식의 발행가액이 액면가액과 동일한 경우를 말한다. 할증발행은 주식의 발행가액이 액면가액을 초과한 경우를 말하는 데, 그 차액을 주식발행초과금(paid-in capital in excess of par value)이라고 하며, 자본잉여금으로 분류한다. 한편, 할인발행은 주식의 발행가액이 액면가액보다 적을 경우를 말하는 데, 그 차액을 주식할인발행차금(paid-in capital in short of par value)이라고 하며, 자본조정의 차감항목으로 분류한다.

예를 들면, 군산상사가 액면가 ₩1,000인 보통주 1,000주를 액면가로 현금발행한다고 가정하자. 이 거래를 기록하기 위한 분개는 다음과 같다.

| 차) 현금 | 1,000,000 | 대) 자본금 | 1,000,000 |
|---|---|---|---|

(액면가 ₩1,000인 보통주 1,000주를 액면가로 발행)

만약 군산상사가 액면가 ₩1,000인 보통주를 주당 ₩5,000으로 1,000주를 발행한다면, 그 분개는 다음과 같다.

| 차) 현금 | 5,000,000 | 대) 자본금 | 1,000,000 |
|---|---|---|---|
| | | 주식발행초과금 | 4,000,000 |

(보통주 1,000주를 할증발행)

이러한 두 거래로 인한 납입자본의 합계액은 ₩6,000,000이다. 만약 군산상사가 이익잉여금 ₩27,000,000을 가지고 있다면, 재무상태표의 자본항은 <도표 12-3>과 같을 것이다.

**도표 12-3 자본**

<u>부분재무상태표</u>

| 군산상사 | (단위: 천원) |
|---|---|
| 자 본 | |
| 자본금 | |
| 보통주자본금 | 2,000 |
| 자본잉여금 | |
| 주식발행초과금 | 4,000 |
| 이익잉여금 | 27,000 |
| 자본총계 | 33,000 |

### 예제 12-1

성남상사는 액면가 ₩10,000인 보통주를 주당 ₩8,000으로 100,000주를 발행하여 3월 1일에 영업을 시작하였다. 이 주식의 발행을 분개하라.

**예제풀이**

| | | | | |
|---|---|---|---|---|
| 3월 1일 | 차) 현금 | 800,000,000 | 대) 자본금 | 1,000,000,000 |
| | 주식할인발행차금 | 200,000,000 | | |

(주식 100,000주를 주당 ₩8,000에 발행)

## 5. 우선주의 회계

잠재적 투자자들에게 호소하기 위하여, 주식회사는 우선주라는 또다른 종류의 주식을 발행할 수도 있다. 우선주(preferred stock)는 어떤 분야에서 보통주보다 우선권을 부여하는 계약조항을 가지고 있다. 특히, 우선주주는 (1) 배당, (2) 청산시의 자산 등과 관련해서 우선권을 가진다. 그러나 이들은 투표권을 가지지 않는다.

우선주는 보통주처럼 현금이나 비현금을 대가로 발행될 수 있다. 이러한 거래의 분개는 보통주의 경우와 유사하다. 주식회사가 한 가지 종류 이상의 주식을 가지고 있을 때, 각각의 납입자본계정의 제목은 그것이 관련이 있는 주식(예를 들면, 우선주자본금, 보통주자본금, 주식발행초과금-우선주, 주식발행초과금-보통주)을 식별해야 한다. 수영주식회사가 액면가 ₩10,000인 우선주를 주당 ₩12,000원의 현금으로 10,000주 발행하다고 가정하자. 이 발행을 기록하기 위한 분개는 다음과 같다.

| | | | |
|---|---|---|---|
| 차) 현금 | 120,000,000 | 대) 우선주자본금 | 100,000,000 |
| | | 주식발행초과금-우선주 | 20,000,000 |

(액면가 ₩10,000인 우선주 10,000주를 발행)

우선주는 액면주이거나 무액면주이다.

### 1) 배당우선권

위에서 지적한 바와 같이, 우선주주는 보통주보다 먼저 기업이익의 배분에 참여할 권리를 가진다. 예를 들면, 만약 우선주에 대한 배당률이 주당 ₩5,000이라면, 보통주주는 우선주주가 주당 ₩5,000을 수령할 때까지 당기에 배당금을 수령하지 않을 것이다. 그러나 배당금에 대한 청구권이 배당금을 보증하지는 않는다. 배당금은 적절한 이익잉여금, 현금의 이용가능성 등과 같은 많은 요소에 의존한다.

우선주의 경우, 주당 배당금액은 주식 액면가의 비율이나 특정한 금액으로 표시된다. 회사에 따라서는 3%의 배당금을 규정하기도 하고, 우선주 ₩1,000에 대해 주당 100을 지급한다고 규정하기도 한다.

### 2) 청산배당

대부분의 우선주는 만약 회사가 파산할 경우 회사의 재산에 대한 우선권을 가진다. 이러한 특징은 우선주주에게 담보를 제공해 준다. 자산에 대한 우선권은 주식의 액면가나 특정한 청산가치에 대한 것일 수도 있다. 청산우선권은 채권자와 우선주주의 각각의 청구권을 포함해서 파산소송에 관한 소송에서 이용된다.

## 3절 주식의 재취득

기업은 다양한 이유로 이미 발행한 자사주를 재취득하기도 한다. 주가조작을 방지하기 위해 상법상으로는 자사주의 취득이 원칙적으로 금지되어 있지만, 기업이 자사주를 매입하여 소각할 목적이거나, 일시적으로 보유하였다가 재발행하기 위한 경우에는 예외적으로 인정하기도 한다. 이와 같이 기업이 취득하여 가지고 있는 주식을 자기주식(treasury stock)이라고 한다. 자기주식의 경우에는 의결권과 배당권이 없다.

자기주식은 주식회사가 발행하였고, 완납되었으며, 재취득하였고, 미래에 사용하기 위해 회사금고(treasury)에 보관 중인 발행회사의 주식이다. 회사가 자기주식을 보유하면 기업의 유통주식(outstanding stock)의 수는 발행주식의 수에서 자기주식의 수를 차감한 만큼 줄어들게 된다. 주식회사는 다양한 목적으로 자기주식을 취득한다.

1. 상여금과 주식보상제도를 활용하는 방편으로 임직원에게 주식을 재발행하기 위해.
2. 경영자가 주식이 저평가되어 있다고 생각한다는 신호를 전달함으로써 주식의

시가를 높이기 위해.

3. 감자를 실시하는 과정에서 주식을 소각하기 위해.
4. 유통중인 주식의 수를 감소시키고 그리하여 주당이익을 증가시키기 위해.

자기주식을 구매하기 위한 또 다른 이유는 경영자가 적대적인 주주의 주식을 구입함으로써 그들을 영향을 약화시키고자 한다는 것이다.

자기주식을 보유하게 되면, 기말에 재무상태표의 자본조정으로 분류하여 자본에서 차감하여 보고해야 한다.

## 1. 자본의 감소

회사가 사업규모를 축소시키거나 결손을 보전하기 위해서 자본금을 감소시키는 경우가 있다. 회사가 자본을 감소시키기 위해서는 이미 발행한 주식을 취득하여 소각하면 된다. 자본의 감소에는 실질적 감자와 형식적 감자가 있다.

### 1) 실질적 감자

실질적 감자란 회사가 주주에게 주식소각의 대가로 현금과 같은 회사의 자산을 지급함으로써 회사의 자산이 감소하는 유상감자를 말한다. 실질적 감자는 증권시장에서 기발행한 주식을 매입하여 소각하거나 주주에게 주식을 반환받고 소각하게 된다. 이 경우에 회계처리는 주식의 최초발행가액과 재취득가격을 비교하여 최초발행가액이 더 많은 경우에는 감자차익(자본조정)으로 처리하고, 재취득가격이 더 많은 경우에는 감자차익에서 우선적으로 차감하고 나머지는 감자차손(자본조정)으로 처리한다. 이때 감자차손은 이익잉여금의 처분으로 상각하고 결손이 있는 경우에는 차기 이후의 연도에 이월하여 상각한다.

### 예제 12-2

(주)부경은 1주당 액면가격이 5,000원인 보통주 10,000주를 주당 7,000원에 발행하였는데, 보통주 100주를 매입소각하였다고 하자. 보통주 100주를 소각하기 전에 감자차익이 100,000원이 있었다. 주당 매입가격이 각각 4,500원과 9,000원인 경우에 이 주식매입을 회계처리하시오.

**예제풀이**

(1) 주당 매입가격이 4,500원인 경우

| 차) 자본금 | 500,000 | 대) 현금 | 450,000 |
|---|---|---|---|
| 주식발행초과금 | 200,000 | 감자차익 | 250,000 |

(2) 주당 매입가격이 9,000원인 경우

| 차) 자본금 | 500,00 | 대) 현금 | 900,000 |
|---|---|---|---|
| 주식발행초과금 | 200,000 | | |
| 감자차익 | 100,000 | | |
| 감자차손 | 100,000 | | |

## 2) 형식적 감자

형식적 감자란 회사가 누적된 적자를 보전하기 위하여 자본금을 감소시키는 것을 말한다. 이 경우에는 자본의 감소로 회사의 순자산에 어떠한 변화도 없기 때문에 무상감자라고도 한다. 이의 회계처리를 다음과 같다.

| 차) 자본금 | xxx | 대) 결손금 | xxx |
|---|---|---|---|

형식적 감자는 주식의 수를 감소시키는 방법, 주식수는 그대로 두고 액면금액을 감소시키는 방법, 주식수와 액면금액을 동시에 감소시키는 방법 등이 있다.

### 예제 12-3

(주)제주가 누적된 결손금 50,000,000원을 보전하기 위하여 (1) 주당 액면금액 10,000원의 주식 10,000주를 주당 액면금액 10,000원의 주식 5,000주로 2:1의 비율로 주식병합을 실시하는 경우, (2) 주당 액면금액 10,000원의 주식 10,000주를 주당 액면금애 5,000원으로 변경하는 경우, (3) 주당 액면금액 10,000원의 주식 10,000주를 주당 액면금액 8,000원의 주식 5,000주로 변경하는 경우가 있을 때, 각각의 경우에 필요한 회계처리를 하시오.

**예제풀이**

| | 차변 | 금액 | 대변 | 금액 |
|---|---|---|---|---|
| (1) | 차) 자본금 | 50,000,000 | 대) 결손금 | 50,000,000 |
| (2) | 차) 자본금 | 50,000,000 | 대) 결손금 | 50,000,000 |
| (3) | 차) 자본금 | 60,000,000 | 대) 결손금 | 50,000,000 |
| | | | 감자차익 | 10,000,000 |

## 2. 자기주식

자기주식의 매입은 일반적으로 원가법으로 회계처리된다. 이 방법은 자기주식계정이 매입주식의 원가로 유지된다는 사실로부터 그 명칭이 인용되고 있다. 원가법에서 자기주식은 그 주식을 재취득하기 위해 지급된 가격만큼 증가(차변기입)된다. 자기주식은 주식이 나중에 매각될 때 동일금액만큼 감소한다.

예를 들어, 20X7년 1월 1일에, 옥천상사의 자본은 보통주의 주당 액면가가 ₩5,000인 주식을 100,000주에 해당하며(전부 액면발행하였다), 이익잉여금은 ₩200,000,000이다. 자기주식매입전에 재무상태표의 자본항은 <도표 12-4>와 같았다.

**도표 12-4 자기주식없는 자본**

부분재무상태표

| 옥천상사 | (단위: 원) |
|---|---|
| 자 본 | |
| 자본금(보통주, 액면가 ₩5,000, 100,000주) | 500,000,000 |
| 이익잉여금 | 200,000,000 |
| 자본합계 | 700,000,000 |

20X7년 2월 1일에 옥천상사는 자사주를 주당 8,000원으로 4,000주 취득하였다. 분개는 다음과 같다.

| 2월 1일 | 차) 자기주식 | 32,000,000 | 대) 현금 | 32,000,000 |
|---|---|---|---|---|

(자기주식 4,000주를 주당 ₩8,000에 취득)

자기주식계정은 취득주식의 원가(₩32,000,000)만큼 증가할 것이다. 원래의 자본금은 발행주식의 수가 변동하지 않기 때문에 영향을 받지 않을 것이다.

자기주식은 <도표 12-5>처럼 재무상태표의 자본항에서 자본조정에 반영되어 자본의 차감항목으로 처리된다. 그리하여 옥천상사의 자기주식취득은 자본을 감소시킨다.

**도표 12-5 자기주식이 있는 자본**

부분재무상태표

| 옥천상사 | (단위: 천원) |
|---|---|
| 자 본 | |
| 자본금(액면가 5, 발행 100,000주, 유통 96,000주 ) | 500,000 |
| 자본조정 | |
| 자기주식(4,000주) | (-)32,000 |
| 이익잉여금 | 200,000 |
| 자본합계 | 668,000 |

발행주식수(100,000)와 자기주식수(4,000)가 공시된다. 그 차이는 유통주식수(96,000)이다. 유통주식(outstanding stock)이란 현재 주주가 소유하고 있는 발행주식수를 의미한다.

자기주식의 처분으로 인하여 발생하는 이익이나 손실은 포괄손익계산서상의 손익으로 인식하지 않고, 이익이 발생하는 경우에는 자기주식처분이익으로 처리하고, 손실이 발생하는 경우에는 관련되는 자기주식처분이익과 상계한 후, 잔액은 자기주식처분손실로 처리하였다가 이익잉여금처분으로 상계한다.

– 자기주식 매입시점:

| <차> | | <대> | |
|---|---|---|---|
| 자기주식 | xxx(취득원가) | 현　금 | xxx |

– 자기주식 재발행한 경우:

① ‘재발행가액 > 취득원가’일 경우

| <차> | | <대> | |
|---|---|---|---|
| 현　금 | xxx(재발행가액) | 자기주식 | xxx(취득원가) |
| | | 자기주식처분이익* | xxx** |

* 자기주식처분이익은 기타자본잉여금에 속한다.

** 재발행가액 – 취득원가

② ‘재발행가액 < 취득원가’일 경우

| <차> | | <대> | |
|---|---|---|---|
| 현　금 | xxx(재발행가액) | 자기주식 | xxx(취득원가) |
| 자기주식처분이익* | xxx | | |
| 자기주식처분이익** | xxx | | |

* 재발행시점 현재 자기주식처분이익계정의 잔액이 있을 경우

** 자기주식처분이익계정이 없거나 부족한 경우에 나타내며,
이는 자본조정 항목 중 차감항목으로서, 이익잉여금의 한 처분 항목에 해당한다.

– 자기주식 소각한 경우:

① ‘취득원가< 최초 발행가액(a+b)’일 경우

| | | | |
|---|---|---|---|
| <차> 자본금 | xxx(a) | <대> 자기주식 | xxx(취득원가) |
| 주식발행초과금 | xxx(a) | 감자차익* | xxx** |

* 감자차익은 자본잉여금의 한 종류로 분류된다.

** 최초 발행가액 – 취득원가

② ‘취득원가> 최초 발행가액(a+b)’일 경우

| | | | |
|---|---|---|---|
| <차> 조본금 | xxx(a) | <대> 자기주식 | xxx(취득원가) |
| 주식발행초과금 | xxx(a) | | |
| 감자차익 | xxx* | | |
| 감자차손 | xxx* | | |

* 감자차익이 존재할 경우 먼저 이것으로 조정하고, 부족하면 감자차손을 인식함. 이 경우 감자차손은 자본조정 항목 중 차감항목으로서 이익잉여금의 한 가지 처분사항에 해당한다.

## 예제 12-4

〈자기주식 거래〉 한국상사(주)는 액면금액 10,000원으로 발행되었던 자기주식 20주 20X1년 7월 15일 주식시장을 통해 주당 8,000원에 매입하였다. 8월 15일 주주총회의 특별결의를 거쳐 이 주식을 전량 소각하였다. 20X1년 7월 15일과 8월 15일에 각각 필요한 회계처리를 하라.

**예제풀이**

– 20X1년 7월 15일:

| | | | |
|---|---|---|---|
| <차> 자기주식 | 160,000* | <대> 현　금 | 160,000 |

* 80,000원 × 20주=160,000원

– 20X1년 8월 15일:

| | | | |
|---|---|---|---|
| <차> 자본금 | 200,000* | <대> 자기주식 | 160,000 |
| | | 감자차익 | 40,000 |

* 10,000원 × 20주=200,000원

상기의 옥천상사가 자기주식을 1주당 8,000원을 지급하고 4,000주를 재취득하여 보유하고 있다가 이제 자기주식 1,000주를 주당 7,000원에 재발행하였다고 가정하자, 그러면 주당 1,000원의 처분손실이 발생하여 모두 1,000,000원의 자기주식처분손실이 발생한다. 자기주식처분손실은 자본조정에 반영한다. 이를 분개하면 다음과 같다.

| 차) 현금 | 7,000,000 | 대) 자기주식 | 8,000,000 |
|---|---|---|---|
| 자기주식처분손실 | 1,000,000 | | |

(자기주식 1,000주를 주당 7,000원에 처분)

그후 옥천상사가 자기주식 1,500주를 다시 주당 10,000원에 재발행하였다고 하자. 이때는 8,000원에 재취득한 주식을 10,000원에 처분하였기 때문에 주당 2,000원씩 모두 3,000,000원[= 1,500주 × (10,000 - 8,000)]의 자기주식처분이익이 발생한다. 이를 분개하면 다음과 같다.

| 차) 현금 | 15,000,000 | 대) 자기주식 | 12,000,000 |
|---|---|---|---|
| | | 자기주식처분이익 | 3,000,000 |

그런데 이미 자기주식처분손실 1,000,000원이 있기 때문에, 자기주식처분이익과 상계해서 처리해야 한다. 이를 분개하면 다음과 같다.

| 차) 자기주식처분이익 | 1,000,000 | 대) 자기주식처분손실 | 1,000,000 |
|---|---|---|---|

위의 두 분개를 하나로 합치면 다음과 같은 분개가 된다.

| 차) 현금 | 15,000,000 | 대) 자기주식 | 12,000,000 |
|---|---|---|---|
| | | 자기주식처분손실 | 1,000,000 |
| | | 자기주식처분이익 | 2,000,000 |

# 4절 이익잉여금과 배당금

## 1. 이익잉여금의 의의

이익잉여금(retained earnings)은 기업에 유보되는 순이익이다. 이익잉여금의 잔액은 주식회사의 자산합계에 대한 주주 청구권의 일부이다. 그러나 그것은 특정한 자산에 대한 청구권을 의미하지는 않는다. 이익잉여금의 금액이 특정한 자산계정의 잔액과 관련이 있을 수도 없다. 예를 들면, 이익잉여금 잔액 ₩100,000,000이 현금 ₩100,000,000이 있어야 한다는 것을 의미하는 것은 아니다.

비용이 수익을 초과할 때, 순손실(net loss)이 발생한다. 순이익과는 대조적으로 순손실은 이익잉여금을 감소시킨다. 마감분개에서 순손실은 이익잉여금계정의 대변에 기입된다. 순손실은 납입자본계정의 대변에 기입되지 않는다. 그렇게 하는 것은 납입자본과 가득자본(earned capital)의 구별을 파괴할 것이다. 만약 어떤 기업에서 누적손실이 누적이익을 초과한다면, 이익잉여금의 차변잔액이 발생한다. 이익잉여금의 차변잔액은 결손(deficit)으로 식별된다. 그것은 <도표 12-6>에서 보는 바와 같이 재무상태표에서 자본항의 감소로 보고된다.

**도표 12-16 결손이 있는 자본**

부분재무상태표

| (주)우암 | 20X7년 12월 31일 현재 | (단위: 천원) |
|---|---|---|
| 자 본 | | |
| 자본금 | | |
| 보통주자본금 | | 3,571 |
| 자본잉여금 | | |
| 주식발행초과금 | | 1,322,479 |
| 납입자본합계 | | 1,326,050 |
| 누적결손 | | (2,293,301) |
| 자본합계(결손) | | 967,251 |

## 2. 적립금

이익잉여금의 잔액은 일반적으로 배당에 이용할 수 있다. 일부 기업은 이 사실을 기록하고 있다. 그러나 일부의 사례에서 이익잉여금의 제한이 있을 수 있다. 이러한 것은 그 잔액의 일부를 현재 배당에 이용할 수 없게 한다. 제한은 한 가지 이상의 (법적, 계약적, 자발적) 원인에서 비롯된다.

상법에서는 자본금의 1/2에 달할 때까지 매 결산기에 현금배당액의 1/10 이상의 금액을 적립하도록 규정하고 있는데, 이를 이익준비금이라고 한다. 이외에 다양한 법규정에 의해 의무적으로 적립하는 이익잉여금을 법정적립금이라고 한다. 그리고 기업 스스로 정관이나 주주총회의 결의에 의해 적립하는 이익잉여금을 임의적립금이라고 한다. 이에는 사업확장적립금, 감채적립금, 배당평균적립금 등이 있다.

이익잉여금 중에서 적립되지 않은 나머지 부분을 미처분이익잉여금이라고 한다.

## 3. 이익잉여금의 처분

한 회계기간의 당기순손익이 결정되면 이를 재무상태표의 이익잉여금계정에 대체시키는데, 이의 회계처리를 살펴보면 다음과 같다.

1) 당기순이익의 발생: 차) 집합손익 xxx 대) (미처분)이익잉여금 xxx

2) 당기순손실의 발생:

* 당기순손실이 기존의 이익잉여금에 미달하는 경우

차) (미처분)이익잉여금 xxx 대) 집합손익 xxx

* 당기순손실이 기존의 이익잉여금을 초과하는 경우

차) 결손금 xxx 대) 집합손익 xxx

이익잉여금은 주주총회의 결의에 의해서 배당금이나 적립금으로 처분하게 된다.

이익잉여금이 부족하여 충분한 배당이나 그 밖의 처분이 곤란한 경우에 기왕에 적립한 임의적립금으로 그 부족분을 보충하는 것을 임의적립금의 **이입**(移入)이라고 한다. 이의 분개는 다음과 같다.

| | | | |
|---|---|---|---|
| 차) 임의적립금 | xxx | 대) (미처분)이익잉여금 | xxx |

이익잉여금을 적립할 경우, 우선 법정적립금부터 적립하게 되는 바, 그 중에서도 상법의 규정에 의한 이익준비금을 우선적으로 적립한다.

| | | | |
|---|---|---|---|
| 차) (미처분)이익잉여금 | xxx | 대) 이익준비금 | xxx |

그리고 현금이나 주식으로 배당을 하게 되면, (미처분)이익잉여금을 감소시키게 된다. 이는 아래의 배당금항목에서 살펴보기로 한다.

한편, 적자가 누적된 기업은 결손금이 발생하게 된다. 결손금은 이익잉여금이 차변잔액일 경우에 발생한다. 예를 들면, 전기이월이익잉여금이 500,000원인데 당기순손실이 600,000원인 경우에는 결손금이 100,000원이 된다. 그리고 전기이월결손금이 800,000원인데 당기순이익이 500,000원이면 결손금은 300,000원이 된다.

결손금은 적립금(임의적립검, 법정적립금), 기타포괄손익누계액, 자본조정, 자본잉여금 등의 순서로 보전해야 한다.

| | | | |
|---|---|---|---|
| 차) 임의적립금 | xxx | 대) 결손금 | xxxx |
| 법정적립금 | xxx | | |
| 기타포괄손익누계액 | xxx | | |
| 자본조정 | xxx | | |
| 자본잉여금 | xxx | | |

## 4. 배당금

앞에서 언급한 바와 같이, 배당금(dividend)은 주식회사가 그 주주에게 부여하는 비례기준에 의한 배분이다. 비례기준은 말하자면 보통주의 10%를 소유하고 있다면, 배당금의 10%를 배분한다는 것이다. 배당금은 네 가지 형태를 취할 수 있다. 현금, 현물, 어음(현금을 지불할 약속어음), 주식. 현금배당은 실무에서 일반적이며 주식배당은 약간 빈번하게 선언되는데, 이들을 여기서 살펴보기로 한다.

### 1) 현금배당

현금배당(cash dividend)은 주주에게 현금을 비례적으로 배분한다. 주식회사가 현금배당을 실시할 때, 다음과 같은 것을 가져야 한다.

① **이익잉여금**: 많은 나라에서는 법정자본금의 배당지급을 금지하고 있다. 그러나 일부 나라에서는 자본금을 초과한 납입자본에서 배당금을 지급하는 것이 합법적이다. 모든 나라에서는 이익잉여금에서 배당금을 지불하는 것은 합법적이다. 이외에, 기업은 이익잉여금에서만 배당금을 지불하겠다는 채권자와의 협정에 의해 가끔 제약을 받는다.

② **적절한 현금**: 최근에 (주)가나는 이익잉여금의 잔액은 ₩3,194,000,000,000이었지만 현금 잔액은 ₩304,000,000,000이었다. 만약 이익잉여금과 동일한 배당금의 지불을 원하였다면, (주)가나는 현금 ₩2,890,000,000을 더 조달해야 했어야 했을 것이다. 이러한 규모의 배당금은 미래에 지속가능하지 않을 것이기 때문에 이것을 실시할 가능성은 없을 것 같았다(즉, (주)가나는 미래에 배당금으로 이만한 금액을 지불할 수 없을 것이다.). 이외에, 그러한 배당금은 (주)가나의 이익잉여금의 잔액을 완전히 고갈시킬 것이며, 따라서 양(+)의 순이익을 올리지 않았다면 다음 년도에 배당금을 지불할 수 없을 것이다.

③ **배당선언**: 이사회는 배당금의 형태로 배분할 이익금액과 기업에 유보할 금액

을 결정할 권한을 전적으로 가지고 있다. 배당금은 지급어음상의 이자처럼 발생하지 않으며, 선언될 때까지 부채도 아니다.

배당금의 금액과 시기는 경영자가 고려할 중요한 사안이다. 고액의 현금배당을 지급함으로써 기업에게 유동성문제를 초래할 수도 있을 것이다. 역으로, 정기적으로 기업으로부터 합리적인 현금수령을 기대하는 주주들은 소액의 배당이나 배당누락으로 불쾌감을 느낄 것이다. 많은 기업들은 분기별로 현금배당을 선언하고 지불한다. 한편, 수많은 고도성장기업들은 배당을 지불하지 않고, 이익잉여금에 유보하며 자본적 지출에 이용한다.

기업은 채권자, 은행가, 사채권자 등에게 이자를 지급해야 하지만, 주주에 대한 배당금의 지급은 다른 문제이다. 많은 기업들은 그러한 지급없이도 존속할 수 있으며 번영할 수 있다. 투자자는 기업의 배당정책을 주시해야 하며 그것이 무엇을 의미하는가를 이해해야 한다. 예를 들면, 대부분의 기업의 경우에, 일시적인 이익에 직면해서 정기적인 배당인상은 경고신호일 수 있다. 고액배당을 실시하고 부채가 증가하는 기업은 주주에게 지급하기 위해 돈을 차입하고 있을 것이다. 한편, 저액배당은 주가의 상승을 통한 고수익을 의미할 수 있기 때문에 부정적인 신호가 아닐 수도 있다. 정기적인 배당이 중요한 투자자는 정기적인 배당을 지급하는 기업의 주식을 매입하려는 경향이 있으며, 주가의 상승(자본이익)이 더 중요한 투자자는 이익을 유보하는 기업의 주식을 매입하려는 경향이 있다.

### (1) 현금배당의 분개

배당과 관련해서 세 개의 날짜가 중요하다. (1) 선언일, (2) 기록일, (3) 지급일. 선언일과 지급일에 회계의 분개가 필요하다.

선언일(declaration date)에, 이사회는 공식적으로 현금배당을 합법화하고 그것을 주주에게 선언한다. 현금배당의 선언으로 주식회사는 구속적인 법적 의무를 이행해야 한다. 그리하여, 이익잉여금의 감소와 미지급배당금이라는 부채의 증가를 인식하기 위한 분개가 필요하다.

예를 들면, 김해상사의 이사들이 20X5년 12월 1일에 액면가 ₩10,000인 보통주 100,000주에 대해 주당 현금배당 ₩500을 선언하였다. 배당금은 ₩50,000,000 (100,000 × ₩500)이다. 이 선언을 기록하기 위한 분개는 다음과 같다.

선언일

| 12월 1일. | 차) 이익잉여금 | 50,000,000 | 대) 미지급배당금 | 50,000,000 |
|---|---|---|---|---|
| | | | (현금배당의 선언) | |

미지급배당금은 유동부채이다. 미지급배당금은 정상적으로 몇 개월 이내에 지급될 것이다.

제4장에서 이익잉여금의 감소 대신에, 배당금이라는 계정이 이용되었다는 것을 상기할 수 있을 것이다. 이 계정은 원장에서 정보를 추가로 제공해 준다. 예를 들면, 어떤 기업은 각 종류의 주식이나 각 형태의 배당금에 대해 별도의 배당금계정을 가질 수 있을 것이다. 별도의 배당금계정이 이용될 때, 이의 잔액은 마감분개에 의해 연말에 이익잉여금으로 대체된다. 배당선언에 어떤 계정이 이용되던 간에, 그 효과는 동일하다. 이익잉여금은 감소하고 유동부채가 증가한다. 여기서는 이익잉여금계정을 이용하기로 한다.

기록일(record date)에서는 유통주식의 소유권이 배당목적으로 결정된다. 회사가 보관하고 있는 주주명부는 이러한 정보를 제공해 준다.

김해상사의 경우, 기록일은 12월 22일이다. 기록일에는 어떠한 분개도 필요없다.

기록일

12월 22일 분개가 필요없다.

지급일(payment date)인 12월 22일 현재의 명부로 주주에게 배당수표가 우송되며, 배당금지급이 기록된다. 만약 1월 20일이 김해상사의 지급일이라면, 이 날짜의 분개는 다음과 같다.

지급일

| | | | | |
|---|---|---|---|---|
| 2월 20일 | 차) 미지급배당금 | 50,000,000 | 대) 현금 | 50,000,000 |
| | | | | (현금배당금의 지급) |

배당금의 지급은 유동자산과 유동부채를 감소시키지만, 자본에는 어떠한 효과도 없다는 점에 유의하라. 현금배당의 선언 및 지급의 재무제표에 대한 누적효과는 자본과 자산을 감소시키는 것이다.

## 5. 주식배당

**주식배당**(stock dividend)은 주식회사가 자체의 주식을 주주에게 비례배분하는 것이다. 현금배당이 현금으로 지급되는 데 반하여, 주식배당은 주식으로 지급된다. 주식배당으로 이익잉여금이 감소하고 납입자본이 증가한다. 현금배당과는 달리, 주식배당은 자본이나 자산을 감소시키지 않는다.

주식배당으로 자산이 배분되는 것은 아니기 때문에, 많은 사람들인 이것을 홍보과시(publicity gesture)에 불과한 것으로 간주한다. 주식배당은 가끔 현금배당을 이행할 적절한 현금을 가지고 있지 않는 기업에 의해 실시된다. 이러한 기업들은 정상적인 시기에 현금배당을 이행하려고 하지 않을 것이라고 선언하기를 원하지 않을 것이다. 주식배당을 이행함으로써 그들은 배당을 배분하는 듯한 모습을 보여줌으로서 "체면치레"를 한다. 주식배당은 기업의 자산을 증가시키거나 감소시키지 않기 때문에, 투자자는 이전에 소유하지 않았던 어떠한 것도 수령하지 않고 있다는 점에 유의하라. 어떤 의미에서 그것은 두 조각의 파이를 주문하고는 여러분의 주인이 한 조각을 가지고 그것을 다시 두 개의 조각으로 나누는 것과 같다. 여러분은 더 나아지지 않지만 여러분은 두 개의 파이를 가진다.

주식배당을 예시하기 위해, 당신이 범일상사에 2%의 소유권을 가지고 있다고 하자. 당신은 보통주 1,000주의 2%를 소유하고 있다. 만약 범일상사가 10%의 주식배당을 선언한다면, 100주(1,000 × 10%)가 발행될 것이다. 당신은 두 주(2% × 100)를 수령할 것이지만, 당신의 소유지분은 여전히 2%(22/1,100)이다. 당신은 이제 더 많은 주식을 소유하고 있지만, 당신의 소유지분은 변하지 않았다. 나아가, 회사가 현금을 지출하지 않았으며, 부채도 발생하지 않았다.

그러면 주식배당의 목적과 혜택은 무엇인가? 주식회사는 일반적으로 다음과 같은 이유 중의 하나로 주식배당을 실시한다.

① 현금을 지출하지 않고도 주주의 배당기대를 충족시킨다.
② 유통주식의 주를 증가시킴으로써 주식의 시장성을 증가시키고 주당 시가를 감소시키기 위해서. 주식의 시가를 감소시킴으로서 소액투자자의 주식구매가 더욱 용이해진다.
③ 자본의 한 부분이 기업에 영구히 재투자되었으며 따라서 현금배당에 이용할 수 없다는 것을 강조한다.

주식배당의 규모와 각 배당주식에 할당될 가치는 배당을 선언할 때의 이사회에 의해 결정된다. 법적 규정을 충족시키기 위해서 주당금액은 최소한 액면가나 표시가(stated value)와 일치해야 한다.

### 1) 주식배당의 분개

주식배당의 회계처리를 예시하기 위해, 문현상사가 이익잉여금에 잔액 ₩300,000,000을 가지고 있고 액면가 ₩10,000인 보통주 50,000주에 대해 10%의 주식배당을 선언한다고 가정하자. 이 주식의 현재의 공정시가는 주당 ₩15,000이다. 발행될 주식수는 (10% × 50,000)5,000주이며, 이익잉여금의 차변에 기입될 금액합계는 ₩75,000,000(5,000 × ₩15,000)이다. 선언일에 이 거래를 기록하기 위한 분개는 다음과 같다.

| | | | | |
|---|---|---|---|---|
| 차) | 이익잉여금 | 75,000,000 | 대) 미교부주식배당금(자본조정) | 50,000,000 |
| | | | 주식발행초과금 | 25,000,000 |
| | | | (10%의 주식배당을 선언) | |

선언일에 이익잉여금은 발행된 주식의 공정시가만큼 감소(차변기입)한다. 즉 미교부주식배당금이 배당주의 액면가(5,000 × ₩10,000)만큼 증가(대변기입)하고, 주식발행초과금(5,000 × ₩5,000)은 주식발행초과금계정에 대변기입된다.

미교부주식배당금은 자본계정이다. 그것은 배당을 지불하는데 자산이 이용되지 않을 것이기 때문에 부채가 아니다. 만약 재무상태표가 배당주가 발행되기 전에 작성된다면, 미교부주식배당금은 <도표 12-7>에 보는 바와 같이 발행된 보통주의 추가로 납입자본에 보고된다.

**도표 12-7 미교부주식배당금의 표시**

부분재무상태표

| 문현상사 | | (단위: 천원) |
|---|---|---|
| 자본 | | |
| 보통주자본금 | 500,000 | |
| 미교부주식배당금 | 50,000 | 550,000 |

주식배당의 회계처리방법에는 시가법(공정가치법)과 액면가액법이 있다.

시가법(market value method)은 주식배당을 결의한 날에 배당되는 주식의 시가에 해당하는 금액의 이익잉여금과 주식발행초과금으로 대체하는 방법이다.

액면가액법(par value method)은 주식배당으로 분배하는 주식의 액면가액에 해당하는 금액을 이익잉여금으로 대체하는 방법이다. 우리 나라의 상법(제462조의 2)에서는 이익배당총액의 1/2의 범위내에서 주식배당을 할 수 있으며, 액면가액법으로 회계처리하도록 규정하고 있다. 한편, 상장법인의 경우 이익배당금총액을 주식배당으로 할 수 있다.

회계기준에서는 배당선언시점에서 주식배당액을 미교부주식배당금(자본조정)으로 기록하였다가 주식발행시점에서 관련 자본계정으로 대체하도록 규정하고 있다.

주식배당은 이익잉여금의 자본전입으로 자본계정의 구성항목들(이익잉여금, 자본금, 자본잉여금)간의 대체에 불과하다. 시가법과 액면가액법은 대체되는 금액에서만 차이가 있다.

주식배당의 회계처리를 예시하기 위해. 문현상사가 이익잉여금의 잔액으로 300,000,000원을 가지고 있고, 액면가 10,000원인 보통주 50,000주에 대해 10%의 주식배당을 선언한다고 가정하자. 문현상사의 주가는 15,000원이다. 발행될 주식수는 5,000주(= 10% × 50,000주)이다. 선언일과 배당지급일(주식발행일)에 필요한 분개는 다음과 같다.

(1) 배당선언일

① 액면가액법

| 차) 미처분이익잉여금 | 50,000,000 | 대) 미교부주식배당금 | 50,000,000 |
|---|---|---|---|
| | | (10%의 주식배당을 선언) | |

② 시가법

| 차) 미처분이익잉여금 | 75,000,000 | 대) 미교부주식배당금 | 50,000,000 |
|---|---|---|---|
| | | 주식발행초과금 | 25,000,000 |
| | | (10%의 주식배당을 선언) | |

(2) 배당지급일(주식발행일)

① 액면가액법

| 차) 미교부주식배당금 | 50,000,000 | 대) 보통주자본금 | 50,000,000 |
|---|---|---|---|
| | | (주식을 발행하다) | |

② 시가법

차) 미교부주식배당금 50,000,000 대) 보통주자본금 50,000,000

(주식을 발행하다)

## 2) 주식배당의 효과

주식배당은 자본에 어떻게 영향을 주는가? 이들은 자본의 구성요소를 변화시킨다. 왜냐하면 이익잉여금의 한 부분이 납입자본으로 대체되기 때문이다. 그러나 자본합계는 동일한 채로 있다. 주식배당은 또한 주당 액면가나 표시가에 어떠한 효과도 없지만, 유통주식수는 증가한다. 예를 들면, 문현상사가 액면가 ₩10,000인 보통주 50,000주가 유통 중일 때 이들에 대해 10%의 주식배당을 선언한다고 가정하자. 시가는 주당 ₩15,000이었다.

**도표 12-8 주식배당의 효과**

| | | 배당전 | 배당후 |
|---|---|---|---|
| 자 본 | | | |
| 자본금 | | | |
| 보통주, 액면가 | ₩10,000 | ₩500,000,000 | ₩550,000,000 |
| 자본잉여금 | | | |
| 주식발행초과금 | | | 25,000,000 |
| 자본금과 자본잉여금의 합계 | | 500,000,000 | 575,000,000 |
| 이익잉여금 | | 300,000,000 | 225,000,000 |
| 자본합계 | | ₩800,000,000 | ₩800,000,000 |
| 유통주식수 | | 50,000 | 55,000 |

이 예에서, 자본금과 자본잉여금의 합계는 ₩75,000,000(50,000주 × 10% × ₩15,000)만큼 증가하였으며, 이익잉여금은 동일한 금액만큼 감소하였다. 자본합계는 불변인 채로 ₩80,000,000이라는 점에 유의하라.

## 3. 주식분할

주식배당과 같이 주식분할(stock split)은 그 소유비율에 따라 주주에게 주식의 수를 추가로 발행하는 것을 의미한다. 그러나 주식분할로 인해 주당 액면가나 표시가가 감소하게 된다. 주식분할의 목적은 주당 시가를 낮춤으로서 주식의 시장성을 증가시키는 것이다. 이것은 다시 주식회사가 주식을 추가로 발행하는 것을 더욱 용이하게 해 준다.

주식분할의 시가에 대한 효과는 일반적으로 그 분할규모에 반비례한다. 예를 들면, 최근에 어떤 회사가 2:1로 주식분할을 한 후, 그 회사 주식의 시가는 ₩111,000에서 약 ₩55,000으로 하락하였다.

주식분할에서 주식의 수는 주당 액면가나 표시가가 감소하는 것과 동일한 비율로 증가한다. 예를 들면, 2:1의 주식분할에서, 액면가 ₩10,000인 주식 한 주는 액면가 ₩5,000인 주식의 두 주와 교환된다. 주식분할은 납입자본, 이익잉여금, 자본합계에는 어떠한 효과도 가지지 않는다. 그러나 발행주식의 수가 증가한다. 이러한 효과는 <도표 12-9>에 나타나 있다. 10%의 주식배당을 이행하는 대신에, 문현상사는 보통주 50,000주를 2:1의 기준으로 분할하였다.

**도표 12-9** 주식분할의 효과

| | 주식분할전 | 주식분할후 |
|---|---|---|
| 자 본 | | |
| 납입자본 | | |
| 자본금(분할전: 50,000주, 주당 ₩10,000;<br>분할후 100,000주, 주당 ₩5,000) | ₩500,000,000 | ₩500,000,000 |
| 주식발행초과금 | 0 | 0 |
| 납입자본합계 | 500,000,000 | 500,000,000 |
| 이익잉여금 | 300,000,000 | 300,000,000 |
| 자본합계 | ₩800,000,000 | ₩800,000,000 |
| 유통주식수 | 50,000 | 100,000 |

주식분할은 자본계정의 잔액에 영향을 주지 않기 때문에, 주식분할을 분개할 필요는 없다.

주식배당과 주식분할의 효과 간의 차이가 <도표 12-10>에 나타나 있다.

**도표 12-10 주식분할과 주식배당의 효과의 차이**

| 항 목 | 주식배당 | 주식분할 |
|---|---|---|
| 납입자본합계 | 증가 | 불변 |
| 이익잉여금합계 | 감소 | 불변 |
| 액면가(보통주)합계 | 증가 | 불변 |
| 주당 액면가 | 불변 | 감소 |

### 예제 12-5

**남포상사의 기록적인 이익이 5년간 지속되었기 때문에, 액면가 ₩2,000인 보통주 500,000주의 시가가 주당 ₩15,000에서 ₩45,000으로 3배 상승하였다. 이 기간동안, 납입자본은 ₩2,000,000,000으로 동일하였다. 이익잉여금은 ₩1,500,000,000에서 ₩10,000,000,000으로 상승하였다. 김길동 사장은 10%의 주식배당이나 2:1의 주식분할을 생각하고 있다. 사장이 여러분에게 이익잉여금에 대한 각 방안 효과의 전과 후를 보여줄 것을 요청하고 있다.**

**예제풀이**

주식배당금액은 ₩2,250,000,000[(500,000,000 × 10%) × ₩45,000]이다. 이익잉여금의 새로운 잔액은 ₩7,750,000,000(₩10,000,000,000 - ₩2,250,000,000)이다. 주식분할후의 이익잉여금잔액 ₩10,000,000,000은 분할전과 동일하다. 자본계정에 대한 효과는 다음과 같다.

| | 원래의 잔액 | 주식배당후 | 주식분할후 |
|---|---|---|---|
| 납입자본 | ₩2,000,000,000 | ₩4,250,000,000 | ₩2,000,000,000 |
| 이익잉여금 | 10,000,000,000 | 7,750,000,000 | 10,000,000,000 |
| 자본합계 | ₩12,000,000,000 | ₩12,000,000,000 | ₩12,000,000,000 |
| 유통주식수 | 500,000 | 550,000 | 1,000,000 |

# 5절 자본조정과 기타포괄손익누계액

## 1. 자본조정

자본조정이란 자본거래 중에서 납입자본(자본금, 주식발행초과금, 주식할인발행차금, 자기주식)을 제외한 임시적인 자본항목으로서 자본에 가감되어야 하는 항목을 말한다. 이에는 감자차익(차손), 자기주식처분이익(손실), 미교부주식배당금, 신주청약증거금, 자산수증이익, 전환권대가, 신주인수권대가, 출자전환채무 등이 있다.

### 1) 감자차익

감자차익은 자본감소시에 소각된 주식의 발행가액보다 주주에게 지급된 금액이 더 적은 경우에 그 차액을 말한다. 감자차손은 자본감소시에 소각된 주식의 발행가액보다 주주에게 지급된 금액이 더 많은 경우에 감자차익과 상계하고도 부족한 경우에 그 차액을 말한다. 감자차손은 자본에서 차감하는 형식으로 기재한다.

| 차) | 자본금 | xxx | 대) | 현금 | xxx |
|---|---|---|---|---|---|
| | | | | 감자차익 | xxx |

### 2) 자기주식처분이익

자기주식매각시에 처분가액이 취득원가보다 많은 경우에 그 차액을 말한다. 자기주식처분손실은 자기주식매각시에 처분가액이 취득원가보다 적은 경우에 자기주식처분이익과 상계하고 그것으로 부족한 경우에 그 차액을 말한다. 자기주식처분손실도 자본에서 차감하는 형식으로 기재한다.

차) 현금 xxx 대) 자기주식 xxx
자기주식처분이익 xxx

### 3) 기타의 자본조정항목

여기에는 미교부주식배당금, 신주청약증거금, 자산수증이익, 전환권대가, 신주인수권대가, 출자전환권대가 등이 있다.

미교부주식배당금은 주식배당액을 의미하는데, 이는 주식교부시에 자본금으로 대체된다.

신주청약증거금은 청약에 의한 주식발생시에 계약금으로 받은 금액을 의미하는데, 이는 주식을 발행하는 시점에서 자본금으로 대체된다.

자산수증이익은 주주로부터 자산을 무상으로 증여받은 금액을 의미하며, 주주이외의 제3자로부터 자산을 무상으로 증여받을 경우에 발생하는 자산수증이익은 당기손익에 반영한다.

전환권대가는 전환사채의 발행가액과 전환사채의 현재가치와의 차액으로서 전환사채에 부여된 전환권가치를 의미한다. 전환권대가는 전환권행사시 주식발행초과금으로 대체된다.

신주인수권대가는 신주인수권부사채의 발행가액과 신주인수권부사채의 현재가치와의 차액으로서 신주인수권부사채에 부여된 신주인수권가치를 의미한다. 신주인수권대가는 신주인수권행사시 주식발행초과금으로 대체된다.

출자전환채무는 지분상품의 발행(출자전환)을 통한 채권 · 채무조정시에 변제되는 채무의 장부금액을 말하는데, 이는 출자전환시에 자본금과 주식발행초과금으로 대체된다.

## 2. 기타포괄손익누계액

기타포괄손익누계액은 손익거래 중에서 포괄손익계산서의 당기순이익에 포함되지 않는 기타포괄손익의 잔액을 말한다. 기타포괄손익누계액에는 매도가능금융자산평가손익, 파생상품평가손익, 해외사업환산손익, 재평가잉여금 등이 있다.

### 1) 매도가능금융자산평가손익

매도가능금융자산평가손익은 매도가능금융자산으로 분류된 금융상품을 공정가치법으로 평가함에 따라 발생하는 평가손익을 말하는데, 이것은 매도가능금융자산처분시에 처분손익에 가감한다.

### 2) 파생상품평가손익

파생상품평가손익은 현금흐름위험회피를 목적으로 투자한 파생상품에서 발생하는 평가손익을 의미하는 바, 이것은 관련손익인식시점에서 당기손익으로 대체된다. 상세한 것은 중급회계책을 참조하라.

### 3) 해외사업환산손익

해외사업환산손익은 해외지점, 해외사무소, 해외소재 지분법적용대상회사의 외화표시 자산 · 부채를 현행환율법에 의하여 원화로 환산하는 경우에 발생하는 환산손익을 말한다. 외화표시 재무제표환산에 관해 보다 자세한 것은 중급회계책이나 고급재무회계책을 참조하라.

### 4) 재평가잉여금

재평가잉여금은 유형자산이나 무형자산을 재평가모형으로 평가함에 따라 발생한 재평가이익을 말하는데, 이것은 그 이후에 발생하는 재평가손실 등과 상계하거나 해당자산의 제거시에 이익잉여금으로 대체된다.

## 3. 주당순이익

주당순이익(earnings per share, EPS)은 문자 그대로 발행된 주식 한 주당 얼마의 순이익이 발생한 것인지를 나타내는 측정치로서 그 계산식은 다음과 같다.

$$주당순이익=\frac{당기순이익-우선주배당금}{유통보통주식수}$$

위 계산식을 자세히 보면, 분자는 당기순이익에서 우선주배당금을 차감하여 사용하고, 또 분모도 이미 발행되어 유통되고 있는 보통주의 주식 수만을 사용함을 볼 수 있다. 이는 주당순이익이 보통주 주주들의 몫에 해당하는 주식 한 주당 순이익의 크기를 나타내고 있음을 의미한다. 회사에서 발행된 주식들 중에는 전환사채라든가 신주인수권부사채 등 당장 보통주 자체는 아니지만 장차 보통주의 증가를 가져올 가능성이 있는 주식들이 많다. 또 분모의 주식 수는 단순히 발행된 주식 수를 사용하는 것이 아니라, 유통기간을 가중평균한 주식 수를 사용한다. 이러한 조정과정은 상당히 복잡한 계산과정을 거쳐야 하며, 이러한 내용은 회계원리 수준을 초과하므로 이하에서는 설명하지 않기로 한다. 자세한 내용은 중급회계 교재들을 참고하기 바란다.

주당순이익 수치는 각종 투자분석이나 회계정보 관련 실증연구들에서 기업의 경영성과 측정치인 당기순이익 수치를 대신하여 사용되는 중요한 측정치이며, 증권시장에서 투자자들이 많이 사용하는 투자지표의 하나인 주가−이익비율(흔히 '주가수익률'이라 함, price-earnings ratio, PER)을 계산하는 데 분모로 사용되는 등, 그 유용성이 매우 큰 측정치이다.

### 예제 12-6

〈주당순이익〉 한국상사(주)는 20X1년 결산결과 당기순이익이 15,000,000원 보고되었고, 기말 현재 발행된 보통주식 수는 600,000주로서 당 회계기간 발행주식 수의 변화는 없었다. 또한 우선주 주주들에게 배당하기로 결정된 금액은 3,000,000원이다. 20X1년의 주당순이익을 계산하라.

**예제풀이**

- 주당순이익=(15,000,000원−3,000,000원) / 600,000주=20원 / 주

## 6절 자본변동표

자본은 기업의 실질적인 주인(principal)인 주주들의 지분이다. 경영자는 주주들로부터 위임받아서 기업을 운영하는 대리인(agent)이기 때문에 기업의 운영상황과 그들의 지분에 관한 정보를 알려주어야 하는 회계책임(accountability)이 있다.

자본변동표(statement of changes in equity)는 일정한 시점에서 기업실체의 자본의 크기와 일정한 기간동안 기업실체의 자본 구성항목의 모든 변동에 관한 정보를 요약해서 보여주는 재무보고서이며, 재무상태표, 포괄손익계산서, 현금흐름표 등과 더불어 기본재무제표 중의 하나이다.

자본변동표는 자본의 중분류 항목인 자본금, 자본잉여금, 자본조정, 기타포괄손익누계액, 이익잉여금 등과 더불어 비지배지분과 지배기업소유주지분 등의 각 항목별로 기초잔액, 연간 변동사항, 기말잔액을 일목요연하게 보여준다. 자본변동표의 양식은 <도표 12-11>과 같다.

**도표 12-11 자본변동표**

자본변동표

XXX주식회사 20X5년 1월 1일부터 20X5년 12월 31일까지 (단위: 원)

| 구분 | 자본금 | 자본 잉여금 | 자본 조정 | 기타포괄 손익누계액 | 이익 잉여금 | 총계 | 비지배 지분 | 지배기업 소유주 지분 |
|---|---|---|---|---|---|---|---|---|
| 기초금액 | xxx | xxx | xxx | xxx | xxx | xxx | xxx | xxx |
| 총포괄이익(손실) | | | | xxx | xxx | xxx | xxx | xxx |
| 회계정책변경누적효과 | | | | | xxx | xxx | xxx | xxx |
| 전기오류수정손익 | | | | | xxx | xxx | xxx | xxx |
| 연차배당 (주당배당금액) | | | | | (xxx) | (xxx) | (xxx) | (xxx) |
| 중간배당 (주당배당금액) | | | | | (xxx) | (xxx) | (xxx) | (xxx) |
| 유상증자(감자) | xxx | xxx | | | | xxx | xxx | xxx |
| 자기주식취득 | | | xxx | | | (xxx) | (xxx) | (xxx) |
| 해외사업환산손익 | | | | | | (xxx) | (xxx) | (xxx) |
| 기말금액 | xxx | xxx | xxx | xxx | xxx | xxx | xxx | xxx |

자본변동표는 정보이용자의 입장에서 다음과 같은 유용성이 있다.

① 자본의 변동내역에 대한 포괄적인 정보를 알 수 있게 해 준다. 즉, 자본의 증가가 주식의 발행으로 인한 것인지, 영업활동으로 인한 것인지를 알 수 있게 해 준다.

② 이익잉여금의 변동내역을 보고함으로써 배당가능이익이 얼마인가를 알 수 있게 해주며, 배당금으로 인한 사외유출이 얼마인가를 알 수 있게 해 준다.

③ 회계정책의 변경으로 인한 효과와 중대한 오류수정으로 인한 이익잉여금의 변동내역을 알 수 있게 해 준다.

④ 재무제표간의 연계성을 제고시키며 재무제표의 이해가능성을 증진시킨다. 즉, 재무상태표에 표시되어 있는 자본의 기초잔액과 기말잔액을 모두 제시함으로써 재무상태표와 연결할 수 있고, 자본의 변동내용을 포괄손익계산서와 현금흐름표에 나타난 정보와 연결할 수 있어서 정보이용자들이 보다 명확하게 재무제

표간의 관계를 파악할 수 있다.

⑤ 포괄손익계산서에 반영되지 않고 재무상태표의 자본에 직접 가감되는 항목에 대한 정보를 제공해 준다. 이러한 항목에는 매도가능증권평가손익이나 재평가잉여금 등과 같은 미실현손익이 포함되는데, 자본변동표는 이러한 미실현손익의 변동내용을 나타냄으로써 포괄손익계산서에 전부 나타낼 수 없는 포괄적인 경영성과에 관한 정보를 제공해 준다.

## 예제 12-7

**(주)부경의 20X1년 12월 31일(결산일)의 재무상태표상의 자본과 20X1년의 자본변동과 관련된 거래는 다음과 같다.**

부분재무상태표

(주)부경 20X1년 12월 31일 현재 (단위: 원)

| 과목 | 금액 | 금액 |
|---|---|---|
| 자본 | | |
| 자본금(액면가 5,000) | | 3,050,000 |
| 자본잉여금: 주식발행초과금 | | 300,000 |
| 자본조정: | | |
| 감자차익 | 50,000 | |
| 자기주식 | (60,000) | |
| 자기주식처분손실 | (20,000) | (30,000) |
| 기타포괄손익누계액: | | |
| 매도가능금융자산평가이익 | 10,000 | |
| 재평가잉여금 | 150,000 | 160,000 |
| 이익잉여금: | | |
| 미처분이익잉여금 | 600,000 | |
| 법정적립금 | 100,000 | |
| 임의적립금 | 50,000 | 750,000 |
| 자본총계 | | 4,230,000 |

(주)부경의 20X2년 중에 자본관련 거래내역은 다음과 같다.

① 3월 25일에 주주총회에서 다음과 같이 이익잉여금 처분안을 의결하였다.

* 임의적립금의 이입: 30,000원, * 현금배당: 5%

* 주식배당: 3%, * 이익준비금의 적립: 현금배당의 10%

* 자기주식처분손실: 20,000원

② 3월 30일에 주주총회에서 결의한 현금배당금을 지급하고 주식배당에 해당하는 주식을 교부하였다.

③ 6월 1일에 자기주식 10주를 주당 7,000원에 매각하였다.

④ 11월 1일에 주식 200주를 주당 7,500원에 발행하였다.

⑤ 유형자산의 재평가잉여금 150,000을 이익잉여금으로 대체하였다.

⑥ 20X1년의 당기순이익은 400,000원이고 매도가능금융자산평가이익 30,000원이 발생하여 총포괄이익은 430,000이다.

### 요구사항

(1) 20X2년 중의 자본관련 거래내역을 분개하시오.

(2) 20X2년의 자본변동표를 작성하시오.

**예제풀이**

(1) 분개

| 날짜 | 차변 | 금액 | 대변 | 금액 |
|---|---|---|---|---|
| ① 3월 25일 | 차) 임의적립금 | 30,000 | 대) 미처분이익잉여금 | 30,000 |
| | 차) 미처분이익잉여금 | 275,000 | 대) 미지급배당금 | 150,000 |
| | | | 미교부주식배당금 | 90,000 |
| | | | 법정적립금 | 15,000 |
| | | | 자기주식처분손실 | 20,000 |
| ② 3월 28일 | 차) 미지급배당금 | 150,000 | 대) 현금 | 150,000 |
| | 미교부주식배당금 | 90,000 | 자본금 | 90,000 |
| ③ 6월 1일 | 차) 현금 | 70,000 | 대) 자기주식 | 60,000 |
| | | | 자기주식처분이익 | 10,000 |
| ④ 11월 1일 | 차) 현금 | 1,500,000 | 대) 자본금 | 1,000,000 |
| | | | 주식발행초과금 | 500,000 |
| ⑤ 12월 31일 | 차) 재평가잉여금 | 150,000 | 대) 미처분이익잉여금 | 150,000 |
| | 매도가능금융자산 | 30,000 | 매도가능금융자산평가이익 | 30,000 |
| | 집합손익 | 400,000 | 미처분이익잉여금 | 400,000 |

(2) 20X2년의 자본변동표

자본변동표

(주)부경 20X2.01.01부터 20X2.12.31까지 (단위: 천원)

| 구분 | | 자본금 | 자본잉여금 | 자본조정 | 기타포괄손익누계액 | 이익잉여금 | 합계 |
|---|---|---|---|---|---|---|---|
| 기초금액 | | 3,050 | 300 | (30) | 160 | 750 | 4,230 |
| 변동내역 | 현금배당 | | | | | (150) | (150) |
| | 주식배당 | 90 | | | | (90) | 0 |
| | 자기주식처분 | | | 70 | | | 70 |
| | 유상증자 | 1,000 | 500 | | | | 1,500 |
| | 기타이익잉여금의 처분 | | | 20 | | (20) | 0 |
| | 기타포괄손익의 대체 | | | | (150) | 150 | 0 |
| | 총포괄이익 | | | | 30 | 400 | 430 |
| 기말금액 | | 4,140 | 800 | 60 | 40 | 1,040 | 6,080 |

## 전공용어

- 결손(deficit) • 공개기업(publicly held corporation)
- 기록일(record date) • 납입자본(paid-in capital)
- 무액면주식(no-par value stock)
- 배당금(dividend) • 법정자본(legal capital)
- 비공개회사(privately held corporation) • 선언일(declaration date)
- 수권주식(authorized stock) • 액면주식(par value stock)
- 우선주(preferred stock) • 유통주식(outstanding stock)
- 이익잉여금(retained earnings) • 자기주식(treasury stock)
- 주식배당(stock dividend) • 주식분할(stock split)
- 주식회사(corporation) • 지급일(payment date)
- 표시가액(stated value) • 현금배당(cash dividend)

## 종합예제

20X5년 1월 1일에 (주)인천은 다음과 같은 자본계정과목들을 가지고 있었다.

| | |
|---|---|
| 보통주자본금(액면가 20,000원, 발행유통주식수 60,000주) | 1,200,000,000원 |
| 주식발행초과금 | 200,000,000원 |
| 이익잉여금 | 600,000,000원 |

기중에 다음과 같은 거래가 발생하였다.

2월 1일. 2월 15일을 배당기준일로 하고, 3월 1일을 지급일로 하여 주주에게 주당 500원의 현금배당을 선언하였다.
3월 1일. 2월에 선언한 배당금을 지급하였다.
7월 1일. 7월 15일을 배당기준일로 하고, 7월 31일에 교부하기로 하여 5%의 주식배당을 선언하였다. 주식의 공정시가는 28,000원이다.
7월 31일. 주식배당을 하기 위한 주식을 발행하였다.
12월 1일. 12월 15일을 배당기준일로 하고, 20X6년 1월 5일을 지급일로 하여 주주에게 주당 1,000원의 현금배당을 선언하였다.
12월 31일. 20X5년도의 당기순이익은 410,000,000원으로 결정하였다. 이 날짜에 보통주의 주가는 48,000원이었다.

(1) (당기순이익을 이익잉여금으로 마감하는 분개도 포함해서) 거래를 분개하라.
(2) 자본계정들의 기초잔액을 기입하고 거래의 분개를 자본계정들에 전기하라.
(3) 12월 31일 현재 재무상태표의 자본항을 작성하라.

**종합예제풀이**

(1)

| | | | | |
|---|---|---|---|---|
| 2월 1일. | 차) (미처분)이익잉여금<br>(60,000주 × 500원) | 30,000,000 | 대) 미지급배당금 | 30,000,000 |
| 3월 1일. | 차) 미지급배당금 | 30,000,000 | 대) 현금 | 30,000,000 |

7월 1일. 차) 이익잉여금 84,000,000 대) 미교부주식배당금 60,000,000
주식발행초과금 24,000,000

84,000,000 = 60,000주 × 0.05 × 28,000원

60,000,000 = 3,000주 × 20,000원

24,000,000 = 3,000주 × 8,000원

7월 31일. 차) 미교부주식배당금 60,000,000 대) 보통주자본금 60,000,000

12월 1일. 차) (미처분)이익잉여금 63,000,000 대) 미지급배당금 63,000,000

12월 31일. 차) 집합손익 410,000,000 대) (미처분)이익잉여금 410,000,000

(2)

**보통주자본금**

| | | | |
|---|---|---|---|
| | 1/1 | 잔액 | 1,200,000,000 |
| | 7/31 | | 60,000,000 |
| | 12/31 | 잔액 | 1,260,000,000 |

**이익잉여금**

| | | | | |
|---|---|---|---|---|
| 2/1 | 30,000,000 | 1/1 | 잔액 | 600,000,000 |
| 7/1 | 84,000,000 | 12/31 | | 410,000,000 |
| 12/1 | 63,000,000 | | | |
| | | 12/31 | 잔액 | 833,000,000 |

**주식발행초과금**

| | | | |
|---|---|---|---|
| | 1/1 | 잔액 | 200,000,000 |
| | 7/1 | | 24,000,000 |
| | 12/31 | 잔액 | 224,000,000 |

**미교부주식배당**

| | | | | |
|---|---|---|---|---|
| 7/31 | 60,000,000 | 7/1 | | 60,000,000 |
| | | 12/31 | 잔액 | 0 |

(3)

**부분재무상태표**

| | | |
|---|---|---|
| 자본 | | |
| 보통주자본금(액면가 20,000원, 발행유통주 63,000주) | | 1,260,000,000원 |
| 자본잉여금 | | |
| 주식발행초과금 | 224,000,000 | 224,000,000 |
| 이익잉여금 | | 833,000,000 |
| 자본총계 | | 2,317,000,000원 |

## 토의문제

1. 주식회사의 특징을 설명하라.

2. 실질적 증자와 형식적 증자를 설명하라.

3. 주식의 종류를 설명하라.

4. 혼수자본과 비밀적립금을 설명하라.

5. 주식배당의 회계처리방법을 설명하라.

6. 기타포괄손익누계액을 설명하라.

7. 자본변동표를 설명하라.

## 연습문제

**01** 거제주식회사는 사업 첫해에 보통주와 관련해서 다음과 같은 거래를 하였다.

1월 10일. 주당 5,000원으로 주식 90,000주를 현금으로 발행하다.
7월 1일. 주당 8,000원으로 주식 50,000주를 현금으로 발행하다.

(1) 보통주의 액면가가 주당 5,000원이라고 가정하고 각 거래를 분개하라.
(2) 보통주의 무액면 표시가액이 주당 1,000원이라고 가정하고 각 거래를 분개하라.

**02** 충무주식회사는 우선주와 보통주를 발행할 권한을 가지고 있다. 우선주의 액면가는 50,000원이다. 사업 첫해에 회사는 우선주와 관련해서 다음과 같은 사건과 거래를 하였다.

2월 1일. 주당 51,000원으로 주식 30,000주를 현금으로 발행하다.
7월 1일. 주당 56,000원으로 주식 40,000주를 현금으로 발행하다.

(1) 각 거래를 분개하라.

(2) 자본계정(T계정을 이용)에 전기하라.

**03** 가덕주식회사의 12월 31일자 재무상태표의 자본항이 다음과 같다.

부분재무상태표

| 가덕주식회사 | 20X5년 12월 31일 현재 | (단위: 천원) |
|---|---|---|
| 자본 | | |
| 우선주자본금(누적적, 수권주 10,000주) | | |
| (발행유통주 6,000주) | | 900,000 |
| 보통주자본금(무액면, 수권주 750,000주) | | |
| (발행주 600,000주) | | 1,800,000 |
| 자본금합계 | | 2,700,000 |
| 이익잉여금 | | 1,158,000 |
| 자본금과 이익잉여금의 합계 | | 3,858,000 |
| 차감: 자기주식(보통주 10,000주) | | (52,000) |
| 자본합계 | | 3,806,000 |

자본항을 검토한 후 다음 질문에 답하라.

(1) 몇 주의 보통주가 유통중에 있는가?

(2) 액면가액이 있다고 가정하면, 보통주의 액면가액은 얼마인가?

(3) 우선주의 액면가액은 얼마인가?

(4) 우선주의 배당금 90,000,000원이 지체되어 있었다면, 이익잉여금으로 보고할 잔액은 얼마인가?

**04** 홍도주식회사는 1월 1일 현재 무액면 보통주 75,000주를 가지고 있다. 이 주식은 주당 5,000원의 액면가액을 가지고 있다. 기중에 다음과 같은 거래가 발생하였다.

4월 1일. 주당 11,000원으로 보통주 5,000주를 추가로 발행하였다.

6월 15일. 6월 30일 현재 주주명부상의 주주에게 주당 1,500원의 현금배당을 선언하였다.

7월 10일. 현금배당금 1,500원을 지급하였다.

12월 1일. 주당 13,000원으로 보통주 3,000주를 추가로 발행하였다.

12월 15일. 12월 31일 현재 주주명부상의 주주에게 주당 1,700원의 현금배당을 선언하였다.

(1) 배당과 관련된 세 날짜의 사건을 분개하라.

(2) 12월 31일에 작성되는 재무제표에 배당금과 미지급배당금은 얼마가 보고되는가?

**05** **다음의 자본 계정과목들은 20X5년 12월 31일에 독도주식회사의 원장에 있는 것들이다.**

| | |
|---|---|
| 보통주(액면가액 5,000원) | 1,500,000,000원 |
| 액면가액초과금-우선주 | 280,000,000원 |
| 액면가액초과금-보통주 | 900,000,000원 |
| 우선주(8%, 액면가 100,000원, 비누적) | 500,000,000원 |
| 이익잉여금 | 1,134,000,000원 |
| 자기주식-보통주(6,000주) | 78,000,000원 |

20X5년 12월 31일 현재 재무상태표의 자본항을 표시하라.

**06** **20X5년 12월 31일에 장부를 마감한 후, (주)대청의 원장에는 다음과 같은 계정 과목들이 있다.**

| | |
|---|---|
| 보통주(무액면, 액면가액 1,000원, 수권주 400,000주, 발행주 200,000주) | 200,000,000원 |
| 액면가액초과금-보통주 | 1,200,000,000원 |
| 우선주(액면가 5,000원, 8%, 수권주 40,000주, 발행주 30,000주) | 150,000,000원 |
| 이익잉여금 | 900,000,000원 |
| 자기주식(보통주 10,000주) | 64,000,000원 |
| 액면가액초과금-우선주 | 344,000,000원 |

이익잉여금 중에서 100,000,000원은 공장확장용으로 한정되어 있다고 가정하고 12월 31일에 자본항을 표시하라.

**07** 신평주식회사는 20X5년 1월 1일에 액면가로 발행된 보통주자본금 1,500,000,000원과 이익잉여금 750,000,000원을 가지고 있다. 이 회사는 7월 1일에 액면가로 보통주 60,000주를 발행하였으며 20X5년에 400,000,000원의 순이익을 벌었다.

다음과 같은 경우에 20X5년 12월 31일에 10% 주식배당의 선언을 분개하라.

(1) 액면가가 10,000원이고 시가가 12,000원이다.
(2) 액면가가 5,000원이고 시가가 18,000원이다.

**08** 20X4년 12월 31일에, (주)영한은 재무상태표에 다음과 같은 정보를 보고하였다.
보통주, 주당액면가 10,000원, 200,000주 발행, 유통.
20X5년에 다음과 같은 자본거래가 발생하였다.

4월 1일. 보통주 400,000주를 주당 40,000원에 발행하였다.
5월 1일. 10%의 주식배당을 선언하고 발행하였다. 발행일에 주식시가는 주당 42,000원이었다.
9월 1일. 4:1의 주식분할을 선언하고 발행하였다.
10월 1일. 보통주를 주당 45,000원에 50,000주 매입하고 자기주식으로 보관 하였다.

(1) 20X5년도의 거래에 필요한 분개를 실시하라.
(2) 20X5년 12월 31일에 유통주식의 수를 계산하라.

**09** 20X5년 1월 1일에 선재상사는 다음과 같은 자본계정과목들의 잔액을 가지고 있었다.

| | |
|---|---|
| 보통주자본금 | |
| (액면가 1,000원, 수권주식수 1,000,000주, 발행주식수 500,000주) | 500,000,000원 |
| 주식발행초과금 | 1,000,000,000원 |
| 이익잉여금 | 600,000,000원 |

20X5년에 다음과 같은 거래와 사건이 발생하였다.
1. 액면가 1,000인 보통주 50,000주를 100,000,000원에 발행하였다.
2. 보통주 30,000주를 주당 5,000원에 현금으로 발행하였다.
3. 주당 4,000원에 보통주 25,000주를 자기주식으로 매입하였다.

4. 100,000,000원의 현금배당을 선언하고 지급하였다.
5. 당기순이익 300,000,000원을 보고하였다.

상기의 정보를 이용하여 20X5년 12월 31일 현재의 재무상태표의 자본항을 작성하라.

**10** (주)박영의 20X4년 12월 31일자 재무상태표의 자본항은 다음과 같다.

재무상태표의 자본항

(단위: 천원)

| | |
|---|---|
| 우선주자본금(액면가 100,000원, 수권주식수 100,000주 발행주식수 40,000주, 7%) | 4,000,000 |
| 보통주자본금(액면가 1,000원, 수권주식수 1,000,000주 발행주식수 600,000주, 자기주식수 50,000주) | 600,000 |
| 주식발행초과금: | |
| 우선주발행 | 480,000 |
| 보통주발행 | 1,410,000 |
| 자기주식거래 | 25,000 |
| 이익잉여금 | 4,500,000 |
| 차감: 자기주식(보통주 50,000주) | (300,000) |
| 자본총계 | 10,715,000 |

다음 질문에 답하라.

(1) 20X4년 12월 31일에 우선주의 평균발행가격은 얼마인가?
(2) 보통주의 몇 주가 유통중인가?
(3) 보통주를 발행하였을 때의 분개를 실시하라.
(4) 모든 자기주식을 400,000,000원으로 재발행하였을 때, 회사의 분개를 실시하라.
(5) 매년 우선주에 필요한 배당금합계액을 계산하라.
(6) 미지급배당금이 없다고 가정하고, 만약 회사가 현금배당금으로 총 580,000,000원을 선언하였다면, 우선주와 보통주에 대한 주당 배당금은 얼마가 될 것인가?
(7) 회사의 보통주를 주당 80,000원에 팔고 있다고 가정하고, 만약 회사가 10%의 보통주의 주식배당을 발행한다면 어떤 분개를 실시할 것인가?
(8) 만약 20X4년에 회사의 당기순이익이 1,560,000,000원이었다면 기본주당이익은 얼마이었는가? 기중에 신주는 발행되지 않았다고 가정하라.

(9) 회사가 3:2의 주식분할을 선언한다고 가정하라. 분할후에는 보통주의 몇 주가 유통되겠는가?

(10) (9)와 관련해서, 주식분할은 회사의 손익계산서, 재무상태표, 현금흐름표에 어떠한 영향을 줄 것인가?

(11) 만약 주식시장이 주식분할에 합리적으로 반응한다면, 분할후에 주식은 얼마에 팔릴 것으로 예상되는가? 주식분할전에는 주식이 주당 80,000원에 팔리고 있었다고 가정하라.

# 제 4 부

# 회계정보의 이용

# 13장 현금흐름표

제 1 절 | 현금흐름표의 의의

제 2 절 | 현금흐름표의 양식

제 3 절 | 현금흐름표의 작성

## 자전거 타기

두 바퀴로 달리다
왼쪽으로 기울면
오른쪽으로 핸들을 튼다
그럼 꽈당

두 바퀴로 달리다
오른쪽으로 기울면
왼쪽으로 몸을 튼다
그럼 꽈당

기우는 쪽으로
핸들을 틀고 몸을 틀어야
넘어지지 않는다

넘어지지 않으려 애쓰면
넘어진다
더 크게 상처입는다

이경재(전주대학교 교수, 시인, 아동문학가)

# 1절 현금흐름표의 의의

재무상태표, 포괄손익계산서, 자본변동표 등이 기업의 재무상태나 재무성과에 관한 전체적인 모습을 항상 보여주는 것은 아니다. 현금흐름표(statement of cash flows)는 기업의 주요한 재무제표 중의 하나이며, 기업이 현금을 어떻게 조달해서 어떻게 이용하였는가에 관한 현금유입과 현금유출의 정보를 제공해 준다.

## 1. 현금의 정의

일반적으로 현금(cash)은 통화(지폐와 동전)만을 가리키는데, 회계에서 현금은 지폐와 동전 뿐만 아니라 타인발행수표, 배당증권, 송금환, 우편환증서, 지급기일이 도래한 사채이자표 등의 통화대용증권도 포함하고 있다. 당좌예금과 보통예금 등의 요구불예금(cash on demand)은 현금으로 전환하는데 아무런 제약이 없는 예금으로 은행에 현금을 예치하고 있다는 점을 제외하고는 그 유동성은 현금과 동일하다고 볼 수 있다. 따라서 현금흐름표에서 현금의 의미는 통화, 요구불예금, 통화대용증권 등을 포함한 개념이다.

현금성자산(cash equivalent)은 현금의 단기적인 운용을 목적으로 취득한 유동성이 높은 유가증권과 단기금융상품을 의미한다. 현금성자산은 ① 큰 거래비용 없이 현금전환이 용이하고, ② 금융상품의 가격변동이 심하지 않으며, ③ 취득당시 만기일이 3개월이내에 도래하는 유가증권이나 단기금융상품을 의미한다. 여기서 단기금융상품이란 3개월 이내에 만기가 도래하는 채권이나 3개월 이내에 상환조건인 환매조건부채권[1], 신탁계약기간이 3개월 이내인 단기수익증권(기업어음[2], 양도성예금증서[3], 어

1) 환매조건부채권(repurchase agreement, RP)은 일정기간이 경과한 후에 다시 매입하는 조건으로 채권을 매도함으로써 자금의 수요자가 단기자금을 조달하는 금융수단을 말하는데, 이를 특히 환매조건부채권 매도라고 한다. 한편 환매조건부채권 매수의 경우는 취급금융기관이 채권을 되파는

음관리계좌[4]), 금전신탁[5])) 등을 의미한다.

## 2. 현금흐름표의 유용성

지금까지 살펴본 기본적인 재무제표들은 기업의 현금흐름(현금유입과 현금유출)에 관해서 제한적인 정보만을 제공하고 있다. 예를 들면, 비교재무상태표에서는 기중에 유형자산의 증가를 보여주지만, 그 증가를 위해서 자금을 어떻게 조달해서 어떻게 지출하였는가에 관한 정보는 보여주지 않는다. 포괄손익계산서의 경우에도 순이익정보를 보여주지만, 영업활동에 의해 창출된 현금액을 보여주지는 않는다. 자본변동표의 경우에도 현금흐름에 관한 정보를 제공해 주지 않는다.

현금흐름표는 기중에 영업활동, 투자활동, 재무활동으로 인한 현금의 유입, 현금의 유출, 현금의 잔액을 보여준다. 현금흐름표의 정보는 투자자, 채권자, 기타 이해관계자들이 다음과 같은 것들을 평가하는 데 유용하다.

### 1) 기업의 미래현금흐름 창출능력

현금흐름표의 항목들간의 관계를 검토함으로써, 투자자와 기타 이해관계자들은 미래현금흐름의 금액, 시기, 불확실성 등을 발생주의에 의한 자료를 이용할 때 보다 더 잘 예측할 수 있다.

---

조건으로 채권을 매수하는 동시에 거래상대방에게 자금을 공급하는 경우를 말한다.

2) 기업어음(commercial paper, CP)은 기업이 단기적인 자금조달을 위해 발행하는 어음을 말하는데, 일반적으로 금융기관이 기업으로부터 수수료를 받고 투자자에게 매각한다.

3) 양도성예금증서(certificate of deposit, CD)는 일정한 기간동안의 정기예금에 대하여 양도를 가능하게 하는 은행이 발행하는 무기명 잔고증명서인 예금증서이다. 은행은 예금의 만기일에 예금증서 소지인에게 원금 및 이자를 지급한다. 이 증서는 예금의 만기일 이전에 유통시장에서 거래할 수 있는 단기금융상품이다.

4) 어음관리구좌(cash management account, CMA)는 투자금융회사가 고객이 맡긴 예금을 어음이나 단기채권, 양도성 예금증서 등 단기금융상품에 투자해서 운용수익을 올린 후 일정한 수수료를 공제하고 고객에게 반환하는 금융상품이다.

5) 금전신탁(money in trust)은 고객의 일시적인 여유자금을 은행이 위탁받아 유가증권 등 적절한 투자대상에 운용해서 그 실적을 배당해 주는 제도이다.

### 2) 기업의 배당지급능력과 부채상환능력

만약 기업이 적절한 현금을 가지고 있지 않다면, 종업원에게 임금을 지급할 수 없을 것이고, 부채를 상환할 수 없을 것이며, 배당을 지급할 수 없을 것이다. 현금흐름표만이 기업의 현금흐름을 보여주기 때문에 종업원, 채권자, 주주 등은 특히 현금흐름표에 관심을 가져야 한다.

### 3) 영업활동으로 인한 순현금유입(유출)과 순이익의 차이의 이유

순이익은 기업의 성패에 관한 정보를 제공한다. 그러나, 발생주의에 의한 순이익이 많은 추정치를 필요로 하기 때문에 일부 재무제표이용자들은 순이익에 비판적이다. 그 결과, 이 정보의 신뢰성이 가끔 도전을 받는다. 그러나 현금의 경우는 신뢰성에 도전을 받지 않는다. 현금흐름표의 많은 이용자들은 영업활동에 의한 순현금유입과 순이익 사이에 차이가 발생하는 이유를 알고자 한다. 그리고 나서 그들은 이익정보의 신뢰성과 질(quality)을 평가할 수 있을 것이다.

### 4) 기중에 현금투자활동거래와 현금재무활동거래

기업의 투자활동거래와 재무활동거래를 검토함으로써, 재무제표이용자들은 기중에 자산과 부채가 변화한 이유를 더 잘 이해할 수 있다.

# 2절 현금흐름표의 양식

## 1. 현금흐름표의 양식

현금흐름표의 일반적인 양식은 기업의 세 가지 주요한 활동인 영업활동, 투자활동,

재무활동의 결과를 보여준다. 현금흐름표의 간단한 양식은 다음과 같다.

**도표 13-1 현금흐름표**

현금흐름표

(주)XXX 20X1년1월1일부터 20X1년 12월31일까지 (단위: 원)

| | | |
|---|---|---|
| I. 영업활동으로 인한 현금흐름 | | |
| 1. 영업활동으로 인한 현금유입 | ××× | |
| 2. 영업활동으로 인한 현금유출 | (×××) | ××× |
| II. 투자활동으로 인한 현금흐름 | | |
| 1. 투자활동으로 인한 현금유입 | ××× | ××× |
| 2. 투자활동으로 인한 현금유출 | (×××) | ××× |
| III. 재무활동으로 인한 현금흐름 | | |
| 1. 재무활동으로 인한 현금유입 | ××× | |
| 2. 재무활동으로 인한 현금유출 | (×××) | ××× |
| IV. 현금의 증가 | | ××× |
| V. 기초의 현금 | | ××× |
| VI. 기말의 현금 | | ××× |

현금흐름표의 머리부분에는 먼저 회사이름과 기간, 화폐단위가 표시된다. 현금흐름표의 본문부분에는 영업활동으로 인한 현금흐름이 항상 먼저 나타난다. 그 뒤에 투자활동에 의한 현금흐름과 재무활동에 의한 현금흐름이 나타난다. 그리고 나서 이러한 활동으로 인한 현금의 증감이 나타난 후, 기초의 현금과 기초의 현금에 기중의 현금증감을 가감한 기말의 현금이 나타난다.

## 2. 현금흐름활동의 유형

<도표 13-1>에서 보는 바와 같이 현금흐름표는 기업의 현금흐름을 표시할 때 기업의 활동(영업활동, 재무활동, 투자활동)에 따라 구분하여 각 활동으로 인한 현금유입과 현금유출을 표시하고 있다.

### 1) 영업활동

영업활동(operating activities)에는 수익과 비용을 초래하는 거래의 현금효과가 포함된다. 영업활동이 순이익의 결정에 반영된다.

### 2) 투자활동

투자활동(investing activities)에는 투자자산, 유형자산, 무형자산 등의 취득과 처분, 자금의 대여와 회수 등이 포함된다.

### 3) 재무활동

재무활동(financing activities)에는 타인자본(부채)과 자기자본의 조달과 상환 및 자본의 사용대가를 지급하는 활동이 포함된다. 즉, 자금의 차입과 상환, 이자의 지급, 주주로부터 현금의 조달과 배당의 지급 등이 포함된다.

세 가지 활동 중에서 영업활동이 가장 중요한 활동이다. 위에서 살펴본 바와 같이, 영업활동에 의한 현금흐름은 기업의 영업활동에 의해 유입되는 현금을 보여준다. 이러한 현금원천은 일반적으로 계속기업으로서 존속하기에 충분한 현금을 창출할 수 있는 기업의 능력에 관한 최상의 척도로 간주된다.

<도표 13-2>는 세 가지 기업활동으로 인한 전형적인 현금유입과 현금유출을 보여준다.

**도표 13-2 현금유입과 현금유출의 유형**

영업활동 - 손익계산서항목
- 현금유입:
  - 재화나 용역의 판매
  - 대여금의 대가(이자수입)와 지분증권의 대가(배당금수입)
- 현금유출:
  - 재고자산구입
  - 종업원임금
  - 세금
  - 기타비용지급

투자활동 - 투자자산과 비유동자산의 변동
- 현금유입:
  - 유형자산의 처분
  - 다른 회사의 채무증권이나 지분증권의 처분
  - 대여금의 회수
- 현금유출:
  - 유형자산의 매입
  - 다른 회사의 채무증권이나 지분증권의 매입
  - 다른 회사에 대여

재무활동 - 비유동부채와 자본의 변동
- 현금유입:
  - 보통주의 발행
  - 사채의 발행
- 현금유출:
  - 배당금지급
  - 이자지급
  - 비유동부채의 상환, 자기주식의 취득

## 3. 기업의 수명주기와 기업활동

모든 제품은 제품수명주기(product life cycle)라는 일련의 단계를 거친다. (발생순서별) 단계는 대개의 경우 다음과 같다. 도입단계(introductory phase), 성장단계(growth phase), 성숙단계(maturity phase), 쇠퇴단계(decline phase), 도입단계는 기업의 초기에 발생한다. 이 단계에서 기업은 기계와 같은 유형자산을 구입하고, 제품을 생산해서 판매하기 시작한다. 성장단계에서 기업은 그 생산과 판매를 확대하고자 노력한다. 성숙단계에서 기업의 판매와 생산의 수준이 더 이상 증가하지 않는다. 쇠퇴단계에서 소비자의 수요가 감소함에 따라 제품의 판매가 하락한다.

만약 어떤 기업이 한 가지 제품만을 가지고 있으며 이 제품의 수요가 이제 거의 없다면, 기업이 쇠퇴단계에 있다고 쉽게 말할 수 있을 것이다. 그러나 기업은 일반적으로 한 가지 이상의 제품을 가지고 있으며, 기업의 모든 제품이 다 동일한 시점에서 동일한 제품수명주기단계에 있는 것은 아니다. 그러나, 기업제품들의 대다수는 특정한 단계에 있기 때문에 기업은 네 가지 단계의 하나에 있다고 말할 수 있을 것이다.

<도표 13-3>은 기업이 처해 있는 단계가 기업의 현금흐름에 영향을 준다는 것을 보여준다. 도입단계에서는 기업이 영업활동으로부터 양(+)의 현금흐름을 창출할 것이라고 기대할 수 없을 것이다. 즉, 도입단계에서는 영업활동으로 유출된 현금이 영업활동으로 인해 유입된 현금을 초과할 것이다. 그리고 기업은 건물, 설비자산 등과 같은 생산시설을 구입하기 위해 상당한 금액을 지출할 것이다. 기업은 자산취득을 지원하기 위해 주식이나 사채를 발행해야 할 것이다. 그리하여 도입단계에서는 영업활동으로 인한 현금흐름, 투자활동으로 인한 현금흐름이 음(-)일 것으로 예상되고, 재무활동으로 인한 현금흐름은 양(+)일 것으로 예상된다.

**도표 13-3 제품수명주기의 현금흐름에 대한 영향**

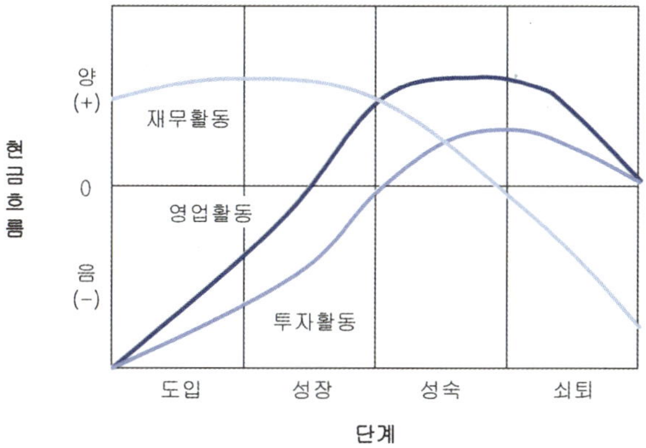

성장단계에서는 기업이 영업활동으로 인한 현금을 조금이라도 창출하기 시작한다는 것을 볼 수 있을 것이다. 이 단계에서는 현금흐름표상의 영업활동으로 인한 현금흐름이 포괄손익계산서상의 순이익보다 적을 것이다. 이 단계에서 이익이 영업활동으로 인한 현금흐름을 초과하는 이유 중의 하나는 재고자산에 대해 지급한 현금과 매출원가로 비용화된 금액 사이의 차이에 의해 설명된다. 매출은 증가할 것으로 예상되기 때문에 재고자산매입의 규모도 증가해야 한다. 그리하여, 성장단계에서는 현금기준에 의해 구입한 것보다 적은 재고자산이 발생주의에 의해 비용화될 것이다. 그리고 매출채권의 회수는 매출이후로 지연될 것이며, 기중에 발생주의에 의한 매출액은 그 기간에 현금회수액을 초과할 것이다. 자산취득에 필요한 현금은 영업활동에 의해 유입되는 현금을 계속해서 초과할 것이며, 따라서 기업은 신주나 사채를 발행함으로써 부족액을 보충해야 할 것이다. 그리하여 성장단계에서 기업은 투자활동으로 인한 현금은 음(-)을 나타낼 것이고 재무활동으로 인한 현금은 양(+)을 나타낼 것이다.

성숙단계에서는 영업활동으로 인한 현금과 순이익이 대략 비슷할 것이다. 영업활동으로 인한 현금유입이 투자활동에 필요한 금액을 초과한다. 그리하여 성숙단계에서 기업은 실제로 부채의 상환이나 주식의 재취득을 시작할 수 있다.

마지막으로 쇠퇴기에서는 영업활동으로 인한 현금은 감소한다. 투자활동으로 인한 현금은 실제로 기업이 초과자산을 처분하기 때문에 양(+)이 될 것이다. 재무활동으로 인한 현금은 기업이 주식을 재취득하고 부채를 상환하기 때문에 음(-)이 될 것이다.

## 3절 현금흐름표의 작성

현금흐름표는 재무상태표, 포괄손익계산서, 자본변동표 등과는 다르게 작성된다. 첫째, 이것은 수정후시산표로부터 작성되지 않는다. 현금흐름표는 두 시점 사이에 발생한 계정잔액의 변동에 관한 상세한 정보를 필요로 하지만, 수정후시산표는 필요한 자료를 제공하지 않을 것이다. 둘째, 현금흐름표는 현금의 유입과 유출을 다룬다. 그 결과, 발생주의 회계를 이용한 효과는 현금흐름을 결정하기 위해 수정되어야 한다.

현금흐름표를 작성하기 위한 정보는 대개의 경우 다음의 세 가지 원천에서 나온다.

- **비교재무상태표**: 비교재무상태표상의 정보는 기초부터 기말까지 자산, 부채, 자본의 변동금액을 나타내준다.
- **포괄손익계산서**: 포괄손익계산서의 정보는 기중에 영업활동에 의한 현금유입과 현금유출을 결정하는 것을 도와준다.
- **추가정보**: 이러한 정보에는 기중에 현금의 유입과 유출을 결정하기 위해 필요한 거래자료가 포함된다.

이러한 자료원천으로부터 현금흐름표를 작성하는 데는 <도표 13-4>에서 설명하는 바와 같이 세 가지 주요한 단계가 필요하다.

**도표 13-4 현금흐름표의 세 가지 작성단계**

| | |
|---|---|
| 단계1 | 순이익을 발생주의로부터 현금주의로 전환함으로써 영업활동에 의한 순현금유입/유출을 결정한다. 이 단계에서는 당기의 손익계산서 뿐만 아니라 비교재무상태표와 선택된 추가자료를 분석한다. |
| 단계2 | 비유동자산과 비유동부채의 변화를 분석하고 투자활동과 재무활동 또는 중요한 비현금거래를 기록한다. 이 단계에서는 비교재무상태표의 자료와 선택된 추가정보를 분석해서 현금에 대한 영향을 살펴본다. |
| 단계3 | 현금흐름표상의 순현금변화와 재무상태표상에 보고된 현금계정의 변화를 비교해서 금액이 일치하는지의 여부를 확인한다. 기초와 기말의 현금잔액의 차이는 비교재무상태표에서 쉽게 계산할 수 있다. |

단계1을 실시하기 위해서 발생주의에서 현금주의로 순이익을 전환해야 한다. 이 전환은 (1) 간접법이나 (2) 직접법에 의해 실시될 수 있다. 두 방법에 의해서도 "영업활동에 의한 순현금유입"은 동일한 금액이다. 그러나 그 금액을 계산하는 방법은 두 방법이 상이하다.

간접법이 실무에서 널리 이용되고 있었다. 간접법은 두 가지 이유로 선호되었다. (1) 간접법은 현금흐름표를 작성하기가 더 쉽고 비용이 적게 든다. (2) 간접법은 영업활동에 의한 순이익과 순현금흐름의 차이에 초점을 둔다.

직접법은 영업활동에 의한 현금유입과 현금유출을 보여주는 데, 이것은 현금흐름표의 목적에 더 일치한다. 따라서 한국채택국제회계 기준서 제1007호 '현금흐름표'에서는 직접법을 사용하여 보고할 것을 권장하고 있다.

## 1. 현금흐름표의 작성-간접법

간접법을 이용하여 현금흐름표를 작성하는 방법을 설명하기 위해 (주)한라산의 재무정보를 이용하기로 하자. <도표 13-5>는 (주)한라산의 당기 및 전기의 재무상태표, 당기의 포괄손익계산서 및 관련 추가정보를 보여주고 있다.

**도표 13-5 (주)한라산의 재무정보**

비교재무상태표

당기 20X7년 12월 31일
전기 20X6년 12월 31일

(주)한라산 (단위: 천원)

| 자산 | 20X7 | 20X6 | 변화액 |
|---|---|---|---|
| 유동자산 | | | |
| 현금 | 55,000 | 33,000 | 22,000 |
| 매출채권 | 20,000 | 30,000 | (10,000) |
| 재고자산 | 15,000 | 10,000 | 5,000 |
| 선급비용 | 5,000 | 1,000 | 4,000 |
| 유형자산 | | | |
| 토지 | 130,000 | 20,000 | 110,000 |
| 건물 | 160,000 | 40,000 | 120,000 |
| 감가상각누계액 | (11,000) | (5,000) | 6,000 |
| 기계 | 27,000 | 10,000 | 17,000 |
| 감가상각누계액 | (3,000) | (1,000) | 2,000 |
| 총계 | 398,000 | 138,000 | |

| 부채와 자본 | | | |
|---|---|---|---|
| 유동부채 | | | |
| 매입채무 | 28,000 | 12,000 | 16,000 |
| 미지급세금 | 6,000 | 8,000 | (2,000) |
| 비유동부채 | | | |
| 사채 | 130,000 | 20,000 | 110,000 |
| 자본 | | | |
| 보통주자본금 | 70,000 | 50,000 | 20,000 |
| 이익잉여금 | 164,000 | 48,000 | 116,000 |
| 부채와 자본의 총계 | 398,000 | 138,000 | |

포괄손익계산서

| (주)한라산 | 2007년1월1일부터 12월31일까지 | (단위: 천원) |
|---|---|---|
| 매출액 | | 507,000 |
| 매출원가 | 150,000 | |
| 물류비(감가상각비제외) | 111,000 | |
| 감가상각비 | 9,000 | |
| 기계처분손실 | 3,000 | |
| 이자비용 | 42,000 | 315,000 |
| 법인세비용차감전순이익 | | 192,000 |
| 법인세비용 | | 47,000 |
| 당기순이익 | | 145,000 |

**【20X7년도의 추가정보】**

1. 회사는 29,000,000원의 현금배당을 선언하고 지급하였다.
2. 토지와 교환으로 110,000,000원의 사채를 발행하였다.
3. 건물을 현금 120,000,000원으로 취득하였다. 기계도 현금 25,000,000원으로 취득하였다.
4. 회사는 기계(원가 8,000,000원, 감가상각누계액 1,000,000원)를 현금 4,000,000원에 매각하였다.
5. 현금 20,000,000원에 보통주를 발행하였다.
6. 감가상각비는 건물의 감가상각비 6,000,000원과 기계의 감가상각비 3,000,000원으로 구성되어 있다.

이제 (주)한라산에 대해 제공된 정보를 근거로 세 가지 단계를 적용해 보자.

### 단계 1: 영업활동

순이익을 발생주의에서 현금주의로 전환하여 영업활동에 의한 순현금유입/순현금유출을 결정한다.

한국채택국제회계기준은 이자와 배당금의 수취와 지급에 따른 현금흐름과 법인세 납부와 관련한 현금흐름은 별도로 공시할 것을 요구하고 있다.

영업활동에 의한 순현금유입을 결정하기 위해 법인세차감전순이익을 여러 가지 방식으로 수정한다. 유용한 출발점은 순이익을 영업활동에 의한 순현금유입으로 전환해야 하는 이유를 이해하는 것이다. 일반적으로 인정된 회계원칙하에서 대부분의 기업은 발생주의회계를 이용한다. 지금까지 배운 바와 같이, 발생주의에서는 수익이 실현될 때 인식하고 비용은 발생할 때 인식해야 한다. 실현된 수익은 아직 현금으로 회수되지 않은 신용매출도 포함한다. 발생한 비용은 현금으로 지급되지 않은 일부 항목을 포함한다. 그리하여, 발생주의회계에서는 순이익이 영업활동에 의한 순현금유입과 동일하지 않다. 그러므로 간접법에서는 일부 항목을 현금주의로 전환하기 위해 순이익을 수정해야 한다. 즉, 간접법은 법인세차감전순이익에서 시작하고는 이것을 영업활동에 의한 순현금유입으로 전환한다. <도표 13-6>은 세 가지 유형의 수정을 보여주고 있다.

**도표 13-6 세 가지 유형의 수정**

법인세차감전순이익

+/-

- 영업활동과 관련 없는 감가상각비, 이자비용, 이자수익 등을 차(가)감하고, 투자·재무활동의 영업외수익과 비용도 조정한다.
- 영업활동의 유동자산과 유동부채계정의 변동을 조정한다.
- 이자의 지급과 법인세의 납부 차감하고 이자의 수령과 배당금의 수령 가산한다.

=

영업활동에 의한 순현금유입/유출

세 가지 유형의 수정을 아래에서 살펴보기로 한다.

## 1) 영업활동에서 창출되지 않은 손익의 가감

### (1) 감가상각비

(주)한라산의 포괄손익계산서는 9,000,000원의 감가상각비를 보고하고 있다. 감가상각비가 순이익을 감소시키지만, 감가상각비는 현금유출을 수반하지 않는다. 즉, 감가상각비는 비현금비용이다. 이것은 영업활동에 의한 순현금유입을 구하기 위해 순이익에 가산된다. 감가상각비는 현금흐름표에 다음과 같이 보고된다.

**도표 13-7 감가상각비의 수정**

(단위: 원)

| | |
|---|---|
| 영업활동 현금흐름 | |
| 법인세차감전순이익 | 192,000,000 |
| 영업활동에서 창출되지 않은 손익의 가감 | |
| 감가상각비 | 9,000,000 |
| 영업활동에서 창출된 현금 | 201,000,000 |

감가상각비와 대손상각비는 현금흐름표에서 법인세차감전순이익에 대한 첫 번째 수정항목으로 자주 표시된다.

### (2) 기계처분손실

(주)한라산의 포괄손익계산서는 기계(장부가액 7,000,000원, 기계처분 현금수령액 4,000,000원)의 처분손실을 3,000,000원으로 보고하고 있다. <도표 13-8>은 유형자산의 처분으로 인한 현금수령액은 투자활동에 보고해야 한다는 것을 보여주고 있다. 따라서, 영업활동으로 인한 현금흐름을 구하기 위해서는 모든 처분손익을 제거해야 한다. (주)한라산의 예에서 회사의 처분손실 3,000,000원을 현금흐름표의 영업활동에

포함해서는 안된다. <도표 13-8>은 영업활동에서 창출된 현금을 구하기 위해 3,000,000원을 법인세차감전순이익에 가산함으로써 처분손실 3,000,000원을 제거하고 있다는 것을 보여주고 있다.

만약 처분이익이 발생한다면, 영업활동에 의한 순현금유입을 결정하기 위해 순이익에서 이 처분이익을 차감해야 한다. 처분이익이나 처분손실의 경우에, 처분으로 인해 수령한 현금의 실제금액이 현금흐름표의 투자활동에 현금의 원천으로 보고된다.

**도표 13-8 기계처분손실의 수정**

(단위: 원)

| | | |
|---|---|---|
| 영업활동에 의한 현금흐름 | | |
| 법인세차감전순이익 | | 192,000,000 |
| 영업활동에서 창출되지 않은 손익의 가감 | | |
| 감가상각비 | 9,000,000 | |
| 기계처분손실 | 3,000,000 | 12,000,000 |
| 영업활동에서 창출된 현금 | | 204,000,000 |

## 2. 영업활동으로 인한 자산과 부채의 변동

영업활동에서 창출된 현금을 산출하기 위해서 법인세차감전순이익을 조정하는 마지막 단계로 유동자산과 유동부채의 계정들의 변동을 검토하는 것이 포함된다. 발생주의 회계과정은 실현한 기간에 수익을 인식하고 발생한 기간에 비용을 인식한다. 예를 들면, 매출채권은 매출이 실시되었지만 아직 현금을 수령하지 않은 매출로 기업이 받아야 하는 금액을 기록하기 위해 이용된다. 선급보험료계정은 지급하였지만 아직 소멸되지 않아서 비용화되지 않은 보험료를 반영하기 위해 이용된다. 이와 마찬가지로, 미지급급여계정은 발생하였지만 지급되지 않은 급여비용을 반영한다. 그 결과, 영업활동에 의한 순현금유입을 결정하기 위해 이러한 발생항목과 선급항목에 대해 순이익을 수정할 필요가 있다. 그리하여 순이익과 현금에 대한 영향을 결정하기 위해 유동자산과 유동부채 계정들의 변동을 분석해야 한다. 다만, 이자비용, 이자수익, 법인세의 납부 등과 관련된 유동자산(미수이자)과 부채(미지급이자, 미지급법인세)의 변동액은 여기서 고려하지 않고 최종적인 영업활동순현금흐름을 구하기 위해 영업활동에서 창출된 현금에서 차(가)감하는 이자의 지급과 이자의 수령, 법인세 납부 항목에서 반영한다.

### 1) 영업활동자산의 변동

영업활동 유동자산계정의 변동에 대해 필요한 수정은 다음과 같다. 영업활동에서 창출된 현금을 구하기 위해 유동자산계정의 증가는 법인세차감전순이익에서 차감하고 유동자산계정의 감소는 법인세차감전순이익에 가산한다. (주)한라산의 계정들을 분석함으로써 이러한 관계를 관찰할 수 있다.

#### (1) 매출채권의 감소

(주)한라산의 매출채권은 기중에(30,000,000원에서 20,000,000원으로) 10,000,000원 감소하였다. (주)한라산의 경우에 이것은 현금수령이 매출액보다 10,000,000원 더 많았다는 것을 의미한다. <도표 13-9>는 (주)한라산의 수익이 (포괄손익계산서에 보고된 바와 같이) 507,000,000원이지만 현금으로 517,000,000원을 회수하였다는 것을 보여주고 있다. <도표 13-10>에서 보는 바와 같이, 영업활동에서 창출된 현금을 구하기 위해서 매출채권 10,000,000원의 감소를 법인세차감전순이익에 가산한다.

**도표 13-9 매출채권의 분석**

매출채권

(단위: 원)

| | | | | |
|---|---|---|---|---|
| 20X5/01/01 | 기초잔액 | 30,000,000 | **고객으로부터 수령** | 517,000,000 |
| | **매출액** | 507,000,000 | 20x5/12/31 기말잔액 | 20,000,000 |

매출채권잔액이 증가할 때, 발생주의하에서 현금수령은 실현한 매출액보다 더 적다. 그러므로, 매출채권의 증가액은 영업활동에 의한 순현금유입을 구하기 위해 순이익에서 차감한다.

### (2) 재고자산의 증가

(주)한라산의 재고자산잔액은 기중에 (10,000,000원에서 15,000,000원으로) 5,000,000원 증가하였다. 재고자산계정은 매입한 재고자산금액과 판매한 재고자산금액의 차이를 반영한다. (주)한라산의 경우에, 이것은 매입한 재고자산의 원가가 매출원가를 5,000,000원만큼 초과하였다는 것을 의미한다. 그 결과, 매출원가는 재고자산에 대한 현금지급액 5,000,000원을 반영하지 않는다. 기중에 5,000,000원의 재고자산 증가는 영업활동에서 창출된 현금을 구하기 위해 법인세차감전순이익에서 차감된다(<도표 13-10>을 참조). 만약 재고자산이 감소한다면, 영업활동에서 창출된 현금을 구하기 위해 이 변화금액을 법인세차감전순이익에 가산한다.

**도표 13-10 유동자산계정과목의 변동에 대한 수정**

(단위: 원)

| | | |
|---|---|---|
| 영업활동으로 인한 현금흐름 | | |
| 법인세차감전순이익 | | 192,000,000 |
| 영업활동에서 창출되지 않은 손익의 가감 | | |
| 감가상각비 | 9,000,000 | |
| 기계처분손실 | 3,000,000 | |
| 이자비용 | 42,000,000 | |
| 영업활동으로 인한 자산·부채의 변동 | | |
| **매출채권의 감소** | 10,000,000 | |
| **재고자산의 증가** | (5,000,000) | |
| **선급비용의 증가** | (4,000,000) | 55,000,000 |
| 영업활동에서 창출된 현금 | | 247,000,000 |

### (3) 선급비용의 증가

선급비용은 기중에 4,000,000원만큼 증가하였다. 이것은 비용에 대해 지급한 현금이 발생주의로 보고된 비용보다 더 많다는 것을 의미한다. 현금지급은 당기에 이루어졌지만, 비용은 미래의 기간으로 이연되었다. 영업활동에 의한 순현금유입에 순이익을 수정하기 위해 4,000,000원의 선급비용증가를 순이익에서 차감한다(<도표 13-10>을 참조). 만약 선급비용이 감소한다면, 보고비용은 지급한 비용보다 더 많다. 그러므로 선급비용의 감소는 영업활동에서 창출된 현금을 구하기 위해 법인세차감전순이익에 가산된다.

## 2) 영업활동 유동부채의 변동

영업활동 부채계정의 변동에 대해 필요한 수정은 다음과 같다. 영업활동에서 창출된 현금을 구하기 위해 유동부채계정의 증가는 법인세차감전순이익에 가산하고 유동부채계정의 감소는 법인세차감전순이익에서 차감한다. 단, 유동부채계정에서 이자비용, 법인세 납부와 관련된 유동부채항목(미지급이자, 미지급법인세)은 이 단계에서 고려하지 않는다.

**도표 13-11 유동부채계정 변동의 수정**

(단위: 원)

| | | |
|---|---|---|
| 영업활동으로 인한 현금흐름 | | |
| 법인세차감전순이익 | | 192,000,000 |
| 영업활동에서 창출되지 않은 손익의 가감 | | |
| 감가상각비 | 9,000,000 | |
| 기계처분손실 | 3,000,000 | |
| 이자비용 | 42,000,000 | |
| 영업활동으로 인한 자산·부채의 변동 | | |
| 매출채권의 감소 | 10,000,000 | |
| 재고자산의 증가 | (5,000,000) | |
| 선급비용의 증가 | (4,000,000) | |
| **매입채무의 증가** | 16,000,000 | 71,000,000 |
| 영업활동에서 창출된 현금 | | 263,000,000 |

### (1) 매입채무의 증가

(주)한라산의 경우에 매입채무는 기중에 (12,000,000원에서 28,000,000원으로) 16,000,000원 증가하였다. 이것은 회사가 실제로 지급한 것보다 상품을 16,000,000원 더 많이 구입하였다는 것을 의미한다. <도표 13-11>에서 보는 바와 같이, 영업활동에서 창출된 현금을 결정하기 위한 법인세차감전순이익의 수정에서, 매입채무 16,000,000원의 증가는 법인세차감전순이익에 가산된다.

**도표 13-12 영업활동으로 인한 현금흐름**

(단위: 원)

| 영업활동으로 인한 현금흐름 | | |
|---|---|---|
| **법인세차감전순이익** | | 192,000,000 |
| 영업활동과 관련 없는 손익의 가감 | | |
| 감가상각비 | 9,000,000 | |
| 기계처분손실 | 3,000,000 | |
| 이자비용 | 42,000,000 | |
| 영업활동으로 인한 자산·부채의 변동 | | |
| 매출채권의 감소 | 10,000,000 | |
| 재고자산의 증가 | (5,000,000) | |
| 선급비용의 증가 | (4,000,000) | |
| 매입채무의 증가 | 16,000,000 | 71,000,000 |
| **영업활동에서 창출된 현금** | | 263,000,000 |
| 이자비용 지급 | | (42,000,000) |
| 법인세의 납부 | | (49,000,000) |
| **영업활동에 의한 순현금유입** | | 172,000,000 |

<도표 13-12>는 한국채택국제회계기준에 의한 영업활동현금흐름을 계산한 표이다. 법인세차감전순이익 192,000,000원에서 영업활동과 관련이 없는 손익의 차가감으로 비용을 가산하고, 영업활동으로 인한 자산과 부채의 변동을 수정한 후에 이들을 합산하면 영업활동에서 창출된 현금이 263,000,000원으로 나타난다. 여기서 이자비용의 지급과 법인세의 납부액을 차감하면 영업활동현금흐름으로 인한 순현금유입이

172,000,000원이 된다는 것을 보여주고 있다. 그리고 유동부채항목인 미지급이자 증감액, 미지급법인세 증감액 등은 이자비용의 지급과 법인세의 납부에서 반영되므로 영업활동으로 인한 자산과 부채의 변동에서 조정할 필요는 없다. 예를 들면, 손익계산서 법인세 납부액이 47,000,000원이고 미지급법인세가 2,000,000원 감소했으므로 법인세 납부와 관련한 현금흐름은 49,000,000원으로 조정하면 된다.

## 4. 영업활동에 의한 순현금유입으로의 전환(간접법)의 요약

앞의 도표에서 보는 바와 같이, 간접법으로 작성된 현금흐름표는 법인세차감전순이익으로 시작한 후, 영업활동에 의한 순현금유입을 구하기 위해 다양한 항목들을 가감한다. 세 가지 유형의 수정이 필요하다.

**도표 13-13 법인세차감전순이익을 영업활동에 의한 순현금유입으로 전환하기**

| | | 법인세차감전순이익을 영업활동에 의한 순현금유입으로 전환하기 위한 수정 |
|---|---|---|
| 영업활동에서 창출되지 않은 손익의 가감 | 감가상각비 | 가산 |
| | 무형자산상각비 | 가산 |
| | 이자비용 | 가산 |
| | 이자수익 | 차감 |
| | 유형자산처분손실 | 가산 |
| | 유형자산처분이익 | 차감 |
| 영업활동으로 인한 자산과 부채의 변동 가감 | 유동자산계정의 증가 | 차감 |
| | 유동자산계정의 감소 | 가산 |
| | 유동부채계정의 증가 | 가산 |
| | 유동부채계정이 감소 | 차감 |
| 이자수익과 이자비용 법인세 등의 납부액 공시 | 이자의 수령 | 가산 |
| | 이자의 지급 | 차감 |
| | 법인세 납부 | 차감 |

(1) 영업활동에서 창출되지 않은 손익의 차(가)감으로 감가상각비, 이자비용, 이자수익 등과 투자·재무활동으로 인한 손익을 조정하고, (2) 영업활동으로 인한 유동자산과 유동부채 계정과목의 변동을 조정한다. 마지막으로 (3) 이자의 지급, 이자수령, 배당금 수령, 법인세의 납부를 표시하여 조정하면 된다. <도표 13-13>에서 이러한 변동을 요약하고 있다.

단계 2: 투자활동과 재무활동

비유동자산과 비유동부채계정의 변동을 분석하고, 투자활동과 재무활동 또는 비현금투자활동과 비현금재무활동으로 기록한다.

### 1) 토지의 증가

토지계정의 증가와 추가정보에서 보는 바와 같이, 토지 110,000,000원은 사채의 발행으로 취득하였다. 토지에 대한 사채의 발행은 현금에 아무런 영향이 없다. 그러나 이것은 부속명세서에 공시할 가치가 있는 중요한 비현금의 투자 및 재무활동이다.

### 2) 건물의 증가

추가정보가 가리키는 바와 같이, 사무실건물을 현금 120,000,000원으로 취득하였다. 이것은 투자활동에 보고되는 현금유출이다.

### 3) 기계의 증가

기계계정이 17,000,000원 증가하였다. 추가정보는 이것이 두 가지 거래로 인한 순증가이었다는 것을 설명해 준다. (1) 25,000,000원짜리 기계를 취득한 것과 (2) 원가 8,000,000원짜리 기계를 4,000,000원에 처분한 것. 이러한 거래는 투자활동으로 분류된다. 각각의 거래는 별도로 보고해야 한다. 그리하여 기계의 취득은 현금 25,000,000원의 유출로 보고해야 한다. 아래의 T 계정은 기중에 이 계정의 변동이유를 보여주고 있다.

**도표 13-14** 기계의 분석

| | | 기계 | | |
|---|---|---|---|---|
| 20X5/01/01 | 기초잔액 | 10,000,000 | 기계처분원가 | 8,000,000 |
| | **기계취득원가** | 25,000,000 | 20×5/12/3 기말잔액 | 27,000,000 |

다음과 같은 분개가 기계를 처분한 거래의 상세한 사항을 보여주고 있다.

| | | | |
|---|---|---|---|
| 차) 현금 | 4,000,000 | 대) 기계 | 8,000,000 |
| 감가상각누계액 | 1,000,000 | | |
| 기계처분손실 | 3,000,000 | | |

### 4) 사채의 증가

사채계정은 110,000,000원 증가하였다. 추가정보에서 나타난 바와 같이, 토지는 이러한 사채의 발행으로 취득하였다.

### 5) 보통주자본금의 증가

재무상태표는 보통주자본금 20,000,000원의 증가를 보고하고 있다. 추가정보에서는 이 증가가 신주의 발행으로 인한 것이라는 점을 보여주고 있다. 이것은 재무활동에 보고되는 현금유입이다.

### 6) 이익잉여금의 증가

이익잉여금은 기중에 116,000,000원 증가하였다. 이 증가는 두 가지 요소로 설명될 수 있다. ① 당기순이익 145,000,000원이 이익잉여금을 증가시켰다. ② 배당금 29,000,000원이 이익잉여금을 감소시켰다. 당기순이익은 영업활동에 의한 순현금유입으로 수정된다. 배당금지급은 재무활동으로 보고되는 현금유출이다.

【현금흐름표의 작성】

<도표 13-15>와 같이 앞의 정보를 이용하여 이제 20×5년도 (주)한라산의 현금흐름표를 작성할 수 있다.

**도표 13-15 현금흐름표-간접법**

현금흐름표

| (주)한라산 | 20X7.01.01에서 20X7.12.31까지 | | (단위: 천원) |
|---|---|---|---|
| I. 영업활동으로 인한 현금흐름 | | | |
| 1. 법인세차감전순이익 | | | 192,000 |
| 2. 영업활동에서 창출되지 않은 비용 | | | |
| 감가상각비 | 9,000 | | |
| 기계처분손실 | 3,000 | | |
| 이자비용 | 42,000 | 54,000 | |
| 3. 영업활동에서 창출 되지 않은 수익 | | 0 | |
| 4. 영업활동으로 인한 자산·부채의 변동 | | | |
| 매출채권의 감소 | 10,000 | | |
| 재고자산의 증가 | (5,000) | | |
| 선급비용의 증가 | (4,000) | | |
| 매입채무의 증가 | 16,000 | 17,000 | |
| 영업활동에서 창출된 현금 | | 263,000 | |
| 5. 이자의 지급 | | (42,000) | |
| 6. 법인세의 납부 | (49,000) | 172,000 | |
| II. 투자활동으로 인한 현금흐름 | | | |
| 1. 투자활동으로 인한 현금유입액 | | | |
| 기계의 처분 | 4,000 | 4,000 | |
| 2. 투자활동으로 인한 현금유출액 | | | |
| 건물의 취득 | (120,000) | | |
| 기계의 취득 | (25,000) | (145,000) | (141,000) |
| III. 재무활동으로 인한 현금흐름 | | | |
| 1. 재무활동으로 인한 현금유입액 | | | |
| 보통주의 발행 | 20,000 | | |
| 2. 재무활동으로 인한 현금유출액 | | | |
| 현금배당금의 지급 | (29,000) | (9,000) | (9,000) |
| IV. 현금의 증가 | | | 22,000 |
| V. 기초의 현금 | | | 33,000 |
| VI. 기말의 현금 | | | 55,000 |

▌단계 3: 순현금변동액

현금변동액이 일치하는지를 확신하기 위해 현금흐름표의 순현금변동액과 대차대조표에 보고된 현금계정의 변동액을 비교하라.

<도표 13-15>에 의하면, 기중에 순현금변동액은 22,000,000원의 증가이었다. 이것은 <도표 13-5>의 재무상태표에 보고된 현금계정의 변동액과 일치한다.

## 예제 13-1

**아래는 백두상사와 관련된 재무정보이다. 이 정보를 이용하여 간접법에 의한 현금흐름표를 작성하라.**

비교재무상태표

당기 20X7년 12월 31일
전기 20X6년 12월 31일

백두상사 (단위: 천원)

| | 20X7 | 20X6 | 변화액 |
|---|---|---|---|
| **자산** | | | |
| 현금 | 54,000 | 37,000 | 17,000 |
| 매출채권 | 68,000 | 26,000 | 42,000 |
| 재고자산 | 54,000 | 0 | 54,000 |
| 선급비용 | 4,000 | 6,000 | (2,000) |
| 토지 | 45,000 | 70,000 | (25,000) |
| 건물 | 200,000 | 200,000 | 0 |
| 감가상각누계액 | (21,000) | (11,000) | 10,000 |
| 비품 | 193,000 | 68,000 | 125,000 |
| 감가상각누계액 | (28,000) | (10,000) | 18,000 |
| 총계 | 569,000 | 386,000 | |
| **부채와 자본** | | | |
| 매입채무 | 23,000 | 40,000 | (17,000) |
| 미지급비용 | 10,000 | 0 | 10,000 |
| 사채 | 110,000 | 150,0000 | (40,000) |
| 보통주자본금(액면가 1) | 220,000 | 60,000 | 160,000 |
| 이익잉여금 | 206,000 | 136,000 | 70,000 |
| 총계 | 569,000 | 386,000 | |

포괄손익계산서

| 20X7년 1월1일부터 12월31일까지 | | (단위: 천원) |
|---|---|---|
| 매출액 | | 890,000 |
| 매출원가 | 465,000 | |
| 물류비와 관리비 | 221,000 | |
| 이자비용 | 12,000 | |
| 비품처분손실 | 2,000 | 700,000 |
| 법인세차감전순이익 | | 190,000 |
| 법인세비용 | | 65,000 |
| 당기순이익 | | 125,000 |

【추가정보】

1. 물류비와 관리비에는 감가상각비 33,000,000원과 선급비용의 당기비용분이 포함되어 있다.
2. 토지는 현금으로 장부가에 매각되었다.
3. 55,000,000원의 현금배당이 20×5년에 선언 · 지급되었다.
4. 이자비용 12,000,000원이 현금으로 지급되었다.
5. 원가가 166,000,000원인 비품을 현금으로 구입하였다. 원가가 41,000,000원이고 장부가가 36,000,000원인 비품을 현금 34,000,000원에 처분하였다.
6. 사채 10,000,000원을 장부가로 현금 상환하였다. 사채 30,000,000원을 보통주로 전환하였다.
7. 액면가 1,000원인 보통주 130,000,000원을 현금 발행하였다.
8. 매입채무는 상품을 외상매입한 것이다.

예제풀이

## 현금흐름표(간접법)

| 백두상사 | 20X7.01.01.부터 20X7.12.31.까지 | | (단위: 천원) |
|---|---|---|---|
| I. 영업활동으로 인한 현금흐름 | | | |
| 1. 법인세차감전순이익 | | 190,000 | |
| 2. 영업활동에서 창출되지 않은 비용 | | | |
| 감가상각비 | 33,000 | | |
| 비품처분손실 | 2,000 | | |
| 이자비용 | 12,000 | 47,000 | |
| 3. 영업활동에서 창출되지 않은 수익 | 0 | 0 | |
| 4. 영업활동으로 인한 자산 · 부채의 변동 | | | |
| 매출채권의 증가 | (42,000) | | |
| 재고자산의 증가 | (54,000) | | |
| 선급비용의 감소 | 2,000 | | |
| 매입채무의 감소 | (17,000) | | |
| 미지급비용의 증가 | 10,000 | (101,000) | |
| 영업활동에서 창출된 현금 | | 136,000 | |
| 5. 이자의 지급 | | (12,000) | |
| 6. 법인세의 납부 | | (65,000) | 59,000 |
| II. 투자활동으로 인한 현금흐름 | | | |
| 1. 투자활동으로 인한 현금유입액 | | | |
| 토지의 처분 | 25,000 | | |
| 비품의 처분 | 34,000 | 59,000 | |
| 2. 투자활동으로 인한 현금유출액 | | | |
| 비품의 취득 | | (166,000) | (107,000) |
| III. 재무활동으로 인한 현금흐름 | | | |
| 1. 재무활동으로 인한 현금유입액 | | | |
| 보통주의 발행 | 130,000 | | |
| 2. 재무활동으로 인한 현금유출액 | | | |
| 사채의 상환 | (10,000) | | |
| 배당금의 지급 | (55,000) | (65,000) | 65,000 |
| IV. 현금의 증가 | | 17,000 | |
| V. 기초의 현금 | | 37,000 | |
| VI. 기말의 현금 | | | 54,000 |

## 2. 현금흐름표의 작성-직접법

직접법을 이용하여 현금흐름표를 작성하는 방법을 설명하기 위해 (주)금강산의 재무정보를 이용하기로 하자. <도표 13-16>은 (주)금강산의 당기 및 전기의 재무상태표, 당기의 포괄손익계산서 및 관련 추가정보를 보여주고 있다.

**도표 13-16 (주)금강산의 재무정보**

비교재무상태표

당기 20X7년 12월 31일
전기 20X6년 12월 31일

(주)금강산 (단위: 천원)

| 자산 | 20X7 | 20X6 | 변화액 |
|---|---|---|---|
| 유동자산 | | | |
| 현금 | 191,000 | 159,000 | 32,000 |
| 매출채권 | 12,000 | 15,000 | (3,000) |
| 재고자산 | 170,000 | 160,000 | 10,000 |
| 선급비용 | 6,000 | 8,000 | (2,000) |
| 유형자산 | | | |
| 토지 | 140,000 | 80,000 | 60,000 |
| 비품 | 160,000 | 0 | 160,000 |
| 감가상각누계액 | (16,000) | 0 | 16,000 |
| 총계 | 663,000 | 422,000 | |
| **부채와 자본** | | | |
| 유동부채 | | | |
| 매입채무 | 52,000 | 60,000 | (8,000) |
| 미지급비용 | 15,000 | 20,000 | (5,000) |
| 미지급법인세 | 12,000 | 0 | 12,000 |
| 비유동부채 | | | |
| 사채 | 130,000 | 0 | 130,000 |
| 자본 | | | |
| 보통주자본금 | 360,000 | 300,000 | 60,000 |
| 이익잉여금 | 94,000 | 42,000 | 52,000 |
| 부채와 자본의 총계 | 663,000 | 442,000 | |

### 포괄손익계산서

| (주)금강산 | 20X7년 1월1일부터 12월31일까지 | (단위: 천원) |
|---|---|---|
| 매출액 | | 975,000 |
| 매출원가 | 660,000 | |
| 물류비(감가상각비제외) | 176,000 | |
| 감가상각비 | 18,000 | |
| 비품처분손실 | 1,000 | 855,000 |
| 법인세비용차감전순이익 | | 120,000 |
| 법인세비용 | | 36,000 |
| 당기순이익 | | 84,000 |

【20X7년도의 추가정보】

1. 20X7년에 회사는 32,000,000원의 현금배당을 선언하고 지급하였다.
2. 사채를 130,000,000원어치 액면가로 발행하였다.
3. 비품을 현금 180,000,000원으로 취득하였다.
4. 원가 20,000,000원인 비품의 장부가가 18,000,000원일 때, 현금 17,000,000원에 처분하였다.
5. 토지를 취득하기 위해 60,000,000원 만큼의 보통주를 발행하였다.

직접법을 이용하여 현금흐름표를 작성하기 위해 <도표 13-4>에서 설명한 세 단계를 적용해 보자.

#### 단계 1: 영업활동

순이익을 발생주의에서 현금주의로 전환하여 영업활동에 의한 순현금유입/유출을 결정한다.

직접법하에서 영업활동에 의한 순현금유입은 포괄손익계산서의 각 계정과목을 발생주의로부터 현금주의로 수정함으로써 계산된다. 영업활동을 단순화시키기 위해, 주요한 종류의 영업활동에 의한 현금유입과 현금유출만이 보고된다. 이러한 주요한 종류의 경우에, 현금유입과 현금유출 사이의 차액은 영업활동에 의한 순현금유입이다.

이러한 관계가 <도표 13-17>에 나타나 있다.

직접법을 적용하기 위한 효율적인 방법은 포괄손익계산서에 보고되어 있는 계정과목들을 순서대로 분석하는 것이다. 분석 후에 수익 및 비용과 관련된 현금수입액과 현금지급액이 결정된다. 아래에서 직접법을 이용하여 (주)금강산의 현금흐름표를 작성하기 위해 필요한 수정을 살펴보자.

### 1) 고객으로부터 현금수입

(주)금강산의 포괄손익계산서는 고객으로부터의 수익 975,000,000원을 보고하였다. 이 중에서 얼마가 현금유입이었는가? 이 대답을 하기 위해서는 기중에 매출채권의 변동을 고려하는 것이 필요하다. 매출채권이 기중에 증가할 때, 발생주의에 의한 수익은 고객으로부터의 현금수입보다 더 많다. 영업활동이 수익을 초래하였지만, 이러한 수익의 전부가 현금수입으로 되는 것은 아니다. 현금수입액을 결정하기 위해, 매출채권의 증가가 매출액에서 차감된다. 매출채권의 감소는 매출액에 가산된다.

**도표 13-17 주유한 종류의 현금수입과 현금지급**

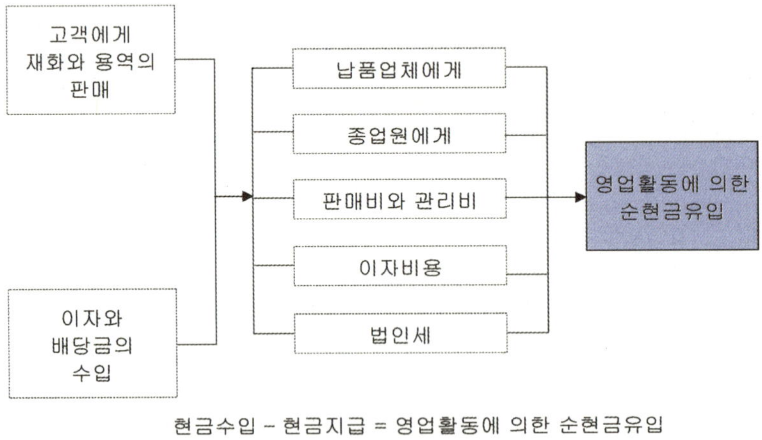


(주)금강산의 경우에 매출채권은 3,000,000원 감소하였다. 그리하여 고객으로부터의 현금수입은 978,000,000원이며, <도표 13-18>과 같이 계산되었다.

### 도표 13-18 고객으로부터의 현금수입계산

| | (단위: 원) |
|---|---:|
| 매출액 | 975,000,000 |
| (+)매출채권의 감소 | 3,000,000 |
| **고객으로부터의 현금수입** | 978,000,000 |

고객으로부터의 현금수입도 <도표 13-19>에서 보는 바와 같이 매출채권계정을 분석해서 결정할 수 있다.

### 도표 13-19 매출채권의 분석

매출채권

(단위: 원)

| | | | | | |
|---|---|---:|---|---|---:|
| 20X5/01/01 | 기초잔액 | 15,000,000 | **고객으로부터의 현금수입** | | 978,000,000 |
| | 매출액 | 975,000,000 | 20X5/12/31 | 기말잔액 | 12,000,000 |

고객으로부터의 현금수입, 매출액, 매출채권의 변동 사이의 관계는 <도표 13-20>과 같다.

### 도표 13-20 고객으로부터의 현금수입을 계산하는 공식

고객으로부터의 현금수입 = 매출액 + 매출채권의 감소 - 매출채권의 증가

### 도표 13-21 납품업체에 대한 현금지급의 계산

| | (단위: 원) |
|---|---:|
| 매입액 | 670,000,000 |
| (+)매입채무의 감소 | 8,000,000 |
| **납품업체에 대한 현금지급** | 678,000,000 |

납품업체에 대한 현금지급은 <도표 13-21>에서 보는 바와 같이 매입채무를 분석해서 결정할 수 있을 것이다.

**도표 13-22 매입채무의 분석**

매입채무

(단위: 원)

| | | | | | |
|---|---|---|---|---|---|
| **납품업체에 대한 현금지급** | | 678,000,000 | 20X5/01/01 | 기초잔액 | 60,000,000 |
| 20X5/12/31 | 기말잔액 | 52,000,000 | | 매입액 | 670,000,000 |

납품업체에 대한 현금지급액, 매출원가, 재고자산의 변동, 매입채무의 변동 사이의 관계는 다음의 공식에 나타나 있다.

**도표 13-23 납품업체에 대한 현금지급액의 계산공식**

납품업체에 대한 현금지급액 = 매출원가 + 재고자산의 증가 - 재고자산의 감소
+ 매입채무의 감소 - 매입채무의 증가

## 2) 물류비와 관리비에 대한 현금지급

176,000,000원의 물류비와 관리비가 (주)금강산의 손익계산서에 보고되었다. 이 금액 중에서 얼마가 물류비와 관리비로 현금지급되었는가? 이것에 대답하기 위해서는 이 금액을 선급비용의 변동과 미지급비용의 변동에 수정할 필요가 있다. 예를 들면, 만약 선급비용이 기중에 증가하였다면, 물류비와 관리비로 지급한 현금은 포괄손익계산서에 보고된 물류비와 관리비보다 더 많다. 물류비와 관리비를 물류비와 관리비에 대한 현금지급액으로 전환하기 위해서는 물류비와 관리비에 증가액을 가산해야 한다. 한편, 기중에 선급비용이 감소한다면, 이 감소액을 물류비와 관리비에서 차감해야 한다.

미지급비용의 변동에 대해 물류비와 관리비를 수정해야 한다. 미지급비용이 기중에 증가할 때, 발생주의에 의한 물류비와 관리비는 현금기준에 의한 물류비와 관리비보다 더 많다. 그 결과, 물류비와 관리비에 대한 현금지급액을 결정하기 위해, 미지급비용의 증가액을 물류비와 관리비에서 차감해야 한다. 한편, 미지급비용의 감소액은 현금지급액이 물류비와 관리비를 초과하기 때문에 물류비와 관리비에 가산한다.

(주)금강산의 물류비와 관리비에 대한 현금지급액은 179,000,000원이며, 다음과 같이 계산되었다.

**도표 13-24 물류비와 관리비에 대한 현금지급액의 계산**

(단위: 원)

| | |
|---|---|
| 물류비와 관리비 | 176,000,000 |
| (-)선급비용의 감소 | (2,000,000) |
| (+)미지급비용의 감소 | 5,000,000 |
| **물류비와 관리비에 대한 현금지급액** | 179,000,000 |

물류비와 관리비에 대한 현금지급액, 선급비용의 변동, 미지급비용의 변동 사이의 관계는 다음 공식과 같다.

**도표 13-25 물류비와 관리비에 대한 현금지급액의 계산공식-직접법**

물류비와 관리비에 대한 현금지급액 = 물류비와 관리비 + 선급비용의 증가 − 선급비용의 감소 + 미지급비용의 감소 − 미지급비용의 증가

### 3) 감가상각비와 비품처분손실

물류비와 관리비는 감가상각비를 제외하고 나타나 있다. 20X5년도의 감가상각비는 18,000,000원이었다. 감가상각비는 비현금비용이기 때문에 현금흐름표에 나타나지 않는다. 만약 물류비와 관리비의 금액이 감가상각비를 포함한다면, 물류비와 관리

비는 물류비와 관리비에 대한 현금지급액을 결정하기 위해 감가상각금액만큼 차감되어야 한다.

비품처분손실도 비현금비용이다. 비품처분손실은 당기순이익을 감소시키지만, 현금을 감소시키지는 않는다. 그리하여, 비품처분손실은 현금흐름표에 보고되지 않는다.

무형자산상각비, 감모상각비, 대손상각비 등과 같이 현금의 지출이 없는 비용은 감가상각비와 동일한 방식으로 처리된다.

### 4) 법인세에 대한 현금지급

포괄손익계산서에 보고된 법인세비용은 36,000,000원이었다. 그러나 미지급법인세는 12,000,000원 증가하였다. 이 증가는 법인세 12,000,000원이 지급되지 않았다는 것을 의미한다. 그 결과, 지급된 법인세는 포괄손익계산서에 보고된 법인세보다 더 적었다. 그러므로, 법인세에 대한 현금지급은 아래와 같이 24,000,000원이었다.

**도표 13-26 법인세에 대한 현금지급액의 계산**

(단위: 원)

| | |
|---|---:|
| 법인세비용 | 36,000,000 |
| (-)미지급법인세증가 | 12,000,000 |
| **법인세에 대한 현금지급** | 24,000,000 |

법인세에 대한 현금지급액, 법인세비용, 미지급법인세의 변동 사이의 관계는 다음 공식과 같다.

**도표 13-27 법인세에 대한 현금지급액의 계산공식-직접법**

법인세에 대한 현금지급액 = 법인세비용 + 미지급법인세의 감소
− 미지급법인세의 증가

위의 분석결과는 <도표 13-28>에서 (주)금강산의 현금흐름표의 영업활동에 제시된다.

**도표 13-28 현금흐름표의 영업활동**

(단위: 원)

| | | |
|---|---|---|
| 영업활동으로 인한 현금흐름 | | |
| 고객으로부터 현금수입 | | 978,000,000 |
| (-)현금지급 | | |
| 납품업체 | 678,000,000 | |
| 물류비와 관리비 | 179,000,000 | |
| 법인세 | 24,000,000 | 881,000,000 |
| 영업활동에 의한 순현금유입 | | 97,000,000 |

직접법을 이용할 때, 간접법하에서 계산한 것처럼 영업활동으로 인한 순현금흐름도 별도의 표에 제공해야 한다.

단계 2: 투자활동과 재무활동

비유동자산과 비유동부채계정의 변동을 분석하고, 투자활동과 재무활동 또는 중요한 비현금거래로 기록한다.

### (1) 토지의 증가

토지는 60,000,000원 증가하였다. 추가정보에 의하면, 토지를 취득하기 위해 보통주를 발생하였다. 토지취득을 위한 이러한 보통주발행은 현금에 아무런 효과가 없다. 그러나 그것은 현금을 수반하지 않는 중요한 투자활동과 재무활동의 거래이다.

### (2) 비품의 증가

비교재무상태표에 의하면 20X5년에 비품이 160,000,000원 증가하였다. <도표 13-15>의 추가정보에 의하면, 이 증가는 두 가지 투자거래로 인한 것이었다. ①원가

180,000,000원인 비품을 현금으로 취득하였다. ②원가 20,000,000원인 비품을 그 장부가가 18,000,000원일 때 현금 17,000,000으로 처분하였다. 현금흐름표의 관련자료는 취득으로 지급한 현금과 처분으로 인한 현금수령액이다. (주)금강산의 경우에 투자활동은 다음과 같다. 비품취득 180,000,000원은 현금유출, 비품처분 17,000,000원은 현금유입. 이 두 금액을 상계해서는 안 된다. 따라서 개별적인 현금유출과 유입으로 나타내어야 한다.

비품의 변동분석은 관련 감가상각누계액 계정을 포함해야 한다. (주)금강산의 경우에 이러한 두 가지 계정은 <도표 13-28>과 같다.

**도표 13-29 비품과 관련 감가상각누계액의 분석**

비품 (단위: 원)

| | | | | | |
|---|---|---|---|---|---|
| 20X5/01/01 | 기초잔액 | 0 | | 비품처분원가 | 20,000,000 |
| | **현금취득** | 180,000,000 | 12X5/12/31 | 기말잔액 | 160,000,000 |

감가상각누계액 (단위: 원)

| | | | | | |
|---|---|---|---|---|---|
| | 비품처분 | 2,000,000 | 20×5/01/01 | 기초잔액 | 0 |
| 20X5/12/31 | 기말잔액 | 16,000,000 | | 감가상각비 | 18,000,000 |

### (3) 사채의 증가

사채는 130,000,000원 증가하였다. <도표 13-16>의 추가정보에 의하면 액면가 130,000,000원인 사채가 현금 130,000,000원으로 발행되었다. 사채의 발행은 재무활동이다. (주)금강산의 경우에 사채의 발행으로 130,000,000원의 현금유입이 있다.

### (4) 보통주자본금의 증가

보통주자본금계정은 60,000,000원 증가하였다. 추가정보에 의하면, 토지는 보통주의 발행으로 취득하였다. 이 거래는 현금을 수반하지 않는 중요한 투자 및 재무거래이다.

### (5) 이익잉여금의 증가

이익잉여금의 순증가 52,000,000원은 당기순이익 84,000,000원과 현금배당의 선언과 지급액 32,000,000원으로 인한 것이었다. 당기순이익은 직접법하에서 현금흐름표에 보고되지 않는다. 현금배당지급액 32,000,000원은 재무활동으로 인한 현금유출액으로 보고된다.

현금흐름표의 작성

<도표 13-30>에 20X5년도 (주)금강산의 현금흐름표가 있다.

**도표 13-30 현금흐름표-직접법**

현금흐름표

| (주)금강산 | 20X7.01.01에서 20X7.12.31까지 | (단위: 천원) |
|---|---|---|
| I. 영업활동으로 인한 현금흐름 | | |
| 1. 매출로 인한 현금유입액 | 978,000 | |
| 2. 현금유출액 | | |
| 매입으로 인한 현금지급 | (678,000) | |
| 물류비와 관리비의 지급 | (179,000) | |
| 법인세의 지급 | (24,000) | 97,000 |
| II. 투자활동으로 인한 현금흐름 | | |
| 1. 투자활동으로 인한 현금유입액 | | |
| 비품의 처분 | 17,000 | |
| 2. 투자활동으로 인한 현금유출액 | | |
| 비품의 취득 | (180,000) | 163,000 |
| III. 재무활동으로 인한 현금흐름 | | |
| 1. 재무활동으로 인한 현금유입액 | | |
| 사채의 발행 | 130,000 | |
| 2. 재무활동으로 인한 현금유출액 | | |
| 현금배당금의 지급 | (32,000) | 98,000 |
| IV. 현금의 증가 | | 32,000 |
| V. 기초의 현금 | | 159,000 |
| VI. 기말의 현금 | | 191,000 |

▮ 단계 3: 순현금변동액

현금변동액이 일치하는지를 확신하기 위해 현금흐름표의 순현금변동액과 대차대조표에 보고된 현금계정의 변동액을 비교하라.

<도표 13-30>에 의하면, 기중에 순현금변동액은 32,000,000원이었다. 이것은 <도표 13-16>의 재무상태표에 보고된 현금계정의 잔액변동액과 일치한다.

## 예제 13-2

**아래는 백두상사와 관련된 재무정보이다. 이 정보를 이용하여 직접법에 의한 현금흐름표를 작성하라.**

비교재무상태표

당기 20X7년 12월 31일
전기 20X6년 12월 31일

백두상사 (단위: 천원)

| **자산** | 20X7 | 20X6 | 변화액 |
|---|---|---|---|
| 현금 | 54,000 | 37,000 | 17,000 |
| 매출채권 | 68,000 | 26,000 | 42,000 |
| 재고자산 | 54,000 | 0 | 54,000 |
| 선급비용 | 4,000 | 6,000 | (2,000) |
| 토지 | 45,000 | 70,000 | (25,000) |
| 건물 | 200,000 | 200,000 | 0 |
| 감가상각누계액 | (21,000) | (11,000) | 10,000 |
| 기계 | 193,000 | 68,000 | 125,000 |
| 감가상각누계액 | (28,000) | (10,000) | 18,000 |
| 총계 | 569,000 | 386,000 | |
| **부채와 자본** | | | |
| 매입채무 | 23,000 | 40,000 | (17,000) |
| 미지급비용 | 10,000 | 0 | 10,000 |
| 사채 | 110,000 | 150,000 | (40,000) |
| 보통주자본금(액면가 1) | 220,000 | 60,000 | 160,000 |
| 이익잉여금 | 206,000 | 136,000 | 70,000 |
| 총 계 | 569,000 | 386,000 | |

포괄손익계산서

| 2017년1월1일부터 12월31일까지 | | (단위: 천원) |
|---|---|---|
| 매출액 | | 890,000 |
| 매출원가 | 465,000 | |
| 물류비와 관리비 | 221,000 | |
| 이자비용 | 12,000 | |
| 비품처분손실 | 2,000 | 700,000 |
| 법인세차감전순이익 | | 190,000 |
| 법인세비용 | | 65,000 |
| 당기순이익 | | 125,000 |

【추가정보】

1. 물류비와 관리비에는 감가상각비 33,000,000원과 선급비용의 당기비용분이 포함되어 있다.
2. 토지는 현금으로 장부가에 매각되었다.
3. 55,000,000원의 현금배당이 20X5년에 선언 · 지급되었다.
4. 이자비용 12,000,000원이 현금으로 지급되었다.
5. 원가가 166,000,000원인 비품을 현금으로 구입하였다. 원가가 41,000,00원이고 장부가가 36,000,000원인 비품을 현금 34,000,000원에 처분하였다.
6. 사채 10,000,000원을 장부가로 현금 상환하였다. 사채 30,000,000원을 보통주로 전환하였다.
7. 액면가 1,000원인 보통주 130,000,000원을 현금 발행하였다.
8. 매입채무는 상품을 외상매입한 것이다.

예제풀이

현금흐름표(직접법)

| 20X7년1월1일부터 12월31일까지 | | (단위: 천원) |
|---|---|---|
| I. 영업활동으로 인한 현금흐름 | | |
| 1. 매출로부터의 유입액 | 848,000a | |
| 2. 매입에 대한 유출액 | (536,000)b | |
| 3. 물류비와 관리비의 지급 | (176,000)c | |
| 4. 이자비용의 지급 | (12,000) | |
| 5. 법인세의 지급 | (65,000) | 59,000 |
| II. 투자활동으로 인한 현금흐름 | | |
| 1. 투자활동으로 인한 현금유입액 | | |
| 토지의 처분 | | |
| 비품의 처분 | 25,000 | |
| 2. 투자활동으로 인한 현금유출액 | 34,000 | |
| 기계의 취득 | (166,000) | (107,000) |
| III. 재무활동으로 인한 현금흐름 | | |
| 1. 재무활동으로 인한 현금유입액 | | |
| 보통주의 발행 | 130,000 | |
| 2. 재무활동으로 인한 현금유출액 | | |
| 사채의 상환 | (10,000) | |
| 배당금의 지급 | (55,000) | 65,000 |
| IV. 현금의 증가 | | 17,000 |
| V. 기초의 현금 | | 37,000 |
| VI. 기말의 현금 | | 54,000 |

참고; a: 848,000 = 890,000 - 42,000
b: 536,000 = 465,000 + 54,000 + 17,000
c: 176,000 = 221,000 - 33,000 - 2,000 - 10,000

## 전공용어

- 간접법(indirect method)
- 재무활동(financing activities)
- 직접법(direct method)
- 현금흐름표(statement of cash flows)
- 영업활동(operating activities)
- 제품수명주기(product life cycle)
- 투자활동(investing activities)

## 종합예제

다음은 (주)지리산의 요약포괄손익계산서와 12월 31일 현재의 요약재무상태표이다. 추가정보를 참고해서 간접법에 의한 현금흐름표와 직접법에 의한 현금흐름표를 작성하라.

포괄손익계산서

| (주)지리산 | 20X5.01.01부터 20X5.12.31까지 | (단위: 천원) |
|---|---|---|
| 매출액 | | 6,583,000 |
| 물류비와 관리비(감가상각비제외) | 4,920,000 | |
| 감가상각비 | 880,000 | 5,800,000 |
| 법인세차감전순이익 | | 783,000 |
| 법인세비용 | | 353,000 |
| 당기순이익 | | 430,000 |

기계를 현금 270,000,000원 받고 처분하였는데, 물류비와 관리비에는 기계의 처분으로 인한 손실 24,000,000원이 포함되어 있다. 이 기계는 750,000,000원으로 구입하였다. (주)지리산의 12월 31일자 비교재무상태표에는 다음과 같은 잔액이 보고되어 있다.

| | 20X5 | 20X4 |
|---|---|---|
| 현금 | 672,000,000원 | 130,000,000원 |
| 매출채권 | 775,000,000 | 610,000,000 |
| 재고자산 | 834,000,000 | 867,000,000 |
| 매입채무 | 521,000,000 | 501,000,000 |

법인세비용 353,000,000원은 20X5년에 지급한 금액이다. 20X5년에 선언해서 지급한 배당금은 합계 200,000,000원이었다.

종합예제풀이

## 현금흐름표(간접법)

(주)지리산　　20X5.01.01부터 20X5.12.31까지　　(단위: 천원)

|  | | |
|---|---|---|
| Ⅰ. 영업활동으로 인한 현금흐름 | | |
| 1. 법인세차감전순이익 | | 783,000 |
| 2. 영업활동에서 창출되지 않은 비용 | | |
| 감가상각비 | 880,000 | |
| 기계처분손실 | 24,000 | 904,000 |
| 3. 영업활동에서 창출되지 않은 수익 | | 0 |
| 4. 영업활동으로 인한 자산·부채의 변동 | | |
| 매출채권의 증가 | (165,000) | |
| 재고자산의 감소 | 33,000 | |
| 매입채무의 증가 | 20,000 | (112,000) |
| 5. 영업활동에서 창출된 현금 | | 1,575,000 |
| 6. 법인세의 납부 | (353,000) | 1,222,000 |
| Ⅱ. 투자활동으로 인한 현금흐름 | | |
| 1. 투자활동으로 인한 현금유입액 | | |
| 기계의 처분 | 270,000 | |
| 2. 투자활동으로 인한 현금유출액 | | |
| 기계의 구입 | (750,000) | (480,000) |
| Ⅲ. 재무활동으로 인한 현금흐름 | | |
| 1. 재무활동으로 인한 현금유입액 | 0 | |
| 2. 재무활동으로 인한 현금유출액 | | |
| 배당금의 지급 | (200,000) | (200,000) |
| Ⅳ. 현금의 증가 | | 542,000 |
| Ⅴ. 기초의 현금 | | 130,000 |
| Ⅵ. 기말의 현금 | | 672,000 |

## 현금흐름표(직접법)

| (주)지리산 | 20X5.01.01부터 20X5.12.31까지 | | (단위: 천원) |
|---|---|---|---|
| Ⅰ. 영업활동으로 인한 현금흐름 | | | |
| 1. 매출로부터의 유입액* | | 6,418,000 | |
| 2. 물류비와 관리비의 지급** | | (4,843,000) | |
| 3. 법인세의 지급 | | 353,000 | 1,222,000 |
| Ⅱ. 투자활동으로 인한 현금흐름 | | | |
| 1. 투자활동으로 인한 현금유입액 | | | |
| 기계의 처분 | | 270,000 | |
| 2. 투자활동으로 인한 현금유출액 | | | |
| 기계의 구입 | | (750,000) | (480,000) |
| Ⅲ. 재무활동으로 인한 현금흐름 | | | |
| 1. 재무활동으로 인한 현금유입액 | | 0 | |
| 2. 재무활동으로 인한 현금유출액 | | | |
| 배당금의 지급 | | (200,000) | (200,000) |
| Ⅳ. 현금의 증가 | | | 542,000 |
| Ⅴ. 기초의 현금 | | | 130,000 |
| Ⅵ. 기말의 현금 | | | 672,000 |

직접법의 계산

직접법의 계산

* 매출로부터의 유입액 계산:

| | |
|---|---|
| 포괄손익계산서의 매출액 | 6,583,000,000원 |
| (-)매출채권의 증가 | (165,000,000) |
| | 6,418,000,000원 |

** 물류비와 관리비에 대한 현금지급액 계산:

| | |
|---|---|
| 포괄손익계산서의 물류비와 관리비 | 4,920,000,000원 |
| (-)기계처분손실 | (24,000,000) |
| (-)재고자산의 감소 | (33,000,000) |
| (-)매입채무의 감소 | (20,000,000) |
| | 4,843,000,000원 |

## 토의문제

1. 현금흐름표가 유용한 이유는 무엇인가?

2. 현금흐름표에서 세 가지 중요한 현금흐름은 무엇인가?

3. 제품수명주기의 단계를 설명하고 이들이 현금흐름표에 어떠한 영향을 주는가?

4. 현금흐름표의 작성에서 직접법과 간접법의 차이는 무엇인가?

5. 간접법을 이용하는 현금흐름표에서 영업활동으로 인한 현금흐름의 양식을 설명하라.

6. 직접법을 이용하는 현금흐름표에서 영업활동으로 인한 현금흐름의 양식을 설명하라.

## 연습문제

**01** (주)소백산은 20X5년에 다음과 같은 거래를 하였다. 이 거래들로 인해서 영업활동으로 인한 현금흐름, 투자활동으로 인한 현금흐름, 재무활동으로 인한 현금흐름, 비현금흐름 등이 발생하는지의 여부를 지적하라.

(1) 보통주를 액면가로 50,000,000원어치 현금발행하였다.
(2) 기계를 30,000,000원에 구입하고 장기어음을 지급하였다.
(3) 액면가액이 200,000,000원인 사채를 보통주로 전환해서 액면가로 200,000,000원 발행하였다.
(4) 현금배당을 선언하고 18,000,000원을 지급하였다.
(5) 원가 15,000,000원인 장기투자자산을 현금 15,000,000원에 매각하였다.
(6) 매출채권 16,000,000원을 회수하였다.
(7) 매입채무 18,000,000원을 지급하였다.

**02** 남해상사는 20X5년에 법인세차감전순이익 195,000,000원을 보고하였다. 남해상사는 기계의 처분손실 5,000,000원과 감가상각비 45,000,000원도 보고하였다. 비교재무상태표에 의하면, 올해에 매출채권의 감소는 15,000,000원이고, 매입채무의 증가는 12,000,000원이며, 선급비용의 감소는 4,000,000원이다. 20X5년도 현금흐름표(간접법)의 영업활동에 의한 현금흐름부분을 나타내시오.

**03** 동해상사의 20X4년 12월 31일 현재 재무상태표의 유동자산과 유동부채는 다음과 같다. 이 회사의 20X5년도 법인세차감전순이익은 153,000,000원이며, 감가상각비는 19,000,000원이었다. 이 회사의 20X5년도 현금흐름표(간접법)의 영업활동에 의한 현금흐름을 나타내시오.

| | 20X5 | 20X4 |
|---|---|---|
| 유동자산 | | |
| 현금 | 105,000,000원 | 99,000,000원 |
| 매출채권 | 120,000,000 | 89,000,000 |
| 재고자산 | 148,000,000 | 172,000,000 |
| 선급비용 | 27,000,000 | 22,000,000 |
| 유동자산합계 | 400,000,000원 | 382,000,000원 |
| 유동부채 | | |
| 미지급비용 | 15,000,000원 | 5,000,000원 |
| 매입채무 | 85,000,000 | 92,000,000 |
| 유동부채합계 | 100,000,000원 | 97,000,000원 |

**04** 서해상사는 20X5년 12월 31일에 첫년도의 영업활동을 마감하였다. 20X5년도의 포괄손익계산서에 의하면, 서해상사에는 182,000,000원의 매출액과 78,000,000원의 물류비와 관리비가 발생하였다. 연말에 매출채권과 매입채무의 잔액은 각각 60,000,000원과 18,000,000원이었다. 매입채무는 영업비와 관련있다고 가정하라. 법인세는 무시하라. 직접법을 이용하여 영업활동에 의한 현금흐름을 계산하라.

**05** 20X1년도 (주)태평의 포괄손익계산서에 의하면, 매출원가는 3,802,100,000원이고, (감가상각비 1,086,300,000원을 포함한) 물류비와 관리비는 8,370,900,000원이다. 20X1년도의 비교재무상태표에 의하면, 재고자산은 6,200,000원 증가하였고, 선급비용은 68,900,000원 증가하였으며, 매입채무(상품매입)는 4,600,000원 증가하였다. 그리고 미지급비용은 150,300,000원 증가하였다. 직접법을 이용하여 (a) 상품매입으로 인한 현금지급액과 (b) 물류비와 관리비에 대한 현금지급액을 계산하라.

**06** 금정상사의 20X5년도 재무정보는 다음과 같다. 직접법을 이용하여 현금흐름표의 영업활동에 의한 현금흐름부분을 작성하라.

| | | | |
|---|---|---|---|
| 이자지급 | 10,000,000원 | 매출채권회수 | 192,000,000원 |
| 현금매출 | 48,000,000 | 임금지급 | 53,000,000 |
| 배당금수익 | 18,000,000 | 감가상각비 | 16,000,000 |
| 법인세지급 | 12,000,000 | 자동차처분 | 812,000,000 |
| 당기순이익 | 38,000,00 | 기계의 현금구입 | 22,000,000 |
| 상품매입채무의 상환 | 110,000,000 | 자동차처분손실 | 3,000,000 |
| 배당금지급 | 14,000,000 | 토지매입대금지급 | 74,000,000 |
| 물류비와 관리비지급 | 28,000,000 | | |

**07** 다음은 홍도상사의 20X5년도 총계정원장에서 구한 것이다. 이들을 참고해서 각각의 경우에 현금흐름표(직접법)의 영업활동으로 인한 현금흐름부분에 보고되어야 할 금액을 계산하라.

| | | |
|---|---|---|
| 집세 | 집세비용 | 35,000,000원 |
| | 선급집세(1월 1일) | 5,900,000 |
| | 선급집세(12월 31일) | 9,000,000 |
| 임금 | 임금비용 | 54,000,000원 |
| | 미지급비용(1월 1일) | 10,000,000원 |
| | 미지급비용(12월 31일) | 8,000,000 |
| 매출 | 매출수익 | 180,000,000 |
| | 매출채권(1월 1일) | 16,000,000 |
| | 매출채권(12월 31일) | 7,000,000 |

**08** 20X3년 12월 31일에 명동상사는 다음과 같은 거래를 하였다.

(1) 보통주를 발행하고 현금 20,000,000원을 조달하였다.
(2) 우리들은행으로부터 현금 40,000,000원을 차입하였다. 이 차입금의 만기는 20X6년 12월 31일이고, 매년(20X4년은 제외) 1월 1일에 잔액의 10%를 이자로 지급해야 한다.
(3) 토지를 현금 5,000,000원으로 구입하였다.
(4) 신규경영자를 고용하였는데 20X4년 1월 1일부터 일하기로 하였다. 봉급은 매달 1,000,000원이며 20X4년 2월 1일부터 매달 초에 지급하기로 하였다.
(5) 건물을 6개월간 임차하고 6개월간의 임차료로 현금 3,000,000원을 선급하였다.

명동상사의 20X3년도 12월 31일의 재무상태표는 다음과 같다.

재무상태표

| 명동상사 | 20X3.12.31현재 | | (단위: 천원) |
|---|---|---|---|
| 현금 | 52,000 | 유동부채합계 | 0 |
| 선급임차료 | 3,000 | 장기차입금 | 40,000 |
| 유동자합계산 | 55,000 | 자본 | |
| 토지 | 5,000 | 자본금 | 20,000 |
| 자산총계 | 60,000 | 부채와 자본의 총계 | 60,000 |

20X4년에 다음과 같은 사건과 거래가 있었다.
(1) 명동상사는 음료수 통조림을 490,000개를 개당 100원으로 구입하고는 150원으로 판매하였다.
(2) 20X4년 7월 1일에 명동상사는 임차료를 추가로 8개월분의 현금 4,000,000원을 선급하였다.
(3) 명동상사는 20X4년 12월 31일에 현금배당금을 2,000,000원 지급하였다.

명동상사의 20X4년 1월 1일부터 12월 31일까지 현금흐름표(간접법)를 작성하라.

**09** 강남상사의 20X4년 12월 31일자 마감후시산표와 20X4년도의 현금흐름표가 아래에 있다. 강남상사의 20X3년 12월 31일 현재의 재무상태표를 작성하라.

마감후시산표

강남상사 20X4년12월31일 (단위: 천원)

| | | | |
|---|---:|---|---:|
| 현금 | 50,000 | 감가상각누계액 | 400,000 |
| 매출채권 | 440,000 | 매입채무 | 560,000 |
| 재고자산 | 640,000 | 기타유동부채 | 170,000 |
| 토지 | 80,000 | 사채 | 200,000 |
| 건물 | 1,000,000 | 보통주자본금 | 400,000 |
| 기타비유동자산 | 200,000 | 이익잉여금 | 680,000 |
| | 2,410,000 | | 2,410,000 |

현금흐름표(간접법)

강남상사 20X4년1월1일부터 12월31일까지 (단위: 천원)

| | | | |
|---|---:|---:|---:|
| Ⅰ. 영업활동으로 인한 현금흐름 | | | |
| 1. 법인세차감전순이익 | | 400,000 | |
| 2. 현금지출이 없는 비용의 가산 | | | |
| 감가상각비 | | 120,000 | |
| 3. 영업활동으로 인한 자산·부채의 변동 | | | |
| 매입채무의 증가 | 50,000 | | |
| 매출채권의 증가 | (60,000) | | |
| 재고자산의 증가 | (80,000) | | |
| 기타유동부채의 감소 | (90,000) | (180,000) | 340,000 |
| Ⅱ. 투자활동으로 인한 현금흐름 | | | |
| 1. 투자활동으로 인한 현금유입액 | | | |
| 기타비유동자산의 처분 | 80,000 | | |
| 건물의 처분 | 30,000 | | |
| 토지의 처분 | 20,000 | 130,000 | |
| 2. 투자활동으로 인한 현금유출액 | | | |
| 건물의 취득 | (260,000) | (260,000) | (130,000) |
| Ⅲ. 재무활동으로 인한 현금흐름 | | | |
| 1. 재무활동으로 인한 현금유입액 | | | |
| 보통주의 발행 | 120,000 | | |
| 사채의 발행 | 80,000 | 200,000 | |
| 2. 재무활동으로 인한 현금유출액 | | | |
| 배당금의 지급 | (400,000) | (400,000) | (200,000) |
| Ⅳ. 현금의 증가 | | | 10,000 |

회사는 기타비유동자산, 건물, 토지 등을 순장부가로 현금을 받고 처분하였다. 처분한 자산의 감가상각누계액은 40,000,000원이었다.

**10** 영도상사는 현금흐름을 계산하기 위해 간접법을 이용하고 있다.
다음의 정보는 20X2년 1월 1일부터 20X2년 12월 31일까지의 회계기간동안 영업활동에 관한 것이다. 영업활동으로 인한 현금흐름이 합계 1,020,000원이라고 가정하면, 이 기간에 (유형자산의) 감가상각비는 얼마가 되어야 하는가?

| | |
|---|---|
| 법인세차감전순이익 | 910,000원 |
| 무형자산감가상각비 | 40,000 |
| (유형자산의) 감가상각비 | ? |
| 매출채권의 기초잔액 | 110,000 |
| 매출채권의 기말잔액 | 120,000 |
| 재고자산의 기초잔액 | 196,000 |
| 재고자산의 기말잔액 | 198,000 |
| 매입채무의 기초잔액 | 60,000 |
| 매입채무의 기말잔액 | 40,000 |
| 미지급이자의 기초잔액 | 54,000 |
| 미지급이자의 기말잔액 | 56,000 |
| 미지급배당금의 기초잔액 | 80,000 |
| 미지급배당금의 기말잔액 | 92,000 |

# 14장 재무제표분석

## 술

물보다 좋은 것이 술이라 말을 하네
목마름 달래려고 막걸리 한 잔 하니
인생의 모든 갈증이 촉촉하게 젖누나

허기를 채우려다 한잔 더 하고나니
속 든든 기분충천 낙원이 따로 없네
밥보다 술이 더 좋아 세상사가 취하네

모든 게 내 뜻대로 다되면 좋으련만
세상은 호락호락 내 손에 있지 않네
때로는 빼앗긴 웃음 한 잔 술로 달래네

이경재(전주대학교 교수, 시인, 아동문학가)

# 1절 재무제표분석의 의의와 목적

## 1. 재무제표분석의 의의

재무회계정보의 이용자로는 기업외부의 여러 이해관계자가 있을 수 있지만, 주주와 채권자가 가장 대표적인 재무회계정보의 이용자들이다. 제14장에서는 기업 외부의 이해관계자 입장에서 재무회계정보를 어떻게 이용하는가를 살펴보고자 한다.

기업의 주요한 외부이해관계자인 주주와 채권자들은 자신들의 자금을 기업에 투자하여 수익성을 높이고자 한다. 이 때 주주와 채권자들은 어떤 기업에 투자하는 것이 자신들에게 가장 유리한가를 결정하기 위해 기업의 가치를 평가해야 할 것이다.

기업의 가치를 평가하기 위해서는 기업의 경영을 분석할 필요가 있다. 경영분석은 경영자료를 수집·분석하여 경영실태를 파악하고 미래성과를 예측하는 것으로, 경영자료에는 기업의 재무자료와 비재무자료가 모두 포함된다. 기업의 재무자료를 중심으로 기업의 가치를 평가하는 것을 재무분석이라고 하며, 이 중에서 특히 재무제표를 중심으로 기업의 가치를 평가하는 것을 재무제표분석(financial statements analysis)이라고 한다.

기업의 재무제표는 자본시장을 원활하게 기능하게 하는 역할을 한다. 재무제표는 기업의 다양한 경제적 활동을 재무정보의 형태로 요약한 회계보고서로서 기업의 경영자가 투자자들에게 기업의 경영활동에 관한 정보를 제공하는 주된 수단이다. 기업의 경영자는 경영활동에 필요한 자금을 공급받기 위하여 투자자들에게 정보를 제공할 책임이 있으며, 투자자들은 기업에 대한 투자기회를 평가하기 위한 정보를 필요로 한다. 이러한 정보는 주로 재무제표를 통해서 정기적으로 공급되며, 따라서 재무제표는 자본의 수요와 공급을 연결시켜 주는 중요한 역할을 한다.

재무제표분석은 재무제표에 대한 체계적 분석을 통해 정보이용자가 의사결정을 하는 데 (기업의 재무상태, 경영성과, 현금흐름 등과 같은) 필요한 정보를 제공해 준다.

## 2. 재무제표분석의 목적

채권투자자나 주식투자자 등의 투자자들이 기업의 재무제표를 분석하는 목적을 구체적으로 살펴보면 다음과 같다.

1. 채권투자자는 다른 회사가 발행한 채권의 가치를 평가하여 현재의 채권의 가격과 비교함으로써 채권의 매입, 매각, 보유 등의 의사결정을 하게 된다. 채권의 경우에는 이자와 원금이 정해져 있기 때문에, 채권의 가치평가는 채권발행기업이 미래에 원금과 이자를 지급할 수 있는 능력이 있는지의 여부를 평가하는 데 있다. 따라서 채권투자자는 채권발행기업의 미래 채무이행능력이나 신용위험을 평가하기 위해 재무제표분석을 통해 채권발행기업의 재무상태와 수익성을 파악할 필요가 있을 것이다.

2. 주식투자자는 기업의 내재적 가치(intrinsic value)를 평가하여 현재의 주가(market value)와 비교함으로써 주식의 매입, 매각, 보유 등의 의사결정을 하게 된다. 주식의 본질적인 가치가 주가보다 많으면 해당 주식의 매입 또는 계속 보유하게 되고, 반대의 경우에는 보유주식을 매각하게 된다.

3. 자본시장에는 외부감사인, 증권분석가(analyst), 신용평가기관 등과 같은 정보중개기관(information intermediaries)이 있는 데, 이들이 기업의 재무제표분석을 통해서 투자자에게 기업의 관한 정보를 제공해 준다.

재무제표분석의 목적은 재무제표분석을 통해 기업의 재무상태와 경영성과를 파악해서 궁극적으로는 기업의 미래 재무상태와 경영성과를 예측하여 기업의 가치를 평가하는 데 있다.

재무제표분석은 비교분석, 구성비율분석, 재무비율분석 등으로 실시된다. 비교분석은 다른 기업과의 비교나 다른 기간과의 비교를 통해 이루어지기도 하고 업계의 평균치와의 비교를 통해서 이루어지기도 한다.

## 2절 재무제표의 비교분석

투자자들은 기업의 성과를 다른 기업과 비교하기도 하고, 기업내에서 다른 기간과 비교하기도 하며, 업계평균치와 비교하기도 한다.

### (1) 기업내의 비교

기업내에서의 비교는 재무관계와 중요한 추세의 변화를 확인하는데 유용하다. 예를 들면, 어떤 기업의 당기 현금잔액을 전기의 현금잔액과 비교해 보면 증감을 알 수 있다. 이와 마찬가지로 기업의 기말현금잔액을 기말의 자산합계액과 비교해 보면 자산합계에 대한 현금의 비율을 할 수 있다.

### (2) 기업간의 비교

다른 기업과의 비교를 통해 기업의 경쟁상태에 관해서 알 수 있다. 예를 들면, 어떤 기업의 기중 매출합계를 경쟁업체의 매출합계와 비교할 수 있을 것이다.

### (3) 업계평균과의 비교

업계평균치와의 비교를 통해 업계내에서 기업의 상대적인 상태에 관한 정보를 알 수 있을 것이다. 예를 들면, 기업의 재무자료는 기업신용평가기관이 작성한 산업평균치와 비교할 수 있을 것이다.

재무제표자료의 의미를 살펴보기 위해서 재무제표분석에 수평분석, 수직분석, 비율분석 등과 같은 세 가지 기본수단이 이용된다.

## 1. 수평분석

추세분석이라고도 하는 수평분석(horizontal analysis)은 일정한 기간동안 일련의 재무제표를 평가하기 위한 기법이다. 이의 목적은 금액이나 비율로 표시되는 기중의 증감을 결정하는 것이다. 예를 들면, 어떤 기업의 순매출액이 다음과 같다고 하자.

| 20X5 | 20X4 | 20X3 | 20X2 | 20X1 |
|---|---|---|---|---|
| 8,853,300원 | 6,954,700원 | 6,984,200원 | 6,762,100원 | 6,830,100원 |

만약 20X1년의 기준년도이라고 가정하면, 이 기준년도의 금액을 근거로 해서 <도표 14-1>과 같은 공식과 비교하여 비율의 증감을 측정할 수 있을 것이다.

**도표 14-1 수평분석**

$$\text{기준년도이후의 변화} = \frac{\text{당기의 금액} - \text{기준년도의 금액}}{\text{기준년도의 금액}}$$

예를 들면, 가나상사의 순매출액이 20X1년부터 20X2년까지 약 1.0% [(6,762,100-6,830,100)/6,830,100] 감소하였다는 것을 결정할 수 있다.

이와는 달리, 당기의 매출액을 기준년도의 비율로 표현할 수도 있다. 이렇게 하기 위해서는 <도표 14-2>와 같이 당기의 금액을 기준년도의 금액으로 나누어야 한다.

**도표 14-2 수평분석**

$$\text{기준년도와 관련한 당기의 결과} = \frac{\text{당기의 금액}}{\text{기준년도의 금액}}$$

5개년도의 각각에 대해 기준년도(20X1년)의 비율로 표현된 당기의 매출은 <도표 14-3>과 같다.

**도표 14-3 순매출액의 수평분석**

순매출액

가나상사

| 20X5 | 20X4 | 20X3 | 20X2 | 20X1 |
|---|---|---|---|---|
| 8,853,300원 | 6,954,700원 | 6,984,200원 | 6,762,100원 | 6,830,100원 |
| 129.62% | 101.82% | 102.26% | 99% | 100% |

20X5년도에 순매출액의 많은 증가로 이러한 의미있는 변화의 그럴듯한 이유에 관한 문제가 제기될 수 있다. 가나상사의 20X5년의 재무제표주석에는 "회사가 20X5년에 영남식품상사의 취득을 완료하였다"라는 설명이 있다. 수평분석에 의해 조명된 매출증가를 이러한 중요한 취득으로 설명할 수 있을 것이다.

수평분석을 더 예시하기 위해, 가나상사의 재무제표를 이용해 보자. 20X5년과 20X4년의 2개년의 요약재무상태표를 금액과 비율로 표시하여 나타낸 것이 <도표 14-4>와 같다.

**도표 14-4 재무상태표의 수평분석**

요약재무상태표

| 가나상사 | 12월 31일 현재 | | | (단위: 천원) |
|---|---|---|---|---|
| | | | 20X5년의 증(감) | |
| **자 산** | 20X5 | 20X4 | 금액 | 비율 |
| 유동자산 | 1,902.0 | 1,617.1 | 284.9 | 17.6 |
| 유형자산 | 2,952.8 | 2,526.9 | 425.9 | 16.9 |
| 기타자산 | 5,513.8 | 742.0 | 4,771.8 | 643.1 |
| 자산합계 | 10,368.6 | 4,886.0 | 5,482.6 | 112.2 |
| **부채와 자본** | | | | |
| 부채 | | | | |
| 유동부채 | 2,207.6 | 2,482.3 | (274.7) | (11.1) |
| 비유동부채 | 7,289.5 | 1,506.2 | 5,783.3 | 384.0 |
| 부채합계 | 9,497.1 | 3,988.5 | 5,508.6 | 138.1 |
| 자본 | | | | |
| 보통주자본금 | 195.3 | 205.8 | (10.5) | (5.1) |
| 이익잉여금 | 1,013.3 | 1,065.7 | (52.4) | (4.9) |
| 자기주식(원가) | (337.1) | (374.0) | 36.9 | 9.9 |
| 자본합계 | 871.5 | 897.5 | (26.0) | (2.9) |
| 부채와 자본의 합계 | 10,368.6 | 4,886.0 | 5,482.6 | 112.2 |

비교재무상태표는 20X4년부터 20X5년까지 가나상사의 재무상태에 많은 변화가 발생하였다는 것을 보여주고 있다. 자산항에서 유동자산은 284,900원(17.6%) 증가하였으며, 유형자산은 425,900원(16.9%) 증가하였다. 기타자산은 4,771,800원(643.1%) 증가하였다. 부채항에서 유동부채는 274,700원(11.1%)감소하였으며, 장기부채는 5,783,300원(384%) 증가하였다. 자본항에서 이익잉여금은 52,500원(4.9%)감소하였다는 것을 알 수 있다. 이 회사는 20X4년에 영남식품상사를 취득함으로써 그 자산기초를 확장하였고 주로 장기부채를 추가로 조달함으로써 그 확장에 대한 자금을 조성하였다. <도표 14-5>에 제시되어 있는 것은 20X4년과 20X5년에 요약형식으로 나타낸 가나상사의 비교포괄손익계산서이다.

**도표 14-5 포괄손익계산서의 수평분석**

요약포괄손익계산서

가나상사 1.1부터 12.31까지 (단위: 천원)

| | 20X5 | 20X4 | 20X5년의 증(감) 금액 | 비율 |
|---|---|---|---|---|
| 수익(순매출액) | 8,853.3 | 6,954.7 | 1,898.6 | 27.3 |
| 매출원가 | 4,128.5 | 3,327.0 | 801.5 | 24.1 |
| 매출총이익 | 4,724.8 | 3,627.7 | 1,097.1 | 30.2 |
| 물류비와 관리비 | 3,523.6 | 2,551.4 | 972.2 | 38.1 |
| 기타비용 | 363.8 | 122.1 | 241.7 | 198.0 |
| 법인세차감전순이익 | 837.4 | 954.2 | (116.8) | (12.2) |
| 법인세비용 | 322.1 | 280.0 | 42.1 | 15.0 |
| 순이익 | 515.3 | 674.2 | (159.9) | (23.6) |

포괄손익계산서의 수평분석은 다음과 같은 변화를 보여주고 있다. 순매출액은 1,898,600원(27.3%)증가하였다. 매출원가는 801.500원(24.1%)증가하였다. 물류비와 관리비는 972,200원(38.1%)증가하였다. 전체적으로 매출총이익은 30.2% 증가하였고 순이익은 23.6% 감소하였다. 순이익의 감소는 기타비용의 증가에 기인한다고 볼 수 있다.

기간별로 비율변화의 측정은 상대적으로 간단하며 매우 유용하다. 그러나 계산을 할 때 다소 복잡한 문제가 발생할 수 있다. 만약 어떤 항목이 기준년도나 전년도에 0의 금액을 가지고 있고 다음 연도에 어떤 금액을 가지고 있다면, 비율변화를 계산할 수 없다. 그리고 기준연도나 전년도에 음의 금액이 나타나고 다음 연도에 양의 금액이 나타난다면, 이 또한 비율변화를 계산할 수 없다.

## 2. 수직분석

구성비율분석이나 백분비율분석이라고도 하는 수직분석(vertical analysis)은 기준금액의 비율로 재무제표의 각 항목을 표시하는 재무제표자료를 평가하기 위한 기법이다. 예를 들면, 재무상태표에서 유동자산이 자산합계의 22%(이때 자산합계가 기준금액이다)이라고 말할 수도 있다. 또는 포괄손익계산서에서 물류비가 순매출액의 16%(이때 순매출액이 기준금액이다)라고 말할 수 있다.

<도표 14-6>은 수직적으로 분석한 가나상사의 20X5년과 20X4년의 비교재무상태표이다. 자산항목들의 기준금액은 자산합계이며, 부채와 자본항목들의 기준금액은 부채와 자본의 합계이다.

**도표 14-6 재무상태표의 수직분석**

비교재무상태표

가나상사 12월 31일 현재 (단위: 천원)

| | 20X5 | | 20X4 | |
|---|---|---|---|---|
| **자 산** | 금액 | 비율 | 금액 | 비율 |
| 유동자산 | 1,902.0 | 18.3 | 1,617.1 | 33.1 |
| 유형자산 | 2,952.8 | 28.5 | 2,526.9 | 51.7 |
| 기타자산 | 5,513.8 | 53.2 | 742.0 | 15.2 |
| 자산합계 | 10,368.6 | 100.0 | 4,886.0 | 100.0 |
| **부채와 자본** | | | | |
| 부채 | | | | |
| 유동부채 | 2,207.6 | 21.3 | 2,482.3 | 50.8 |
| 비유동부채 | 7,289.5 | 70.3 | 1,506.2 | 30.8 |
| 부채합계 | 9,497.1 | 91.6 | 3,988.5 | 81.6 |
| 자본 | | | | |
| 보통주자본금 | 195.3 | 1.9 | 205.8 | 4.2 |
| 이익잉여금 | 1,013.3 | 9.8 | 1,065.7 | 21.8 |
| 자기주식(원가) | (337.1) | (3.3) | (374.0) | (7.6) |
| 자본합계 | 871.5 | 8.4 | 897.5 | 18.4 |
| 부채와 자본의 합계 | 10,368.6 | 100.0 | 4,886.0 | 100.0 |

재무상태표에서 각 항목의 상대적 규모를 보여주는 것 이외에도 수직분석은 개별자산, 부채, 자본항목들의 비율변화를 보여준다. 도표에서 유동자산이 20X4년에서 20X5년까지 284,900원 증가하였지만, 이들은 자산합계의 33.1%에서 18.3%로 감소하였다. 유형자산(순액)은 자산합계의 51.7%에서 28.5%로 감소하였다. 기타자산은

자산합계의 15.2%에서 53.2%로 증가하였다. 20X5년의 기타자산에는 영남식품상사의 취득으로 인한 상표권, 상호권, 영업권 등의 가치 4,818,000원이 포함되어 있다. 그리고 이익잉여금은 20X4년에서 20X5년까지 52,400원 감소하였으며, 자본합계는 부채와 자본의 합계의 18.4%에서 8.4%로 감소하였다. 부채자금조달의 비율이 높아진 것은 두 가지 원인 때문이다. 첫째, 부채합계가 부채와 자본의 합계의 81.6%에서 91.6%로 되면서 5,508,600원만큼 증가하였다. 둘째, 보통주자본금이 부채와 자본의 합계의 4.2%에서 1.9%로 감소하면서 10,500원만큼 감소하였다. 그리하여 이 회사는 장기부채를 더 많이 이용하고 자본금의 비중을 줄임으로써 부채의 자금조달에 더 의존하는 쪽으로 변화하였다.

<도표 14-7>에 나타나 있는 가나상사의 비교포괄손익계산서의 수직분석은 순매출액의 비율로 표시한 매출원가가 47.8%에서 46.6%로 감소하였으며, 물류비와 관리비는 36.7%에서 39.8%로 증가하였다는 것을 보여준다. 수익(순매출액)의 비율로 표시한 순이익은 9.3%에서 6.1%로 감소하였다. 매출액의 비율로 표시한 가나상사의 순이익감소는 매출액의 비율로 표시한 물류비와 관리비 및 기타비용의 증가에 주로 기인한다. 매출원가의 감소가 이러한 비용의 증가를 상쇄하는 데 충분하지 않다.

**도표 14-7 포괄손익계산서의 수직분석**

요약포괄손익계산서

가나상사 1.1부터 12.31까지 (단위: 천원)

| | 20X5 | | 20X4 | |
|---|---|---|---|---|
| | 금액 | 비율 | 금액 | 비율 |
| 순매출액 | 8,853.3 | 100.0 | 6,984.7 | 100.0 |
| 매출원가 | 4,128.5 | 46.6 | 3,327.0 | 47.8 |
| 매출총이익 | 4,724.8 | 53.4 | 3,627.7 | 52.2 |
| 물류비와 관리비 | 3,523.6 | 39.8 | 2,551.4 | 36.7 |
| 기타비용 | 363.8 | 4,1 | 122.1 | 1.7 |
| 법인세차감전순이익 | 862.0 | 9.7 | 923.4 | 13.3 |
| 법인세비용 | 322.1 | 3.6 | 280.0 | 4.0 |
| 순이익 | 539.9 | 6.1 | 643.4 | 9.3 |

수직분석으로 인해서 상이한 규모의 기업들을 비교할 수 있다. 예를 들면, 가나상사의 주요한 경쟁업체의 하나가 백두상사라고 하자. <도표 14-8>과 같이, 수직분석을 이용하여 가나상사와 백두상사의 요약포괄손익계산서를 더욱 의미있게 비교할 수 있다.

**도표 14-8 수직분석의 기업간비교**

요약포괄손익계산서

1.1부터 12.31까지 (단위: 천원)

| | 가나상사 | | 백두상사 | |
|---|---|---|---|---|
| | 금액 | 비율 | 금액 | 비율 |
| 수익(순매출액) | 8,853.3 | 100.0 | 7,949.0 | 100.0 |
| 매출원가 | 4,128.5 | 46.6 | 4,767.0 | 60.0 |
| 매출총이익 | 4,724.8 | 53.4 | 3,182.0 | 40.0 |
| 물류비와 관리비 | 3,523.6 | 39.8 | 1,909.0 | 24.0 |
| 기타비용(법인세비용포함) | 685.9 | 7.7 | 622.0 | 7.8 |
| 당기순이익 | 515.3 | 5.9 | 651.0 | 8.2 |

가나상사의 순매출액이 백두상사의 수익(순매출액)보다 11% 더 많지만, 수직분석은 이러한 규모의 차이를 제거해준다. 가나상사는 백두상사의 매출총이익 40%에 비하여 더 많은 53.4%의 매출총이익을 가지고 있지만, 가나상사의 물류비와 관리비는 순매출액의 39.8%인데 반하여 백두상사의 물류비와 관리비는 순매출액의 24%이다.

## 3절 재무비율분석

기업의 성과와 재무적 건전성을 평가하기 위해서 많은 비율이 이용되고 있다.

## 1. 유동성비율

유동성비율(liquidity ratios)은 기업이 만기가 도래하는 단기채무를 상환하고 예상치 못한 현금수요에 응할 수 있는 단기간의 능력을 측정한다. 은행, 납품업자 등과 같은 단기채권자들이 특히 유동성을 평가하는데 관심이 있다. 유동성비율에는 다음과 같은 것들이 있다.

(1) 유동비율 : 유동비율(current ratio)은 일반적으로 유동성이나 지불능력(solvency)을 검정하는데 이용된다. 유동비율이 높을수록 단기지급능력이 양호한 것으로 평가된다. 이 비율의 공식은 다음과 같다.

$$유동비율 = \frac{유동자산}{유동부채}$$

기업이 유지할 필요가 있는 유동비율의 크기는 현금유입과 현금유출의 필요성 간의 관계에 달려있다. 지속적으로 현금이나 기타 유동자산의 유입을 가지는 (택시회사와 같은) 기업은 유동비율이 작더라도 현재 만기가 도래하는 채무를 쉽게 상환할 수 있을 것이다. 한편, 제품개발과 제조과정이 장기간인 제조기업의 경우에는 유동비율이 높아야 할 것이다.

(2) 당좌비율 : 현금과 현금화의 속도가 빠른 유동자산(예를 들면, 시장성유가증권, 일부 수취채권)을 당좌자산이라고 하는데 이것은 현금화가 상대적으로 어렵고 매각에 따른 손실의 위험이 있는 재고자산을 유동자산에서 차감한 것이다. 당좌비율(quick ratio)은 이러한 당좌자산(유동자산-재고자산)의 합계를 유동부채로 나누어 계산된다. 당좌비율은 기업의 단기지급능력을 평가하기 위해 측정하게 된다.

$$\text{당좌비율} = \frac{\text{유동자산 - 재고자산}}{\text{유동부채}}$$

(3) 영업현금흐름 대 유동부채 비율 : 영업현금흐름 대 유동부채 비율(current debt coverage ratio)은 영업현금흐름을 유동부채로 나누어 계산된다. 이 비율은 영업활동에서 창출한 현금흐름이 단기부채를 상환하는 데 충분한가를 나타내므로 현실적인 단기자금흐름의 유동성지표라고 할 수 있다.

$$\text{영업현금흐름 대 유동부채 비율} = \frac{\text{영업활동 현금흐름}}{\text{평균 유동부채}}$$

## 2. 안전성비율

안전성비율(solvency ratios)은 장기지급능력비율이라고도 하는데, 기업이 장기간 동안 생존할 수 있는 능력을 측정한다. 장기간의 채권자와 주주들은 기업의 장기적인 지불능력, 특히 만기에 부채를 상환하고 이자를 제때에 지불할 수 있는 능력에 관심이 있다.

(1) 부채비율 : 부채비율(debt ratio)은 재무구조의 안정성을 나타낸다. 부채의 경우에는 경영성과에 관계없이 원금과 이자를 반드시 지불해야 하기 때문에, 부채의 의존도가 높은 기업일수록 미래의 지급불능위험(default risk)이 높아진다. 따라서 부채비율은 기업의 장기적인 부채지급능력을 평가하는 지표가 될 수 있다. 부채비율이 높을수록 안정성은 하락하지만 기업의 수익성은 높아질 수 있다. 부채비율은 부채총액을 자기자본으로 나누어 계산된다.

$$\text{부채비율} = \frac{\text{부채}}{\text{자기자본}}$$

(2) 영업활동현금 대 평균부채 비율 : 영업활동현금 대 평균부채 비율(cash debt coverage ratio)은 영업현금흐름을 부채평균치로 나누어 계산된다. 이 비율은 장기부채를 상환하는 데 충분한 현금흐름을 영업활동에서 창출할 수 있는 기업의 능력을 나타낸다.

$$\text{영업활동현금 대 부채비율} = \frac{\text{영업활동 현금흐름}}{\text{평균 부채}}$$

(3) 이자보상비율 : 이자보상비율(time interest earned ratio)은 기업이 타인자본을 사용하면 사용대가로 이자를 지불해야 하는 데, 타인자본인 부채에 대한 이자지급능력을 나타낸다.

$$\text{이자보상율} = \frac{\text{순이익} + \text{이자비용} + \text{법인세비용}}{\text{이자비용}}$$

(4) 고정장기적합율 : 기업의 비유동자산에는 자금이 장기간 묶이게 된다. 따라서 비유동자산은 자기자본이나 비유동부채로 조달하는 것이 바람직하다. 고정장기적합율은 비유동자산에 투자된 자본의 범위를 비유동부채까지 확대하여 자본배분의 안정성을 평가하는 데, 비유동자산을 자기자본과 비유동부채의 합계로 나누어 계산한다.

$$\text{고정장기적합율} = \frac{\text{비유동자산}}{\text{자기자본} + \text{비유동부채}}$$

## 3. 수익성비율

수익성비율(profitability ratios)은 기업이 일정한 기간동안 이익이나 운영결과를 이용한 자원과 관련시켜서 측정하고자 한다. 이것은 효율성개념과도 통하는데, 기업은 적은 자원을 이용하여 가능한 한 많은 이익을 산출하고자 한다. 기업의 이익이나 결손은 기업이 부채와 자본을 조달할 수 있는 능력, 기업의 유동성상태, 성장능력 등에 영향을 준다.

(1) 주당이익 : 주식회사에는 많은 소유자가 있고 이들이 전부 동일한 수의 주식을 가지고 있는 것은 아니기 때문에, 기업의 이익을 주식수에 비례해서 계산하기를 원하는 사람들에게 주당기준으로 표시하는 것이 매우 일반적이다. 주당이익(Earnings Per Share, EPS)의 계산은 기업의 이익에 대해 상이한 청구권을 가지는 두 종류 이상의 주식이 있을 때는 복잡해 질 수 있다. 주당이익은 기본주당이익, 희석주당이익으로 나누어 계산되기도 한다. 단순하게 공식을 나타내면 다음과 같다.

$$\text{주당이익} = \frac{\text{순이익 - 우선주배당금}}{\text{유통보통주 주식수}}$$

(2) 주가이익률 : 주가이익률(Price Earnings Ratio, PER)은 주가수익률이라고도 하는데, 주식시가의 기업이익에 대한 관계를 나타내며 투자자에게 매우 흥미로운 것이다. 주가이익률을 공식으로 나타내면 다음과 같다.

$$\text{주가이익률} = \frac{\text{주식시가}}{\text{주당이익}}$$

주식의 시가는 변동이 심하기 때문에, 이 비율은 가끔 일정한 기간동안 평균시가를 이용하여 계산된다.

(3) 매출총이익률 : 매출총이익률(gross profit ratio)은 기업의 생산 및 매출의 효율성을 평가하는데, 매출총이익을 매출액으로 나누어 계산된다. 매출총이익률이 높을수록 좋은 성과를 의미한다.

$$\text{매출총이익률} = \frac{\text{매출총이익}}{\text{매출액}}$$

(4) 매출순이익률 : 매출순이익률(Profit margin ratio)은 경영성과 전체의 효율성을 평가하는데, 당기순이익을 매출액으로 나누어 계산된다.

$$\text{매출순이익률} = \frac{\text{순이익}}{\text{매출액}}$$

(5) 투자수익률 : 투자수익률(Return on Investment, ROI)는 순이익을 투자금액으로 나눈 것으로 경제적 효율성을 표시하는 것이다. 자산수익률(ROA), 투하자본수익률(ROIC) 자기자본수익률(ROE) 등은 자산이 어느 정도 효율적으로 이용되었는가에 관한 효율성의 척도로써 재무분석에서 이용되고 있다.

① 자산수익률 : 자산수익률(Return on assets, ROA)은 자산을 어떻게 조달하였는가에 관계없이 자산이용의 효율성에 관한 척도로서 유용하다. 이것은 당기순이익을 자산합계로 나누어 구한다.

$$\text{자산수익률} = \frac{\text{당기순이익}}{\text{평균총자산}}$$

② 투하자본수익률: 투하자본수익률(return on invested capital, ROIC)은 오랜 기간 동안 기업에 수탁된 모든 자원을 순이익과 관련시킨다. 이것은 유동부채를 제외한 부채와 자본의 합계액으로 순이익을 나누어서 계산된다.

$$\text{투하자본수익률} = \frac{\text{당기순이익}}{(\text{부채 - 유동부채}) + \text{자본}}$$

③ 자기자본수익률 : 자기자본수익률(Return on equity, ROE)은 주주가 투자한 금액을 순이익과 관련시킨다. 이것은 주주가 불입한 자본과 기업에 적립된 이익잉여금을 통해 주주의 투자가 어떻게 효율적으로 이용되어 왔는지에 관한 효율성의 척도이다.

$$\text{자기자본수익률} = \frac{\text{당기순이익}}{\text{기초자본과 기말자본의 평균}}$$

(6) 배당지급률 : 배당지급률(dividend payout ratio)은 배당성향이라고도 하는데, 배당금으로 지급된 순이익의 비율을 보여준다. 배당수익률과 배당지급율은 기업의 보통주식에 투자한 투자자에 대한 미래배당흐름을 예측하는데 유용하다.

$$\text{배당지급률} = \frac{\text{보통주주의 배당금}}{(\text{보통주주에 귀속하는})\ \text{순이익}}$$

(7) 배당수익률 : 보통주주에 대한 배당수익률(dividend yield ratio)은 주식에 대해 원래 매입한 시가에 의존하며 주식에 대해 원래 매입한 시가로 지급한 배당금을 나눔으로써 계산된다.

$$\text{배당수익률} = \frac{\text{주당배당금}}{\text{주식의 시가}}$$

## 4. 활동성비율

활동성비율은 기업이 그 자산을 효율적으로 이용하고 있는지의 여부를 측정하고자 하는 비율이며, 자산회전율(asset turnover)이라고도 한다. 이 비율의 공식은 다음과 같다.

$$자산회전율 = \frac{순매출액}{자산합계}$$

업종이 다른 경우에는 자산구조도 다르기 때문에, 어떤 산업에 속하는 기업의 자산회전율을 다른 산업에 속하는 기업의 자산회전율과 비교하는 것은 무의미할 수 있으며 조심스럽게 해석해야 한다. 이와 마찬가지로 어떤 기업이 많은 업종에 참가할 때, 자산회전율의 의미는 애매할 수 있으며, 어떤 기업의 한 시점의 자산회전율을 같은 기업의 다른 시점의 자산회전율과 비교하는 것이 가장 타당한 비교가 될 것이다.

자산회전율은 자산종류에 따라 계산할 수 있다. 매출채권, 재고자산, 총자산 등의 회전율은 중요한 회전율에 속한다.

(1) 매출채권회전율 : 매출채권회전율(account receivable turnover)은 매출액을 매출채권으로 나누어 계산되는데, 매출채권의 현금화 속도를 측정한다. 매출채권회전율이 높을수록 매출채권의 관리가 효율적이라는 것을 의미한다.

$$매출채권회전율 = \frac{매출액}{매출채권}$$

여기서 매출액은 순매출액을 의미하고, 매출채권은 기초매출채권과 기말매출채권의 합계액을 2로 나눈 기중의 평균매출채권을 의미한다.

매출채권회전율의 역수에 365일을 곱하여 계산한 것은 매출채권의 평균회수기간을 의미한다. 매출채권 평균회수기간(average collection period)은 매출채권이 매출액으로 실현되는 데 소요되는 기간을 의미하며, 매출채권 평균회수기간이 적을수록 효율적이다.

$$\text{매출채권 평균회수기간} = \frac{1}{\text{매출채권회전율}} \times 365\text{일}$$

(2) 재고자산회전율 : 재고자산회전율(inventory turnover)은 재고자산의 회전속도를 측정하는데 매출액을 재고자산으로 나누어 계산한다. 재고자산회전율이 높을수록 매출활동이 효율적이다.

$$\text{재고자산회전율} = \frac{\text{매출원가}}{\text{재고자산}}$$

여기서 재고자산은 기초재고자산과 기말재고자산의 합계액을 2로 나눈 기중의 평균재고자산액을 의미한다. 재고자산이 취득원가로 평가되어 있기 때문에 분모도 매출액보다는 매출원가를 이용하는 것이 타당할 것이다.

재고자산회전율의 역수에 365일을 곱하면 재고자산회전기간(days in inventory)이 계산된다. 재고자산회전기간은 보유하고 있는 재고자산이 매출액으로 실현되는 데 소요되는 기간을 의미하며, 재고자산회전기간이 적을수록 효율적이다.

$$\text{재고자산회전기간} = \frac{1}{\text{재고자산회전율}} \times 365\text{일}$$

(3) 총자산회전율 : 총자산회전율은 총자산의 활용도를 나타낸다. 이것은 순매출액을 총자산으로 나누어 계산된다. 총자산회전율이 클수록 효율적이다.

$$\text{총자산회전율} = \frac{\text{순매출액}}{\text{총자산}}$$

여기서 총자산은 기초총자산에 기말총자산을 합산하여 2로 나눈 기중의 평균총자산액을 의미한다.

총자산회전율의 역수에 365일을 곱하면 총자산회전기간이 계산된다. 총자산회전기간은 적을수록 효율적이다.

$$\text{총자산회전기간} = \frac{1}{\text{총자산회전율}} \times 365\text{일}$$

(4) 자기자본회전율 : 자기자본회전율은 자기자본의 활용도를 나타낸다. 이것은 순매출액을 자기자본으로 나누어 계산된다. 자기자본회전율이 클수록 효율적이다.

$$\text{자기자본회전율} = \frac{\text{순매출액}}{\text{자기자본}}$$

여기서 자기자본은 기초자기자본에 기말자기자본을 합산하여 2로 나눈 기중의 평균자기자본을 의미한다.

자기자본회전율의 역수에 365일을 곱하면 자기자본회전기간이 계산된다. 자기자본회전기간은 적을수록 효율적이다.

$$\text{자기자본회전기간} = \frac{1}{\text{자기자본회전율}} \times 365\text{일}$$

## 4절 재무비율분석의 한계점

재무비율분석에 의한 재무비율분석을 유용하게 이용하기 위해서는 재무비율분석의 한계점도 분명하게 인식하고 있어야 한다. 재무비율분석의 한계점은 다음과 같다.

1. 재무비율분석은 재무제표의 회계자료에 근거하여 실시되므로, 재무제표가 가지고 있는 한계점을 그대로 가진다. 예를 들면, 역사적 원가에 의해 자산을 평가하고 있기 때문에 재무상태표일 현재의 기업의 재무상태를 제대로 반영하고 있지 않기 때문에 자산평가액도 재무상태표일 현재의 가치가 아니다.
2. 과거자료인 재무제표에 기초하여 비율분석이 실시되므로 기업의 미래예측에 한계가 있다.
3. 다양한 회계처리방법이 일반적으로 인정되고 있기 때문에, 회계처리방법이 기업간에 상이한 경우, 두 기업의 비교는 무의미하며, 한 기업의 경우도 회계처리방법이 변경되었다면 기간간 비율의 비교분석도 무의미하게 된다.
3. 회사의 비율과 비교를 하기 위한 표준비율을 무엇으로 할 것인가에 대한 기준이 없다.
4. 재무상태표의 수치는 계절적 변동 및 물가변동에 따른 영향이 반영되어 있지 않다.

이상과 같이 비율분석에 의해서 재무제표를 분석하는 것은 한계점을 가지고 있으므로 기업을 평가하거나 분석하기 위해서는 재무제표이외에 다양한 정보를 입수해서 분석해야 할 것이다. 예를 들면 그 기업의 경영자의 특성이나 경영전략, 기업구조의 특성 또는 그 기업이 속한 산업의 동향이나 특성, 또는 국가경제의 전반적인 상황 등과 같은 거시경제의 특성 등과 같은 정성적인 정보(qualitative information)도 입수해서 분석해야 할 것이다.

## 전공용어

- 내재적 가치(intrinsic value) • 당좌비율(quick ratio)
- 매출총이익률(profit margin ratio) • 부채비율(debt ratio)
- 배당수익률(dividend yield ratio) • 배당지급률(dividend payout raio)
- 수익성비율(profitability ratio) • 수직분석(vertical analysis)
- 수취채권회전율(receivables turnover ratio) • 수평분석(horizontal analysis)
- 안전성비율(solvency ratio) • 유동비율(current ratio)

• 유동성비율(liquidity ratio) • 이자보상비율(times interest earned ratio)
• 자산수익률(return on assets) • 자산회전율(asset turnover)
• 재고자산회전율(inventory turnover) • 정보중개기관(information intermediaries)
• 주가수익률(price earnings ratio, PE ratio) • 주당이익(earnings per ratio, EPS)
• 지급불능위험(default risk) • 투자수익률(return on investment, ROI)
• 투하자본수익률(return on invested capital, ROIC)
• 평균회수기간(average collection period)

---

## 종합예제

다음은 (주)대한의 재무상태표와 포괄손익계산서이다. 이들을 참고해서 재무비율을 계산하라.

재무상태표

(주)대한 12월 31일 현재 (단위: 천원)

| 자산 | 20X5 | 20X4 |
|---|---|---|
| 유동자산 | | |
| 현금과 단기투자자산 | 150,000 | 136,400 |
| 매출채권(순액) | 678,500 | 693,000 |
| 재고자산 | 503,800 | 451,400 |
| 선급비용 | 236,300 | 215,700 |
| 유동자산합계 | 1,569,200 | 1,496,500 |
| 유형자산(순액) | 2,640,900 | 2,888,800 |
| 무형자산 | 598,600 | 666,200 |
| 자산총계 | 4,808,700 | 5,051,500 |
| **부채와 자본** | | |
| 유동부채 | 1,587,800 | 1,718,500 |
| 비유동부채 | 2,407,700 | 2,443,200 |
| 자본 | 813,200 | 889,800 |
| 부채와 자본의 총계 | 4,808,700 | 5,051,500 |

포괄손익계산서

| (주)대한 | 1월 1일부터 12월 31일까지 | (단위: 천원) |
|---|---|---|
| **자산** | 20X5 | 20X4 |
| 수익(순매출액) | 6,984,200 | 6,762,100 |
| 매출원가 | 3,325,100 | 3,282,600 |
| 매출총이익 | 3,659,100 | 3,479,500 |
| 물류비와 관리비 | 2,830,300 | 2,584,400 |
| 영업이익 | 828,800 | 895,100 |
| 이자비용 | 118,800 | 119,500 |
| 영업외손익 | (173,300) | 6,900 |
| 법인세차감전순이익 | 536,700 | 782,500 |
| 법인세비용 | 198,400 | 279,900 |
| 당기순이익 | 338,300 | 502,600 |

(1) 유동비율
(2) 재고자산회전율(20X3년 12월 31일에 재고자산은 434,300원이었다.)
(3) 부채비율
(4) 이자보상비율
(5) 자본이익률(20X3년 12월 31일의 자본은 997,500원이었다.)
(6) 총자산이익률(20X3년 12월 31일의 자산은 4,877,600원이었다.)
(7) 매출총이익률

**종합예제풀이**

(1) 20X5년의 유동비율; 1,569,200/1,587,800 = 0.99
20X4년의 유동비율; 1,496,500/1,718,500 = 0.87

(2) 20X5년의 재고자산회전율; 3,325,100/(503,800+451,400)/2 = 7.0
20X4년의 재고자산회전율; 3,282,600/(451,400+434,300)/2 = 7.4

(3) 20X5년의 부채비율; 3,995,500/4,808,700 = 83%
20X4년의 부채비율; 4,161,700/5,051,500 = 82%

(4) 20X5년의 이자보상비율; (338,300+198,400+118,800)/118,800 = 5.5
20X4년의 이자보상비율; (502,600+279,900+119,500)/119,500 = 7.5

(5) 20X5년의 자본수익률; 338,300/(813,200+889,800)/2 = 40%
20X4년의 자본수익률; 502,600/(889,800+997,500)/2 = 53%

(6) 20X5년의 자산수익률; 338,300/(4,808,700+5,051,500)/2 = 7%
20X4년의 자산수익률; 502,600/(5,051,500+4,877.600)/2 = 10%

(7) 20X5년의 매출총이익률; 338,300/6,984,200 = 5%
20X4년의 매출총이익률; 502,600/6,762,100 = 7%

## 토의문제

1. 재무비율분석의 목적을 설명하라.
2. 재무제표의 수평분석을 설명하라.
3. 재무제표의 수직분석을 설명하라.
4. 유동성비율을 설명하라.
5. 안전성비율을 설명하라.
6. 수익성비율을 설명하라.
7. 활동성비율을 설명하라.
8. 재무비율분석의 한계점을 설명하라.

## 연습문제

**01** 다음은 (주)지리산의 비교재무상태표이다. 물음에 답하라.

재무상태표

(주)지리산 12월 31일 현재 (단위: 천원)

| 계정과목 | 20X1 | 20X0 | 계정과목 | 20X1 | 20X0 |
|---|---|---|---|---|---|
| 유동자산 | 17,275 | 17,238 | 유동부채 | 20,653 | 26,976 |
| 유형자산(순액) | 15,137 | 15,303 | 비유동부채 | 44,695 | 37,086 |
| 기타자산 | 52,556 | 46,526 | 자본 | 19,620 | 15,005 |
| 자산총계 | 84,968 | 79,067 | 부채와 자본총계 | 84,968 | 79,067 |

(1) 20X0년도를 기준으로 해서 (주)지리산의 재무상태표자료에 대해 수평분석을 실시하라.

(2) 20X0년도를 기준으로 해서 (주)지리산의 재무상태표자료에 대해 수직분석을 실시하라.

**02** (주)계룡산은 다음과 같은 재무상태표자료를 가지고 있다. 물음에 답하라.

재무상태표

(주)계룡산 12월31일 현재 (단위: 천원)

| 계정과목 | 20X5 | 20X4 |
|---|---|---|
| 현금 | 20,000 | 30,000 |
| 매출채권(순액) | 65,000 | 60,000 |
| 재고자산 | 60,000 | 50,000 |
| | 345,000 | 320,000 |
| 매입채무 | 50,000 | 60,000 |
| 차입금(15%) | 100,000 | 100,000 |
| 자본(액면가 10) | 140,000 | 120,000 |
| 이익잉여금 | 55,000 | 40,000 |
| | 345,000 | 320,000 |

20X5년도에 다음과 같은 회계정보가 있다.

1. 당기순이익은 25,000,000원이었다.
2. 외상매출금은 420,000,000원이었다. 매출환입과 매출에누리는 20,000,000원이었다.
3. 매출원가는 198,000,000원이었다.
4. 20X5년 12월 31일 현재 대손충당금은 10,000,000원이고, 20X4년 12월 31일 현재 대손충당금은 8,000,000원이었다.
5. 영업활동으로 인한 순현금유입은 41,000,000원이었다.

20X5년 12월 31일에 다음과 같은 재무비율을 계산하라.

(1) 유동비율 (2) 매출채권회전율 (3) 매출채권평균회수기간

(4) 재고자산회전율 (5) 재고자산회전기간

(6) 영업활동현금 대 평균부채 비율(cash debt coverage ratio)

(7) 영업현금흐름 대 유동부채 비율(current cash debt coverage ratio).

**03** 다음은 20X0년과 20X1년 12월 31일 현재의 목포상사의 재무제표자료이다. 물음에 답하라.

| | 20X1 | 20X0 |
|---|---|---|
| 순매출액 | ₩4,870,400 | ₩4,375,800 |
| 매출원가 | 3,560,000 | 3,169,700 |
| 당기순이익 | 64,000 | (52,000) |
| 매출채권 | 98,600 | 84,500 |
| 재고자산 | 1,285,000 | 1,238,600 |
| 자산총계 | 2,623,200 | 2,557,500 |
| 자본총계 | 888,100 | 777,700 |

다음과 같은 20X1년의 재무비율을 계산하라.

(1) 매출이익률(profit margin ratio) (2) 자산회전율(asset turnover)

(3) 총자산이익률(return on assets) (4) 자본이익률(return on capital)

(5) 매출총이익률(gross profit rate)

**04** 다음은 (주)태백의 포괄손익계산서이다. 추가정보를 참고해서 물음에 답하라.

포괄손익계산서

| (주)태백 | 20X5년1월1일부터 20X5년12월31일까지 (단위: 천원) |
|---|---|
| 매출액 | 400,000 |
| 매출원가 | 230,000 |
| 매출총이익 | 170,000 |
| 비용(이자 15,000와 법인세 24,000포함) | 90,000 |
| 당기순이익 | 80,000 |

<추가정보>

(1) 20X5년 1월 1일에 유통보통주식수는 30,000주이며 20X5년 12월 31일에 유통보통주식수는 40,000주이었다.

(2) 20X5년에 이 회사의 주식의 시가는 15,000원이었다.

(3) 현금배당금은 21,000,000원이었는데, 이 중에서는 5,000,000원은 우선주주에게 지급되었다.

(4) 영업활동에 의한 현금유입은 98,000,000원이었다.

20X5년도에 다음의 비율을 계산하라.

(1) 주당이익(EPS), (2) 주가이익률(price-earnings ratio),

(3) 배당지급률(payout ratio), (4) 이자보상율(times interest earned ratio)

**05** 명동상사는 20X5년 12월 31일에 화재를 겪었는 바, 재무기록의 일부가 파손되었다. 회사는 재무기록의 일부를 구할 수 있었으며, 다음과 같은 잔액을 확인하였다.

| | 20X5년 12월 31일 | 20X4년 12월 31일 |
|---|---|---|
| 현금 | 30,000,000원 | 10,000,000원 |
| 매출채권(순) | 72,500,000 | 126,000,000 |
| 재고자산 | 200,000,000 | 180,000,000 |
| 외상매입금 | 50,000,000 | 10,000,000 |
| 지급어음 | 30,000,000 | 20,000,000 |
| 보통주자본금(액면가 100,000원) | 400,000,000 | 400,000,000 |
| 이익잉여금 | 113,500,000 | 101,000,000 |

<추가정보>

(1) 재고자산회전율은 3.6이다.

(2) 투자자본수익률은 19%이다. 회사에는 주식발행초과금이 없다.

(3) 매출채권회전율은 9.4이다.

(4) 총자산이익률은 14%이다.

(5) 20X4년 12월 31일에 자산총계는 605,000,000원이었다.

다음을 계산하라.

(1) 20X5년도의 매출원가, (2) 20X5년도의 순외상매출금

(3) 20X5년도의 당기순이익 (4) 20X5년 12월 31일 현재 자산총계

**06** 다음은 인천상사의 재무제표이다. 물음에 답하라.

포괄손익계산서

(주)인천상사 1월1일부터 12월31일까지 (단위: 천원)

| | 20X5 | 20X4 |
|---|---|---|
| 순매출액 | 780,000 | 624,000 |
| 매출원가 | 440,000 | 405,600 |
| 매출총이익 | 340,000 | 218,400 |
| 물류비와 관리비 | 143,880 | 149,760 |
| 영업이익 | 196,120 | 68,640 |
| 이자비용 | 9,920 | 7,200 |
| 법인세비용차감전순이익 | 186,200 | 61,440 |
| 법인세비용 | 29,000 | 24,000 |
| 당기순이익 | 157,200 | 37,440 |

재무상태표

12월 31일 현재 (단위: 천원)

| 자산 | 20X5 | 20X4 |
|---|---|---|
| 유동자산 | | |
| 현금 | 23,100 | 21,600 |
| 단기투자자산 | 34,800 | 33,000 |
| 매출채권 | 111,000 | 98,000 |
| 대손충당금 | (4,800) | (4,200) |
| 재고자산 | 116,400 | 64,000 |
| 유동자산합계 | 280,500 | 212,400 |
| 비유동자산 | | |
| 유형자산(순액) | 455,300 | 459,600 |
| 자산총계 | 735,800 | 672,000 |
| **부채와 자본** | | |
| 유동부채 | | |
| 매입채무 | 168,200 | 132,000 |
| 미지급법인세 | 25,300 | 24,000 |
| 유동부채합계 | 193,500 | 156,000 |
| 비유동부채 | | |
| 사채 | 132,000 | 120,000 |
| 부채합계 | 325,500 | 276,000 |
| 자본 | | |
| 보통주자본금 | 140,000 | 150,000 |
| 이익잉여금 | 270,300 | 246,000 |
| 자본합계 | 410,300 | 396,000 |
| 부채와 자본의 총계 | 735,800 | 672,000 |

모든 매출은 외상이었다. 영업활동으로 인한 순현금은 41,000,000원이었다. 20X5년도에 다음의 재무비율을 계산하라.

(1) 주당이익(EPS), (2) 투자자본수익률, (3) 총자산이익률, (4) 유동비율
(5) 매출채권회전율, (6) 평균회수기간, (7) 재고자산회전율
(8) 재고자산회전기간, (9) 이자보상비율, (10) 자산회전율, (11) 부채비율
(12) 영업현금흐름 대 유동부채 비율(current cash debt coverage ratio),
(13) 영업활동현금 대 평균부채 비율(cash debt coverage ratio).

**07** 다음은 부산상사와 대구상사의 비교재무상태표이다. 모든 재무상태표자료는 20X4 년 12월 31일과 20X5년 12월 31일 현재의 자료이다.(단위: 천원)

| | 부산상사 | | 대구상사 | |
|---|---|---|---|---|
| | 20X4 | 20X5 | 20X4 | 20X5 |
| 순매출액 | | 350,000 | | 1,400,000 |
| 매출원가 | | 180,000 | | 720,000 |
| 영업비용 | | 51,000 | | 278,000 |
| 이자비용 | | 3,000 | | 10,000 |
| 법인세비용 | | 11,000 | | 68,000 |
| 유동자산 | 100,000 | 130,000 | 650,000 | 700,000 |
| 유형자산(순) | 270,000 | 405,000 | 750,000 | 1,000,000 |
| 유동부채 | 52,000 | 60,000 | 275,000 | 250,000 |
| 비유동부채 | 68,000 | 50,000 | 150,000 | 200,000 |
| 보통주자본금 | 210,000 | 360,000 | 700,000 | 950,000 |
| 이익잉여금 | 40,000 | 65,000 | 275,000 | 300,000 |

(1) 부산상사와 대구상사의 경우, 20X5년도 포괄손익계산서의 수직분석을 실시하라.
(2) 두 기업의 총자산이익률(return on assets), 자본이익률(return on capital)의 비율을 계산하여 기업의 상대적 수익성(profitability)을 논하라.

**08** 다음은 (주)거제의 요약 재무상태표와 포괄손익계산서이다. 질문에 답하라.

재무상태표

12월31일 현재 (단위: 천원)

| | 20X5 | 20X4 | 20X3 |
|---|---|---|---|
| 현금 | 40,000 | 24,000 | 20,000 |
| 매출채권(순) | 120,000 | 45,000 | 48,000 |
| 기타유동자산 | 80,000 | 75,000 | 62,000 |
| 투자자산 | 90,000 | 70,000 | 50,000 |
| 유형자산(순) | 603,000 | 400,000 | 360,000 |
| | 933,000 | 614,000 | 540,000 |
| 유동부채 | 98,000 | 75,000 | 70,000 |
| 비유동부채 | 250,000 | 75,000 | 70,000 |
| 보통주자본금(액면가 10) | 400,000 | 340,000 | 300,000 |
| 이익잉여금 | 185,000 | 124,000 | 105,000 |
| | 933,000 | 614,000 | 540,000 |

포괄손익계산서

1월1일부터 12월31일까지 (단위: 천원)

| | 20X4 | 20X5 |
|---|---|---|
| 매출액 | 750,000 | 800,000 |
| 매출환입과 에누리 | 50,000 | 40,000 |
| 순매출액 | 700,000 | 760,000 |
| 매출원가 | 400,000 | 420,000 |
| 매출총이익 | 300,000 | 340,000 |
| 영업비용(법인세비용포함) | 225,000 | 194,000 |
| 당기순이익 | 75,000 | 146,000 |

1. (주)거제의 보통주 시가는 20X3, 20X4, 20X5년도에 각각 5,000원, 3,500원, 2,300원이었다.
2. 지급한 배당금을 계산해야 한다. 모든 배당금은 현금으로 지급하였다.

(1) 20X4년과 20X5년도에 다음의 비율을 계산하라.

(a) 매출순이익률, (b) 매출총이익률, (c) 자산회전율, (d) 주당이익
(e) 주가이익률, (f) 배당지급률, (g) 부채비율

(2) 계산한 비율에 근거해서 (주)거제의 20X4년도에서 20X5년까지 재무상태와 경영 성과의 개선여부를 간단히 논하라.

**09** 다음은 경주상사의 재무정보이다.

재무상태표

| 경주상사 | 12월31일 현재 | (단위: 천원) |
|---|---|---|
| **자산** | 20X4 | 20X5 |
| 현금 | 42,000 | 50,000 |
| 단기투자자산 | 50,000 | 80,000 |
| 수취채권(20X4년에 대손충당금 3,000, 20X5년에 대손충당금 4,000을 차감) | 87,000 | 100,000 |
| 재고자산 | 300,000 | 440,000 |
| 선급비용 | 31,000 | 25,000 |
| 토지 | 75,000 | 75,000 |
| 건물(순) | 400,000 | 570,000 |
| 자산총계 | 985,000 | 1,340,000 |
| **부채와 자본 총계** | | |
| 매입채무 | 115,000 | 285,000 |
| 미지급금 | 50,000 | 50,000 |
| 사채(만기 2007) | 100,000 | 200,000 |
| 보통주자본금(액면가 5) | 500,000 | 500,000 |
| 이익잉여금 | 220,000 | 305,000 |
| 부채와 자본 총계 | 985,000 | 1,340,000 |

포괄손익계산서

| 경주상사 | 1월1일부터 12월31일까지 | (단위: 천원) |
|---|---|---|
| | 20X4 | 20X5 |
| 매출액 | 940,000 | 1,000,000 |
| 매출원가 | 635,000 | 650,000 |
| 매출총이익 | 305,000 | 350,000 |
| 기타비용 | 225,000 | 235,000 |
| 당기순이익 | 80,000 | 115,000 |

1. 20X4년의 기초재고자산원가는 350,000,000원이었다.
2. 20X4년의 기초수취채권은 80,000,000원이었는데, 대손충당금 3,000,000원을 차감한 것이다.

3. 20X4년의 기초자산총계는 1,175,000,000원이었다.
4. 20X4년이나 20X5년에 보통주의 거래는 없었다.
5. 모든 매출은 외상이었다.

(1) 20X4년에서 20X5년까지 이 회사의 유동성과 수익성의 변화를 비율을 이용하여 나타내어라.

(2) 아래에는 세 가지 독립적인 상황과 영향을 받을 수 있는 비율이 한개 있다. 각 상황의 경우에, (a) 20X5년 12월 31일 현재 영향을 받을 수 있는 비율을 계산하라. (b) 각 상황에 영향을 준 후에 20X6년 12월 31일 현재의 비율을 계산하라. 20X6년도의 당기순이익은 125,000,000원이었다. 20X6년 12월 31일에 자산총계는 1,450,000,000원이었다.

| 상황 | 비율 |
|---|---|
| 1. 보통주 65,000주를 20X6년 7월 1일에 액면가로 매각하였다. | 자본이익률 |
| 2. 모든 지급어음(20X4년에 25,000,000원, 20X5년에 125,000,000원)은 20X6년에 상환하였다. | 부채비율 |
| 3. 20X6년 12월 31일에 보통주의 시가는 6,250원이었다. 20X5년 12월 31일에 보통주의 시가는 5,000원이었다. | 주가이익률 |

**10** 20X1년도 갑을상사와 병을상사의 재무자료는 다음과 같다. 질문에 답하라.

| | 갑을상사 | 병을상사 |
|---|---|---|
| | 20X1년도의 포괄손익계산서 | |
| 순매출액 | ₩4,333,100 | ₩2,095,700 |
| 매출원가 | 2,846,600 | 1,146,700 |
| 물류비와 관리비 | 1,138,900 | 848,700 |
| 이자비용 | 84,300 | 35,500 |
| 기타(손)익 | (108,000) | (17,200) |
| 법인세비용 | 47,300 | 26,100 |
| 당기순이익 | 108,000 | 21,500 |

| | 기말의 대차대조표 | |
|---|---|---|
| 유동자산 | ₩1,892,300 | ₩1,139,400 |
| 유형자산(순) | 687,500 | 327,700 |
| 기타자산 | 1,434,400 | 507,200 |
| 자산총계 | 4,014,200 | 1,974,300 |
| 유동부채 | 1,070,600 | 549,400 |
| 비유동부채 | 2,192,600 | 649,100 |
| 자본총계 | 751,000 | 775,80 |
| 부채와 자본 총계 | 4,014,200 | 1,974,300 |

| | 기초의 잔액 | |
|---|---|---|
| 자산총계 | ₩4,089,700 | ₩2,069,100 |
| 자본총계 | 692,400 | 844,000 |
| 유동부채 | 1,632,300 | 538,000 |
| 부채총계 | 3,397,300 | 1,225,100 |

| | 기타자료 | |
|---|---|---|
| 평균매출채권(순) | ₩797,700 | ₩670,100 |
| 평균재고자산 | 778,100 | 397,100 |
| 영업활동에 의한 순현금 | 379,100 | 163,700 |

(1) 각 기업의 경우에 다음의 비율을 계산하라.

(a) 유동비율, (b) 수취채권회전율, (c) 평균회수기간

(d) 재고자산회전율, (e) 재고자산, (f) 매출순이익률

(g) 자산회전율, (h) 총자산이익률, (i) 자본이익률, (j) 부채비율

(k) 이자보상비율, (l) 영업현금흐름 대 유동부채 비율,

(m) 영업활동현금 대 평균부채 비율.

(2) 두 기업의 유동성, 지불능력(slovency), 수익성을 비교하라.

# 부록

● 현가와 종가 계산표

## <표 1> 단일금액 1원의 미래가치 $FV = (1+r)^n$

이자율(r)

| 기간(n) | 1% | 2% | 3% | 4% | 5% | 6% | 7% | 8% | 9% | 10% |
|---|---|---|---|---|---|---|---|---|---|---|
| 1 | 1.0100 | 1.0200 | 1.0300 | 1.0400 | 1.0500 | 1.0600 | 1.0700 | 1.0800 | 1.0900 | 1.1000 |
| 2 | 1.0201 | 1.0404 | 1.0609 | 1.0816 | 1.1025 | 1.1236 | 1.1449 | 1.1664 | 1.1881 | 1.2100 |
| 3 | 1.0303 | 1.0612 | 1.0927 | 1.1249 | 1.1576 | 1.1910 | 1.2250 | 1.2597 | 1.2950 | 1.3310 |
| 4 | 1.0406 | 1.0824 | 1.1255 | 1.1699 | 1.2155 | 1.2625 | 1.3108 | 1.3605 | 1.4116 | 1.4641 |
| 5 | 1.0510 | 1.1041 | 1.1593 | 1.2167 | 1.2763 | 1.3382 | 1.4026 | 1.4693 | 1.5386 | 1.6105 |
| 6 | 1.0615 | 1.1262 | 1.1941 | 1.2653 | 1.3401 | 1.4185 | 1.5007 | 1.5869 | 1.6771 | 1.7716 |
| 7 | 1.0721 | 1.1487 | 1.2299 | 1.3159 | 1.4071 | 1.5036 | 1.6058 | 1.7138 | 1.8280 | 1.9487 |
| 8 | 1.0829 | 1.1717 | 1.2668 | 1.3686 | 1.4775 | 1.5938 | 1.7182 | 1.8509 | 1.9926 | 2.1436 |
| 9 | 1.0937 | 1.1951 | 1.3048 | 1.4233 | 1.5513 | 1.6895 | 1.8385 | 1.9990 | 2.1719 | 2.3579 |
| 10 | 1.1046 | 1.2190 | 1.3439 | 1.4802 | 1.6289 | 1.7908 | 1.9672 | 2.1589 | 2.3674 | 2.5937 |
| 11 | 1.1157 | 1.2434 | 1.3842 | 1.5395 | 1.7103 | 1.8983 | 2.1049 | 2.3316 | 2.5804 | 2.8531 |
| 12 | 1.1268 | 1.2682 | 1.4258 | 1.6010 | 1.7959 | 2.0122 | 2.2522 | 2.5182 | 2.8127 | 3.3184 |
| 13 | 1.1381 | 1.2936 | 1.4685 | 1.6651 | 1.8856 | 2.1329 | 2.4098 | 2.7196 | 3.0658 | 3.4523 |
| 14 | 1.1495 | 1.3195 | 1.5126 | 1.7317 | 1.9799 | 2.2609 | 2.5785 | 2.9372 | 3.3417 | 3.7975 |
| 15 | 1.1610 | 1.3459 | 1.5580 | 1.8009 | 2.0789 | 2.3966 | 2.7590 | 3.1722 | 3.6425 | 4.1772 |
| 16 | 1.1726 | 1.3728 | 1.6047 | 1.8730 | 2.1829 | 2.5404 | 2.9522 | 3.4259 | 3.9703 | 4.5950 |
| 17 | 1.1843 | 1.4002 | 1.6528 | 1.9479 | 2.2920 | 2.6928 | 3.1588 | 3.7000 | 4.3276 | 5.0545 |
| 18 | 1.1961 | 1.4282 | 1.7024 | 2.0258 | 2.4066 | 2.8543 | 3.3799 | 3.9960 | 4.7171 | 5.5599 |
| 19 | 1.2081 | 1.4568 | 1.7535 | 2.1068 | 2.5270 | 3.0256 | 3.6165 | 4.3157 | 5.1417 | 6.1159 |
| 20 | 1.2202 | 1.4859 | 1.8061 | 2.1911 | 2.6533 | 3.2071 | 3.8697 | 4.6610 | 5.6044 | 6.7275 |
| 21 | 1.2324 | 1.5157 | 1.8603 | 2.2788 | 2.7860 | 3.3996 | 4.4106 | 5.0338 | 6.1088 | 7.4002 |
| 22 | 1.2447 | 1.5460 | 1.9161 | 2.3699 | 2.9253 | 3.6035 | 4.4304 | 5.4365 | 6.6586 | 8.1403 |
| 23 | 1.2572 | 1.5769 | 1.9736 | 2.4647 | 3.0715 | 3.8197 | 4.7405 | 5.8715 | 7.2579 | 8.9543 |
| 24 | 1.2697 | 1.6084 | 2.0328 | 2.5633 | 3.2251 | 4.0489 | 5.0724 | 6.3412 | 7.9111 | 9.8497 |
| 25 | 1.2824 | 1.6406 | 2.0938 | 2.6658 | 3.3864 | 4.2919 | 5.4274 | 6.8485 | 8.6231 | 10.835 |
| 26 | 1.2953 | 1.6734 | 2.1566 | 2.7725 | 3.5557 | 4.5494 | 5.8074 | 7.3964 | 9.3992 | 11.918 |
| 27 | 1.3082 | 1.7069 | 2.2213 | 2.8834 | 3.7335 | 4.8223 | 6.2139 | 7.9881 | 10.245 | 13.110 |
| 28 | 1.3213 | 1.7410 | 2.2879 | 2.9987 | 3.9201 | 5.1117 | 6.6488 | 8.6271 | 11.167 | 14.421 |
| 29 | 1.3345 | 1.7758 | 2.3566 | 3.1187 | 4.1161 | 5.4184 | 7.1143 | 9.3173 | 12.172 | 15.863 |
| 30 | 1.3478 | 1.8114 | 2.4273 | 3.2434 | 4.3219 | 5.7435 | 7.6123 | 10.063 | 13.268 | 17.449 |

이자율(r)

| 기간(n) | 11% | 12% | 13% | 14% | 15% | 16% | 17% | 18% | 19% | 20% |
|---|---|---|---|---|---|---|---|---|---|---|
| 1 | 1.1100 | 1.1200 | 1.1300 | 1.1400 | 1.1500 | 1.1600 | 1.1700 | 1.1800 | 1.1900 | 1.2000 |
| 2 | 1.2321 | 1.2544 | 1.2769 | 1.2996 | 1.3225 | 1.3456 | 1.3689 | 1.3924 | 1.4161 | 1.4400 |
| 3 | 1.3676 | 1.4094 | 1.4429 | 1.4815 | 1.5209 | 1.5609 | 1.6016 | 1.6430 | 1.6852 | 1.7280 |
| 4 | 1.5180 | 1.5735 | 1.6305 | 1.6890 | 1.7490 | 1.8106 | 1.8739 | 1.9388 | 2.0053 | 2.0736 |
| 5 | 1.6851 | 1.7623 | 1.8424 | 1.9254 | 2.0114 | 2.1003 | 2.1924 | 2.2878 | 2.3864 | 2.4883 |
| 6 | 1.8704 | 1.9738 | 2.0820 | 2.1950 | 2.3131 | 2.4364 | 2.5652 | 2.6996 | 2.8398 | 2.9860 |
| 7 | 2.0762 | 2.2107 | 2.3526 | 2.5023 | 2.6600 | 2.8262 | 3.0012 | 3.1855 | 3.3793 | 3.5832 |
| 8 | 2.3045 | 2.4760 | 2.6584 | 2.8526 | 3.0590 | 3.2784 | 3.5115 | 3.7589 | 4.0214 | 4.2998 |
| 9 | 2.5580 | 2.7731 | 3.0040 | 3.2519 | 3.5179 | 3.8030 | 4.1084 | 4.4355 | 4.7854 | 5.1598 |
| 10 | 2.8394 | 3.1058 | 3.3946 | 3.7072 | 4.0456 | 4.4114 | 4.8068 | 5.2338 | 5.6947 | 6.1917 |
| 11 | 3.1518 | 3.4785 | 3.8359 | 4.2262 | 4.6524 | 5.1173 | 5.6240 | 6.1759 | 6.7767 | 7.4301 |
| 12 | 3.4985 | 3.8960 | 4.3345 | 4.8179 | 5.3503 | 5.9360 | 6.5801 | 7.2876 | 8.0642 | 8.9161 |
| 13 | 3.8833 | 4.3635 | 4.8980 | 5.4924 | 6.1528 | 6.8858 | 7.6987 | 8.5994 | 9.5964 | 10.699 |
| 14 | 4.3104 | 4.8871 | 5.5348 | 6.2613 | 7.0757 | 7.9875 | 9.0075 | 10.147 | 11.420 | 12.839 |
| 15 | 4.7846 | 5.4736 | 6.2543 | 7.1379 | 8.1371 | 9.2655 | 10.539 | 11.974 | 13.589 | 15.407 |
| 16 | 5.3109 | 6.1304 | 7.0673 | 8.1372 | 9.3576 | 10.748 | 12.330 | 14.129 | 16.172 | 18.488 |
| 17 | 5.8951 | 6.8660 | 7.9861 | 9.2765 | 10.761 | 12.468 | 14.427 | 16.672 | 19.244 | 22.186 |
| 18 | 6.5436 | 7.6900 | 9.0243 | 10.575 | 12.375 | 14.463 | 16.879 | 19.673 | 22.901 | 22.623 |
| 19 | 7.2633 | 8.6128 | 10.197 | 12.056 | 14.232 | 16.777 | 19.748 | 23.214 | 27.252 | 31.948 |
| 20 | 8.0623 | 9.6463 | 11.523 | 13.743 | 16.367 | 19.461 | 23.106 | 27.393 | 32.429 | 38.338 |
| 21 | 8.9492 | 1.0804 | 13.021 | 15.668 | 18.822 | 22.574 | 27.034 | 32.324 | 38.591 | 46.005 |
| 22 | 9.9336 | 12.100 | 14.714 | 17.861 | 21.645 | 26.186 | 31.629 | 38.142 | 45.923 | 55.206 |
| 23 | 11.026 | 13.552 | 16.626 | 20.362 | 24.891 | 30.376 | 37.006 | 45.008 | 54.648 | 66.247 |
| 24 | 12.239 | 15.179 | 18.788 | 23.212 | 28.625 | 35.236 | 43.297 | 53.109 | 65.032 | 79.497 |
| 25 | 13.586 | 17.000 | 21.231 | 26.462 | 32.919 | 40.874 | 50.658 | 62.669 | 77.388 | 95.396 |
| 26 | 15.080 | 19.040 | 23.991 | 30.167 | 37.857 | 47.414 | 59.270 | 73.949 | 92.092 | 114.48 |
| 27 | 16.738 | 21.325 | 27.109 | 34.390 | 34.535 | 55.000 | 69.345 | 87.260 | 109.56 | 137.37 |
| 28 | 18.580 | 23.884 | 30.634 | 39.204 | 50.066 | 63.811 | 81.134 | 102.97 | 130.41 | 164.84 |
| 29 | 20.624 | 26.750 | 34.617 | 44.693 | 57.575 | 74.009 | 94.927 | 121.50 | 155.19 | 197.81 |
| 30 | 22.892 | 29.960 | 39.116 | 50.950 | 66.212 | 85.850 | 111.06 | 143.37 | 184.67 | 237.38 |

## <표 2> 단일금액 1원의 현재가치 $PV^{(n,r)} = \frac{1}{(1+r)^n}$

이자율(r)

| 기간(n) | 1% | 2% | 3% | 4% | 5% | 6% | 7% | 8% | 9% | 10% |
|---|---|---|---|---|---|---|---|---|---|---|
| 1 | .9901 | .9704 | .9709 | .9615 | .9524 | .9434 | .9346 | .9259 | .9174 | .9091 |
| 2 | .9803 | .9612 | .9426 | .9246 | .9070 | .8900 | .8734 | .8573 | .8417 | .8264 |
| 3 | .9706 | .9423 | .9151 | .8890 | .8638 | .8396 | .8163 | .7938 | .7722 | .7513 |
| 4 | .9610 | .9238 | .8885 | .8548 | .8227 | .7921 | .7629 | .7350 | .7084 | .6830 |
| 5 | .9515 | .9057 | .8626 | .8219 | .7835 | .7473 | .7130 | .6806 | .6499 | .6209 |
| 6 | .9420 | .8880 | .8375 | .7903 | .7462 | .7050 | .6663 | .6302 | .5963 | .5645 |
| 7 | .9327 | .8706 | .8131 | .7599 | .7107 | .6651 | .6227 | .5835 | .5470 | .5132 |
| 8 | .9235 | .8535 | .7894 | .7307 | .6768 | .6274 | .5820 | .5403 | .5019 | .4665 |
| 9 | .9143 | .8368 | .7664 | .7026 | .6446 | .5919 | .5429 | .5002 | .4604 | .4241 |
| 10 | .9053 | .8203 | .7441 | .6756 | .6139 | .5584 | .5083 | .4632 | .4224 | .3855 |
| 11 | .8963 | .8043 | .7224 | .6496 | .5847 | .5268 | .4751 | .4289 | .3875 | .3505 |
| 12 | .8874 | .7885 | .7014 | .6246 | .5568 | .4970 | .4440 | .3971 | .3555 | .3186 |
| 13 | .8787 | .7730 | .6810 | .6006 | .5303 | .4688 | .4150 | .3677 | .3262 | .2897 |
| 14 | .8700 | .7579 | .6611 | .5775 | .5051 | .4423 | .3878 | .3405 | .2992 | .2633 |
| 15 | .8613 | .7430 | .6419 | .5553 | .4810 | .4173 | .3624 | .3152 | .2745 | .2394 |
| 16 | .8528 | .7284 | .6232 | .5339 | .4581 | .3936 | .3387 | .2919 | .2519 | .2176 |
| 17 | .8444 | .7142 | .6052 | .5134 | .4363 | .3714 | .3166 | .2703 | .2311 | .1978 |
| 18 | .8360 | .7002 | .5874 | .4936 | .4155 | .3503 | .2959 | .2502 | .2120 | .1799 |
| 19 | .8277 | .6864 | .5703 | .4746 | .3957 | .3305 | .2765 | .2317 | .1945 | .1635 |
| 20 | .8195 | .6730 | .5537 | .4564 | .3769 | .3118 | .2584 | .2145 | .1784 | .1486 |
| 21 | .8114 | .6598 | .5375 | .4388 | .3589 | .2942 | .2415 | .1987 | .1637 | .1351 |
| 22 | .8034 | .6468 | .5219 | .4220 | .3418 | .2775 | .2257 | .1839 | .1502 | .1228 |
| 23 | .7954 | .6324 | .5067 | .4057 | .3256 | .2618 | .2109 | .1703 | .1378 | .1117 |
| 24 | .7876 | .6217 | .4919 | .3901 | .3101 | .2470 | .1971 | .1577 | .1264 | .1015 |
| 25 | .7798 | .6095 | .4776 | .3751 | .2953 | .2330 | .1842 | .1460 | .1160 | .0923 |
| 26 | .7720 | .5976 | .4637 | .3604 | .2812 | .2198 | .1722 | .1352 | .1064 | .0839 |
| 27 | .7644 | .5859 | .4502 | .3468 | .2678 | .2074 | .1609 | .1252 | .0976 | .0763 |
| 28 | .7568 | .5744 | .4371 | .3335 | .2551 | .1956 | .1504 | .1159 | .0895 | .0693 |
| 29 | .7493 | .5631 | .4243 | .3207 | .2429 | .1846 | .1406 | .1073 | .0822 | .0630 |
| 30 | .7419 | .5521 | .4120 | .3083 | .2314 | .1741 | .1314 | .0994 | .0754 | .0573 |

이자율(r)

| 기간(n) | 11% | 12% | 13% | 14% | 15% | 16% | 17% | 18% | 19% | 20% |
|---|---|---|---|---|---|---|---|---|---|---|
| 1 | .9009 | .8929 | .8850 | .8772 | .8696 | .8621 | .8547 | .8475 | .8403 | .8333 |
| 2 | .8116 | .7972 | .7831 | .7695 | .7561 | .7432 | .7305 | .7182 | .7062 | .6944 |
| 3 | .7312 | .7118 | .6931 | .6750 | .6575 | .6407 | .6244 | .6086 | .5934 | .5787 |
| 4 | .6587 | .6355 | .6133 | .5921 | .5718 | .5523 | .5337 | .5158 | .4987 | .4323 |
| 5 | .5935 | .5674 | .5428 | .5194 | .4972 | .4761 | .4561 | .4371 | .4190 | .4019 |
| 6 | .5346 | .5066 | .4803 | .4556 | .4323 | .4104 | .3898 | .3704 | .3521 | .3349 |
| 7 | .4817 | .4523 | .4251 | .3996 | .3759 | .3538 | .3332 | .3139 | .2959 | .2791 |
| 8 | .4339 | .4039 | .3762 | .3506 | .3269 | .3050 | .2848 | .2660 | .2487 | .2326 |
| 9 | .3909 | .3606 | .3329 | .3075 | .2843 | .2630 | .2434 | .2255 | .2090 | .1938 |
| 10 | .3522 | .3220 | .2946 | .2697 | .2472 | .2267 | .2080 | .1911 | .1756 | .1615 |
| 11 | .3137 | .2875 | .2607 | .2366 | .2149 | .1954 | .1773 | .1619 | .1476 | .1346 |
| 12 | .2858 | .2567 | .2307 | .2076 | .1869 | .1685 | .1520 | .1372 | .1240 | .1122 |
| 13 | .2575 | .2292 | .2042 | .1821 | .1625 | .1452 | .1299 | .1163 | .1042 | .0935 |
| 14 | .2320 | .2046 | .1807 | .1597 | .1413 | .1252 | .1110 | .0985 | .0876 | .0779 |
| 15 | .2090 | .1827 | .1599 | .1401 | .1229 | .1079 | .0949 | .0835 | .0736 | .0649 |
| 16 | .1883 | .1631 | .1415 | .1229 | .1069 | .0930 | .0811 | .0708 | .0618 | .0541 |
| 17 | .1696 | .1456 | .1252 | .1073 | .0929 | .0802 | .0693 | .0600 | .0520 | .0451 |
| 18 | .1523 | .1300 | .1103 | .0946 | .0803 | .0691 | .0592 | .0508 | .0437 | .0376 |
| 19 | .1377 | .1161 | .0981 | .0829 | .0703 | .0596 | .0506 | .0431 | .0367 | .0313 |
| 20 | .1240 | .1037 | .0863 | .0723 | .0611 | .0514 | .0433 | .0365 | .0303 | .0261 |
| 21 | .1117 | .0926 | .0768 | .0633 | .0531 | .0443 | .0370 | .0309 | .0259 | .0217 |
| 22 | .1007 | .0826 | .0680 | .0560 | .0462 | .0382 | .0316 | .0262 | .0218 | .0181 |
| 23 | .0907 | .0738 | .0601 | .0491 | .0402 | .0329 | .0270 | .0222 | .0183 | .0151 |
| 24 | .0817 | .0659 | .0532 | .0431 | .0349 | .0284 | .0231 | .0188 | .0154 | .0126 |
| 25 | .0736 | .0588 | .0471 | .0378 | .0304 | .0245 | .0197 | .0160 | .0129 | .0105 |
| 26 | .0663 | .0525 | .0417 | .0331 | .0264 | .0211 | .0169 | .0135 | .0109 | .0087 |
| 27 | .0597 | .0469 | .0369 | .0291 | .0230 | .0182 | .0144 | .0115 | .0091 | .0073 |
| 28 | .0538 | .0419 | .0325 | .0255 | .0200 | .0157 | .0123 | .0097 | .0077 | .0061 |
| 29 | .0485 | .0374 | .0289 | .0224 | .0174 | .0135 | .0105 | .0082 | .0064 | .0051 |
| 30 | .0437 | .0334 | .0256 | .0196 | .0151 | .0116 | .0090 | .0070 | .0054 | .0042 |

## <표 3> 정상연금 1원의 미래가치 $FVA = \frac{(1+r)^n - 1}{r}$

이자율(r)

| 기간(n) | 1% | 2% | 3% | 4% | 5% | 6% | 7% | 8% | 9% | 10% |
|---|---|---|---|---|---|---|---|---|---|---|
| 1 | 1.0000 | 1.0000 | 1.0000 | 1.0000 | 1.0000 | 1.0000 | 1.0000 | 1.0000 | 1.0000 | 1.0000 |
| 2 | 2.0100 | 2.0200 | 2.0300 | 2.0400 | 2.0500 | 2.0600 | 2.0700 | 2.0800 | 2.0900 | 2.1000 |
| 3 | 3.0301 | 3.0604 | 3.0909 | 3.1216 | 3.1525 | 3.1836 | 3.2149 | 3.2464 | 3.2781 | 3.3100 |
| 4 | 4.0604 | 4.1216 | 4.1836 | 4.2465 | 4.3101 | 4.3746 | 4.4399 | 4.5061 | 4.5731 | 4.6410 |
| 5 | 5.1010 | 5.2040 | 5.3091 | 5.4163 | 5.5256 | 5.6371 | 5.7507 | 5.8666 | 5.9847 | 6.1051 |
| 6 | 6.1520 | 6.3081 | 6.4684 | 6.6330 | 6.8019 | 6.9753 | 7.1533 | 7.3359 | 7.5233 | 7.7156 |
| 7 | 7.2135 | 7.4343 | 7.6625 | 7.8983 | 8.1420 | 8.3938 | 8.6540 | 8.9228 | 9.2004 | 9.4872 |
| 8 | 8.2857 | 8.5830 | 8.8923 | 9.2142 | 9.5491 | 9.8975 | 10.260 | 10.637 | 11.028 | 11.436 |
| 9 | 9.3685 | 9.7546 | 10.159 | 10.583 | 11.027 | 11.491 | 11.978 | 12.488 | 13.021 | 13.579 |
| 10 | 10.462 | 10.950 | 11.464 | 12.006 | 12.578 | 13.181 | 13.816 | 14.487 | 15.193 | 15.937 |
| 11 | 11.567 | 12.169 | 12.808 | 13.486 | 14.207 | 14.972 | 15.784 | 16.645 | 17.560 | 18.531 |
| 12 | 12.683 | 13.412 | 14.192 | 15.026 | 15.917 | 16.870 | 17.888 | 18.977 | 20.141 | 21.384 |
| 13 | 13.809 | 14.680 | 15.618 | 16.627 | 17.713 | 18.882 | 20.141 | 21.495 | 22.953 | 24.523 |
| 14 | 14.947 | 15.974 | 17.086 | 18.292 | 19.599 | 21.015 | 22.550 | 24.215 | 26.019 | 27.975 |
| 15 | 16.097 | 17.293 | 18.599 | 20.024 | 21.579 | 23.276 | 25.129 | 27.152 | 29.361 | 31.772 |
| 16 | 17.258 | 18.639 | 20.157 | 21.825 | 25.657 | 25.673 | 27.888 | 30.324 | 33.003 | 35.950 |
| 17 | 18.430 | 20.012 | 21.762 | 23.698 | 25.840 | 28.213 | 30.840 | 33.750 | 36.974 | 40.545 |
| 18 | 19.615 | 21.412 | 23.414 | 25.645 | 28.132 | 30.906 | 33.999 | 37.450 | 41.301 | 45.599 |
| 19 | 20.811 | 22.841 | 25.117 | 27.671 | 30.539 | 33.760 | 37.379 | 41.446 | 46.018 | 51.159 |
| 20 | 22.019 | 24.297 | 26.870 | 29.778 | 33.066 | 36.786 | 40.995 | 45.762 | 51.160 | 57.275 |
| 21 | 23.239 | 25.783 | 28.676 | 31.969 | 35.719 | 39.993 | 44.865 | 50.423 | 56.765 | 64.002 |
| 22 | 24.472 | 27.299 | 30.537 | 34.248 | 38.505 | 43.392 | 49.006 | 55.457 | 62.873 | 71.403 |
| 23 | 25.716 | 28.845 | 32.453 | 36.618 | 41.430 | 46.996 | 53.436 | 60.893 | 69.532 | 79.543 |
| 24 | 26.973 | 30.422 | 34.426 | 39.083 | 44.502 | 50.816 | 58.177 | 66.765 | 76.790 | 88.497 |
| 25 | 28.243 | 32.030 | 36.459 | 41.646 | 47.727 | 54.865 | 63.249 | 73.106 | 84.701 | 98.347 |
| 26 | 29.526 | 33.671 | 38.553 | 44.312 | 51.113 | 59.156 | 68.676 | 79.954 | 93.324 | 109.18 |
| 27 | 30.821 | 35.344 | 40.710 | 47.084 | 54.669 | 63.706 | 74.484 | 87.351 | 102.72 | 121.10 |
| 28 | 32.129 | 37.051 | 42.931 | 49.968 | 58.403 | 68.528 | 80.698 | 95.339 | 112.97 | 134.21 |
| 29 | 33.450 | 38.792 | 45.219 | 52.966 | 62.323 | 73.640 | 87.347 | 103.97 | 124.14 | 148.63 |
| 30 | 34.785 | 40.568 | 47.575 | 56.085 | 66.439 | 79.058 | 94.461 | 113.28 | 136.31 | 164.49 |

이자율(r)

| 기간(n) | 11% | 12% | 13% | 14% | 15% | 16% | 17% | 18% | 19% | 20% |
|---|---|---|---|---|---|---|---|---|---|---|
| 1 | 1.0000 | 1.0000 | 1.0000 | 1.0000 | 1.0000 | 1.0000 | 1.0000 | 1.0000 | 1.0000 | 1.0000 |
| 2 | 2.1100 | 2.1200 | 2.1300 | 2.1400 | 2.1500 | 2.1600 | 2.1700 | 2.1800 | 2.1900 | 2.2000 |
| 3 | 3.3421 | 3.3744 | 3.4069 | 3.4396 | 3.4725 | 3.5056 | 3.5389 | 3.5724 | 3.6061 | 3.6400 |
| 4 | 4.7097 | 4.7793 | 4.8498 | 4.9211 | 4.9934 | 5.0665 | 5.1405 | 5.2154 | 5.2913 | 5.3680 |
| 5 | 6.2278 | 6.3528 | 6.4803 | 6.6101 | 6.7424 | 6.8771 | 7.0144 | 7.1542 | 7.2966 | 7.4416 |
| 6 | 7.9130 | 8.1152 | 8.3230 | 8.5355 | 8.7537 | 8.9775 | 9.2068 | 9.4420 | 9.6830 | 9.9299 |
| 7 | 9.7830 | 10.089 | 10.402 | 10.730 | 11.067 | 11.414 | 11.772 | 12.142 | 12.523 | 12.916 |
| 8 | 11.859 | 12.300 | 12.757 | 13.233 | 13.727 | 14.240 | 14.773 | 15.327 | 15.902 | 16.499 |
| 9 | 14.163 | 14.776 | 15.416 | 16.085 | 16.786 | 17.519 | 18.285 | 19.086 | 19.923 | 20.799 |
| 10 | 16.722 | 17.549 | 18.419 | 19.337 | 20.304 | 21.321 | 22.393 | 23.521 | 24.709 | 25.959 |
| 11 | 19.561 | 20.655 | 21.814 | 23.045 | 24.349 | 25.733 | 27.199 | 28.755 | 30.404 | 32.150 |
| 12 | 22.713 | 24.133 | 25.650 | 27.271 | 29.002 | 30.850 | 32.823 | 34.973 | 37.180 | 39.581 |
| 13 | 26.211 | 28.029 | 29.984 | 32.089 | 34.352 | 36.786 | 39.404 | 42.219 | 45.244 | 48.497 |
| 14 | 30.095 | 32.393 | 34.883 | 37.581 | 40.505 | 43.672 | 47.103 | 50.818 | 54.841 | 59.196 |
| 15 | 34.405 | 37.280 | 40.418 | 43.482 | 47.580 | 51.660 | 56.110 | 60.965 | 66.261 | 72.035 |
| 16 | 39.199 | 42.753 | 46.672 | 50.980 | 55.717 | 60.925 | 66.649 | 72.939 | 79.850 | 87.442 |
| 17 | 44.501 | 48.884 | 53.739 | 59.118 | 65.075 | 71.673 | 78.979 | 873068 | 96.022 | 105.93 |
| 18 | 50.396 | 55.750 | 61.725 | 68.394 | 75.836 | 84.141 | 93.406 | 103.74 | 115.26 | 128.12 |
| 19 | 56.939 | 63.440 | 70.749 | 78.969 | 88.212 | 98.603 | 110.29 | 123.41 | 138.16 | 154.74 |
| 20 | 64.203 | 70.052 | 80.947 | 91.025 | 102.44 | 115.38 | 130.03 | 146.63 | 165.42 | 186.69 |
| 21 | 72.265 | 81.699 | 92.469 | 104.77 | 118.81 | 134.84 | 153.14 | 174.02 | 197.85 | 225.03 |
| 22 | 81.214 | 92.503 | 105.49 | 120.44 | 137.63 | 157.41 | 180.17 | 206.34 | 236.44 | 271.03 |
| 23 | 91.148 | 104.60 | 120.20 | 138.30 | 159.28 | 183.60 | 211.80 | 244.49 | 282.36 | 326.24 |
| 24 | 102.17 | 118.16 | 136.83 | 158.66 | 184.17 | 213.98 | 248.81 | 289.49 | 337.01 | 392.48 |
| 25 | 114.41 | 133.33 | 155.62 | 181.87 | 212.79 | 249.21 | 292.10 | 342.60 | 402.04 | 471.98 |
| 26 | 127.99 | 150.33 | 176.85 | 208.33 | 245.71 | 290.09 | 342.76 | 405.27 | 497.43 | 567.38 |
| 27 | 143.08 | 169.37 | 200.84 | 238.50 | 283.57 | 337.50 | 402.03 | 479.22 | 571.52 | 681.85 |
| 28 | 159.82 | 190.70 | 227.95 | 272.89 | 327.10 | 392.50 | 471.38 | 566.48 | 681.11 | 819.22 |
| 29 | 178.39 | 214.58 | 258.58 | 312.09 | 377.17 | 456.30 | 552.51 | 669.45 | 811.52 | 984.07 |
| 30 | 199.02 | 241.33 | 293.19 | 356.79 | 434.75 | 530.31 | 647.44 | 790.95 | 966.71 | 1181.9 |

## <표 4> 정상연금 1원의 현재가치 $PVA = \frac{1-(1+r)^{-n}}{r}$

이자율(r)

| 기간(n) | 1% | 2% | 3% | 4% | 5% | 6% | 7% | 8% | 9% | 10% |
|---|---|---|---|---|---|---|---|---|---|---|
| 1 | 0.9901 | 0.9804 | 0.9616 | 0.9615 | 0.9524 | 0.9434 | 0.9346 | 0.9259 | 0.9174 | 0.9091 |
| 2 | 1.9704 | 1.9416 | 1.9165 | 1.8861 | 1.8594 | 1.8334 | 1.8080 | 1.7833 | 1.7591 | 1.7355 |
| 3 | 2.9410 | 2.8839 | 2.8286 | 2.7751 | 2.7232 | 2.6730 | 2.6243 | 2.5771 | 2.5313 | 2.4868 |
| 4 | 3.9020 | 3.8077 | 3.7171 | 3.6299 | 3.5460 | 3.4651 | 3.3872 | 3.3121 | 3.2397 | 3.1699 |
| 5 | 4.8534 | 4.7135 | 4.5797 | 4.4518 | 4.3295 | 4.2124 | 4.1002 | 3.9927 | 3.8897 | 3.7908 |
| 6 | 5.7955 | 5.6014 | 5.4172 | 5.2421 | 5.0757 | 4.9173 | 4.7665 | 4.6229 | 4.4859 | 4.3553 |
| 7 | 6.7282 | 6.4720 | 6.2303 | 6.0021 | 5.7865 | 5.5824 | 5.3893 | 5.2064 | 5.0330 | 4.8684 |
| 8 | 7.6517 | 7.3255 | 7.0197 | 6.7327 | 6.4632 | 6.2098 | 5.9713 | 5.7466 | 5.5348 | 5.3349 |
| 9 | 8.5660 | 8.1622 | 7.7861 | 7.4353 | 7.1078 | 6.8017 | 6.5152 | 6.2469 | 5.9952 | 5.7590 |
| 10 | 9.4713 | 8.9826 | 8.5302 | 8.1109 | 7.7217 | 7.3601 | 7.0236 | 6.7101 | 6.4177 | 6.1446 |
| 11 | 10.368 | 9.7868 | 9.2526 | 8.7605 | 8.3064 | 7.8869 | 7.4987 | 7.1390 | 6.8052 | 6.4951 |
| 12 | 11.255 | 10.575 | 9.9540 | 9.3851 | 8.8633 | 8.3838 | 7.9427 | 7.5361 | 7.1607 | 6.8137 |
| 13 | 12.134 | 11.348 | 10.635 | 9.9856 | 9.3936 | 8.8527 | 8.3577 | 7.9038 | 7.4869 | 7.1034 |
| 14 | 13.004 | 12.106 | 11.296 | 10.563 | 9.8986 | 9.2950 | 8.7455 | 8.2442 | 7.7862 | 7.3667 |
| 15 | 13.865 | 12.849 | 11.938 | 11.118 | 10.380 | 9.7122 | 9.1079 | 8.5595 | 8.0607 | 7.6061 |
| 16 | 14.718 | 13.578 | 12.561 | 11.652 | 10.838 | 10.106 | 9.4466 | 8.8514 | 8.3136 | 7.8237 |
| 17 | 15.562 | 14.292 | 13.166 | 12.166 | 11.274 | 10.477 | 9.7632 | 9.1216 | 8.5436 | 8.0216 |
| 18 | 16.398 | 14.992 | 13.756 | 12.659 | 11.690 | 10.828 | 10.059 | 9.3719 | 8.7556. | 8.2014 |
| 19 | 17.226 | 15.679 | 14.324 | 13.134 | 12.085 | 11.158 | 10.336 | 9.6036 | 8.9501 | 8.3649 |
| 20 | 18.046 | 16.351 | 14.877 | 13.590 | 12.462 | 11.470 | 10.594 | 9.8181 | 9.1285 | 8.5136 |
| 21 | 18.857 | 17.011 | 15.415 | 14.029 | 12.821 | 11.764 | 10.835 | 10.017 | 9.2922 | 8.6487 |
| 22 | 19.660 | 17.658 | 15.937 | 14.451 | 13.163 | 12.042 | 11.061 | 10.201 | 9.4424 | 8.7715 |
| 23 | 20.456 | 18.292 | 16.444 | 14.857 | 13.489 | 12.303 | 11.272 | 10.371 | 9.5802 | 8.8832 |
| 24 | 21.243 | 18.914 | 16.935 | 15.247 | 13.799 | 12.550 | 11.469 | 10.529 | 9.7066 | 8.8947 |
| 25 | 22.023 | 19.524 | 17.413 | 15.622 | 14.094 | 12.783 | 11.654 | 10.675 | 9.8266 | 9.0770 |
| 26 | 22.795 | 21.121 | 17.877 | 15.983 | 14.375 | 13.003 | 11.826 | 10.810 | 9.9290 | 9.1609 |
| 27 | 23.560 | 20.707 | 18.327 | 16.330 | 14.643 | 13.210 | 11.987 | 10.935 | 10.027 | 9.2372 |
| 28 | 24.316 | 21.281 | 18.764 | 16.663 | 14.989 | 13.406 | 12.137 | 11.051 | 10.116 | 9.3066 |
| 29 | 25.066 | 21.844 | 19.188 | 16.984 | 15.141 | 13.591 | 12.278 | 11.158 | 10.198 | 9.3696 |
| 30 | 25.808 | 22.397 | 19.600 | 17.292 | 15.373 | 13.765 | 12.409 | 11.258 | 10.274 | 9.4269 |

이자율(r)

| 기간(n) | 11% | 12% | 13% | 14% | 15% | 16% | 17% | 18% | 19% | 20% |
|---|---|---|---|---|---|---|---|---|---|---|
| 1 | 0.9009 | 0.8929 | 0.8850 | 0.8772 | 0.8696 | 0.8621 | 0.8547 | 0.8475 | 0.8403 | 0.8333 |
| 2 | 1.7125 | 1.6901 | 1.6681 | 1.6467 | 1.6257 | 1.6052 | 1.5852 | 1.5656 | 1.5465 | 1.5278 |
| 3 | 2.4437 | 2.4018 | 2.3612 | 2.3216 | 2.2832 | 2.2459 | 2.2096 | 2.1743 | 2.1399 | 2.1065 |
| 4 | 3.1024 | 3.0373 | 2.9745 | 2.9137 | 2.8850 | 2.7982 | 2.7432 | 2.6901 | 2.6386 | 2.5887 |
| 5 | 3.6959 | 3.6048 | 3.5172 | 3.4331 | 3.3522 | 3.2743 | 3.1993 | 3.1272 | 3.0576 | 2.9906 |
| 6 | 4.2305 | 4.1114 | 3.9975 | 3.8887 | 3.7845 | 3.6847 | 5.5892 | 3.4976 | 3.4098 | 3.3255 |
| 7 | 4.7122 | 4.5638 | 4.4226 | 4.2883 | 4.1604 | 4.0386 | 3.9224 | 3.8115 | 3.7057 | 3.6046 |
| 8 | 5.1461 | 4.9676 | 4.7988 | 4.6389 | 4.4873 | 4.3436 | 4.2072 | 4.0776 | 3.9544 | 3.8372 |
| 9 | 5.5370 | 5.3282 | 5.1317 | 4.9464 | 4.7716 | 4.6065 | 4.4506 | 4.3030 | 4.1633 | 4.0310 |
| 10 | 5.8892 | 5.6502 | 5.4262 | 5.2161 | 5.0188 | 4.8332 | 4.6586 | 4.4941 | 4.3389 | 4.1925 |
| 11 | 6.2065 | 5.9377 | 5.6869 | 5.4527 | 5.2337 | 5.0286 | 4.8364 | 4.6560 | 4.4865 | 4.3271 |
| 12 | 6.4924 | 6.1944 | 5.9176 | 5.6603 | 5.4206 | 5.1971 | 4.9884 | 4.7932 | 4.6105 | 4.4392 |
| 13 | 6.7499 | 6.4235 | 6.1218 | 5.8424 | 5.5831 | 5.3423 | 5.1183 | 4.9095 | 4.7147 | 4.5327 |
| 14 | 6.9819 | 6.6282 | 6.3025 | 6.0021 | 5.7245 | 5.4675 | 5.2293 | 5.0081 | 4.8023 | 4.6106 |
| 15 | 7.1909 | 6.8109 | 6.4624 | 6.1422 | 5.8474 | 5.5755 | 5.3242 | 5.0916 | 4.8759 | 4.6755 |
| 16 | 7.3792 | 6.9740 | 6.6039 | 6.2651 | 5.9542 | 5.6685 | 5.4053 | 5.1624 | 4.9377 | 4.7296 |
| 17 | 7.5488 | 7.1196 | 6.7291 | 6.3729 | 6.0472 | 5.7487 | 5.4746 | 5.2223 | 4.9897 | 4.7746 |
| 18 | 7.7016 | 7.2497 | 6.8339 | 6.4674 | 6.1280 | 5.8178 | 5.5339 | 5.2732 | 5.0333 | 4.8122 |
| 19 | 7.8393 | 7.3658 | 6.9380 | 6.5504 | 6.1982 | 5.8775 | 5.5845 | 5.3162 | 5.0700 | 4.8435 |
| 20 | 7.9633 | 7.4694 | 7.0248 | 6.6231 | 6.2593 | 5.9288 | 5.6278 | 5.3527 | 5.1009 | 4.8696 |
| 21 | 8.0751 | 7.5620 | 7.1015 | 6.6870 | 6.3125 | 5.9731 | 5.6648 | 5.3837 | 5.1263 | 4.8913 |
| 22 | 8.1757 | 7.6446 | 7.1695 | 6.7429 | 6.3587 | 6.0113 | 5.6964 | 5.4099 | 5.1486 | 4.9094 |
| 23 | 8.2664 | 7.7184 | 7.2297 | 6.7921 | 6.3988 | 6.0442 | 5.7234 | 5.4321 | 5.1668 | 4.9245 |
| 24 | 9.3481 | 7.7843 | 7.2829 | 6.8351 | 6.4338 | 6.0726 | 5.7465 | 5.4509 | 5.1822 | 4.9371 |
| 25 | 8.4217 | 7.8431 | 7.3300 | 6.8729 | 6.4641 | 6.0971 | 5.7662 | 5.4669 | 5.1951 | 4.9476 |
| 26 | 8.4881 | 7.8957 | 7.3717 | 6.9061 | 6.4906 | 6.1182 | 5.7831 | 5.4804 | 5.2060 | 4.9563 |
| 27 | 8.5478 | 7.9426 | 7.4086 | 6.9352 | 6.5135 | 6.1364 | 5.7975 | 5.4919 | 5.2151 | 4.9636 |
| 28 | 8.6016 | 7.9844 | 7.4412 | 6.9607 | 6.5335 | 6.1520 | 5.8099 | 5.5016 | 5.2223 | 4.9697 |
| 29 | 8.6501 | 8.0218 | 7.4701 | 6.9830 | 6.5509 | 6.1656 | 5.8024 | 5.5093 | 5.2292 | 4.9747 |
| 30 | 8.6938 | 8.0552 | 7.4957 | 7.0027 | 6.5660 | 6.1772 | 5.8294 | 5.5168 | 5.2347 | 4.9789 |

## 찾아보기

ㄷ



ㅁ



ㅂ

## 저자약력

**공경태**

부산대학교 상과대학 경영학과 졸업(학사, 박사)
서울대학교 대학원 경영학과 졸업(석사)
딜로이트 안진회계법인 근무
한국공인회계사, 세무사
전주대학교 회계세무학과 교수 역임
현재, 동의대학교 상경대학 회계학과 교수

**장지경**

부산대학교 상과대학 회계학과 졸업(학사)
부산대학교 대학원 회계학과 졸업(석사 및 박사)
세무사
현재, 동서대학교 경영학과 교수

**김석웅**

부산대학교 상과대학 경영학과 졸업
서울대학교 대학원 경영학과 졸업(경영학 석사)
부산대학교 대학원 회계학과 졸업(경영학 박사)
호주 Monash University 교환교수 역임
미국 UC Berkeley(Haas School) 교환교수 역임
현, 동의대학교 상경대학 회계학과 교수

**이진수**

부산대학교 경영학과 졸업(학사)
부산대학교 대학원 경영학과 졸업(석사, 박사)
Ernst & Young 영화회계법인 근무
한국공인회계사, 세무사
대구가톨릭대학교 회계세무학과 교수 역임
현재, 부경대학교 경영학부 교수

**임형주**

International College of Hotel Management
(Swiss Hotel Association Advanced Diploma, Bachelor of International Hotel Management)
University of South Australia(Master of International Hospitality Management)
부산대학교(경영학 석사, 경영학 박사)
현, 극동대학교 글로벌경영학과 교수

# 21세기 회계원리

2017년 8월 20일 1판 1쇄 인쇄
2017년 8월 25일 1판 1쇄 발행

저　　자 : 공경태 · 이진수 · 장지경 · 임형주 · 김석웅
발 행 자 : 한　정　주
발 행 처 : 교육과학사
출판등록 : 1970년 5월 18일 제2-73호
주　　소 : 경기도 파주시 광인사길 71
전　　화 : 031-955-6956~8
팩　　스 : 031-955-6037
이 메 일 : kyoyook@chol.com

I S B N : 978-89-254-1191-0

정　가 : 29,000원